Medizin und Gesundheitspolitik in der NS-Zeit

Schriftenreihe
der Vierteljahrshefte für Zeitgeschichte
Sondernummer

Herausgegeben
vom
Institut für Zeitgeschichte

R. Oldenbourg Verlag München 1991

Medizin und Gesundheitspolitik in der NS-Zeit

Herausgegeben
von
Norbert Frei

R. Oldenbourg Verlag München 1991

CIP-Titelaufnahme der Deutschen Bibliothek

Medizin und Gesundheitspolitik in der NS-Zeit / hrsg. von
Norbert Frei. – München : Oldenbourg, 1991
  (Schriftenreihe der Vierteljahrshefte für Zeitgeschichte :
  Sondernummer)
  ISBN 3-486-64534-X
NE: Frei, Norbert [Hrsg.]

© 1991 R. Oldenbourg Verlag GmbH, München

Das Werk einschließlich aller Abbildungen ist urheberrechtlich geschützt. Jede Verwertung außerhalb der Grenzen des Urheberrechtsgesetzes ist ohne Zustimmung des Verlages unzulässig und strafbar. Das gilt insbesondere für Vervielfältigungen, Übersetzungen, Mikroverfilmungen und die Einspeicherung und Bearbeitung in elektronischen Systemen.

Gesamtherstellung: R. Oldenbourg Graphische Betriebe GmbH, München

ISBN 3-486-64534-X

Inhalt

Norbert Frei
Einleitung 7

I. Medizin und Gesundheit im Spannungsfeld von Politik, Ideologie und wissenschaftlichem Fortschritt

Alfons Labisch/Florian Tennstedt
Gesundheitsamt oder Amt für Volksgesundheit? Zur Entwicklung des
öffentlichen Gesundheitsdienstes seit 1933 35

Adelheid Gräfin zu Castell Rüdenhausen
Kommunale Gesundheitspolitik in der Zwischenkriegszeit. Sozialhygiene
und Rassenhygiene am Beispiel Gelsenkirchens 67

Paul Weindling
„Mustergau" Thüringen. Rassenhygiene zwischen Ideologie und
Machtpolitik 81

Fridolf Kudlien
Fürsorge und Rigorismus. Überlegungen zur ärztlichen Normaltätigkeit im
Dritten Reich 99

Ulrich Knödler
Von der Reform zum Raubbau. Arbeitsmedizin, Leistungsmedizin,
Kontrollmedizin 113

Benno Müller-Hill
Selektion. Die Wissenschaft von der biologischen Auslese des Menschen
durch Menschen 137

Willi Dreßen/Volker Rieß
Ausbeutung und Vernichtung. Gesundheitspolitik im Generalgouvernement 157

Ekkehart Guth
Militärärzte und Sanitätsdienst im Dritten Reich. Ein Überblick 173

II. Psychiatrie und „Euthanasie"

Hans Ludwig Siemen
Reform und Radikalisierung. Veränderungen der Psychiatrie in der Weltwirtschaftskrise 191

Achim Thom
Kriegsopfer der Psychiatrie. Das Beispiel der Heil- und Pflegeanstalten
Sachsens 201

Bernd Walter
Anstaltsleben als Schicksal. Die nationalsozialistische Erb- und Rassenpflege
an Psychiatriepatienten 217

Kurt Nowak
Widerstand, Zustimmung, Hinnahme. Das Verhalten der Bevölkerung zur
„Euthanasie" 235

Ralf Seidel/Thorsten Sueße
Werkzeuge der Vernichtung. Zum Verhalten von Verwaltungsbeamten und
Ärzten bei der „Euthanasie" 253

Dirk Blasius
Die „Maskerade des Bösen". Psychiatrische Forschung in der NS-Zeit 265

Klaus Dörner
Psychiatrie und soziale Frage. Plädoyer für eine erweiterte Psychiatrie-
Geschichtsschreibung 287

Hans-Walter Schmuhl
Sterilisation, „Euthanasie", „Endlösung". Erbgesundheitspolitik unter den
Bedingungen charismatischer Herrschaft 295

Auswahlbibliographie 309

Abkürzungen 325

Die Autoren 327

Personenregister 329

Norbert Frei

Einleitung

Über der Geschichte der Medizin und der Gesundheitspolitik in der NS-Zeit liegt der Schatten eines singulären Grauens. Die im Namen des „leichten Todes" begangenen Verbrechen an „Minderwertigen", technisch-kalt ins Werk gesetzt wie später der Mord an den europäischen Juden, sind von dieser Geschichte nicht zu trennen. Aber das „Euthanasie"-Programm der Kriegsjahre war weder Ausgangs- noch Zielpunkt nationalsozialistischer Gesundheitspolitik. Vielmehr stand es im Kontext einer Fülle vorangegangener Maßnahmen und von Entwicklungen, deren Wurzeln zum Teil ins 19. Jahrhundert zurückreichen. Politik, Ideologie und wissenschaftlicher Fortschritt gingen darin eine spezifische Verbindung ein.

I.

Voraussetzung und Grundlage der Entwicklung von Medizin und Gesundheitspolitik nach 1933 war ein durch den politischen Systemwechsel beförderter doppelter wissenschaftlicher Paradigmenwechsel. Dieser schien schon in den zwanziger Jahren, forciert durch die Erfahrung des Ersten Weltkrieges und der wirtschaftlichen Krisen, keineswegs nur in Deutschland bevorzustehen, und er war doppelt insofern, als er zwei verwandten, aber nicht identischen Strömungen Geltung verschaffte: der Konjunktur einer als Inbegriff des Fortschritts verstandenen, kostenbewußten Präventivmedizin, die tendenziell zu Lasten der bisher im wesentlichen kurativen Behandlungsformen ging, und der Zurückdrängung der humanistischen und christlichen Tradition einer die Gesundheit des Individuums in den Mittelpunkt stellenden Heilkunst zugunsten naturwissenschaftlich legitimierter Konzepte einer auf die Sanierung der Gesellschaft gerichteten Sozial- und Rassenhygiene. Vorsorge statt Fürsorge und Volksgesundheit statt Humanitätsduselei lauteten die scheinalternativen Schlagworte dieses Paradigmenwechsels. Die Nationalsozialisten waren weder die ersten noch die einzigen, die sich dieser Schlagworte polemisch bedienten, aber in Verbindung mit deren zur Tat drängendem Rassismus – der sich im Rassenantisemitismus nicht erschöpfte – entwickelten sie eine spezifische Virulenz.

Konnte die praktische Umsetzung der neuen Paradigmen auch nur in Etappen erfolgen und bis zum Ende der NS-Herrschaft nicht zur vollständigen Ablösung der alten führen, so vollzog sich ihre rhetorische Durchsetzung doch erstaunlich schnell. Schon im Frühsommer 1933, als machtstrukturell und organisatorisch auf dem Gebiet der Gesundheitspolitik noch kaum etwas geregelt war, eröffnete Dr. med. Gerhard Wagner, der Führer des Nationalsozialistischen Deutschen Ärztebundes (NSDÄB) und Kommissar der ärztlichen Spitzenverbände, seinen Standeskollegen in einem programmatischen Artikel über „Arzt und Volk im Dritten Reich", es sei der „Gesamtorganismus unseres Volkes", der „unserer heilenden Hand jetzt in erster Linie bedarf". Die „Aufbauarbeit" müsse vermittels der „Erkenntnisse der Rassenhygiene und Erbbiologie" erfolgen, die „auf rein wissenschaftlichem Wege" gewonnen worden seien: „Sie haben die weltanschauliche Gestaltung des Staatswillens maßgebend beeinflußt und verkörpern geradezu die Grundlage der heutigen Staatsraison."[1]

Ein Jahr später, inzwischen zum Reichsgesundheitsführer avanciert, erklärte Wagner in einer Grundsatzrede („Das Gesundheitswesen im Dritten Reich") vor der thüringischen Ärzteschaft: „Es ist für jeden deutschen Arzt höchstes sittliches Gebot, menschliches Leben zu schützen und jedes Mittel anzuwenden, um Leiden zu lindern und dem Kranken und Schwachen zu helfen. Noch höher steht uns völkisch bewußten Ärzten allerdings die Pflicht, die am ganzen Volkskörper zehrenden Schäden zu beseitigen. Wir wollen lebensuntüchtiges und unwertes Leben gar nicht erst entstehen lassen, die Fortpflanzung Erbkranker verhüten und die kommenden Geschlechter von der furchtbaren Gefahr zunehmender Verderbnis des Erbgutes befreien. – Das von den marxistischen Gesundheitspolitikern gebrauchte Schlagwort vom ‚Recht des Menschen auf den eigenen Körper' kennzeichnet am besten Geist und Wert der Gesundheitspflege des liberalistischen Systems."[2]

Wagners teils werbende, teils warnende Worte zielten auf die beiden wesentlichen Elemente nationalsozialistischer Gesundheitspolitik im ersten Jahr nach der Machtübernahme: zum einen die Säuberung der Krankenhäuser, Universitätskliniken, Hochschulen, Krankenkassen und des öffentlichen Gesundheitsdienstes von jüdischen bzw. „marxistischen" „Elementen" und die Ausschaltung „nichtarischer" Kassenärzte zunächst auf Druck der Parteibasis, dann auf dem Weg über das „Gesetz zur Wiederherstellung des Berufsbeamtentums"[3], zum andern die Einleitung einer straff zentralistischen (Erb-)Gesundheitspolitik mit dem bereits am 14. Juli 1933 verabschiedeten „Gesetz zur Verhütung erbkranken Nachwuchses", dem ein Jahr später das „Gesetz über die Vereinheitlichung des Gesundheitswesens" (GVG) folgte[4]. Hinzu kamen weit über den Kreis der NS-Sympathisanten hinaus seit langem erhobene standespolitische Forderungen, denen mit der Zerschlagung der Kassenselbstverwaltungen und der Gründung der Kassenärztlichen Vereinigung Deutschlands (KVD) entsprochen wurde. Mit der parallelen Selbstgleichschaltung der ärztlichen Spitzenverbände war das Bedürfnis der Ärzteschaft nach organisatorischer Zusammenfassung noch nicht befriedigt. Die Reichsärzteordnung vom 13. Dezember 1935 etablierte eine Reichsärztekammer, die sich allerdings – wie die KVD – „vor allem als Mittel zur dirigistischen Lenkung und Disziplinierung der Ärzteschaft" erwies[5].

In den Fußnoten dieses Bandes werden einschlägige selbständige Publikationen und Zeitschriftenaufsätze, soweit nach 1945 erschienen, stets mit Kurztitel zitiert; die vollständigen Angaben finden sich in der Auswahlbibliographie.

[1] Gerhard Wagner, Reden und Aufrufe, hrsg. von Leonardo Conti, Berlin/Wien 1943, S. 14f.
[2] Ebenda, S. 35f.
[3] Einzelheiten bei Werner F. Kümmel, Die Ausschaltung rassisch und politisch mißliebiger Ärzte, in: Kudlien, Ärzte im Nationalsozialismus, S. 56–81.
[4] Dazu ausführlich Labisch/Tennstedt, Gesetz über die Vereinheitlichung des Gesundheitswesens; vgl. auch ihren Beitrag in diesem Band.
[5] Achim Thom, Die Durchsetzung des faschistischen Herrschaftsanspruchs in der Medizin und der Aufbau eines zentralistisch organisierten Medizinalwesens, in: ders./Caregorodcev (Hrsg.), Medizin unterm Hakenkreuz, S. 35–62, hier S. 46.

Unter den frühen Anhängern der NS-Bewegung waren gerade die Ärzte, nicht selten von Statusängsten geplagt und zerfressen vom Neid auf jüdische Kollegen, auffallend stark vertreten[6]. Die Aktivisten des 1929 gegründeten NSDÄB rechneten sich deshalb nach der Machtübernahme zweifellos große Einflußmöglichkeiten aus. Doch auch auf dem Feld der Gesundheitspolitik zeichnete sich bereits nach wenigen Wochen eine Entwicklung ab, die der Linie der allgemeinen Herrschaftsentfaltung folgte: An die Stelle mehr oder minder terroristischer „Aktionen" von Partei und SA gegen unliebsame Ärzte und Gesundheitsfunktionäre trat eine verwaltungsförmig-legalistische Vorgehensweise. Diese Verankerung der Gesundheitspolitik auf der staatlichen Ebene kennzeichnete die Machtverhältnisse bis etwa zum Kriegsbeginn. Aller Propaganda für eine „Gesundheitsführung" durch die Partei und entsprechender Anstrengungen ihrer Gliederungen und Nebenorganisationen zum Trotz blieben die Gestaltungsmöglichkeiten der NSDAP in den Kernbereichen der Gesundheitspolitik bis dahin eher gering. Dort herrschten die sowohl auf fachliche Effizienz wie auf ideologische Konsequenz bedachten, als Parteigenossen in den Staatsdienst übergewechselten oder dort jetzt in Führungspositionen vorgerückten Experten.

Das auf der Grundlage des GVG ab 1935 flächendeckend ausgebaute System staatlicher Gesundheitsämter bedeutete zweifellos in manchen Bereichen – und mehr noch in bestimmten Regionen – eine Verbesserung der öffentlichen Gesundheitsdienste und lag damit durchaus im säkularen Trend der Modernisierung und Angleichung der Lebensverhältnisse. Reihenuntersuchungen in Schulen und Betrieben, Mütterberatung, Programme zur Bekämpfung von Geschlechtskrankheiten und vor allem der Tuberkulose wurden von den Nationalsozialisten zwar nicht erfunden, aber erfolgreich intensiviert und von der Bevölkerung auch positiv registriert. Originär war allerdings der sozial- und gesundheitspolitische Aktivismus, den die NS-Organisationen besonders in der zweiten Hälfte der dreißiger Jahre an den Tag legten (freilich auch aus kompensatorischen Gründen, blieben doch die Möglichkeiten individuellen Konsums trotz Hochkonjunktur und Arbeitskräftemangel wegen des absoluten Vorrangs der Rüstungsproduktion weiterhin eng begrenzt): die Nationalsozialistische Volkswohlfahrt mit ihrem Heer von „NSV-Schwestern", dem Tuberkulosehilfswerk und dem Hilfswerk Mutter und Kind, die Hitler-Jugend mit dem „Gesundheitspaß", die Deutsche Arbeitsfront mit ihrem Amt „Schönheit der Arbeit" und den Erholungsreisen der KdF.

Mochte die fortwährende Gesundheits-Propaganda, zumal in ihrer „arisch-germanischen" und „Blut-und-Boden"-Unterfütterung, für manchen auch Anlaß sanften Spottes sein, so erschien sie insgesamt doch gerade in ihrer Massivität als etwas Konstruktives und Neues, das unabweisbare Argumente auf seiner Seite hatte: Vorsorge war nun einmal besser als Fürsorge, und daß (nur) in einem gesunden Körper ein gesunder Geist lebe, war unbestrittene Meinung eines keineswegs spezifisch nationalsozialistischen Volksempfindens. Der gesundheitspolitische Aktivismus und die Aufklärungsfeldzüge der dreißiger Jahre nahmen den Fortschrittsoptimismus, Sanierungseifer und Modernisierungswillen auf, der die Sozialhygieniker aller weltanschaulichen Lager und

---

[6] Vgl. Fridolf Kudlien, Ärzte als Anhänger der NS-„Bewegung", in: ders., Ärzte im Nationalsozialismus, S. 18–34; Kater, Hitler's Early Doctors.

Länder[7] schon seit einem halben Jahrhundert antrieb – in politisch monopolisierter und rassenideologisch radikalisierter Form.

In der Theorie gesäubert von allen sozialistisch-emanzipatorischen, christlich-caritativen und idealistisch-humanitären Motiven, spitzte sich die Gesundheitsvorsorge und -fürsorge in der Praxis rasch auf die Melioration des „rassisch einwandfreien" deutschen Volksgenossen zu. Das 1933 mit der Notwendigkeit des Schutzes der Nation vor dem „Volkstod" begründete Sterilisationsgesetz, das ab 1934 zu insgesamt mindestens 360 000 Zwangssterilisationen führte[8], war nur das augenfälligste Indiz für den beginnenden Siegeszug der Rassenhygiene. Immer schärfer wurden die staatlichen Sozialleistungen und Gesundheitsdienste auf die „arische" Volksgemeinschaft und besonders auf die „erbgesunde Vollfamilie" zugeschnitten. Beispielsweise waren die attraktiven staatlichen Ehestandsdarlehen von Anfang an nur für Heiratswillige gedacht, die frei waren von „vererblichen geistigen oder körperlichen Gebrechen", welche ihre „Verheiratung nicht als im Interesse der Volksgemeinschaft liegend erscheinen lassen"[9]. Mit Inkrafttreten des „Gesetzes zum Schutze der Erbgesundheit des deutschen Volkes" vom 18. Oktober 1935, das bei bestimmten Krankheiten die Verhängung eines Eheverbots ermöglichte, bedurfte es dann eines „Ehetauglichkeitszeugnisses" des Gesundheitsamtes. Besonders umstandslos ließen sich die rassenhygienischen Kontroll- und Ausleseprinzipien natürlich auf der Ebene der Partei und ihrer Massenorganisationen anwenden, deren sozial- und gesundheitspolitische Gestaltungsversuche von Anfang an allein der „arischen" Volksgemeinschaft zugute kommen sollten und sich in dieser Exklusivität zugleich aggressiv gegen die „Gemeinschaftsfremden" richteten.

Eng mit diesem Sozialrassismus verbunden, in gewisser Weise seine Rechtfertigung, war eine unbarmherzige Leistungsideologie. Die rassereine, (erb-)gesunde Volksgemeinschaft war in der nationalsozialistischen Utopie stets identisch mit der unschlagbaren Leistungs- und Kampfgemeinschaft. Die Absicht der Leistungsoptimierung ist hinter dem von Wagner postulierten pauschalen Anspruch auf eine einheitliche „Gesundheitsführung" durch die Partei deutlich zu erkennen; klarer noch tritt sie zutage in den konkreten Initiativen, die das ansonsten organisatorisch und machtpolitisch verhältnismäßig schwache Hauptamt für Volksgesundheit der NSDAP in der zweiten Hälfte der dreißiger Jahre vor allem im Zusammenwirken mit der DAF zustande brachte: Bei dem 1937 in großen betrieblichen Reihenuntersuchungen getesteten „Gesundheitsstammbuch der NSDAP" ging es bezeichnenderweise ebenso wie um eine „Gesundheitsbilanz" um die Ermittlung des „Leistungszustandes" des deutschen Arbeiters. Die Entwicklung einer genuinen „Leistungsmedizin" war die erklärte Absicht der Fachleute etwa im Arbeitswissenschaftlichen Institut der DAF. Auch die (im Krieg steckengebliebene) Einrichtung eines Betriebsarztsystems war motiviert durch

[7] Für die internationale eugenische Bewegung sah es zunächst so aus, als werde die Machtübernahme der Anfang 1933 eigentlich schon im Abschwung befindlichen NSDAP auch zu ihrer späten Chance; am Ende geriet sie über der Entwicklung in Deutschland definitiv ins Abseits. Zur „Euthanasie"-Diskussion außerhalb Deutschlands vgl. Proctor, Racial Hygiene, bes. S. 179.

[8] Vgl. die Diskussion der „quantitativen Dimension" bei Bock, Zwangssterilisation, S. 231–246, bes. S. 238.

[9] RGBl I, 1933, Durchführungsverordnung über die Gewährung von Ehestandsdarlehen vom 20.6.1933, S. 377–388, hier S. 377.

die Absicht größtmöglicher Leistungssicherung. Und bei der Präsentation des DAF-Entwurfs für ein umfassendes „Gesundheitswerk" im Dezember 1940 prophezeite Robert Ley, die Deutschen würden dadurch „das gesündeste und damit das leistungsfähigste Volk der Erde werden". Die Verkopplung von Gesundheits- und Arbeitseinsatzpolitik reichte bis in die Parallelität der Metaphorik ihrer Funktionäre: Wunderte sich Wagner auf dem Reichsparteitag 1937 darüber, „daß der Mensch Maschinen, Autos, Motore laufend kontrollieren und nachsehen läßt, bei seinem eigenen Motor aber immer wartet, bis er nicht mehr funktionstüchtig ist", so begründete Ley seine Forderung nach einem „Erholungswerk" 1940 mit den Worten, „genauso wie man einen Motor periodisch überholt, muß auch der Mensch periodisch überholt werden und damit vorbeugend gesund erhalten bleiben"[10].

Vieles spricht für die Annahme, daß das auf dem Höhepunkt nationalsozialistischer Siegeszuversicht von der DAF für die Zeit nach dem Krieg konzipierte „Sozialwerk des Deutschen Volkes", in dessen Rahmen auch eine Reform des Gesundheitswesens stattfinden sollte, tatsächlich nicht zuletzt durch einen genuinen sozialpolitischen Handlungsbedarf motiviert war, der in anderen Industriestaaten in diesen Jahren ebenfalls bestand. Was die nationalsozialistischen Planungen aber aus jeder sozialpolitischen Tradition und internationalen Vergleichbarkeit kategorial heraushob, war der in ihnen zutage tretende Verlust aller Humanität: ein sich als Wissenschaft ausgebender Rassismus, durchtränkt von einer biologistischen Leistungsideologie, der nicht nur „artfremdes Blut" ausgrenzte, sondern auch jene „Volksschädlinge", „asozialen Elemente" und „Minderwertigen", die ihrer lebenslangen unbedingten „Pflicht zur Arbeit" nicht nachkamen oder nicht nachkommen konnten. Die Überlegungen der Experten für die Nachkriegszeit, wie noch aus den „gesundheitlich Anbrüchigen" maximale Leistungen herauszuholen seien, wurden von der Realität der zweiten Kriegshälfte – dem skrupellosen Arbeitseinsatz von KZ-Häftlingen, Kriegsgefangenen und Millionen zwangsrekrutierter ausländischer Arbeitskräfte – überholt. Vor dem Hintergrund dieser Praxis erscheinen die wahnwitzigen Zielplanungen der Sozialingenieure der DAF keineswegs mehr als bloße Utopie: „Im strengen Sinne biologisch und deswegen ein erstrebenswertes Ziel für die Gesundheitsführung ist [...] erst der Zustand, wenn der Zeitpunkt des allmählichen Kräfteschwundes kurz vor dem Eintritt des physiologischen Todes liegt und der endgültige Kräfteverfall mit ihm zusammenfällt."[11]

Die immer wieder postulierte „Gesundheitspflicht" des deutschen Volksgenossen („Deine Gesundheit gehört nicht Dir!") offenbarte sich in dieser Perspektive als schiere Funktion der permanenten Pflicht zur Leistung. Gesundheit war kein Wert an sich, sondern Voraussetzung optimaler Leistungs- und Einsatzfähigkeit. In einen solchen Verwertungs-Zusammenhang hätten im Prinzip auch die in den ersten Jahren nach der Machtübernahme von ärztlichen Außenseitern mit Unterstützung Wagners und des „Führer"-Stellvertreters Rudolf Heß unternommenen Versuche gepaßt, Elemente der älteren Lebensreform- und Naturheilbewegung als eine Neue Deutsche Heilkunde zu institutionalisieren. Zwar fügte sich die Propaganda für Homöopathie

---

[10] Zit. nach Wagner, Reden und Aufrufe, S. 230, bzw. Recker, Nationalsozialistische Sozialpolitik, S. 122.
[11] Zit. nach Graessner, Neue soziale Kontrolltechniken durch Arbeits- und Leistungsmedizin, in: Baader/Schultz (Hrsg.), Medizin und Nationalsozialismus, S. 149.

und fleischarme Ernährung nahtlos in die Bemühungen, die Begleiterscheinungen der Autarkiewirtschaft zu popularisieren, aber interne Richtungskämpfe und ideologische Abseitigkeiten verhinderten die Entwicklung einer machtvollen Alternative zur Schulmedizin, zumal sich diese nach einer Phase vorsichtigen Abwartens auf ihre Interessen besann und im Verein mit der pharmazeutischen Industrie die Heilkräuter-Bewegung mit den traditionellen Argumenten der mangelnden Effizienz und des unpraktischen Rigorismus zurück ins Abseits schob[12].

Die Tatsache, daß die Argumente der Schulmedizin rasch auch unter Bedingungen griffen, die zunächst einen idealen Nährboden für Obskurantismus und die politische Etablierung persönlicher Vorlieben zu bilden schienen, läßt erkennen, wie wenig das Regime den säkularen Trend der wissenschaftlichen und technischen Modernisierung letztlich zu durchbrechen suchte. Die Nationalsozialisten formten den Trend rassistisch um, aber nichts wäre irriger als die Annahme, sie hätten eine therapeutische Regression oder gar eine Entwissenschaftlichung der Medizin angestrebt. Selbst der Krieg bewirkte neben Engpässen und Mängeln in der medizinischen Versorgung noch Fortschritte auf einzelnen Feldern. Und war der wissenschaftliche Aderlaß der Medizin aufgrund der rassischen und politischen Verfolgung auch beträchtlich gewesen, so bedeuteten die Emigrationsverluste doch nicht das Ende qualifizierter Forschung – nicht einmal das Ende der Psychoanalyse, die bis dahin als Hort jüdisch-linker Wissenschaft gegolten hatte[13]. Zwar verlagerte die medizinische Forschung die Akzente, sofern dies praktisch möglich und politisch ratsam schien. Aber die Idee der „reinen Wissenschaft" blieb unangetastet. Das galt gerade auch für die Bereiche Psychiatrie und Eugenik, wo die barbarischen Konsequenzen der nationalsozialistischen Erb- und Rassenpolitik nur auf den ersten Blick etwas anderes suggerieren.

Sowohl die Zwangssterilisationen, bei denen etwa 6000 Menschen ihr Leben verloren, als auch die späteren „Euthanasie"-Aktionen mit insgesamt schätzungsweise 150000 Opfern standen unter dem Signum der Wissenschaftlichkeit und des Fortschritts. Ungeachtet vieler auch damals erkennbarer Fragwürdigkeiten im einzelnen – wie etwa des fehlenden Nachweises der Vererbbarkeit bestimmter Formen des Schwachsinns (weshalb das Sterilisationsgesetz „angeborenen" statt „erblichen Schwachsinn" indizierte) oder des massiven Anteils sozialer Diagnostik (zum Beispiel bei der Indikation „schwerer Alkoholismus")[14] – hielt man am Prinzip der wissenschaftlichen Begründung fest. Nicht die Mitwirkung der praktischen Medizin, sondern das leidenschaftliche Engagement der einschlägigen medizinischen Wissenschaft war konstitutiv für das Zustandekommen des Sterilisationsprogramms und der sich anschließenden „Euthanasie". Neuere Untersuchungen haben an vielen Beispielen im einzelnen gezeigt, mit welcher wissenschaftlichen Intensität und Ambition Psychiatrie-, Erb- und Rassenforschung im Dritten Reich (weiter-)betrieben wurden[15].

Renommierte Vertreter der verschiedenen medizinischen Fachrichtungen gehörten dem Reichsausschuß für die Erfassung erb- und anlagebedingter schwerer Leiden an,

---

[12] Vgl. Haug, Reichsarbeitsgemeinschaft für eine Neue Deutsche Heilkunde.
[13] Vgl. Cocks, Psychotherapy in the Third Reich; zur Entwicklung der Psychologie vgl. Geuter, Professionalisierung der deutschen Psychologie.
[14] Knapper Überblick dazu bei Schmuhl, Rassenhygiene, S. 154–160.
[15] Vgl. dazu besonders die Arbeiten von Aly, Müller-Hill, Roth und Schmuhl; in diesem Band vor allem die Beiträge von Blasius, Dörner, Müller-Hill und Thom.

der Ende 1937/Anfang 1938 im Zusammenhang mit der Freigabe der Abtreibung bei eugenischer Indikation gegründet worden war und sich zur „zentralen Planungsinstanz auf dem Gebiet der Rassenhygiene und Bevölkerungspolitik" entwickelte[16]. Aber nicht nur zur Planungsinstanz: Mitglieder des Reichsausschusses waren als Gutachter im Rahmen der Kinder-„Euthanasie" tätig, die Anfang 1939 nach einem Hitler zur Kenntnis gebrachten Elterngesuch auf Tötung eines körperlich und geistig behinderten Kindes in Gang kam. Seit August 1939 durch eine von den Gesundheitsämtern überwachte Meldepflicht der Hebammen und Geburtshelfer systematisiert, geschahen die Morde, denen bis 1945 schätzungsweise 5000 Kinder zum Opfer fielen, meist in besonderen „Kinderfachabteilungen".

Bei der Kinder-„Euthanasie" trafen, wie vorher beim Sterilisationsprogramm und wenig später dann bei der „Aktion T 4", medizinisch-wissenschaftliche Impulse und unterschiedlich – auch politisch – motivierte Handlungsangebote von ärztlicher Seite in charakteristischer Weise mit der rassenideologisch begründeten Handlungsbereitschaft und -entschlossenheit der Politik zusammen. Einige Details vermögen dies zu illustrieren: Die Initiative für das formelle erste Tötungsgesuch an Hitler kam von dem Direktor der Leipziger Universitätskinderklinik und Reichsausschuß-Gutachter Professor Werner Catel und lief über die von Philipp Bouhler geleitete Kanzlei des „Führers", bei der seitdem die Zuständigkeit für die Kinder-„Euthanasie" lag. Dort entschied der zum Geschäftsführer des Reichsausschusses bestellte Hans Hefelmann – ein medizinischer Laie – über die Weitergabe der von den Gesundheitsämtern einlaufenden Meldebögen, die in der Regel nur Angaben der Hebammen enthielten, an die drei Fachgutachter. Aufgrund von deren Urteil (Plus- oder Minuszeichen) verschickte Hitlers Kanzlei an die Amtsärzte die Ermächtigungen zur Einweisung der Kinder in die „Kinderfachabteilungen". Dort wurden sie in unklaren Fällen medizinisch beobachtet, in der Regel aber auf möglichst unverdächtige Weise getötet. Die Absicht, behinderte Kinder fortan kontinuierlich nach ihrer Geburt zu beseitigen, hatte mithin in Hitlers unmittelbarer Nähe ihre Institutionalisierung erfahren: Hier kulminierten der rassenideologische Wille und die politische Macht zu dem bis zuletzt gesetzeswidrigen Vorgehen. (Ein seit Sommer 1939 erwogenes „Euthanasie"-Gesetz kam nie zustande.) Die Mitarbeit medizinischer Experten verlieh dem Programm zwar wissenschaftliche Autorität und senkte die Auflehnungsbereitschaft von Eltern, Ärzten und staatlicher Bürokratie, aber seinen Rahmen bestimmte die politische Führung.

Das galt in gleicher Weise für die im Oktober 1939 mit Hitlers „Ermächtigung" eingeleitete „Aktion T 4" (benannt nach dem an der Berliner Tiergartenstraße 4 eingerichteten Sonderbüro der Kanzlei des „Führers"), für die Konzentrationslager-Aktion „Sonderbehandlung 14 f 13", für die „Aktion Brandt" und auch noch für die „wilde Euthanasie" in der zweiten Kriegshälfte, bei der allerdings das Moment einer durch Kriegsverlauf und Versorgungsprobleme radikalisierten „Selbsthilfe" innerhalb der Anstalten eine zunehmende Rolle spielte. Zwar lieferten hier wie bei der Kinder- „Euthanasie" die Rassenhygieniker, Psychiater und andere medizinische und sozialwissenschaftliche Experten die „sachlichen" Argumente und Entscheidungsgrundlagen und benannten – wodurch sie weit mehr wurden als Erfüllungsgehilfen – das jeweils Machbare. Aber ob das Machbare gemacht wurde, entschied die Politik.

---

[16] Schmuhl, S. 166; zum Folgenden S. 182–189.

Unter den Experten mochte das Bewußtsein von einem – wie sie es nannten – „Berg" unheilbar Kranker, den die Psychiatrie seit Jahrzehnten vor sich her schob und der allen Ideen für eine moderne, „aktivere" Therapie im Wege stand, weit verbreitet sein und den Gedanken an eine radikale Lösung nahelegen; seine Umsetzung nicht nur zu ermöglichen, sondern zu verlangen, blieb einer politischen Führung vorbehalten, die im Zeichen des Kriegsbeginns nach außen auch den aus ihrem Rassismus erwachsenen Krieg gegen die „Minderwertigen" und „nutzlosen Esser" im Innern auf eine neue Stufe hob. Wenn die Wissenschaft dafür die Fiktion eines „therapeutischen Tötens"[17] bereitstellte, so bedeutete dies möglicherweise seelische Erleichterung für die ausführenden Ärzte. Der überzeugte Rassist bedurfte solcher Rechtfertigungen nicht. In diesem Zusammenhang ist aufschlußreich, wie der (selbst körperbehinderte) Joseph Goebbels im Januar 1941 in seinem Tagebuch über die „Aktion T4" schwadronierte: „Mit Bouhler Frage der stillschweigenden Liquidierung von Geisteskranken besprochen. 80 000 sind weg, 60 000 müssen noch weg. Das ist eine harte, aber auch eine notwendige Arbeit. Und sie muß jetzt getan werden. Bouhler ist der rechte Mann dazu."[18]

Die neuere Forschung hat den Zusammenhang von „Mord und Modernisierung"[19], vom Glauben an die Vernichtung „Minderwertiger" als Voraussetzung und Teil des wissenschaftlichen Fortschritts, zumindest für den Bereich der Psychiatrie überzeugend dargelegt. Kaum beachtet wurde dabei jedoch die Frage, in welchem Maße die wissenschaftlichen Protagonisten dieser „Modernisierung" Ideologen waren: ob, was sie antrieb, auch Rassismus war und nicht nur ihre Wissenschaft[20]. Und schließlich darf der entscheidende Zusammenhang nicht übersehen werden: der Zusammenhang von Vernichtung und Politik. Sterilisation, Schwangerschaftsabbrüche und „Euthanasie", Siebung, Selektion und „Ausmerze" waren wohl nicht nur, aber immer auch Schritte auf dem Weg zur Utopie einer völkisch erneuerten „arischen" Volksgemeinschaft – und insoweit die Konsequenz des zu politischer Macht gekommenen Rassismus.

Die Gleichzeitigkeit von traditioneller medizinischer Regelversorgung und öffentlichen Gesundheitsprogrammen, deren rassenhygienische Aggressivität sich einstweilen doch hauptsächlich gegen marginalisierte gesellschaftliche Gruppen richtete und die ansonsten den – teilweise nicht unzutreffenden – Eindruck verbesserter Leistungen erweckten, verwischte die harten Konturen der nationalsozialistischen Gesundheitspolitik. Die Tatsache, daß diese Gesundheitspolitik Teil eines im doppelten Sinne grenzenlosen sozialbiologischen Reinigungsprozesses war, blieb ebenso unerkannt wie dessen genozidale Konsequenzen. Nur gelegentlich gab es Ahnungen: So, wenn im Zusammenhang mit der „Euthanasie" Gerüchte laut wurden, „daß im Zuge der Wei-

---

[17] Vgl. Lifton, Ärzte im Dritten Reich.
[18] Elke Fröhlich (Hrsg.), Die Tagebücher von Joseph Goebbels. Sämtliche Fragmente. Teil I, Bd. 4, S. 485, Eintragung vom 31.1.1941. Die von Goebbels genannte Zahl der bereits Getöteten entsprach nicht dem damaligen Stand, aber die Addition der beiden Zahlen kommt der heute geschätzten Gesamtzahl auffallend nahe.
[19] So vor allem Götz Aly, Der saubere und der schmutzige Fortschritt, in: Beiträge, Bd. 2; vgl. auch das „Editorial".
[20] In diesem Sinne aber Ulrich Herbert, Traditionen des Rassismus, in: Lutz Niethammer u. a., Bürgerliche Gesellschaft in Deutschland. Historische Einblicke, Fragen, Perspektiven, Frankfurt a. M. 1990, S. 472–488.

terentwicklung der Dinge schließlich alles Leben, das der Allgemeinheit keinen Nutzen mehr bringt, [...] beseitigt werden solle"[21]. Aber das waren Ausnahmen. Aller Rassenkunde, Erbgesundheits-Propaganda und Leistungsideologie zum Trotz entwickelten die Deutschen in ihrer überwiegenden Mehrheit offensichtlich keine Vorstellung davon, daß sie selbst zum Gegenstand eines monströsen Programms völkischer Sanierung geworden waren.

Trotz einer Reihe gewichtiger Indizien – wie etwa den 1940 begonnenen Planungen für eine umfassende Gesetzgebung gegen die „Gemeinschaftsunfähigen" bzw. „Gemeinschaftsfremden" – wird man zögern, diesem Prozeß einer sich ausweitenden „Lebensvernichtung"[22] zuviel Planrationalität und „Konstruktivität" zu unterlegen. Gewiß deuten manche Auslassungen der entfesselten sozial- und naturwissenschaftlichen Experten auf die Existenz von Zielvorstellungen hin, die als „Endlösung der sozialen Frage" beschrieben werden können. Aber darüber darf der szientistisch nicht zu disziplinierende Aktionismus der politischen Führung nicht übersehen werden und die tatsächliche Entwicklung zumal während des Krieges, die gekennzeichnet ist durch die ungebändigte Destruktivität der rassistischen Utopie und, damit zusammenhängend, der zunehmenden Unwahrscheinlichkeit einer Restabilisierung des Systems. Einmal in Gang gesetzt, war die rassistische Vernichtungspolitik immanent vermutlich weder politisch noch wissenschaftlich je wieder zu begrenzen. Auch das zeigt die Weiterverwendung von Personal und Technik der „Aktion T4" bei der Ermordung der europäischen Juden an.

II.

Die Geschichte der Medizin und der Gesundheitspolitik im Dritten Reich stand unübersehbar unter jenem „Diktat der Menschenverachtung", von dem Alexander Mitscherlich in seiner ersten Dokumentation des Nürnberger Ärzteprozesses gesprochen hat[23]. Aber sie ging darin, dies immerhin mag schon deutlich geworden sein, nicht auf. Die Anlage dieses Bandes versucht dem Rechnung zu tragen.

Unter Verzicht auf im engeren Sinne ideengeschichtliche Analysen – etwa zur Entwicklung der Rassenhygiene aus dem Sozialdarwinismus –, die bereits von der älteren Forschung geleistet worden sind, geht es in den Beiträgen von Teil I vor allem um Aspekte der konkreten Gesundheitspolitik und der medizinischen Versorgung in der NS-Zeit. Teil II versammelt Beiträge zur Geschichte der Psychiatrie und zum Thema „Euthanasie". Selbstverständlich aber greifen die Aufsätze beider Teile, wo dies sachlich erforderlich oder geboten ist, auf die Entwicklung vor 1933 zurück. Das gilt zu-

---

[21] Zit. nach Marlies Steinert, Hitlers Krieg und die Deutschen. Stimmung und Haltung der deutschen Bevölkerung im Zweiten Weltkrieg, Düsseldorf/Wien 1970, S. 158.
[22] Der Begriff in diesem Zusammenhang zuerst bei Dörner, Nationalsozialismus und Lebensvernichtung, S. 123.
[23] Mitscherlich/Mielke (Hrsg.), Diktat der Menschenvernichtung. – In der erregten Diskussion, die in den letzten Jahren innerhalb der Ärzteschaft geführt wurde, ist immer wieder, zum Teil in apologetischer Absicht, auf die relativ geringe Zahl von 350 an den Medizinverbrechen beteiligten Ärzten verwiesen worden, die Mitscherlich in seiner Einleitung zur Neuausgabe 1960 nennt. Ignoriert wurde häufig seine anschließende Überlegung: „Dreihundertfünfzig waren unmittelbare Verbrecher – aber es war ein Apparat da, der sie in die Lage oder in die Chance brachte, sich zu verwandeln"; Mitscherlich/Mielke (Hrsg.), Medizin ohne Menschlichkeit, S. 13.

mal im Hinblick auf die Ausbreitung der Eugenik und eugenisch motivierter Maßnahmen im öffentlichen Gesundheitswesen der Weimarer Zeit.

Angesichts eines anhaltend breiten Forschungsstroms bei gleichzeitig noch beträchtlichen, sowohl thematischen wie methodischen Defiziten wäre der Versuch, mit diesem Band bereits eine Bilanz ziehen zu wollen, sicherlich verfrüht gewesen[24]. Seine Intention ist demgegenüber bescheidener; sie geht von der Feststellung aus, daß die „Übersetzung" und Einbeziehung eines großen Teils der in anderen (Teil-)Disziplinen besonders im letzten Jahrzehnt geleisteten Forschungsarbeit in die Zeitgeschichtsschreibung gerade erst begonnen hat. Dies bedeutet freilich auch, daß den Bemühungen Grenzen gesetzt waren, die über ganz unterschiedliche Zugänge und in einem breiten Spektrum fachdisziplinärer Zusammenhänge entstandenen Einzelbeiträge „historisch" anzulegen und an wichtigen, die zeitgeschichtliche NS-Forschung bestimmenden Fragestellungen zu orientieren. Gleichwohl dürften sich zahlreiche Anknüpfungspunkte finden lassen: Explizit und implizit wird in den Beiträgen immer wieder die Frage nach der „Modernität" bzw. nach säkularen Modernisierungstrends in der Gesundheitspolitik, nach Kontinuitäten und Brüchen, nach der „Wissenschaftlichkeit" der medizinischen Forschung, nach dem Verhältnis von Programmatik und Improvisation sowie nach individuellen und kollektiven Entscheidungsspielräumen gestellt.

Den ersten Teil des Bandes eröffnen *Alfons Labisch* und *Florian Tennstedt* mit einer prägnanten Darstellung des institutionellen und gesetzgeberischen Take-off der nationalsozialistischen Gesundheitspolitik. Ihr Ausgangspunkt ist die Kritik an der vielfach zu beobachtenden Unterschätzung der staatlich-institutionellen Fundamentierung dieser Politik, aber auch an einer gewissen Überschätzung der ins Kraut schießenden neuen parteiamtlichen Ämter und Stellen. Zunächst relativiert ein Rückblick auf die Diskussion, die bereits in der Endphase der Weimarer Republik unter dem Eindruck der Wirtschaftskrise vor allem in Preußen um eine Vereinheitlichung des öffentlichen Gesundheitswesens geführt worden ist, die Originalität der nationalsozialistischen Gestaltungsansprüche. Als zentrales Argument für eine straffe Neustrukturierung diente den Nationalsozialisten der Vorwurf der „Buntscheckigkeit" des Mischsystems aus staatlichen Kreisärzten, Kommunalärzten und in freier Trägerschaft tätigen Ärzten, das sich der schon seit 1871 polyzentrisch verlaufenen Entwicklung des Wohlfahrts- und Gesundheitswesens verdankte und in den zwanziger Jahren weiter aufgefächert hatte.

Tatsächlich aber war die Gleichschaltung und Neuordnung des Gesundheitswesens für die NS-Experten von Beginn an mit dezidierten bevölkerungspolitischen und rassenhygienischen Zielsetzungen verknüpft. Das wird deutlich am Vorgehen von Dr. Arthur Gütt, der als Kreisarzt 1923 Anschluß an die völkische Bewegung gefunden

---

[24] Allein 1988/89 erschienen mehr als drei Dutzend einschlägige Publikationen; vgl. die Auswahlbibliographie in diesem Band. Inzwischen hat die medizinhistorische Forschung nahezu alle medizinischen Teildisziplinen in ihrer Entwicklung während der NS-Zeit zumindest in Umrissen erfaßt; vgl. zuletzt Thom/Caregorodcev (Hrsg.), Medizin unterm Hakenkreuz. Die quellengesättigte sozial- und wirkungsgeschichtliche Erforschung vieler Einzelbereiche und ihre Interpretation im Kontext der allgemeinen (Gesundheits-)Politik stehen jedoch erst am Anfang. – Kaum untersucht ist bisher die aspektreiche Geschichte der Blinden, die in erheblichem Umfang Opfer von Zwangssterilisationen wurden; für den Hinweis danke ich Herrn Dr. J.-J. Meister, München.

hatte und diese Aufgabe seit Mai 1933 als Referent im Reichsinnenministerium betrieb. Gütts erste Tat war es, den aus dem Vorjahr stammenden preußischen Entwurf für ein Sterilisationsgesetz so umzuarbeiten, daß er als „Gesetz zur Verhütung erbkranken Nachwuchses" bereits im Juli 1933 verkündet werden konnte. Im Gegensatz zu der Vorlage ermöglichte das NS-Gesetz die Zwangssterilisation und wies dem staatlichen Arzt die entscheidende Rolle in den Verfahren vor den Erbgesundheitsgerichten zu. Das „Gesetz über die Vereinheitlichung des Gesundheitswesens" (GVG) ließ zwar noch ein volles Jahr auf sich warten, doch schon mit dem Erbgesundheitsgesetz sehen Labisch/Tennstedt die Weichen gestellt in Richtung auf einen öffentlichen Gesundheitsdienst in zentralstaatlicher Regie.

Die dann im Herbst 1933 anlaufenden Beratungen über das GVG gestalteten sich nicht nur wegen der dadurch ausgelösten Kompetenzkonflikte zwischen Reich, Ländern und Kommunen zäh. Ein wichtiger weiterer Grund war, daß damit zugleich die künftige gesundheitspolitische Rolle der NSDAP zur Debatte stand. Der mit dem GVG intendierte Aufbau eines reichseinheitlichen Systems staatlicher Gesundheitsämter, an deren Spitze im Regelfall ein staatlicher Amtsarzt stehen sollte, kollidierte mit der von Wagner favorisierten Lösung, die ein von niedergelassenen Ärzten als Amtswaltern der Partei getragenes System vorsah. Die Autoren zeigen, wie Wagners Anspruch auf die Führung der Gesundheitspolitik durch die Partei („Gesundheitsführung des deutschen Volkes") bereits in dieser Phase ins Hintertreffen geriet. Dazu trug neben der konzeptionellen Schwäche des NSDÄB, der 1933 damit beschäftigt war, zugunsten der eigenen Klientel den Ärztestand von „bolschewistisch-jüdischen Nestbeschmutzern" zu säubern, vor allem die noch ungebrochene Stärke der ministerialen „Reichsreformer" bei.

Die Kombination aus Hartnäckigkeit und Kompromißbereitschaft, mit der Gütt, seit einem Vierteljahr Chef der neuen, ausschließlich für Volksgesundheit zuständigen Abteilung IV des Reichs- und Preußischen Ministeriums des Innern, Anfang Juli 1934 das GVG gegen eine schillernde Koalition von Widersachern schließlich durchzusetzen vermochte, läßt erkennen, daß es nicht darum ging, den traditionellen organisatorischen Dualismus von staatlichen und kommunalen Gesundheitsleistungen um seiner selbst willen zu beseitigen. Dahinter stand vielmehr die Absicht, reichsweit einheitliche Voraussetzungen zu schaffen für eine effektive Erb- und Rassenpolitik im Rahmen eines verstaatlichten öffentlichen Gesundheitsdienstes. Zugleich mit der flächendeckenden Einrichtung der Gesundheitsämter wurde laut Labisch/Tennstedt auch die „alte Kultur einer Gemeindemedizin" zerstört.

Noch ehe ein einziges staatliches Gesundheitsamt seine Pforten geöffnet hatte (das GVG trat erst am 1. April 1935 in Kraft), holte Wagner, mittlerweile zum Reichsärzteführer avanciert, zum organisatorischen Gegenschlag aus. Der Gründung eines Amts (später Hauptamts) für Volksgesundheit der NSDAP im Sommer 1934 folgten von der DAF und der NSV getragene Ämter für Volksgesundheit auf Gau- und Kreisebene. Labisch/Tennstedt schildern nicht nur die unklare Konzeption und den improvisierten Aufbau dieser noch kaum untersuchten Ämter, sondern vermitteln anhand einer lokalgeschichtlichen Vertiefung am Beispiel Wetzlar auch einen Eindruck von deren Arbeit. Dabei zeigt sich deutlich die sachliche Unterlegenheit der im wesentlichen auf das ehrenamtliche Engagement von NSDÄB-Ärzten angewiesenen Ämter für Volksgesundheit gegenüber den staatlichen Gesundheitsämtern, die auf öffentliche Mittel und die Organisationskompetenz einer gewachsenen Medizinalverwaltung zurückgreifen konnten.

Im Vergleich mit Wagners Vorstellung von einer „Gesundheitsführung" durch die Partei und den beim Amt für Volksgesundheit als „Gesundheitsblockwart" tätigen Hausarzt, der mit entsprechendem Fanatismus vor allem am „Erbstrom der Deutschen" wachen sollte, mußte Gütts Konzept einer Rassenhygiene durch Amtsärzte, so die Autoren, „tatsächlich zunächst als das kleinere Übel" erscheinen. Der Willkür des nur in dilettantischen Ansätzen – ein solcher blieb letztlich auch das millionenfach angelegte „Gesundheitsstammbuch" – verwirklichten parteiamtlichen Systems stand die Effektivität der im Prinzip nach den Grundsätzen ordentlicher Verwaltung handelnden staatlichen Gesundheitsämter gegenüber, die das Sterilisationsprogamm ebenso vorantrieben wie traditionelle Aufgaben der öffentlichen Gesundheitsfürsorge.

Während das (Haupt-)Amt für Volksgesundheit der NSDAP trotz fortgesetzter Interventionen Wagners bei Hitler im Grund ein Schattendasein führte und nur dort, wo es sich mit Massenorganisationen wie der HJ oder DAF zusammentat, zeitweise einen gewissen Einfluß erlangte, setzte die staatliche Gesundheitsverwaltung über ihre 744 Gesundheitsämter mit fast 24 000 Bediensteten (1938) die nationalsozialistische Erb- und Rassenpflege „im Sinne der klassischen medizinischen Eingriffsverwaltung seuchenhygienischer Prägung" durch – „mit einem riesigen, in der Geschichte des staatlichen Gesundheitswesens bislang einmaligen Aufwand". Für die 1939 begonnenen „Euthanasie"-Aktionen allerdings wurde weder der bisher durch Wagner noch der durch Gütt repräsentierte und (nach des einen Tod und des anderen Kaltstellung) nunmehr unter Reichsgesundheitsführer Dr. med. Leonardo Conti zusammengefaßte Apparat zuständig; vielmehr wurden dafür charakteristischerweise neue Sonderinstitutionen geschaffen, aus denen in der zweiten Kriegshälfte Hitlers Begleitarzt Dr. Karl Brandt als General- bzw. Reichskommissar für das Sanitäts- und Gesundheitswesen hervorging.

Dem auch als institutionengeschichtlicher Überblick dienenden Beitrag von Alfons Labisch und Florian Tennstedt schließt sich eine pointierte Fallstudie von *Adelheid Gräfin zu Castell Rüdenhausen* zur Entwicklung und Tätigkeit eines zunächst noch kommunalen, dann staatlichen Gesundheitsamtes an. Am Beispiel der Berg- und Industriearbeiterstadt Gelsenkirchen, wo seit 1919 der Stadtarzt Dr. Friedrich Wendenburg gesundheitspolitische Maßstäbe setzte, verfolgt die Autorin die empirisch noch kaum untersuchte Frage nach Kontinuitäten und Brüchen in der kommunalen Gesundheitsfürsorge und -vorsorge. Der Vorstellung einer konzeptionell und zeitlich scharfen Trennung von Sozial- und Rassenhygiene, derzufolge erstere der „egalitären" Sozialpolitik der Weimarer Republik, letztere dem „elitären Ausmerze"-Programm des Dritten Reiches zuzuordnen sei, hält Gräfin Castell die weitaus weniger eindeutige Entwicklung der lokalen Praxis entgegen: Das „Gelsenkirchener System" der Familienbetreuung durch Bezirksfürsorgestellen habe bereits seit den zwanziger Jahren zu einer nahezu „totalen gesundheitlichen Erfassung der Bevölkerung" geführt. Gefördert – wenn nicht ermöglicht – wurde dies durch zentralstaatliche Entscheidungen wie die Erweiterung des Systems der Meldepflicht für bestimmte Krankheiten, aber zum Beispiel auch für uneheliche Geburten (1924). Sämtliche sozialhygienischen Fürsorgedienste des Gesundheitsamtes blieben auch nach dessen Verstaatlichung erhalten, Informationen über die Konsequenzen der neu hinzukommenden erbgesundheitlichen

Maßnahmen, insbesondere über die Sterilisation, wurden unterdrückt. Aus der Perspektive der Klientel des Gesundheitsamtes sei die Zäsur des Jahres 1933 deshalb kaum wahrnehmbar gewesen. Dieser Befund bezieht sich freilich auf eine Stadt mit weit überdurchschnittlichem Arbeiter- und Kinderanteil und ist vor dem Hintergrund des außergewöhnlichen gesundheitsfürsorgerischen und sozialpolitischen Aktivismus Wendenburgs zu sehen, der 1928 vom Stadtarzt zum Wohlfahrtsdezernenten aufstieg und in dieser Funktion bis 1941 auch personelle Kontinuität verkörperte. Ob sich die Gelsenkirchener Beobachtungen in der weiteren Detailforschung bestätigen und zugleich verallgemeinern lassen werden, bleibt abzuwarten. Einiges spricht jedoch dafür, daß nicht nur die in der Literatur noch vorherrschende überscharfe Kontrastierung von Sozial- und Rassenhygiene, sondern auch manche etwas leichthändige Bewertung gesundheitspolitischer Einzelmaßnahmen nach dem schieren Faktum, ob sie vor oder nach 1933 getroffen worden sind, der Korrektur bedarf.

Zu den wenigen, die seit Jahren für eine umsichtige ideen- *und* wirkungsgeschichtliche Erforschung der Sozial- und Rassenhygiene eintreten, zählt der britische Medizinhistoriker *Paul Weindling*. Aufgrund fundierter Kenntnisse der internationalen Entwicklung der Eugenik seit dem ausgehenden 19. Jahrhundert wendet er sich gegen eine unilineare Interpretation gerade auch der Geschichte ihres deutschen Zweiges. Weindling ist es darum zu tun, die wissenschaftliche Breite und (gesellschafts-)politische Ambivalenz der ursprünglichen Ansätze hervortreten zu lassen, aber auch die Anfälligkeit einer noch jungen Disziplin für politische Konjunkturen. In gewisser Weise sieht er einen Niedergang der eugenischen Profession in der NS-Zeit im Spannungsfeld von biologistischer Ideologie und Antisemitismus.

Den Umstand, daß Thüringen zu einer Art „Mustergau" nationalsozialistischer Rassenforschung, Rassenhygiene und Gesundheitspolitik werden konnte, führt Weindling insbesondere auf das Gestrüpp konkurrierender Interessen und rivalisierender Instanzen eines polykratischen Herrschaftssystems zurück, das es dem Mediziner Karl Astel als Einzelperson ermöglichte, mit Entschlossenheit, Durchsetzungsvermögen und spezifischer Kompetenz weitgehend eigene Vorstellungen zu realisieren. Der sowohl in den Inhalten wie in der Vorgehensweise modellhaft in die nationalsozialistische Zukunft weisende Charakter der thüringischen Politik zeigte sich gerade in der Verknüpfung von spezifisch rassenbiologischen und herkömmlichen gesundheitsfürsorgerischen Maßnahmen, wie sie das seit 1933 aufgebaute Landesamt für Rassewesen betrieb, das Astel in Personalunion mit dem Jenaer Universitätsinstitut für Rassenhygiene leitete. Die von Astel entwickelte und im Rahmen großangelegter Untersuchungen zur Fortpflanzungshäufigkeit von Zehntausenden von Thüringern aufgebaute „Sippenkartei" diente dem polizeimäßigen Zugriff im öffentlichen Gesundheitswesen und wurde reichsweit zum Vorbild für erbbiologische Erfassungsmaßnahmen.

Die internationale Beachtung, die Astels erbwissenschaftliche Anstrengungen innerhalb der eugenischen Bewegung in den Vorkriegsjahren fanden, scheint ein Indiz dafür zu sein, daß selbst eine auf Rassenhygiene reduzierte Eugenik durchaus noch als in gewisser Weise offen angesehen wurde. Zu ihrer Entwicklung in einem extrem menschenverachtenden Sinne bedurfte es entsprechender politischer Absichten und Umstände, deren Herausbildung die Protagonisten der deutschen Rassenforschung dann allerdings mit beträchtlicher Konsequenz in einen sachlichen und ideologischen

Zusammenhang mit der nationalsozialistischen Vernichtungspolitik führte. Auch dafür steht Astel insofern als Beispiel, als er im Zuge des Aufstiegs der SS und des Abstiegs von Reichsbauernführer Darré seine ursprüngliche Orientierung an dessen zunehmend anachronistisch erscheinender Blut-und-Boden-Ideologie lockerte und die Unterstützung der SS für eine konkrete, in wachsendem Maße gegen die „Asozialen" gerichtete genetisch-selektive Rassenpolitik suchte und fand.

Dem Zusammenhang von praktischer Rassenpolitik und erbbiologischer Forschung geht, mehr noch als Weindling dies im Rahmen seiner Fallstudie vermag, *Benno Müller-Hill* in einem eindringlichen Beitrag nach. Insbesondere wendet sich der Kölner Genetiker dabei gegen die – in der Tat auch entlastend wirkende – Vorstellung, die nach 1933 intensivierte Rassenforschung sei ein a priori unwissenschaftliches Unterfangen gewesen. In Anlehnung an Kuhns Definition, wonach als Wissenschaft anzusehen ist, was in allgemein anerkannten wissenschaftlichen Einrichtungen geleistet und erarbeitet wird, beschreibt Müller-Hill die Tätigkeit der Rassenforscher als eine „Wissenschaft von der Aussonderung biologisch definierter Minderheiten".

Die längst vor der Machtübernahme an Universitäten und Kaiser Wilhelm-Instituten betriebene und von der Deutschen Forschungsgemeinschaft (zeitweise auch von der Rockefeller Foundation) geförderte Erbwissenschaft aufgegriffen und den ihr innewohnenden Imperativ der „Ausmerze" mit einer spezifischen Technik der Vernichtung verknüpft zu haben, sieht der Autor als das Besondere des Nationalsozialismus. Daß diese Verknüpfung so augenscheinlich mühelos gelang, sei nicht nur auf die seit 1933 herrschenden politischen und ideologischen Rahmenbedingungen zurückzuführen. Eine Ursache dafür habe vielmehr auch darin gelegen, daß Rassenforschung eine, wie Müller-Hill formuliert, „weiche" Wissenschaft war (und, wie er hinzufügt, als Humangenetik in gewissem Sinne noch heute sei). Statt durch eine plakative Vokabel wie „Pseudowissenschaft" die genauere Auseinandersetzung mit der Rassenforschung für obsolet zu erklären, komme es darauf an, das „Amalgam aus Wissenschaft, Halbwissenschaft, Lüge, Raub und Mord" als einen wesentlichen Baustein des nationalsozialistischen Vernichtungsprogramms zu begreifen.

Mit seiner aufsehenerregenden Schrift „Tödliche Wissenschaft" hat Müller-Hill vor einigen Jahren stark dazu beigetragen, daß der auch von der Zeitgeschichte lange kaum wahrgenommene Konnex von erbbiologischer Forschung und einer entsprechend begründeten Vernichtung ins Blickfeld geriet. Seitdem wurden viele neue faktische und konzeptionelle Einzelheiten über die Behandlung der „Minderwertigen" bekannt. Der weniger spektakuläre Umgang mit den „Vollwertigen" hingegen blieb, wie schon erwähnt, auch weiterhin eine Terra incognita. Gerade über die praktischen Ärzte und deren alltägliches Tun, das natürlich auch zwischen 1933 und 1945 die medizinische Versorgung der deutschen Bevölkerung in erster Linie bestimmte, ist bisher fast noch gar nicht geforscht worden[25]. Hier, das heißt bei der ebenso interessanten wie schwierig zu beantwortenden Frage nach der ärztlichen Normaltätigkeit im Dritten Reich, setzt der Beitrag von *Fridolf Kudlien* an.

Kudlien schildert zunächst knapp zusammenfassend die radikalen Forderungen, die nach der Machtübernahme aus der sich dem Nationalsozialismus zum Teil seit langem verbunden fühlenden Naturheilbewegung kamen und die 1935 mit der Grün-

---

[25] Ansätze dazu jetzt aber bei Kater, Doctors under Hitler, bes. S. 35–53.

dung der Reichsarbeitsgemeinschaft für eine Neue Deutsche Heilkunde und einiger Modelleinrichtungen wie dem Rudolf-Heß-Krankenhaus in Dresden auch eine gewisse Institutionalisierung erfuhr, ehe die Schulmedizin erfolgreich zum Gegenangriff blies. Der Rigorismus der Neuen Deutschen Heilkunde, die Krankheit als „Pflichtversäumnis" definierte und den Invaliden vor die Alternative „Leistungsfähigkeit oder natürliche Ausmerze" stellen wollte, paßte zwar hervorragend ins heroischbrutale Bild von der „arischen Rasse" und zur nationalsozialistischen Leistungsideologie, nicht aber in die ärztliche Praxis. Doch der radikale naturheilkundliche Angriff auf die kurative Medizin scheiterte nicht nur am tradierten Selbstverständnis und an den Standesinteressen der Ärzte, sondern – darauf deuten die wenigen Quellen zur Arzt–Patient-Beziehung hin – implizit wohl auch an der Ablehnung einer harten sozialdarwinistischen Alltagsmedizin durch die Bevölkerung. Das Vertrauensverhältnis zwischen Hausärzten und Patienten blieb nach Einschätzung Kudliens überwiegend intakt, wenngleich dies eher indirekt aus Quellen über die Treue von Patienten zu ausgeschalteten jüdischen Ärzten geschlossen werden muß.

Die Tatsache, daß Reichsärzteführer Wagner die Neue Deutsche Heilkunde zunächst förderte, dann aber nichts gegen ihre Zurückdrängung und Selbstdemontage im weltanschaulichen Hickhack rivalisierender NS-Führer tat, zeigte an, daß die (ohnehin nicht durchgängig NS-spezifische) Vorsorgemedizin gegenüber der tradierten medizinischen Fürsorge während des Dritten Reiches zwar aufholte, deren faktische Dominanz aber nicht in Frage stellte. Dem biologistischen Druck, der mehr noch als von der Neuen Deutschen Heilkunde von der parteiamtlichen Gesundheits-, Leistungs- und Rassenpropaganda ausging und durch den Krieg dann eine gleichsam objektive Untermauerung erfuhr, begegneten die Hausärzte doch offenbar vielfach mit erprobten Rezepten: indem sie konstitutionell überforderte Jugendliche mit Attesten vom Zwang der „Leibesertüchtigung" befreiten, Bedürftigen zusätzliche Nahrungsmittel-Rationen verordneten oder Erschöpften die Krankschreibung verlängerten. Auf letzteres bezogen dürfte, je länger der Krieg dauerte desto mehr, neben der traditionellen Gegnerschaft der Kassenärzte gegenüber den Vertrauensärzten auch die eigene Erschöpfung der überbeanspruchten Haus- und Klinikärzte eine Rolle gespielt haben.

Kudliens vorläufiger Befund auf dem nicht leicht zu sondierenden Gelände der medizinischen Regelversorgung wird hoffentlich weitere Forschungen anregen. Die von ihm zu Recht als ein besonders wichtiges Desiderat benannte Tätigkeit der Betriebs- und Vertrauensärzte behandelt der sich anschließende Aufsatz von *Ulrich Knödler*. Mit der Organisation der betrieblichen Arbeits- und Leistungsmedizin thematisiert der Beitrag das nach dem Gesamtbereich der Erb- und Rassenhygiene wirkungsgeschichtlich bedeutsamste Feld nationalsozialistischer Gesundheitspolitik. Denn das Paradigma der leistungsmäßigen Optimierung der Gesellschaft, dessen Durchsetzung mit der Konsolidierung der DAF und dem Anlaufen der Rüstungskonjunktur forciert und nach Kriegsbeginn (auch nach immanenter Logik) rasch pervertiert wurde, geht nicht in dem 1933 etablierten Paradigma der rassischen Optimierung auf, sowenig es sich davon völlig trennen läßt.

Knödler erinnert zunächst auch an die Entwicklung der Arbeitsmedizin in den zwanziger Jahren, als – insbesondere aufgrund der Tätigkeit von Werksärzten in den modernen Großbetrieben vor allem der chemischen Industrie – ihre Verwissenschaftlichung einsetzte und es zur Gründung spezieller Forschungseinrichtungen kam. Zwar blieb die Arbeitsmedizin einstweilen vorwiegend auf Maßnahmen des Arbeitsschutzes und der Unfallverhütung ausgerichtet, aber Fragen der Leistungssteigerung spielten bereits eine gewisse Rolle. Sie rückten rasch ins Zentrum des Interesses, als 1935 das Hauptamt für Volksgesundheit der NSDAP mit dem neugegründeten Amt für Volksgesundheit der DAF auf den Plan trat; in der Gestalt des stellvertretenden Reichsärzteführers Friedrich Bartels waren die beiden Ämter in Personalunion verbunden.

Der Autor zeigt, wie Partei und DAF mit der Thematisierung der „Leistungsproblematik" ihren Anspruch auf die „Gesundheitsführung in den Betrieben" durchzusetzen versuchten. Das seit 1936 propagierte Betriebsarztsystem kam jedoch erst kurz vor Kriegsbeginn halbwegs in Gang. Von den Unternehmen bezahlt und von der DAF mehr schlecht als recht geschult, sollten die (in der Mehrzahl nebenamtlich tätigen) Betriebsärzte zwar auch die klassischen Aufgaben der Arbeitsmedizin übernehmen, vor allem aber den im Hinblick auf die individuelle Leistungsfähigkeit optimalen Einsatz der Arbeitskräfte sicherstellen. Der Feststellung des „Gesundheits- und Leistungszustands" der Arbeiterschaft dienten auch betriebliche Reihenuntersuchungen, die erstmals im Frühjahr 1937 in vier Gauen durchgeführt wurden, aufgrund mangelnder Vorbereitung aber ziemlich nutzlos blieben und wie die gesamten hochgespannten Pläne für ein „Gesundheitsstammbuch" nach Kriegsbeginn versackten. Unter dem Druck des Arbeitskräftemangels wurden die Betriebsärzte nun fast zwangsläufig zum Werkzeug einer „Leistungssteigerung" auf Kosten der Gesundheit.

Auf der Grundlage eines reichhaltigen Bestands regionaler Kassenakten schildert Knödler das von der Kassenärztlichen Vereinigung Deutschlands 1940 – unabhängig von den staatlichen Vertrauensärzten – eingeführte System von „Revierärzten". Das waren Kassenärzte, die durch Sprechstunden in den Betrieben Arbeitszeitverlusten insbesondere in kriegswichtigen Branchen begegnen sollten. Mit ihrem Vorschlag, hierfür auch die bisher nur zur „erweiterten Ersten Hilfe" berechtigten Betriebsärzte einzusetzen, konnte sich die DAF gegen den Alleinbehandlungsanspruch und die Einkommensinteressen der Kassenärzte erst 1942 durchsetzen, als der Ärztemangel aufgrund militärischer Dienstverpflichtungen nicht mehr zu übersehen war. Anfang 1943 wurde das Konzept der „Fabriksprechstunde", das die freie Arztwahl stark einschränkte und in bestimmten Fällen ganz aufhob, nach Patientenprotesten jedoch wieder zurückgenommen. Im Zeichen des „totalen Krieges" setzten die Landesversicherungsanstalten auf einerseits brachialere, andererseits stärker differenzierende Verfahren.

Die unrühmlichste Rolle kam dabei dem Vertrauensärztlichen Dienst (VÄD) zu, dessen Negativ-Image erst 1936 eine Reform gegolten hatte, die seine Aufgaben in den Bereich der Gesundheitsfürsorge hinein erweiterte. Seit April 1940 bekämpfte ein mobiler vertrauensärztlicher „Stoßtrupp" gezielt an bestimmten Orten die „Flucht in die Bettlägerigkeit"; Knödler schildert dessen Ersteinsatz in Stuttgart und kann dabei zeigen, daß die Aktion neben einer vorübergehenden Senkung des Krankenstandes vor allem eine dauerhafte „Verstimmung" bei Ärzten und Patienten bewirkte. Bezeichnenderweise verweigerte das DAF-Amt Gesundheit und Volksschutz jahrelang seine Zustimmung zum Einsatz der Betriebsärzte als nebenamtlichen Vertrauensärzten. Erst 1941, unter dem doppelten Druck von Ärzte- und Arbeitskräftemangel, gab das

DAF-Amt für Arbeitseinsatz gegenüber den Landesversicherungsanstalten grünes Licht, ohne damit aber das Problem der wachsenden Personalnot des VÄD zu lösen.

Als dann Karl Brandt, Hitlers neuernannter Generalkommissar für das Sanitäts- und Gesundheitswesen, Anfang 1943 den als besonders erfolgreich aufgefallenen Vertrauensarzt Dr. Gutermuth zum Bevollmächtigten für ärztliche Sonderaufgaben in der Rüstungsindustrie ernannte, gehörte dies bereits zu den mit der Totalisierung des Krieges einhergehenden institutionellen Auflösungserscheinungen des Regimes. Die „Gutermuth-Aktion" hielt die Ärzte in einer an die Akkord-Entlohnung der „Euthanasie"-Gutachter erinnernden Weise zu Höchstleistungen bei der „Gesundschreibung" an. Knödler schildert, wie die vor allem von der DAF verfolgten Reformansätze der Vorkriegszeit im Raubbau an der Gesundheit der Menschen endeten. Die zwar von jeher im Sinne der Leistungsoptimierung propagierte, zunächst aber für den einzelnen auch mit positiven neuen Fürsorgemaßnahmen einhergehende „Gesundheitspflicht" bedeutete jetzt nur noch, auch bei Krankheit arbeiten zu müssen.

Jüngere Industriearbeiter mochte die in den sogenannten Friedensjahren am Arbeitsplatz erlebte gesundheitliche Erfassung und Kontrolle in manchem an die militärische Musterung und die medizinische Betreuung während ihrer soldatischen Dienstzeit zurückdenken lassen. In seinem Überblick über das Sanitätswesen der Wehrmacht skizziert *Ekkehart Guth,* wie lange vor Kriegsbeginn rassenideologische und bevölkerungspolitische Konzepte insbesondere über die Musterungstätigkeit der Militärärzte Eingang in die Wehrmacht fanden. Guth bezweifelt jedoch, daß das neue Leitprinzip der „Wehrhaftigkeit" von der Mehrzahl der Sanitätsoffiziere aktiv aufgegriffen worden ist.

Ausgehend von einer organisatorischen Skizze der Sanitätsdienste der Teilstreitkräfte, schildert Guth die unterschiedlichen – und immer schwieriger werdenden – Anforderungen, mit denen sich die Militärärzte und das Sanitätspersonal im Verlauf des Krieges konfrontiert sahen. Dabei wird deutlich, daß die Bereitschaft zu menschenverachtenden, rigoros den Forderungen der militärisch-politischen Führung nachgebenden Behandlungsmethoden unter dem Druck der sich verschärfenden Kriegslage wuchs. Guths Seitenblick auf die wohl nur zum Teil „sachlich" begründbaren militärmedizinischen Menschenversuche in den Konzentrationslagern erinnert daran, daß neben „Verrohung" auch moralische Enthemmung, individuelle Karrieregedanken und in Einzelfällen wohl auch Perversionen im Spiele waren, wenn sich (Militär-)Ärzte zu solchen Experimenten an Häftlingen und zu inhumanen Praktiken an Soldaten bereitfanden.

Den Abschluß des ersten Teils des Bandes bildet ein Beitrag von *Willi Dreßen* und *Volker Rieß* über die deutsche Gesundheitspolitik im sogenannten Generalgouvernement. Damit soll eine Dimension unseres Themas wenigstens exemplarisch angedeutet werden, die durch das Millionenheer der zwangsrekrutierten Fremdarbeiter auch im Reichsgebiet virulent war, aber immer wieder übersehen wird: die Tatsache nämlich, daß die im Verlauf des weltanschaulichen Eroberungskrieges unter die deutsche Besatzungsherrschaft geratenen „Ostvölker" gleichsam a priori gesundheitlichem Raubbau und medizinischer Mangelversorgung ausgesetzt wurden – wenn nicht der zielbewußten „Vernichtung durch Arbeit".

Dreßen/Rieß schildern zunächst den organisatorischen Aufbau der deutschen Gesundheitsverwaltung im Generalgouvernement, unter deren Kontrolle ein Großteil des polnischen Medizinalapparates weiterarbeiten konnte, nachdem sichergestellt war, daß die Deutschen nur von deutschen Ärzten behandelt und für sie die jeweils besten medizinischen Einrichtungen beschlagnahmt wurden. Während die Ernährungssituation für die Deutschen im Generalgouvernement eher besser war als im Reichsgebiet, mußte die polnische Bevölkerung vor allem in den Städten zugunsten der Nahrungsmittellieferungen an das Reich schwerste Versorgungsmängel ertragen. Alle Ansätze zu einer etwas weitsichtigeren Besatzungspolitik, wie sie im Bereich der öffentlichen Gesundheitsfürsorge zeitweise etwa der Warschauer Stadtarzt Dr. Wilhelm Hagen[26] mit einer verbesserten Tuberkulose-Bekämpfung vorschlug, scheiterten an der Dynamik der rassenideologisch motivierten Niederdrückung der Polen, der sich im Zweifelsfall sogar das andere wichtige Ziel der maximalen wirtschaftlichen Ausbeutung der Quasi-Kolonie unterzuordnen hatte.

Für die polnischen Juden entwickelte sich die Situation rasch noch weitaus dramatischer. Die durch die Fehl- und Unterernährung bei ungenügenden sanitären Verhältnissen erzeugten Seuchen, insbesondere das Fleckfieber, wurden nicht bekämpft, sondern dienten als gesundheitspolitisches „Argument" für die Ghettoisierung. Bereits im Frühjahr 1940 erklärte der Chef der Gesundheitsverwaltung im Generalgouvernement, Obermedizinalrat Dr. Jost Walbaum, er habe festgestellt, „daß der Flecktyphus ausschließlich von Juden verbreitet werde". Nach dieser Logik war es nur konsequent, möglichst alle Juden in Ghettos zu verbringen und diese vollständig abzuschotten. Da medizinische Hilfe ebensowenig wie eine bessere Nahrungsmittelversorgung in Frage kam, blieben am Ende zum Schutz der Deutschen, wie Walbaum im Herbst 1941 formulierte, „nur zwei Wege, wir verurteilen die Juden im Ghetto zum Hungertode oder wir erschießen sie". Die „Gesundheitspolitik" mündete in die mit Ghettoräumungen und Massenerschießungen einsetzende Ermordung der europäischen Juden.

III.

Den zweiten Teil des Bandes bilden Beiträge zur Geschichte der Psychiatrie seit den zwanziger Jahren und der psychiatrischen „Euthanasie" im Dritten Reich. Von dem beispiellosen „zivilisationsgeschichtlichen Menetekel" (Kurt Nowak) der Krankenmorde hat die Beschäftigung mit der Medizin und Gesundheitspolitik im Nationalsozialismus Anfang der achtziger Jahre zwar ihren Ausgang genommen und inzwischen zu einem breiten Strom von Studien geführt, die besonders die Verwicklung der einzelnen Anstalten in den Ablauf des „Euthanasie"-Programms rekonstruieren. Doch diese Fülle von Publikationen darf nicht darüber hinwegtäuschen, daß viele aus der Sicht des Historikers wichtige Fragen weiterhin ungeklärt sind; einige davon werden hier aufgegriffen.

[26] Wilhelm Hagen (1893-1982) fand aus der Jugendbewegung 1919 zur Vereinigung Sozialistischer Akademiker in München, wurde 1923 Stadtarzt in Höchst a.M., war von 1925 bis zur Entlassung wegen „politischer Unzuverlässigkeit" 1933 Stadtmedizinalrat in Frankfurt a.M., danach praktischer Arzt in seiner Geburtsstadt Augsburg, 1941 bis zur Entlassung 1943 Stadtarzt in Warschau, 1950 Ministerialrat in der Gesundheitsabteilung des Bundesinnenministeriums und von 1956 bis zur Pensionierung 1958 Präsident des Bundesgesundheitsamts. Eine Biographie dieses „Altmeisters der Sozialhygiene" (so Alfred C. Eberwein in: Hagen, 60 Jahre, S. 5) erbrächte vermutlich nicht zuletzt interessante Aufschlüsse über Kontinuitäten und Diskontinuitäten in der öffentlichen Gesundheitsfürsorge.

Der Beitrag von *Hans Ludwig Siemen* untersucht die Veränderungen der psychiatrischen Therapiekonzepte unter den Bedingungen der Wirtschaftskrise seit Ende der zwanziger Jahre. Er dient damit im besten Sinne der „Historisierung" der Psychiatrie-Geschichte. Ohne die Singularität der „Euthanasie"-Verbrechen in der NS-Zeit in Frage zu stellen, vermag er zu zeigen, daß die konzeptionellen Fortschritte, die die praktische Psychiatrie in den „guten Jahren" der Weimarer Republik erzielt hatte und die insbesondere auf modernere Therapieverfahren hinausliefen („aktivere Heilbehandlung"), in gewisser Weise die spätere Entwicklung zur Inhumanität begünstigten: insofern nämlich, als der kostenintensive „therapeutische Aktivismus" eine klare Unterscheidung zwischen mutmaßlich heilbaren und unheilbaren Patienten nahelegte. Der Einsatz modernster Mittel und Methoden zugunsten der Heilbaren hatte tendenziell eine fürsorgerische Abstufung und Vernachlässigung der Unheilbaren zur Konsequenz. Während die einen auf fortschrittliche, den in allgemeinen Krankenhäusern herrschenden Bedingungen möglichst angeglichene Weise behandelt werden sollten, war für die anderen nur noch Verwahrung vorgesehen. Unter ökonomischem Druck wurde gegenüber letzteren fast zwangsläufig das Kostenargument ausgespielt.

Eine weitere indirekte Konsequenz der von reformfreudigen Psychiatern wie Hermann Simon angestrebten Überwindung des alten, weitgehend auf Daueraufenthalt angelegten Anstaltssystems war eine Veränderung in deren Einstellung zur Sterilisation. Was das Gros der Eugeniker mit wissenschaftlich fragwürdigen Argumenten seit Jahren forderte, gewann nun gerade aus der Perspektive von Psychiatrie-Reformern Plausibilität: Glaubten sie doch, ihr Ziel, möglichst viele Patienten nach „aktiver Heilbehandlung" zu entlassen bzw. jene erst gar nicht einweisen zu müssen, die keiner stationären Behandlung bedurften, nur dann verantwortlich ansteuern zu können, wenn zuvor die Fortpflanzungsfähigkeit eben dieser Patienten unterbunden war. Die – zumal in Zeiten knapper öffentlicher Mittel – ohnehin ins Wanken geratene Koalition derer, die eine Sterilisation von „Minderwertigen" ablehnte, wurde durch solche Überlegungen, die überdies das Signum der Modernität auf ihrer Seite hatten, weiter geschwächt.

Gleichwohl, und auch dies macht Siemens Beitrag deutlich, wäre es verfehlt, eine Zwangsläufigkeit zu unterstellen in der Entwicklung von den Ansätzen der Psychiatrie-Reformer der zwanziger Jahre über die Radikalisierung ihrer Konzepte am krisenhaften Ende des Jahrzehnts bis hin zu den radikalen Maßnahmen ab 1933 bzw. 1939. Der entscheidende „qualitative Sprung" in die Anti-Humanität, von dem Siemen spricht, bedurfte spezifischer antidemokratischer Rahmenbedingungen und eines entsprechenden politisch-ideologischen Willens, wie ihn eben erst die Nationalsozialisten mitbrachten.

Achim Thoms Fallstudie über die innere Entwicklung in den Heil- und Pflegeanstalten Sachsens schließt, obschon ihr Schwerpunkt auf dem Zeitraum 1938 bis 1945 liegt, in wichtigen Aspekten fast unmittelbar an Siemens Darstellung an. Eine ergiebige Quellenkategorie für den Blick auf die Behandlungs- und Betreuungsformen und die Lebensbedingungen hinter den Anstaltsmauern sind die Jahresberichte der staatlichen psychiatrischen Einrichtungen, die 1938 an zehn Orten in Sachsen etwa 10 000 Patienten beherbergten. Thom schildert zunächst die zum Teil neuen, dem Konzept einer „aktiveren Heilbehandlung" verpflichteten therapeutischen Bemühungen in den Vorkriegsjahren, die allerdings weitgehend auf frisch Erkrankte beschränkt blieben.

Auch fällt auf, daß schon damals - zumindest in den Jahresberichten - neben dem medizinischen Nutzen die Möglichkeit volkswirtschaftlicher Einsparungen (z. B. von Beruhigungsmitteln und Pflegekräften) durch die Schocktherapie mit Cardiazol besonders betont wurde. Mochte das Kostenargument in diesem Fall nur vorgeschoben gewesen sein zur Rechtfertigung weiterer wissenschaftlich interessierender Erprobungen - denn die Cardiazolbehandlung war vergleichsweise aufwendig und wurde deshalb nach Kriegsbeginn auch ziemlich rasch fast ganz eingestellt -, so gehörte es jetzt doch schon zum Standardvokabular der Anstaltsleitungen. Die Fatalität dieses „Kostenbewußtseins" für die Patienten sollte sich bald erweisen.

Der ausgeprägte Mangel an Bereitschaft bei Anstaltsdirektoren und -ärzten, sich für die elementaren Lebensinteressen der ihnen Anvertrauten einzusetzen, zählt zu den deprimierendsten Erkenntnissen über die praktische Psychiatrie am Vorabend der „Euthanasie"-Aktionen. Gewiß waren das zum Teil Nachwirkungen der nur zwei Jahrzehnte zurückliegenden Noterfahrungen des Ersten Weltkrieges und des in der Nachkriegszeit auf der Anstaltspsychiatrie lastenden Legitimations- und Kostendruckes. Aber es zeigte sich darin wohl auch, daß die Attacken der Erbgesundheits- und Rassenpropagandisten auf „Minderwertige" und „unnütze Esser" sogar an den Fachleuten nicht spurlos vorübergegangen waren. So wurde der politische und seit 1936 (im Zusammenhang mit dem Vierjahresplan) auch wieder zunehmend ökonomische Druck auf die Heil- und Pflegeanstalten im allgemeinen umstandslos an die Patienten weitergegeben.

Die volkswirtschaftliche Bedeutungslosigkeit insbesondere der Einsparungen bei Nahrungsmitteln, die bereits 1938 durch die Einführung einer kalorienarmen „Sonderkost" für hinfällige und „niedergeführte" Patienten erzielt wurden, war für die Anstaltsleitungen kein Grund, irgendwelche Einwände zu erheben. Im Gegenteil beeilte man sich, dem Ausbau der traditionellen Arbeitstherapie einen autarkiewirtschaftlichen Sinn zu unterlegen. Konnte der verstärkte Arbeitseinsatz für bestimmte Patientengruppen tatsächlich positive Folgen haben, so verschärfte er doch auch zugleich die Ausgrenzung der nicht oder nicht mehr arbeitsfähigen Anstaltsinsassen.

Mit Kriegsbeginn verschlechterten sich die Existenzbedingungen der Psychiatriepatienten weiter. Mehr und mehr war der Alltag in den Anstalten geprägt von Hunger, Raumnot und - wegen der Dienstverpflichtung von Ärzten und Schwestern - fehlender medizinischer Betreuung. Bereits 1939 begann die Requirierung von Anstaltsräumen für Reservelazarette der Wehrmacht, wurde eine der zehn Landesheil- und Pflegeanstalten in Sachsen ganz aufgelöst, eine weitere (Sonnenstein) bis zum Frühjahr 1940 zur Tötungsanstalt umgebaut. Die Unmittelbarkeit des Zusammenhangs von Krieg und Krankenmord wird hier besonders deutlich: Die Vernichtung von psychisch Kranken und geistig Behinderten setzte Raum- und Personalkapazitäten für den Krieg frei.

Die katastrophalen Verhältnisse in den Anstalten - beklemmend selbst noch in der statistisch-nüchternen Sprache der Jahresberichte, auf die Thom weitgehend angewiesen ist - werfen nicht zuletzt ein bezeichnendes Licht auf die mangelnde Bereitschaft von Ärzten, wenigstens für die Minimalbedingungen menschenwürdiger Existenz einzutreten. Statt dessen ergab man sich der Rhetorik rücksichtsloser Leistungsabschöpfung, die an den volkswirtschaftlichen Unsinn und menschlichen Wahnsinn der „Sauckel-Aktionen" erinnert. Vor diesem Hintergrund erscheint es nicht nur nicht verwunderlich, daß in den Anstaltsberichten selbst der kleinste Hinweis auf die Krankenmord-Aktionen fehlt; auch die von den Protagonisten der „Aktion T 4" formulierten Vorstellungen eines „modernen" psychiatrischen Heilansatzes nach dem Krieg verlieren dadurch den letzten Rest ihrer perversen Logik. Die Dehumanisierung des Anstaltsalltags während des Krieges, an der – anders als an den Krankenmord-Aktionen – im Grund alle Anteil hatten, die in den Anstalten Verantwortung trugen, beraubte solche „Modernisierungskonzepte" jeder Glaubwürdigkeit. Insbesondere die Verbrechen der „wilden Euthanasie" in der zweiten Kriegshälfte zeigen, daß längst auch die Psychiatrie in den Strudel jener zerstörerischen und selbstzerstörerischen Dynamik geraten war, die in der Schlußphase des Dritten Reiches so augenfällig wurde und die die Frage aufwirft, ob das Regime überhaupt je wieder zu einer Stabilisierung hätte zurückfinden können.

Auch der Beitrag von *Bernd Walter* ist auf die Binnenstruktur der Heil- und Pflegeanstalten gerichtet. Ausgehend von der Beobachtung, daß inzwischen zwar die Intentionen der Psychiatrie-Planer relativ gut erforscht sind, nicht jedoch deren praktische Umsetzung, entwickelt der Autor auf methodisch innovative Weise eine Typologie der Patientengruppen und untersucht deren unterschiedliches Kollektivschicksal. Zu diesem Zweck wurde eine repräsentative Stichprobe aus den Krankenakten der insgesamt etwa 37 500 Patienten gezogen, die zwischen 1933 und 1945 für kürzere oder längere Zeit in den sieben Heil- und Pflegeanstalten des westfälischen Provinzialverbandes untergebracht waren.

Die Auswertung dieser Patientenunterlagen (mit mehr als 250 Analysemerkmalen) erweist für die verschiedenen Diagnosen jeweils spezifische und zugleich typische Krankheitsverläufe, die für die Aufenthaltsdauer der Patienten in der Anstalt und ihr weiteres Schicksal im Hinblick auf Sterilisation und „Euthanasie" von Bedeutung sind. Ob ein Patient sterilisiert wurde oder nicht, hing, wie Walter zeigt, jedoch weniger von der Diagnose ab als von seinem Lebensalter, von der Aufenthaltsdauer in der Anstalt und vom Entlassungsort. Generell gilt, daß vom „Gesetz zur Verhütung erbkranken Nachwuchses" kaum die Langzeitpatienten, sondern vor allem die als „fortpflanzungsgefährlich" geltenden Patienten im Alter bis zu 40 Jahren betroffen waren, die nach bis zu zehnjährigem Anstaltsaufenthalt zu ihren Familien entlassen werden konnten und sollten. Opfer der „Euthanasie" hingegen wurden insbesondere Langzeitpatienten mit therapieresistentem Krankheitsbild. Nicht zuletzt die Tatsache, daß solche Patienten früher vielfach aus den therapeutisch anspruchsvolleren Provinzial- in nichtstaatliche Pflegeanstalten verlegt worden waren, legt nach Walter „die Annahme nahe, daß die ‚Euthanasie' tatsächlich die zeitspezifische Lösung eines permanenten Problems der Anstaltspsychiatrie darstellte". Dies bedeutet freilich auch, daß es nicht angemessen wäre, die Radikalität der nationalsozialistischen Psychiatrie-„Reformer" allein aus der Aggressivität der nationalsozialistischen Rassenideologie erklären zu wollen.

Die Einstellungen und das Verhalten der deutschen Bevölkerung zu den „Euthanasie"-Aktionen untersucht *Kurt Nowak*. Sein Augenmerk richtet sich dabei besonders auf die festzustellende Selektivität in der Wahrnehmung der verschiedenen Mordaktionen, die wohl entscheidend dazu beitrug, daß ein reichsweit durchdringender, gebündelter Protest letztlich nicht zustande kam. Nowak erinnert zunächst daran, daß kurz nach Kriegsbeginn aus „kriegswirtschaftlichen Gründen" Patienten polnischer psychiatrischer Anstalten zu Tausenden durch Sonderkommandos erschossen und daß 1941 durch die Einsatzgruppen des SD mit Wissen und zum Teil auf Wunsch der Wehrmacht sowjetische Anstalten für Quartierzwecke „geräumt" wurden. Beide Tatsachen drangen ebensowenig ins Bewußtsein der Bevölkerung wie die „Euthanasierung" von Konzentrationslager-Häftlingen und arbeitsunfähig gewordenen Ostarbeitern („Aktion 14f13" bzw. „Sonderlageraktion"). Aber auch die Wahrnehmung der Kinder-„Euthanasie" blieb – nicht zuletzt wohl wegen ihrer Durchführung im medizinisch-ärztlichen Rahmen der an zahlreichen Kliniken eingerichteten „Kinderfachabteilungen" – weitgehend auf den Kreis der betroffenen Eltern beschränkt.

Massiven Protesten sah sich das Regime einzig wegen der Erwachsenen-„Euthanasie" ausgesetzt, dies allerdings sehr rasch. Bereits Anfang Februar 1940, unmittelbar nach Beginn des Mordens, häuften sich die Gerüchte im Umkreis der ersten Tötungsanstalt, Schloß Grafeneck, dessen Umbau die Einheimischen schon mit Mißtrauen verfolgt hatten. In wenigen Monaten nahm die Erregung in Württemberg, die von der evangelischen Kirche gezielt an höchste Reichsinstanzen weitergeleitet wurde, solche Formen an, daß sich Himmler einschaltete und Grafeneck noch vor Jahresende 1940 stillgelegt wurde. Vergleichbar intensive Reaktionen rief die „Aktion T4" nur noch in Westfalen hervor, wo sich die Ablehnung der Krankenmorde um den katholischen Bischof von Münster, Graf von Galen, und um die angesehenen Bodelschwinghschen Anstalten in Bethel kristallisierte. Galens berühmtgewordene Predigt vom 3. August 1941 interpretiert Nowak als „Schritt über den Rubikon", denn die katholische Kirche habe dem Regime damit „in ethisch-humanitärer (noch nicht in politischer) Hinsicht" öffentlich die Loyalität aufgekündigt. Zwar habe die neuere Forschung den kurz darauf von Hitler verfügten „Euthanasie"-Stopp als „technische Zäsur" relativiert, aber es sei „überkritisch" zu behaupten, die vorangegangenen Proteste seien dafür völlig bedeutungslos gewesen.

Die Tatsache, daß die Krankenmorde dann „im Zusammenspiel von dezentralen Aktivitäten und zentraler Steuerung" bis Kriegsende als „wilde Euthanasie" bzw. als „Aktion Brandt" weitergingen, ohne den früheren vergleichbare Proteste zu evozieren, scheint nicht nur auf die nun schwierigere Durchschaubarkeit des Geschehens zurückzuführen zu sein. Daß letzteres eine Rolle spielte, zeigen die (weitgehend fehlenden) Eltern-Reaktionen auf die zunehmend routinisierte Kinder-„Euthanasie", bei der „sublime psychologische Techniken, bestehend aus Verhüllung, halber Offenlegung und therapeutischer Erfolgszusage", angewandt wurden. Unter dem Eindruck des sich verschärfenden Krieges nahm offenbar aber auch die Sensibilität für das Unrecht an den Kranken ab. Es scheint, als habe Hitler nicht ganz falsch gelegen, als er Karl Brandt zufolge 1935 erklärte, die Zeit für die Vernichtung „lebensunwerten Lebens" komme erst mit dem Krieg, „wenn alle Welt auf die Kampfhandlungen schaut und der Wert des Menschenlebens ohnehin minder schwer wiegt". Das impliziert, daß sich der „Führer" keine Hoffnungen auf allgemeine Zustimmung machte. Aber Teilzustimmung und Hinnahme reichten aus, so Nowaks Resümee, „um den Nationalsozialismus nicht über seine eigenen Untaten stürzen zu lassen".

Um Einstellungen, vor allem aber um Verhaltensformen geht es auch in der kleinen Fallstudie von *Ralf Seidel* und *Torsten Sueße* über zwei Verwaltungsbeamte und einen Anstaltsleiter in der Provinz Hannover, wo im Rahmen der „Aktion T 4" etwa ein Fünftel der zirka 7000 Patienten der provinzeigenen Heil- und Pflegeanstalten umgebracht wurde. Anhand der Akten eines 1950 durchgeführten Schwurgerichtsprozesses schildern die Autoren die Reaktionen der drei Funktionsträger auf die Konfrontation mit den Melde- und „Verlegungs-"Anordnungen der „T 4"-Zentrale. Weder Landeshauptmann Dr. Ludwig Gessner noch dessen Fachdezernent Dr. Georg Andreae noch der Hildesheimer Anstaltsdirektor Dr. med. Hermann Grimme erwiesen sich als Befürworter des „Verlegungs"-Programms, über dessen wirkliche Bedeutung sich Gessner und Grimme schon im klaren waren, bevor sie dienstlich damit befaßt wurden. Letzteres kann als Indiz dafür gelten, daß der Unrechtsgehalt der „Euthanasie"-Aktion innerhalb der Beamtenschaft (wie von Anstaltsärzten) erkannt und diskutiert wurde. Mehr noch aber deutet darauf die Tatsache hin, daß Gessner im Sommer 1940 eigens nach Berlin fuhr, um sich bei den „T 4"-Administratoren über die Aktion und vor allem über ihre rechtliche Grundlage zu informieren. Diese Initiativkraft zeigt, daß die später vielfach zum Zwecke des Selbstschutzes behauptete individuelle Ohnmacht seinerzeit zumindest nicht a priori empfunden wurde.

Besonders bemerkenswert erscheint ferner, daß die Provinzialverwaltung mit der „T 4"-Zentrale in eine Art Verhandlung treten konnte mit dem Argument, die Heilanstalten als Einrichtungen der Provinzialselbstverwaltung unterständen nicht dem Weisungsrecht der Reichsministerien. Fachdezernent Andreae, der dies in Berlin vortrug, wurde vom medizinischen Leiter der „T 4"-Aktion, Werner Heyde, zwar mit dem „Führererlaß" konfrontiert und auf die Befehlsgewalt der Reichsverteidigungskommissare verwiesen, erreichte aber durch weitere Rücksprachen, daß der Provinzialverwaltung bei der Organisation der „Verlegungen" eine Art „Generalklausel" eingeräumt wurde. Danach hatte der Landeshauptmann die Möglichkeit, auf Vorschlag der Anstaltsdirektoren auch bereits zur „Verlegung" ausgewählte Patienten zurückzuhalten. Wenn diese Möglichkeiten nicht ausgeschöpft wurden, so geschah dies nach dem Urteil der Autoren aus einer Reihe von Gründen, die in jeweils individueller Gewichtung eine Rolle spielten: „Selbstgleichschaltung, Blindheit, eine scheinbar rein sachorientierte unpolitische Grundhaltung und – im Falle von Andreae – die Anerkennung der Diskussionswürdigkeit von Tötungsmaßnahmen bei ‚schwersten Fällen'". Aber es mangelte auch an Mut.

Weniger als über das „Euthanasie"-Geschehen und über die Entwicklung der psychiatrischen Praxis ist bisher über den Gang der psychiatrischen Forschung im Dritten Reich bekannt. Hier setzt der kenntnisreich abwägende Beitrag von *Dirk Blasius* an. Ausgehend von der Beobachtung, daß „psychiatrische Forschung und psychiatrischer Mord [...] in keinem eindeutigen Verhältnis zueinander" standen, wendet sich Blasius sowohl gegen die Annahme, die „ärztliche Intelligenz" habe die „Euthanasie" im Rahmen eines umfassenden Programms zur „Endlösung der sozialen Frage" geplant, als auch gegen die Vorstellung von der Psychiatrie als einer „tödlichen Wissenschaft". Ohne den Zusammenhang von „Mord und Modernisierung" zu negieren, komme es darauf an, den Verlust von Humanität zu erklären.

Blasius veranschaulicht die Notwendigkeit einer differenzierten Sicht auf die Psychiatrie in der NS-Zeit durch die Beleuchtung der wissenschaftlichen Biographien zweier ihrer prominentesten Vertreter: Ernst Rüdins und Kurt Schneiders, beide Schüler Emil Kraepelins und leitende Mitarbeiter an der von diesem gegründeten Deutschen Forschungsanstalt für Psychiatrie in München. Während Rüdin als Leiter der Abteilung für Genealogie und Demographie schon seit langem zu den Aktivisten der rassenhygienischen Bewegung zählte und nach 1933 zur „beherrschenden Figur der nationalsozialistischen Rassenpsychiatrie" wurde, zog sich Schneider auf seine Arbeit als Direktor der Klinischen Abteilung und seine Forschungen zur Typologie der psychopathischen Symptomatik zurück, die nach Blasius quer zu der vom Nationalsozialismus betriebenen Politisierung von Krankheit lagen. Den Begriff der „Minderwertigkeit" und Werturteile „von irgendeinem vorgefaßten weltanschaulichen oder soziologischen Standpunkt aus" lehnte Schneider dabei ab.

So wenig sich der „wissenschaftliche Alltag" einer Einrichtung wie der Deutschen Forschungsanstalt für Psychiatrie nach Ansicht von Blasius auf die Aktivitäten Rüdins reduzieren läßt, so sehr seien Forscher wie Schneider doch einer Fiktion erlegen, als sie glaubten, auf der Basis ihrer lange vor der NS-Zeit begründeten wissenschaftlichen Traditionen und des Leitprinzips der Objektivität „am Verbrechen vorbei" Wissenschaft betreiben zu können. Denn eine „saubere Trennung zwischen böser und guter Wissenschaft" habe es im Dritten Reich nicht gegeben. Vielmehr sei die psychiatrische Wissenschaft von Anfang an Teil einer großen „Maskerade des Bösen" (Dietrich Bonhoeffer) gewesen, das in der verwirrenden Gestalt „des geschichtlich Notwendigen und des sozial Gerechten" auftrat. Nicht zuletzt habe es an Zivilcourage gefehlt. In Kurt Schneider sieht Blasius „auch ein Beispiel für jene ‚Normalstrukturen', die den Bestand des Dritten Reiches – und über einen langen Zeitraum auch seine Zugkraft – gewährleistet haben".

Gegen eine auf die NS-Zeit beschränkte Psychiatrie-Geschichtsschreibung wendet sich *Klaus Dörners* vehementes „Plädoyer für eine erweiterte Psychiatrie-Geschichtsschreibung". Sowohl die heutigen Vertreter des Faches als auch die Historiker müßten lernen, die Entstehung der Psychiatrie als den Versuch einer Teilantwort auf die soziale Frage zu begreifen. Das aber mache es notwendig, die Entwicklung der „Irrenfrage" seit Beginn der Industrialisierung in den Blick zu nehmen: Ab Mitte des 19. Jahrhunderts habe sich die Situation für die psychisch Kranken insoweit geändert, als in den Irrenhäusern an die Stelle des „pädagogischen Optimismus und Aktivismus" die „Medizinisierung" trat und die Psychiatrie den Anspruch entwickelte, „eine exakte und experimentelle Wissenschaft zu sein". Schlimmste Folge dieser „Medizinisierung", so Dörner, sei die damit notwendig gewordene Unterscheidung von Heilbaren und Unheilbaren gewesen, wodurch „in allen industriellen Gesellschaften die Irrenanstalten zu riesigen und trostlosen Massenunterkünften" für letztere wurden. Im Kontext der (Wieder-)Entdeckung der Erbgesetze seien die Geisteskrankheiten dann im letzten Drittel des 19. Jahrhunderts nicht mehr nur als Gehirn-, sondern auch als Erbkrankheiten definiert worden. Der „Glaubens- oder Wahnanteil" der Psychiatrie sei bei diesen Zuordnungen von Anfang an groß gewesen und habe sich noch erhöht durch die Tendenz, weitere inzwischen aus der „industriellen Brauchbarkeit" herausgefallene und der sozialen Frage zugeschlagene Gruppen zu etikettieren. Zu dem breiten industriegesellschaftlichen Konsens über die so definierte „Minderwertigkeit" habe die Medizin und speziell die Psychiatrie maßgeblich beigetragen.

Dörner erinnert in diesem Zusammenhang an den Schweizer Psychiater und Sozialreformer Auguste Forel, der sich bereits 1892 zum Zwecke der allmählichen Beseitigung der „defekten Untermenschen" zu eugenischen Sterilisationen veranlaßt sah. Damals schon sei die Psychiatrie „in einer Weise integraler Bestandteil der Industrialisierung und der übrigen Modernisierungen" gewesen, daß der „Weg der Vernichtung der industriell unbrauchbaren Menschen" mindestens in einer Gesellschaft eingeschlagen worden wäre, „selbst wenn es nie einen Nationalsozialismus gegeben hätte". Mit dieser in die Spekulation übergehenden These blendet Dörner freilich die Frage nach den spezifischen historisch-politischen Bedingungen aus, die doch wohl dafür ausschlaggebend waren, daß die schrecklichsten Fehlentwicklungen der Psychiatrie gerade in Deutschland stattfinden konnten.

Der abschließende Beitrag von *Hans-Walter Schmuhl* unternimmt zwar gleichfalls den Versuch einer Interpretation der nationalsozialistischen Erbgesundheitspolitik in einem weiteren, im Kontrast zu Dörner allerdings exakt auf die Herrschaftsstruktur und -entwicklung des NS-Regimes bezogenen Deutungsrahmen. In Anlehnung an Max Webers Idealtypus der charismatischen Herrschaft als auch an Interpretationen in der Nachfolge Ernst Fraenkels, die den polykratischen Herrschaftsaufbau des NS-Staates betonen, sieht Schmuhl die Radikalisierung der Erbgesundheitspolitik als einen systemtypisch „ungesteuerten", durch die innere Dynamik des Regimes vorangetriebenen Prozeß. Dessen ideologisches Ziel und wissenschaftliche Richtung seien bestimmt worden durch das „rassenhygienische Paradigma".

Schmuhls Ansatz hat den Vorzug, die Interpretation auf der Ebene der ideologischen und wissenschaftlichen Entwicklung von Rassenhygiene und Erbgesundheitspolitik mit der Erklärung der häufig zu wenig beachteten institutionellen Zusammenhänge zu verbinden. So vermag er zu verdeutlichen, wie sich aus der – zunächst ältere Tendenzen im Gesundheitswesen und in der Wohlfahrtspflege aufgreifenden – Erbgesundheitspolitik eine fortwährend aggressiver werdende Politik (und Technik) des Genozids entwickelte, die in der „Endlösung der Judenfrage" mündete (und dort, so ist man versucht hinzufügen, nur aufgrund des von außen herbeigeführten Zusammenbruchs der nationalsozialistischen Herrschaft endete). Ohne einen ursächlichen oder gar monokausalen Zusammenhang von Zwangssterilisation, „Euthanasie" und dem Mord an den europäischen Juden zu behaupten, kann der Autor zeigen, daß die soeben weitgehend – und aus der Sicht ihrer Initiatoren erfolgreich – abgeschlossenen „Euthanasie"-Aktionen in der am Wendepunkt von der Verfolgung zur Vernichtung angekommenen Judenpolitik „die Rolle eines Katalysators" spielten.

•

Dieses Buch hat eine lange Vorgeschichte. Im Herbst 1982 beriet im Institut für Zeitgeschichte eine kleine Runde über Möglichkeiten, die Erforschung der Geschichte der Medizin und speziell der Psychiatrie in der NS-Zeit zu verstärken. Die Initiative war von Klaus Dörner ausgegangen, dessen 1967 in den Vierteljahrsheften für Zeitgeschichte publizierter Aufsatz über „Nationalsozialismus und Lebensvernichtung" in seinen wesentlichen Fakten und zumal in seinen grundlegenden Einsichten noch heute gültig ist. Das Gespräch, an dem neben Dörner auch Dirk Blasius und Ralf Seidel teilnahmen und von seiten des Instituts Martin Broszat, Lothar Gruchmann, Werner Röder und der Herausgeber, blieb nicht folgenlos, wenngleich sich die Planungen mehrfach zerschlugen oder veränderten.

Im November 1987 schließlich lud das IfZ zu einem öffentlichen Abendkolloquium über „Medizin im Nationalsozialismus", und am nächsten Morgen machte ein Kreis von Fachleuten erste Pläne für einen Sammelband. Einige, die zu dieser Veranstaltung gekommen waren und wichtige Hinweise gaben, konnten zu diesem Buch am

Ende doch nicht beitragen. Ihnen sei an dieser Stelle nochmals gedankt: Götz Aly, Gerhard Baader, Georg Lilienthal, Wolf Kätzner, Karl Teppe, Rolf Winau. Darüber hinaus danke ich für Anregungen, Auskünfte und Interesse an diesem Vorhaben auch Karl Bonhoeffer, Christopher Browning, Gisela Bock, Stefan Dressler, Gine Elsner, Ulrich Herbert, Michael Kater, Robert Lifton, Fritz Redlich, Hans Schadewaldt sowie Karl Dietrich Bracher und M. Rainer Lepsius vom Wissenschaftlichen Beirat des IfZ.

Die Vielfalt der in diesem Band vertretenen Disziplinen und Ansätze ist gewollt. Sie sucht der Tatsache Rechnung zu tragen, daß in der letzten Dekade wesentliche Beiträge zur Erforschung der Thematik außerhalb der Geschichtswissenschaft entstanden. Die Zusammenarbeit von Historikern, Medizinhistorikern, Ärzten, Psychiatern, einem Genetiker, einem Juristen und einem Kirchengeschichtler war ein Experiment, das Geduld und Mühe abverlangte. Dafür gilt den Autoren mein herzlicher Dank.

Im Institut danke ich Hans Woller für nervenstärkenden Zuspruch, Gabriele Jaroschka und später Maximiliane Rieder für Mitarbeit an der Bibliographie, Margit Brandt und Erna Danzl für umsichtige Korrekturarbeiten, Martin Bott für Hilfe bei der Anfertigung des Personenregisters, Cathleen Drexler, Hannelore Scholz und Reinhilde Staude für den Einsatz ihrer Schreib-Kräfte und ganz besonders Thomas Schlemmer, der einen zähen Kampf um die Vervollständigung und Vereinheitlichung der Anmerkungen erfolgreich führte.

I. Medizin und Gesundheit im Spannungsfeld von Politik, Ideologie und wissenschaftlichem Fortschritt

Alfons Labisch/Florian Tennstedt

Gesundheitsamt oder Amt für Volksgesundheit?
Zur Entwicklung des öffentlichen
Gesundheitsdienstes seit 1933

In der inzwischen anschwellenden Literatur zur Medizin und Rassenhygiene im Nationalsozialismus werden deren institutionelle Voraussetzungen und Rahmenbedingungen entweder gar nicht oder nur am Rande erwähnt. Im Rückblick erscheint es selbstverständlich, daß die erste Phase rassenhygienisch geprägter Gesundheitspolitik im Dritten Reich weitgehend auf gesetzlicher Grundlage erfolgte. Das „Gesetz zur Verhütung erbkranken Nachwuchses", das bereits am 14. Juli 1933 die Zwangssterilisierung als massenhaft praktiziertes Mittel negativer Bevölkerungspolitik legalisierte, wird „zu Recht als das Grundgesetz der Nationalsozialisten bezeichnet"[1]. Damit erschöpfte sich dann aber in der Regel auch schon die Reflexion über die institutionellen Voraussetzungen nationalsozialistischer Gesundheits- und Bevölkerungspolitik. Schon das „Gesetz über die Vereinheitlichung des Gesundheitswesens" (GVG) vom 3. Juli 1934, das – in keineswegs unstrittiger Weise – den organisatorischen Rahmen für die „Vollstreckung" des Erbgesundheitsgesetzes schuf, wird entweder gar nicht[2] oder nur selten[3] erwähnt und in seiner Bedeutung allgemein unterschätzt. Die Vernachlässigung institutioneller Kontexte in der Globaldiskussion über Ärzte und Medizin im Nationalsozialismus findet eine fatale Pointe auch darin, daß das GVG im Prinzip noch heute in den meisten Ländern der Bundesrepublik Deutschland gültig ist. Die Siegermächte hoben das GVG (wie übrigens auch das Erbgesundheits- und das Ehegesundheitsgesetz von 1935) nicht auf. Insbesondere aus dem öffentlichen Gesundheitsdienst kommen daher bis in die jüngste Zeit untaugliche Versuche, die Behauptung aufrechtzuerhalten, daß „die Wurzeln des GVG nicht [...] im Nationalsozialismus liegen, sondern in die Weimarer Zeit zurückreichen"[4].

Die Bedeutung des GVG geht über seine Rolle als organisatorischer Transmissionsriemen für das Erbgesundheitsgesetz hinaus. Es markiert eine entscheidende, zugleich doppelte Weichenstellung: die Abkehr von der klassischen Gesundheitsfürsorge der Weimarer Republik einerseits und andererseits die Abkehr vom Versuch des Nationalsozialistischen Deutschen Ärztebundes (NSDÄB) unter Gerhard Wagner, die Erbgesundheitspolitik in die ambulante ärztliche Regelversorgung einzubeziehen und damit ein rassenhygienisch-parteiamtliches Hausarztsystem auf der Ebene primär-

---

[1] Referat Dörners in: Medizin im Nationalsozialismus, S. 19–27, hier S. 24.
[2] Vgl. Kater, Leonardo Conti.
[3] Vgl. Ganssmüller, Erbgesundheitspolitik, und Schmuhl, Rassenhygiene.
[4] Pfau, Gesetz über die Vereinheitlichung des Gesundheitswesens, S. 203.

medizinischer Versorgung zu etablieren. Diese entscheidenden Weichenstellungen sind allerdings nicht bei segmentierter Betrachtung der Geschichte des GVG zwischen 1934 und 1945 erkennbar. Das GVG muß vielmehr in eine langfristige Entwicklungsperspektive öffentlicher Gesundheitsleistungen gestellt werden[5]. Im Anschluß daran ist zu fragen, welche von der NSDAP vorgebrachten Alternativen durch das GVG verhindert wurden. Erst dann ist es möglich, „Apparat" und „Bewegung" am Beispiel des öffentlichen Gesundheitswesens gegeneinander zu bilanzieren. Damit ist zugleich die vernachlässigte Frage nach den institutionellen Kontexten gestellt, in denen ärztliches Handeln während der NS-Zeit stattfand.

Infolge der gesellschaftlichen und staatlichen Entwicklung seit der Industrialisierung, insbesondere der Entwicklung wohlfahrtsstaatlicher Interventionen, war der öffentliche Anteil des ärztlichen Handelns ständig ausgeweitet worden und hatte mehr und mehr an Bedeutung gewonnen. Schon 1930 hatte der späterhin weltbekannte Medizinhistoriker Henry E. Sigerist treffend festgestellt: „1869 konnte man (noch) die ärztliche Praxis freigeben in dem liberalistischen Gedanken, daß jeder nach seiner Fasson gesund werden könne. Diese Zeiten sind vorbei. Der Staat nimmt Partei für die Gesundheit und geht in manchen Fällen so weit, daß er den Kranken, der sich nicht behandeln läßt, als Verbrecher verurteilt. [...] Die Entwicklung des Staates vom Machtstaat zum Wohlfahrtsstaat hat es mit sich gebracht, daß immer mehr ärztliche Aufgaben vom Staat übernommen worden sind. Er bedient sich der Ärzte, indem er sie als Sachverständige zu Rate zieht."[6] Zwischen 1871 und 1933 waren diese ärztlichen Aufgaben und Kompetenzen nicht bei einer zentralen staatlichen Instanz, etwa dem Reich, konzentriert, sondern auf verschiedene Institutionen - neben dem Reich und den Einzelstaaten auch Gemeinden, parastaatliche Sozialversicherungsträger etc. - verteilt.

Für die Durchführung einer systematischen, prinzipiell lückenlosen und über viele Generationen sich erstreckenden Erb- und Rassenpflege am „Erbstrom der Deutschen"[7] war 1933 keiner der tradierten institutionellen Kontexte ärztlichen Handelns geeignet - jedenfalls nicht in der überlieferten Form und Ausstattung mit wenigen personellen und finanziellen Ressourcen sowie geringer Kompetenz zur Intervention in die Privatsphäre der Volksgenossen. Die führenden Gesundheitspolitiker des Dritten Reiches haben unter diesem Gesichtspunkt denn auch immer wieder die Vielfalt des Gesundheitswesens, die sich bis 1933 entwickelt hatte, kritisiert. „Buntscheckigkeit der Entwicklung und der Bestimmungen" hätten sich, so Arthur Gütt noch 1939, zum Schaden des Volkes ausgewachsen: Es gab „staatliche und kommunale Behörden, verschieden in allen Ländern, Provinzen, Kreisen und Städten, und endlich zahlreiche Versicherungsträger und private und karitative Organisationen, die sich alle mehr oder

---

[5] Dies ist der Ansatzpunkt unserer Monographie, auf die hier ausdrücklich verwiesen sei: Labisch/Tennstedt, Gesetz über die Vereinheitlichung des Gesundheitswesens; für die Sozialgeschichte der Sozialpolitik mit dem besonderen Aspekt der Gesundheitspolitik vgl. Sachße/Tennstedt, Geschichte der Armenfürsorge, Bd. 2 bzw. für die NS-Zeit Bd. 3.

[6] Henry E. Sigerist, Wandlungen des Arztideals, in: Soziale Medizin 3 (1930), S. 665–670, hier S. 669 f.

[7] Ärzteblatt für Sachsen 1934, Nr. 1, zit. nach Hermann Berger, Kleiner Kulturspiegel des heutigen Arztums nach Zeitschriftenstimmen des letzten Jahrzehnts, Bd. 1, Jena 1940, S. 96.

weniger zuständig fühlten und von ihrer Bedeutung für die Volksgesundheit durchdrungen waren"[8].

Diese Kritikpunkte wurden mannigfach variiert – sie führten aber nicht zu eindeutigen Alternativen. Wie der Weg „vom Arzt des Einzelwesens" über den „Hausarzt und den Familienarzt zum Arzt des Volkes"[9] ausgestaltet sein sollte, blieb unklar: „Es fehlte eine ideenmäßig und organisatorisch vorbereitete Gesamtplanung für eine Neuordnung des gesamten Gesundheitswesens im weitesten Sinne des Wortes."[10] In der nationalsozialistischen „Kampfzeit" hatten Fundamentalkritik am „System" und radikale standespolitische Forderungen, durchaus kompatibel denen der etablierten konservativen Ärzteschaft, ausgereicht. Nach der Machtübernahme genügte das jedoch nicht mehr.

Insgesamt zeigten sich Anfang 1933 zwei Gestaltungsmöglichkeiten für die Aufgaben der Ärzte als „Wächter am Ufer des Erbstroms"[11]. Diese wurden alternativ durch die beiden Ärzte Gerhard Wagner und – 1933 noch weit unbekannter – Arthur Gütt formuliert und vertreten. Sie favorisierten jeweils das institutionelle Milieu, in dem sie bis dahin mehr oder weniger bescheiden gewirkt hatten, nämlich die Partei bzw. den Staat. Vom Arzttyp her gesehen, plädierte Wagner für den niedergelassenen Arzt als Amtswalter der NSDAP, Gütt für den Amtsarzt eines öffentlich-staatlichen Gesundheitswesens unter nationalsozialistischen Vorgaben. Das waren durchaus auch Zielpunkte unterschiedlicher Interessen- bzw. Professionspolitik von Ärzten. Dabei war der Gedanke eines von einer politischen Partei getragenen Arztes und Gesundheitswesens grundsätzlich neu. Denn bis 1933 gab es – entsprechend dem dualen System des Wohlfahrtsstaates der Weimarer Republik – zwar auch Ärzte in der kommunalen Selbstverwaltung und in den freien Wohlfahrtsverbänden, die Parteien nahestehen konnten. Parteiärzte gab es bis dahin aber nicht. Mit der Aufwertung des (staatlichen) Kreisarztes hingegen konnte an vorhandene institutionelle Kontexte angeknüpft werden. Durch das Vorpreschen des Wandsbeker Kreisarztes Arthur Gütt wurde die Parteialternative schnell und um so nachhaltiger verdeckt, als auch auf anderen Gebieten der inneren Politik die nationalsozialistischen Vorstellungen bis 1938/39 mit Hilfe der konservativen, mittels Berufsverboten „gleichgeschalteten" Bürokratie durchgesetzt wurden[12]. Das von einzelnen zufälligen Faktoren begünstigte Wirken Arthur Gütts setzte hier an: Mit Hilfe staatlicher Gewalt und (schwierig zu akquirierender!) staatli-

---

[8] Arthur Gütt, Der öffentliche Gesundheitsdienst. Erläuterungen zum Gesetz über die Vereinheitlichung des Gesundheitswesens vom 3. Juli 1934 nebst Durchführungsbestimmungen, Gebührenordnungen und Anhang mit Erlassen, Berlin 1939, S. 5.
[9] Leonardo Conti, Gedanken zur Stellung des Arztes im Dritten Reich, in: Der Amtsarzt. Ein Nachschlagewerk für Medizinal- und Verwaltungsbeamte, bearb. v. Arthur Gütt u.a., Jena 1936, S. 1–5, hier S. 2.
[10] BA, R 18, 3793, Denkschrift Contis „Zur Neuordnung des Gesundheitswesens nach dem Siege", vermutlich vom September 1943, S. 3 f.
[11] Dieses Wort stammt von dem Zittauer Arzt Paul Seeliger, der im Ärzteblatt für Sachsen in einem Neujahrsaufruf für 1934 schrieb: „Hitler hat uns Ärzte an die vorderste Front berufen, zu ersten Beamten des Reiches gemacht. Er hat uns gewaltige, ehrenreiche, freilich auch ungeheuer verantwortungsvolle Aufgaben gestellt: treue Wächter zu sein am Ufer des Erbstroms der Deutschen." Zit. nach Berger, Kleiner Kulturspiegel, S. 96.
[12] Für den Wohlfahrtssektor insgesamt vgl. Sachße/Tennstedt, Geschichte der Armenfürsorge, Bd. 3, sowie allgemein Dieter Rebentisch, Führerstaat und Verwaltung im 2. Weltkrieg, Stuttgart 1989.

cher Finanzen schuf er die in dieser Form neue Institution des öffentlichen Gesundheitsdienstes. Dieser sollte Garant einer einheitlichen, gleichmäßigen, reichsweiten und damit staatlichen Durchführung nationalsozialistischer Erb- und Rassenpflege bis zur Kreisinstanz werden.

Die real existierende Alternative zwischen einem staatlichen oder parteiamtlichen Gesundheitswesen in ihren Konsequenzen darzustellen und zu analysieren, soll Aufgabe der nachfolgenden Ausführungen sein. Damit sei der Vorschlag verbunden, in die Globalfragen nach Ärzten und Medizin im Nationalsozialismus stärker als bisher die Fragen nach den institutionellen Kontexten einzubeziehen, um Handlungsebenen und konkretes Handeln besser verstehbar zu machen. Zwischen die generellen Analysen zur Medizin im Nationalsozialismus und die einzelnen Analysen bestimmter Personen(gruppen) oder Vorgänge sind quasi Fragestellungen „mittlerer Reichweite" einzuschalten, die generelle Vorgaben und empirische Einzelfragen auf institutionell-organisatorischer Ebene verbinden. Dabei muß die nach 1933 einsetzende besondere Wirkung von Ärzten bei der Ausgestaltung oder auch der Schaffung dieser institutionellen Kontexte mit beachtet werden. Dies nicht zuletzt deshalb, weil Ärzte – anders etwa als Lehrer oder Juristen – in einem vielfältigen Handlungs- und Institutionenzusammenhang tätig wurden. Denn die biologistisch-rassistische Grundauffassung des NS-Regimes brachte es mit sich, daß die Profession der Ärzte mindestens an allen zentralen rassisch-biologischen Aufgaben beteiligt sein wollte und dabei war: Mediziner wurden Filterexperten für „eine erb- und rassenmäßige Erneuerung durch eine bevölkerungspolitische Umstellung auf allen Gebieten"[13] – bis hin zur Selektionsrampe von Auschwitz.

Die Diskussion um die Vereinheitlichung des öffentlichen Gesundheitswesens in der Endphase der Weimarer Republik

In Preußen gab es nach der letzten Zählung vor der Durchführung des GVG 1934 in 474 Kreisen und kreisfreien Städten 397 Kreisärzte. Sie unterhielten Ein-Mann-Betriebe mit kärglicher Ausstattung: Lediglich „nutzungsberechtigt" gegenüber der Verwaltung des zuständigen Kreises, mußten sie die Ausgaben für ihre Amtsführung aus einer Unkostenpauschale bestreiten und verfügten weder über ein eigenes Amt noch über Hilfspersonal. Zum Teil waren sie für zwei oder mehr Kreise zuständig. Die Kreisärzte waren ohne tragende Aufgabe und Ideologie, nachdem Hygiene und Bakteriologie selbstverständliche, weitgehend bürokratisierte und technisierte Aufgaben besonderer Ämter geworden waren. Auch aus anderen Gründen waren die Kreisärzte ins Abseits geraten. Der spätere Reichsgesundheitsführer Leonardo Conti schrieb dazu 1936[14]: „Die Gefahr wurde um so größer, als die Machtkämpfe, die zwischen einer schlaffen Staatsautorität und dem empordrängenden Eigenleben der Gemeinde sich entwickelten, eine Zurückdrängung des Amtsarztes auf ganz engumschriebene Gebiete, im wesentlichen gesundheitspolizeilicher Art, mit sich brachten. Der Staat ließ die großen Aufgabengebiete der Fürsorge, der Gesundheitsvorsorge, der gesundheit-

---

[13] BA, R 18, 3793, Denkschrift Contis „Zur Neuordnung des Gesundheitswesens nach dem Siege", vermutlich vom September 1943, S. 10 f.
[14] Conti, Stellung des Arztes, in: Der Amtsarzt, S. 5.

lichen Aufklärung und Führung der Bevölkerung aus der Hand gleiten und damit entglitten sie auch dem Kreisarzte, soweit es ihm nicht gelang, neben seinen engeren kreisärztlichen Aufgaben auch kommunale zu übernehmen." Die kommunalen Aufgaben wurden durch in der Regel nach 1919 geschaffene kommunale Gesundheitsämter wahrgenommen. Den preußischen Kreisärzten und den staatlichen Ärzten der entsprechenden Verwaltungsebene in den anderen Ländern standen nach einer Zählung von 1931 im Deutschen Reich über 80 kommunale Gesundheitsämter gegenüber, davon mehr als 50 allein in Preußen[15]. In ihnen waren insgesamt rund 300 Ärzte hauptamtlich tätig, die in größeren Städten durch etwa 100 hauptamtliche Ärzte in anderen städtischen Behörden unterstützt wurden. Hinzu kamen über 1200 nebenberuflich tätige Ärzte (Schul-, Jugend-, Sportärzte), Zahnärzte und schließlich 2300 Wohlfahrtspflegerinnen, davon 806 hauptamtlich. Die kommunalen Gesundheitsämter waren mit Räumlichkeiten und Sachmitteln relativ gut ausgestattet. Im übrigen hatten die größeren Kommunen nicht nur „offen" tätige Stadtärzte (Fürsorge, Schule, Sport), sondern auch eine große Anzahl von Heilanstalten, Krankenhäusern usw. Auch diese galten als Teil der kommunalen Gesundheitsfürsorge.

Damit entwickelte sich in den zwanziger Jahren im medizinischen Sektor zwischen dem Kreisarzt als staatlichem Verwaltungsarzt und dem Kassenarzt als therapeutischem Arzt der Kommunalarzt als Fürsorge- und Vorsorgearzt. Diesem neuen Arzttyp stand in der Sozialhygiene eine adäquate Wissenschaft, in der Gesundheitsfürsorge eine adäquate Handlungsanleitung zu Gebote. Mit dem Beruf der Gesundheitsfürsorgerin entwickelte sich das entsprechende medizinische Fachpersonal. Zwischen den Kassenärzten und den Fürsorgeärzten, vertreten durch die ärztlichen Interessen- bzw. durch die kommunalen Spitzenverbände, waren Ende der zwanziger/Anfang der dreißiger Jahre Abkommen erzielt worden, die die auf soziale Gruppen orientierte Arbeit der öffentlichen Gesundheitsfürsorge von der auf das Individuum bezogenen Fürsorgetätigkeit des praktischen Arztes abgrenzten. Damals also gab es bereits eine Konfliktlinie zwischen einem leistungsorientierten öffentlichen Gesundheitswesen und den niedergelassenen Kassenärzten. Allerdings ging es den praktischen Ärzten vor allem darum zu verhindern, daß öffentlich angestellte Ärzte ihre Tätigkeit auf die individuelle ärztliche Gesundheitsberatung ausdehnten – und damit das mühsam errungene Monopol ambulanter ärztlicher Behandlung aufweichten. NS-Ärzteführer Gerhard Wagner strebte mit seinen späteren Plänen indes genau das Gegenteil an: die Ausweitung primär-ärztlicher Tätigkeit auf genuine, d. h. überindividuell gruppen- oder gefährdungsbezogene Arbeitsbereiche des öffentlichen Gesundheitswesens.

Mit den Kreisärzten und den Kommunalärzten ist aber noch nicht das gesamte Spektrum der öffentlich tätigen Ärzte erfaßt. Im Grunde müssen hier auch die bei der freien Wohlfahrtspflege tätigen Ärzte genannt werden, deren Schwerpunkt allerdings mehr in der geschlossenen Fürsorge lag. Das in der Fürsorgegesetzgebung der Weimarer Republik etablierte Subsidiaritätsprinzip hatte die Rolle der freien Wohlfahrtspflege aufgewertet und als tragend in den Wohlfahrtsstaat eingebaut[16].

---

[15] Zur Entwicklung und zum Ausbau des kommunalen Gesundheitswesens in der Weimarer Zeit vgl. ausführlich Labisch/Tennstedt, Gesetz über die Vereinheitlichung des Gesundheitswesens, S. 70–84.
[16] Vgl. Sachße/Tennstedt, Geschichte der Armenfürsorge, Bd. 2.

Ein Schritt von großer gesundheitspolitischer Tragweite bahnte sich an, als sich die Kommunen gegenüber den Einzelstaaten und dem Reich verbandspolitisch zu profilieren begannen. Das Reich forcierte das Subsidiaritätsprinzip, um sich dadurch finanziell zu entlasten. Daraus ergaben sich erhebliche Probleme mit den Ländern und den kommunalen Spitzenverbänden. Zunächst zentriert um das enorm kostspielige Krankenhauswesen, wurde dabei auch das öffentliche Gesundheitswesen als kommunale Aufgabe beansprucht. 1928 wurde die Arbeitsgemeinschaft der kommunalen Spitzenverbände auf dem Gebiete des Gesundheitswesens gegründet. Dieser Arbeitsgemeinschaft (kurz Interkommunaler Ausschuß genannt) gehörten neben dem Deutschen Städtetag und dem Deutschen Gemeindetag vier weitere Spitzenorganisationen der kommunalen Selbstverwaltung an.

Die Gesundheitspolitik im öffentlichen Sektor erhielt damit eine neue Qualität. Denn im staatlichen und kommunalen Gesundheitswesen war entsprechend der eingangs zitierten Äußerung Arthur Gütts schon lange vor 1933, eigentlich schon ab 1918/19, beklagt worden, das Nebeneinander vielfältiger Formen öffentlicher Gesundheitsleistungen führe zur Desorganisation; zu den staatlichen und kommunalen Stellen waren ja noch Sozialversicherung, Gesundheitsfürsorge durch Bahn, Post und Polizei, die Werksfürsorge in den großen Industrieunternehmen, die Verbände der freien Wohlfahrtspflege und zahlreiche private Vereine hinzuzuzählen. Arbeitsgemeinschaften versuchten, diese vielfältig getragene und organisierte Gesundheitsfürsorge zu koordinieren.

In anderen Ländern des Deutschen Reiches war das Verhältnis der Kreisärzte bzw. der entsprechenden staatlichen Ärzte der untersten Verwaltungsebene zu den Kommunalärzten weder quantitativ noch qualitativ so stark von Konkurrenz überlagert wie in Preußen. Klagen über „Verwaltungsorganisation", ein „gewaltiges Durcheinander, Nebeneinander und Gegeneinander staatlicher, kommunaler und privater wohlfahrtspflegerischer und gesundheitsfürsorgerischer Maßnahmen"[17] finden wir demgemäß vor allem in den Großstädten nördlich des Mains. Die Konsequenz daraus war der gemeinsame Ruf von Beteiligten unterschiedlichster Stellung und Orientierung nach Vereinheitlichung von Laufbahn und Ämtern. Strittig blieb allerdings, wer wen übernehmen und wer jeweils der Kostenträger sein sollte: Sollten die kreisärztlichen Aufgaben auf Kommunalärzte übertragen werden? Oder sollten die Einrichtungen der kommunalen Gesundheitspflege den Kreisarztstellen angegliedert, die Kommunalärzte ebenfalls Staatsbeamte werden? Sollten neben den kommunalen und konfessionellen Krankenhäusern auch andere anstaltsförmige Einrichtungen „verstaatlicht" werden?

Zusätzlichen Schub erhielt die Frage der Vereinheitlichung durch die sich dramatisch verschlechternde wirtschaftliche und soziale Situation in der Endphase der Weimarer Republik. In der Folge der Weltwirtschaftskrise erschien der organisatorische Zustand des öffentlichen Gesundheitswesens als zu kostspielig. So wurde in Preußen im Rahmen der Not- und Sparverordnungen beschlossen, die Medizinalverwaltung bis Ende 1932 zu vereinheitlichen. Dabei bestand zwar Übereinstimmung darin, daß kreis- und kommunalärztliche Tätigkeit in einer allgemeinen ärztlichen Laufbahn im

---

[17] C. Stade, Der staatliche Medizinalbeamte und die Gesundheitsfürsorgearbeit, in: Zeitschrift für Medizinalbeamte 41 (1928), S. 535–553, hier S. 536.

öffentlichen Gesundheitswesen zusammengeführt werden sollten. In welcher rechtlichen Form (Kreisarzt oder Kommunalarzt) und in wessen Trägerschaft (Staat oder Kommunen) dies geschehen sollte, blieb aber nach wie vor umstritten.

Sowohl im Bereich des staatlichen wie des kommunalen Gesundheitswesens wirkten die Eigenmomente staatlicher Eingriffs- und kommunaler Leistungsverwaltung fort. Diese Eigenmomente waren einerseits im gerichts- und amtsärztlichen Gutachterwesen der staatlichen Ärzte und andererseits in der gesundheitspolitischen und fürsorgerischen Orientierung der Kommunalärzte in besonders auffälliger Weise spürbar. Aus der alltäglichen Praxis heraus deutete sich folgende Lösung an: In den Städten übernahmen die (staatlichen) Kreisärzte die gesundheitliche Ordnungsverwaltung, auf dem Lande zusätzlich die Gesundheitsfürsorge; führende Kreisärzte sahen in der Personalunion von Kreisarzt und Fürsorgearzt den „Einheitsmedizinalbeamten" der Zukunft. Die Figur des „Kreiskommunalarztes" war eine übliche, von einem Teil der staatlichen Medizinalbeamten bewußt vorangetriebene Entwicklung: die Kreiskommunalärzte waren besonders am Aufbau der Gesundheitsfürsorge in den ländlichen Ausläufern der Industrieregionen beteiligt, wo sie faktisch ein Leitbild für die anderen (Land-)Kreise entwickelten.

In den großen Städten deutete sich an, daß die städtischen Fürsorgeärzte mit Sozialversicherungen und freien Wohlfahrtsverbänden in Bezirksarbeitsgemeinschaften eine eigene neue Struktur der Gesundheitsfürsorge aufbauen würden. Auf diese Weise wären alle in der Gemeinde in der Gesundheitsfürsorge tätigen Organisationen und Ärzte zusammengeführt und gleichzeitig wäre über die Beteiligung der örtlichen Sozialversicherungsträger das Problem der Kosten geregelt – und zwar ohne die öffentlichen Haushalte, insbesondere der Länder und des Reiches, zu strapazieren.

Einer solchen Lösung stand jedoch die Gesundheitspolitik der kommunalen Spitzenorganisationen entgegen: Diese nämlich beanspruchten im Rahmen ihrer allgemeinen Politik, die darauf abzielte, in den Gemeinden neben Reich und Ländern eine gleichberechtigte dritte Kraft zu etablieren, die Übernahme des kommunalen Gesundheitswesens völlig in eigene Regie. Auch klassische staatliche Aufgaben des öffentlichen Gesundheitswesens sollten, bis auf den harten Kern des gerichtsärztlichen Gutachtenwesens, als staatliche Auftragsangelegenheiten auf die Kommunen übertragen werden. Die kommunalen Fürsorgeärzte, besonders deutlich der Gelsenkirchener Stadtarzt Friedrich Wendenburg, arbeiteten mit dem Interkommunalen Ausschuß engstens zusammen; medizinisches Wissen, ärztliches Handeln und die Politik der Kommunen wiesen in dieselbe Richtung. Gleichzeitig kam die Interessenpolitik der kommunalen Spitzenverbände sowohl der preußischen Sozialpolitik als auch der preußischen Finanzpolitik entgegen: Beide wollten, wenngleich aus unterschiedlichen Gründen, Leistungen der Fürsorge in die Peripherie verlagern.

Die Kreisärzte konnten hingegen mit dem von Nathanael Wollenweber und später von Franz Redeker vertretenen Konzept des Kreiskommunalarztes nur ein Modell anbieten, das mit der Ausweitung staatsärztlichen Handelns auf das Gebiet der Gesundheitsfürsorge faktisch den Kommunalärzten zuarbeitete. Durch die zahlreichen Vorschläge zur Vereinfachung und Verbilligung der Verwaltung, energisch vorangetrieben durch den preußischen Finanzminister Johannes Popitz, drohte schließlich 1932 die „kalte Kommunalisierung" des staatlichen Gesundheitswesens. Nichts kennzeichnet die mißliche Lage der Kreisärzte besser als die Tatsache, daß sie beim zuständigen

Minister Heinrich Hirtsiefer nicht einmal mehr vorgelassen wurden – obwohl bekannt war, daß dort der Kreisarzt mit Sonderauftrag, Hermann Redetzky, an der Novellierung des Kreisarztgesetzes arbeitete.

Wie die gesundheitspolitische Kernfrage eines staatlichen oder kommunalen öffentlichen Gesundheitswesens ohne die nationalsozialistische Machtübernahme letztlich gelöst worden wäre, bleibt Spekulation. Immerhin ist festzustellen, daß neben der Weltwirtschaftskrise, die bereits zu einem Paradigmenwandel in der öffentlichen Gesundheitspolitik von der Sozialhygiene zur Rassenhygiene führte, noch andere äußere Ereignisse die Gesundheitspolitik bestimmten.

Gleichsam schleichend, aber mit zunehmender Wirksamkeit, hatte auch der Deutsche und Preußische Medizinalbeamtenverein, gefördert durch das Preußische Ministerium für Volkswohlfahrt bzw. durch dessen Medizinalabteilung[18], eine neue Ideologie öffentlicher Gesundheitssicherung entwickelt. Diese eröffnete ein neues, im Kern an den polizeilichen Aufgabenbereich des Kreisamtes anpassungsfähiges Aufgabenfeld: die Bevölkerungspolitik und Rassenhygiene.

In den Varianten Eugenik und Fortpflanzungshygiene war Rassenhygiene immer ein genuiner Bestandteil auch der Sozialhygiene und Gesundheitsfürsorge gewesen. Der Grundgedanke der Rassenhygiene war im Prinzip gegen fürsorgerische und wohlfahrtsstaatliche Hilfen gerichtet. Denn diese hätten, so wurde argumentiert, die „natürliche Auslese", wie sie in Agrargesellschaften vorherrsche, außer Kraft gesetzt bzw. konterkariert. An die Stelle der natürlichen Auslese müsse deshalb die staatliche Politik treten und die gesundheitsfürsorgerischen Leistungen unter selektiven Aspekten ergänzen. Die „schaffenden Deutschen" sollten von unproduktiven, „künstlichen" Lasten befreit und gefördert werden.

Am 30. Juli 1932 lag in Preußen der Entwurf eines Sterilisierungsgesetzes vor – dies in der Tat ein „Schubladengesetz", das allerdings in der nationalsozialistischen Version vom 14. Juli 1933 entscheidende Änderungen erfuhr. Jedenfalls konnte Heinrich Schopohl, Chef der Medizinalabteilung im Preußischen Innenministerium, im Juli 1932 im Rundfunk verkünden, die Eugenik stehe „im Dienste der Volkswohlfahrt"[19]. Nur wenig später übernahm der Deutsche und Preußische Medizinalbeamtenverein auch offiziell das gesundheitspolitische Konzept der Bevölkerungs- und Rassenpolitik. Diese Wende ist untrennbar mit dem Aufstieg des Dr. med. Arthur Gütt verknüpft, der in einer verbandspolitisch ausweglosen Situation auf dem Kongreß der Deutschen und Preußischen Medizinalbeamten im September 1932 in Eisenach erschien und über die „Reform des öffentlichen Gesundheitswesens in Preußen unter bevölkerungspolitischen Gesichtspunkten" referierte. Gütt verband dabei geschickt seine seit 1924 zusammengebraute bevölkerungs- und rassenpolitische Ideologie[20] mit einer politischen Zielvorgabe für die Medizinalbeamten: Gesetzgebung, Recht, Wirtschaft und soziale Errungenschaften, so Gütt, wirkten als Umkehr der natürlichen Lebensauslese; aber nicht Fürsorge für Kranke und Schwache, sondern die „Aufartung des Volkes" müsse das Ziel sein. Eine „großzügige aufbauende bevölkerungspolitische Arbeit des

---

[18] Vgl. Weindling, Preußische Medizinalverwaltung.
[19] H. Schopohl, Die Eugenik im Dienste der Volkswohlfahrt, in: Volkswohlfahrt 13 (1932), S. 789–792.
[20] Vgl. Stürzbecher, Gesundheitspolitische Konzeption.

Staates" sei jedoch nur durch Reichs- und Staatsgesetzgebung und einen staatlich organisierten Medizinalbeamtenapparat erreichbar.

Arthur Gütt und die Durchsetzung des „Gesetzes über die Vereinheitlichung des Gesundheitswesens"

Arthur Gütt hatte im Sommer 1932 eine umfangreiche Denkschrift zum Thema „Staatliche Bevölkerungspolitik" vorgelegt. Darin befaßten sich allein 19 Punkte mit „bevölkerungspolitischen Richtlinien für das öffentliche Gesundheitswesen", davon wiederum fünf mit seiner künftigen Organisation. Unter Punkt 2 heißt es: „Um bevölkerungspolitisch notwendige Maßnahmen durchzuführen, ist die Staatshoheit auf dem Gebiete des öffentlichen Gesundheitswesens in vollem Umfange wieder herzustellen."[21]

Aufgrund einer von tiefem Sendungsbewußtsein durchtränkten, zugleich mit Denunziationen verbundenen Selbstempfehlung bei seinem alten Freund Wilhelm Kube, dem Fraktionsführer der NSDAP im Preußischen Landtag, wurde Gütt am 2. Mai 1933 von seiner Kreisarztstelle in Wandsbek als Referent in das Reichsinnenministerium übernommen. Dort war Gütt zuständig für Fragen der Neuorganisation des Gesundheitswesens, für Bevölkerungspolitik, Vererbungslehre, Erbgesundheits- und Rassenpflege, Hebammenwesen, Sexualwissenschaft, Eheberatung und hygienische Volksbelehrung, also von Anfang an für ein Gebiet, das ihm auch Gerhard Wagner konzedieren wollte, nämlich „die Bearbeitung der bisher im wesentlichen unter den Begriff der Medizinalabteilung fallenden Fragen". Die kommunale Gesundheitsfürsorge war zunächst Aufgabe des auf Wagners Empfehlung berufenen Referenten Dr. med. Friedrich Bartels[22]. Dieser war seit 1920 Mitglied der NSDAP und bislang als Schularzt und Werksarzt für BMW in Eisenach tätig. Wagner wollte nun Bartels allerdings nicht als einen Referenten neben Gütt plaziert wissen, sondern als „Spitze des Volksgesundheitswesens" bzw. gar als Reichskommissar für Volksgesundheit mit Kompetenz für „alle Fragen, die der Gesundung und Gesunderhaltung des deutschen Volkes dienen"[23].

Man kann vielleicht sagen, daß Wagner hier noch die Vorstellung eines von der Partei instrumentalisierten Staates favorisierte, im übrigen aber programmatische Überlegungen gegenüber Personalpolitik von Vertrauten zurückstellte. Gütt vertrat zwar gesundheitspolitische Ziele, die mit denen der NSDAP, soweit diese überhaupt ausformuliert waren, konform gingen. Aber er gehörte nicht zu den zentralen NS-Figuren und hatte – im Unterschied zu Wagner – keinen Zugang zu Hitler oder zu Parteigrößen wie Rudolf Heß, dessen Hausarzt Wagner war. Gütt kam jedoch zugute, daß präzise und konkrete Vorstellungen zur Organisation des Gesundheitswesens in der NSDAP und in deren Ärzteorganisation durchaus fehlten. Vor allem war strittig, ob das von Wagner und seinem Adlatus Bartels vorangetriebene Konzept der „Gesundheitsführung des deutschen Volkes" durch die Partei und/oder durch den „an sich"

---

[21] Sämtliche persönliche Informationen über Gütt aus: BDC, Personalakten Gütt; vgl. dazu ferner die Zitate und Nachdrucke in: Labisch/Tennstedt, Gesetz über die Vereinheitlichung des Gesundheitswesens, S. 238–247.
[22] Zu Bartels vgl. Reeg, Friedrich Bartels, sowie ZStA Potsdam, RMdI, Personalakte Bartels.
[23] Labisch/Tennstedt, Gesetz über die Vereinheitlichung des Gesundheitswesens, S. 267.

abgelehnten Staat oder gar durch eine neue Instanz realisiert werden sollte. Im anfänglichen Pragmatismus entschied faktisch die Besetzung einer leitenden Stelle in Partei und/oder Staat zumindest darüber, welche Variante der Gesundheits- und Rassenpolitik zum Zuge kam.

Die nationalsozialistische „Revolution" begründete an sich zwar eine völlig neue Gesundheitspolitik, aber dieser ideologisch begründete „Handlungsbedarf" reichte für eine praktische Gesundheitspolitik keineswegs aus. Rückblickend sind deshalb auch die unterschiedlichen politischen Ebenen, die Machtverteilung und die jeweils besondere Wahrnehmung einer „öffentlichen Gesundheit" zu berücksichtigen. Die nationalsozialistische Polykratie war anfangs besonders im Sozial- und Gesundheitswesen erst in kleinen, schwachen Kerngruppen angelegt. „Gesundheit" war innerhalb der widerstreitenden Gruppen des Regimes noch nicht als eine Möglichkeit zur Legitimation von Machtansprüchen entdeckt. Gleichzeitig galt es, die nationalsozialistische „Revolution" zu konsolidieren; Reichsinnenminister Wilhelm Frick, Motor der Zentralisationsbewegung in dieser Anfangsphase, befand sich auf dem Höhepunkt seiner Macht.

Parallel dazu war die nationalsozialistische Ärzteschaft unter Wagner vollauf mit standespolitischen Zielen beschäftigt. Vordringlich schien dem Münchner Kassenarzt eine standespolitisch orientierte, aber rassenhygienisch legitimierte Berufsverbotspolitik: „die Säuberung des gesamten Volksgesundheitswesens als eines der wichtigsten Elemente im Staate von Fremdrassigen und aktiven Gegnern der nationalsozialistischen Weltanschauung zur Festigung der Macht"[24]. Der Ärztestand sollte von „bolschewistisch-jüdischen Nestbeschmutzern"[25] in den eigenen Reihen gesäubert, die so frei werdenden Kassenarztstellen sollten mit SA-Ärzten besetzt werden.

Gütt bestätigte die Richtigkeit seiner Wahl in kürzester Zeit. Neben einer Unzahl von Gesetzesentwürfen und Verordnungen bereitete er mit Ernst Rüdin das „Gesetz zur Verhütung erbkranken Nachwuchses" vom 14. Juli 1933 vor. Damit hatte „der neue Staat endlich den ersten entscheidenden Schritt auf dem Gebiete der Bevölkerungspolitik getan" und zugleich bewiesen, „wie ernst es ihm mit der Erhaltung der biologischen Zukunft seines Volkes ist"[26]. Bereits mit diesem frühen Gesetz wurde auch die Marschrichtung einer staatsorientierten nationalsozialistischen Erb- und Rassenpflege im Gegensatz zu einer „Eugenik im Dienste der Volkswohlfahrt" Weimarer Prägung deutlich. Sterilisierung war nun auch gegen den Willen des „Unfruchtbarzumachenden" möglich (§ 12 Abs. 1). Ferner wurde dem staatlichen Arzt – anders als im preußischen Gesetzentwurf – die entscheidende Rolle im Verfahren zugewiesen. Er hatte nicht mehr nur ein den übrigen Ärzten gleichgestelltes Antragsrecht und blieb nicht länger auf die traditionelle Rolle des bloßen Gutachters für staatliche oder parastaatliche Maßnahmen beschränkt, sondern wurde durch die vorgesehenen Erbgesundheitsgerichte zum Richter und Exekutor staatlicher Gesundheitspolitik in einer Person. Die Zwangsmäßigkeit des Verfahrens, seine ebenso medizinische wie juristische Organisation in Gestalt der (Erb-)Gesundheitsgerichte und die Konstellation zu

---

[24] Zit. nach ebenda, S. 247.
[25] Karl Heinz Roth, „Auslese" und „Ausmerze". Familien- und Bevölkerungspolitik unter der Gewalt der nationalsozialistischen Gesundheitsführung, in: Baader/Schultz (Hrsg.), Medizin und Nationalsozialismus, S. 152–164, hier S. 154.
[26] So im Eröffnungsartikel „Das Sterilisierungsgesetz ist da!", in: Ziel und Weg 3 (1933), Titelblatt.

den übrigen nationalsozialistischen Gesundheitsgesetzen wiesen bereits den Weg hin zu einem (noch zu schaffenden) staatlich-öffentlichen Gesundheitsdienst und dem (noch zu schaffenden) staatlichen Amtsarzt als institutionell-organisatorischer Mittel, um fortpflanzungsunwürdiges „arisch-deutschblütiges" Erbgut auszusieben. Anders herum gesehen: Das Erbgesundheitsgesetz implizierte unabdingbar ein staatliches öffentliches Gesundheitswesen – ohne dieses wäre es nicht durchzuführen gewesen.

Nachdem Gütt seine Qualitäten als „Schöpfer" (Frick) des Sterilisierungsgesetzes unter Beweis gestellt hatte, avancierte er innerhalb kürzester Zeit zum bis dahin ranghöchsten und mächtigsten Medizinalbeamten der deutschen Medizingeschichte. (Gütt wurde darin kurzzeitig nur noch formal übertroffen durch Leonardo Conti, der als „Reichsgesundheitsführer" die höchsten ärztlichen Ämter von Staat *und* Partei auf sich vereinigen sollte, ehe er infolge seiner distanzierten Haltung zu der nicht auf einem Gesetz, sondern auf einer bloßen Ermächtigung des Führers gegründeten „Euthanasie"-Politik die Gunst Hitlers verlor und der Krieg neue institutionelle Kontexte für aussiebendes ärztliches Handeln schuf.)

Am 19. Oktober 1933 versandte das RMdI den „Entwurf eines Gesetzes über die Vereinheitlichung der Gesundheitsverwaltung" mit umfangreichen Ausführungsbestimmungen[27]. Soweit es die Organisation im engeren Sinne betraf, sah dieser erste ministerielle Gesetzentwurf Gütts vor, von den unteren Verwaltungsbezirken bis in die obersten Landesbehörden sämtliche Zweige des öffentlichen Gesundheitswesens einheitlich zusammenzufassen und zu verwalten. Alle Einrichtungen des kommunalen Gesundheitswesens sollten in Gesundheitsämtern zusammengefaßt werden. An deren Spitze sollte ein vom Staat ernannter Staatsarzt stehen.

Noch vor der für den 31. Oktober geplanten Sitzung der Länder- und Reichsministerien setzte eine rege Tätigkeit in allen befaßten Ministerien des Reiches und der Länder ein. Vor allem die Referenten im Reichsfinanzministerium sahen neue Lasten auf das Reich zukommen. Denn dieses konnte nach dem Finanzausgleichsgesetz den Ländern nur neue Lasten aufbürden, wenn es die Kosten übernahm. In einer interministeriellen Vorbesprechung zwischen RMdI, Reichswehr-, Reichsarbeits- und Reichsfinanzministerium am 27. Oktober 1933 bombardierten die erfahrenen Ministerialbeamten den Neuling Gütt mit detaillierten Fragen zu bestehenden Gesetzen, den finanziellen Konsequenzen des Entwurfs und der bevorstehenden Reichsreform. Massiver Widerspruch kam vor allem von Preußen, und zwar aus zwei Abteilungen des Innenministeriums: Die Medizinalabteilung unter ihrem neuen Leiter Gottfried Frey (Pg. seit 1931) arbeitete energisch an einer eigenen, nunmehr wieder staatsorientierten Reform des Kreisarztgesetzes; in der seinerzeit vom Zentrum beherrschten, außerordentlich kompetent besetzten Kommunalabteilung lebte der Widerstand fort gegen eine Ausweitung zentralstaatlicher Gewalt. Daneben protestierte auch die Abteilung Volksgesundheit der NSDAP; Wagner argumentierte durchaus geschickt, seine Konzeption öffentlicher Gesundheitsleistungen komme wesentlich billiger als Gütts Verstaatlichungsplan.

---

[27] Zum folgenden ausführlicher Labisch/Tennstedt, Gesetz über die Vereinheitlichung des Gesundheitswesens, S. 257–313. Die Entstehung dieses Gesetzes ist gut dokumentiert, nicht nur in den Akten des RMdI im ZStA Potsdam (RMdI 26 211), sondern auch in den Parallelakten anderer beteiligter Ministerien, insbesondere des Reichsfinanzministeriums (BA, R 2, Bd. 12 044).

Gütt und das RMdI waren dieser Woge von Entrüstung und sachkundigem Widerstand nicht gewachsen. Am 28. Oktober sagte das RMdI die für den 31. Oktober vorgesehene Besprechung per Schnellbrief ab. Damit war der erste Versuch gescheitert, das Gesundheitswesen gleichsam in einem geheimen Schnellverfahren von der Landes- bis zur Kreisebene unter staatlicher Perspektive zu reorganisieren.

Wie sich gezeigt hatte, wogen finanzielle Konsequenzen trotz NS-„Revolution" schwer. Denn Gütts Konzeption erstrebte eine „Aufwertung" der Kreisärzte bzw. der neuen staatlichen Medizinalbeamten. Aus kärglich ausgestatteten Ein-Mann-Betrieben sollten nach Gütts Plänen endlich wirkliche Gesundheits-Ämter werden, ausgestattet mit mindestens zwei hauptberuflich tätigen Medizinalbeamten und Hilfspersonal. Die jährlichen laufenden Kosten pro Gesundheitsamt wurden sehr niedrig auf 55 000 RM geschätzt. In jedem unteren Verwaltungsbezirk des Deutschen Reiches sollte ein derart gut ausgestattetes Gesundheitsamt errichtet werden. (Vor 1934 gab es in Preußen nur rund 400 Kreisärzte für 474 Verwaltungskreise, in Bayern 139 Bezirksärzte für 215 Bezirksämter, in Sachsen 23 Medizinalbeamte für 29 Amtshauptmannschaften.) Die personellen Mehrkosten konnten nur reduziert werden, wenn die Kommunalärzte und ihre Dienststellen in das staatliche Gesundheitswesen eingegliedert wurden. Dies fiel jedoch nur in Preußen ins Gewicht. Der jährliche Mehrbedarf für Gütts Reformpläne wurde auf rund 12 Millionen RM beziffert – eine für die damalige Finanzpolitik erhebliche Summe. Hinter dem Kostenargument konnten sich freilich auch die Gegner der geplanten Reichsreform verschanzen.

Gütts Plänen kam zugute, daß Frick mit Verve die von Hitler auf dem Reichsparteitag Anfang September 1933 wieder aktivierte Reichsreform – die faktische Entmachtung der Länder – betrieb. Für die weitere Diskussion des GVG war daran vor allem wichtig, daß am 15. Dezember 1933 die sechs Spitzenverbände der Landgemeinden, Städte und Provinzen zum Deutschen Gemeindetag (DGT) zusammengefaßt wurden. In Preußen blieb neben Görings Ministerpräsidentenamt nur das Finanzministerium unter Johannes Popitz als eigenes Ressort bestehen. Aber trotz der räumlichen und organisatorischen Eingliederung des Preußischen Innenministeriums in das RMdI zum 1. Mai 1934 konzentrierte und verstärkte sich in der Kommunalabteilung der Widerstand der Kommunen gegen Preußen und das Reich – durchaus flankiert vom nationalsozialistisch beherrschten DGT unter dem Münchener Oberbürgermeister Karl Fiehler.

Entgegen allen Sparverordnungen beantragte das RMdI am 23. Dezember 1933 beim Reichsfinanzministerium die Errichtung einer selbständigen Gesundheitsabteilung, die wegen der dem nationalsozialistischen Staate auf dem Gebiete des Gesundheitswesens, der Rassenhygiene und Bevölkerungspolitik erwachsenden Aufgaben erforderlich sei. Am 16. Februar 1934 wurde in einer Ministerbesprechung in der Reichskanzlei die Errichtung einer eigenen Medizinalabteilung des RMdI mit Gütt als Leiter verabschiedet, drei Tage später Gütt mit Wirkung zum 1. März 1934 zum Ministerialdirektor ernannt. Mit Gütt wurde erstmals ein Arzt auf Reichsebene Chef der Medizinalabteilung. Die Professionalisierung der Medizinalverwaltung des deutschen Reiches wurde folglich mit der Legitimation der nationalsozialistischen Erb- und Rassenpflege vollzogen und abgeschlossen.

Am 3. März 1934 versandte das RMdI einen völlig geänderten „Entwurf eines Gesetzes über die Gesundheitsverwaltung", der sich auf die untere Verwaltungsebene beschränkte: Sämtliche Zweige der staatlichen und kommunalen Gesundheitsverwaltung, insbesondere der Gesundheits- und Krankenfürsorge, der Erbgesundheits- und Rassenpflege sollten einheitlich in – kommunalen – Gesundheitsämtern (GÄ) zusammengefaßt werden. An der Spitze der GÄ sollte ein hauptamtlicher staatlicher Amtsarzt stehen, der der unteren Verwaltungsbehörde angegliedert werden sollte.

Am 10. März 1934 fand eine Beratung dieses Entwurfs im RMdI statt. Vorrangiger Streitpunkt war die Stellung der kommunalen GÄ und der staatlichen Amtsleiter in der Verwaltung. Damit unlösbar verbunden war die Aufteilung der zu erwartenden hohen Kosten zwischen Reich, Ländern und Gemeinden. In der Diskussion entpuppte sich Gütt – gegen seinen eigenen Entwurf – als Befürworter einer konsequent staatlichen Lösung: Er verwies auf die Gesundheitsabteilung des Preußischen Innenministeriums unter Frey, die am 5. März 1934 die kommunale Gesundheitsfürsorge der Aufsicht der Kreisärzte unterstellt hatte. Am Schluß der Diskussion war die Frage der Verwaltung (staatlich oder kommunal) nach wie vor ungelöst. Damit war auch dieser wesentlich reduzierte Gesetzentwurf nicht entscheidungsreif. Einigkeit bestand nur darin, daß der nächste Gesetzentwurf eine weitgehende Verstaatlichung des Gesundheitswesens vorsehen sollte.

Mit der strengen Vertraulichkeit, unter deren Schutz Gütt die Vereinheitlichung des Gesundheitswesens bislang zu betreiben versuchte, war es jedoch vorbei. Die bekannten Kontrahenten aus der Weimarer Zeit, die einmal eine Verstaatlichung und einmal eine Kommunalisierung des öffentlichen Gesundheitswesens favorisierten, rückten entweder selbst oder über Vertreter in die alten Positionen. Die den Medizinalbeamten seit langem bekannte und gefürchtete Koalition zwischen der Kommunalabteilung des Preußischen Innenministeriums und dem vormaligen Deutschen Städtetag lebte wieder auf. Zu diesen alten Gegnern kamen neue Feinde und Neider Gütts. Diese saßen keineswegs allein im NSDÄB, sondern auch im RMdI selbst – besonders in der Abteilung I, deren Chef Helmut Nicolai die Reichsreform betrieb und in Gütts Initiative einen unzulässigen Vorgriff sah.

Als einheitliche Verhandlungslinie gegen die Gesetzesinitiativen der Medizinalabteilung des RMdI befürwortete die Lobby der Kommunen auch jetzt, nach der NS-Machtübernahme, den Gemeinden und Gemeindeverbänden das Gesundheitswesen ähnlich der staatlichen Schulverwaltung in Preußen als Auftragsangelegenheit unter staatlicher Aufsicht zu überlassen. Nie in Abrede gestellt wurden auch von den Gegnern der Verstaatlichung indes die neuen Aufgaben in der Erb- und Rassenpflege und in der Bevölkerungspolitik; es ging lediglich um die Verteilung von Macht und Finanzen.

Am 7. April 1934 wurde erneut ein Entwurf des RMdI an die Ressorts und Behörden versandt. Dieser Entwurf zeigt erstmals eine entfernte Ähnlichkeit mit dem später verabschiedeten GVG. Zur Verwaltung des öffentlichen Gesundheitsdienstes sollten in den Stadt- und Landkreisen staatliche Gesundheitsämter eingerichtet werden. Die ärztlichen Aufgaben wurden im einzelnen benannt. Die staatlichen Gesundheitsämter sollten von einem hauptamtlich angestellten Amtsarzt geleitet werden. Am 11. April wurde der Entwurf im RMdI besprochen. Gütt betonte einführend, dem Vorschlag Preußens folgend sollten die GÄ rein staatliche Einrichtungen unter der Leitung staatlicher Amtsärzte werden, die Krankenhäuser, Heil- und Pflegeanstalten etc. jedoch in der Verwaltung der bisherigen Träger bleiben; aus diesem Grund sei eine ausführliche Benennung der Aufgaben erforderlich. Einwände wurden nach wie vor wegen der enormen Kosten und ihrer Verteilung auf Reich, Länder und Gemeinden erhoben. Das RMdI hatte jährliche Mehrkosten von 10 Millionen RM, das Reichsfinanzministerium von mindestens 7,3 Millionen RM errechnet. Bereits am 16. April verschickte das RMdI einen neuerlich geänderten Entwurf und lud für den 24. April zur abschließenden Beratung ein. Neben redaktionellen Änderungen enthielt die neue Fassung eine differenziertere Abgrenzung und Verteilung der Aufgaben der GÄ und benannte die Bereiche, die bei den Kommunen bleiben sollten.

Dieser nunmehr vierte Ressortentwurf wurde durch gezielte Indiskretion dem DGT bekannt. In der gesundheitspolitischen Perspektive – bisherige Selbstverwaltungsaufgaben als staatliche Auftragsangelegenheiten – hatte sich inzwischen eine breite Koalition zwischen dem DGT, der Kommunalabteilung des Preußischen Innenministeriums, dem Preußischen Finanzministerium und der Nationalsozialistischen Volkswohlfahrt gebildet. Auf höchste Anordnung kam es am 23. April 1934, also einen Tag vor der abschließenden Ressortbesprechung, erstmals zu einem formellen Gespräch zwischen Vertretern des RMdI und des DGT über die Vereinheitlichung des Gesundheitswesens. Die Vertreter des DGT verwiesen mit breit angelegter Beweisführung auf ihren Vorschlag, das Gesundheitswesen als Auftragsangelegenheit zu übernehmen, und erhoben schwerste Bedenken gegen den Gesetzentwurf. Die Abteilung I des RMdI und die preußischen Ressorts schlossen sich dem DGT an – und zwar einschließlich der Medizinalabteilung, deren Vertreter, wie sich später herausstellte, für diese Verhandlung Redeverbot erhalten hatte.

Gütt stand vor einem Scherbenhaufen. Den Widerstand der Kommunen hatte er erwartet. Nun aber mußte er hören, daß die Ministerien Preußens, nach deren Wünschen er seine beiden letzten Entwürfe ausgerichtet hatte, prinzipiell auf die Linie des DGT eingeschwenkt waren. Darüber hinaus traten in seinem eigenen Haus überaus ernsthafte Gegner auf.

Zum zentralen Diskussionspunkt der folgenden Besprechungen wurde die Frage der Grenzziehung zwischen staatlichem Gesundheitsdienst und kommunalem Wohlfahrtsdienst. Damit stand ein entscheidendes Charakteristikum der kommunalen Gesundheitsfürsorge Weimarer Prägung zur Diskussion: die innige, wenn nicht unauflösliche Verbindung von gesundheitsorientierter und allgemeiner Wohlfahrtsfürsorge (einschließlich Familien- und Jugendfürsorge). Diese auf eine gesamte Lebenssituation gerichtete Fürsorge mußte nun gemäß ihren jeweiligen Finanzierungsträgern sorgsam differenziert und auf kommunale und staatliche Leistungen aufgeteilt werden.

Bis Anfang Mai 1934 wurde in größter Eile an weiteren Entwürfen gearbeitet; sie sahen alle staatliche Gesundheitsämter und staatliche Amtsärzte vor. Die Gefahr, daß sich die Fronde gegen das GVG so weit ausdehnen würde, daß auch die neuen rassenhygienischen Aufgaben durch die Kommunen übernommen wurden, wurde immer größer. Gütt sah sich daher zu größter Eile und Kompromißbereitschaft getrieben. Am 29. Mai sandte Frick den Entwurf eines Vereinheitlichungsgesetzes an die Reichskanzlei und bat, ihn auf die Tagesordnung der nächsten Kabinettssitzung zu setzen. Dieser Entwurf stimmt weitgehend mit dem später verabschiedeten GVG überein; er sah vor, daß alle Gesundheitsämter staatliche Einrichtungen sein sollten. Jedoch konnten auf begründeten Antrag Gesundheitsämter in kommunaler Trägerschaft belassen werden. Leiter eines Gesundheitsamtes sollte aber in jedem Fall ein staatlicher Amtsarzt sein.

Wenn Gütt und das nunmehr vereinigte Reichs- und Preußische Innenministerium meinten, ihren Gesetzentwurf damit endgültig vor das Reichskabinett befördert zu haben, sahen sie sich getäuscht. Das Reichsfinanzministerium monierte, seinen bisherigen mündlichen Beanstandungen sei nicht Rechnung getragen worden. Auch die eigene Kommunalabteilung legte sich nach wie vor quer und forderte erneute Änderungen, die auf eine Loslösung der kommunalen von den staatlichen Aufgaben des öffentlichen Gesundheitswesens hinausliefen.

Tatsächlich wurde durch ein Schreiben Fricks an Lammers der bereits in der Reichskanzlei vorliegende Entwurf am 7. Juni 1934 erneut geändert. Eine Unterteilung der kommunalen und staatlichen Aufgaben in Auftrags- und Selbstverwaltungsangelegenheiten, das Spezifikum von Gütts Entwurf, war nun nicht mehr vorgesehen. Preußen hatte sich damit in letzter Minute – und zwar trotz der geänderten Verhältnisse in der Führung des Hauses – durchsetzen können. Gleichwohl lehnte der DGT den Entwurf weiterhin ab. Noch am 22. Juni 1934 richtete der Leipziger Oberbürgermeister Goerdeler eine ausführliche Stellungnahme an Frick. Sie konzentrierte sich auf einen einzigen Punkt: gegen die Regelung, daß jedes Gesundheitsamt einem vom Staat bestellten Amtsarzt übertragen werden sollte. Ferner fanden laufend Besprechungen zwischen dem Innen- und dem Reichsfinanzministerium statt. Der Finanzminister bat noch am 28. Juni 1934 um eine persönliche Unterredung mit Frick, dessen Doppelministerium die gewünschten Änderungen noch am selben Tag billigte und am 30. Juni 1934, drei Tage vor der angesetzten Kabinettssitzung, einen erneut geänderten Entwurf an die Reichskanzlei sandte.

Neben neuen finanziellen Regelungen war nun vorgesehen, daß der Innenminister Ausnahmen von der Regel des staatlichen Amtsarztes zulassen konnte. Damit hatten sich die großen Städte, wenngleich sie den Krieg gegen das GVG insgesamt verloren hatten, erneut und in letzter Minute gegen die Verstaatlichung ihrer Gesundheitsämter durchsetzen können. Folgende Konstruktionen waren jetzt möglich:
– staatliches GA mit staatlichem Amtsarzt (1935: 642 GÄ);
– kommunales GA mit staatlichem Amtsarzt (1935: 58 GÄ, davon 50 in Preußen);
– kommunales GA mit kommunalem Amtsarzt (1935: 35 GÄ, davon 32 in Preußen).
(In Preußen wurden im Sommer 1935 in 424 von 474 Kreisen GÄ eingerichtet, in Bayern in 138 von 215, in Württemberg in 35 von 62 und in Baden in 22 von 40 Kreisen.)

Am 3. Juli 1934 lag der Entwurf des GVG dem Reichskabinett als fünfter Tagesordnungspunkt vor; laut Ermächtigungsgesetz ersetzte der zustimmende Kabinettsbeschluß die Verabschiedung eines Gesetzes durch den Reichstag. Gegen Popitz' Versuch, das Inkrafttreten des GVG hinauszuschieben, erhob Gütt Einspruch. Als Kompromiß trat das Gesetz nicht am 1. Oktober 1934, sondern erst am 1. April 1935 in Kraft.

Mit dem GVG wurde in der Geschichte des deutschen Gesundheitswesens, so Gütt, „etwas völlig Neues geschaffen". Das Gesundheitsamt als eigenständiges Amt der unteren Verwaltungsbehörde mit eigener Ausstattung an Räumen, Personal und Gerät, der Medizinalbeamte als Laufbahnbeamter im öffentlichen Gesundheitswesen und die verbindliche Aufgabenzuweisung in den Durchführungsverordnungen etablierten den öffentlichen Gesundheitsdienst in der heute bekannten Form.

Gütts Ziel war die Herstellung der Staatshoheit auf dem Gebiet des öffentlichen Gesundheitswesens. Gleichwohl mußte er sich Kräften beugen, die sich der Durchsetzung des Gesetzes in den Weg stellten. An die Stelle der demokratischen Konfliktregelung war ein Kampf getreten, an dem die alten Kräfte von Reich, Einzelstaaten und Gemeinden über Vertreter in den Ministerien ebenso beteiligt waren wie die neuen Satrapien und Sonderinteressen des NS-Regimes. In der schließlich breiten Koalition gegen das GVG hatten sich Kräfte zusammengefunden, die ihre Legitimation aus völlig verschiedenen Gedanken- und Wertsystemen bezogen und die völlig verschiedene Ziele hatten: Die Städte arbeiteten gegen die Zentralgewalt, die Preußischen Ministerien des Innern und der Finanzen arbeiteten gegen das Reich, die Abteilung I des Innenministeriums gegen den Vorgriff auf die Reichsreform und die Parteiorganisationen gegen die überkommene Staatsautorität. Die zur Durchsetzung des Gesetzes notwendige Kraftanstrengung selbst unter den 1933/34 für staatsorientiertes Handeln noch relativ „günstigen" Umständen zeigt, daß das GVG unter den Verhältnissen der Weimarer Republik wahrscheinlich weder so noch überhaupt zustande gekommen wäre. Das Problem des GVG war mithin *nicht* seine Ausgestaltung, die spätestens seit der 10. Jahresversammlung der Medizinalbeamten 1919 diskutiert wurde, sondern seine Durchsetzung. Gütt war, wie die rasche Folge gegensätzlicher Entwürfe zeigt, deshalb alles recht, sofern nur die Staatshoheit im Gesundheitswesen garantiert war.

Zielsetzung und Grundlage des GVG war daher auch nicht, wie es die Nachkriegslegende will, die Beseitigung des Dualismus in der Organisation staatlicher und kommunaler Gesundheitsleistungen. Die Unität von staatlichem Gesundheitsschutz und kommunaler Gesundheitsfürsorge war für Gütt lediglich ein Mittel. Sein gesundheitspolitisches Denken und Handeln war beherrscht von der nationalsozialistischen Erb- und Rassenpflege und einer entsprechenden Bevölkerungspolitik als der Aufgabe eines einheitlichen, flächendeckenden, staatsmedizinischen Handelns. Hierin wurde er von der Führung des RMdI unterstützt. Gütt mußte sich allerdings den im Dualismus staatlicher und kommunaler Gesundheitsleistung durchscheinenden, gegensätzlichen Machtansprüchen stellen; außerdem galt es, den klassischen staatlichen Gesundheitsschutz und den „unverzichtbaren Teil" der kommunalen Gesundheitsfürsorge im Interesse der Volksgemeinschaft und der Gesundheitsführung zu übernehmen.

Gütt bündelte also die klassischen staatlichen Gesundheitsleistungen, die neu entwickelten kommunalen Gesundheitsleistungen und die nationalsozialistische Erb- und Rassenpflege zu einer Aufgabentrias. Für diese schuf er im Zusammenhang mit anderen, inhaltlich einschlägigen Gesetzen und Verordnungen als reichsübergreifende Organisation den öffentlichen Gesundheitsdienst, die Gesundheitsämter und den staatlichen Einheitsmedizinalbeamten in der bekannten Form: „So wird demnach der öffentliche Gesundheitsdienst auch wie bisher die Bevölkerung vor Seuchen und Volkskrankheiten oder schädlichen Umwelteinflüssen zu bewahren haben, aber außer der Fürsorge für das Einzelwesen sind den Gesundheitsämtern und den in ihnen beschäftigten Personen damit neue große Aufgaben übertragen worden, die das Ziel einer erblichen und rassischen Volksgesundheit anstreben!"[28]

---

[28] Arthur Gütt, Bevölkerungs- und Rassepolitik, in: Hans Heinrich Lammers/Hans Pfundtner (Hrsg.), Grundlagen, Aufbau und Wirtschaftsordnung des nationalsozialistischen Staates, Bd. 1, Berlin o. J. (1936), S. 26.

Hier – und dies sei nur angedeutet[29] – liegen auch die langfristigen gesundheitspolitischen Wirkungen des GVG: Die Rolle eines Für- und Vorsorgearztes zwischen Verwaltungsarzt und therapeutischem Arzt, das Konzept einer auf die Gemeinde gerichteten vor- und fürsorgerischen Medizin und schließlich das Verständnis für „Gesundheit" als genuinem Bestandteil kommunaler Daseinsvorsorge – kurzum: die alte Kultur einer Gemeindemedizin – wurden durch das GVG nachhaltig zerstört.

Konzeption und Aufbau der Ämter für Volksgesundheit der NSDAP

Spätestens im Herbst 1933 zeigte sich, daß die führenden NS-Ärztefunktionäre mit der Aufwertung des öffentlichen Gesundheitsdienstes zum entscheidenden Aktionsfeld rassenhygienisch bestimmter Bevölkerungs- und Gesundheitspolitik nicht einverstanden waren. Vielmehr versuchten sie, eine parteiamtliche Alternativstruktur aufzubauen, von der die eigentliche „Gesundheitsführung des deutschen Volkes" ausgehen sollte. Im Hinblick auf die hohe Zahl von Ärzten und Zahnärzten, die Mitglieder von NS-Organisationen waren, konnte es auf den ersten Blick als aussichtsreich erscheinen, die Gesundheitsführung (mindestens die Gesundheitsfürsorge) aus der staatlichen Kompetenz herauszunehmen und direkt der „Bewegung" zu übertragen. Auf dem Wohlfahrtssektor wurde dies mit NSV und DAF auch teilweise erfolgreich praktiziert.

Die Frage, inwieweit die NSDAP nicht nur ideologisch, sondern auch „apparativ" zur Durchsetzung rassenhygienisch bestimmter Bevölkerungs- und Gesundheitspolitik beitragen konnte bzw. konkret beitrug, ist noch kaum untersucht[30]. Im Hinblick auf die ab 1934 aufgebaute, mit einem Hauptamt für Volksgesundheit gekrönte Organisationsstruktur ist sie mindestens den Versuch einer Beantwortung wert[31]. Betrachtet man dabei nicht nur die zentralen Vorgänge auf der Reichsebene der Partei, sondern bezieht die Gau- und vor allem die Kreisebene mit ein, dann sind Aussagen zu einer herrschaftssoziologischen und zu einer gesundheitspolitischen Schlüsselfrage möglich: Herrschaftssoziologisch geht es um die Frage, inwieweit die zum Regime gewordene „Bewegung" auf einen strukturierten Apparat angewiesen war, gesundheitspolitisch darum, ob dem überproportionalen Partei-Engagement der Ärzte auch ein entsprechendes Handeln in der alltäglichen Praxis folgte, das über das traditionelle ökonomische Interesse hinausging. Immerhin zielte die Idee der „Gesundheitsführung des deutschen Volkes" gerade auf die Breitenwirkung rassenhygienischer Konzeptionen, auf ein „alltagsbezogenes ‚Auslese-Ausmerze'-System" im Interesse der Aufartung ab[32]. Grundlage einer alltäglichen, familiennahen Gesundheitsführung im Rahmen eines pseudohoheitlichen Gesundheitswesens der NSDAP, das eng mit deren Massenorganisationen verknüpft und dessen personelles Rekrutierungsfeld der Nationalsozialistische Deutsche Ärztebund war, sollten die Ämter für Volksgesund-

---

[29] Dazu ausführlicher Labisch/Tennstedt, Gesellschaftliche Bedingungen.
[30] Im Gegensatz zur ideologiekritischen Analyse der Rassehygiene wird der institutionell-personelle Aspekt meist vernachlässigt; die integrierteste Darstellung bei Bock, Zwangssterilisation.
[31] Die ausführlichste Darstellung hierzu bei Reeg, Friedrich Bartels, S. 55 ff.; zum NSDÄB vgl. Georg Lilienthal, Der Nationalsozialistische Deutsche Ärztebund (1929–1943/1945): Wege zur Gleichschaltung der Ärzteschaft, in: Kudlien, Ärzte im Nationalsozialismus, S. 105–121.
[32] Vgl. Roth, „Auslese" und „Ausmerze", in: Baader/Schultz (Hrsg.), Medizin und Nationalsozialismus, S. 160.

heit werden. Auf der betrieblichen Ebene entsprach dem später das Betriebsarztsystem der DAF; prinzipiell waren die Konzeptionen von Gerhard Wagner und Robert Ley einander sehr ähnlich.

Die Ämter für Volksgesundheit wurden „von oben" her, durch die Reichsärzteführung, eingerichtet, und zwar im Gegenzug zum verstaatlichten bzw. „verreichlichten" öffentlichen Gesundheitsdienst. Nachdem Wagner und dessen Konfident im RMdI, Friedrich Bartels, sahen, daß der staatliche öffentliche Gesundheitsdienst nicht mehr zu verhindern war, wurde am 16. Juni 1934, zwei Wochen vor Verabschiedung des GVG, das Hauptamt für Volksgesundheit etabliert. Die von DAF und NSV getragenen Ämter für Volksgesundheit auf Kreis- und Gauebene wurden offiziell am 29. Dezember 1934 gegründet. Mit der in seiner Hand vereinigten Leitung der neugeschaffenen Institutionen hatte Reichsärzteführer Wagner, der auch Führer der neugegründeten Reichsärztekammer wurde[33], jedoch keinesfalls, wie vielfach angenommen wird, „einen Großteil seiner politischen Ziele erreicht"[34]. Ein genauer Blick zeigt vielmehr, daß es sich nur um ein Trostpflaster handelte angesichts eines zugunsten der staatlichen Bürokratie abgelaufenen Institutionalisierungsprozesses.

Die Konzeption für das Hauptamt für Volksgesundheit, maßgeblich von Bartels entwickelt, durchlief verschiedene Phasen. Widerstände kamen nicht nur aus dem von Gütt dominierten öffentlichen Gesundheitssektor (RMdI), sondern auch aus dem für Wohlfahrtspflege („gehobene Fürsorge") und Sozialversicherung zuständigen Reichsarbeitsministerium und diesen nahestehenden Körperschaften, zu denen die Kassenärztliche Vereinigung Deutschlands zählte[35]. Angesiedelt bei der Reichsleitung der NSDAP in München, unterhielt das Hauptamt für Volksgesundheit in Berlin eine Verbindungsstelle im Haus der Deutschen Ärzte, die dem Verkehr mit den Reichsbehörden diente. Leiter der Verbindungsstelle wurde Friedrich Bartels. In den Augen der nationalsozialistischen Ministerialbürokratie eine gescheiterte Existenz, focht Bartels unermüdlich für sein Konzept einer allgemeinen Gesundheitsführung, wobei sich sein Interesse aber zunehmend auf das von Gütt nicht besetzte Gebiet der betrieblichen Gesundheitsführung konzentrierte.

Auf Gau- und Kreisebene kennzeichnete die Ämter für Volksgesundheit das Prinzip fachlicher und personeller Verknüpfung: Die Gauämter für Volksgesundheit waren zugleich DAF-Ämter für Volksgesundheit. Der Gauamtsleiter für Volksgesundheit war in der Regel auch Leiter der Abteilung für Volksgesundheit beim Gauamt der NSV und Leiter des NSD-Ärztebundes seines Gaues (Gauobmann) sowie Vorsitzender der entsprechenden Ärztekammer. Dieser „multifunktionale" Gauamtsleiter wurde auf Vorschlag des Hauptamtleiters des Amtes für Volksgesundheit vom Gauleiter ernannt[36].

Unterhalb der Gauebene gab es nur noch die Kreisämter für Volksgesundheit. Eine Durchgliederung bis in Ortsgruppen bestand nicht, lediglich in Großstädten gab es Verwaltungsstellen. Die ehrenamtlichen Kreisamtsleiter waren gleichzeitig die Beauf-

---

[33] Vgl. dazu Zunke, Reichsärzteführer.
[34] Lilienthal, NSDÄB, in: Kudlien, Ärzte im Nationalsozialismus, S. 119. Michael Kater meint sogar, die Partei habe sich dadurch „in der Gesundheitsführung einen Vorsprung gesichert"; Kater, Gesundheitsführung, S. 353.
[35] Vgl. dazu Reeg, Friedrich Bartels, S. 57 ff.
[36] Vgl. Leonardo Conti, Gesundheitswesen der Partei, in: Der Amtsarzt, S. 42–46.

tragten des NSD-Ärztebundes bei den Kreisen. Mit den monatlich zur Verfügung stehenden 500 RM konnte meist nur eine Bürokraft nebst Sachaufwand finanziert werden. Allein schon von der personellen und sachlichen Ausstattung her waren die Kreisämter für Volksgesundheit damit jedem Gesundheitsamt strukturell unterlegen. Allerdings sollten sie auch nicht praktisch ärztlich, sondern nur führend und koordinierend, aufklärend und beratend tätig werden. Für die praktische Arbeit waren die bei den Ämtern „zugelassenen" niedergelassenen Ärzte zuständig: „Gemeinsam mit dem NSD-Ärztebund, mit dem es durch Personalunion des Leiters zusammenhängt, lenkt das Amt [für Volksgesundheit] Blick und Gedanken der praktisch tätigen Ärzte von einer allzu einseitigen Betonung des individualärztlichen Standpunktes ab und auf die Gesundheitsführung des ganzen Volkes hin. Seine Wirksamkeit erstreckt sich somit auf das Gebiet der Gesundheitsführung der wertvollsten, auch organisatorisch durch NSDAP, DAF und HJ an unsere Idee gebundenen Volksgenossen. [...] Das Amt für Volksgesundheit erteilt den deutschen Ärzten, die es für geeignet zur Mitarbeit hält, einen Ausweis. Sie gelten damit als vom Amt für Volksgesundheit zugelassen und kommen dann für Untersuchungen, insbesondere für DAF und NSV, in erster Reihe in Frage. Alle vollbeschäftigten Ärzte in den Gesundheitsämtern werden in der Regel zum Amt für Volksgesundheit zugelassen."[37]

Das Funktionieren der Ämter war also abhängig von der Mit- und Zuarbeit der zugelassenen NSDÄB-Ärzte und -Zahnärzte. Diese hatten bestenfalls Aufwandsentschädigungen oder Gebühren für ihre Mitwirkung zu erwarten, kaum aber größere Praxen oder gar Karrieren, sofern sie nicht zur SS oder in den Staatsdienst überwechselten. Immerhin konnten die Ämter für Volksgesundheit auf eine relativ breite „Basis" zurückgreifen: So waren z. B. im Kreis Groß-Frankfurt 1937 von 352 Ärzten 198 Mitglieder des NSD-Ärztebundes, und 140 waren beim Amt für Volksgesundheit zugelassen[38]. Bei der Verwaltungsstelle Wiesbaden des Amtes für Volksgesundheit waren 107 Ärzte zugelassen[39]. In einer Rede auf dem Parteitag 1938 nannte Wagner für 1937/38 die Zahl von 620 Ämtern für Volksgesundheit mit „rund 30000" Ärzten. Damit wäre damals knapp die Hälfte der Ärzte im Deutschen Reich in die Aktivitäten der Ämter für Volksgesundheit eingebunden gewesen.

Die inhaltlichen Vorstellungen über die *spezifischen* Aufgaben eines eigenen Gesundheitswesens der Partei waren freilich nach wie vor sehr vage. Wenn immer wieder von dem für die Gesundheit verantwortlichen Hausarzt als Gegentyp zu dem die Krankheit heilenden „Kassenarzt" die Rede war, so hing dies sicher auch mit dem biographischen Hintergrund des Reichsärzteführers zusammen: Ausgangs- und Endpunkt von Wagners gesundheitspolitischem Denken blieb der niedergelassene Arzt, der mehr sein sollte als ein „Kassenarzt". Diese Borniertheit ging zurück auf die schiefe Alternative des (deutschen) Arztes und des (jüdischen) Mediziners, des treusorgenden Hausarztes und des technisch orientierten Krankenhausarztes – eine Formel, mit der Erwin Liek bereits 1925 die vagierende Unzufriedenheit, die Angst der Ärzteschaft vor dem sozialen Abstieg zu organisieren wußte[40]. Das vorrangige

---

[37] Ebenda, S. 45.
[38] HStA Wiesbaden, Abt. 183, Nr. 180.
[39] HStA Wiesbaden, Abt. 183, Nr. 3141 b.
[40] Vgl. Erwin Liek, Der Arzt und seine Sendung, München 1925; zu Liek vgl. auch Hans-Peter

(und erfolgreiche) standespolitische Engagement des Reichsärzteführers hatte hier seinen Grund. Die Aufwertung des Kassenarztes zum Hausarzt sollte laut Wagner einhergehen mit dessen Beteiligung an der „Aufartung" des deutschen Volkes. Dadurch sollte der Berufsstand insgesamt politisches Gewicht bekommen. „Kernpunkt aller Träume von faschistisch-mittelständisch-ärztlicher ‚Selbstverantwortung'" war „der Zusammenhang zwischen Hausarzt und Familie"[41]. Der Hausarzt, in erster Linie dem Konzept der Prophylaxe verpflichtet, sollte Gesundheitsführer der erbgesunden Familie sein und damit „Hüter am Erbstrom der Deutschen". In der Person des Arztes und Parteigenossen sollten die gesundheitsfürsorgerischen (eventuell auch die gesundheitspolitischen) Aufgaben, die im „liberalen System" öffentlich geworden waren, weitgehend wieder individualisiert werden. Zugleich sollte die bisher bloß therapeutische Kompetenz des Arztes erweitert werden, der beim Amt für Volksgesundheit tätige Hausarzt die Funktion eines „Gesundheitsblockwartes" übernehmen. Damit sich die Bevölkerung dieser ständigen Überwachung nicht würde entziehen können, sollte die freie Arztwahl abgeschafft werden: Gesundheit – mit der daraus resultierenden Arbeitsfreude und Leistungsbereitschaft – wurde zur völkischen Pflicht. Um den Arzt für die Gesunderhaltung seiner Patienten zu interessieren, sollte er nach einem Pauschalsystem honoriert werden und Gebühren für regelmäßige Vorsorgeuntersuchungen (gedacht war an ein Gesundheitskataster) erhalten. Dieser Hausarzt sollte nach professioneller Kompetenz und „gesundem" völkischen Empfinden entscheiden. Gesundheitsführung als Spezifikum der Menschenführung schloß „als administrativer Grundsatz im Gegensatz zur Staatsauffassung rationale Kriterien politischer Herrschaftsausübung zugunsten emotionaler und pseudomoralischer Kategorien wie ‚Herzensbildung' und ‚Charakter' absolut" aus[42].

Dieses Modell einer Gesundheitsführung durch Partei und Hausarzt hätte, wäre es verwirklicht worden, nicht nur zu einer grundsätzlichen Aufwertung des völkischen Arztes geführt, zu einem Kompetenzzuwachs für die Medizin im öffentlichen und privaten Leben, sondern auch und vor allem zu einem Abbau individueller Rechte der Volksgenossen. Dieser Hausarzt war in seinem prophylaktischen Tun von klassischen ethischen Maßstäben entbunden. In rechtsstaatlichen Kategorien gesprochen: Ermessen und Willkür waren programmiert. Vor diesem Modell erscheint Gütts Konzept einer Rassenhygiene durch Amtsärzte, durch ein verstärktes staatliches Institutionengefüge, tatsächlich zunächst als das kleinere Übel: Das staatliche Gesundheitswesen, wenngleich nationalsozialistisch unterwandert und umfunktioniert, vollzog

---

Fortsetzung Fußnote von Seite 53
Schmiedebach, Zur Standesideologie in der Weimarer Republik am Beispiel von Erwin Liek, in: Wert des Menschen, S. 26–35.
[41] Roth, „Auslese" und „Ausmerze", in: Baader/Schultz (Hrsg.), Medizin und Nationalsozialismus, S. 156. Der Bereich der ärztlichen Regelversorgung im Nationalsozialismus ist bislang kaum untersucht; vgl. den Beitrag von Fridolf Kudlien in diesem Band. Michael Kater zufolge war „das nationalsozialistische Ideal wahren Medizinertums das des Hausarztes als einer Art biopolitischen Blockwarts"; ders., Medizin und Mediziner, S. 307. Vgl. dazu auch den programmatisch aufschlußreichen Aufsatz von Gerhard Wagner, Nationalsozialistische Gesundheitsführung. Richtlinien des Reichsärzteführers, in: Der Schulungsbrief 5 (1938), S. 420–427.
[42] Vgl. Michael Kater, Gesundheitsführung des deutschen Volkes, in: Medizin im Nationalsozialismus (Tagungsprotokoll), S. 120–147, hier S. 123.

sich zumindest vom Ansatz her weiter in den Bahnen traditionellen Verwaltungshandelns.

Dieser fundamentale Unterschied in den Mitteln (nicht im Ziel) zeigte sich in den Konflikten über die Durchführung des Sterilisierungsgesetzes: Wagner und Bartels griffen im November 1936 öffentlich die „rein schematische Beurteilung des Vorliegens von Schwachsinn" an und führten dagegen die „Bewährung im Leben" ins Feld. Anlaß war die Tatsache, daß die Gesundheitsämter ohne Ansehen der Person und der Umstände vorgingen und bei der Durchführung des Sterilisierungsgesetzes Unruhe unter der Bevölkerung hervorriefen, schließlich auch „verdiente Parteigenossen" erfaßten[43]. Das medizinisch und gesetzlich abgesicherte Verfahren verstieß gegen das unausgesprochene Ziel der „Aufnordung", das augenscheinlich einen bestimmten Rassetypus des deutschen Volkes bevorzugt und damit die konfliktverdeckende Wirkung der Ideologie der „Volksgemeinschaft" gefährdet hätte. In der politischen Ideologie des NS-Systems, die sich notwendigerweise von der Ideologie der Rassenkundler unterscheiden mußte, galten diejenigen Volksgenossen, die sich „zum Nationalsozialismus und zum deutschen Volk bekannten" und dies „durch die Tat" bewiesen, als zu 80 Prozent „rassenbiologisch" rein und stellten „rassenseelisch" eine „absolut einheitliche hochqualifizierte Siebungsgruppe dar". Parteigenossen konnten nach Wagners Auffassung nicht Gegenstand des Sterilisierungsgesetzes sein, da sie ja zumindest „rassenseelisch" ihre Zugehörigkeit zur bevorzugten Rasse „durch die Tat" unter Beweis gestellt hatten. Kurzum: die Parteizugehörigkeit ersetzte die Rassenzugehörigkeit, an die Stelle von Züchtung traten ideologische Schulung, militärischer Drill und körperliche Ertüchtigung. Faktisch bedeutete dies die Abkehr von der propagierten Rassenlehre hin zur eigentlich bekämpften Milieutheorie[44].

Die Arbeit der Ämter für Volksgesundheit: Ideologie und Wirklichkeit des Parteiarztes

Sieht man von der (hypothetischen) Frage nach den effektiven Möglichkeiten und Bedingungen eines flächendeckenden Partei-Hausarztmodells ab, so stellt sich nun die Frage, welche konkreten Aufgaben dem Hauptamt für Volksgesundheit mit seinen nachgeordneten Instanzen und seinen tausenden von „zugelassenen" Ärzten tatsächlich verblieben. Sich selbst gern als „Hoheitsträger" titulierend, hatten diese Ärzte doch kaum direkten Zugriff auf Zwangsmittel und finanzielle Ressourcen. Vorstellungen zur organisatorischen Implementation des Hausarztsystems bestanden nicht. Sofern man nicht auf einen generellen Aufartungs-Fanatismus bei den niedergelassenen Ärzten setzen wollte, wäre ein neues System ökonomischer Anreize erforderlich gewesen, welches das therapiegerichtete System der Krankenversicherung hätte ergänzen, wenn nicht ablösen müssen. Das Fehlen entsprechender Überlegungen läßt auf vorherrschenden „einfachen" Pragmatismus schließen, könnte darüber hinaus aber auch Indiz dafür sein, daß der rassenhygienische Fanatismus als Grundlage der propagierten „Selbstlosigkeit" der NSDÄB-Ärzte weit überschätzt wurde. Der Aufgabenkreis der beim Amt für Volksgesundheit zugelassenen Ärzte als „Vorform" des von

---

[43] Vgl. dazu Labisch/Tennstedt, Gesetz über die Vereinheitlichung des Gesundheitswesens, S. 332 f., sowie Reeg, Friedrich Bartels, S. 59 ff. und S. 67 ff.
[44] Vgl. Lutzhöft, Nordischer Gedanke, S. 165 f.

Wagner intendierten Hausarztmodells läßt sich schlicht so charakterisieren, daß diese als Sachverständige tätig waren, d. h. weniger als Führer denn als Handlanger[45]. Damit fand eine säkulare Tendenz sozusagen ihre parteiamtliche Bestätigung.

In dem Maße, in dem das NS-Regime Wohlfahrtseinrichtungen „entstaatlichte" bzw. die staatlichen und kommunalen Wohlfahrtsaktivitäten auf niedrigstem Stand „einfror" und der NSDAP bzw. den ihr zugeordneten Massenorganisationen, Vereinen und Verbänden übertrug, gesellte sich zum Staatsarzt und Stadtarzt der Parteiarzt, dessen „Ort" das Amt für Volksgesundheit war. Karl-Peter Reeg hat nachgewiesen, daß nicht nur das Vorgehen von Gütt, sondern auch die Machtansprüche von NSV und HJ die Kompetenzen des Hauptamtes für Volksgesundheit untergruben, so daß – jedenfalls bis 1939 – das DAF-Amt für Volksgesundheit das wichtigste Standbein des Hauptamtes für Volksgesundheit wurde. Über das Hauptamt konnte die DAF „ihre Vorstellungen einer Gesundheitsführung der schaffenden Volksgenossen durchsetzen, ohne in langwierige Einigungsprozesse mit anderen Parteidienststellen, die über Geld und Durchführungskompetenzen verfügten, eintreten zu müssen"[46]. Dieses schloß allerdings, da die Ämter für Volksgesundheit an Einzel- und Familienuntersuchungen zentral beteiligt waren, nicht aus, daß das Amt für Volksgesundheit für die totale Erfassung aller Volksgenossen zunächst entscheidend blieb. Mit aller notwendigen Vorsicht kommt Reeg zu der Feststellung, „daß etwa 10 Millionen Menschen zwischen 1934 und 1939 auf ihren Gesundheits- und Leistungsstand hin untersucht wurden, um ihre Einsatzmöglichkeit für den Nationalsozialismus festzustellen".

Der Kern der ärztlichen Tätigkeit der Parteikader auf Kreis- und Ortsebene bestand in der Durchführung dieser Untersuchungen. Dabei kam den 1935 vom Hauptamt für Volksgesundheit eingeführten Gesundheitsstammbüchern eine zentrale Rolle zu. Sie waren entscheidende Ansatzpunkte für eine Gesundheitsführung und Erbpflege im Sinne rassenbiologischer Zielsetzungen. Das Gesundheitsstammbuch diente rassenbiologischer Prophylaxe und lag damit einerseits im säkularen Trend der Zunahme „prophylaktischer" Eingriffe. Andererseits bedeutete es einen qualitativen Sprung, denn es diente im Zweifelsfall der Ausgrenzung und konnte zum Ansatzpunkt für eine Diagnose der „Minderwertigkeit" werden. Im übrigen ist es in einer Reihe von ähnlichen, zum Teil effektiveren Erfassungs- und Registrierungsmitteln zu sehen, die ab 1938 unter Führung der SS auch von staatlicher Seite eingesetzt wurden[47].

Das Gesundheitsstammbuch erschien im Verlag der Deutschen Ärzteschaft, einem Wirtschaftsunternehmen der Reichsärztekammer, und war möglicherweise von Friedrich Bartels konzipiert worden. Es bestand im wesentlichen aus drei Gesundheitsbögen mit Erbtafel und Raum für ärztliche Befunde in einer karteimäßig angelegten Umschlagmappe[48]. Im Erläuterungsheft dazu heißt es: „Da nur die Familie Fortpflan-

---

[45] Vgl. Roth, „Auslese" und „Ausmerze", in: Baader/Schultz (Hrsg.), Medizin und Nationalsozialismus, S. 156.
[46] Reeg, Friedrich Bartels, S. 71 und S. 78 ff.; das folgende Zitat ebenda, S. 70.
[47] Vgl. Karl Heinz Roth, „Erbbiologische Bestandsaufnahme". Ein Aspekt „ausmerzender" Erfassung vor der Entfesselung des Zweiten Weltkrieges, in: ders. (Hrsg.), Erfassung zur Vernichtung, S. 57–100, sowie Gütt, Öffentlicher Gesundheitsdienst, S. 575 ff.
[48] BA, 89, 7193, Das Gesundheitsstammbuch. Anleitung zu seinem Gebrauch, hrsg. v. Hauptamt für Volksgesundheit der NSDAP, 1935; die folgenden Zitate S. 7 f., S. 10 und S. 16. Vgl. auch P. Osthold, Sozialpolitische Gedanken zum Gesundheitsstammbuch, in: Der deutsche Volkswirt 11 (1936), S. 956 ff.

zung und Aufzucht des einzelnen ermöglicht, ist sie zweifellos die wichtigste Einheit im Volke; es liege daher der Gedanke nahe, auch die Lebenstüchtigkeit an ihr und nicht am Individuum zu messen. Zweck und Ziel der Gesundheitsführung ist die erbgesunde kinderreiche Familie! Es ist notwendig, bei jeder Untersuchung eines Gesunden festzustellen, wieweit unter den Vorfahren Erbfaktoren feststellbar sind, die sich für die Lebenstüchtigkeit nützlich auswirken können. Die angestrebte fortlaufende Registrierung der Gesundheitsentwicklung in den deutschen Familien wird wesentlich dazu beitragen, auch für die Erbgesundheitspflege wichtige Bausteine aufzufinden. [...] Die Untersuchungen sind nach Möglichkeit nicht mehr in Form von Reihenuntersuchungen, sondern als Einzeluntersuchungen durchzuführen, bei denen die Familie hinsichtlich ihres erb- und rassebiologischen Wertes und hinsichtlich ihres Gesundheitszustandes zu berücksichtigen ist. [...] Erst wenn diese Voraussetzungen erfüllt sind, können wir der Aufgabe näherkommen, die deutschen Volksgenossen gesundheitlich so zu führen, daß die erblich wertvollen Menschen von den minder wertvollen unterschieden werden können, daß etwaige Schäden frühzeitig erkannt werden, und daß endlich die große Umlagerung der Kräfte einsetzen kann, die das Schwergewicht von der Kranken- und Siechenpflege verlegt auf die gesundheitliche Leistungssteigerung von Volk und Rasse."

Die zu erhebenden Befunde reichten bis zur psychischen Beurteilung. Dabei sollten aber keine psychiatrischen Diagnosen gestellt werden, sondern „kurz und klar" der psychische Typ herausgestellt werden: „Schneidig, schlapp, Verstandesmensch, Gefühlsmensch, Duckmäuser usw."

Gefährlich konnte vor allem die Feststellung von Anomalien werden: „Träger dieser Anomalien, die somit für die biologische Entwicklung des Volkes als nicht nur von bedingtem Werte, sondern sogar als gefährdend angesprochen werden müssen, sollen der zusätzlichen Hilfe der Bewegung nicht teilhaftig und auch in Zukunft nicht Mitglied der Bewegung werden. Diese Auslese soll die Erbtafel ermöglichen." Die „zusätzliche Hilfe der Bewegung" betraf vor allem die sogenannten volkspflegerischen Hilfen der NSV wie Milchzulage, Schulspeisungen, Landverschickungen, Erholungslager, Kuraufenthalte, Betten- und Wohnungsbeschaffung u. ä., die nur erbgesunden und rassenbiologisch vollwertigen, kinderreichen Familien zukommen sollten.

Anlässe zur Anlage des Gesundheitsstammbuches waren entsprechende Anträge bei der NSV, außerdem Reihenuntersuchungen in Massenorganisationen von HJ bis DAF und Ehegenehmigungsanträge. Gewünschtes Fernziel war die Einbeziehung aller zur Mitarbeit bereiten (Kassen-)Ärzte, die „in der Untersuchung und Aufzeichnung der Befunde möglichst weitgehend unterwiesen" werden sollten. „Es besteht dabei die Absicht und Hoffnung, das Vertrauensverhältnis zwischen Arzt und Familie wieder zu erwecken, das dem früheren Hausarzte einen Einfluß schuf, der in der Betreuung, gesundheitlichen Beratung und Leitung der ganzen Familie, auch in den Zeiten der Gesundheit, weit über das Maß dessen hinausging, was heute der Kassenarzt zu gewährleisten vermag."[49]

Das normale Verfahren zur Ausfüllung des Gesundheitsstammbuches sollte in Dresden, der „Stadt der Volksgesundheit", nach dem Willen des Bezirksobmanns des NSD-Ärztebundes, des Zahnarztes Dr. Herbert Roghé, folgendermaßen aussehen:

---

[49] Conti, Gesundheitswesen der Partei, in: Der Amtsarzt, S. 44.

„Der zu Untersuchende wendet sich an die zuständige Dienst- oder Verwaltungsstelle der Partei oder Arbeitsfront. Diese füllt das Gesundheitsstammbuch aus und sendet es an das Amt für Volksgesundheit (Verwaltungsstelle). Von hier werden Erhebungen über den Betreffenden bei den staatlichen Behörden, Polizei usw. angestellt und Berichte eingeholt. Ist der betreffende Volksgenosse unbelastet, so wird er nunmehr nach Wahl des Arztes seines Vertrauens an diesen zur Untersuchung überwiesen. Dieser füllt den ärztlichen Teil des Gesundheitsstammbuches aus, gibt es an die Verwaltungsstelle zurück und wird dadurch liquidationsberechtigt. Der einmal gewählte Arzt des Vertrauens darf dann nicht wieder gewechselt werden ohne guten Grund (Hausarzt). Auch die Familienangehörigen usw. sollen nach Möglichkeit den betr. Arzt aufsuchen, damit dieser die ganze Familie hüte und betreue. Ich glaube, durchaus berechtigt zu sein, auch andere als nur praktische Ärzte einzusetzen als Vertrauensärzte des Amtes für Volksgesundheit."[50] Tatsächlich spielten bei der Untersuchung die „zugelassenen Ärzte" (in der Regel Parteigenossen des NSD-Ärztebundes sowie Anwärter bzw. Sympathisierende des NSDÄB) eine wesentliche Rolle. Recherchierhilfe bei der „Erbbestandsaufnahme" leisteten auf Anforderung Pfarrämter, Standesämter und (NSV-)Fürsorgerinnen.

Die praktische Bedeutung des Gesundheitsstammbuchs ist schwer einzuschätzen. Die als Voraussetzung für Gesundheitsfürsorge durch die NSV anhand dieses Stammbuches notwendigen Untersuchungen dürften in erheblichem Umfange nicht nur Anlaß zu positiven Maßnahmen gewesen sein, sondern – vor allem bei Frauen – auch Anlaß zu Zwangssterilisierungen[51]. Aufgrund der dilettantischen Anlage des Gesundheitsstammbuches (nicht einmal Karteikarten!) entstanden in den Ämtern für Volksgesundheit bald gewaltige „Datenfriedhöfe". Schon am 15. November 1935 befaßten sich die Verwaltungsstellenleiter der Ämter mit den gerade angelaufenen Massenuntersuchungen und kamen zu dem Ergebnis: „Bei den Untersuchungen für die DAF ist langsam zu drehen! Von 10 Millionen neu angeforderten Gesundheitsbogen sind erst 250 000 abgegeben."[52] Auch die Notwendigkeit der Fremdfinanzierung wurde betont: „Jeder Gesundheitsbogen, der in Zukunft von der Gauamtsleitung angefordert wird, muß von der DAF, JH, SA, SS usw. bezahlt werden. Es kostet ein Gesundheitsbogen 2½ Pfg., eine Tasche dazu 6 Pfg." In der Regel war das Ausfüllen und die Aufbewahrung des Gesundheitsstammbuches für die beteiligten Ärzte außerordentlich lästig, obwohl sie für jede untersuchte Person jährlich eine Gebühr von etwa 5 RM erhielten.

Einen Hinweis auf die geringe Motivation der Beteiligten gibt die Beschwerde des Wiesbadener Kreisamtsleiters bei der Gauamtsleitung Hessen-Nassau von 1938, der sich darüber beklagte, daß seit Ende 1935 sämtliche Neugeborenen durch Gesundheitsstammbücher erfaßt werden müßten; insgesamt seien rund 4000 Gesundheitsstammbücher angelegt worden. „Der Wert dieses Materials für die Woche der Volksgesundheit erscheint nach den bisherigen Erfahrungen gering, da neue Eintragungen in diese Gesundheitsstammbücher erst nach 10 Jahren beim Eintritt des Prüflings in das Jungvolk vorgenommen werden können, inzwischen aufgetretene Krankheiten oder der Tod aber nicht zur Kenntnis der Verwaltungsstelle gelangen. Das Material

---

[50] HStA Wiesbaden, Abt. 483, Nr. 2025, Rundschreiben Nr. 1/35 vom 12.1.1935.
[51] StA Marburg, 180 A Fulda 4314, fol. 32 ff., Fall Paula D.
[52] HStA Wiesbaden, Abt. 483, Nr. 4472 e–g, Bericht über eine Sitzung der Verwaltungsstellenleiter in Frankfurt vom 13.11.1935; dort auch das folgende Zitat.

wächst aber im Laufe der Jahre so stark an, daß erhebliche Kosten für Stahlschränke und Papier entstehen, ganz abgesehen von der unproduktiven Arbeitskraft, die für die Ausstellung der Gesundheitsstammbücher geleistet wird."[53]

Im Grunde fehlende Motivation zeigt auch ein (positiv gemeinter) Erfahrungsbericht des Kreisamtsleiters für Volksgesundheit in Harburg, der 1936 resümierte: „Die Einführung des Gesundheitsstammbuches war ja für die meisten von uns Ärzten etwas ganz Neues, umsomehr war es dies für den Laien, dem man immer wieder den Sinn und beabsichtigten Zweck des Gesundheitsstammbuches klar machen mußte. [...] Unsere Ärzteorganisation ist nun einmal vom Schicksal dazu bestimmt, mit dem großen Werk der Sichtung und Auslese der rassischen und erbbiologischen Anlagen unseres Volkes zu beginnen. Wir sind uns dabei bewußt, daß wir in erster Linie eine enorme Kleinarbeit zu leisten haben, daß jedoch erst spätere Generationen den Nutzen hieraus ziehen werden. Die Untersuchungen nach dem Gesundheitsstammbuch sind praktisch verwertbar und äußerst wertvoll erst in etwa 80 bis 100 Jahren. [...] Eine weitere Schwierigkeit ist die, daß wir bei dem heutigen Ablauf unserer Praxis kaum die Möglichkeit haben, etwa während der Sprechstunde eine Untersuchung nach dem Gesundheitsstammbuch vorzunehmen. Wir sind ja gezwungen, wenn sie schon ordentlich durchgeführt werden soll, dieselbe außerhalb oder am Ende der Sprechstunde vorzunehmen, wodurch natürlich die an sich schon kurze Freizeit noch mehr beschnitten wird. Es muß also auch allmählich im ganzen künstlich überorganisierten Ablauf der Patientenbetreuung, die in den letzten Jahren mehr und mehr zu einer ‚Patientenzüchtung' geführt hat, grundlegender Wandel geschaffen werden. Dies hängt jedoch seinerseits innig mit der ganzen Kassenarztfrage zusammen."[54] Aussagekräftige erbbiologisch-genealogische Auskünfte seien von Prüflingen kaum oder gar nicht zu erhalten, und es sei dem untersuchenden Arzt praktisch unmöglich, bei entsprechenden Indizien Hinweisen auf erbbiologische Belastungen nachzugehen, „Spürarbeit" zu leisten. Um „über die Erbanlagen einer Sippe einigermaßen Aufklärung zu bekommen", sei ein „gewaltiger Apparat an Menschen und Kleinarbeit erforderlich". Deshalb bedürfe es, so der Amtswalter, der Hilfe des Staates, d.h. der engen Zusammenarbeit mit den staatlichen Gesundheitsämtern und den Standesämtern, die zu Familien- und Sippenämtern umgebaut werden müßten.

So stand oder fiel das Konzept der Gesundheitsführung auf Hausarztbasis „letzten Endes doch mit der grundsätzlichen Bereitschaft der deutschen Ärzte, an ihren Zielen mitzuwirken"[55]. Hypothesen darüber, wie es mit dieser Bereitschaft aussah, können gewonnen werden durch Einblicke in das „Innenleben" des NSDÄB an der Basis. Dabei stellt sich die Frage nach dem Motiv der Mitgliedschaft und den Aktivitäten und Bindungen, die der NSDÄB entfaltete. Ließ sich der propagandistische Anspruch vom „gradlinigen deutschen Arzt", dem Vorbild für die Wiedergeburt des deutschen Menschen, durchhalten? Oder wurde mit dem NSDÄB nur neuer Wein in die alten Schläuche der Standespolitik gegossen? Blieben die niedergelassenen Ärzte die „fana-

---

[53] HStA Wiesbaden, Abt. 483, Nr. 3141b, fol. 42, Schreiben des Kreisamts Wiesbaden an die Gauamtsleitung vom 4.3.1938.
[54] G. Munck, Grundsätzliche Erörterungen zum Gesundheitsstammbuch, in: Ziel und Weg 6 (1936), S. 344–347, hier S. 344f.; danach auch das folgende.
[55] Kater, Gesundheitsführung des deutschen Volkes, in: Medizin im Nationalsozialismus (Tagungsprotokoll), S. 134.

tische Speerspitze des Nationalsozialismus", auch nachdem ihr „standespolitischer Selbstlauf"[56] beendet war?

Einen Einblick in die realen Abläufe der NSDÄB-Ortsgruppenarbeit besitzen wir anhand von NSDAP-Akten aus Stadt und Kreis Wetzlar. Diese sind vermutlich nicht repräsentativ, aber doch recht aufschlußreich. Sie liefern Indizien dafür, daß biedere Standespolitik bis Desinteresse vorherrschte, vielleicht auch eine gewisse politische Dümmlichkeit, keineswegs aber politisches Engagement auf der Grundlage eines erbbiologischen Fanatismus, das Voraussetzung für eine reale Alternative zur Konzeption Gütts gewesen wäre. Der Quellenbestand gibt Auskunft über Motive des Beitritts und der Mitarbeit im NSDÄB bis 1935, über die interne Organisationsstruktur, Aufgabenverteilung und Versammlungsaktivitäten[57]. Die Quellenauswertung führt zu dem Ergebnis, daß die Basis auf Kreis- bzw. Kommunalebene ab 1935 Makulatur war. Die 1938 anlaufenden Mobilmachungsprogramme veränderten die Situation, aber keineswegs zugunsten eines Gesundheitswesens der Partei.

Anfang 1935 waren von den 54 Ärzten und Zahnärzten im Kreis Wetzlar 25 Mitglieder und 20 Sympathisanten bzw. Anwärter des NSDÄB. Dabei dominierten die jüngeren und mittleren Jahrgänge, d.h. die zwischen 1919 und 1932 approbierten 27- bis 43jährigen, die ihre berufliche Sozialisation in der Weimarer Republik erfahren hatten. Die Parteibeitritte erfolgten überwiegend zwischen März und Mai 1933. Häufig sind SA-Mitgliedschaften. Die Anwärter bzw. Sympathisanten mußten ihre fehlende NSDAP-Mitgliedschaft mit einem höheren Vereinsbeitrag abgelten. Anfang 1935 traten 15 dieser 45 Mitglieder und Anwärter dem NSDÄB bei, vier davon waren Zahnärzte. Hinweise auf eine spezifisch gesundheitspolitische bzw. rassenhygienische Motivation der Beitretenden enthalten die Bögen nicht.

Die Sympathisanten wurden nach dem Grund ihrer fehlenden Parteimitgliedschaft gefragt[58]. Antworten darauf waren: „Vor der Machtergreifung habe ich mich aus Abscheu vor dem parteipolitischen Getriebe in keiner Weise politisch betätigt. Nach der Machtergreifung wollte ich nicht durch Beitritt zur NSDAP den Eindruck erwecken, mich zur Erreichung persönlichen Vorteils der herrschenden Richtung angeschlossen zu haben." Oder: „Seit meiner Studentenzeit habe ich mich nicht mehr politisch betätigt. Zu einem Eintritt in die Partei im März oder Mai 1934 [1933?] konnte ich mich aus begreiflichen Gründen nicht entschließen; ich wollte lieber Nichtparteimann sein als womöglich den Verdacht erwecken, nur wegen herrschender Konjunktur eingetreten zu sein. Über einen etwaigen Verdacht, aus Überzeugung nicht eingetreten zu sein, fühlte ich mich als Angehöriger eines 1924 aufgelösten Wehrbundes erhaben." Anders als im Kreis, waren in der Stadt Wetzlar bloße Sympathisanten wohl relativ selten. Bei NSDAP-Mitgliedern finden sich folgende Angaben: „Früher als Angehöriger der alten Armee unpolitisch. Nach dem Kriege keiner Partei angehört, aber stets die Linksparteien scharf bekämpft. Seit 1928 NSDAP geldlich und propagandistisch unterstützt. 1930 Prozeß gegen Severing. Pressehetze gegen mich. Deshalb erheblicher Praxisverlust. 1931 eingeschriebenes Mitglied der NSDAP. Nach der Machtergreifung Beauftragter des Kommissars." Oder: „Landpraxis in Hohensolms. Keine

---

[56] Roth, „Auslese" und „Ausmerze", in: Baader/Schultz (Hrsg.), Medizin und Nationalsozialismus, S.154f.
[57] HStA Wiesbaden, Abt. 483.
[58] HStA Wiesbaden, Abt. 483, Nr. 4472 e–g.

Zeit für politische Betätigung. Während der roten Revolution gehörte ich dem Kriegerverein Hohensolms, dem Kyffhäuserbund an und hatte dauernd Anfeindungen in der Praxis, weil ich dauernd ostentativ den schwarz-weiß-roten Arztwimpel der Kraftfahrervereinigung deutscher Ärzte führte. Die NSDAP wurde in den abgelegenen Dörfern erst 1932 bekannt, seitdem diese Partei gewählt. März 33 eingetreten." Aufschlußreich ist auch, daß zehn der NSDÄB-Mitglieder studentischen Korporationen angehörten; das Spektrum reicht hier von Landsmannschaften über Turnerschaften und Burschenschaften bis zu Corps und dem Wingolf. Der NSDÄB hielt jährlich etwa sechs Versammlungen und Mitarbeiterbesprechungen ab, deren Besuch Pflicht war und kontrolliert wurde. Im Schnitt wurden die Versammlungen auch von zwei Dritteln der Mitglieder besucht. Gleichwohl finden sich durchweg Klagen über schlechten Versammlungsbesuch, Mangel an „Stoff" für Vorträge und Mangel an Engagement[59].

Die Themen der Vorträge und die protokollierten Diskussionspunkte zeigen, daß vorwiegend propagandistische bzw. schulungsmäßige „Themen" abgehandelt wurden und vor allem Standesprobleme interessierten. Vortragsthemen waren u. a.: Durch Aktivismus zum Hochziel: Volksgesundheit; Gesundheitsführung durch das Amt für Volksgesundheit; Informationen über gesetzliche Neuerungen (Reichsärzteordnung, Erbgesundheitsgesetz); Ärztliche Berufsauffassung und ärztliches Wirken im nationalsozialistischen Staat; Zur Diagnostik und Therapie von Krankheiten; Gebührenangelegenheiten. In Diskussionen wurden intensiv behandelt: Kurpfuscherprobleme, Homöopathie, Vertrauensarztprobleme, Ausgestaltung des Sonntagsdienstes, Verhältnis praktischer Arzt und Facharzt usw.

Ein schwieriger Punkt scheint die Motivierung und Rekrutierung des Führungszirkels gewesen zu sein, also der Referenten für Schulung, Propaganda und Presse, Rassenpolitik und NS-Organisationen (Frauenschaft, HJ, DAF). Denn diesen oblag neben dem Veranstaltungsbesuch auch eine regelmäßige Berichtspflicht. Interessant sind einige der für 1935 überlieferten Monatsberichte des Rassereferenten[60], der sich im April 1935 bei Dr. Heinrich Kranz in Gießen (Institut für Rassenkunde) vorstellte und dort den Auftrag erhielt, einen „neuerdings einsetzenden Feldzug gegen das ‚Gesetz zur Verhütung erbkranken Nachwuchses'" zu beobachten. Der Referent sollte im NSDÄB dafür werben, daß „solchen Machenschaften möglichst sofort und erfolgreich" entgegengetreten werde. Er tat dies am 25. April anläßlich einer Sitzung des NSD-Ärztebundes, nach der er vermerkte: „Als neue Aufgabe im kommenden Monat betrachte ich es, mich weiterhin mit den mir gestellten Aufgaben vertraut zu machen, insbesondere durch weitere Fühlungnahme mit dem rassenpolitischen Amt in Gießen." Im Mai 1935: „Weitere Beschäftigung mit rassepolitischen und bevölkerungspolitischen Werken & Schriften. Besprechung mit Pg. Dr. Kranz, Giessen, wegen Tätigkeit am dortigen Institut, Meldung zu einem Kurs für Rassepolitik in Berlin-Wuhlheide. Tätigkeit im kommenden Monat läßt sich kaum voraussagen, da ich in diesem

---

[59] HStA Wiesbaden, Abt. 483, Nr. 7191, Bericht des Amtes für Volksgesundheit Schlüchtern vom 2.2.1937: „Von 56 Mitgliedern waren nur 18 erschienen [...] ein bedauerlicher Mangel an nationalsozialistischer Auffassung. Wenn das in Zukunft nicht anders wird, müssen Zwangsmaßnahmen – Geldstrafen usw. erwogen werden." Dazu auch Nr. 2025, Übersicht des Amtes für Volksgesundheit Dresden vom 22.11.1934: „Hiervon werden auch hochgestellte Kollegen nicht ausgeschlossen sein."

[60] HStA Wiesbaden, Abt. 483, Nr. 4472 e-g; dort auch die folgenden Zitate, Hervorhebungen im Original.

Monat zur Ableistung einer militärischen Übung größtenteils abwesend sein werde." Oktober 1935: „Privates Studium von Schriften rassekundlichen und bevölkerungspolitischen Inhalts. Besondere Berücksichtigung der Rassenkunde der Bevölkerung der Apeninnen-Halbinsel und der westlichen Rasse." Im Dezember nahm der Referent dann endlich am einwöchigen Kursus des Rassenpolitischen Amtes der NSDAP in Berlin-Wuhlheide teil. Zu Silvester berichtete er darüber: „Es nahmen außer mir noch 30 Kameraden an dem Kursus teil, darunter etwa die Hälfte Ärzte. (Die andere Hälfte Volksschullehrer und Philologen!!) Von den Ärzten waren außer mir noch 2 Kameraden prakt. Ärzte, alle andern Amtsärzte, Psychiater, sonstige beamtete Ärzte, klinische Assistenten, Badeärzte usw. Die Kurse und Vorträge begannen am Montag den 2. Dezember. Eine Menge hochinteresssanten Materials wurde an uns herangetragen. Inhaltlich und rhetorisch ausgezeichnete Vorträge über ‚Grundlagen der Rassepolitik', ‚Grundlagen der Vererbung', ‚Allg. Grundlagen der Rassenpflege', ‚Rasse und Religion', ‚Stellung des Auslandes zu den Rasseproblemen', ‚Bevölkerungspolitische Lage' u. dergl. mehr wechselten einander ab und fanden uneingeschränkten Beifall und erweckten lebhaftestes Interesse. Ein ganzer Tag war durch Probevorträge und Kursteilnehmer ausgefüllt. Jeder Tag begann mit kurzem aber heftigem Frühsport und anschließender Flaggenhissung. Die Namen der ‚Dozenten' waren: *Leuschner* (zugleich Schulungsleiter), *Hüttig, Danzer* (Schriftleiter von ‚Völkischer Wille'), *Wenzel, Popendiek*. So prachtvoll und so hochinteressant der Kurs auch war, so sehr wie er jeden Teilnehmer restlos begeistert haben dürfte, so schade ist es, daß dem prakt. Arzt die Zeit fehlt, alles Gehörte nun so verarbeiten zu können wie es wünschenswert wäre. Trotzdem sollte es sich kein Arzt verdrießen lassen, einen solchen Kurs mitzumachen; das Erlebnis und die Tatsache aus erster Hand reinsten Nationalsozialismus, eingekleidet in ein rassepolitisches Kleid, praktisch vor Augen geführt zu bekommen, sind einmalig."

Schlußbemerkung

Staatliches Gesundheitsamt oder Amt für Volksgesundheit der NSDAP – diese unterschiedlichen, ja gegensätzlichen Konzeptionen sollen nunmehr abschließend diskutiert werden. Allerdings sind in abgestufter Betrachtung die nationalsozialistische Ideologie und die institutionell-organisatorischen Möglichkeiten gesundheitspolitischen, medizinischen und ärztlichen Handelns zu beachten. Erst innerhalb dieser Vorgaben sind die persönlichen Auseinandersetzungen der Protagonisten nationalsozialistischer Sozial- und Gesundheitspolitik zu verstehen.

Idealtypisch läßt sich die nationalsozialistische Gesundheitspolitik auf wenige Kernaussagen konzentrieren[61]: Langfristiges Ziel war ein rassenreiner, erbgesunder, großer „arischer Volkskörper". Der gesundheitspolitische Weg dahin sollte führen
- über die rassische Entmischung des „deutschblütigen" Volkes von rassisch fremden und rassisch „minderwertigen" Elementen durch ein rassisch orientiertes Staatsbürgerrecht;
- über den Ausschluß kranken oder „minderwertigen" „arischen" Erbgutes von der Fortpflanzung und schließlich

---

[61] Vgl. hierzu ausführlich Labisch, Homo Hygienicus.

– über die Förderung erbgesunden „arischen" Erbgutes bei ständig wirkender Auslese durch forcierten Lebenskampf innerhalb des „arischen" Volkskörpers.

Vor diesem Hintergrund läßt sich die wahre Flut rassisch orientierter Gesetze einschließlich der Gesundheitsgesetze[62] einer immanenten Systematik zuordnen. Das deutsche Volk stellte in der NS-Ideologie ein dem Untergang zutreibendes Rassengemisch dar. Die rassische Entmischung sollte durch das biologisch definierte „Reichsbürgergesetz" und das „Blutschutzgesetz" vom 15. September 1935 geleistet werden. Als durchführendes Organ dienten die Standesämter. Der öffentliche Gesundheitsdienst wirkte allerdings durch die Begutachtung der Ehetauglichkeit unter erbbiologischen und rassischen Gesichtspunkten wesentlich mit. Die klassischen Standesämter sollten unter nationalsozialistischen Vorzeichen zu Sippenämtern ausgebaut werden. Auch auf diesem für die NS-Ideologie zentralen Gebiet zog also die Partei gegenüber der staatlichen Bürokratie den kürzeren: Keine Parteistelle, sondern die Standesämter bildeten den permanenten Filter zur Aussiebung von als rassisch fremd definierten Mitbürgern aus der nationalsozialistischen Volksgemeinschaft.

Aus dem verbleibenden „arisch-deutschblütigen" Volkskörper galt es dann, das kranke Erbgut auszusieben. Die „ausmerzenden Maßnahmen" wurden hauptsächlich ermöglicht durch das Erbgesundheitsgesetz vom 14. Juli 1933, das dem öffentlichen Gesundheitsdienst und dem Amtsarzt die Aufgabe stellte, „gesetzliche Maßnahmen von weittragender Wirkung selbst durchzuführen. Der Amtsarzt steht damit im Mittelpunkt der Durchführung des Gesetzes" (Arthur Gütt)[63]. Das „Ehegesundheitsgesetz" vom 18. Oktober 1935 muß als notwendige Ergänzung des „Blutschutzgesetzes" gesehen werden. In der obligatorischen Eheberatung (einschließlich ärztlicher Untersuchung und dem vom örtlichen Gesundheitsamt auszustellenden Ehetauglichkeitszeugnis) war dem Amtsarzt eine weitere zentrale Rolle zugedacht; das Gesetz wurde allerdings mangels personeller und finanzieller Mittel nur in Ansätzen durchgeführt. Viele weitere Verordnungen und Erlasse bezogen sich auf rassische Eignungsprüfungen für bestimmte Laufbahnen (z.B. Offiziere, Beamte), auf Fürsorgeregelungen u.ä.; auch diese Aufgaben permanenter „Ausmerze" übernahm gemäß dem GVG der staatliche öffentliche Gesundheitsdienst.

Zu den „fördernden Maßnahmen" schließlich zählten Ehestandsdarlehen, (ab 1936) laufende Kinderbeihilfen und (ab 1942) „gehobene Fürsorge" für die „erbtüchtige" deutsche „Durchschnittsbevölkerung". Die ehemalige Gesundheitsfürsorge des kommunalen Gesundheitswesens schlug nun – gewissermaßen „befreit" von den alten Aufgaben und Möglichkeiten der allgemeinen Familien-, Jugend- und Wirtschaftsfürsorge – in eine Erkundungstätigkeit im Dienste der Auslese um. Gefördert wurde nur, wer (erb-)gesund war; denunziert wurde, wer einer Erbkrankheit oder einer als Ehehindernis eingestuften Krankheit (z.B. Tuberkulose oder einer Geschlechtskrankheit) verdächtigt wurde und bislang den Fängen der „Ausmerze" entkommen war. Durch die Anzeigepflicht gemäß Erbgesundheitsgesetz wurden auch die Kassenärzte und alle übrigen Heilberufe einschließlich der gesamten Fürsorge zu Funktionselementen dieses erbgesundheits- und bevölkerungspolitischen Filters. Hier lag die tatsächliche

---

[62] Als einschlägige Sammlung dient Hans Reiter u.a. (Hrsg.), Erb- und Rassenpflege, Leipzig 1940; die Vollständigkeit und innere Konsistenz dieses umfangreichen Bandes ist ebenso entlarvend wie beängstigend.

[63] Vgl. Gütt, Öffentlicher Gesundheitsdienst, S. 265.

Funktion der Kassenärzte: Sie waren gleichsam vorgeschobene, in der Lebenswelt des „Siebungsgutes" agierende Beobachter im Dienste des staatlichen Filters. Zu diesem Zweck war die ärztliche Schweigepflicht gegenüber den zuständigen staatlichen Stellen – nicht jedoch gegenüber den Betroffenen – aufgehoben worden.

Unabdingbare Voraussetzung für diese umfassende Selektionstätigkeit, die mit staatsmedizinischen Mitteln auf Dauer gleichsam die rassische und erbliche Spreu vom „arisch-deutschblütigen" Weizen trennen sollte, war die Aufstellung von Sippentafeln und Erbkarteien. Endziel war eine totale erbbiologische Bestandsaufnahme der deutschen Bevölkerung im Sinne eines beliebig verfüg- und benutzbaren Erbkatasters. Laut Gütt sollte es später einmal möglich sein, „über jeden Menschen die bisher bekannt gewordenen biologischen Tatsachen an einer bestimmten Stelle zu erfahren". Im Unterschied zu den dilettantisch angelegten Gesundheitsstammbüchern der NSDAP beruhten diese Sippentafeln auf einem völlig durchorganisierten, der klassischen seuchenhygienischen Überwachung nachempfundenen Meldewesen[64]. Im März 1942 schrieb der Reichsgesundheitsführer an Himmler, es seien bereits 10 Millionen Karteikarten fertiggestellt. In den Dateien sei „ein großer Teil der negativen und belastenden Dinge über jeden Deutschen" erfaßt[65].

Die nur noch als Sturzflut zu bezeichnende Masse einschlägiger Gesetze und Verordnungen seit Beginn der NS-Zeit war somit alles andere als ein Zufall. Auch wenn gesundheitspolitische Vorstellungen im Sinne ausgearbeiteter Pläne nicht bestanden, war die gesellschaftliche Funktionszuweisung an die Medizin evident: Sie war die gegebene Instanz zur Selektion aufgrund rassischer und erbgesundheitlicher Vorgaben. Diese Selektion in Form von gesetzlichen und bürokratischen Maßnahmen zu organisieren, war das eigentliche Ziel der konzisen staatlichen Gesundheitspolitik, hinter der Gütt und das Reichsinnenministerium standen. Den aus der Weimarer Zeit überkommenen Dualismus in der Organisation des staatlichen und kommunalen Gesundheitswesens zu beseitigen, war keineswegs der Hauptzweck des GVG. Die Herstellung der Unität von staatlicher und kommunaler Verwaltung des Medizinalwesens war lediglich ein Mittel auf dem Weg zu einem öffentlichen Gesundheitsdienst, der als organisatorischer Transmissionsriemen der NS-Gesundheitspolitik dienen konnte.

Von Gütt und dem RMdI als staatliche Aufgaben interpretiert, wurde die nationalsozialistische Erb- und Rassenpflege im Sinne der klassischen medizinischen Eingriffsverwaltung seuchenhygienischer Prägung in einem bis dahin unbekannten Maße und mit einem bis dahin ebenso unbekannten Einsatz von Organisation, Personal und Mitteln durchgesetzt[66]: Bis 1938 wurde der öffentliche Gesundheitsdienst im Deutschen Reich auf 744 Gesundheitsämter mit 1315 beamteten Ärzten, 6103 Hilfsärzten und ein Gesamtpersonal von 23 792 Personen ausgebaut. Der öffentliche Gesundheitsdienst ist seinem besonderen Dienstauftrag zweifellos auch gerecht geworden. So stellte Frick 1937 lobend fest, daß die Gesundheitsämter allein in der Erb- und Rassenpflege – und zwar *ohne* die Untersuchungen im Vollzuge des Sterilisierungsgesetzes – schon im ersten Jahr ihres Bestehens über 500 000 Untersuchungen durchge-

---

[64] Vgl. (mit Originalkarteikarten) ebenda, S. 575–606; das vorstehende Zitat bei Gütt, Bevölkerungs- und Rassepolitik, in: Lammers/Pfundtner, Grundlagen, S. 23.
[65] Zit. nach Bock, Zwangssterilisation, S. 191 f.
[66] Zum folgenden vgl. ausführlich Labisch/Tennstedt, Gesetz über die Vereinheitlichung des Gesundheitswesens, S. 324–331.

führt hatten (330 000 Untersuchungen von Ehestands-Darlehensbewerbern, über 41 000 Untersuchungen von bäuerlichen Siedlern und deren Angehörigen und 150 000 weitere Untersuchungen von Kinderreichen und Einbürgerungsbewerbern sowie sonstige erbbiologische Gutachten). 1938 verfügten die Gesundheitsämter über 201 spezielle Abteilungen für Erb- und Rassenpflege. Die Zahl der von ihnen durchgeführten Erbgesundheitsgerichtsverfahren lag 1936 bei 67 938, 1937 bei 54 287 und 1938 bei 48 241.

Gegen diesen riesigen, in der Geschichte des staatlichen Gesundheitswesens bislang einmaligen Aufwand stand das parteiamtliche Gesundheitswesen mit seinem Gesundheitsstammbuch und den auf dieser Grundlage durchgeführten Massenuntersuchungen. Alle damit verbundenen Aufgaben wurden ehrenamtlich ausgeführt; weitergehende Kompetenz fehlte. Zu den ehrenamtlichen Kräften gehörten nach einer Vereinbarung zwischen dem Amt für Volksgesundheit und dem Reichsinnenministerium vom 16. März 1936 auch Ärzte des öffentlichen Gesundheitsdienstes, wenngleich deren Beteiligung nur gering gewesen zu sein scheint (1936 lag sie bei 41,5 Prozent; 1937 bei 15,6 Prozent; 1938 bei 16,7 Prozent). Die begrenzte ideologische Bindekraft, die bescheidenen personellen und finanziellen Mittel und die dürftige Organisation der Ämter für Volksgesundheit auf Kreisebene wurden oben herausgearbeitet. Der Aktivismus der niedergelassenen Ärzte, für ein rassenreines und erbgesundes Volk der Zukunft ehrenamtlich Wache am Erbstrom zu schieben, war – auch bei Parteigenossen – offenbar gering. Dies war selbst wohlwollenden Beobachtern wie Leonardo Conti klar, der 1943 feststellte, den Ämtern für Volksgesundheit „konnten nur gewisse kleine Teilaufgaben übertragen werden, da es sich um Ärzte der Praxis handelte, die eben zunächst vollkommen ehrenamtlich, später gegen geringe kleine Vergütungen ärztliche Untersuchungen im Rahmen der Gesundheitsbetreuung [...] tätigten. Aus dem Gesagten geht auch hervor, daß der organisatorische Aufbau des Amtes für Volksgesundheit, insbesondere in der Peripherie, ein außerordentlich lockerer sein mußte [...]. Demnach [...] konnte dieser Apparat mit dem Apparat der staatlichen und kommunalen Gesundheitsämter nicht verglichen werden."[67]

Auch wenn das Gesundheitswesen der NSDAP und ihrer verschiedenen Gliederungen noch nicht hinreichend untersucht ist, wird deutlich, daß das Amt für Volksgesundheit weder von seiner Position innerhalb der Parteiorganisation noch von seinem Aufbau und seiner Ausstattung her in der Lage war, die Arbeit des öffentlichen Gesundheitsdienstes zu übernehmen. Das institutionelle Moment des öffentlichen Gesundheitsdienstes mit seinem in Jahrhunderten entwickelten Fundament, in spezifischer Weise gestaltet und nationalsozialistisch umgebogen durch Gütt, wog ungleich schwerer. Insofern konnte zwar Wagner aufgrund seiner Stellung in der Partei einen heftigen Kampf gegen das staatliche Gesundheitswesen und gegen Gütt führen, der ihm einen beträchtlichen Teil der Inhalte und Kompetenzen seiner Ämter für Volksgesundheit weggeschnappt hatte. Eine Chance, die Aufgaben des öffentlichen Gesundheitsdienstes auf das Gesundheitswesen der Partei zu ziehen, hatte er jedoch nie:

---

[67] BA, R 18, 3793, Denkschrift Contis „Zur Neuordnung des Gesundheitswesens nach dem Siege", vermutlich vom September 1943, S. 7 ff.; dort finden sich Informationen zur tatsächlichen Arbeit der Ämter für Volksgesundheit.

Hitler wies alle entsprechenden Versuche zurück[68]. Neue institutionelle Kontexte wurden erst geschaffen, als es in der Kriegsphase darum ging, zum einen die totale Leistungsausbeute unter der bereits mehrfach ausgesiebten „arisch-deutschblütigen" Bevölkerung zu organisieren, und zum anderen die bereits rechtlich und sozial als rassisch fremd oder erbkrank ausgegliederten Menschen auch physisch zu beseitigen bzw. – in der Sprache der Unmenschen – nutzbringend „durch Arbeit zu verschrotten"[69].

---

[68] Zu den teilweise dramatischen Auseinandersetzungen zwischen Wagner und Gütt, die bis vor Hitler getragen wurden, vgl. Labisch/Tennstedt, Gesetz über die Vereinheitlichung des Gesundheitswesens, S. 332–344, sowie Ganssmüller, Erbgesundheitspolitik.

[69] Am 4.2.1942 fand im Ostministerium eine Sitzung statt, auf der im Hinblick auf die Ostvölker die „Verschrottung durch Arbeit" besprochen wurde; an dieser Sitzung nahm u.a. der Rassenhygieniker Eugen Fischer teil; vgl. Müller-Hill, Tödliche Wissenschaft, S. 21. Zur geplanten und tatsächlich auch durchgeführten stärkeren Anwendung „genuiner" nationalsozialistischer Prinzipien in den seit 1938 besetzten Territorien vgl. auch Sachße/Tennstedt, Geschichte der Armenfürsorge, Bd. 3.

Adelheid Gräfin zu Castell Rüdenhausen
In Verbindung mit Jens Nöller

Kommunale Gesundheitspolitik in der Zwischenkriegszeit. Sozialhygiene und Rassenhygiene am Beispiel Gelsenkirchens

Steigende Anforderungen an die „Volkskraft" bei gleichzeitig zunehmender Geburtenbeschränkung verliehen gesundheits- und bevölkerungspolitischen Problemen seit dem Ende des 19.Jahrhunderts wachsende Aktualität. Sie schlug sich in sozial- und rassenhygienischen Programmen zur Sanierung des „Volkskörpers" nieder, aus denen, rückwirkend betrachtet, erstaunlich progressive Sozialreformen erwuchsen. Der Schutz der Volksgesundheit (einschließlich der Fortpflanzung) wurde in ein alle Lebensbereiche umfassendes Leistungsnetz von Gesundheits-, Bildungs-, Wohnungs-, Arbeitsmarkt-, Sozial-, Familien-, Jugend-, Sexual- und Geburtenpolitik eingebettet. Zwar arbeitete die Sozial- und Rassenhygiene mit sozialstaatlichen Methoden; aber insofern sie das Ideal einer auf „natürliches" Bevölkerungswachstum und biologische „Vollwertigkeit" hin programmierten Gesellschaft zu verwirklichen suchte, diente sie gleichzeitig totalitären Zielen.

Der Widerspruch zwischen progressiven Reformen und totalitärer Zielsetzung, der den sozial- und rassenhygienischen Politikentwürfen innewohnte, läßt sich mit Hilfe des Utopiekonzepts auflösen[1]. Jeder Versuch einer Utopie verfolgt eine doppelte Perspektive: Die erste betrifft den Wunsch nach einer vernunftgemäß gestalteten Gesellschaft und kontrollierbaren Zukunft, die notwendig zur vollständigen Verplanung jedes Individuums, zur totalen Verwaltungsgesellschaft führt. Die sozial- und rassenhygienische Zukunftsvision, auf die hin der Gesellschaftsprozeß „rationalisiert" werden sollte, zielte auf die „Mehrung der Volkskraft". Die zweite Perspektive betrifft die unvollkommene Realität. Sie zwingt zur Konstruktion von Übergangszuständen, über die dann das ein für allemal stabile Ideal erreicht werden soll. Als Instrument sozialhygienischer Zukunftskontrolle diente der Sozialstaat, der gesundheitlichen Mißständen vorbeugen sollte. Der Eindruck der Progressivität gesundheitspolitischer Reformen, die totalitären Zielen dienen sollten, rührt dabei daher, daß das Steuerungsprogramm seither in seinen Zwischenstadien steckengeblieben ist.

Wie jede Sozialutopie, so bargen auch die sozial- und rassenhygienischen Planungskonzepte von Anfang an die Gefahr gewaltsamer Korrekturen der Gesellschaft auf ihre utopischen Ziele hin, etwa mittels Asylierung, Abtreibung, Sterilisierung, Euthanasie und neuerdings Genmanipulation. Ihre Anwendung setzte jedoch nicht notwendig einen politischen Systemwechsel voraus. Sie konnte und kann auch innerhalb ei-

---

[1] Vgl. Wolf Lepenies, Melancholie und Gesellschaft, Frankfurt a.M. 1968, S.91.

nes demokratischen Gemeinwesens erfolgen, wenn die öffentliche Meinung entsprechend indoktriniert wird.

So wurde die gesundheits- und bevölkerungspolitische Sozialutopie in den dreißiger Jahren in Schweden nahezu perfekt in „social engineering" umgesetzt[2]. Das Beispiel des demokratischen Schweden belegt dabei erstens die hohe Interdependenz sozial- und rassenhygienischer Utopie-Elemente und demonstriert zweitens die typische Koinzidenz von Reformmaßnahmen und Repression im Verfolg der Utopie-Zielsetzungen. Gerade die schwedische Familien- und Bevölkerungspolitik übte eugenische Qualitätskontrolle mittels Zwangsmaßnahmen aus, deren Zielbereich durchaus nicht immer rein medizinisch gefaßt war, sondern auch die im weiteren Sinne sozial Unangepaßten betraf.

In Deutschland trugen die gesundheits- und bevölkerungspolitischen Konzepte bereits in den zwanziger Jahren alle wesentlichen Merkmale einer sozial- und rassenhygienischen Gesellschaftsutopie. Ihr Hauptvertreter, Alfred Grotjahn (1869–1931), forderte einerseits die Überwindung sozialer Ungleichheit vor Krankheit und Tod durch den Ausbau des Sozialstaats. Andererseits hielt er bis zur Realisierung dieser Forderungen repressive Sanierungsmaßnahmen wie z.B. die Dauerasylierung chronisch Kranker dringend für angezeigt und zog sogar die Zwangsasylierung, vor allem im Falle von offener Tuberkulose, ernsthaft in Erwägung[3].

Angesichts ungünstiger Aussichten auf soziale Reformen verstärkte sich in der Weimarer Republik auch die Neigung zu gewaltsamer Korrektur des „generativen Verhaltens". Zwar nahmen die Sozialhygieniker mit ihrem teils progressiven, teils repressiven eugenischen Programm eine relativ gemäßigte Stellung zum Problem der „Entartung" ein. Jedoch bestand vor allem Grotjahn zur Verbesserung der Erbsubstanz des „Volkskörpers" gleichzeitig auf erhöhten Fortpflanzungsanreizen für biologisch (und sozial) „vollwertige" Elternpaare und auf dem Ausschluß „völlig Minderwertiger" von der Fortpflanzung mittels Zwangssterilisation, eugenisch indizierter Schwangerschaftsunterbrechung und dauernder Anstaltsverwahrung[4].

Zum Exerzierfeld für die Umsetzung sozial- und rassenhygienischer Gesellschaftsutopien wurden in Deutschland die Kommunen als Selbstverwaltungskörperschaften. Im Zuge der Expansion eines kommunalen Gesundheitswesens mit Schwergewicht auf der sozialhygienischen Gesundheitsfürsorge, das der staatlichen Medizinalverwaltung auf der Lokalebene binnen kurzem den Rang ablief[5], etablierte sich schon in der Weimarer Republik, wie zu zeigen sein wird, ein Steuerungsmechanismus zur Verwirklichung „totalitärer" gesundheitspolitischer Zielvorstellungen, den die Nationalsozialisten lediglich um ihre bevölkerungs- und erbgesundheitspolitischen Programme zu erweitern brauchten. Trotz der Verstaatlichung des kommunalen Gesundheitswesens und des Wechsels der offiziellen gesundheitspolitischen Doktrin wurde auf kommunaler Ebene ein überraschendes Maß an gesundheitspolitischer Kontinuität gewahrt, das zweifellos die Bedeutung der nationalsozialistischen Erbgesundheitspolitik in den Augen der Bevölkerung zu relativieren geeignet war. Auch der schon in den

---

[2] Vgl. Alva Myrdal, Nation and Family, Cambridge/Mass. ²1968.
[3] Vgl. Alfred Grotjahn, Soziale Pathologie, Berlin ³1923 (Nachdruck: Berlin 1977).
[4] Alfred Grotjahn, Erlebtes und Erstrebtes. Erinnerungen eines sozialistischen Arztes, Berlin 1932, S. 246f.
[5] Vgl. Labisch/Tennstedt, Gesetz über die Vereinheitlichung des Gesundheitswesens, S. 82.

sozialhygienischen Politikentwürfen enthaltene Widerspruch zwischen progressiven und repressiven Maßnahmen fand in der nationalsozialistischen Gesundheits- und Bevölkerungspolitik lediglich seine Fortsetzung und Verschärfung. Der Wandel kommunaler Gesundheitspolitik z. B. in Gelsenkirchen läßt jedenfalls vermuten, daß die Kontinuitäten die Brüche überwogen.

Volksgesundheit und soziale Lage

Zu den Problemregionen, die nach dem Ersten Weltkrieg eine besondere gesundheitspolitische Herausforderung bildeten, gehörte das Ruhrgebiet. Der Urbanisierungsprozeß der Vorkriegszeit hatte hier mit der überstürzten Industrialisierung und Bevölkerungszunahme nicht Schritt gehalten, so daß ein erhebliches Defizit an kommunaler Daseinsvorsorge entstand. Das zeigt exemplarisch die Entwicklung Gelsenkirchens, das, 1871 noch ein Amt von 8000 Einwohnern, 1875 Stadtrechte erhielt und 1903 durch Eingemeindung einer Reihe von Vororten zur Großstadt wurde. Die Einwohnerzahl in den Grenzen von 1903, die 1871 rund 18000 Personen betrug, verzehnfachte sich bis 1916 auf rund 180000. Die stärkste Expansion fiel dabei in die Zeit vor der Jahrhundertwende. Erst im Krieg brach das Bevölkerungswachstum ab; in der Weimarer Republik stagnierte es. Nur aufgrund der Eingemeindung von Buer und Horst (1928) erreichte Gelsenkirchen 1933 eine Größe von rund 332000 Einwohnern[6].

Demographisch und sozial war die Bevölkerung denkbar ungünstig zusammengesetzt. 1925 gehörten drei Viertel (1933: zwei Drittel) der Gelsenkirchner Erwerbspersonen zur Berg- und Industriearbeiterschaft; im Reichsdurchschnitt der Groß- und Mittelstädte lag der entsprechende Anteil 1933 unter 50%. Die Erwerbsquote lag in Gelsenkirchen mit 37,5% mehr als 10 Prozentpunkte niedriger als in sämtlichen Groß- und Mittelstädten des Reichs. Dafür war die „Kinderlast" fast doppelt so groß. Kamen in Gelsenkirchen 1933 auf 100 Erwerbspersonen 72 Kinder unter 14 Jahren, so waren es im Reichsdurchschnitt der Groß- und Mittelstädte nur 38.

Wie prekär die ökonomische Lage der Arbeiterbevölkerung bereits unter „normalen" Bedingungen war, zeigt eine Untersuchung des Gelsenkirchner Stadtarztes, der zufolge Ende 1924 Arbeiterfamilien mit drei und mehr Kindern, in denen etwa 40% der Bevölkerung lebten, in der Regel unter dem Existenzminimum vegetierten. In Arbeiterfamilien mit mindestens fünf Kindern reichte der Lohn nicht einmal für die notwendigen Nahrungsmittel, obwohl der tägliche Speisezettel außer Brot und Kartoffeln lediglich etwas Gefrierfleisch, Hering oder Speck, Weißkohl, Bohnen oder Wurzeln enthielt. Am schlimmsten waren die Erwerbslosen dran. Die Wohlfahrt deckte nur knapp die Hälfte der lebensnotwendigen Ausgaben einer fünfköpfigen Familie[7].

In Krisenzeiten schlug die ohnehin karge Lebenshaltung in Massenelend um. Auf dem Höhepunkt der Inflation, die mit der Ruhrbesetzung zusammenfiel, gab es in Gelsenkirchen rund 60000 voll unterstützte Arbeitslose, die mit ihren Angehörigen

---

[6] Vgl. Karl von Wedelstaedt/Erwin Stein (Hrsg.), Die Stadt Gelsenkirchen, Berlin 1927, S. 24–29; dazu auch Paul Große-Boymann, Gelsenkirchen. Die Stadt und ihre Lebensgesetze, Gelsenkirchen-Buer 1939, S. 26; die folgenden Angaben nach ebenda, S. 35.
[7] Stadtarchiv Gelsenkirchen (im folgenden: StaG), X-11/11, Bericht Wendenburgs an Kreismedizinalrat Dr. Saehrendt vom 2.3.1925.

zusammen drei Viertel der Stadtbevölkerung ausmachten[8]. In Buer lebten Ende 1923 85% der Bevölkerung von der Wohlfahrt. Die Folge war akute Hungers-, Kleidungs- und Wäsche-, Kohlen- und Wohnungsnot, die sich in Diebstählen, Plünderungen und Hungerrevolten entlud[9]. Ihre Auswirkungen auf die Volksgesundheit wurden durch den Kollaps der Krankenkassen verschärft. Die Belegung der Krankenhäuser ging rapide zurück, die Nutzung auswärtiger Heilanstalten für Lungen- und Geisteskranke wurde unterbunden. Die Lieferung von Medikamenten stockte. Bei den Geburten sparte die Bevölkerung den Arzt und die Hebamme. Schulspeisungen, Landverschickungen und Erholungskuren für Kinder kamen zum Erliegen.

Wohl nirgends war der Zusammenhang zwischen Gesundheit und sozialer Lage offensichtlicher als in den Berg- und Hüttenarbeiterstädten des Ruhrgebiets. Einer der Hauptindikatoren der Volksgesundheit, die Tuberkulose-Sterberate, stieg in Gelsenkirchen weit über den Vorkriegsstand von 1912/13 an. Besonders auffallend war die Zunahme der Sterbefälle an tuberkulöser Hirnhautentzündung und Drüsen-, Knochen- und Gelenktuberkulose, die hauptsächlich Kinder befiel. Unter den Neugeborenen nahmen die Totgeburten erheblich zu und kamen 1922/23 um die Hälfte häufiger vor als 1912/13. Auch die Säuglingssterblichkeit lag 1922/23 trotz erheblich reduzierter Lebendgeborenenziffern höher als in den letzten beiden Friedensjahren. Die Häufigkeit rachitischer Verkrüppelungen bei Kleinkindern und Schulanfängern steigerte sich um ein Vielfaches gegenüber der Friedenszeit. Spätrachitis bei Jugendlichen führte zunehmend zu schweren klinischen Krankheitsbildern, und selbst Brustkinder unter sechs Monaten zeigten immer häufiger rachitische Symptome. Schulkinder litten immer häufiger an Krätzeerkrankungen, Schmutzfurunkulose und Läusen, Blutarmut, lymphatischen Schwellungen, Herzstörungen, Augen- und Zahnleiden und Rückgratverkrümmungen[10].

Kommunale Strategien der Gesundheitssicherung

Ruhrbesetzung und Inflation stellten die erste große Bewährungsprobe der Ruhrstädte auf gesundheitspolitischem Gebiet dar, auf die sie nicht schlecht vorbereitet waren. Bereits unmittelbar nach Kriegsende war hier die planmäßige Sanierung der Arbeiterbevölkerung in Angriff genommen worden. Das erste „Wohlfahrtsamt auf sozialhygienischem Gebiet zur Bekämpfung der Volkskrankheiten"[11] entstand 1919 in Gelsenkirchen. Seine Leitung übernahm Stadtarzt Dr. Friedrich Wendenburg, der in der Folgezeit von Gelsenkirchen aus die kommunale Gesundheitspolitik im gesamten Ruhrgebiet maßgeblich beeinflußte. Hierzu bediente er sich der kommunalen Vereinigung für Gesundheitsfürsorge im rheinisch-westfälischen Industriegebiet, die von 1920 bis 1930 unter seiner fachlichen Ägide die Vereinheitlichung der kommunalen

---

[8] Vgl. Statistisches Amt der Stadt Gelsenkirchen-Buer (Hrsg.), Statistisches Handbuch der Stadt Gelsenkirchen 1903-1927, Gelsenkirchen 1928, S. 304.
[9] StaG, IV/1/23, Chronik: Gelsenkirchen im Ruhrkampf 1923-1925.
[10] Vgl. Otto Kleiner, Die gesundheitlichen Ruhrschäden durch die fremdländische Besatzung, in: Deutsche Zeitschrift für öffentliche Gesundheitspflege 1925/26, S. 21-28.
[11] StaG, XXVI/17, Bericht über die Verwaltung der Stadt Gelsenkirchen in der Zeit vom 1.4.1903-31.3.1920, S. 56 und S. 279-288.

Gesundheitsfürsorgeeinrichtungen in der Region betrieb[12]. Wendenburgs Wirksamkeit ging jedoch über die Gesundheitspolitik weit hinaus. Nach der Eingemeindung von Buer und Horst 1928 wurde er zum Beigeordneten für das gesamte Wohlfahrtswesen einschließlich des Gesundheitswesens der Stadt Gelsenkirchen gewählt. In dieser Funktion überdauerte er den Machtwechsel und sorgte für wohlfahrtspolitische Kontinuität, bis er 1941 als Wohlfahrtsdezernent nach Breslau versetzt wurde. Nach dem Zweiten Weltkrieg kehrte Wendenburg nach Gelsenkirchen zurück und baute dort das Gesundheitswesen wieder auf[13].

Für Wendenburg als Sozialhygieniker bildeten organisatorische Fragen den Angelpunkt der amtlichen Gesundheitsfürsorge, ging es dabei doch primär darum, die Gesundheitsverhältnisse des „Volkskörpers" im Großen erkennbar und meßbar zu beeinflussen. Voraussetzung dafür war die lückenlose Erfassung sämtlicher Krankheitsherde in der Bevölkerung[14]. Ihr dienten zunächst die ärztlich geleiteten Fürsorgestellen für spezielle Gesundheitsrisiken und Bevölkerungsgruppen, denen die Klienten von allen Seiten zur Untersuchung, Beratung und Überwachung zugeführt, d. h. von kommunalen Behörden, Sozialversicherungsträgern, Heil- und Pflegepersonen, Lehrern, Pfarrern, Hausbesitzern und Arbeitgebern namhaft gemacht bzw. „überwiesen" wurden. Außerdem erweiterte der Gesetzgeber seit Beginn der zwanziger Jahre zunehmend die Möglichkeit des administrativen Zugriffs der Amtsärzte und Fürsorgestellen selbst auf die Kranken und Gefährdeten, so zum Beispiel durch Einführung der Meldepflicht für „Krüppelleiden" (1920), für offene Tuberkulose (1923), uneheliche Geburten (1924) und Geschlechtskrankheiten (1927)[15]. Für die meisten akuten Infektionskrankheiten bestand in Preußen bereits seit 1905 die allgemeine Anzeigepflicht.

Ergänzt wurde die Fürsorgestellenorganisation durch die Bezirks-Gesundheits-Familienfürsorge. Ermöglichte das Fürsorgestellensystem die Erfassung der individuellen Krankheits- und Risikoträger, so erlaubte das System der zusammenfassenden Bezirksfürsorge den Zugriff auf deren Familien. Seit 1920 arbeiteten in Gelsenkirchen 21 Bezirksfürsorgestellen[16]. Sie betätigten sich in der Wöchnerinnen-, Säuglings- und Kleinkinder-, „Krüppel"-, Zieh- und Schulkinder-, der Tuberkulose- und der Geisteskrankenfürsorge. Auch die Wohnungspflege gehörte zu den Aufgaben der Bezirks-Familienfürsorge. Die Bekämpfung der Geschlechtskrankheiten ging 1927 auf besondere städtische „Gesundheitsbehörden" über. In der Regel überwies der Fürsorgearzt den Patienten an die zuständige Familienfürsorgerin, die dessen Empfehlungen mit dem Stadtarzt abzustimmen, die Durchführung der getroffenen Maßnahmen zu über-

---

[12] Vgl. Friedrich Wendenburg, Über die Entwicklung der kommunalen Vereinigung für Gesundheitsfürsorge im rheinisch-westfälischen Industriegebiet, in: Zeitschrift für Schulgesundheitspflege und soziale Hygiene 38 (1925), S. 107–115.

[13] Vgl. die Kurzbiographie Wendenburgs bei Labisch/Tennstedt, Gesetz über die Vereinheitlichung des Gesundheitswesens, S. 511 f.

[14] Dieses Anliegen durchzieht das gesamte programmatische Schrifttum Wendenburgs ebenso wie seine amtlichen Gesundheitsberichte; vgl. Friedrich Wendenburg, Soziale Hygiene, Berlin 1929.

[15] Vgl. Bernhard Möllers, Gesundheitswesen und Wohlfahrtspflege im Deutschen Reiche, Berlin ²1930.

[16] Vgl. Friedrich Wendenburg, Die Bedeutung der Stadt Gelsenkirchen auf dem Gebiete der Gesundheitspflege, in: Wedelstaedt/Stein (Hrsg.), Stadt Gelsenkirchen, S. 167–177, hier S. 168.

wachen und in den betreffenden Familien nach weiteren Krankheitsträgern zu fahnden hatte.

Mit Hilfe des „Gelsenkirchner Systems" der lückenlosen Bezirks-Gesundheits-Familienfürsorge unterwarf das Gesundheitsamt im Laufe der Zeit nahezu jede Arbeiterfamilie in der einen oder anderen Form der behördlichen Gesundheitsüberwachung. Dem Ziel der totalen gesundheitlichen Erfassung der Bevölkerung kam der Gelsenkirchner Stadtarzt auf diese Weise bereits in der Weimarer Republik recht nahe. Nach Wendenburgs Angaben standen in den zwanziger Jahren durchweg 75% der Gelsenkirchner Bevölkerung in gesundheitlicher Familienüberwachung[17]. Dieser besonders hohe Erfassungsgrad dürfte auch in anderen Ruhrgebietsstädten erreicht worden sein. Über die Verhältnisse im ganzen Deutschen Reich wissen wir bisher nur, daß im Jahre 1931 die Familiengesundheitsfürsorge in 72 von 92 befragten Stadtkreisen eingeführt war[18]. Für das Ruhrgebiet läßt sich nachweisen, daß die Bevölkerung seit der Inflation an einen selektiven Gesundheitsfürsorgedienst gewöhnt war, der sich als Vermittlungsdienst zwischen Arzt, Patient und Wohlfahrtsämter schob. Längst also bevor die Nationalsozialisten das kommunale Gesundheitswesen verstaatlichten und der Erbgesundheitspflege dienstbar machten, war hier ein allgegenwärtiger öffentlicher Gesundheitsdienst zur Normalität geworden.

Das Rückgrat des sozialhygienischen Gesundheitsdienstes bildete die Mütter- und Säuglingsfürsorge. Ihre bevölkerungspolitische Bedeutung kam auf Staatsebene in einer Reihe von Reformen der Wochenhilfe und des Mutterschutzes zum Ausdruck[19]. Durch Verminderung der Geburtsrisiken und Förderung des Selbststillens sollte die bedenklich hohe Säuglingssterblichkeit gesenkt und die eugenische „Qualität" des Nachwuchses verbessert werden.

Die kommunale Säuglingsfürsorge knüpfte an die gesetzliche Wochenhilfe an. Die Auszahlung des Wochen- und Stillgeldes, aber auch die Aussicht auf kostenlose Behandlung durch praktische und Armenärzte, die Ausgabe von Säuglingswäsche und Milchgutscheinen bewogen angesichts der herrschenden Not zahlreiche Mütter zum Besuch der Mütterberatungsstellen. So führten 1928 von 7289 niedergekommenen Frauen nicht weniger als 5476 ihre Kinder in den öffentlichen Beratungsstellen vor, 1448 Mütter wurden von der „nachgehenden" Familienfürsorge erfaßt. Insgesamt kamen also 95% der Neugeborenen der städtischen Fürsorge vor Augen[20].

Unter den Säuglingskrankheiten dominierten sozial bedingte Entbehrungszustände und Pflegemängel wie Rachitis, akute Ernährungsstörungen, Lungenentzündung, Erkältungs- und Hautkrankheiten[21]. Die für krank befundenen Säuglinge wurden in ärztliche Behandlung überwiesen. Die Todesrate der Fürsorgesäuglinge war daher ge-

---

[17] Festschrift für die allgemeine deutsche Kindergesundheitswoche im Ruhrgebiet vom 28.6.–5.7.1925, Gelsenkirchen 1925, S. 22.
[18] Vgl. Labisch-Tennstedt, Gesetz über die Vereinheitlichung des Gesundheitswesens, S. 79.
[19] Zur gesetzlichen Wochen- und Familienwochenhilfe (1919), Wochenfürsorge (1924) und zum Gesetz über Beschäftigung vor und nach der Niederkunft (1927) vgl. Wendenburg, Soziale Hygiene, S. 63–79.
[20] StaG, 0/XXVI/1, Verwaltungsbericht der Stadt Gelsenkirchen-Buer für 1929, S. 112.
[21] StaG, X-11-13, Tätigkeitsbericht des städtischen Gesundheitsamtes Gelsenkirchen-Buer für 1928, S. 6.

ring, jedoch starben viele Säuglinge in den ersten vier bis sechs Lebenswochen, bevor die Fürsorge eingreifen konnte[22].

Der Herabsetzung der Frühsterblichkeit der Säuglinge diente die Mütterfürsorge. Als Gruppenfürsorge strebte auch sie nach möglichst vollständiger Erfassung der Schwangeren und Wöchnerinnen, indem sie zum Beispiel für die Krankenkassen die Auszahlung des Wochengeldes übernahm. Die Zahl der Schwangeren, die die Mütterfürsorge in Anspruch nahmen, blieb jedoch relativ gering. Hauptsächlich waren es Frauen, die Anspruch auf die Wochenfürsorge der Wohlfahrt hatten, Angehörige niedriger Lohnklassen, die auf Zuschüsse zur Wochenhilfe der Krankenkassen in Form von Milch und Säuglingswäsche hofften, und ledige Mütter. Im Vordergrund stand nicht die gesundheitliche, sondern die soziale Beratung und Fürsorge für werdende Mütter. Da sie jedoch für das Gros der nichterwerbstätigen Mütter keine materiellen Anreize bot, erlangte die Mütterfürsorge keine Breitenwirksamkeit[23].

Ein zweiter wichtiger Ansatzpunkt der Kontrolle der Kinder und Jugendlichen war die Schulgesundheitsfürsorge. Zunächst beschränkt auf Schulanfänger- und Schulabgänger-Untersuchungen, Sammeltermine und Schulsprechstunden, wurde sie 1927 auf jährliche Totalerfassung umgestellt. Fünf hauptamtlich angestellte Schulärzte, 14 Hilfsschulärzte und ein leitender Stadtfürsorge- und Stadtschularzt teilten sich die Arbeit. Im Hinblick auf künftige Leistungs- und Fortpflanzungsfähigkeit des „Volkskörpers" hatten die Schulärzte, außer auf die akuten Infektionskrankheiten, vor allem auf Konstitutionsschwächen, Entwicklungsstörungen, chronische Mangelkrankheiten, körperliche Gebrechen, geistige Abnormitäten (Schwachsinn) und nervöse Störungen (vor allem bei Oberschülerinnen) zu achten. Höhere Schüler wurden ebenso sorgfältig überwacht wie Volks- und Berufsschüler, sollte doch die Gesundheitsfürsorge sich gerade nicht auf die wirtschaftlich Schwachen beschränken, sondern „umfassend für die nachwachsende Generation jeden Standes eintreten"[24].

Bei der Schulpflichtigen-Fürsorge ging es hauptsächlich um die Heranziehung der Krankenkassen zur Familienkrankenhilfe, die bis 1930 fakultativ war. Eine besondere Rolle spielte die Schulzahnpflege; seit 1929 wurden alle Schüler zahnärztlich untersucht und behandelt[25]. Gesundheitlich labile Kinder vermittelte das Gesundheitsamt in Genesungs- und Erholungsheime, chronisch kranke und körperbehinderte in Heil- und Rehabilitationsanstalten[26]. Im Rahmen der „sozialen Prophylaxe" baute die Schulverwaltung den Turn- und Schwimmunterricht aus und organisierte Sportfeste, Wandertage und Klassenfahrten[27]. Zu einer eindrucksvollen nationalen und internationalen Kinderhilfsaktion für das besetzte Revier kam es 1923, als fast 13 000 Mäd-

---

[22] StaG, X-11-13, Tätigkeitsbericht des städtischen Gesundheitsamtes Gelsenkirchen-Buer für 1926, S. 7.
[23] Vgl. Wendenburg, Soziale Hygiene, S. 77 f.
[24] Wie Anm. 17, S. 32.
[25] StaG, 0/XXVI/1, Verwaltungsbericht der Stadt Gelsenkirchen-Buer für 1929, S. 114. Danach war die Zahnpflege gut bei 7% und schlecht bei 93% der untersuchten Volksschulkinder. 37% hatten ein gesundes bleibendes Gebiß.
[26] Zur „Krüppelfürsorge" als Pflichtaufgabe der Fürsorgeverbände vgl. Wendenburg, Soziale Hygiene, S. 126–140.
[27] 1928 wurde dem Schul- und Bildungsamt ein Stadtamt für Leibesübungen zur Förderung des Sports in und außerhalb der Schule angegliedert; StaG XXVI-21, Verwaltungsbericht der Stadt Gelsenkirchen-Buer für 1928, S. 139.

chen und Jungen mit Hilfe des Gesundheitsamts für durchschnittlich dreieinhalb Monate in Familienpflege auf dem Land untergebracht wurden; die Nationalsozialisten knüpften später an diese Kinderlandverschickung an.

Alle diese Maßnahmen und Leistungen reichten jedoch nicht aus, die sozialen Ursachen der Kindernot auszugleichen. Wendenburg nahm deshalb Zuflucht zu großangelegten sozialhygienischen Aufklärungskampagnen. Die „Gelsenkirchner allgemeine deutsche Kindergesundheitswoche Ruhrgebiet" von 1925, Vorgängerin der Ausstellung für „Gesundheitspflege, soziale Fürsorge und Leibesübungen" (GESOLEI) von 1926 und Vorbild der späteren Reichsgesundheitswochen, sollte zeigen, daß auch unter den extrem ungünstigen Lebensbedingungen im Revier und in „einfachsten" sozialen Verhältnissen eine „kundige" Mutter mit geringem Aufwand die Gesundheit ihrer Kinder erhalten und ihre Abwehrkräfte gegen widrige Umwelteinflüsse stärken könne. Um den Ehrgeiz der Mütter anzustacheln, ließ der Stadtarzt besonders wohlgeratene und gesunde Kinder vornehmlich aus Arbeiterkreisen vorführen und für einzelne Merkmale wie Zahn-, Haar- oder Hautpflege bzw. für ihr Gesamterscheinungsbild prämiieren[28]. An solche gesundheitspolitischen Propagandamethoden knüpften später die Nationalsozialisten etwa mit der Verleihung des Mutterkreuzes an.

Die Bekämpfung der „Volkskrankheiten"

Nach der enormen Zunahme der Tb-Sterberate im Ersten Weltkrieg wurde in der Weimarer Republik die Bekämpfung der Tuberkulose zu einer Hauptsorge des öffentlichen Gesundheitsdienstes. Der Kampf gegen den weißen Tod, vor dem Krieg von den Landesversicherungsanstalten mit Hilfe der sogenannten Lungenheilverfahren begonnen, weitete sich nach dem Krieg, flankiert von der preußischen Tuberkulosegesetzgebung, zu einem kommunalen Feldzug aus. Grundlage der kommunalen Tuberkulosefürsorge war die restlose Ermittlung und Erfassung der Krankheitsträger. Tuberkulose-Fürsorgestellen und Familienfürsorge arbeiteten zu diesem Zweck Hand in Hand. Wendenburg konstatierte stets mit Befriedigung die „einzigartig dastehende Erfassungszahl der ansteckenden Tb-Erkrankungen", die in Gelsenkirchen rund das Fünffache der Tb-Todesfälle betrug[29]; fast jeder der Gesundheitspolizei gemeldete Tb-Tote war der Fürsorge vorher bekannt.

Die kommunale Tb-Fürsorge fungierte ausdrücklich in erster Linie als „Organ der Seuchenbekämpfung". Nicht der Kampf um Leben und Gesundheit der Betroffenen selbst, sondern der Kampf gegen die Weiterverbreitung der Krankheit war dabei der leitende Gesichtspunkt[30]. In diesem Sinne galt – während vor dem Krieg noch die Gesunderhaltung der Leichtkranken im Vordergrund des Interesses der Invalidenversicherung stand – nach dem Krieg die Daueraslyierung ansteckender Kranker in Heilstätten, Krankenhäusern und Invalidenheimen als die beste „Zukunftsarbeit". Darüber hinaus sahen die Kommunen ihre Sanierungsaufgabe in der Anwendung prophylaktischer Maßnahmen zum Schutz der Gefährdeten sowie in Früherkennung, Erholungs- und Genesungsmaßnahmen, von denen hauptsächlich Kinder und Ju-

---
[28] Generalbericht über die Kindergesundheitswoche im Ruhrgebiet vom 28.6.–5.7.1925, Gelsenkirchen 1925, S.34. Vgl. dazu auch die in Anm.17 zitierte Festschrift, S.1–7.
[29] Wendenburg, Bedeutung, in: Wedelstaedt/Stein (Hrsg.), Stadt Gelsenkirchen, S.173.
[30] Vgl. Wendenburg, Soziale Hygiene, S.143.

gendliche profitierten. 1928 schickte die Tuberkulose-Fürsorge 1140 Kinder in eine örtliche Erholungskur (zum Beispiel in die städtische Freiluftschule in Heege), 629 Kinder kamen in Genesungsheime, 385 wurden in ärztliche Behandlung und 264 in Heilstätten bzw. Krankenhäuser überwiesen. Eine Stärkung der zu Tb disponierenden Konstitution im Kindes- und Jugendalter sollte dem Ausbruch der Krankheit im Erwachsenenalter vorbeugen.

Trotz des erheblichen bürokratischen und fürsorgerischen Aufwands wurde das gesundheitspolitische Ziel in der Tb-Bekämpfung jedoch eindeutig verfehlt. Vor allem die angestrebte Ausschaltung der Ansteckungsquellen mißlang vollständig. Beispielsweise waren 1927 waren dem Gelsenkirchner Gesundheitsamt 691 Träger von offener Tb bekannt, die mit 2331 Angehörigen zusammenlebten. Nur ein Bruchteil dieser Patienten konnte „in befriedigender Form" von ihren Angehörigen isoliert werden; 297 von ihnen lebten mit 1127 Angehörigen in überfüllten, feuchten, dunklen Wohnungen teilweise ohne eigene Schlafgelegenheit[31]. Die Fürsorge des Gesundheitsamts beschränkte sich in diesen Fällen auf die Abgabe von Spuckflaschen und Desinfektionsmitteln, gelegentlich lieh sie Betten aus, gewährte Mietzuschüsse oder vermittelte eine größere Wohnung. Auf optimale Versorgung gerade der in bedürftigsten Verhältnissen lebenden Kranken wurde verzichtet; lediglich die Krankenhauskosten im terminalen Stadium wurden übernommen. Auch bei der Anwendung vorbeugender Maßnahmen im Falle von „Tb-Verdacht" (der häufigsten Diagnose), die aus erzieherischen Gründen an einen Kostenbeitrag der Angehörigen gebunden waren, blieben die wirklichen Sozialfälle benachteiligt. Das Problem der sozial nicht abgesicherten fortgeschrittenen Tb wurde erst 1942 durch ein umfassendes Bekämpfungsprogramm gelöst[32].

Auch die Geschlechtskrankenfürsorge ging nach dem Ersten Weltkrieg in die Zuständigkeit der Gesundheitsämter über[33]. Bis zum Inkrafttreten des Gesetzes zur Bekämpfung der Geschlechtskrankheiten, denen in der Weimarer Republik größte bevölkerungspolitische Bedeutung beigemessen wurde, war sie eine Angelegenheit der Sozialversicherungsträger und der Gesundheitspolizei. Die Landesversicherungsanstalten unterhielten örtliche Beratungsstellen, die Ortskrankenkassen kamen für die Behandlungskosten auf. Die Fürsorge für die versicherten Patienten beruhte auf Freiwilligkeit und Diskretion. Die Gesundheitspolizei kontrollierte die Prostituierten, setzte nötigenfalls die vorgeschriebenen Zwangsbehandlungen durch und vollstreckte die Strafmaßnahmen. Mit der Staatsintervention wurde die Geschlechtskrankenfürsorge zur Auftragsangelegenheit der kommunalen Selbstverwaltung. Das Gesetz zur Bekämpfung der Geschlechtskrankheiten (GBG) von 1927 verlangte für diesen speziellen Zweck die Errichtung kommunaler „Gesundheitsbehörden". Im rheinisch-westfälischen Industriegebiet wurden sie den Gesundheitsämtern angegliedert. Sie stützten sich bei ihrer Arbeit auf die eingeführten Beratungsstellen der Versicherungsträger, die jetzt aber auch die Patienten des Bezirksfürsorgeverbands mitzubetreuen hatten. Für den Personenkreis mit häufig wechselndem Geschlechtsverkehr wurden getrennte städtische Untersuchungsstellen eingerichtet. Die kommunale Geschlechts-

---

[31] StaG, X-11-13, Tätigkeitsbericht des städtischen Gesundheitsamtes Gelsenkirchen-Buer für 1927, S. 9ff.
[32] Vgl. Teppe, Provinz, Partei, Staat, S. 103–111.
[33] Vgl. Wendenburg, Soziale Hygiene, S. 208–220.

krankenfürsorge gemäß GBG beruhte auf der Meldepflicht für venerische Krankheiten.

Mit Hilfe der Meldepflicht und der „Gesundheitsbehörden" hofften die Kommunen ihre Verwaltungsgebiete von Geschlechtskranken zu säubern. Die Beratungsstellen fungierten dabei als Organisationszentralen, die die Patienten registrierten, in ärztliche Behandlung überwiesen, die Einhaltung der Behandlungspläne überwachten, die Ärzte bezahlten und mit den Kassen bzw. den Bezirksfürsorgeverbänden abrechneten. Für die systematische „nachgehende" Fürsorge bediente sich die Gesundheitsbehörde der konfessionellen bzw. freien Gefährdetenfürsorgevereine. Minderjährige Patienten wurden den Jugend-Pflegeämtern überantwortet, Personen, die sich der angeordneten Beratung entzogen, mit Polizeihilfe vorgeführt, untersucht und ggf. in Zwangsbehandlung gegeben. Die Polizei sekundierte auch bei der Ermittlung krankheitsverdächtiger Personen und überwachte die einschlägigen Etablissements bei Verdacht auf Krankheitsverbreitung.

Auf diese Weise gewährleisteten die Gesundheitsämter eine nahezu vollständige Erfassung der Geschlechtskranken in ihrem Hoheitsgebiet. Während die Ärzte, die von der „Gesundheitsbehörde" besser bezahlt wurden als von den Kassen und Wohlfahrtsämtern, der Meldepflicht gerne nachkamen, ließen sich – nach Aufhebung des Kasernierungszwangs und der Strafbestimmungen – die früher heimlich tätigen Prostituierten bei den Gelsenkirchner Beratungsstellen für Geschlechtskranke zunehmend freiwillig untersuchen. 1929 erwiesen sich von den 1856 gemeldeten Personen (622 Männer und 1234 Frauen) 519 als geschlechtskrank (110 Männer und 409 Frauen); fünf Männer und 119 Frauen wurden klinisch zwangsbehandelt[34].

Den dritten Schwerpunkt im Programm des Gelsenkirchner Gesundheitsamtes bildeten die Geisteskrankheiten. Für Wendenburg bestand 1929 kein Zweifel, „daß sich in den nächsten zwei Jahrzehnten die Geisteskrankenfürsorge zu einem Hauptzweig der Gesundheitsfürsorge mit ärztlich-pädagogischer Richtung entwickeln" würde[35]. Zu seinen ersten Amtshandlungen gehörte die Einrichtung einer rein kommunalen Beratungsstelle für Geisteskranke im Jahre 1920, die eng mit der allgemeinen Gesundheitsfürsorge zusammenarbeitete. In die Beobachtung einbezogen wurden Schwachsinnige (vor allem Hilfsschüler), Psychopathen, Schwererziehbare, Alkoholkranke, Kriminelle und die Familien derjenigen Geisteskranken, die sich in geschlossenen Anstalten befanden[36]. Nach dem Gelsenkirchner Vorbild entstanden in den zwanziger Jahren 42 solcher Fürsorgestellen im rheinisch-westfälischen Industriegebiet.

Hauptanliegen der kommunalen Geisteskrankenfürsorge war die Früherkennung von Krankheitsfällen und die möglichst rechtzeitige Einweisung der Patienten in Heilanstalten. Zu diesem Zweck zog die Fürsorge die Bearbeitung möglichst aller Aufnahmeanträge an sich, suchte die Aufnahmeformalitäten zu vereinfachen, einzuschränken bzw. überhaupt abzuschaffen und den geschlossenen Anstalten den Anstrich von Spezialkrankenhäusern für alle Arten von seelischen Störungen und Nervenkrankheiten zu geben[37]. 1929 standen in Gelsenkirchen mehr als 700 Geistes-

---

[34] StaG, O/XXVI/1, Verwaltungsbericht der Stadt Gelsenkirchen-Buer für 1929, S. 115.
[35] Wendenburg, Soziale Hygiene, S. 174.
[36] Vgl. Friedrich Wendenburg/Weih, Die kommunale Fürsorgestelle für Geisteskranke, in: Zeitschrift für psychische Hygiene 1 (1928), S. 45–52, hier S. 47.
[37] Vgl. Wendenburg, Soziale Hygiene, S. 178–182 bzw. S. 193.

kranke, „Idioten", Epileptiker und Grenzfälle in städtischer Fürsorge. Von den Kranken befanden sich 205 in geschlossenen Anstalten und 210 in Familienpflege. Zu den Aufgaben der Fürsorge gehörte außer der Kontrolle der gebessert oder geheilt Entlassenen, der chronisch Kranken und Gefährdeten eine umfangreiche Gutachtertätigkeit in Entmündigungs-, Ehescheidungs-, Schutzaufsichts- und Strafmilderungsfragen. Bei ungünstigen häuslichen Verhältnissen veranlaßte die Behörde die Unterbringung jugendlicher Psychopathen in Sondererziehungsanstalten. War die Fürsorgeerziehung undurchführbar, so wirkte sie möglichst auf vorzeitige Entlassung, Entmündigung und Einweisung in „Bewahrungsanstalten" hin.

Wie Nationalsozialisten ihr später bescheinigten[38], leistete die Gelsenkirchner Geisteskrankenfürsorge seit 1922 durch Sicherstellung der Diagnosen bei psychischen Erkrankungen wichtige Vorarbeit für das Gesetz zur Verhütung erbkranken Nachwuchses, die Durchführung des Ehegesundheitsgesetzes und die Einrichtung von Erbkarteien. Auch über die schulentlassenen Schwachsinnigen, die im Auftrag der Fürsorge von den Hilfsschullehrern überwacht wurden, führte man in Gelsenkirchen Buch; nicht von ungefähr spielten die Hilfsschullehrer später bei der Umsetzung des Erbgesundheitsgesetzes eine Schlüsselrolle.

In engster Verbindung mit der Geisteskranken- und Psychopathenfürsorge stand die Trinkerfürsorge. Viele Alkoholiker waren nach den Erkenntnissen des Stadtarztes „in der Aszendenz mit Geistes- und Nervenkrankheiten belastet"[39]. Die Fürsorgestelle wirkte auch hier bei der Entmündigung und bei der Einleitung von stationären Entziehungskuren mit, die von den Versicherungsträgern freiwillig statt Krankengeld gewährt wurden. Aufgabe der Trinkerfürsorge war schließlich der planmäßige Kinderschutz und gegebenenfalls die Entziehung des Sorgerechts.

Unter Wendenburgs Ägide entwickelte sich das Gelsenkirchner Gesundheitsamt auf diese Weise zu einer kommunalen „Zentralstelle für Gesundheitskontrolle, Gesundheitssteigerung und Bekämpfung wichtiger Krankheitsgruppen", deren Tätigkeit weit über die gesetzlichen Pflichtaufgaben der Fürsorge hinausging. Vielmehr zielte sie auf die Erfassung der Gesamtbevölkerung durch die Krankheitsfürsorge. Das Gesundheitsamt verstand sich als „wissenschaftlich arbeitende Gutachterstelle", die die Fürsorgemaßnahmen festzulegen und ihre Finanzierung sicherzustellen hatte. Mit den Versicherungsträgern und freien Wohlfahrtsverbänden strebte Wendenburg eine enge Zusammenarbeit an, die Verantwortung für die Volksgesundheit und die Führung in Sachen Gesundheitssicherung lag nach seiner Auffassung jedoch bei der Kommune. Die Umsetzung sozial- und rassenhygienischer Gesellschaftsutopien erforderte laut Wendenburg in erster Linie umsichtiges Verwaltungshandeln und durfte nicht dem Vermögen oder Belieben einzelner Versicherungsträger bzw. -nehmer überlassen bleiben. Wendenburg begrüßte die staatliche Anerkennung der kommunalen Kompetenz für die Gesundheitsfürsorge durch das GBG und erwartete, daß künftige Gesundheitsgesetze die bereits geschaffene „Gesundheitsbehörde" zur Bekämpfung der Geschlechtskrankheiten als „Angliederungsstelle für andere gesundheitsfürsorgerische Aufgaben ansehen" würden.

---

[38] Vgl. Große-Boymann, Gelsenkirchen, S. 303, und Wendenburg, Soziale Hygiene, S. 180 und S. 187.
[39] Wendenburg, Soziale Hygiene, S. 197 bzw. S. 18; zum folgenden vgl. ebenda.

Zur sozial- und rassenhygienischen Rationalisierung der Gesellschaft gehörte jedoch mehr als nur die Gesundheitssicherung. Grundlage einer harmonischen Gesellschaft, die ihre innere Stabilität über die Deckung von staatlichem und Einzelinteresse gewinnt, war eine vom Staat unabhängige, sich selbst regulierende, krisensichere, wachsende Überschußwirtschaft. Gerade diese Voraussetzung aber war in kinderreichen Arbeiterstädten wie Gelsenkirchen mit niedrigem Lohnniveau und anhaltend hoher Arbeitslosigkeit in der Weimarer Republik nicht gegeben. Es nimmt daher nicht wunder, daß Stadtmedizinalrat Wendenburg 1928 Leiter des gesamten Gelsenkirchner Wohlfahrtswesens wurde und als erstes die Arbeitsbeschaffung für die sogenannten Wohlfahrtserwerbslosen reorganisierte[40]. Auch auf diesem Gebiet wurde Gelsenkirchen wegweisend für andere Kommunalverwaltungen.

Das neue System beruhte auf der Beschäftigung möglichst aller Wohlfahrtserwerbslosen in städtischen Arbeitsfürsorgebetrieben zum örtlich festgelegten Einheitstarif. Das System war eine ausgesprochene Zwangsmaßnahme, insofern die Fürsorgeempfänger unter Androhung des Unterstützungsentzugs zu der ihnen zugewiesenen Arbeit angehalten wurden. Die Maßnahme diente der Überprüfung des Arbeitswillens, also „erzieherischen" Zwecken, der Wertschöpfung und der Senkung der Wohlfahrtsaufwendungen. Der finanzielle Effekt ergab sich aus der Wiedererlangung der Anwartschaft auf Arbeitslosengeld und Krisenunterstützung einerseits sowie dem Fortfall von Unterstützungsleistungen infolge Arbeitsverweigerung andererseits. So lehnten 1929 immerhin 1369 von 3370 zur Pflichtarbeit aufgeforderten Personen die Arbeitsaufnahme ab und gingen damit der städtischen Fürsorge verlustig[41]. In der Weltwirtschaftskrise stieg die Zahl der Wohlfahrtserwerbslosen steil an, da die Mitglieder der Arbeitslosenversicherung nach 26 Wochen in die sogenannte Krisenunterstützung überwiesen und nach weiteren 26 Wochen „ausgesteuert" wurden. Die Zahl der jährlich durchschnittlich beschäftigten Fürsorgearbeiter nahm absolut von 1030 (1929) auf 4440 (1932) zu und machte relativ 22% bzw. 17% aller Wohlfahrtserwerbslosen aus[42]. Dutzende Bauunternehmer nutzten die Arbeitsfürsorge, um ihre Betriebe vor der Pleite zu bewahren. Zu den Objekten der sogenannten werteschaffenden Gelsenkirchner Arbeitsfürsorge zählten Meliorationen, Entwässerungen, Abbrucharbeiten zur Gewinnung von Baumaterialien, die Anlage von Stadtrandsiedlungen und Errichtung von Kleinsiedlerwohnungen, Volkserholungsstätten, Sportplätzen und Kampfbahnen (wie des Fußballstadions „Glückauf Schalke 04"). Erst als die Nationalsozialisten anordneten, daß weitere Aussteuerungen nicht mehr erfolgen sollten, ging die Zahl der Wohlfahrtserwerbslosen zunächst langsam und seit 1935 sehr schnell zurück[43]. Gleichzeitig wurde die Arbeitsfürsorge in Arbeitszwang umgewandelt.

Kontinuität oder Bruch?

Gegen Ende der Weimarer Republik war auf kommunaler Ebene bereits ein fortgeschrittenes Stadium auf dem Weg zur totalen Gesundheitsverwaltung erreicht. Die

---

[40] StaG, HB IX/4, Denkschrift Friedrich Wendenburgs zum Gelsenkirchener Arbeitsbeschaffungssystem, vermutlich von 1931.
[41] StaG, 0/XXVI/1, Verwaltungsbericht der Stadt Gelsenkirchen-Buer für 1929, S. 92.
[42] StaG, G 09-04, Verwaltungsbericht der Stadt Gelsenkirchen-Buer für 1932, S. 108.
[43] Vgl. Große-Boymann, Gelsenkirchen, S. 389.

Nationalsozialisten knüpften an diesen Zustand an, indem sie das System sozial- und rassenhygienischer Fürsorgedienste beibehielten und lediglich das Spektrum des Programms um bevölkerungs- und erbgesundheitspolitische Maßnahmen erweiterten. In Gelsenkirchen jedenfalls ging – im Zuge der Vereinheitlichung des Gesundheitswesens – das Personal des kommunalen Gesundheitsamts vollständig in das neue staatliche Gesundheitsamt über[44]. Einzige Veränderung: leitender Arzt wurde ein Nationalsozialist, der bisherige Stadtarzt wurde sein Stellvertreter. Sämtliche sozialhygienischen Gesundheitsfürsorgedienste blieben in vollem Umfang aufrechterhalten – vor allem auch die Bezirks-Gesundheits-Familienfürsorge. Kontinuität wurde auch auf dem Gebiet der Wohlfahrtspflege gewahrt: Gerade seine radikalen Methoden des Krisenmanagements (Nothilfe, Kinderlandverschickung, produktive Erwerbslosenfürsorge) sicherten Wendenburg den Verbleib im Amt des Wohlfahrtsdezernenten.

Die neuen gesundheitspolitischen Aufgaben erregten um so weniger Aufsehen, als über gewisse Maßnahmen keine Zahlen veröffentlicht wurden. So verschwiegen die Verwaltungsberichte, daß bis zum 31.1.1936 genau 1954 erbkrankverdächtige Personen registriert, 959 fortpflanzungsfähige untersucht, 873 Anträge auf Unfruchtbarmachung gestellt und 562 Sterilisierungen durchgeführt waren. Auf den Einsatz der Wohlfahrtserwerbslosen zur Zwangsarbeit war man durch die Arbeitsfürsorge in der Weltwirtschaftskrise vorbereitet.

Diese Befunde widersprechen der gängigen Auffassung von einem radikalen gesundheitspolitischen Bruch zwischen Weimar und Drittem Reich – etwa in dem Sinne, daß die Sozialhygiene der Weimarer Republik ein „egalitäres" Menschenbild implizierte, auf soziale Reformen zum Ausgleich unterschiedlicher gruppenspezifischer Lebenslagen abzielte und auf Legalität, Selbstverwaltung und Wohlfahrtsstaatlichkeit basierte, während die Rassenhygiene des Nationalsozialismus einem „elitären" Menschenbild huldigte, ihre Strategien auf soziale Auslese und Ausmerze gründete und notfalls (legalen oder illegalen) Zwang anwandte[45]. Eine solche Sichtweise läßt sich im Falle von Gelsenkirchen nicht bestätigen. Auf kommunaler Ebene gestaltete der Nationalsozialismus nur einen gesundheitspolitischen Steuerungsmechanismus zur Verwirklichung „totalitärer" gesundheitspolitischer Zielvorstellungen aus, der in seinen Grundzügen bereits in der Weimarer Republik etabliert war. Auf der staatlichen Ebene wurden die Voraussetzungen hierfür durch den Ausbau der Gesundheitsgesetzgebung (Erb- und Ehegesundheitsgesetze, Mutterschutzreform, Tuberkulosebekämpfung), Arbeitsmarkt- und Bevölkerungspolitik geschaffen.

Die Frage nach den Kontinuitäten und Brüchen in der Gesundheitspolitik zwischen Weimar und dem Dritten Reich ist also aufgrund der Gelsenkirchner Befunde dahingehend zu beantworten, daß die Kontinuitäten eindeutig überwogen. Nicht ein Wechsel des gesundheitspolitischen „régimes" ist zu konstatieren, sondern es ist zu fragen, warum das in der Weimarer Republik etablierte System der Gesundheitssicherung im Dritten Reich „entgleiste". Die Antwort auf diese Frage könnte vielleicht lauten: Im Grunde dachten (und denken) alle Gesundheitspolitiker in utopischen Kategorien und woll(t)en die Gesellschaft nach den Forderungen „kalter Objektivität" (Myrdal) rationalisieren. Dieser „Objektivität" wurde das moralische Wertsystem von

---

[44] StaG, 0/X-11-3, Amtsarzt Dr. Huebner, Überblick über das Gesundheitswesen der Stadt von Ende Februar 1936; danach auch das folgende.

[45] Vgl. Labisch/Tennstedt, Gesetz über die Vereinheitlichung des Gesundheitswesens, S. 187 ff.

Beginn an tendenziell untergeordnet, und es war von Anfang an eine Frage der gesellschaftlichen Kontrolle, wie weit man bei dieser Unterordnung gehen konnte. Gerade diese Kontrolle aber setzte der Nationalsozialismus außer Kraft.

Paul Weindling

„Mustergau" Thüringen.
Rassenhygiene zwischen Ideologie und Machtpolitik

Die Arbeiten einer ganzen Generation von Historikern zum „Staat Hitlers" waren geprägt von der Erforschung der wechselnden Mächtekonstellationen und des Kompetenzgerangels innerhalb der Partei- und Führungsschichten[1]. Die ideologische Ausrichtung jener Gruppen, die die nationalsozialistische Rassenpolitik ins Werk setzten, ist daneben kaum beachtet worden. Einer der Gründe dafür war, daß gerade im Bereich der Rassenideologie wenig Erklärungsbedarf zu bestehen schien: Konnte man sich doch stets auf Hitlers offen zutage liegende Vorstellungen von der Einzigartigkeit der arischen Rasse und auf seinen extremen Antisemitismus berufen, der schließlich im Holocaust kulminierte. Zwar wurde untersucht, welche Elemente der NS-Ideologie die größte Anziehungskraft auf die Bevölkerung ausübten; der Frage, durch welche Elemente sich die Rassenideologie konstituierte, widmete sich die Forschung jedoch nur selten. Man war der Auffassung, sie lasse sich ohne weiteres auf ideologische Vorreiter wie Gobineau, Chamberlain und de Lagarde zurückführen. Die Bedeutung unterschiedlicher sozialer Interessen und administrativer Strukturen wurde dadurch lange unterschätzt.

Neben die Frage nach der Popularität der Rassenideologie muß freilich die Frage nach den Interessen bestimmter Berufsgruppen treten. Es gilt zu klären, inwiefern insbesondere Konzepte der naturwissenschaftlichen Facheilte die Vorstellungen von „Rasse" geprägt haben. Das wird zum einen das Ausmaß verdeutlichen, in dem Experten im Hitler-Staat auf der mittleren Ebene eine Rolle spielten. Und es wird zum anderen zeigen, daß es gerade die Fachleute des Gesundheits- und Fürsorgewesens waren, die den Staat stützten und ihm ein Image sozialpolitischer Wohltätigkeit verschafften. Ihre Begründung fand diese Sozialpolitik in biologistischen Zielvorstellungen.

Entgegen der offiziellen Losung, wonach sich im Glauben an die schicksalhafte Bestimmung der germanischen Rasse auch die Einheit von „Führer" und Volk begründe, war die Realität geprägt von rivalisierenden Anschauungen und Interessengruppen. Erst vor kurzem hat man begonnen, die Geschichte der Eugenik getrennt von der Geschichte des Antisemitismus zu betrachten und dabei überraschend komplexe Beziehungen zwischen Fachleuten mit biologischer Ausbildung und dem öffentlichen Gesundheitswesen herausgearbeitet[2]. Die Spannungen entwickelten sich zwischen jenen, die bestrebt waren, die Kontrolle über die Richtlinien der Rassenpolitik auf die Elite

[1] Ian Kershaw, The Nazi Dictatorship. Problems and Perspectives, London 1985, S. 66 f.
[2] Vgl. Labisch/Tennstedt, Gesetz über die Vereinheitlichung des Gesundheitswesens; Weingart/Bayertz/Kroll, Rasse, Blut und Gene; Weindling, Health.

der naturwissenschaftlichen Profession zu beschränken, und jenen – besonders in der NSDAP –, die die Bevölkerung zu einem Massenkreuzzug für die Reinheit der Rasse zu mobilisieren trachteten. Manche Experten verwiesen darauf, daß gewisse Varianten der arischen Rassenlehre unwissenschaftlich seien und daß es keine isolierte germanische Rasse gebe.

Konflikte entbrannten auch zwischen verschiedenen Gruppen völkischer Ideologen: zwischen Walter Groß vom Rassenpolitischen Amt der NSDAP und dem Rassenpsychologen Ludwig Ferdinand Clauss, zwischen der stärker populistischen Richtung von Reichsärzteführer Gerhard Wagner und dem eher technokratisch orientierten Ministerialdirektor Arthur Gütt, zwischen den naturwissenschaftlich ausgerichteten Eugenikern wie dem Münchner Psychiater Ernst Rüdin und dem Professor für Rassenhygiene und Streicher-Protegé Lothar Tirala. Die Auseinandersetzung zwischen Rüdin und den Rassenexperten der SS 1937 ist ebenfalls in diesem Zusammenhang zu sehen[3]. Selbst ein für die NS-Ideologie so fundamentales Werk wie „Mein Kampf" basierte offensichtlich auf einer wissenschaftlich veralteten rassischen Verschmelzungstheorie und nicht auf den modernen, vor allem Mendelschen Theorien.

Berufliche Qualifikation und Fachkenntnis formten sich zu einem ganz bestimmten Machttypus innerhalb der Bürokratie des Wohlfahrtsstaates, der sich von der Taktik der politischen Massenmobilisierung grundlegend unterschied. Im öffentlichen Wohlfahrtssystem gab es darüber hinaus Auseinandersetzungen zwischen staatlichen Einrichtungen und den Versicherungen, auch zwischen NSV und Winterhilfe, die jeweils große Bevölkerungsteile betrafen[4]. Und wenn die Eugeniker nicht müde wurden zu betonen, daß die rassenhygienische Bewegung in Deutschland bis in die 1890er Jahre zurückdatiere, so war dies letztlich nur der Versuch, durch Mystifizierung der eigenen Berufsgeschichte ihre Autonomie und Machtstellung zu sichern. Tatsächlich hatte sich die Eugenik in einem permanenten Wandel befunden, der sich an den jeweils gerade vorherrschenden politischen und administrativen Strukturen orientierte. So war es auch während des Aufstiegs des Nationalsozialismus aufgrund einer Interessenverbindung zwischen den Architekten der nationalsozialistischen Rassenpolitik und einer bestimmten Gruppe von Rassenhygienikern, die die Machtübernahme dann auch in Amt und Würden überdauerten, zu einer ganzen Reihe von Kompromissen und Anpassungsmaßnahmen gekommen. In diesem Zusammenhang bleibt festzuhalten, daß eine Reihe von Eugenikern, die während der Weimarer Republik in Ausschüssen für Rassenhygiene saßen, jüdischer Herkunft waren (wie etwa Richard Goldschmidt und Max Hirsch) oder aber für die Nationalsozialisten inakzeptable politische Verbindungen besessen hatten (wie etwa der Jesuitenpater Hermann Muckermann zum Zentrum). Andere überlebten beruflich nur mit Mühe, so etwa Eugen Fischer, der Direktor des Kaiser Wilhelm-Instituts für Anthropologie, der mit der Zentrumspartei brechen und neue Verbindungen knüpfen mußte.

Die rassenhygienische Bewegung darf nicht als eine monolithische Einheit, sondern muß als ein Gefüge rivalisierender Gruppen betrachtet werden, die vielfältige und zum Teil sehr unterschiedliche biologische Zielvorstellungen für die Sozialpolitik formulierten. Neuere Arbeiten betonen die Ausrichtung der Eugenik auf die Lösung der Ar-

---

[3] Dazu die Personalakten der Genannten im BDC.
[4] Vgl. Tennstedt, Wohltat und Interesse, S. 157–180.

mutsfrage und des Problems der sinkenden Geburtenrate, weniger auf die Frage der Rassereinheit[5]. Am Vorabend des Ersten Weltkrieges begannen führende Vertreter der Ärzteschaft und der Gesundheitsverwaltungen sich für Eugenik zu interessieren, während das Thema Rasseinheit lediglich eine exzentrische Gruppe intellektueller Dissidenten und extreme Organisationen wie den Alldeutschen Verband beschäftigte. Die Eugenik kann als ein Ergebnis der außergewöhnlich raschen Industrialisierung und Verstädterung in den neunziger Jahren des 19. Jahrhunderts und der damit einhergehenden Epoche glanzvoller biologischer und medizinischer Forschung verstanden werden: Die Biologie schien die Voraussetzung zur Überwindung der Klassengegensätze zu schaffen und Lösungen für die Probleme von Armut und Krankheit zu eröffnen.

Unter den jungen Wissenschaftlern, die an die Möglichkeit einer biologischen Lösung sozialer Fragen glaubten, befanden sich Ärzte wie Alfred Ploetz, Ernst Rüdin und Wilhelm Schallmayer, deren spezielles Interesse der medizinischen Verhütung von Geisteskrankheiten, der Bekämpfung „rassischer Gifte" wie Alkoholismus, Geschlechtskrankheiten und Tuberkulose sowie der sinkenden Geburtenrate galt. Den verschiedenen Schulen der eugenischen Bewegung entsprach eine Vielfalt von Theorien, die sich in Begriffen wie Rassenhygiene, Sozialhygiene, Volkshygiene und Konstitutionshygiene zeigte. Das Ergebnis der innerprofessionellen Auseinandersetzungen waren ständige Verschiebungen zwischen den Gruppierungen, zum einen vor dem Hintergrund allgemeiner politischer und gesellschaftlicher Veränderungen, zum anderen aber auch aufgrund von persönlichen Machtkämpfen und fachlichen Meinungsunterschieden etwa über die Frage des eugenischen Werts unehelicher Kinder.

Die Thematik wird durch den internationalen Vergleich noch weiter kompliziert, denn die eugenische Bewegung beeinflußte die Sozialpolitik einer ganzen Reihe von Staaten. So kann die Frage, ob die deutschen Eugeniker sich von ihren ausländischen Kollegen besonders dadurch unterschieden, daß sie sich vordringlich mit der Rassenproblematik und der Judenfrage beschäftigten, durch vergleichende Studien beantwortet werden. Ein Beispiel ist etwa die sehr unterschiedliche Geschichte der Sterilisationsgesetzgebung in Skandinavien, Großbritannien, den USA und Deutschland: In jedem dieser Länder gab es während der zwanziger und dreißiger Jahre Auseinandersetzungen zwischen Rassenideologen und medizinisch-technokratischen Reformern. Die Kritik an sozialbiologisch orientierten Medizinwissenschaftlern des Eugenics Record Office unter Charles B. Davenport kann als Beleg dafür dienen; ebenso dessen Verbindung zu Ideologen wie Lothrop Stoddard und Madison Grant, die die Überlegenheit der weißen Rasse behaupteten und die selektive Immigration propagierten. In Großbritannien unternahm es der Psychiater Carlos P. Blacker, zusammen mit den Demographen David V. Glass und Richard Titmuss, die Eugenik auf den neuesten wissenschaftlichen Stand zu bringen, und zwar gegen den Widerstand der rassisch ausgerichteten alten Garde in der Eugenics Society[6]. In Skandinavien standen die Anhänger einer medizinisch indizierten Sterilisation im Widerstreit mit nordischen Ideo-

---

[5] Vgl. die Kapitel über Sozialhygiene und Bevölkerungspolitik von Cornelie Usborne und Paul Weindling, in: Wall/Winter (Hrsg.), Upheaval of War, S. 389–438.
[6] Vgl. Kevles, In the Name of Eugenics.

logen wie Jon Alfred Mjöen[7]. So ist es wichtig festzuhalten, daß die Schlüsselfiguren der deutschen eugenischen Bewegung – Ploetz, Lenz und Rüdin – durch Vereinigungen wie die International Federation of Eugenics Organizations vor allem Verbindungen zu der rassisch orientierten alten Garde um Mjöen, Stoddard und Davenport pflegten[8]. Jene deutschen Rassenhygieniker, die auch nach 1933 in ihren beruflichen Stellungen blieben, hegten keinerlei Sympathie für Reformer wie den Briten Blacker, der seinerseits der NS-Eugenik höchst kritisch gegenüberstand.

Diese Überlegungen lassen es angeraten erscheinen, vom Stereotyp der einheitlichen deutschen Eugenik abzugehen. Daraus folgt freilich die Notwendigkeit, den spezifisch deutschen Kontext von Verwaltung und Administration zu untersuchen. Nur auf der Grundlage einer Analyse der Politik sowohl der zentralen wie der regionalen Instanzen ist es möglich, die Spannungen zwischen völkischen Rassisten und naturwissenschaftlichen Modernisierern aufzuzeigen.

Neuere Untersuchungen über den technokratischen Zugriff der nationalsozialistischen Bürokratie heben unter anderem die Anwendung modernster Techniken wie der statistischen Analyse von Volkszählungsdaten und den neuesten Erkenntnissen auf dem Gebiet der Humangenetik und der Serologie hervor[9]. Das waren Mittel, mit denen das Regime seinen Zugriff auf die Bevölkerung zu stabilisieren vermochte. Soziale Probleme wie Kriminalität, Obdachlosigkeit, Arbeitsscheu und sexuelle Abnormalität versuchte man durch diese neuen Methoden in den Griff zu bekommen. Die meisten der dazu bisher erschienenen Studien konzentrieren sich auf städtische Milieus[10]. Der vorliegende Beitrag hingegen beschäftigt sich mit der Situation in einem ländlichen Gebiet – genauer in Thüringen, das für die Entwicklung des NS-Gesundheitssystems und seiner Wohlfahrtspolitik eine besondere Bedeutung erlangen sollte.

Karl Astel und das Landesamt für Rassewesen

Ein wichtiger Faktor für den Aufstieg der NSDAP in der Endphase der Weimarer Republik war die Unterstützung, die sie bei Bauern und Kleingrundbesitzern fand. Die von Richard Walther Darré geführte nationalsozialistische Agrarlobby forderte wirtschaftliche Stützungsmaßnahmen für die Gesamtheit der Landbevölkerung und verwies auf deren sinkende Geburtenrate[11]. Die Eugeniker hingegen plädierten für die gezielte Förderung ganz bestimmter Gruppen der Landbevölkerung, um dadurch zugleich gegen seit langem beobachtete negative Faktoren wie die verbreitete Inzucht, Trunksucht, hohe Kindersterblichkeit, Kretinismus und chronische Krankheiten wie Tuberkulose vorzugehen. Als eugenisch wertvoll erachtete man nur ausgewählte Bauernstämme, so etwa die großen westfälischen Familien mit geringer Kindersterblich-

---

[7] Vgl. Roll-Hansen, Eugenics before World War II.
[8] Details über internationale Kontakte finden sich beispielsweise in den Tagebüchern von Alfred Ploetz.
[9] Vgl. Aly/Roth, Restlose Erfassung.
[10] Für Hamburg beispielsweise konstatiert Karl Heinz Roth zwar ein niedriges Niveau der politischen Mobilisierung durch die Partei, im Kontrast dazu aber großangelegte Maßnahmen gegen „Gemeinschaftsunfähige" und chronische Kranke; vgl. Ebbinghaus/Kaupen-Haas/Roth (Hrsg.), Heilen und Vernichten.
[11] Vgl. John E. Farquharson, The Plough and the Swastika. The NSDAP and Agriculture in Germany 1928–1945, London/Beverly Hills 1976, S. 203–220.

keit. Aber ebenso wie sich Gegensätze zwischen Reichsbauernführer Darré und der Partei einstellten, gab es Meinungsverschiedenheiten zwischen den Eugenikern über den rassischen Wert verschiedener ländlicher Bevölkerungsgruppen. Fritz Lenz, selbst Sohn eines Bauerngutsbesitzers, trat für staatliche Einkommensgarantien, Darlehen und Landvergabe an Familien mit mindestens drei gesunden Kindern ein[12]. Der Agrargenetiker Erwin Baur befürwortete in den zwanziger Jahren landwirtschaftliche Siedlungspolitik und eine Verwissenschaftlichung des Ackerbaus; sein Zusammenstoß mit Darré im Jahr 1933 kennzeichnete die fundamentalen Gegensätze zwischen der eugenischen Wissenschaft und der Agrarlobby. Solche Beispiele zeigen an, daß eine jüngere Generation nationalsozialistischer Rassenhygieniker vor der Aufgabe stand, eugenische Erbgesundheitsmaßnahmen mit nationalsozialistischen Rasseprinzipien zu versöhnen.

Diese jüngere Generation von biologischen Reformern war durch die Kriegserfahrung und die sozialen Unruhen der Nachkriegszeit geprägt; manche von ihnen hatten sich den Freikorps angeschlossen und vertraten die Politik der äußersten Rechten. Darunter waren solche, deren ganzes Sinnen und Trachten auf die Eliminierung der Keime für abnormales Verhalten und Erbkrankheiten gerichtet war, so zum Beispiel der Forscher Otmar von Verschuer; andere wie Arthur Gütt, Leonardo Conti und Fritz Bartels gingen in die öffentliche Gesundheitsverwaltung oder wurden wie Gerhard Wagner zu Propagandisten ihrer Profession als einer rassischen Elite.

In dieser radikalen jüngeren Generation fällt der Verfechter eines ländlichen Wohlfahrtssystems auf rassischer Grundlage besonders auf: Karl Astel, unter dessen Leitung das Thüringische Landesamt für Rassewesen ab Juli 1933 die Führung bei Maßnahmen zur Gesundheits- und Fruchtbarkeitsförderung der als rassisch hochwertig angesehenen Bevölkerungsteile (überwiegend Bauern- und Handwerkerfamilien) übernahm. Das öffentliche Gesundheitswesen wurde nach diesen Prioritäten organisiert; hinzu kamen Astels Anstrengungen, vermeintlich degenerierte Gruppen wie Kriminelle, Homosexuelle und unehelich Geborene zu lokalisieren. Astels Aktivitäten sind von besonderem Interesse, weil sie eine Verbindung zu den medizinischen Begründern der rassenhygienischen Bewegung in München (Ploetz, Lenz und Rüdin) erkennen lassen, die sich alle nur relativ schwach in der NSDAP engagierten. Astel kam deshalb die Rolle eines Verbindungsmannes zwischen den medizinischen Eugenikern und den Gliederungen der NSDAP sowie Himmlers SS zu. Und es war Astel, der dem NS-Regime die entscheidenden Techniken der Bevölkerungsüberwachung und medizinischen Kontrolle an die Hand gab, die nichtnationalsozialistische Eugeniker in den zwanziger Jahren entwickelt hatten.

Einige biographische Details kennzeichnen das gesellschaftliche Umfeld, aus dem Astel kam: Er wurde 1895 in Schweinfurt als Sohn eines städtischen Beamten geboren. Nach dem Kriegsdienst (1916 bis 1918 im 24. Bayerischen Infanterieregiment) schloß sich der begeisterte Wandervogel und Tierzüchter dem Freikorps Epp an (April bis September 1919), mit dem er nach Thüringen gelangte. 1920 Mitglied von Friedrich Webers Bund Oberland, diente er während des Kapp-Putsches wieder in der Reichswehr. Seine Beteiligung an der Gründung der Schweinfurter Ortsgruppe des Deutsch-völkischen Schutz- und Trutzbundes brachte ihn mit seinem späteren Förde-

---

[12] Vgl. Rissom, Fritz Lenz, S. 78–83.

rer Fritz Sauckel zusammen. Als Medizinstudent in Würzburg war Astel Mitbegründer der Deutschen Hochschulgilde „Bergfried" und der Ortsgruppe des Jungnationalen Bundes in Schweinfurt. In der Bayerischen Landesturnanstalt erhielt er seine praktische Ausbildung als Sportarzt; 1929 wurde er diplomierter Skilehrer. Neun Jahre lang leitete er die Sportärztliche Untersuchungs- und Beratungsstelle der Universität und der Technischen Hochschule in München. Als Mitglied der Münchner Gesellschaft für Rassenhygiene stand er auf gutem Fuß mit Lenz und Rüdin; hier gewann er auch die Überzeugung von der Notwendigkeit einer breitangelegten Bevölkerungspolitik[13]. Im Juli 1930 trat er der NSDAP, anschließend dem NS-Ärztebund bei. Nachdem er Erb- und Rassenbiologie an der Reichsführerschule der SA unterrichtet hatte, wurde er in das Rasse- und Siedlungsamt der SS befördert, wo er ab Oktober 1932 als Sachbearbeiter die Verlobungs- und Heiratsgesuche von SS-Männern prüfte. Astel vereinigte in sich eine ganze Reihe von Weltanschauungselementen: militärischen Patriotismus, die Freikorps-Ideologie der Verteidigung nationaler Interessen gegen Kommunisten und Juden, biologistische Vorstellungen einer Politik des gesunden Körpers, Sorge um die körperliche Verfassung der deutschen Jugend und die Vorstellung, seine Wissenschaft könne medizinische Methoden zur Behandlung sozialer Krankheiten bereitstellen[14]. Seine erbbiologischen Beratungskenntnisse waren der konservative Ausschnitt aus der breiten Bewegung der Sexual- und Eheberatung. Man kann Astel daher mit Recht als eine treibende Kraft bei der Aneignung, Neufassung und Anwendung eugenischer Ideen durch den Nationalsozialismus bezeichnen.

Thüringen war in der Weimarer Republik vor allem deshalb politisch signifikant, weil es – nach einer radikalen sozialistischen Phase – seit 1930 als erstes Land von einer Rechtskoalition unter Einschluß der Nationalsozialisten regiert wurde. Diese Wende manifestierte sich nicht zuletzt im kulturellen Bereich, so zum Beispiel in der Architektur: Weimar, Gründungssitz des Bauhauses, wurde nun zum Zentrum einer von Paul Schultze-Naumburg angeführten Bewegung für germanische Architektur, die das Flachdach als undeutsch ablehnte und die rassische Bedeutung eines volksgemäßen Wohnungsbaues betonte. An der Universität Jena kämpften linke Akademiker wie der Embryologe Julius Schaxel und einige wenige sozialistische Ärzte gegen die ansteigende Flut der extremen Rechten[15]. Akademische und wissenschaftliche Fragen waren also in höchstem Maß politisch aufgeladen und stellten eine Herausforderung für nationalsozialistische Ideologen dar, die Thüringen nach dem Wahlerfolg der NSDAP zu einer frühen Bastion für NS-Politik und nordische Ideologie auszubauen gedachten. Letzteres war beispielsweise an der umstrittenen Berufung von Hans F. K. Günther auf den neu eingerichteten Lehrstuhl für Anthropologie an der Universität Jena abzulesen oder an dem Zwischenspiel, das der Hygieniker Heinz Zeiss (der seit 1921 Forschungen in der Sowjetunion betrieben hatte) ab September 1932 in Thürin-

---

[13] BDC, Personalakten Astel, Lebenslauf vom 4.12.1934 und Mitgliederliste der Münchner Gesellschaft für Rassenhygiene vom Januar 1933.
[14] Vgl. Errichtung eines Landesamtes für Rassewesen in Weimar, in: Thüringischer Bauernspiegel 10 (1933), S. 285 f.
[15] Vgl. Schmidt, Verteilung.

gen gab, wo er sich mit den medizinischen Folgen von Arbeitslosigkeit befaßte, bevor er 1933 auf den Lehrstuhl für Hygiene nach Berlin berufen wurde[16].

Astel stand seit 1930 in Verbindung mit Günther und Darré. Die Ideologie einer „Neubildung des deutschen Bauerntums" paßte gut zu Astels Vorhaben eines Gesundheitsprogrammes für das flache Land[17]. Entsprechende Wahlparolen schlachteten die Tatsache aus, daß 1931/32 von den insgesamt für das öffentliche Gesundheitswesen ausgegebenen 8,7 Millionen Reichsmark nur 4,03 Millionen den Gesunden zugute kamen[18]. Neben diese wirtschaftliche Begründung für eugenische Maßnahmen trat das Versprechen, den deprimierenden Lebensumständen der Landbevölkerung abzuhelfen und insbesondere die Gesundheitsfürsorge auf dem Lande zu verbessern – mußte man doch zunehmend erkennen, daß die städtische Bevölkerung tatsächlich gesünder war.

In Thüringen gab es keine Großstädte, aber eine Bevölkerungsdichte, die 1938 mit 148,3 etwas über dem Reichsdurchschnitt (133,5) lag. Die Geburten-, Heirats- und Sterblichkeitsziffern bewegten sich ziemlich exakt auf Reichsdurchschnitt. So lag die Geburtenrate 1939 in Thüringen bei 20,3 pro 1000 Einwohner (im Reich: 20,5), die Todesrate bei 12,4 (Reich: 12,7). Diese Zahlen erlauben es, Thüringen als Modell für das gesamte Reich zu betrachten. Darüber hinaus galt Thüringen aufgrund seines halb-ländlichen Charakters mit Einschlüssen von scheinbar vollkommen unberührt gebliebenem Bauerntum als ein Gebiet von hohem eugenischen Wert. Alle diese Merkmale schienen Thüringen zum geeigneten Exerzierfeld von Darrés Blut-und-Boden-Ideologie und Günthers Verherrlichung des nordisch-ländlichen Idylls zu machen, auf dem medizinisches und rassisches Gedankengut zusammentrafen. Außerdem gab es in Thüringen bereits eine fest etablierte nordische Bewegung, die sich um den Thüringer Bauernspiegel (Archiv für thüringische Stammes- und Familienforschung) gruppierte, der für den Thüringer Bauernbund seit 1924 von dessen Syndikus Walter Tröge herausgegeben wurde[19]. Nachdem diese enge ideologische Allianz mit Günthers Weggang von Jena 1935 und Darrés schwindendem politischen Einfluß 1937 endete, suchte Astel verstärkt bei der SS Unterstützung für seine gegen die „Asozialen" gerichtete genetisch-selektive Rassenpolitik.

Als sich Astel im Frühjahr 1933 mit einigen Münchner NS-Ärzten zusammentat, um den Direktor des Kaiser-Wilhelm-Instituts für Anthropologie, menschliche Erbkunde und Eugenik, Eugen Fischer, und den dortigen Abteilungsleiter Muckermann zu denunzieren, bedeutete dies einen Frontalangriff auf eine der wichtigsten eugenischen Institutionen der Weimarer Republik, die sowohl in der Frage der Definition von Rasse als auch in der Formulierung der Gesundheitspolitik die zentrale Stellung für sich beansprucht hatte. (Muckermann war eine der Schlüsselfiguren des Instituts, vor allem wegen seiner Fruchtbarkeitsuntersuchungen etwa bei Polizeibeamten und westfälischen Bauern.) Ziel des „temperamentvollen" Astel war es, die Führung in der

---

[16] BA, R 86, 744, Prof. Dr. Heinrich Zeiss, Lebenslauf, sowie Schreiben Zeiss' an den Reichsminister des Innern vom 4.4.1933.

[17] Vgl. Anna Bramwell, Blood and Soil. Walther Darré and Hitler's „Green Party", Abbotsbrook 1985.

[18] Vgl. Otto Gerbeth/Werner Leonhardt, Fünf Jahre nationalsozialistische Regierung in Thüringen, Frankfurt 1938, S. 6.

[19] Vgl. Walter Tröge, Zum zehnjährigen Erscheinen unserer Zeitschrift, in: Thüringer Bauernspiegel 10 (1933), S. 157f. Zu Günther vgl. Lutzhöft, Nordischer Gedanke, S. 28ff.

Gesellschaft für Rassenhygiene zu übernehmen[20]. Sein Versuch, zunächst die Aufmerksamkeit der höheren NS-Chargen auf sich zu ziehen und dann selbst ein Institut aufzubauen, das eine entscheidende Rolle bei der Definition des Rassenbegriffs und bei der Beobachtung der Fortpflanzung vor allem der Bauern übernehmen sollte, wies bemerkenswerte Ähnlichkeit mit den Bestrebungen Muckermanns auf, wobei Astel freilich in einem dezidiert nationalsozialistischen Sinne agierte. Daß er 1933 gegen die alte Garde der Weimarer Eugeniker – neben Fischer und Muckermann auch gegen den Ministerialbeamten Arthur Ostermann – intrigierte, war bezeichnend für seine großen Ambitionen unter dem neuen Regime[21].

Das am 15. Juli 1933 gegründete Landesamt für Rassewesen ging auf die Initiative des thüringischen Volksbildungsministers Fritz Wächtler zurück[22]. Seine Ernennung zum Leiter verdankte Astel im Juli 1933 aber einem Freikorpskameraden: dem thüringischen Gauleiter (seit 1927), bisherigen Ministerpräsidenten und jetzigen Reichsstatthalter Fritz Sauckel. Astel stand damit einem der wenigen Universitätsinstitute vor, das gleichzeitig als Landesamt für Rassewesen fungierte. Seine sich stetig erweiternde Machtbasis muß im Kontext der polykratischen Struktur der NS-Administration gesehen werden, und zwar besonders im Zusammenhang mit der Rivalität zum Rassenpolitischen Amt der NSDAP unter Walter Groß, der 1935 Astels Entfernung aus dem Amt verlangte. Da sich das Landesamt in Gesundheits- wie Erziehungsangelegenheiten einschaltete, tangierten seine Aktivitäten sowohl das Innen- als auch das Volksbildungsministerium. Die Spannungen zwischen Groß und Astel spiegeln sich auch in den Machtkämpfen zwischen Sauckel und Wächtler, der vorschlug, Astel durch den thüringischen Arzt und Staatskommissar für das Gesundheitswesen Karl Oskar Klipp zu ersetzen. Astel verließ sich auf seinen Rückhalt bei Sauckel, der sich für ihn bei Heß, Frick, Gütt und Wagner verwandte. Den Hintergrund dieses Konflikts bildete ein eher generelles Problem: die Tatsache, daß Sauckel als Reichsstatthalter und Gauleiter Staats- und Parteiaufgaben auf sich vereinigte und darüber in Streitigkeiten mit anderen Gauleitern, aber auch mit der Reichsministerialbürokratie geriet. Mit dem mittelfränkischen Gauleiter Julius Streicher war Sauckel beispielsweise vollkommen über Kreuz[23], und im Juni 1936 wandte er sich mit einer ausführlichen Denkschrift an Hitler, in der er die Zentralisierungstendenzen der Reichsbehörden beklagte[24]. Angesichts des damit einhergehenden Machtschwundes der Gauleiter sah Sauckel in der Ausweitung der Aktivitäten der Gesundheitsverwaltung auch eine Möglichkeit, die eigene Macht auf regionaler Ebene zu konsolidieren.

Zu heftigen Auseinandersetzungen kam es über die geeigneten Maßnahmen gegen „Judenmischlinge", über die Frage von Naturheilverfahren und das Gesundheitswesen im allgemeinen. Während Wagner und Streicher die Mischlingsfrage unter dem Ge-

---

[20] NL Rüdin (im Privatbesitz Prof. Dr. Zerbin-Rüdins), Die Ansicht der führenden Persönlichkeiten des Staates und der Partei über Rasse und Rassenpflege vom 4.9.1945.
[21] Vgl. Weindling, Weimar Eugenics; ZStA Potsdam, 15.01, Nr. 26243, Bl. 289 und Bl. 348, Schreiben Astels und Schultz' vom 29.5.1933.
[22] Vgl. Errichtung eines Landesamtes, S. 285 f.
[23] Vgl. Rainer Hambrecht, Der Aufstieg der NSDAP in Mittel- und Oberfranken 1925–1931, Nürnberg 1976, S. 404 f.; BA, NS 19 neu, Nr. 168, Schreiben Astels an Himmler vom 16.8.1935.
[24] Vgl. Peter Hüttenberger, Die Gauleiter. Eine Studie zum Wandel des Machtgefüges in der NSDAP, Stuttgart 1969, S. 112–117.

sichtspunkt der Rassenideologie betrachtet wissen wollten, bestand Astel aufgrund seiner biologischen Ausbildung auf einer Mendelschen Analyse bei der Rassenbestimmung. Er forderte Himmler auf, den „Führer" dahingehend zu informieren, daß es genüge, die Mischlinge zu separieren und ihnen zu verbieten, sich außerhalb ihrer eigenen Gruppe zu verheiraten; innerhalb von sieben Generationen werde ihre Zahl dadurch auf 600 zurückgehen[25].

Arthur Gütt, der Architekt des Gesetzes über die Vereinheitlichung des Gesundheitswesens, unterstützte Astels Position in der staatlichen Gesundheitsverwaltung aufs wärmste[26]. Gütts Eintreten für Kliniken zur Erb- und Rassenpflege traf sich mit Astels Plänen zur erbgesundheitlichen Erfassung der Bevölkerung. Beider Konzept orientierte sich an dem Gedanken der Gesundheitsfürsorge und basierte auf professioneller Kenntnis und Erfahrung – ganz im Gegensatz zu der Kombination von populistischem Antisemitismus und engmaschigem Hausarztsystem, für die Streicher und Reichsärzteführer Wagner gemeinsam eintraten, wobei letzterer in der NSDAP großen Rückhalt genoß[27]. Einen Parallelkonflikt gab es in München zwischen Tirala und Rüdin: Kaum daß Tirala den Lehrstuhl für Rassenhygiene wegen fachlicher Inkompetenz hatte verlassen müssen, wurde er in Nürnberg von Streicher mit offenen Armen aufgenommen. Diese Beispiele markieren den Unterschied zwischen Gruppen, die die wissenschaftlichen Experten unterstützten (wie es Sauckel im Hinblick auf Astel tat), und anderen, die dem populistisch-völkischen Appeal Vorrang gaben[28].

Das thüringische Landesamt für Rassewesen war in den Räumen der Ortskrankenkasse Weimar untergebracht. Seine Arbeit begann damit, daß Kurse für Ärzte abgehalten, Beihilfen für Kinderreiche befürwortet und Vorbereitungen für Sterilisationen getroffen wurden[29]. Astel fing 1933 mit einem bescheidenen Budget von 12 800 Mark an; 1939 war es auf 196 300 Mark angestiegen. Im gleichen Zeitraum wuchs die Zahl der Angestellten auf 42, darunter zwei Regierungsräte und ein Medizinalrat; die zahlreichen untergeordneten Mitarbeiter waren für die Bearbeitung der erbgesundheitlichen Bestandsaufnahmen erforderlich[30]. Eine eigene Abteilung für Forschung und Lehre befand sich – wegen der Universität – in Jena; rassenpolitische Schulungskurse, für die man gezielt bei mehreren tausend Bürgermeistern, Lehrern und Anwälten, bei der NS-Frauenschaft und bei den Staatsbediensteten warb, wurden an den Staatsschulen Egendorf und Bad Berka abgehalten. Bis 1938 hatten 1380 Biologen sowie 692 Ärzte, 120 Gesundheitspflegerinnen und 66 Rassenpflegerinnen des BDM und der NS-Frauenschaft an Sonderkursen teilgenommen, waren zwei Wanderausstellungen zum Thema „Thüringisches Rassewesen" in 136 Orten von nahezu 300 000 Besuchern besichtigt und mehr als eine Million Exemplare des Pamphlets „Erbstrom des deut-

---

[25] BDC, Personalakten Astel, Schreiben Astels an Himmler vom 13.1.1936.
[26] BDC, Personalakten Astel, Schreiben Astels an Himmler vom 12.5.35 und Astels an Sauckel vom 11.5.35.
[27] Vgl. Labisch/Tennstedt, Gesetz über die Vereinheitlichung im Gesundheitswesen, Bd. 2, S. 332–345.
[28] BDC, Personalakten Tirala, Schreiben Streichers vom 24.10.1937.
[29] BDC, Personalakten Astel, Bericht über die Tätigkeit des Thüringischen Landesamtes für Rassewesen seit Gründung der Behörde vom 15.7. bis zum 2.11.1933.
[30] Nachtrag zum Haushaltsplan für Thüringen für das Rechnungsjahr 1933. Ministerium des Innern, S. 28; Ordentlicher Haushalt. Einzelplan III. Ministerium des Innern, 1939, S. 19–24.

schen Volkes" verteilt worden[31], ebenso eine große Zahl von Sippschaftstafeln[32]. Für die schon wegen des steigenden Anfalls von Erbbestandsaufnahmen verlangte Etaterhöhung ergab sich 1938 eine zusätzliche Begründung mit „der vom Reiche angeforderten erbbiologischen Bestandsaufnahme in den Heilanstalten", die eine vorbereitende Maßnahme für das spätere „Euthanasie"-Programm darstellte[33]. Darin zeigt sich, wie die Radikalisierung der Eugenik den Machtgelüsten medizinischer Technokraten vom Schlage Astels zugute kam.

Die rassischen Erfassungsarbeiten festigten Astels Machtstellung; bis 1936 hatte er die thüringische Gesundheits- und Wohlfahrtsbehörde vollständig unter seiner Kontrolle. Statt auf Gesundheitserziehung setzte er auf Zwangsmaßnahmen. Im Rückgriff auf die Erfahrungen, die er in der Zusammenarbeit mit dem Genetiker und Rassenhygieniker Fritz Lenz in einer öffentlichen Vererbungsberatungsstelle in München gesammelt hatte, übertrug Astel die Methoden der Erbbiologie auf die öffentliche Gesundheitsverwaltung. Indem er die Pioniertätigkeit des jüdischen Augenarztes Arthur Czellitzer bei der Mendelschen Analyse von Familiendaten über Krankheiten anerkannte, kritisierte Astel zugleich die auf diesem Gebiet von Heinrich Wilhelm Kranz in Gießen erhobenen Originalitätsansprüche[34].

Grundlage von Astels Gesundheitspolitik in Thüringen wurde eine Sippenkartei; diese „Sippschaftsmethode" verlangte die Dokumentation der Gesundheit der Vorfahren väterlicher- wie mütterlicherseits über sechs Generationen hinweg und wurde schließlich vom Reichsministerium des Innern übernommen. Astel veranlaßte Studien, die den Genealogien von Geschlechtskranken, Homosexuellen, Unehelichen und Kriminellen nachgingen und diese dokumentierten. Großangelegte Untersuchungen ermittelten die Fortpflanzungshäufigkeit und deren Ursachen bei 14 000 mittelthüringischen Handwerksmeistern und selbständigen Handwerkern und bei 29 000 politischen Leitern des Gaues[35]. Ärztliche und zahnärztliche Reihenuntersuchungen in Schulen sowie die Tuberkulose-Vorsorge waren vorrangige Anliegen der Gesundheitsfürsorge und boten natürlich Gelegenheit zur Erhebung genealogischer und rassischer Daten großer Bevölkerungsgruppen[36]. Die Aufstellung von Sippentafeln benutzte Astel zur Legitimierung eines polizeimäßigen Zugriffs im öffentlichen Gesundheitswesen; der Polizeichef von Thüringen, Walter Ortlepp, war wie Sauckel ein Gefährte aus den „Kampfjahren". Bei Himmler suchte Astel 1937 direkte Unterstützung für Vorhaben wie die Kastration von Kriminellen, eine allgemeine Politik der Sicherungsverwahrung und die „Tötung von Verbrechern, auch wenn sie noch nicht selbst einen Menschen getötet haben"[37].

---

[31] Vgl. Gerbeth/Leonhardt, Fünf Jahre, S. 6 ff.
[32] Vgl. Karl Astel, Rassekurs in Egendorf, München 1935.
[33] Haushaltsplan für Thüringen 1938, Kapitel VI, S. 111.
[34] Vgl. Karl Astel, Sippschaftstafel, Weimar o. J.; W. Pischel-Preiser, Die mathematischen Grundlagen der Sippschaftstafel nach Karl Astel, in: Archiv für Rassen- und Gesellschaftsbiologie 29 (1935), S. 3; Karl Astel, Zur Frage der erbbiologischen Bestandsaufnahme, in: Der Erbarzt Nr. 5 (1934), S. 78 ff.
[35] Vgl. Karl Astel/Erna Weber, Die unterschiedliche Fortpflanzung: Untersuchung über die Fortpflanzung von 14 000 Handwerksmeistern und selbständigen Handwerkern Mittelthüringens, München 1939.
[36] Vgl. Gerbeth/Leonhardt, Fünf Jahre, S. 9.
[37] BDC, Personalakten Astel, Schreiben Astels an Himmler vom 14.6.1937.

Astels Landesamt wurde das Ziel vieler Besucher, so zum Beispiel von Veteranen der Rassenhygiene wie Ploetz, Rüdin, Fischer und Lenz, aber auch des Vertreters der erbbiologischen Kommision des Deutschen Gemeindetages, Wilhelm Stemmler, der eine Untersuchung über die Kosten medizinischer Einrichtungen durchführte, die für die Planung der „Euthanasie"-Maßnahmen entscheidende Bedeutung erlangen sollte[38].

Die thüringischen Familien-Vererbungsstudien wurden 1935 auf dem Internationalen Kongreß für Bevölkerungswissenschaft als ein allgemein anwendbares Modell präsentiert, was den exemplarischen Charakter dokumentiert, den Astels Landesamt innerhalb der nationalsozialistischen Gesundheitspolitik erlangt hatte[39]. In einem triumphierenden Brief an Himmler bezeichnete Astel das Thüringische Amt für Rassewesen als eine „weltbekannte Organisation"[40].

Astels Aktivitäten in Thüringen zogen reichsweit Maßnahmen zur rassischen Erfassung der Bevölkerung nach sich. Dieser Vorgang muß als die Umkehrung langfristiger historischer Entwicklungen bewertet werden: Während seit der Mitte des 19. Jahrhunderts der Liberalismus eine Erosion der polizeilichen Strukturen im öffentlichen Gesundheitswesen bewirkt hatte, setzte der Nationalsozialismus wieder auf Zwangsmaßnahmen und Überwachung. Der entscheidende Unterschied war jedoch, daß die Gesundheitsdienste von medizinisch ausgebildeten Fachkräften kontrolliert wurden und nicht mehr von Verwaltungsbeamten. Nicht nur wegen der Übernahme polizeilicher Vorgehensweisen auf das Gebiet der Gesundheitspolitik, auch für persönliche Gewalttätigkeit war Astel berüchtigt; so schlug er beispielsweise einem jugendlichen Raucher die Zigarette aus dem Mund[41].

Bürokratisierung, statistische Forschung und persönliche Brutalität waren charakteristische Züge im System der nationalsozialistischen Gesundheitspolitik.

Biologie und Ideologie

Thüringen war in der NS-Zeit nicht nur in demographischer, sondern mit der Entwicklung der Universität Jena zum Prototyp der politischen Universität auch in intellektueller Hinsicht signifikant[42]. Im von der Universitätsspitze gesteuerten Prozeß der Nazifizierung der Künste und der Wissenschaften spielte die Biologie eine besondere Rolle. Die historische Verknüpfung von Weimar und Jena mit Berühmtheiten wie Herder, Fichte, Nietzsche, Schiller und Goethe fand in der nationalsozialistischen Regierungserklärung vom August 1932 ihren Niederschlag in der Betonung der besonderen Aufmerksamkeit, die man den Bereichen Erziehung und Propaganda angedei-

---

[38] BDC, Personalakten Astel, Schreiben Sauckels an Astel vom 9.4.1935 und Antwortschreiben Astels an Sauckel vom 11.4.1935.
[39] Vgl. Karl Astel, Erbbiologische Familienkunde, in: Hans Harmsen/Franz Lohse (Hrsg.), Bevölkerungsfragen. Bericht des internationalen Kongresses für Bevölkerungswissenschaft, München 1936, S. 307–313.
[40] BDC, Personalakten Astel, Schreiben Astels an Himmler vom 18.4.1936; BA, NS 19 neu, Nr. 168, Schreiben Astels an Himmler vom 16.8.1935.
[41] Vgl. NL Rüdin, Die Ansicht der führenden Persönlichkeiten des Staates und der Partei über Rasse und Rassenpflege vom 4.9.1945, S. 4.
[42] Vgl. Max Steinmetz (Hrsg.), Die Geschichte der Universität Jena, Bd. 2, Jena 1958, S. 627.

hen lassen wollte⁴³. Der Architekt Schultze-Naumburg, ein langjähriger Freund von Hans F. K. Günther, legte mit seiner Interpretation künstlerischer Meisterwerke den Grundstein einer nordischen Ästhetik⁴⁴. Die Umbenennung der Jenaer Hochschule in Friedrich-Schiller-Universität 1934 war typisch für die nationalsozialistische Verherrlichung der großen deutschen Vergangenheit in Literatur und Kunst.

Mit Günthers Berufung nach Jena, aber auch mit der Berufung des Jenaer Venerologen Bodo Spiethoff 1933 in den Sachverständigenbeirat für Bevölkerungs- und Rassenpolitik in Berlin, errang die Universität einen Ruf als Zentrum der Rassenideologie. Als Günther 1935 nach Berlin ging, konnte Astel, der bereits am 1. Juni 1934 zum Universitätsprofessor für menschliche Züchtungslehre und Vererbungsforschung berufen worden war, seine biologisch fundierte Rassenhygiene an der Universität etablieren. Die Konsolidierung seiner Macht hatte Rückwirkungen auf die Universität: Fünf Jahre nach seiner Berufung wurde Astel zum Rektor der Universität Jena ernannt, der er bis zu seinem Selbstmord im Frühjahr 1945 blieb. Obwohl Astel die Modernität seines Landesamtes stets rühmte und die neuesten Erkenntnisse in der Bevölkerungsgenetik bereitwillig zur Anwendung brachte, verlor er doch auch die frühere Ära der Evolutionsbiologie nie aus dem Blick. Denn unabhängig von der Berufung Günthers konnte Jena auf eine Tradition darwinistischer Lehre und Forschung verweisen, die bis in die 1860er Jahre auf Ernst Haeckel und den 1906 gegründeten Monistenbund zurückreichte. Auf diese Tradition berief sich Astel, als er den neuen Typus einer in Verbindung mit der SS betriebenen „kämpferischen Wissenschaft" forderte, von der er erhoffte, daß sie die Naturwissenschaften und das akademische Leben künftig beherrschen werde⁴⁵. Entsprechend versuchte er, die strukturell radikalisierte Gesundheitsfürsorge an die Universität anzubinden.

Astel interpretierte Haeckel aber verkürzend als Vorkämpfer einer biologistischen Staatsauffassung und hob die autoritären Züge in dessen Denken hervor, so zum Beispiel sein Eintreten für die Exekution von Kriminellen als einem Mittel zur Reinerhaltung des Erbstroms⁴⁶. Obwohl Haeckel dem Konzept einer nordischen Rasse keinesfalls beigepflichtet hätte, wurden seine Ideen so uminterpretiert, daß sie ein solches Konzept zu stützen schienen⁴⁷. Und erhebliche Sorgfalt wurde darauf verwendet, Haeckels Monismus von allen abweichlerischen Gedanken zu säubern, zumal der Monistenbund wegen seiner Verbindung zum sozialistischen Materialismus und zur Freimaurerei aufgelöst worden war. Unter der Patronage von Sauckel gründete man statt

---

⁴³ Vgl. Gerbeth/Leonhardt, Fünf Jahre, S. 2; Fritz Sauckel, Thüringens Tradition – eine Verpflichtung, in: ders., Kampfreden. Dokumente aus der Zeit der Wende und des Aufbaus, Weimar 1934, S. 111 ff.
⁴⁴ Vgl. Friedrich Kestel, Walter Hege (1893–1955). „Rassekunstphotograph" und/oder „Meister der Lichtbildkunst"?, in: Fotogeschichte 8 (1988), S. 65–75.
⁴⁵ BDC, Personalakten Astel, Schreiben Astels an Himmler vom 8.5.1935, 13.1.1936 und 18.4.1936.
⁴⁶ Vgl. Paul Weindling, Ernst Haeckel, Darwinism and the Secularization of Nature, in: Moore (Hrsg.), History, Humanity and Evolution, S. 311–327; Pietro Corsi/Paul Weindling, Darwinism in Germany, France and Italy, in: Kohn (Hrsg.), Darwinian Heritage, S. 683–730.
⁴⁷ Vgl. Karl Astels Geleitwort zu Heinz Brücher, Ernst Haeckels Bluts- und Geistes-Erbe. Eine kulturbiologische Monographie, München 1936.

dessen die Ernst-Haeckel-Gesellschaft[48]. Beunruhigt über die Zahl der Wissenschaftler jüdischer Abstammung, die in enger Beziehung zu Haeckel gestanden hatten, durchforstete der Direktor des Haeckel-Hauses, Viktor Franz, die Archive, und man diskutierte, ob Ludwig Woltmann und Max Verworn jüdisch waren oder nicht[49]. Die damalige Nazifizierung Haeckels und seiner Lehre führte dazu, daß er auch in manchen Nachkriegsstudien als ideologischer Vater des Nationalsozialismus dargestellt wurde[50].

Astels Assistent Lothar Stengel-von Rutkowski versuchte, aus dem Haeckel-Archiv ein „Archiv zur Geschichte der Rassenidee" zu machen. Der Nachlaß Wilhelm Schallmayers, des Gewinners des Krupp-Preises von 1900, wurde dort aufbewahrt, und Stengel bemühte sich um die Papiere von Woltmann, Ploetz und Rüdin. Das grundsätzliche Anliegen war die Bestimmung der „Beziehung zwischen deutscher Rassenhygiene und deutschem Sozialismus". Denn Astel war sich durchaus darüber im klaren, daß die gegenwärtige Heterogenität innerhalb der Eugenik eine Hinterlassenschaft divergierender politischer Auffassungen und Ideen in der deutschen eugenischen Bewegung war, die genauestens überprüft werden mußten, bevor man daranging, Ärzte und Medizinstudenten auf Rassenbewußtsein einzuschwören[51].

Jena verkörperte die Integration der biologischen und medizinischen Forschung in das öffentliche Gesundheitswesen der NS-Zeit. Wie hier, waren an drei weiteren Orten die Rassenpolitischen Ämter der NSDAP den Universitätsinstituten für Rassenhygiene zugeordnet: in Danzig, Frankfurt und Tübingen[52]. Aber die Verknüpfung des öffentlichen Gesundheitswesens mit medizinischen und parteipolitischen Strukturen war in Thüringen besonders eng.

Der biologistische Gedanke wurde nicht nur nazifiziert, sondern durch die Verbindung, die Astel zur SS schmiedete, auch radikalisiert. Seine Berufung an die Universität verschaffte der SS die Möglichkeit, auf die Rassenideologie im akademischen Bereich einzuwirken, denn Astel pflegte zu akademisch ausgebildeten Rassenhygienikern ebenso gute Beziehungen wie zur SS. Bis 1934 hatte er 59 SS-Ärzte ausgebildet; er selbst hatte seinen Antrag auf Beitritt zur SS im Dezember 1933 gestellt[53]. 1939 stieg er zum Obersturmbannführer auf, drei Jahre später wurde er zum Standartenführer befördert. Während die Rassenhygieniker, namentlich Rüdin, und der preußische

---

[48] Die Gesellschaft veröffentlichte u.a.: Ernst Haeckel. Sein Leben, Denken und Wirken, 2 Bde., Jena/Leipzig 1943/44. Vgl. auch Bolle, Monistische Maurerei.

[49] Haeckel-Haus, Jena, NL Haeckel, Notizen Franz' vom Juli 1941 und vom 2.7.1942; Fritz Lenz, War Ludwig Woltmann ein Jude?, in: Archiv für Rassen- und Gesellschaftsbiologie 27 (1933), S. 112.

[50] Vgl. Daniel Gasman, The Scientific Origins of National Socialism, London/New York 1971, S. 170-173; diese Einschätzung steht im Gegensatz zu den Darstellungen von Wissenschaftshistorikern aus der DDR, denen Haeckel als Verfechter des Materialismus gilt. Zur Bewertung Haeckels als „progressiv" vgl. Krause, Ernst Haeckel, sowie Kelly, Descent of Darwin.

[51] NL Ploetz (in Privatbesitz), Schreiben Stengel-von Rutkowskis an Anita Ploetz vom 28.10.1940, 21.12.1940 und 7.1.1941.

[52] Vgl. Koch, Gesellschaft für Konstitutionsforschung.

[53] In diesem Zusammenhang ist die hohe nationalsozialistische Mobilisierung der thüringischen Ärzte zu beachten: 1938 gehörten 348 von 1787 Ärzten der SA an, 97 waren Mitglied der SS; vgl. Gerbeth/Leonhardt, Fünf Jahre, S. 9, sowie auch Heinz Domeinski, Zur Entnazifizierung der Ärzteschaft im Lande Thüringen, in: Thom/Spaar (Hrsg.), Medizin im Faschismus, S. 250-254.

Ministerialdirektor Gütt bei Himmler in Ungnade gefallen waren, konnte Astel seine einflußreiche Position halten. Angesichts der Möglichkeiten der SS war dies für die Verknüpfung von Forschung und radikalisierter öffentlicher Gesundheitsfürsorge von großer Bedeutung. So finanzierte die SS 1935 beispielsweise Astels Forschungen zur Gesundheitsfürsorge; das Kriminellen- und Unehelichen-Archiv firmierte sogar als „Gemeinschaftsarbeit". In den Konzentrationslagern sah Astel eine geeignete Möglichkeit zur sicheren Absonderung der Erbkranken[54].

Daß die gesundheitspolitischen Zwangsmaßnahmen und die Ideologie der Rassenbiologie in einem Zusammenhang mit dem späteren Holocaust zu sehen sind, zeigte 1941 die Berufung des Rechtsanwalts Falk Ruttke auf einen Lehrstuhl für Rasse und Recht; mit SS-Sturmbannführer Ruttke stand Expertenschaft für den Generalplan Ost und für Sauckels Aufgaben als Generalbevollmächtigter für den Arbeitseinsatz zur Verfügung[55].

Astels Assistent v. Rutkowski war SS-Hauptsturmführer und hatte von 1930 bis 1934 der rassenhygienischen Abteilung des Rasse- und Siedlungsamts der SS in München vorgestanden. Gemeinsam attackierten sie nicht-selektionistische und lamarckistische Tendenzen in der Rassenbiologie[56] und entdeckten Abweichlertum sogar im Rassenpolitischen Amt der NSDAP unter Walter Groß. Rutkowski führte Günthers Ideologie der nordischen Rasse mit den Mendelschen Konzepten Baurs und des Nicht-Nationalsozialisten Hans Nachtsheim zusammen[57]. Die darin liegende Betonung der Selektion paßte hervorragend zu den Vorstellungen der SS von der Überlegenheit der nordischen Rasse.

Wenn es darum ging, Universitätsberufungen von Parteiaktivisten mit Sympathien für die SS sicherzustellen, schaltete sich Astel ein; so erhielt der Historiker Johann von Leers 1938 eine Professur, 1940 sogar einen Lehrstuhl für die Geschichte des deutschen Bauerntums. Die Akademikertreffen im SS-Mannschaftshaus in Jena sollten dazu dienen, „ausgelesene SS-Studenten aller Fakultäten zu Männern heranzubilden, die in rassischem Denken und Handeln vorbildlich sind"[58]. Aus dem Bereich der Medizin beteiligten sich daran die Anthropologen Reimer Schulz und Gerhard Heberer (SS-Untersturmführer), die Gynäkologen Walter Haupt und Heinrich Jörg, der Pathologe und Dekan der Medizinischen Fakultät Werner Gerlach (SS-Hauptsturmführer), der Direktor des Tiermedizinischen Instituts Viktor Goerttler und der Anatom Rüdiger von Volkmann. Dem Ziel, die Rassenideologie auf breiter Front in alle möglichen akademischen Disziplinen einzuschleusen, dienten, neben jener Ruttkes, auch die Berufungen des Germanisten und Spezialisten für altnordische Sprachen Bernhard Kummer und des schon erwähnten Historikers von Leers[59]. Diese Mediziner waren

---

[54] Vgl. Karl Astel, Die Praxis der Rassenhygiene in Deutschland, in: Beiheft 4 zum Reichsgesundheitsblatt Nr. 52 (1938), S. 65–70.
[55] BDC, Personalakten Ruttke, Notiz vom Februar 1941.
[56] Vgl. Saller, Rassenlehre, S. 58.
[57] Vgl. Lothar Stengel-von Rutkowski, Grundzüge der Erbkunde und Rassenpflege, Berlin ³1939; Hans Nachtsheim, Vom Wildtier zum Haustier, Berlin 1936.
[58] BA, NS 19 neu, Nr. 168, Schreiben Astels an SS-Gruppenführer Wolff, Chef des persönlichen Stabes des Reichsführers SS, vom März 1938.
[59] BDC, Personalakten Astel, Schreiben Panckes an Astel vom 3.4.1940; vgl. auch Steinmetz, Geschichte, Bd. 2, S. 637–640; BA, NS 19 neu, Nr. 168, Schreiben Astels an Himmler vom 8.10.1935 und Schreiben Astels an Wolff vom März 1938.

entschlossene Mendelianer und überzeugt vom Prinzip der Selektion wie von der Überlegenheit der nordischen Rasse.

Heberers erbbiologischer Ansatz in der Anthropologie reichte von Chromosomenuntersuchungen bis zur Beweisführung, daß Thüringen die Wiege der indogermanischen Rasse sei[60]. Astel, Heberer und von Rutkowski argumentierten, daß lamarckistische Strömungen zu Holismus und Klerikalismus führten und absolut reaktionär seien[61]. Ungeachtet der Befürwortung durch Himmler war Astel über den psychischen Idealismus des österreichischen Philosophen Alois Höfler und über die Anthroposophie entsetzt[62].

Die Ideen und Vorstellungen der Jenaer Rassenhygieniker übten beachtlichen Einfluß aus. In vielerei Hinsicht bietet Jena ein herausragendes Beispiel für die Umsetzung von Rassenhygiene in das NS-Sozialsystem. Die hier gegebene Einschätzung der Rolle Astels unterscheidet sich von der bisherigen Bewertung seines Aufstiegs insofern, als dieser nicht nur aus dem politischen Konflikt zwischen den Gauleitern Sauckel und Streicher erklärt, sondern auch auf den wissenschaftlichen Streit zwischen selektionistisch orientierten Biologen auf der einen und Lamarckianern und völkischen Rassisten auf der anderen Seite zurückgeführt wird. Es wäre jedoch falsch anzunehmen, daß die universitären Zentren der Rassenhygiene – Jena und Gießen – in der Lage gewesen wären, ihre rigiden Orthodoxien innerhalb der gesamten medizinischen oder gar akademischen Wissenschaft durchzusetzen[63]. Rassenhygienische Theorien und ihre wissenschaftliche Begründung in der darwinschen Biologie mußten in einer der nationalsozialistischen Ideologie und Politik angemessenen Weise neubzw. umformuliert werden. Eine gewisse ideologische Bandbreite lag darüber hinaus in der Konsequenz des Neben- und Gegeneinanders verschiedener Strömungen im Partei- und Regierungsapparat. Alle diese Aspekte stehen im Gegensatz zu einer Betrachtung, die eine Kontinuität in der Rassenhygiene seit Beginn des 20. Jahrhunderts sieht, welche lediglich ein effektives Mittel zu ihrer Verbreitung gebraucht und im Nationalsozialismus gefunden habe.

Die Zusammenschau von administrativen Strukturen und rassischer Ideologie unterstreicht die große Bedeutung, die die Rassenbiologie für die Gestaltung der Politik besaß. Als Universitätsrektor und Abgeordneter im Thüringischen Staatsrat (seit 1940) verkörperte Astel eine bemerkenswerte Machtkonzentration im staatlichen Gesundheitswesen. Als Verbindungsfigur zwischen der akademischen Rassenhygiene und der SS lieferte er Anhaltspunkte für eine Neuinterpretation der deutschen Eugenik; sein Selbstmord 1945 wurde als deren Wendepunkt angesehen. Wie Hans Nachtsheim, der dann viel für die Rehabilitierung von prominenten Genetikern wie Lenz und Verschuer tat, von dem Botaniker Otto Renner erfuhr, soll Astel seine wissenschaftlichen

---

[60] BA, NS 19 neu, Nr. 168, Schreiben Astels an Wolff vom 16.3.1938; vgl. auch Saller, Rassenlehre, S. 57 f.; Weingart/Bayertz/Kroll, Rasse, Blut und Gene, S. 448 ff.
[61] Vgl. Karl Astel, Die Aufgabe. Rede zur Eröffnung des Winter-Semesters 1936/37, Jena 1937.
[62] BA, NS 19 neu, Nr. 838, Schreiben Gerlachs an Himmler vom 15.2.1938; BDC, Personalakten Astel, Schreiben Astels an Himmler vom 14.11.1941 sowie eine Notiz vom 21.8.1941. Zu Höfler vgl. Houston Stewart Chamberlain, Briefe 1882-1924, München 1928, Bd. 1, S. 51, S. 53 und S. 79. Zum Holismus vgl. Volk und Gesundheit, S. 40-44.
[63] Eine andere Ansicht vertreten Weingart/Bayertz/Kroll, Rasse, Blut und Gene, S. 445-455.

Irrtümer zuletzt begriffen und eingestanden haben⁶⁴. Es kann offenbleiben, ob diese Geschichte der Wahrheit entspricht; sie zeigt, wie wichtig es den Humangenetikern war, ihre Arbeit vom Nationalsozialismus zu dissoziieren. Die enge Verknüpfung von rassenhygienischer Forschung und Gesundheitspolitik, für die Astels Name steht, war dafür allerdings denkbar ungeeignet.

Gerade im Vergleich mit den eugenischen Bewegungen in den USA und in Großbritannien sollte die deutsche – und besonders die nationalsozialistische – Variante der Rassenhygiene als ideologisch distinkt verstanden und die Betonung nicht nur auf Rationalisierung und Effizienz gelegt werden, wie dies neuere historische Arbeiten tun. Denn konkurrierende eugenische Strategien waren sowohl mit innerprofessionellen wie mit parteiinternen Konflikten verbunden. Astel steht für eine besonders erfolgreiche Integration von Wissenschaft und Politik. Zumal wenn man Astels stetig wachsenden Einfluß dem Scheitern anderer Vermittlungsfiguren wie Gütt und Rüdin entgegenhält, ist seine Karriere ein eindrucksvolles Beispiel dafür, wieviel ein professionell ausgebildeter Fachmann der NS-Führung zu bieten hatte.

Die Geschichte des öffentlichen Gesundheitswesens im Nationalsozialismus könnte Einsichten in den tatsächlichen Gesundheitszustand und die Lebensbedingungen der Bevölkerung vermitteln. Diese fundamentalen Fragestellungen sind bisher jedoch noch kaum erforscht. Eine notwendige Vorarbeit dafür ist die kritische Untersuchung der Entwicklung auf regionaler und lokaler Ebene sowie des ideologischen Spektrums, denn demographische und medizinische Angaben waren offen für viele ideologische Ansätze. Demographiehistoriker und Sozialgeschichtler sollten deshalb auch vorsichtig sein bei der Benutzung von Sippenbüchern sowie der damals erhobenen quantitativen und qualitativen Daten⁶⁵. Nicht nur konnte der Ehrgeiz von Gesundheitsfunktionären wie Astel die Ergebnisse verfälschen, es lag auch nicht immer im Interesse der Bevölkerung, dem Diktat der Mediziner (z.B. im Hinblick auf die Meldung von Erbkrankheiten) zu folgen.

Schließlich ist es notwendig, die historiographische Konzentration auf Maßnahmen zu überwinden, die zu den bekannten Massentötungen führten, so schrecklich diese auch waren. Denn diese eingeschränkte Perspektive vernachlässigt das Ausmaß der Maßnahmen des Regimes, die sich gegen die Lebenden richteten.

Astel wurde bisher auch von jenen Historikern übersehen, die sich mit den statistischen und genetischen Erfassungsmaßnahmen der Nationalsozialisten beschäftigten und die deren Verbindung von Modernität und Brutalität als Ausdruck der Krise des Kapitalismus interpretieren. Hier liegt die Bedeutung Astels: An ihm läßt sich andererseits der Aufbau einer Modellverwaltung zeigen, deren Maßnahmen rasch auf das gesamte Reich ausgedehnt wurden, andererseits aber auch die Bedeutung der spezifischen kulturellen, politischen und sozialen Gegebenheiten Thüringens. Astel liefert

---

⁶⁴ Archiv der Max-Planck-Gesellschaft, NL Nachtsheim, Schreiben Nachtsheims an Renner vom 21.3.1946, 22.4.1948 und 10.5.1948 sowie die Schreiben Renners an Nachtsheim vom 5.4.1946 und 28.4.1948; im letztgenannten heißt es: „Astel hat früher als andere Nazigrößen den Ausgang des Kriegs vorausgesehen und unter seiner Mitverantwortung sehr gelitten. Er hatte im letzten Jahr schwere Depressionen, in einer solchen flüchtete er kurz vor dem Einmarsch der Amerikaner in die Klinik unserer Internisten, sprach davon, er wolle zur Sühne Sauckel oder gar Hitler umbringen, und erschoß sich dann selber."

⁶⁵ Zu den Ortssippenbüchern als demographischen Belegen vgl. z.B. John E. Knodel, Demographic Behaviour in the Past, Cambridge 1988, S.12–15.

das Musterbeispiel für die Transformation der deutschen Eugenik nach 1933: Obwohl die Eugeniker vor 1933 einen eigenen professionellen Status besaßen und Vorstellungen hatten, die sich klar von populistischem Antisemitismus und völkischem Rassismus unterschieden, veranschaulicht das Beispiel Thüringen, wie sehr das nationalsozialistische Gesundheitswesen in den Dienst einer biologistischen Ideologie der Einheit von Mensch und Natur gestellt wurde.

Fridolf Kudlien

Fürsorge und Rigorismus.
Überlegungen zur ärztlichen Normaltätigkeit im Dritten Reich

> Statt Analysen der geschichtlichen Wirklichkeit vorzunehmen, errichteten wir Begriffskartenhäuser. Nicht über den nazistischen Alltag redeten wir ...
>
> Jean Améry

Das Thema des Alltags in der deutschen Medizin zwischen 1933 und 1945 ist bislang noch kaum untersucht. Über die alltägliche fachliche Tätigkeit damaliger Ärzte und ihr Verhalten „unterhalb der Schwelle des Mitwirkens an klar antihippokratischen, verbrecherischen Maßnahmen einerseits und des politischen Widerstands andererseits"[1] ist im Grunde wenig bekannt[2]. So bemerkte R. Jäckle unlängst einigermaßen zutreffend, es sei „die Frage, was die Tatsache, daß nahezu jeder fünfte Arzt aus Praxis, Klinik, Gesundheitsdienst oder Universität gedrängt worden und durch mehr oder weniger stramme Mitläufer ersetzt worden ist, für die ‚Alltagsmedizin' im Dritten Reich bedeutet haben mag. Diese Frage, erweitert durch die Überlegung, inwieweit eine humane Medizin in einer menschenverachtenden Gesellschaft überhaupt möglich ist, diese Frage ist bis heute allenfalls ansatzweise beantwortbar."[3]

Nun sollte der Historiker, insbesondere mit Blick auf das Dritte Reich, nicht unreflektiert von „Alltag" sprechen[4]. „Alltagsmedizin" muß also präziser definiert werden: Es geht um die Frage, wie Ärzte in Praxen, Krankenhäusern, bei Krank- und Gesundschreibungen oder bei Tauglichkeitsuntersuchungen diejenigen Deutschen behandelten, die nicht durch unter das Erbgesundheitsgesetz fallende Krankheiten oder Defekte oder durch „rassische" Eigenheiten von vornherein victimisiert, als zu Verfolgende und zu Vernichtende abgestempelt waren. Wie wurde, im Vergleich zu diesen letzteren, die nach NS-Maßstäben akzeptable Mehrheit der „Volksgenossen" ärztlich behandelt? In üblicher, „normaler" Weise – oder anders als bis dahin?

---

[1] So Norbert Frei in der Einführung zu: Medizin im Nationalsozialismus, S. 16; mein Referat dazu ebenda, S. 45–50.
[2] Ansätze finden sich bei Richard Grunberger, A Social History of the Third Reich, London 1974, und stärker noch bei Kater, Gesundheitsführung; für einen Spezialbereich vgl. Blasius, Psychiatrischer Alltag.
[3] Jäckle, Pflicht zur Gesundheit, S. 60.
[4] Vgl. dazu die kritischen Bemerkungen im Referat von Klaus Tenfelde, in: Alltagsgeschichte der NS-Zeit. Neue Perspektive oder Trivialisierung?, München 1984, S. 33–38, hier S. 36.

Der Historiker ist bei dieser Frage sowohl mit einem Forschungs- wie mit einem Interpretationsproblem konfrontiert. Das Forschungsproblem besteht nicht zuletzt im Quellen-Dilemma[5]. Schriftliche Zeugnisse von Ärzten sind höchst selten, denn kaum ein niedergelassener Arzt fand Zeit für regelmäßige (Tagebuch-)Aufzeichnungen, und in Briefen kam naturgemäß weniger das Alltägliche der ärztlichen Praxis zur Sprache als das Außergewöhnliche[6]. „Oral history" bietet sich an, erfordert aber, neben kritischer Vorsicht, nicht nur aussagewillige, sondern auch aussagefähige Zeitzeugen, zu denen neben Ärzten auch Krankenschwestern und nicht zuletzt Patienten zu zählen sind. Autobiographische Texte von Zeitgenossen haben bekanntlich sehr unterschiedlichen Zeugniswert, leiden oft darunter, daß sie erst lange nach den Ereignissen niedergeschrieben wurden, dürfen aber gleichwohl nicht pauschal abqualifiziert und beiseite gelassen werden. Faszinierender mögen auf den ersten Blick Berichte ausländischer Zeitgenossen über das Gesundheitswesen und den Gesundheitszustand der Deutschen im Dritten Reich erscheinen. Aber auch diese Berichte greifen vielfach nur einzelne Phänomene heraus und neigen zu deren Überbewertung. Weit wichtiger als solche Einzelquellen sind die kontinuierlichen Lageberichte der Sopade für die Jahre 1934 bis 1940 und die ab 1938 von Spezialisten der SS erstellten SD-Berichte[7]. Hinzu kommen die periodischen Berichte regulärer Verwaltungsstellen (Gendarmerie-Stationen, Bezirksämter, Regierungspräsidenten), die in regional unterschiedlicher Dichte für die gesamte NS-Zeit vorhanden sind. Von sehr verschiedenen Standpunkten aus verfaßt und redigiert, vermitteln diese Berichtsgruppen insgesamt doch ein höchst detailreiches, unmittelbares Bild der allgemeinen Verhältnisse.

Das Interpretationsproblem ist folgendes: Falls der zu erhebende Befund positiv ist, falls sich also herausstellen sollte, daß die ärztliche Regelversorgung im Dritten Reich *nicht* NS-spezifisch verändert, sondern „normal" im Sinne üblichen ärztlichen Handelns war, erhebt sich die Frage nach der Bewertung dieses Befundes im Kontext des NS-Regimes. Wäre ein solcher Befund als Beleg einer mangelnden Durchsetzungsfähigkeit des Regimes zu werten oder als ein Zeichen ärztlichen Widerstandes?

Im folgenden schildern wir zunächst jene NS-spezifischen Vorstellungen und Forderungen, die fanatisch-rigorose NS-Ärzte für die ärztliche Normaltätigkeit entwickelt hatten. Vor diesem Hintergrund prüfen wir die Wirklichkeit der Regelversorgung der „Volksgenossen". Am Ende interpretieren wir den Befund.

I.

Die rigoroseste Konzeption von Alltagsmedizin im Dritten Reich vertrat die „Neue Deutsche Heilkunde" bzw. die „biologische Medizin". Ihr Hauptsprecher war der Internist Karl Kötschau, der Leiter der 1935 gegründeten „Reichsarbeitsgemeinschaft

---

[5] Deshalb bin ich dem Thema seinerzeit auch ausgewichen; vgl. meine Einleitung zu: Kudlien, Ärzte im Nationalsozialismus, S. 15.
[6] Vgl. Hans-Rudolf Wiedemann (Hrsg.), Briefe im Hitlerreich. Politische Aussagen zwischen Vater und Sohn, Lübeck 1988.
[7] Vgl. Deutschland-Berichte der Sozialdemokratischen Partei Deutschlands (Sopade) 1934–1940, Salzhausen/Frankfurt 1980; Meldungen aus dem Reich 1939–1945. Die geheimen Lageberichte des Sicherheitsdienstes der SS, hrsg. u. eingel. v. Heinz Boberach, Herrsching 1984.

für eine Neue Deutsche Heilkunde" und seit 1934 in Jena Inhaber eines umgewidmeten Lehrstuhls für Biologische Medizin[8]. Über einige realisierte Modellkrankenhäuser hinaus, darunter das Rudolf-Heß-Krankenhaus in Dresden und das Gerhard-Wagner-Krankenhaus in Hamburg[9], waren spezielle Behandlungs- bzw. „Umerziehungs"-Stätten geplant, die bezeichnenderweise nicht mehr Krankenhäuser, sondern „Häuser der Gesundheit" heißen sollten[10]. Als therapeutisches Konzept verkündeten Kötschau und dessen Förderer Reichsärzteführer Wagner zwar die Anwendung und Beherrschung „alle[r] Methoden und Möglichkeiten, die erfolgreich sind"[11], aber das Leitbild dieser „biologischen" Medizin war ganz offensichtlich die Naturheilkunde. Vor allem ging es um eine radikale Neubestimmung des Wertes von Krankheit, Gesundheit und Therapie. Die entsprechenden Kerngedanken formulierte Kötschau in seinem parteiamtlich sanktionierten und vom Reichsärzteführer ausdrücklich empfohlenen Buch: „Im Mittelpunkt der nationalsozialistischen Auffassung steht die Pflicht, gesund zu sein. Der Staat kann auf keinen einzigen Mitarbeiter verzichten. Also muß jeder Staatsbürger gesund sein, um seinen Pflichten gegen den Staat nachkommen zu können. Krankheit ist demnach Pflichtversäumnis [...]. Es ist ein Verbrechen gegen den Staat, krank sein zu wollen, um in den Genuß irgendwelcher Fürsorge zu gelangen. Daher wird das Kranksein nicht belohnt und das Krankseinwollen bestraft." Kötschau folgerte daraus, die „erste und oberste Aufgabe des Arztes [bestehe] nicht in der Fürsorge, sondern in der Vorsorge". Die traditionelle, kurativ eingestellte Medizin gelte ihrem Wesen nach nur „dem Schutz und der Schonung des Schwächlichen, Gebrechlichen". Ziel war eine neue „Rangordnung der Arztpflichten", derzufolge nicht mehr das Kurative, sondern das Vorbeugen Hauptaufgabe des praktizierenden Arztes sein sollte[12].

In seiner Schrift „Kämpferische Vorsorge statt karitative Fürsorge" stellte Kötschau einige Jahre später unmißverständlich fest: „Der Schwächling ist nicht dazu da, geschont zu werden. [...] Ich denke an den Krebskranken, den Tuberkulösen, den Rheumakranken und andere chronische Leiden. [...] Der Invalidisierte oder zu Invalidisierende ist [...] auf Leistungsfähigkeit und Gesundheit zu trainieren, auch wenn dadurch der ungünstige Ausgang seiner Krankheit beschleunigt werden sollte. Mit anderen Worten: [...] entweder Leistungsfähigkeit oder natürliche Ausmerze."[13] Damit war auch für den Bereich der ärztlichen Regelversorgung eine im Sinne R. Jäckles perfekt „menschenverachtende", inhumane Medizin projektiert. Ihr Ziel war nicht nur der „von Krankheit freie", sondern der „im Vollbesitz einer auf Grund seines Erb- und Rassegutes überhaupt erreichbaren Gesundheits- und Leistungsfähigkeit" befindliche

---

[8] Vgl. dazu Alfred Haug, Der Lehrstuhl für biologische Medizin in Jena, in: Kudlien, Ärzte im Nationalsozialismus, S. 130–138, und Alfred Haug, Das Rudolf-Heß-Krankenhaus in Dresden, in: ebenda, S. 138–145.

[9] Vgl. dazu die sehr instruktive zeitgenössische Quellensammlung von Hermann Berger, Kleiner Kulturspiegel des heutigen Ärzttums nach Zeitschriftenstimmen des letzten Jahrzehnts, Bd. 1, Jena 1940, S. 30.

[10] Vgl. Alfred Haug, Pläne für ein Gesundheitshaus der deutschen Ärzteschaft, in: Kudlien, Ärzte im Nationalsozialismus, S. 145–152.

[11] Karl Kötschau, Zum nationalsozialistischen Umbruch in der Medizin, Stuttgart 1936, S. 8; die folgenden Zitate S. 29 f., S. 92 f.

[12] So z. B. auch SA-Sanitätsbrigadeführer Dr. Streck 1935, zit. nach Berger, Kulturspiegel, S. 97 f.

[13] Zit. nach Jäckle, Pflicht zur Gesundheit, S. 62.

Mensch¹⁴. Dieses Ziel in „kämpferischer" Weise durchsetzen sollte ein neuer Typ von Arzt, der in erster Linie Nationalsozialist, sodann „politischer Soldat" des Führers, und erst in dritter Linie Arzt im rein beruflichen Sinne zu sein hatte¹⁵. Der einzelne als Objekt der traditionellen, kurativen, „individualistischen" Medizin hatte in den Hintergrund zu treten; vor allem sollte es um die Gesundung und die Gesundheit des „Volkskörpers" gehen.

An diesen Vorstellungen war nichts eigentlich neu: Schon Platon hatte im III. Buch des „Staates" prinzipiell Gleiches gefordert, und in den Kriegen 1870/71 und 1914-1918 war die Interpretation von Krankheit als Pflichtvergessenheit gegenüber dem Volksganzen unter deutschen Ärzten ziemlich verbreitet. Diese unrühmliche Tradition sagte freilich noch nichts über die allgemeine Akzeptanz solcher Vorstellungen, zumal bei Volksgenossen und Ärzten, die keine fanatischen Nationalsozialisten waren. Es spricht wenig für die Annahme, daß die Notwendigkeit einer „harten", inhumanen, kraß solzialdarwinistischen Alltagsmedizin auch in Friedenszeiten bei der Bevölkerung Anerkennung fand. Viele Deutsche, darunter auch viele Ärzte, waren für Gedanken wie die drastische Kürzung der Unterstützung für „Asoziale" und „unnütze Esser" empfänglich. Aber eine nicht nur die Victimisierten, sondern auch sie selbst treffende rigoros sozialdarwinistische Medizin, wie sie die Vertreter der „Neuen Deutschen Heilkunde" predigten – das entsprach durchaus nicht den Hoffnungen und Erwartungen. Eine solche totale Abkehr vom bisherigen ärztlichen Selbstverständnis war auch nicht zu erzwingen, ohne daß das traditionelle Bild vom Arzt als Helfer und Heiler und damit das Vertrauensverhältnis zwischen Patient und Arzt ruiniert werden würde – von dem die Nationalsozialisten andererseits behaupteten, es sei durch die Entwicklung der Medizin und des Arzttums im „liberalistischen" Zeitalter gefährdet oder gar zerstört gewesen und müsse nun wieder aufgebaut werden¹⁶.

II.

Tatsächlich war das Ansehen der praktischen Ärzte im allgemeinen hoch, das Vertrauensverhältnis zwischen Arzt und Patient intakt und von politischen oder „rassischen" Kriterien relativ unabhängig. Die folgenden Beispiele illustrieren dies. Ende Juni 1934 erwähnte die Gendarmerie-Station Muggendorf im Bezirk Ebermannstadt (Fränkische Schweiz) in ihrem Halbmonatsbericht als einen „Zwischenfall auf politischem Gebiet", der praktische Arzt Dr. Reichard habe abends im Gasthaus „beleidigende Äußerungen" gegen den „Frankenführer" Julius Streicher und „gegen den Nationalsozialismus als Partei" gemacht. „Irgendwelche Beunruhigung" sei dadurch aber nicht entstanden, denn Dr. Reichard sei in der Bevölkerung „als Mensch wie als Arzt allgemein beliebt". Eine Woche später berichtete das Bezirksamt: „Die Angelegenheit wurde durch Vermittlung des Herrn Brigadeführers Hager [SA-Sonderkommissar] durch Obergruppenführer Obernitz beigelegt."¹⁷ Von Dr. Reichard war eine NS-spezifische Tätigkeit im Sinne der „Neuen Deutschen Heilkunde" gewiß nicht zu erwarten; seine

---
¹⁴ So der stellvertretende Reichsärzteführer Bartels in: DÄB 65 (1935), S. 1236.
¹⁵ Zum Arzt als „politischer Soldat" vgl. Fischer, Der nationalsozialistische Arzt, S. 15 ff.
¹⁶ So selbst Kötschau, Umbruch in der Medizin, S. 13, sowie der Präsident des Reichsgesundheitsamtes, Prof. Hans Reiter, zit. bei Berger, Kulturspiegel, S. 99.
¹⁷ Zit. nach Martin Broszat u. a. (Hrsg.), Bayern in der NS-Zeit, Bd. 1, München/Wien 1977, S. 70 und Anm. 103.

Beliebtheit und sein Ansehen ließen es den NS-Repräsentanten geraten erscheinen, die Affäre beizulegen.

Indifferenz, ja Abneigung gegenüber als NS-Aktivisten bekannten Ärzten beklagte im Spätherbst 1934 ein Erfurter Mediziner und NS-Funktionär: Der überwiegende Teil der Einwohner suche mit Vorliebe nicht die als Nationalsozialisten bekannten und aktiven Ärzte auf, sondern ihre „unpolitischen", traditionell eingestellten Kollegen, darunter nach wie vor Juden; dies gelte sogar für Parteigenossen: „Ich kenne arische Ärzte in Erfurt, die direkt Not leiden [...]. Meistens sind das solche Ärzte, die fest für ihre nationalsozialistische Gesinnung eingetreten sind."[18]

Von jüdischen Ärzten war natürlich am allerwenigsten ein Verhalten im Sinne der „Neuen Deutschen Heilkunde" zu erwarten oder aus Parteisicht zu befürchten. Anhänglichkeit „deutschblütiger" Patienten gegenüber jüdischen Ärzten ist mehrfach bezeugt. So reagierte beispielsweise 1935 die Konstanzer Bevölkerung mit deutlichem Mißtrauen, als der angesehene jüdische Arzt Dr. Hagelberg unter dem Vorwurf der „Rassenschändung" und Abtreibung in das Schutzhaftlager Kislau gebracht wurde. Ein Geschäftsmann kommentierte die Berichterstattung in der Zeitung gegenüber einem Sopade-Kontaktmann mit den Worten: „Wäre das, was man hier schreibt richtig, hätte man H. nicht nach Kislau, sondern ins Zuchthaus gebracht." In Crimmitschau meldete die örtliche Tageszeitung, daß ein „deutsches Mädchen" mit dem dortigen jüdischen Arzt, einem „rassefremden Schmarotzer", intim verbunden war – und beklagte, daß nach wie vor viele „arische" Patienten zu diesem Arzt gingen[19]. Anfang 1936 berichtete der Regierungspräsident von Oberbayern über den Fall eines jüdischen Arztes in Wolnzach, der dort jahrzehntelang, zuletzt als Leiter des Krankenhauses, tätig gewesen war und „großes Ansehen bei der Bevölkerung" genoß. Aus der Sicht seines „arischen" Nachfolgers stellte die weitere Anwesenheit des jüdischen Kollegen „ein wesentliches Hindernis für die Durchsetzung des Nationalsozialismus in Wolnzach und Umgebung" dar[20]. Mit anderen Worten: Zumindest Teile der dortigen Bevölkerung blieben diesem Arzt einstweilen treu.

Ein sowohl das Vorgehen der NS-Behörden wie das Verhalten der Patienten gegenüber jüdischen Ärzten beleuchtendes Beispiel von Ende 1935 referieren die Deutschland-Berichte der Sopade: Ein Arzt aus der Hamburger Gegend, „früher Chefarzt eines Krankenhauses, Jude, Kriegsteilnehmer, hat uns Einblick in zwei Dutzend Briefe von arischen Patienten gewährt, die ihm nach dem Erlaß der Judengesetze mitteilen, daß sie bedauern, ihn nicht mehr konsultieren zu können und ihm für seine bisherige Hilfe danken. Die Briefe sind teils so klagend gehalten, daß der Arzt die Patienten getröstet hat. Ein SA-Mann wurde aus der SA ausgeschlossen, weil er den ihm persönlich bekannten Arzt weiter besucht hat. Er ist pensionierter Beamter und erhielt jetzt die Streichung seiner Pension angekündigt, falls er auf den privaten Verkehr mit dem jüdischen Arzt nicht verzichte. Ein Polizeibeamter, dessen schwerkrankes Kind in der Behandlung jenes Arztes ist, wurde mit der Entlassung bedroht, falls er die Behandlung nicht einem arischen Arzt überläßt. Der Beamte, der großes Vertrauen zu dem jüdischen Arzt hat, erklärt, daß ihm an der Gesundheit seines Kindes mehr läge als an seiner Stellung. Die Behörde hat ihm darauf erklärt, er könne die Behandlung doch

---
[18] Vgl. Goldschmidt, Arbeit, S. 70 ff.
[19] Deutschland-Berichte 1935, S. 923 bzw. S. 809 f.
[20] Zit. nach Broszat u. a. (Hrsg.), Bayern in der NS-Zeit, Bd. 1, S. 459.

nicht bezahlen und die Beamtenkasse würde einem Juden kein Geld überweisen. Wenn der Arzt das Kind kostenlos behandele, würde sich die Behörde damit abfinden. Der Arzt behandelt jetzt das Kind des Beamten kostenlos."[21]

Im Patient–Arzt-Verhältnis war Vertrauen eine ganz zentrale Kategorie. Dies entging auch der NS-Führung nicht, die in dieser Hinsicht drohende Gefahren relativ schnell erkannte. Mitte 1936 betonte Reichsärzteführer Dr. Wagner auf einer Gautagung des NS-Ärztebundes, Hauptaufgabe des Arztes bleibe „selbstverständlich" das Behandeln und Heilen (im traditionellen Sinne), und das Vertrauen der Patienten lasse sich nicht auf amtlichem Wege erzwingen, sondern sei nur im Rahmen der (wiederum traditionellen) Freiheit des Arztberufs garantiert. Offenkundig sollte die unter Ärzten wie Patienten entstandene Unruhe beschwichtigt werden; der Wagners Rede kommentierende Oberstabsarzt a. D. Berger betonte denn auch, damit seien „die Bedenken ausgeräumt"[22]. Ganz offensichtlich setzte sich „in einsichtigen nationalsozialistischen Kreisen" inzwischen die Erkenntnis durch, daß eine „Dogmatisierung von Lehrmeinungen, die dann zugleich als verpflichtendes politisches Bekenntnis angesehen werden", in einem wissenschaftlichen Fach wie der Medizin letztlich kontraproduktiv wirkte[23].

Seit 1937 begann die „Neue Deutsche Heilkunde" dann auch deutlich in Ungnade zu fallen: 1938 wurde Kötschaus Jenaer Lehrstuhl ersatzlos abgeschafft[24]; 1939 bekannte Prof. H. Kunstmann, der Leiter des Hamburger Gerhard-Wagner-Krankenhauses, im Ärzteblatt für Norddeutschland, daß „wir von Kranken und Ärzten die merkwürdigsten und wildesten Vorstellungen über die Arbeitsweise unseres Hauses hören mußten"[25]; „Anfeindung, Verleumdung und Nichtverstehenwollen" konstatierte schon 1937 auch der Chefarzt des Rudolf-Heß-Krankenhauses in Dresden[26].

Hinzu kam in dieser Zeit die Abwendung bemerkenswert vieler deutscher Ärzte von der Politik, ein fast demonstrativer Rückzug in die „unpolitische", traditionelle, kurative Medizin. M. Kater hat beobachtet, daß „die Popularität der NSDAP unter Ärzten nach 1937 sank" und ihre Präsenz in der Partei eine abnehmende Tendenz aufwies[27]. In einem SD-Bericht für 1938 heißt es, daß „die Aktivität der Ärzteschaft im Hinblick auf die Mitarbeit in der Partei und ihren Gliederungen immer mehr nachläßt"[28]. Im Kriege setzte sich diese Tendenz eher noch verstärkt fort. 1942 stellte der Sprecher des Reichsgesundheitsführers fest, daß ein beträchtlicher Teil der deutschen Ärzte der nationalsozialistischen „Gesundheitsführung" und ihren spezifischen Geboten und Erfordernissen „heute noch teilnahmslos gegenüber" stehe[29]. Statt dessen wandte sich ein nicht unbeträchtlicher Teil der Ärzte einem ganz anderen weltanschaulichen Bereich zu: 1938 beobachteten die SD-Spezialisten eine „stärkere Verbindung zwischen der ärztlichen Wissenschaft und der Kirche"; so habe etwa auch die

---

[21] Deutschland-Berichte 1936, S. 35.
[22] Vgl. Berger, Kulturspiegel, S. 102 f.
[23] SD-Berichte Bd. 2, S. 81.
[24] Vgl. Haug, Lehrstuhl für biologische Medizin, in: Kudlien, Ärzte im Nationalsozialismus, S. 136 f.
[25] Vgl. Berger, Kulturspiegel, S. 30.
[26] Haug, Rudolf-Heß-Krankenhaus, in: Kudlien, Ärzte im Nationalsozialismus, S. 144.
[27] Kater, Gesundheitsführung, S. 372 mit Anm. 89.
[28] SD-Berichte Bd. 2, S. 111.
[29] DÄB 72 (1942), S. 353, zit. nach Kater, Gesundheitsführung, S. 374.

Vereinigung „Arzt und Seelsorger" ihre Aktivität durch Vortragswochen in größeren deutschen Städten verstärkt[30]. Seelsorger waren aber fraglos „Fürsorger" der „Schwachen" in dem von Kötschau und Gesinnungsgenossen vehement abgelehnten Sinne; Ärzte, die sich den Seelsorgern verwandt fühlten, vertraten wohl auch den Primat der kurativen, schonenden, fürsorglich behandelnden und heilenden Medizin.

Mit dem Niedergang der „Neuen Deutschen Heilkunde" hatte – zumindest im Hinblick auf die Tätigkeit niedergelassener Ärzte in Praxen und bei Hausbesuchen – die traditionelle Auffassung des Arzttums Oberhand behalten. Den niedergelassenen jüdischen Ärzten half das zwar nichts, aber für den Großteil der übrigen Ärzte, und vielfach selbst für jene, die dem Nationalsozialismus im allgemeinen zustimmten oder sogar Parteigenossen waren, dürfte festzustellen sein, daß sie „normal" im Sinne ärztlicher Tradition, nicht NS-spezifisch im Sinne Kötschaus praktizierten.

Diese Entwicklung zeigte sich auch in spezielleren Bereichen damaliger ärztlicher Tätigkeit, beispielsweise in der Reaktion auf die geforderte NS-typische „Leibeserziehung", die nicht mehr auf die ältere Idee des „reinen Leistungssports" aufbaute, sondern auf „Kampf-", „Wehr-" und „Mannschaftssport" als angeblich besonders geeigneten Möglichkeiten zur „Formung des neuen deutschen Menschentyps"[31]. Nach wie vor spielte die sportliche Leistung dabei eine große Rolle, aber in dem neuen Kontext einer klaren Politisierung als „politische Leibesübungen" im wahrsten Sinne des Wortes[32]. Um dieser neuen Tendenz bereits auf den Schulen Nachdruck zu verleihen, wurde ab 1939 der Ausbau des Sportunterrichts von zwei auf fünf Wochenstunden betrieben, womit „ein Teil der Forderung, die körperliche Erziehung der Jugendlichen an die 1. Stelle zu setzen", erfüllt sein sollte[33]. Daneben gab es reichlich Leibeserziehung bei der HJ und dem BDM. Für Studenten wurde der Eintritt in das vierte Studiensemester von der Ableistung einer sportlichen „Grundausbildung" abhängig gemacht. Für die Berufstätigen gab es „Betriebssport", der angeblich freiwillig war, im Falle der Verweigerung aber „mit den bekannten Druckmitteln" durchzusetzen versucht wurde[34]; die Beamtenschaft wurde bereits seit 1934 zum Eintritt in nationalsozialistisch kontrollierte Sportvereine aufgefordert[35].

Während Kötschau diese „Vermehrung des Sports" bemerkenswerterweise als nutzlose „Teillösung" ablehnte[36], gab es auch ernsthafte ärztliche Bedenken gegen übertriebene Leibeserziehung. 1938 warnte die Zeitschrift Der öffentliche Gesundheitsdienst nachdrücklich vor drohenden gesundheitlichen Schäden durch sportliche Überanstrengung, der sich Ältere aus Ehrgeiz und/oder aus Furcht, sich vor Jüngeren eine Blöße zu geben, nicht selten unterzögen[37]. Auch in den Sopade-Berichten finden sich Belege dafür, daß Ärzte die Gefahr der Gesundheitsschädigung Jugendlicher durch anstrengende Geländeübungen und Gepäckmärsche kritisierten[38].

---

[30] SD-Berichte Bd. 2, S. 50.
[31] SD-Berichte Bd. 2, S. 148 f.
[32] Aus der Fülle einschlägiger NS-Veröffentlichungen vgl. etwa Heinz Wetzel, Politische Leibeserziehung. Beiträge zur Formung ihres Bildes, Berlin 1936.
[33] SD-Berichte Bd. 2, S. 150.
[34] Deutschland-Berichte 1938, S. 1084 ff., sowie Deutschland-Berichte 1937, S. 1685–1688.
[35] Vgl. Deutschland-Berichte 1934, S. 346.
[36] Kötschau, Umbruch in der Medizin, S. 79.
[37] Vgl. Grunberger, Social History, S. 285.
[38] Vgl. Kater, Gesundheitsführung, S. 360 f.

Kann im Hinblick auf die ärztliche Betreuung der Berufstätigen[39] wohl gesagt werden, daß die Bereitschaft der praktischen Ärzte, arbeitsbefreiende Atteste auszustellen, auch noch im Krieg bemerkenswert groß gewesen ist, so stellten die Berufskrankheiten und ihre Therapie im Dritten Reich ein eigenes Problem dar. Für eine auf volle Arbeitsfähigkeit um jeden Preis ausgerichtete Ideologie mußte der Berufskranke als chronisch Leidender ein Ärgernis sein. Als die Krankenkassen 1937 restriktivere Richtsätze für die Verschreibung von Medikamenten festlegten, traf dies zwar alle, aber ganz besonders die chronisch Kranken. Ärztliche Proteste dagegen kamen sogar von unerwarteter Seite: So machte beispielsweise ein Kreisvorsitzender der NS-Ärzteschaft in Sachsen gegenüber Reichsleiter Wagner geltend, daß „es unmöglich sei, die in seinem Bereich sehr verbreiteten Berufskrankheiten mit den bewilligten Mitteln wirksam zu bekämpfen"; er könne als Arzt „die Verantwortung für eine derart ungenügende Krankenbehandlung mit seiner Berufsehre nicht vereinbaren". Die erstaunlich „traditionelle" Reaktion dieses NS-Arztes und „Alten Kämpfers" endete freilich mit dessen Rücktritt vom Posten des NSDAP-Kreisvorsitzenden[40].

Neben arbeitsbefreienden stellten Ärzte auch Atteste aus, die Anspruch auf erhöhte Zuteilung bestimmter Lebensmittel (vor allem Butter, Milch, Zucker, gegebenenfalls auch Fleisch) begründeten. Mit Beginn der Lebensmittelrationierung 1939 nahm diese Praxis derart überhand, daß „nach Ansicht von Sachverständigen die beantragten Zusatzmengen erheblich über dem tatsächlich Notwendigen liegen"; die Ärzte, so wußte der SD, seien „bei der Ausstellung der Atteste großzügig" und träten „gewissenlosen Antragstellern gegenüber nicht mit der nötigen Härte auf"[41]. Aus dem Blickwinkel der rigorosen nationalsozialistischen „Gesundheitsführung" lag die „tatsächlich notwendige" Nahrungsmenge mithin weit unter dem, was traditionell eingestellte, verantwortungsbewußte Ärzte für notwendig hielten. Zu der Pauschalformel „Gewissenlosigkeit der Antragsteller" ist zu bemerken, daß es sicherlich „Volksgenossen" gab, die sich durch Jammern und Simulieren zusätzliche Rationen zu verschaffen suchten. Aber daneben gab es eben traditionelle ärztliche Kriterien, nach denen eine bestimmte (individuell variierende) Menge und Qualität an täglicher Nahrung als für die Aufrechterhaltung der Gesundheit und Arbeitskraft unabdingbar zu gelten hatte – insbesondere gegenüber Jugendlichen und „Schwächlicheren". Bei Ärzten, die hier nicht „Härte" übten, sondern sich an solche Kriterien hielten, dürfte weniger Mitleid im Spiel gewesen sein als vielmehr ein intaktes Berufsethos.

Daß gewisse, für das NS-Regime typische Lebens- und Arbeitsbedingungen verantwortungsbewußten Ärzten zum untersuchenswerten medizinischen Problem werden konnten, zeigt folgender Fall: 1941 veröffentlichte die Deutsche Medizinische Wochenschrift Beobachtungen und Erwägungen von Dr. H. Rotho über die Häufung von Magengeschwür-Erkrankungen[42]. Bei rund 7500 Untersuchungen innerhalb von drei Jahren hatte dieser Arzt festgestellt, daß „schon vor dem Kriege die Ulcuskrankheit eine deutliche Zunahme erfahren hat"; seit Kriegsbeginn sei eine „sichere Zunahme"

---

[39] Vgl. dazu den Beitrag von Ulrich Knödler in diesem Band.
[40] Vgl. Deutschland-Berichte 1937, S. 1331.
[41] SD-Berichte Bd. 3, S. 550.
[42] DMW Nr. 30 (1941), zit. in einem oppositionellen Flugblatt „An die deutsche Ärzteschaft" vom März 1942, abgedruckt in: Bromberger/Mausbach/Thomann, Medizin, Faschismus, Widerstand, S. 314–317, hier S. 315.

zu verzeichnen[43]. Als Ursache vermutete Rotho für die Zeit ab November 1937 (dem Beginn der Untersuchungsserie) „zunehmende Arbeitsbelastung", für den Krieg dann eine „kriegsbedingte Umstellung der Ernährung" sowie „verstärkte Arbeitsbelastung und psychische Momente". Ein der nationalsozialistischen „Gesundheitsführung" verschriebener Arzt hätte dies als „Kränklichkeit" gedeutet, der „hart" zu begegnen sei[44]. Statt dessen fielen allein 1940 viele Arbeitsstunden durch Krankschreibung wegen Magenbeschwerden aus[45].

Ein verallgemeinerungsfähiges Bild von der ärztlichen Behandlung in Krankenhäusern kann nicht anhand von Extremfällen und natürlich auch nicht anhand der Modellkrankenhäuser der „Neuen Deutschen Heilkunde" gewonnen werden. Das Moabiter Krankenhaus in Berlin war ein Extremfall[46]. Vor 1933 galt es als „rot" und als „verjudet", weil etwa 70% der Ärzte Juden waren und zu einem nicht unerheblichen Teil dem Verein Sozialistischer Ärzte angehörten. Die „Nazifizierung" dieses Krankenhauses war dementsprechend radikal. Das führte etwa in der Chirurgischen Abteilung, wo ein fanatischer Nationalsozialist und notorischer fachlicher Stümper das Kommando übernahm, zur Abwanderung vieler Patienten in andere Krankenhäuser; Zwangssterilisationen wurden typischerweise am Moabiter Krankenhaus gehäuft praktiziert.

Andere Krankenhäuser wurden bei weitem nicht in diesem Maße und mit diesen Folgen „nazifiziert". Im Rittberg-Krankenhaus in Berlin-Lichterfelde etwa, für das ich eigene Patienten-Erfahrungen habe, blieben Modus und Qualität der ärztlichen Behandlung ganz traditionell, obwohl es auch dort der SS angehörende Ärzte gab. Ein anderes Beispiel ist das Stadtkrankenhaus Dresden-Friedrichstadt[47]: Vor 1933 von einem Kollegium der Direktoren und leitenden Ärzte (mit jährlich wechselndem Vorsitz) geführt, hatte es nunmehr im Sinne des „Führerprinzips"[48] einen Gesamt-Chefarzt zu akzeptieren, der Parteimitglied sein mußte. Um die Einsetzung eines Externen zu vermeiden, einigte sich das Kollegium auf eines seiner Mitglieder, das ad hoc in die NSDAP eintrat und als Gesamt-Chefarzt bestätigt wurde. An der Qualität ärztlicher Behandlung änderte sich damit nichts. Gelegentlich wurden unter der Hand auch weiterhin jüdische Patienten behandelt.

Fälle wie die geschilderten bestätigen für den Bereich der Medizin, was SD-Berichterstatter gelegentlich mit Blick auf Juristen konstatierten, nämlich daß „die weltanschauliche Zuverlässigkeit keineswegs allein aus der Mitgliedschaft in der NSDAP"

---

[43] Zur Zunahme von Magenbeschwerden und -erkrankungen während des Krieges vgl. Grunberger, Social History, S. 289.
[44] Dr. med. Röhrs, Hauptschriftleiter des Ärzteblattes für Norddeutschland, verkündete Ende 1939 in seiner Standeszeitschrift: „Es gilt [für den Arzt], mit Härte auch aus den kranken und leistungsgeschwächten Volksgenossen das Möglichste an moralischer Abwehrkraft herauszuholen", zit. nach Berger, Kulturspiegel, S. 136.
[45] Vgl. Berliner Klinische Wochenschrift vom 24.10.1942, zit. nach Grunberger, Social History, S. 289.
[46] Die folgenden Angaben nach Pross/Winau (Hrsg.), Nicht mißhandeln.
[47] Das Folgende nach einer brieflichen Mitteilung des Journalisten F. K. Fromme, dessen Vater seit 1921 chirurgischer Chefarzt an diesem Krankenhaus gewesen war, sowie nach Gesprächen mit einer gebürtigen Dresdnerin.
[48] Vgl. dazu auch Modersohn, Führerprinzip, bes. Kap. 4.

gefolgert werden konnte⁴⁹. Parteizugehörigkeit, selbst wenn sie über 1933 hinaus zurückreichte, war keineswegs eine Garantie für ärztliches Verhalten entsprechend den Prämissen der NS-„Gesundheitsführung"; traditionelles Berufsethos ging vielfach vor. Auch ärztliche „Alte Kämpfer" gehörten offenbar nicht ganz selten zu jener spezifischen Kategorie von Nationalsozialisten, die sich im Laufe des Dritten Reiches irritiert oder enttäuscht sahen⁵⁰.

Von der Wirklichkeit des ärztlichen Alltags im Dritten Reich weit entfernt war eine von ausländischen Beobachtern ventilierte Hypothese, die auf einen britischen Gesandten in Berlin zurückgeht, der schon vor 1933 behauptet hatte, daß die Deutschen „not only bear pain stoically but they apparently feel it less than men of other races"; diese Behauptung fand Eingang in ein während des Krieges publiziertes vielgelesenes Buch eines amerikanischen Journalisten⁵¹ und wurde später unter Zuhilfenahme einiger Aussprüche Sauerbruchs zu der These erweitert, deutsche Chirurgen hätten zwischen 1933 und 1945 Anästhetika in weit geringerem Maße benutzt als ihre britischen Kollegen⁵². Doch dies gehört ebenso ins Reich der bloßen Spekulation wie manche Behauptung in dem Ende 1944 vom britischen Foreign Office und vom Ministry of Economic Warfare vorgelegten Bericht „The Nazi system of medicine and public health organization", auf den sich R. Grunberger unkritisch stützt⁵³. Zwar ließ sich die Fabel von der spezifisch deutschen Schmerz-Unempfindlichkeit und der Anästhetika-Abstinenz deutscher Chirurgen ausgezeichnet auf den vom NS-Regime proklamierten kämpferischen Heroismus beziehen, aber die Frage ist auch hier, inwieweit gepredigter und geforderter Heroismus im NS-Alltag gelebt wurde. Daß Chirurgen sich in der Verwendung von Anästhetika drastisch einschränken sollten, haben nicht einmal die schärfsten Rigoristen der „Neuen Deutschen Heilkunde" verlangt. Die Lebenswirklichkeit im Dritten Reich zeigt sich viel eher in der enormen Reklame für und dem Umsatz von Schmerzmitteln: So berichteten die SD-Beobachter im Februar 1941 über einen „stark zunehmenden Gebrauch" von Salicylsäure enthaltenden Schmerzmitteln⁵⁴. Solche Mittel waren auch damals frei erhältlich, und wenn Ärzte davor warnten, dann wegen Mißbrauch und dessen schädlichen Folgen, nicht um „Heroismus" einzufordern.

Verglichen mit den praktischen Ärzten und anderen Fachärzten, standen Psychiater und Rassehygieniker unter besonderem ideologisch-politischen Druck. Bei der Behandlung psychiatrischer Patienten bzw. bei der Beratung und Begutachtung von Heiratskandidaten und kinderwilligen Ehepaaren sahen sie sich unmittelbar mit den Bestimmungen des Erbgesundheitsgesetzes und seiner Ausführungsbestimmungen konfrontiert. Aber selbst im „psychiatrischen Alltag" des Dritten Reiches gab es gewisse

---

⁴⁹ SD-Berichte Bd. 2, S. 124.
⁵⁰ Einiges hierzu bei Christoph Schmidt, Zu den Motiven „Alter Kämpfer" in der NSDAP, in: Detlev Peukert/Jürgen Reulecke (Hrsg.), Die Reihen fast geschlossen, Wuppertal 1981, S. 21–43, hier S. 39 ff.; speziell zu „Alten Kämpfern" unter Ärzten und Medizinstudenten, deren Reaktionen nach der „Machtergreifung" jedoch noch eingehend zu untersuchen wären, vgl. Kater, Hitler's Early Doctors.
⁵¹ Wallace R. Deuel, People under Hitler, New York 1942, S. 21.
⁵² Vgl. Grunberger, Social History, S. 291.
⁵³ Ein Exemplar dieses Berichts findet sich in der Wiener Library, Tel Aviv; vgl. dazu kritisch Kater, Leonardo Conti, S. 300, Anm. 2.
⁵⁴ SD-Berichte Bd. 6, S. 2026 f.: „Zum Mißbrauch von Kopfschmerzmitteln".

Parallelen zu dem, was wir bezüglich der ärztlichen Regelversorgung der „Volksgenossen" feststellen konnten. Hinsichtlich der Zwangssterilisierung spielten nicht wenige Anstaltspsychiater eine „retardierende Rolle"[55], indem sie Anzeigen bzw. Anträge hinauszögerten. Auch in diesem Bereich bestand eine Interdependenz zwischen Ärzten und Patienten, die durchaus dazu führen konnte, daß erstere sich nach Wünschen oder Ängsten der letzteren richteten. Darüber hinaus dürften manche Anstaltspsychiater auch von ihrem der Tradition verpflichteten Berufsverständnis her dazu gekommen sein, den Sterilisierungszwang von tatsächlich oder angeblich Erbkranken, soweit dies möglich erschien, zu unterlaufen.

III.

Zwischen 1934 und 1943 stieg die Zahl der Ärzte im Deutschen Reich von etwa 40 000 auf etwa 60 000[56]. Von diesen waren schätzungsweise knapp die Hälfte niedergelassen, ein weiteres Viertel war in Krankenhäusern beschäftigt. Die Mehrzahl, wahrscheinlich sogar die große Mehrheit dieser Ärzte behandelte die „Volksgenossen" als Patienten in den Praxen und zu Hause in traditioneller Weise. Aber auch in den Krankenhäusern konnte sich die Schulmedizin gegenüber den menschenverachtenden Vorstellungen und Forderungen der „Neuen Deutschen Heilkunde" zumeist behaupten. Bei der ärztlichen Betreuung am Arbeitsplatz stand es grundsätzlich anders: In diesem Bereich kamen rigorose NS-Forderungen – maximale Leistung auf Kosten der Gesundheit, „Leistungsessen" zu Lasten der „Schwächeren" – zur Geltung, und die Kriegssituation verstärkte dies noch. Aber sogar hier konterkarierten die traditionelle Berufsauffassung und ein entsprechendes „schonendes" Handeln vieler Ärzte die Absichten der Rigoristen. Eine totale Abschaffung der freien Arztwahl für Betriebsangehörige und ihre Ersetzung durch „revierärztliche Behandlung" bei fanatischen „Gesundschreibern" war im angestrebten Umfang nicht durchzusetzen[57].

Damit bestätigt sich für einen bestimmten Bereich der Medizin, was H. Mommsen kürzlich allgemein für den Alltag im Dritten Reich feststellte: „Das nationalsozialistische Regime war durch einen kaum zu übersteigernden Gegensatz zwischen den selbstgesetzten Ansprüchen und Zielen und ihrer Einlösung gekennzeichnet."[58] Dies war, um die eingangs zitierte Frage der Ärztin R. Jäckle nun zu beantworten, eine der Bedingungen, unter denen eine „humane" Medizin in einem „menschenverachtenden" System möglich war – und diese Medizin wurde durchaus auch von „mehr oder weniger strammen Mitläufern" praktiziert. Das aber bedeutet, daß es in die Irre führt, das Widerspiel von „neuem" und traditionellem ärztlichen Handeln einseitig nur aus der NS-Perspektive der „Neuen Deutschen Heilkunde" darzustellen.

Unser Befund mahnt also auch erneut zur Modifizierung zweier noch immer recht verbreiteter Meinungen: Zum einen muß der Vorstellung einer perfekten „Durchpolitisierung" des deutschen Alltagslebens in der NS-Zeit widersprochen werden; die Unrichtigkeit dieser Annahme ist inzwischen für verschiedene Bereiche gezeigt wor-

---

[55] Dazu und zum folgenden vgl. Blasius, Psychiatrischer Alltag, S. 371 ff.
[56] Eigene Schätzung nach Proctor, Racial Hygiene, S. 128, der dabei allerdings auch die Zahn- und Tierärzte berücksichtigt.
[57] Vgl. dazu den Beitrag von Ulrich Knödler in diesem Band.
[58] So Hans Mommsen in seiner Einleitung zu: ders./Susanne Willems (Hrsg.), Herrschaftsalltag im Dritten Reich. Studien und Texte, Düsseldorf 1988, S. 9.

den⁵⁹. Zum anderen kann die Behauptung nicht aufrechterhalten werden, es habe eine „für das NS-Regime kennzeichnende kumulative Zersetzung traditioneller Werthaltungen" gegeben, „die zur vollständigen Korrumpierung und schließlich zur Auflösung des sozialen Gefüges schlechthin führte"⁶⁰. Vielmehr ist mit W. S. Allen zu betonen, daß es im Dritten Reich einen Konflikt zwischen nationalsozialistischen „Propagandazielen" und traditionellen Werthaltungen gab, und daß sich diese Werthaltungen vieler Deutscher bis zum Ende des Dritten Reiches nicht wesentlich abschwächten, sondern während des Krieges eher kräftigten⁶¹. Das deckt sich mit unserem speziellen Befund: Den Propagandazielen der „Neuen Deutschen Heilkunde" standen unverändert die von vielen bewahrten Werte der traditionellen kurativen Medizin gegenüber.

Würden wir bei dieser Bewertung unseres Befundes verharren, dann blieben wir „hilflos bei angeblich wertneutraler Beschreibung" stehen⁶². Oder vielmehr: Wir gäben manchen Bereichen des Lebens unter dem NS-Regime eine einseitig positive Bewertung. Unsere Interpretation muß also tiefer dringen. Mit R. Jäckle ist festzuhalten: „Wer versucht, über eine ‚ganz normale' Medizin im Dritten Reich zu reden, sollte das nur tun, wenn er in jedem Satz, in jedem Gedanken die Hunderttausende und schließlich Millionen, für die es keine normale Medizin mehr gab, mitbedenkt. Es mag sein, daß es für den Durchschnittsdeutschen, der weder rassisch noch politisch, noch kräfte- oder altersmäßig irgendwie auffällig war, der also in die gesunde, tatkräftige Volksgemeinschaft gepaßt hat, eine Alltagsmedizin gab, die ‚human' war. Es gab sicher auch Ärztinnen und Ärzte, die sich, trotz allem, bemüht haben, nach den Regeln der ärztlichen Kunst zu handeln, soweit das eben möglich war. Die immer brutaleren Übergriffe auf alle ‚Minderwertigen' und die Auswirkungen des massenmörderischen Krieges müssen aber auch in der Alltagsmedizin für sehr viele Menschen zu erkennbaren Veränderungen geführt haben."⁶³

Darüber hinaus ist Vorsicht angebracht im Hinblick auf die Bewertung eines Verhaltens, wie wir es auch für viele Ärzte im Dritten Reich voraussetzen können, als eine Art von Widerstand bzw. als „Opposition", „Resistenz", „Teilwiderstand", „Dissens", „Protest", „gesellschaftlicher Verweigerung" oder „Selbstbehauptung"⁶⁴. Fragt man nach der Funktion politischer Abstinenz innerhalb des NS-Regimes zumal im Hin-

---

⁵⁹ Vgl. Mommsen/Willems (Hrsg.), Herrschaftsalltag; Peukert/Reulecke (Hrsg.), Reihen; Hans Dieter Schäfer, Das gespaltene Bewußtsein. Über deutsche Kultur und Lebenswirklichkeit 1933–1945, München/Wien 1981.
⁶⁰ Hans Mommsen, Aufarbeitung und Verdrängung. Das Dritte Reich im westdeutschen Geschichtsbewußtsein, in: Dan Diner (Hrsg.), Ist der Nationalsozialismus Geschichte? Zu Historisierung und Historikerstreit, Frankfurt a. M. 1987, S. 74–88, hier S. 84.
⁶¹ Vgl. William Sheridan Allen, Die deutsche Öffentlichkeit und die „Reichskristallnacht". Konflikte zwischen Werthierarchie und Propaganda im Dritten Reich, in: Peukert/Reulecke (Hrsg.), Reihen, S. 397–411.
⁶² Vgl. Peter Lösche/Michael Scholing, In den Nischen des Systems: Der sozialdemokratische Pressespiegel „Blick in die Zeit", in: Jürgen Schmädeke/Peter Steinbach (Hrsg.), Der Widerstand gegen den Nationalsozialismus. Die deutsche Gesellschaft und der Widerstand gegen Hitler, München/Zürich 1985, S. 207–224, hier S. 216.
⁶³ Jäckle, Pflicht zur Gesundheit, S. 77.
⁶⁴ Alle diese Begriffe finden sich bei Schmädeke/Steinbach (Hrsg.), Widerstand; vgl. dazu auch die grundsätzlichen Ausführungen Broszats über Resistenz und Widerstand, in: ders. u. a. (Hrsg.), Bayern in der NS-Zeit, Bd. 4, München/Wien 1981, S. 691 ff.

blick auf eine Berufsgruppe mit besonderem Sozialprestige, wird man der Gefahr entgehen können, das in Rede stehende ärztliche Verhalten unreflektiert als „Widerstand" dieser oder jener Art zu deuten.

Im Vorangehenden haben wir zur Bezeichnung dessen, was viele Ärzte an der Übernahme der Wertvorstellungen der „Neuen Deutschen Heilkunde" hinderte, den Begriff „traditionelle Einstellung" benutzt. M. Kater nennt dieses Festhalten an überlieferten ärztlichen Traditionen nach 1933 „reaktionär"[65] – ein Begriff, den zwar die Nationalsozialisten in diesem Zusammenhang benutzten, der aber hier eher mißverständlich ist. Denn er blendet aus, daß das Festhalten an ärztlichen Traditionen im Bereich der medizinischen Regelversorgung durchaus positive Konsequenzen für die Patienten hatte, auch wenn es vielfach eindeutig standespolitisch motiviert und ausgerichtet war. Und hinzuzufügen ist, daß unsere alltagshistorische Betrachtung eine Antwort liefert auf eine neuerdings wieder betont gestellte Frage[66]: Das NS-System konnte sich, unter anderem, auch deshalb so lange halten, weil die Ärzte die nicht victimisierten Volksgenossen in der Regel „fürsorglich", nicht „rigoristisch" behandelten.

---

[65] Kater, Gesundheitsführung, S. 372.
[66] Vgl. die Ausführungen Heinrich August Winklers, in: Alltagsgeschichte der NS-Zeit, S. 29 f.

Ulrich Knödler

Von der Reform zum Raubbau.
Arbeitsmedizin, Leistungsmedizin, Kontrollmedizin

Arbeitsschutz und Arbeitsmedizin bis 1936

Arbeitsschutz und Unfallverhütung fristeten in Deutschland jahrzehntelang ein Schattendasein. Als „Grundgesetz" des Arbeitsschutzes fungierte 1933 immer noch Paragraph 120 der Gewerbeordnung von 1869[1], der nur allgemeine Richtlinien zum Arbeitsschutz enthielt und den Unternehmer verpflichtete, seine Mitarbeiter gegen Gefahren im Betrieb durch geeignete Einrichtungen zu schützen. Bestimmungen zum Arbeitsschutz fanden sich außerdem in der Reichsversicherungsordnung (§ 848 ff.), im Bürgerlichen Gesetzbuch (§ 618) und im Handelsgesetzbuch (§ 62). Die Gewerkschaften wurden nicht müde, gegen die „dehnbaren" Bestimmungen Sturm zu laufen. Die Unternehmer wiederum sahen in den Forderungen, den Arbeitsschutz zu verbessern, stets einen Angriff auf die Rentabilität ihrer Betriebe.

Dies änderte sich in den zwanziger Jahren. Der personelle Aderlaß des Ersten Weltkrieges hatte einen Arbeitskräftemangel verursacht, der nun allmählich den wirtschaftlichen Aufschwung zu hemmen drohte. Es setzte sich gleichzeitig die Einsicht durch, daß Arbeitsschutz nicht immer gleichbedeutend sein mußte mit Gewinneinbuße. Im Gegenteil: In den meisten Industriebetrieben führte besserer Arbeitsschutz – in Verbindung mit technischem Fortschritt – sogar zur Produktionssteigerung. Als dann auch noch Volkswirtschaftler vorrechnen konnten, daß sich Sozialleistungen durch frühzeitige Investitionen auf dem Gebiet der Gewerbehygiene erheblich vermindern ließen[2], erlahmte der Widerstand in den Reihen der Arbeitsschutz-Gegner. Besonders eindrucksvoll fielen in diesem Zusammenhang Kalkulationen aus, die weltweit modern geworden waren und in die Frage mündeten, wie hoch die „normale Arbeitskraft des gewerblich tätigen Menschen zu bewerten", wie hoch sein „Geldwert" sei. Die eindeutige Antwort war, daß die Arbeitskraft das wertvollste Gut im Produktionsprozeß darstellt. Aus solchen Berechnungen resultierte zu Beginn der dreißiger Jahre auch in Deutschland die Erkenntnis, daß die staatliche Reglementierung von Arbeitsschutz

---

[1] Die Gewerbeordnung wurde am 21.6.1869 vom Norddeutschen Bund als Gesetz erlassen. Am 1.7.1883 übernahm das Kaiserreich seine Bestimmungen. 1891 erfolgte durch die Novelle zum „Arbeiterschutz" eine Erweiterung. Bis 1932 änderte der Gesetzgeber die Gewerbeordnung durch 60 Novellen und Einzelgesetze. In Grundzügen ist sie heute noch als Bundesgesetz gültig.

[2] Vgl. Heinrich Klebe, Die wirtschaftliche Bedeutung des Arbeiterschutzes, insbesondere der Gewerbehygiene, in: Beiheft ZGU 23 (1932), S. 1; danach stiegen die Sozialversicherungsausgaben zwischen 1913 und 1930 von 1100 Millionen auf 6152 Millionen RM; die folgenden Zitate ebenda, S. 5.

und Gewerbehygiene Vorteile für alle Beteiligten bringen könnte: für die Unternehmer, für den Staat und schließlich auch für die Arbeitnehmer[3].

Der Entwurf zu einem Reichsarbeitsschutzgesetz lag bereits 1930 in der Schublade des Arbeitsministeriums, doch die zwischenzeitlich eingetretene Wirtschaftskrise und Massenarbeitslosigkeit ließen den Ausbau des Arbeitsschutzes erst einmal entbehrlich erscheinen. Hoffnungen der Arbeiterschaft und des Unternehmertums ruhten 1933 auf der neuen Regierung. Die Vorzeichen standen nun ungleich günstiger: Durch die Gründung der DAF wurden Arbeitgeber und Arbeitnehmer, die bisher einen erbitterten Kampf um genau geregelte Arbeitsschutzbestimmungen geführt hatten, zum Konsens gezwungen. Sorgen um Unternehmergewinne sollten nun nicht mehr gelten, denn der „völkische Staat" sah die Arbeit von „ihrer materiellen Bezogenheit befreit" und als „potenziale [sic] Lebenskraft des Volkes", wie es im holprigen Partei-Jargon hieß; deshalb sei der Arbeitsschutz nicht nur gesetzliche, sondern auch ethische Pflicht aller Verantwortlichen[4].

Ganz so wörtlich durfte der Arbeiter dies jedoch nicht nehmen: Zur Einführung eines Arbeitsschutzgesetzes nämlich konnte sich das Kabinett Hitler nicht entschließen. Lediglich der Arbeits*zeit*schutz erfuhr einige staatlich-gesetzliche Regelungen, die allerdings bereits bei ihrer Verkündigung mit einer Vielzahl von Ausnahmeregelungen durchlöchert waren (so die Arbeitszeitordnung vom 26. Juli 1934 und später das Jugendschutzgesetz vom 1. Januar 1939[5]). Die Kriegswirtschaftsverordnungen vom 4. September 1939 setzten die Arbeitszeitschutzbestimmungen faktisch außer Kraft.

Auch unter der neuen Regierung mußten sich die verschiedensten Institutionen in die Aufgaben des Arbeitsschutzes teilen: Gewerbeaufsichtsämter, Berufsgenossenschaften, Feuerpolizei, Baupolizei, um nur einige zu nennen. Die Aufsicht lag bei den Reichsministerien für Arbeit, Wirtschaft und Inneres. Es bestand also nur wenig Koordination.

Allmählich hatte der Arbeitsschutz einen wissenschaftlich-medizinischen Anstrich bekommen, der Begriff „Arbeitsmedizin" bürgerte sich ein. Bescheiden hatte es zu Beginn des Jahrhunderts begonnen, als einzelne Gewerbeaufsichtsämter ärztliche Spezialisten einstellten, die Landesgewerbeärzte: zunächst in Baden, dann in Bayern und nach und nach im gesamten Reichsgebiet. Sie befaßten sich eher theoretisch mit der Erforschung und Verhinderung von Berufserkrankungen, nur am Rande kümmerten sie sich um Unfallverhütung. Ihre Kompetenz blieb dürftig, ihre Zahl gering. Bis 1937 waren gerade 28 Gewerbeärzte im Deutschen Reich tätig[6]. Dr. Brandt, Landesgewerbearzt in Sachsen, charakterisierte die Aufgabe des staatlichen Gewerbearztes rück-

---

[3] Ebenda. Dort wird O.V. Zwiedineck-Südenhorst, Arbeiterschutz und Arbeiterversicherung, Leipzig 1905, S. 3, zitiert, der damals diese Anschauung entwickelte.
[4] Rudolf Lehner, Die Grundlagen des Abeitsschutzes, in: Monatshefte für NS-Sozialpolitik 3 (1935), S. 50–53, hier S. 50.
[5] Vgl. RGBl 1938 I, S. 437, sowie den Kommentar dazu, in: Der Öffentliche Gesundheitsdienst 5 B, 1939/40, S. 68.
[6] Vgl. RGBl 1936 I, S. 1117. Mit der 3. Verordnung über die Ausdehnung der Unfallversicherung auf Berufskrankheiten vom 1.4.1937 sollte die Zahl der Gewerbeärzte kräftig erhöht und ihre Exekutivgewalt ausgebaut werden.

blickend einmal so: Er „sorgt dafür, daß ein Mindestmaß der Gesundheits- und Arbeitsschutzforderungen in allen Betrieben erfüllt wird"[7].

In einigen Großbetrieben taten Werksärzte Dienst. Ihnen sprachen die ärztlichen NS-Funktionäre nennenswerte Qualifikationen ab und bezeichneten ihre Tätigkeit als „Geheimwissenschaft"[8]. Um ihre Errungenschaften ins rechte Licht zu rücken, bezichtigte die nationalsozialistische Reichsärzteführung die Betriebsärzte der „Systemzeit" gar, im Dienste des Kapitals zu stehen: „Betriebs- und Gewerbeärzte [hatten die] Aufgabe, für die Einhaltung der gewerbepolizeilichen und sonstigen Bestimmungen in den Betrieben zu sorgen. Um den Arbeiter kümmerte sich früher der Arzt im allgemeinen aber nur als Gesundheitspolizist, wenn er ihn als Vertrauensarzt möglichst schnell wieder gesund schrieb oder als vom Arbeitgeber angestellter und diesem allein verantwortlicher Betriebsarzt aus dem Betrieb entfernte, wenn er nicht mehr genügend arbeitsfähig war."[9]

In den Jahren 1928 bis 1933 etablierten sich in Instituten, an Kliniken, im Verbund der Kaiser Wilhelm-Institute und in einigen Industriebetrieben (I.G. Farben/Wuppertal) immer mehr arbeitsmedizinische Forschungseinrichtungen. Sie widmeten sich der Toxikologie, der Hygiene am Arbeitsplatz, einigen Berufserkrankungen (wie etwa der Staublunge) und der Physiologie der Arbeit. Einige befaßten sich sogar schon mit Fragen der Leistungssteigerung durch medizinische Maßnahmen. Die „Leistungsproblematik" war nämlich keine Erfindung der NS-Ideologie, sondern bereits in den prosperierenden Jahren der Weimarer Republik ein hochaktuelles Thema. Sogar erste Versuche zur Leistungssteigerung durch Drogen fanden damals statt, und durch Verbesserung der Ernährung versprachen sich Arbeitsmediziner eine Erhöhung der Arbeitsleistung[10]. Auf solche Erfahrungen konnte später aufgebaut werden.

In diesen Jahren entwickelten sich auch Arbeitsphysiologie und Arbeitspsychologie. Andere fanden in der „Konstitutionsmedizin" Möglichkeiten zur Verbesserung der Arbeitswelt; bald versuchten sogar die Erbforscher das Feld der Arbeitsmedizin für sich zu entdecken[11]. Aus der Gesellschaft für Gewerbehygiene formierte sich 1934 die Deutsche Gesellschaft für Arbeitsschutz. Hier fungierte erstmals ein Mediziner an verantwortlicher Stelle: Dr. Dr. Hermann Hebestreit[12], der sich bald als Pionier der „neuen" Arbeitsmedizin profilieren sollte.

Der Arbeitsmedizin kam bis 1936 im wesentlichen nur die Aufgabe zu, festzustellen, wie sich die Arbeitseinflüsse auf den menschlichen Körper auswirken. Die „therapeutischen" Maßnahmen der Arbeitsmedizin setzten daher nicht am Menschen an,

---

[7] A. Brandt, Die ersten fahrbaren Untersuchungsstationen des Gewerbeärztlichen Dienstes Sachsens, in: ZGU 28 (1941), S. 183–189.

[8] Hermann Hebestreit, Bedeutung und Zukunftsaufgaben der Arbeitsmedizin, in: ZGU 28 (1941), S. 157.

[9] Gerhard Wagner, Die Ziele der nationalsozialistischen Gesundheitspolitik, Rede auf dem Reichsparteitag 1937, abgedruckt in: DÄB 67 (1937), S. 876–880.

[10] Vgl. Reeg, Ehre ist Leistung.

[11] Vgl. dazu Otmar von Verschuer, Referat über die Bedeutung der Anlage und Abnutzung bei Berufsschäden, gehalten auf dem 8. Internationalen Kongreß für Unfallmedizin und Berufskrankheiten in Frankfurt a.M. vom 26.9.–30.9.1938, in: ZGU 25 (1938), S. 171 und S. 259.

[12] Hermann Hebestreit (Jahrgang 1904) promovierte 1929 zum Dr. med., danach Gewerbemedizinalassessor, 1933 Promotion zum Dr. rer. techn. Noch im selben Jahr wurde er im DAF-Amt für Volksgesundheit Leiter der Hauptabteilung Wissenschaftliche Arbeitsmedizin; 1940 Habilitation.

sondern an seinen Arbeitsbedingungen[13]. Letztlich zeigten sich die Arbeitsmediziner, die sich gern als Autodidakten bezeichneten und es auch meist waren, schon zufrieden, wenn es ihnen gelang, „dem erwerbstätigen Volksgenossen Garantien [zu] geben, daß er bei der Ausübung seiner Berufstätigkeit keinen Schaden erleidet"[14]. Mit diesen bescheidenen Ansprüchen konnten sie zwar Leben retten, indem sie Unfälle vermeiden halfen, Bleivergiftungen (die damals häufigste Berufserkrankung) aufspürten und Lungenkrebs (durch Asbest hervorgerufen) bekämpften; ihre Methoden versagten jedoch angesichts der neuen Anforderungen, die das Dritte Reich an den Arbeitsschutz stellte und die besagten: „Im wirtschaftlichen und politischen Existenzkampf, den das deutsche Volk zu führen hat, [...] ist die höchste Anspannung und Leistungsfähigkeit aller schaffenden Deutschen notwendig."[15]

Betriebsärzte

Im April 1936 trafen sich staatliche Gewerbeärzte und „Fabrik- und Betriebsärzte" in Bad Nauheim zur Tagung des Ärztlichen Ausschusses der Deutschen Gesellschaft für Arbeitsschutz. Dr. Friedrich Bartels, stellvertretender Reichsärzteführer und zweiter Mann im Hauptamt für Volksgesundheit der NSDAP, hielt vor diesem Kreis einen Vortrag über „Gesundheitsführung in den Betrieben". Gegenstand seines Referats war ein schon lange beobachtetes, jetzt aber nicht mehr tolerierbares Phänomen: „Von den durchschnittlichen 65 Lebensjahren steht der Arbeiter nur 23 Jahre in einer positiven Erwerbsarbeit: Bis zum 17. Lebensjahr ist er in der Ausbildung, aber vom 40. Lebensjahr fällt er der Allgemeinheit schon wieder zur Last." Das „Absinken der Leistungsfähigkeit in diesem frühen Lebensalter" müsse verhindert werden. Bartels wollte zunächst die Erhaltung der vollen Leistungsfähigkeit des deutschen Arbeiters mindestens bis zum 55. Lebensjahr erreichen[16]. (Der Leiter des Amtes für Volksgesundheit der DAF, Dr. Werner Bockhacker, steckte das Ziel nach Kriegsbeginn sogar noch weiter: Angesichts der steigenden Sozialasten sei anzustreben, daß „der Zeitpunkt des allmählichen Kräfteschwundes kurz vor dem Eintritt des physiologischen Todes liegt und der endgültige Kräfteverfall mit ihm zusammenfällt"[17].)

Seit die Wirtschaft wieder florierte und Arbeitskräfte rar zu werden begannen, erinnerte man sich des Arbeitsschutzes. Anders als in der Weimarer Republik stand nun jedoch eine seiner Begleiterscheinungen, die Leistungssteigerung, im Vordergrund. Waren die Arbeitsmediziner in der „Systemzeit" noch an den biologischen Hemmnissen des Alterns gescheitert, so hoffte der neue Staat, dieses Problem mit noch nie erprobten Methoden überwinden zu können. „Verstärkte Tätigkeit auf dem Gebiet der gesundheitlichen Menschenführung" lautete die Zauberformel, verkürzt auf den prägnanten Begriff „Gesundheitsführung". „Führen" auf dem Feld der Gesundheit konn-

---

[13] Vgl. Hebestreit, Arbeitsmedizin, S. 156 f.
[14] Vgl. Ernst Wilhelm Baader, Aus- und Fortbildungsmöglichkeiten in der Gewerbemedizin in Deutschland, in: ZGU 24 (1937), S. 273–277, hier S. 276.
[15] Hermann Hebestreit, Umfang und Bedeutung von beruflichen Gesundheitsschäden, in: ZGU 23 (1936), S. 25–29.
[16] Hermann Hebestreit, Bericht von der Tagung des Ärztlichen Ausschusses der Deutschen Gesellschaft für Arbeitsschutz in Bad Nauheim vom 16.–18. 4. 1936, in: DÄB 66 (1936), S. 485.
[17] Zit. nach Reeg, Ehre ist Leistung, S. 3654.

ten nur entsprechend trainierte Ärzte, also solche – daran ließ Bartels' Rede keinen Zweifel –, die fest auf dem Boden der nationalsozialistischen Lehre standen. Deshalb mußten die „neuen Betriebsärzte" Mitglieder des Nationalsozialistischen Deutschen Ärztebundes sein. Den staatlichen Gewerbeärzten, den Arbeitsmedizinern und Werksärzten alten Zuschnitts, so betonte Bartels, solle durch Einsatz der neuen Betriebsärzte keine Konkurrenz erwachsen. Genau dieser Verdacht mußte aber aufkeimen, denn die Aktion war sicherlich auch ein Versuch der Partei, unter Berufung auf Aspekte der Vereinheitlichung und Neuordnung Terrain zu gewinnen. In der Ärzteschaft war diese Argumentation schon aus dem Streit um die Kompetenzen der staatlichen Gesundheitsämter bekannt. Der Einfluß der Ärzte werde mit der Reform der Arbeitsmedizin nicht beschnitten, denn die Aufgabe des Staates sei auf direkte Eingriffe beschränkt (Gesundheitssicherung), während die Aufgabe der Partei auf der höheren Ebene der Erziehungsarbeit und Menschenführung, auch auf dem Gebiet der Volksgesundheit, gesehen werden müsse[18].

Skizzenhaft erläuterte Bartels seine Vorstellungen und versuchte, keine Interessengruppe zu verschrecken: Mit Blick auf die Unternehmer erklärte er, die Betriebsärzte würden von den Betrieben angestellt und seien dem Betriebsführer verantwortlich. Ihre arbeitstechnischen Richtlinien sollten die Ärzte zentral vom Hauptamt für Volksgesundheit erhalten. Der Betriebsarzt sei grundsätzlich nicht der behandelnde Arzt, mithin hätten die niedergelassenen Ärzte keine finanziellen Einbußen zu befürchten. Zum Nutzen der Arbeiter sorge der Betriebsarzt dafür, daß der Arbeiter nach einer schweren Krankheit zunächst einmal eine leistungsgerechte Beschäftigung erhalte. Der Betriebsarzt kontrolliere außerdem das Kantinenessen und achte auch auf Diätangebote, „da hierdurch sehr viel Arbeitsunfähigkeit zu vermeiden ist". Schließlich sollte der Betriebsarzt den Betriebsführer bei der „hygienischen Gestaltung des Betriebs" beraten und sich unter Einschaltung der KdF um den Urlaub der Gefolgschaft kümmern. Um jegliches Mißtrauen zu vermeiden, führte Bartels endlich aus: „Die Personalunion von Vertrauensarzt und Betriebsarzt ist infolge der grundsätzlich verschiedenen Aufgaben nicht erwünscht."[19]

Einige Wochen später kristallisierten sich detailliertere Vorstellungen heraus. Vor geladenem Publikum aus Industrie und Politik forderte Bartels nun – und das war wirklich neu – *vorbeugende* Maßnahmen, um die Zeitspanne der vollen Leistungsfähigkeit über das 40. Lebensjahr hinaus „erheblich" anzuheben. Konkret verlangte er die ständige Beobachtung des arbeitenden Menschen durch den Hausarzt und zusätzlich durch den Betriebsarzt. Dadurch sollte es gelingen, gesundheitliche Probleme so frühzeitig zu erkennen, daß keine irreversiblen Gesundheitsstörungen eintreten. Daraus folgte logisch die Forderung nach Einführung regelmäßiger Reihenuntersuchungen. Für den Arbeiter sollte die Teilnahme daran freiwillig sein, doch sei bei geeigneter „Menschenführung" mit regem Zulauf zu rechnen[20]. Vorbeugende Maßnahmen müßten indes rasch einsetzen: „Wir haben die Aufgabe und die Verpflichtung, den Menschen vor Erschlaffung und Ermüdung zu schützen und vor jeder Funktionsstörung zu bewahren, um so von vornherein das Aufkeimen von Krankheiten verhüten zu

---

[18] Wie Anm. 16.
[19] Ebenda. Daraus folgten die „Richtlinien für Betriebsärzte", hrsg. vom Amt Gesundheit und Volksschutz der DAF, undatiert (BA, R 89, 5270, Bl. 109 f.).
[20] Zit. nach Wochenschau vom 18.7.1936, in: DÄB 66 (1936), S. 739.

können. Wir dürfen keinen Raubbau an der Leistungsfähigkeit der deutschen Menschen treiben."[21]

Die Konzeption dieser Reihenuntersuchungen war auch aus heutiger Sicht überzeugend: Der Hausarzt kannte den Patienten in seinem privaten Umfeld, der Betriebsarzt sollte ihn an seinem Arbeitsplatz beobachten. Dadurch konnte das Hauptanliegen der NS-Medizin, der Einsatz medizinischer Maßnahmen als „Vorsorge statt Fürsorge", in die Tat umgesetzt werden. Der Untersuchungskatalog nach den „Richtlinien für Betriebsärzte" bot zweifellos die Gewähr für eine sichere Vorsorge; darüber hinaus ermöglichte er eine lückenlose gesundheitliche Übrwachung. Vorgesehen waren Lehrlingsuntersuchungen bei der Einstellung, dann zunächst monatliche, später vierteljährliche Kontrollen. Halbjährlich sollte sich der Jungarbeiter untersuchen lassen. Einstellungsuntersuchungen sollten für alle Arbeiter, Angestellten und Beamten stattfinden, alle zwei Jahre ärztliche Nachuntersuchungen anhand der eigens dazu entwickelten Betriebskarteikarte des Amtes Gesundheit und Volksschutz der DAF[22].

Zweifellos gab es niemals zuvor solche Ansätze zur medizinischen Vorsorge, und nichts wäre bis hierher an diesen Plänen zu beanstanden. Das Bedenkliche war jedoch die Zielsetzung, die dahinter stand. Ging es doch nicht in erster Linie um die Gesundheit der Arbeiter, sondern um die „Verlängerung der Leistungsfähigkeit" angesichts der geänderten wirtschaftlichen und politischen Rahmenbedingungen und insbesondere des Facharbeitermangels[23]. Der Zeitpunkt für die Reformen war deshalb alles andere als Zufall. Das in der NS-Ideologie verankerte „Recht auf Arbeit" begann sich vor dem Hintergrund des Arbeitskräftemangels zum Postulat „Arbeit bis zum Tod" zu wandeln[24].

Die Etablierung des Vierjahresplans hatte die Situation drastisch verschärft. Die Zeichen standen auf Krieg. Hitlers zentralem politischen Ziel der „Eroberung von Lebensraum" hatte sich alles unterzuordnen. Unter dem Jubel der Massen verkündete er im September 1936 in Nürnberg den Beginn einer neuen wirtschaftlichen Epoche: „Das Ziel der deutschen Wirtschaftspolitik [ist es], den Lebensstandard des deutschen Volkes zu verbessern."[25] Was der „Führer" nicht öffentlich aussprach, stand in seiner geheimen Denkschrift: Die deutsche Armee müsse in vier Jahren einsatzfähig, die deutsche Wirtschaft „kriegsfähig" sein. Das Fehlen von Lebensmitteln und Rohstoffen galt Hitler als „belanglos"[26].

Die Lösung des Problems formulierte die Deutsche Arbeitsfront: „Das Dritte Reich muß den Raum und die Waren, die ihm vorenthalten werden, durch erhöhten Ar-

---

[21] Friedrich Bartels, Gesundheitsführung im Dritten Reich, Rede in Passau am 29.11.1936, abgedruckt in: DÄB 66 (1936), S. 1204.
[22] Vgl. Anm. 19.
[23] Zitat aus dem Bericht über die Rede Bartels' vor geladenen Gästen, in: DÄB 66 (1936), S. 739; vgl. auch den Bericht Hebestreits ebenda, S. 485.
[24] Vgl. Karl-Heinz Karbe, Entstehung und Ausbau des faschistischen Betriebsarztsystems und dessen Funktion bei der Ausbeutung der deutschen Arbeiter und ausländischen Zwangsarbeiter, in: Thom/Caregordcev (Hrsg.), Medizin unterm Hakenkreuz, S. 205–250, hier insbesondere S. 205–219. Karbe sieht im Betriebsarztsystem eine Schöpfung des NS-Gesundheitswesens, deren Ziel von Anfang an allein die Leistungssteigerung gewesen sei.
[25] Zit. nach Wilhelm Treue, Hitlers Denkschrift zum Vierjahresplan 1936, in: VfZ 3 (1955), S. 184–210, hier S. 210.
[26] Ebenda, S. 206.

beitsaufwand ersetzen." Das bedeutete verlängerte Arbeitszeit, forcierte Arbeitsgeschwindigkeit und Vernachlässigung der Arbeitssicherheit. Nicht alle Arbeiter hielten das „mörderische Arbeitstempo"[27] durch, die Devise hieß deshalb Leistungssteigerung auf breiter Front[28]. Genau an diesem Punkt sollten die Betriebsärzte, ausgerüstet mit ihrer Wunderwaffe „Gesundheitsführung", eingreifen, die damit noch vor der Institutionalisierung ihre gesundheitsvorsorgende Komponente verloren hatte. Denn um keine Ausfälle an Arbeitskraft zu erleiden, mußte unter den Bedingungen der offenen Kriegswirtschaft[29] der „Leistungszustand" aller Arbeiter lückenlos erfaßt werden. Es galt, auch „nicht mehr voll verwendungsfähige Arbeitskräfte in richtiger Weise im Betrieb einzusetzen"[30].

Erst eine genaue Bestandsaufnahme ermöglichte weitere Planungen. Diesem Zweck dienten die am 15. Mai 1937 beginnenden Erfassungsaktionen. Ausgerüstet mit der von Hermann Hebestreit entwickelten „Gesundheitskartei", schwärmten die beim Hauptamt für Volksgesundheit zugelassenen Ärzte (die wenigsten davon waren schon fest angestellte haupt- oder nebenamtliche Betriebsärzte) in die Betriebe aus und begannen Massenuntersuchungen, die sich zunächst auf die Gaue Hamburg, Köln, Kurhessen und die Bayerische Ostmark erstreckten. Das Zentralblatt für Gewerbehygiene und Unfallverhütung hatte hohe Erwartungen formuliert: „Bei den Untersuchungen soll der Gesundheits- und Leistungszustand der Volksgenossen festgestellt werden und die erforderlichen Maßnahmen eingeleitet werden. Werden Erkrankungen festgestellt, so sind die Erkrankten über den vertrauensärztlichen Dienst der Landesversicherungsanstalten der Behandlung zuzuführen. Mißstände in den Betrieben sollen erfaßt und abgestellt werden. Das Ziel der Untersuchungen ist, das deutsche Volk gesünder, leistungsfähiger und damit froher zu machen."[31]

Wie schon bei der angekündigten Etablierung der Betriebsärzte, fällt bei der Planung der Massenuntersuchungen wieder die doppelte Zielsetzung auf: Die Vorsorgemaßnahmen dienten zweifellos der Erhaltung der Volksgesundheit, in erster Linie aber sollten sie der Leistungssteigerung zugute kommen. Unterstützt von den betriebseigenen Gesundheitstrupps, die sich speziell um die Überwachung der gesundheitlichen Belange kümmerten, füllten die ausgeschickten Ärzte für jeden Arbeiter ein Gesundheitsstammbuch und einen der eigens für diesen Zweck entworfenen Gesundheitspässe aus. In Anlehnung an die militärischen Musterungskriterien erfaßten sie so die Jahrgänge 1910 und 1911, dann alle „schaffenden Volksgenossen" in den genann-

---

[27] So die Kapitelüberschrift in: Deutschland-Berichte der Sozialdemokratischen Partei Deutschlands (Sopade) 1938, Salzhausen/Frankfurt a. M. 1980, S. 103.
[28] Die Darstellung der bewußt unklaren Tarifbestimmungen im Dritten Reich, der Maßnahmen zur sukzessiven Verlängerung der Arbeitszeit und der heimlichen Aushöhlung der Arbeitsschutzverordnung muß hier unterbleiben. Gleiches gilt für die Umstände eines nie verabschiedeten Arbeitsschutzgesetzes. Die Jugendschutzbestimmungen, 1938 mit viel Propaganda verbreitet, de facto nie in Kraft getreten, die Probleme der Frauenarbeit und des Mutterschutzes seien nur erwähnt, ebenso die Urlaubsregelung, die bald nur noch auf dem Papier stand.
[29] Vgl. dazu die Diskussion um den Begriff der Kriegswirtschaft, in: Das Deutsche Reich und der Zweite Weltkrieg, Bd. 1 und Bd. 5/1, hrsg. vom Militärgeschichtlichen Forschungsamt, Stuttgart 1979 bzw. 1988, und Ludolf Herbst, Der totale Krieg und die Ordnung der Wirtschaft, Stuttgart 1982.
[30] Hermann Hebestreit, Gesundheitliche Betreuung der Betriebe und Gesundheitsführung des werktätigen Menschen, in: Monatshefte für NS-Sozialpolitik 4 (1937), S. 369–373, hier S. 372.
[31] Rubrik Tagesgeschehen, in: ZGU 24 (1937), S. 84.

ten vier Gauen³². Später sollte die Gesundheitserhebung auf das gesamte Reichsgebiet ausgedehnt werden. Das Amt für Volksgesundheit der DAF veranschlagte dafür über drei Jahre.

Sinn des (gescheiterten) Mammutunternehmens war die Erstellung einer Gesundheits- und freilich auch einer „Leistungsbilanz" des deutschen Arbeiters. Sie sollte die Resultate der militärischen Musterungsuntersuchungen, die medizinischen Daten der HJ und die neuerdings bei Studenten gewonnenen ärztlichen Befunde ergänzen³³. Doch damit nicht genug: „Der Idealzustand nach Jahren wird einmal sein, daß dieser Gesundheitspaß vom Hausarzt schon für den Säugling ausgestellt wird und den deutschen Menschen von der Wiege bis zum Grabe begleitet."³⁴ Die maschinelle Auswertung der Stammdaten mittels Hollerith-System, Datenspeicherung und fortlaufende Kontrolluntersuchungen sollten die Gewähr dafür bieten, daß dieses „Volksleistungs-Kataster" immer auf dem aktuellen Stand bliebe³⁵.

Die Auswertung der „Vier-Gau-Untersuchung" bot indes wenig Anlaß zur Euphorie. Der gesundheitliche Zustand des deutschen Volkes war erbärmlich³⁶. Auf dem „Parteitag der Arbeit" im September 1937 gab Bartels die ersten Ergebnisse bekannt: Bei 36% der Untersuchten bestand „sofortige Behandlungsbedürftigkeit", alle übrigen zeigten bereits „Frühschäden", wie der neue Begriff lautete. Gemeint waren damit „funktionelle Schwächezustände", salopper: Hinweise auf ein „Absacken der Leistungskraft"³⁷.

Arbeitsmedizinische Experten beurteilten das Ergebnis der Untersuchungen in anderer Hinsicht als enttäuschend. Nach ihrer Einschätzung sagte es gar nichts über die Arbeits- und Leistungsfähigkeit am Arbeitsplatz aus. Die Untersuchung habe „zu keinem brauchbaren Ergebnis über die Einwirkungen der Arbeitsbelastung geführt, da über die Form der Arbeit ungenügende Angaben gemacht wurden"³⁸. Es stellte sich heraus, daß die Aktion vom Amt für Volksgesundheit der DAF schlampig geplant und überstürzt durchgeführt worden war. Propaganda und Aufwand standen in keinem Verhältnis zum greifbaren Nutzen.

---

³² Vgl. Deutschland-Berichte 1937, S. 1338 f.
³³ Vgl. Hans Müller, Das Gesundheitsbuch für Reichsarbeitsdienst und Wehrmacht, in: DÄB 67 (1937), S. 463 ff. Die Neueinführung des Gesundheitsbuches für Wehrmacht und RAD diente der vollständigen Erfassung des Soldaten. Datentransfer mit dem zuständigen Gesundheitsamt war ausdrücklich gefordert, damit „der fortlaufend ein wertvoller Beitrag zur positiven erbbiologischen Bestandsaufnahme des deutschen Volkes zur Verfügung gestellt" werden kann. Vgl. dazu auch die Meldung „Gesundheitsstammbuch bei Erstimmatrikulation", in: DÄB 67 (1937), S. 358: Die Immatrikulation zum Studium war vom Sommersemester 1937 an nur noch unter Vorlage des Gesundheitsstammbuchs möglich. Dazu hatten sich die Studierwilligen an ihrem Heimatort bei einem beim Hauptamt für Volksgesundheit der NSDAP zugelassenen Arzt einer gründlichen Untersuchung zu unterziehen. Besonders interessierten dabei die erbbiologischen Daten des Studenten. Die HJ hatte das Gesundheitsstammbuch bereits früher eingeführt.
³⁴ Vortrag Wagners, abgedruckt in: DÄB 67 (1937), S. 876–880.
³⁵ Vgl. Reeg, Ehre ist Leistung, und Aly/Roth, Restlose Erfassung.
³⁶ Vgl. Deutschland-Berichte 1937, S. 1338 f.
³⁷ Friedrich Bartels, Die Arbeit des Hauptamtes für Volksgesundheit am schaffenden deutschen Menschen, in: DÄB 67 (1937), S. 887–890.
³⁸ Ernst Zapel, Ergebnisse der Reihenuntersuchungen in Betrieben, in: ZGU 28 (1941), S. 57–65 und S. 89–92.

Verbesserungen des Untersuchungssystems blieben Theorie. Zum einen unterbrach der Kriegsbeginn das Programm, zum anderen dauerte der Aufbau des betriebsärztlichen Dienstes viel zu lange. Der erste der jeweils 14tägigen Ausbildungskurse für Betriebsärzte hatte erst am 11. März 1937 auf der Schulungsburg Hirschberg in Schlesien begonnen[39], die Anzahl der Betriebsärzte stieg folglich nur langsam an. Zum Zeitpunkt der großen Reihenuntersuchungen im Sommer 1937 arbeiteten gerade 350 haupt- und nebenamtliche Betriebsärzte[40], und zu Jahresbeginn 1939 führte das Hauptamt erst 21 hauptamtliche und 446 nebenamtliche Betriebsärzte in seiner Kartei[41]. Das Ziel, für jeden Betrieb mit über 200 Beschäftigten einen Betriebsarzt fest anzustellen, ließ sich nur sehr langsam erreichen. 1944 schließlich gab es 8000 haupt- und nebenberufliche Betriebsärzte[42].

Die neuen Betriebsärzte sollten deutlich mehr leisten als die „Fabrikärzte" alten Zuschnitts. Nicht allein Erfahrung in Arbeitsmedizin und Gewerbehygiene war gefragt; der Betriebsarzt sollte das Vertrauen der Belegschaft und der Betriebsführung besitzen. Er sollte den Arbeitsablauf genau kennen und in der Lage sein, die Arbeiter nicht nur körperlich, sondern auch „moralisch" einzuschätzen und zu „führen". Zusätzlich sollte er Fachprobleme beherrschen, die noch nicht einmal in Ansätzen erforscht waren – etwa das Aufspüren von „Frühschäden". Das Wichtigste jedoch war die Erfassung der Leistungsfähigkeit eines jeden Arbeiters. Es galt, jedem „einen seinem Leistungszustand entsprechenden Arbeitsplatz" zuzuweisen und damit die Gewähr zu bieten für die optimale „Verwertung" eines jeden Arbeiters, auch der „Anbrüchigen", wie nicht mehr völlig Gesunde wenig feinfühlig genannt wurden[43]. Der Betriebsarzt praktizierte Arbeitsmedizin, kombiniert mit gesundheitsreformerischen Ideen und angereichert mit NS-Gedankengut; alles zusammen nannte sich Leistungsmedizin.

Das Problem des Arbeitsschutzes im engeren Sinne sollte die Betriebsärzte weniger kümmern, würde es sich doch – so Reichsärzteführer Wagner auf der Jahresversammlung der Deutschen Gesellschaft für Arbeitsschutz im Oktober 1936 in Frankfurt/Main – durch ihre erfolgreiche sonstige Arbeit von selbst lösen. Denn da „75% sämtlicher Unfälle letzten Endes nicht durch die Maschine, sondern eben in [sic] Ermüdungserscheinungen des schaffenden deutschen Menschen bedingt sind und eben in einer Leistungsminderung dieses schaffenden deutschen Menschen", würden durch „Leistungssteigerung" alle Schwierigkeiten automatisch beseitigt[44].

Für die arbeitende Bevölkerung hatte die praktizierte Form der Leistungssteigerung schwerwiegende Folgen. Zunehmende Arbeitsbelastung und Versorgungsprobleme verursachten überall schleichende Hinfälligkeit. Der Krankenstand stieg, die Produktion kam in Gefahr. Den Betriebsärzten erwuchs ein neues Betätigungsfeld: Von den Unternehmern bezahlt, blieb ihnen vielerorts nichts anderes übrig, als den Wünschen der Betriebsführung nachzukommen. Sie verloren ihre ursprünglichen Aufgaben mehr und mehr aus den Augen und entwickelten sich zum verlängerten Arm der

---

[39] Vgl. Rubrik Tagesgeschehen, in: ZGU 24 (1937), S. 60.
[40] Vgl. Wochenschau, Gesundheitstrupps in 3600 Betrieben, in: DÄB 69 (1939), S. 86.
[41] Vgl. Öffentlicher Gesundheitsdienst 5 A 1939/40, S. 160, und die Meldung „467 Betriebsärzte eingesetzt", in: DÄB 69 (1939), S. 185.
[42] Vgl. Reeg, Ehre ist Leistung, S. 3658.
[43] Vgl. Werner Bockhacker, Der deutsche Arzt als Betriebsarzt, in: DÄB 68 (1938), S. 145 f.
[44] Gerhard Wagner, Eröffnungsrede, abgedruckt in: Beiheft ZGU 26 (1937), S. 86.

Betriebsführung, unter den Bedingungen der Kriegsproduktion zum Motor der Leistungssteigerung. Die Arbeiterschaft lernte sie als „private Vertrauensärzte", als „Gesundschreiber" fürchten[45], die ihre Hauptaufgabe darin sahen, „einem Verletzten einen zwischenzeitlichen leichten Arbeitsplatz zuzuweisen, so daß er nicht [krank] zu feiern braucht und im Arbeitsprozeß verbleibt"[46].

Was blieb von den hochtrabenden Plänen einer „Gesundheitsführung" übrig? Die von der Partei geforderte „Gesundheitspflicht" war angesichts der drastisch gestiegenen Arbeitsanforderungen einfach nicht zu erfüllen – um so weniger, als gleichzeitig eine rigorose Pflicht zur Leistung bestand: „Aus dem Lebens- und Leistungsgesetz der Gemeinschaft ergibt sich für jeden einzelnen die Pflicht zum Leistungseinsatz und [...] zur Erhaltung seiner Leistungsfähigkeit."[47] Daraus folgte „Gesundheit ist Leistung", und entsprechend überschrieb der Präsident des Reichsgesundheitsamtes einen Artikel für die Festschrift seiner Behörde[48]. Prof. Dr. Strecker verstieg sich sogar zu der Behauptung, Steigerung der Arbeitsleistung führe zur Steigerung der Gesundheit: „Anspannung der eigenen Kräfte, Leistungssteigerung, Überwindung der kleinen und oft kleinlichen Krankheitsanwandlungen, Gesundseinwollen und Gesundseinmüssen bei vorgeschriebenen Anforderungen sollen zur körperlichen und willensmäßigen Stählung und Härtung des Organismus verhelfen."[49]

Für die Arbeiter hieß dies unter den Bedingungen der Kriegswirtschaft: Sie hatten ihre Gesundheit zu opfern, um Leistung zu erbringen. Der nebulöse Begriff „Gesundheitsführung", nach Kriegsbeginn bald vollends pervertiert, verschwand schließlich in der Versenkung. Auf die Betriebsärzte warteten andere Aufgaben.

Revierärzte

Bald nach Beginn des Krieges führte der ständig zunehmende Mangel an Ärzten (zunächst tat etwa ein Drittel, später die Hälfte Dienst bei der Wehrmacht) dazu, daß kranke Arbeitnehmer längere Wege in die verbliebenen Praxen zurückzulegen hatten und in überfüllten Wartezimmern herumsaßen. Die Patienten störte das vermutlich nicht sehr, aber in den Betrieben führte dieser Umstand zu heftigen Reaktionen: „Dieser Arbeitszeitverlust ist jetzt besonders für die Versicherten, die in den wehrwirtschaftlich wichtigen Betrieben arbeiten, nicht zu vertreten."[50] Die Kassenärztliche Vereinigung Deutschlands (KVD) wußte einen Ausweg: „Abweichend von den sonst geltenden Vorschriften", nach denen Ärzte nicht ambulant oder gar an verschiedenen Orten tätig werden durften, gestattete sie ab Sommer 1940 einzelnen Kassenärzten, die in der Nähe von zu versorgenden wehrwirtschaftlich wichtigen Betrieben praktizierten, „zu bestimmten Zeiten Sprechstunden in den Betrieben abzuhalten". Offiziell

---

[45] Deutschland-Berichte 1937, S. 1329.
[46] National-Zeitung (Essen) vom 3.3.1939, zit. nach Deutschland-Berichte 1939, S. 347.
[47] Hermann Hoffmann, Das ärztliche Weltbild, Stuttgart 1937, S. 52.
[48] Vgl. Hans Reiter, Berufsschädigung und Volksleistung, in: ZGU 24 (1937), S. 145–149.
[49] Strecker, Arzt, Gesundheitsführung und Krankenversorgung, in: DÄB 71 (1941), S. 436.
[50] Archiv der Kassenärztlichen Vereinigung Nordwürttemberg (im folgenden: AKVN), Rundschreiben der KVD 15/40 vom 25.6.1940; das folgende Zitat ebenda.

nannte sich die Neuschöpfung „Revierärztliche Behandlung", inoffiziell dienten die „Fabrikärzte" der radikalen Kontrolle der Gefolgschaft, die bereits wenige Monate nach dem kriegsbedingten Anstieg der Arbeitsbelastung vermehrt Erholung in der Krankheit suchte. Die KVD wählte Kassenärzte, die sie als Revierärzte verpflichtete, deshalb nicht nur nach örtlichen Gegebenheiten aus, sondern achtete darauf, daß die erkorenen Ärzte „die Gewähr dafür bieten, daß der revierärztliche Dienst gewissenhaft durchgeführt wird und daß unberechtigtes Krankfeiern unterbunden wird".

Nichts mehr fürchtend als eine Stimmungsverschlechterung unter den niedergelassenen Ärzten, achtete die KVD auf eine strenge Abgrenzung der Tätigkeit der Revierärzte von der Einrichtung des betriebsärztlichen Dienstes, der Angelegenheit der Betriebe war und nur für „erweiterte Erste Hilfe" zuständig sein sollte. Die KVD erklärte daher die revierärztliche Arbeit zur „kassenärztlichen Leistung". Die „Reviersprechstunde" schränkte die freie Arztwahl der Versicherten bewußt ein, was eine geradezu sensationelle Veränderung des Besitzstandes der Ärzteschaft bedeutete, für den diese ein halbes Jahrhundert gekämpft hatte. Die Einschränkung der freien Arztwahl führte nach einiger Zeit denn auch zu Bedenken grundsätzlicher Art und zu Protesten von Patienten. Anfang 1943 hob die KVD die brisante Regelung wieder auf; man befürchtete, daß die Proteste der Bevölkerung deren Einsatzwillen im „totalen Krieg" hemmen könnte[51].

Solange die Anordnung galt, hatte jeder „gehfähige" Kranke den Revierarzt aufzusuchen. Dort geriet er in das System der „Überwachung des Krankenstands". Die KVD bemerkte dazu: „Der Revierarzt übernimmt zwar nicht die Aufgabe des vertrauensärztlichen Dienstes", sollte aber, auch zu dessen Entlastung, „den Krankenstand im Betrieb fortlaufend überwachen". (Nach den ursprünglichen Plänen der KVD sollte aus den Reihen der Kassenärzte sogar ein ausschließlich für die Krankenüberwachung zuständiger Revierarzt verpflichtet werden.)

Die Deutsche Arbeitsfront bot in diesem Stadium an, die von ihr beaufsichtigten Betriebsärzte als Revierärzte einzuteilen. Dies hätte jedoch einen Präzedenzfall geschaffen, der den Alleinbehandlungsanspruch der Kassenärzte unterhöhlt hätte. Die KVD winkte ab. Sie wollte die revierärztliche Tätigkeit ihren Ärzten sichern, da sonst „den Kassenärzten ein ins Gewicht fallender Teil der Kassenpatienten und damit der ärztlichen Einnahmen entzogen wird"[52]. So zog sich die endgültige Lösung dieses Problems hin. Erst als der Ärztemangel und zugleich der Mangel an qualifizierten einheimischen Arbeitskräften immer bedrückender wurde, einigten sich die Kontrahenten. Im Februar 1942 wurde die revierärztliche Behandlung auf eine breitere Basis gestellt; „Fabriksprechstunde" hieß nun das Modell. Vorerst nur in kriegswichtigen Betrieben durfte nun auch der Betriebsarzt in der Regie und auf Honorar der Kassenärztlichen Vereinigung die Arbeiter untersuchen und behandeln. Die offizielle Begründung verwies auf die „weiter[e] Anspannung in der Frage der ärztlichen Versorgung der Zivilbevölkerung durch Einziehung von Ärzten zur Wehrmacht", aber auch auf einen willkommenen Nebeneffekt: „Durch Einrichtung bestimmter Sprechstun-

---

[51] AKVN, Rundschreiben der KVD 2/43 vom 22.1.1943.
[52] AKVN, Rundschreiben der KVD 19/40 vom 20.7.1940.

den [können] die Wege zum Kassenarzt und unnötige Krankmeldungen vermieden und somit wertvolle Arbeitsstunden für den Betrieb gewonnen werden."[53]

Die kranken „Gefolgschaftsmitglieder" *mußten* nun ärztliche Hilfe bei den Revierärzten suchen. Doch damit nicht genug: Am 16. Dezember 1942 trafen KVD und das Amt Gesundheit und Volksschutz der DAF eine Vereinbarung, deren Durchführungsbestimmungen nach dem Vorschlag der KVD vier Möglichkeiten beließen: „1. Abhaltung der revierärztlichen Sprechstunde im Betriebe ohne Einschränkung der freien Arztwahl. 2. Einschränkung der freien Arztwahl nur während der Arbeitszeit. 3. Einschränkung der freien Arztwahl für alle gehfähigen Gefolgschaftsmitglieder. 4. Aufhebung der freien Arztwahl für alle Gefolgschaftsmitglieder."[54]

Die in den Betrieben bereits tätigen festangestellten oder nebenamtlichen Betriebsärzte sollten diesen Dienst besorgen. Auf Antrag der Betriebsführer erteilte die KVD die Erlaubnis zur Einrichtung einer „revierärztlichen Sprechstunde" und bestimmte auch den genauen Modus der Einschränkung der freien Arztwahl. Die Verantwortlichen in der Reichsgruppe Industrie und bei der Deutschen Arbeitsfront begrüßten die Vereinbarung in einem gemeinsamen Rundschreiben, das erkennen ließ, daß ihnen an einer optimalen ärztlichen Versorgung wenig lag: „Im Interesse der weiteren Drosselung des Fehlstandes [...] aus gesundheitlichen Gründen und der Erhöhung des Produktionsausstoßes werden Möglichkeiten 3 und 4 in erster Linie als Maßnahme der Wahl zu empfehlen sein." Fortan interessierte bei „Beantragung auf Einrichtung der revierärztlichen Sprechstunde" nur „die Höhe des Fehlstandes und des Krankenstandes". Stiegen diese an, durfte der „fabrikärztliche Dienst" sofort tätig werden. Selbst das Prinzip der Rechtsgleichheit konnte angesichts des höheren Ziels der Leistungssteigerung ignoriert werden: „Es ist ohne weiteres möglich, für solche Betriebsangehörigen, die dem Betriebe als unsichere Arbeitskräfte bekannt sind, den Vorschlag [...] 4 [...] anzuordnen, wenn für die übrige Gefolgschaft der Vorschlag 3 oder ein anderer gelten soll."[55]

Wenig nur blieb unter den Bedingungen des „totalen Krieges" vom reformerischen Anspruch der Gesundheitsführung übrig. Der Betriebsarzt, jetzt in Personalunion auch als Revierarzt tätig, sollte sich mit dem Segen der Kassenärztlichen Vereinigung als Garant der Krankheitsverhinderung betätigen. Wie der Anstieg der krankheitsbedingten Arbeitsunfähigkeit im weiteren Verlauf des Krieges zeigt, scheint diese Rechnung jedoch nicht – oder zumindest nicht überall – aufgegangen zu sein. Nicht alle Betriebsärzte ließen sich als Handlanger der Rüstungsindustrie mißbrauchen.

---

[53] AKVN, Rundschreiben der KVD 3/42 vom 16.2.1942 und Rundschreiben der KVD 11/42 vom 12.6.1942.
[54] AKVN, Rundschreiben der KVD 1/43 vom 21.1.1943.
[55] Rundschreiben der Reichsgruppe Industrie vom Januar 1943, zit. nach ebenda.

Der Vertrauensärztliche Dienst[56]

Im Frühjahr 1936, etwa parallel zur Etablierung der betrieblichen „Gesundheitsführung" unter der Regie des NSDAP-Hauptamtes für Volksgesundheit, reformierte das Reichsversicherungsamt (RVA) sein Vertrauensarztsystem. Die „Neuordnung des Vertrauensärztlichen Dienstes" (VÄD) trat als letzte Novelle im Rahmen der Reform des staatlichen Versicherungswesens am 30. März 1936 in Kraft.

Die Reichsversicherungsordnung von 1884 hatte Vertrauensärzte ursprünglich nicht vorgesehen. Als jedoch zwischen 1924 und 1928 die Ausgaben der Krankenkassen erheblich anstiegen und Krankengeldzahlungen bald über ein Drittel des Budgets verschlangen, weil arbeitslose Versicherte immer mehr dazu neigten, sich die Leistungen der Krankenversicherung in Form von Krankengeld nutzbar zu machen[57], sahen sich die meisten Krankenkassenleiter gezwungen, ärztliche Gutachter fest anzustellen. Deren einzige Aufgabe bestand darin, im Rahmen von Kontrolluntersuchungen möglichst viele Kranke gesundzuschreiben. Die kostendämpfenden Erfolge dieser Vertrauensärzte blieben auch der Reichsregierung nicht verborgen, die inzwischen die Krankenkassen kräftig zu subventionieren hatte. 1930 verpflichtete sie alle Krankenkassen, Arbeitsunfähigkeitsbescheinigungen und zahlreiche andere Versicherungsleistungen durch Vertrauensärzte nachprüfen zu lassen. Diese Ärzte genossen keinen sonderlich guten Ruf. Bei der Arbeiterschaft als „Gesundschreiber" verschrieen, sahen die niedergelassenen Ärzte in ihnen prinzipiell „Feinde", deren höchster Triumph es angeblich war, dem behandelnden Arzt eine Fehlentscheidung nachzuweisen. Dadurch untergruben die Vertrauensärzte nach Meinung der Kassenärzte geradezu das Vertrauen zwischen Arzt und Patient.

Im sozialreformerischen Elan der frühen Jahre versuchte die NS-Regierung, den Vertrauensärzten im Rahmen der „Neuordnung" des Gesundheitswesens eine angemessene Rolle zuzuweisen. Der Erlaß des Reichsarbeitsministeriums vom 30. März 1936 trennte den Vertrauensärztlichen Dienst von den Krankenkassen ab und unterstellte ihn den Landesversicherungsanstalten (LVA). Um den Eindruck zu vermeiden, es handele sich bei den „neuen" Vertrauensärzten wieder nur um die alten Kontrolleure, stellte der Erlaß heraus, daß die im VÄD tätigen Ärzte die Kassen beraten, die Arbeitsunfähigkeit und die Verordnung von Leistungen nachprüfen und die Notwendigkeit der Krankenhaus-Einweisung begutachten sollten. Darüber hinaus ging es um die Mitwirkung bei der fürsorgerischen Erfassung der Volkskrankheiten (Krebs, Tuberkulose, Zuckerkrankheit, Rheuma, Verkrüppelungen, Herzerkrankungen) und um Beratung auf dem Gebiet der Erb- und Rassenpflege[58].

---

[56] Der folgende Abschnitt beruht zum Teil auf den Jahresberichten, Sitzungsniederschriften und Verfügungen der AOK Stuttgart aus den Jahren 1939–1944. Für die Überlassung der Akten danke ich Herrn Marburger, Leiter der Abteilung Statistik und Dokumentation der AOK Stuttgart. Zum VÄD, auf allerdings sehr viel schmalerer Quellengrundlage, vgl. auch Karbe, Entstehung und Ausbau, in: Thom/Caregorodcev (Hrsg.), Medizin unterm Hakenkreuz, S. 219–224.

[57] Vgl. hierzu und zum folgenden M. Sauerborn, die Neuregelung des vertrauensärztlichen Dienstes in der Krankenversicherung, in: DÄB 66 (1936), S. 599–606.

[58] Erlaß des Reichs- und Preußischen Arbeitsministers vom 30.3.1936, zit. nach Sauerborn, Neuregelung.

Nach dem Geist des Erlasses rangierte die reine Krankenkontrolle hinter den übrigen Aufgaben. Ministerialrat Sauerborn vom Reichsarbeitsministerium betonte dies in einer amtlichen Interpretation: Die neuen Bestimmungen „machen ein für allemal Schluß mit der Auffassung, daß die kontrollierende Tätigkeit des Vertrauensarztes seine einzige oder doch mindestens wesentlichste Aufgabe sei"[59]. Etwas verklausuliert bestimmte der Erlaß weiter, daß zur Unterstützung der hauptamtlichen Vertrauensärzte auch niedergelassene Fachärzte und Fabrikärzte herangezogen werden könnten[60]; diese Bestimmung sollte später noch für großen Ärger sorgen.

Zunächst aber fand die Reform eine positive Aufnahme, vor allem auch bei den Ärzten, von denen es viele in die Dienste der LVA drängte, zumal die Posten nicht schlecht dotiert waren[61]. Die angestrebte Zahl von etwa 1000 hauptamtlichen VÄ war rasch überschritten; zu Beginn des Krieges standen 1200 beamtete Vertrauensärzte 25 Millionen Versicherten gegenüber. Die Unterhaltung des Vertrauensärztlichen Dienstes verschlang etwa 10 Millionen RM pro Jahr[62].

Bevor die Patienten noch Anzeichen einer Reform verspürten, holte die Krankenkontrolle den „neuen" Vertrauensärztlichen Dienst schon wieder ein. Zwischen 1934 und 1936 war der Krankenstand im Zeichen der Vollbeschäftigung stark angestiegen. Als die Fehlzeiten den Vierjahresplan zu gefährden drohten, gab das Reichsversicherungsamt am 26. Oktober 1936 eine Dienstanweisung für den VÄD heraus, die bereits wieder eine Richtungsänderung andeutete: „Der VA ist verpflichtet, dem Versicherten gegenüber seinen Einfluß auf Hebung des Arbeitswillens geltend zu machen."[63]

Genauere Zahlen über die Zunahme des Krankenstandes standen seit dem 1. Januar 1939 zur Verfügung, denn nun hatten die vertrauensärztlichen Dienststellen vierteljährlich eine Krankenstatistik zu erstellen[64]. Die seitenlangen Zahlenkolonnen zeigten alarmierende Ergebnisse[65], und nach Kriegsbeginn verstärkte sich der Trend noch als Reaktion auf die Kriegswirtschaftsverordnungen, die den Urlaub stornierten und die Arbeitszeit verlängerten. Auch die gleichzeitig in Kraft gesetzte Lebensmittel-Bewirtschaftung diente nicht dazu, die Widerstandsfähigkeit gegen Krankheiten zu steigern. Die Krankenkassen spürten das Anziehen der Leistungsschraube an ihren Ausgaben für Krankengeldzahlungen. Bei einem Krankenstand von 5% wurde es

---

[59] Sauerborn, Neuregelung, S. 605.
[60] Vgl. Bestimmungen über den VÄD in der Krankenversicherung, in: DÄB 66 (1936), S. 415 f.
[61] Vgl. die Bekanntmachungen der KVD, in: DÄB 66 (1936), S. 1050, und Heinrich Hartrath, Der Vertrauensarzt in der Krankenversicherung und seine Anstellungsbedingungen, in: DÄB 68 (1938), S. 190–195.
[62] BA, R 89, 5270, Bl. 286 ff. bzw. 5271, Bl. 219 ff., Schriftwechsel der Krankenkassen mit der Gemeinschaftsstelle der LVAs beim RVA vom September 1941 bzw. von Ende 1942.
[63] Dienstanweisung für den VÄD, in: DÄB 68 (1938), S. 522. Dort werden in diesem Zusammenhang die Rundschreiben 31/1936 und 1/1937 des RVA vom 30.12.1936 bzw. 12.1.1937 zitiert.
[64] Rundschreiben Nr. 18 der Gemeinschaftsstelle der LVAs beim RVA vom 4.12.1938, statistische Auswertungen der Ergebnisse des VÄD betreffend, abgedruckt in: DÄB 69 (1939), S. 138.
[65] BA, R 89, 5266, Bl. 24, Bl. 143, Bl. 196; 5267, Bl. 106, Bl. 273; 5268, Bl. 20; 5269, Bl. 64; 5270, Bl. 13, Bl. 28, Bl. 57; 5271, Bl. 6, Bl. 141; 5272, Bl. 3, Bl. 26; 5273, Bl. 96; die hier enthaltenen Angaben bilden die Gesamtstatistik über den VÄD vom 1. Quartal 1939 bis zum 3. Quartal 1942.

kritisch. Nicht umsonst lautete der Merkspruch der Kassen: „Die Finanzen gehen mit dem Krankenstand."[66]

Um nicht gleich die Vertrauensärzte ins Feld zu führen, behalfen sich die Krankenkassen zunächst mit „Sonderaktionen". Die von einzelnen Kassen organisierte Betriebsfürsorge verkam dabei zu einem Spionageinstrument: Die Fürsorgerinnen dienten nun der Informationsgewinnung über Veränderungen in den Betrieben, die einen Anstieg der Krankmeldungen befürchten und Maßnahmen zur verschärften Krankenüberwachung geraten erscheinen ließen[67]. Eine bewährte Einrichtung der Krankenkassen stellten die Krankenbesucher dar, deren Reihen sich durch Einberufungen zur Wehrmacht seit September 1939 freilich lichteten. Die Effektivität der verbliebenen Krankenbesucher litt zusätzlich unter der Treibstoffkontingentierung, sofern die Kraftfahrzeuge nicht ohnehin in den Fuhrpark der Wehrmacht überführt wurden[68].

Vor diesem Hintergrund setzte sich die Überzeugung durch, daß der zunehmende Krankenstand auf Dauer nur durch den forcierten Einsatz des Vertrauensärztlichen Dienstes eingedämmt werden könne. Zunächst versuchte man es mit einem „Beratungsverfahren", das von der AOK Erfurt entwickelt worden war[69]. Bald rühmte auch die Firma Opel die Erfolge dieser Neuerung, so daß die Reichsgruppe Industrie sich beim Leiter des Reichsversicherungsamtes für die allgemeine Einführung des Verfahrens einsetzte, da „die von Jahr zu Jahr steigenden Krankenziffern wie die gleichzeitig von Jahr zu Jahr steigende Knappheit an Arbeitskräften" die Industrie „nicht wenig beunruhigte"[70]. Bei diesen „Beratungen" versuchten die Obervertrauensärzte eines Bezirks auf die Kassenärzte dahingehend einzuwirken, daß diese „gehfähige Patienten, die sich arbeitsunfähig melden – und die einen nicht ohne weiteres feststellbaren oder nachprüfbaren krankhaften Befund vorgaben –, vor der A.u.-Setzung [Krankschreibung] zu eingehender Untersuchung an die vertrauensärztliche Dienststelle [...] überweisen".

Die Vertrauensärzte versuchten den Kassenärzten das Verfahren schmackhaft zu machen unter Hinweis auf deren „dringend notwendige Entlastung" oder mit dem Versprechen, daß ihre Patienten nicht „mit allen Mitteln ausgebootet" werden sollten. In Wahrheit bedeutete die Einbestellung zum Vertrauensarzt jedoch nur, daß man die Hausärzte für unfähig und weich und viele der bisher ausgefertigten Krankmeldungen für fingiert hielt. Es konnte deshalb kaum überraschen, daß die niedergelassenen Ärzte die Mitarbeit verweigerten[71].

Ähnlich kläglich scheiterte das sogenannte Befristungsverfahren, eine Art Stillhalteabkommen zwischen VÄD und Kassenärzten, das diesen einen strengeren Maßstab

---

[66] AOK Stuttgart, Niederschriften über die Sitzungen des Beirats und des großen Ausschusses 1942, S. 36.
[67] AOK Stuttgart, Bericht über das Geschäftsjahr 1940, S. 94.
[68] Ebenda, S. 106, sowie Bericht über das Geschäftsjahr 1943, S. 10.
[69] AOK Stuttgart, Niederschriften über die Sitzungen des Beirats und des großen und kleinen Ausschusses, 1939, S. 173; zitiert wird dort der Obervertrauensarzt von Erfurt, Dr. Hofbauer.
[70] BA, R 89, 5266, Bl. 324–327, Schreiben der Reichsgruppe Industrie an das RVA vom 21.7.1939.
[71] AOK Stuttgart, Bericht über das Geschäftsjahr 1939, S. 79, sowie Schreiben der vertrauensärztlichen Dienststelle der LVA Württemberg „an die Herren Kassenärzte", Weihnachten 1939.

bei der Krankschreibung aufzwingen sollte[72]. Die Kassenärzte verweigerten auch hier die Kooperation.

Letztlich scheiterten alle Sonderverfahren am Personalmangel des Vertrauensärztlichen Dienstes. Die Zahl der hauptamtlichen Vertrauensärzte reduzierte sich im Verlauf des Krieges aufgrund des Ärztebedarfs der Wehrmacht immer mehr. Im gesamten Reichsgebiet fehlte schließlich etwa ein Drittel der Vertrauensärzte[73], in einzelnen Bezirken sogar die Hälfte[74]. Gleichzeitig stieg die Zahl der Arbeitsunfähigen weiter an. Alle beteiligten Stellen sannen auf Abhilfe; schließlich erinnerte man sich der Betriebsärzte.

Dr. Blome, der stellvertretende Leiter des Hauptamtes für Volksgesundheit der NSDAP, erklärte bereits am 7. September 1939: „Es erscheint notwendig und zweckmäßig, daß die hauptamtlich angestellten Betriebsärzte [...] zu nebenamtlichen Vertrauensärzten für den Bereich ihres Betriebes bestellt werden."[75] Doch gegen die Verschärfung der Krankenkontrolle durch die Betriebsärzte sprach, daß dies die Stimmung in den Betrieben massiv verschlechtern mußte. Nicht ohne Grund hatte das Hauptamt für Volksgesundheit der DAF (inzwischen vom Hauptamt für Volksgesundheit der NSDAP abgespalten), dem die Betriebsärzte formell unterstanden, im Juli 1937 in seinen „Richtlinien für Betriebsärzte" kategorisch erklärt: „Vertrauensärzte dürfen nicht als Betriebsärzte eingesetzt werden."[76] Der Leiter des DAF-Amtes, Dr. Werner Bockhacker, verweigerte zunächst jede Mitarbeit. Im Völkischen Beobachter vom 27. Januar 1940 schrieb er unter dem Titel „Sicherung der Schaffenskraft" über die Aufgabe des Betriebsarztes und über seine besondere Stellung im Gesundheitssystem: „Er genießt [...] die gleiche Vertrauensbasis wie in der Familie der Hausarzt. Aus diesem Grunde erscheint es, wenn man seine Arbeit nicht zerschlagen will, als nicht angängig, ihn zugleich noch mit Pflichten vertrauensärztlicher Natur belasten zu wollen." Den Betriebskrankenkassen, durch steigende Krankengeldzahlung vom finanziellen Kollaps bedroht, erschien „diese Stellungnahme nicht verständlich, nachdem auch das Hauptamt für Volksgesundheit [der NSDAP] ausdrücklich die Zweckmäßigkeit der Heranziehung der Betriebsärzte zum Vertrauensärztlichen Dienst anerkannt hat"[77].

Mit Bockhacker konnten die Krankenkassen indes nicht rechnen. Auf einer Versammlung von Betriebsärzten und Betriebsobmännern der Deutschen Arbeitsfront erklärte er: „Der deutsche Arbeiter sei kein Simulant und der Vertrauensärztliche Dienst sei das Sinnloseste, was es gebe, und für den deutschen Arbeiter entwürdigend." Deshalb, so Bockhacker weiter, „habe die [...] Deutsche Arbeitsfront, Abteilung

[72] AOK Stuttgart, Bericht über das Geschäftsjahr 1940, S. 101.
[73] BA, R 89, 5271, Bl. 68, Statistische Übersicht der Gemeinschaftsstelle der LVAs vom 20.2.1942.
[74] BA, R 89, 5267, Bl. 48–51, Statistik über den Krankenstand bei einzelnen Krankenkassen und Fehlzahlen der Vertrauensärzte vom Januar 1940.
[75] BA, R 89, 5266, Bl. 30 f., Schnellbrief des Hauptamts für Volksgesundheit an die Gauamtsleitungen und Verwaltungsstellen vom 7.9.1939.
[76] BA, R 89, 5270, Bl. 109 ff., Richtlinien für Betriebsärzte, undatiert, sowie 5268, Bl. 129–142, Schreiben des Leiters der Gemeinschaftsstelle der LVAs an das Reichsarbeitsministerium vom 30.12.1940.
[77] BA, R 89, 5267, Bl. 79 f., Schreiben des Reichsverbandes der Betriebskrankenkassen an die Gemeinschaftsstelle der LVAs vom 29.1.1940.

‚Gesundheits und Volksschutz', ihren Betriebsärzten verboten, als Vertrauensärzte tätig zu sein. Die Arbeitsfront würde nicht ruhen und rasten und dafür kämpfen, bis der vertrauensärztliche Dienst verschwunden wäre."[78]

Selbst der Reichsgesundheitsführer, Blomes Vorgesetzter, hielt nichts von dessen Plan. Den vertrauensärztlichen Kollegen fiel er sogar in den Rücken. In verschiedenen öffentlichen Veranstaltungen, so auch auf der mit 1600 Teilnehmern recht gut besuchten 52. Tagung für Innere Medizin im Mai 1940 in Wiesbaden, führte Dr. Leonardo Conti immer wieder aus, daß er den Vertrauensärztlichen Dienst nur „als notwendiges Übel betrachte"[79]; diese Formulierung stand sogar wörtlich im Deutschen Ärzteblatt[80]. Auch zum Problem, ob die Betriebsärzte des Hauptamtes für Volksgesundheit ihren Ruf mit Krankenkontrollen gefährden sollten, äußerte sich Conti unmißverständlich: „Die Frage der Betriebsärzte wünsche ich möglichst nicht mit den Vertrauensärzten verbunden zu wissen, da diese das Vertrauen der Bevölkerung nicht besitzen."[81] Angesichts dieser Widerstände ließ sich zunächst nur in wenigen Betrieben die Personalunion Betriebsarzt–Vertrauensarzt durchsetzen.

Ende Januar 1940 erklomm der Krankenstand in den industriellen Zentren des Reichs wahre Rekordmarken. So meldete die AOK Nürnberg 5,78%, die AOK Stuttgart 5,06%, die AOK Mayen gar 7,00% Krankgeschriebene[82]. Daraufhin entwickelte der Leiter des Vertrauensärztlichen Dienstes bei der Gemeinschaftsstelle der Landesversicherungsanstalten in Berlin, Dr. Walter, die Idee einer „Stoßtruppaktion des Vertrauensärztlichen Dienstes". Nach der Vorstellung Walters, des obersten deutschen Vertrauensarztes, sollte der Stoßtrupp von nun an „bei denjenigen Krankenkassen vorübergehend eingesetzt werden [...], bei denen die Entwicklung des Krankenstandes eine gefahrdrohende Steigerung erfahren hat". Am 29. Januar 1940 faßte der Reichsarbeitsminister diese Idee in einen Erlaß[83].

Die Premiere des „Stoßtrupps" fand am 4. April 1940 in Stuttgart statt[84]. Vertrauensärztliche Spezialisten aus Halle, Dortmund und Aachen waren dorthin gereist, um bis zum 20. April – zusammen mit 18 eigens dazu aus Württemberg zusammengezogenen Vertrauensärzten – die Hälfte aller gemeldeten Kranken zu kontrollieren. Jeden zweiten der Untersuchten erklärten die vertrauensärztlichen Aktivisten für sofort arbeitsfähig. Von 5335 zur Untersuchung vorgeladenen Kranken waren immerhin 2327

---

[78] BA, R 89, 5268, Bl. 129–142, Schreiben der Gemeinschaftsstelle der LVAs im RVA an den Reichsarbeitsminister vom 30.12.1940.

[79] BA, R 89, 5267, Bl. 186–190, Schreiben des Leiters der Gemeinschaftsstelle der LVAs, Dr. Storck, an den Reichsarbeitsminister vom 30.5.1940. Storck warf Conti vor, mit solchen öffentlichen Äußerungen den VÄD zu diffamieren.

[80] Ebenda. In einem Vortrag vor dem Berliner NSDÄB am 19.3.1940 sagte Conti: „Da auch der vertrauensärztliche Dienst, dieses notwendige Übel unseres heutigen Sozialversicherungssystems, geschwächt worden ist, so ist es wohl verständlich, daß hier und da einmal die Krankheitsziffer in den Betrieben gestiegen ist"; DÄB 70 (1940), S. 147.

[81] BA, R 89, 5267, Bl. 224 ff., Protestschreiben des Landesvertrauensarztes der LVA Westfalen, Dr. Gies, an das RVA vom 23.5.1943, sowie Bl. 186–190, Schreiben Storcks an den Reichsarbeitsminister vom 30.5.1940.

[82] BA, R 89, 5266, Bl. 255 f., Schreiben der Gemeinschaftsstelle der LVAs an das Reichsarbeitsministerium vom 25.1.1940; das folgende Zitat ebenda.

[83] BA, R 89, 5267, Bl. 1, Schreiben der Gemeinschaftsstelle der LVAs an das RVA vom 31.1.1940, dort ist der Erlaß des Reichsarbeitsministeriums vom 29.1.1940 zitiert.

[84] AOK Stuttgart, Bericht über das Geschäftsjahr 1940, S. 98 ff.

nicht erschienen. Im Jargon der VÄ wurde aus den Entschuldigungen die „Flucht in die Bettlägerigkeit"[85]. Der Stoßtrupp rückte ihnen nach und schaffte es, ein Fünftel der Bettlägerigen wieder der Arbeit zuzuführen. Beeindruckt von diesem Erfolg, bat AOK-Direktor Munder die Eingreiftruppe zusätzlich, in fünf Stuttgarter Krankenanstalten nach dem Rechten zu sehen. Tatsächlich fiel der Trupp dort ein und kämmte – zum Entsetzen von Patienten und Chefärzten – die Stationen aus: Fast jeder zweite Patient wurde im Laufe der Woche entlassen. Eingeschüchtert von diesen rüden Methoden, eilten viele Kranke im Bereich der AOK Stuttgart an ihre Arbeitsplätze. Der Stoßtrupp hatte einen Krankenstand von 3,57% vorgefunden und auf 2,78% gedrückt; drei Wochen nach dem Einsatz lag die Marke bei 2,54%[86].

Nach dem Abzug des Stoßtrupps merkte man bei der AOK in Stuttgart, daß man nur einen Scheinerfolg erzielt hatte. Nicht nur schaffte es der „normale" Betrieb des VÄD mit weniger brutalen Methoden ebenfalls, 40% der Untersuchten an die Arbeit zu bringen, auch zeigte sich das Ergebnis alles andere als dauerhaft. „Der nach der Beendigung der Stoßtruppaktion durch eine Steigerung der vertrauensärztlichen Untersuchungen und durch Anlegung eines strengeren Maßstabes bei der Beurteilung der Arbeitsunfähigkeit erzielte günstige Krankenstand konnte trotz intensiver Tätigkeit und trotz der günstigen Jahreszeit nicht gehalten werden", lautete die resignierte Feststellung. Dauerhaft jedoch erwies sich eine „gewisse Verstimmung" unter Ärzten, Patienten, Krankenhauspersonal, die sich in einer Flut von „Unmutsäußerungen", nicht selten „drohenden" Inhalts, an die Adresse der AOK Luft machte[87]. Diese Erfahrungen hielten die Berliner Gemeinschaftsstelle der LVA aber nicht davon ab, fortan das gesamte Reich mit Stoßtrupp-Aktionen zu überziehen. Der Stimmung in der Arbeiterschaft war das nicht zuträglich.

Wirkungsvoll, so lautete in Fachkreisen die Überzeugung, waren die vertrauensärztlichen Kontrollen erst dann, wenn die Zahl der Untersuchungen weiter erhöht wurde. Es hatte sich nämlich durchgängig gezeigt, daß von allen zur Untersuchung einbestellten Kranken etwa die Hälfte innerhalb einer Woche die Arbeit wieder aufnehmen konnten. Steigerte man also die Zahl der Einbestellungen, so erhöhte sich die Quote der wieder Arbeitsfähigen. Doch für die Kontrolle aller Kranken reichte das ärztliche Personal nicht mehr, zumal die Vertrauensärzte seit September 1940 auch noch die Überwachung der 2,5 Millionen Versicherten der Ersatzkrankenkassen zu übernehmen hatten. Daß man sich dabei auf die „Verordnung zur Sicherstellung des Kräftebedarfs für Aufgaben von besonderer staatspolitischer Bedeutung" vom 1. Februar 1939 berief, führte den Aufgabenwandel des VÄD deutlich vor Augen; von seiner gesundheitlich-sozialen Aufgabe war nichts übriggeblieben: „Es ist unter den gegenwärtigen Verhältnissen vielmehr besonders aus Gründen eines reibungslosen Arbeitseinsatzes geboten, daß die Mitglieder aller sozialen Krankenversicherungsträger nunmehr durch den vertrauensärztlichen Dienst der Landesversicherungsanstalten gleichmäßig erfaßt werden."[88]

---

[85] So die Diktion in: AOK Stuttgart, Bericht über das Geschäftsjahr 1943, S. 9.
[86] AOK Stuttgart, Bericht über das Geschäftsjahr 1940, S. 98 ff.
[87] Hans Leiser, Chronik der AOK Stuttgart in den Jahren 1933–1945, S. 58 (Sonderdruck im Archiv der Bezirksärztekammer Stuttgart).
[88] Wochenschau, in: DÄB 70 (1940), S. 341; gemeint war Paragraph 9 Satz 2 der Verordnung.

Aufgrund der Personalnot im Vertrauensärztlichen Dienst flammte die Diskussion über die Beteiligung der Betriebsärzte an Kontrolluntersuchungen wieder auf. In einer ausführlichen Denkschrift erinnerte Dr. Storck, der Leiter der Gemeinschaftsstelle der Landesversicherungsanstalten, das Reichsarbeitsministerium Ende 1940 an dessen Erlaß vom 30. März 1936, wonach „zu nebenamtlichen Vertrauensärzten u. a. Fabrikärzte herangezogen werden können"; die Einrede der DAF, ihre Betriebsärzte hätten mit den Fabrikärzten im früheren Sinn nicht das Geringste gemein, sei nicht überzeugend. Storck bat den Reichsarbeitsminister dringend um ein Machtwort, das diese „Agitation" und die „Verunglimpfungen" der Berufsehre der Vertrauensärzte abstelle und die Durchführung der Bestimmungen von 1936 erzwinge. Anderenfalls sähen sich die Landesversicherungsanstalten veranlaßt, ihrerseits die hauptamtlichen Vertrauensärzte abzuziehen, die nebenamtlich bei der DAF als Betriebsärzte Dienst taten[89].

Die Fronten hatten sich immer mehr versteift. Eine allgemeine Lösung schien zunächst nicht in Sicht, wenngleich in einigen Unternehmen Betriebsärzte bereits als Vertrauensärzte arbeiteten. Eine Anfrage des Präsidenten der Landesversicherungsanstalt Hannover nach den Erfahrungen mit dieser Praxis beantwortete das Volkswagenwerk Anfang 1941 positiv: Die Betriebskrankenkasse spare dadurch erhebliche Mittel ein, denn „eine nicht zu übersehende Bedeutung hat die Kombination Betriebsarzt und Vertrauensarzt im Hinblick auf die Ausmerzung der Drückeberger und derjenigen Gefolgschaftsmitglieder, die die Krankenkasse auszunützen versuchen. [...] Nach meinen Erfahrungen bestehen für die Kombination Betriebsarzt–Vertrauensarzt nicht nur keine Bedenken, sondern wir halten die Zusammenlegung der beiden Tätigkeiten für notwendig", lautete das Urteil von Direktor Prof. Dr. Ferdinand Porsche[90].

Der Widerstand der Gesundheitsbehörden brach allmählich zusammen; offensichtlich hatten sich höchste Stellen des Problems angenommen. Schließlich kam eine Anordnung des Reichsärzteführers heraus, die auf einer Vereinbarung zwischen dem Leiter der Partei-Kanzlei, dem Reichsarbeitsminister und dem Reichsgesundheitsführer vom 25. Oktober 1941 beruhte. Danach war es für die Dauer des Krieges möglich, daß in „Ausnahmefällen" der Betriebsarzt die Tätigkeit des Vertrauensarztes im gleichen Betrieb ausübte und umgekehrt, „um die vorhandene ärztliche Arbeitskraft so rationell wie möglich auszuwerten"[91]. Freilich ging es nicht nur um die ärztliche Arbeitskraft. Von der Personalunion Vertrauensarzt/Betriebsarzt versprachen sich die Initiatoren eine optimale Krankenkontrolle und eine deutliche Verminderung des Krankenstandes.

Das Ansehen der Vertrauensärzte litt unter dieser Abmachung mehr denn je. Nicht nur Patienten, sondern auch Ärzte klagten über fehlende Sensibilität des Vertrauensärztlichen Dienstes. Im April 1942 machte Conti auf einer Ärzteversammlung in Berlin seinem Unmut Luft: Der Vertrauensärztliche Dienst verursache „eine vergiftete Atmosphäre im Sprechzimmer des Arztes", erklärte er unter „lebhaftem Beifall" der Kassenärzte. Einschränkend fügte der Reichsärzteführer jedoch hinzu: „Trotzdem

---

[89] BA, R 89, 5268, Bl. 129-142, Schreiben Storcks an den Reichsarbeitsminister vom 30.12.1940.
[90] BA, R 89, 5268, Bl. 201, Schreiben Ferdinand Porsches an den Leiter der LVA Hannover vom 9.1.1941.
[91] Anordnung Nr. 2/42 des Reichsgesundheitsführers über den Erlaß des Reichsarbeitsministers vom 25.10.1941, abgedruckt in: DÄB 72 (1942), S. 53.

können wir an der harten Tatsache nicht vorbeikommen, daß in der gegenwärtigen Zeit [...] bis zum äußersten die Arbeitskraft aller für die Rüstung des deutschen Volkes eingesetzt werden muß."[92]

Für die Leiter der Krankenkassen waren solche Erklärungen niederschmetternd. In den Chefetagen machten sich Resignation und die Auffassung breit, „daß es töricht ist, in der bisherigen Weise die Krankenüberwachung durch die Verwaltungen der Versicherungsträger und durch den Vertrauensärztlichen Dienst zu forcieren, weil ja im Endergebnis doch nicht viel erreicht werden kann"[93]. Den Krankenkontrolleuren mußte ihre Tätigkeit wie Sisyphus-Arbeit erscheinen. Im zweiten Quartal 1942 etwa betreuten 30 000 behandelnde Ärzte 24 Millionen Versicherte der Ersatzkassen und der RVO-Kassen, von denen über drei Millionen arbeitsunfähig geschrieben waren. Aus dieser Schar sollten die verbliebenen 800 hauptamtlichen Vertrauensärzte die „Drückeberger" und „Bummelanten" herausfischen. (Hatten im ersten Quartal 1939 noch 1200 Vertrauensärzte 1 101 219 Patienten untersucht[94], mußten im ersten Quartal 1942 etwa 800 Vertrauensärzte schon 1 665 790 Patienten kontrollieren[95].) Die Zeit, die der Vertrauensarzt einem Kranken widmen konnte, konnte also nur wenige Minuten betragen; die Methoden der Krankheitsfindung mußten sich vergröbern. Eine „gründliche und gewissenhafte Untersuchung", wie es eine Dienstanweisung von 1936 forderte, war unmöglich geworden, und die ebenfalls verlangte Klärung unklarer Diagnosen im Krankenhaus gehörte bald zu den Ausnahmen.

Verschärfend wirkte sich aus, daß immer mehr niedergelassene Ärzte alle Maßnahmen der Krankenüberwachung zu boykottieren schienen, indem sie darauf verzichteten, krank geschriebene Patienten auch wieder „gesund zu setzen". Sie ermunterten ihre Patienten sogar, „mit der Wiederaufnahme der Arbeit bis zur Vorladung zum Vertrauensarzt zuzuwarten"[96]. Auf den bündelweise bei den Kassen eingehenden Krankmeldungen standen bald nur noch die Diagnosen schwerer Krankheiten. Die erfahrungsgemäß besonders kontrollbedürftigen Bagatellerkrankungen schienen völlig ausgestorben zu sein[97]. Da liegt der Schluß nahe, daß Hausärzte ihren Patienten einfach einige Tage Ruhe und Erholung verschaffen wollten.

Ein Mitglied des Verwaltungsrats der AOK Stuttgart formulierte im November 1942, was angesichts dieser Situation wahrscheinlich viele Kassenfunktionäre dachten: „Hier muß der Führer eingreifen."[98] Der „Führer" griff tatsächlich ein, indem er seinen eben berufenen Generalkommissar für das Sanitäts- und Gesundheitswesen, Prof. Dr. Karl Brandt, beauftragte, sich um die Misere zu kümmern. Aufgrund der Klagen der Rüstungsindustrie über den hohen Krankenstand hatte sich am 10. November 1942 auch schon der Reichsminister für Bewaffnung und Munition eingeschaltet: „Das erhebliche Ansteigen der Krankenziffern bei Rüstungsbetrieben im Laufe d. Js. zwingt dazu, sofort alle Maßnahmen zu ergreifen, die geeignet sind, diese Erscheinung

---

[92] BA, R 89, 5271, Bl. 207, Aktennotiz des RVA zu einem Artikel im DÄB vom 15.6.1942 über die Rede Contis am 24.4.1942 in Berlin zum Thema „Der Arzt im Kampf um das deutsche Volksschicksal".
[93] AOK Stuttgart, Sitzungen des kleinen Ausschusses des Beirats 1942, S. 102.
[94] BA, R 89, 5266, Bl. 143 ff., Gesamtstatistik über die Tätigkeit des VÄD 1939.
[95] BA, R 89, 5257, Bl. 7, Gesamtstatistik über die Tätigkeit des VÄD 1942.
[96] AOK Stuttgart, Sitzungen des kleinen Ausschusses des Beirats 1942, S. 35.
[97] AOK Stuttgart, Bericht über das Geschäftsjahr 1942, S. 103.
[98] Ebenda, S. 119.

wirksam zu bekämpfen und den Krankenstand auf das normale Maß senken." Auch Albert Speer war nicht entgangen, daß die einzig erfolgversprechende Maßnahme zur Senkung des Krankenstands in einer Forcierung der vertrauensärztlichen Kontrolle bestand[99].

Das Problem war, daß es an Vertrauensärzten fehlte. Die vertrauensärztliche Nebentätigkeit der Betriebsärzte konnte das Heer der arbeitsunfähig Geschriebenen nicht mehr verkleinern. Außerdem hatten Einberufungen zur Wehrmacht deren Zahl ebenfalls bedenklich dezimiert. Nebenamtlich vertrauensärztlich tätige Militärärzte lösten das Problem ebenfalls nicht, denn bei diesen handelte es sich oft um unerfahrene Ärzte, die aus Unsicherheit nicht immer den „strengsten Maßstab" anlegen konnten[100].

Brandt ernannte deshalb im Auftrag des „Führers" seinerseits einen Sonderbeauftragten: Dr. Gutermuth war Internist und Oberarzt an der Medizinischen Universitätsklinik in Frankfurt am Main. Als nebenamtlichem Vertrauensarzt war es ihm 1942 gelungen, den mit 8% sehr hohen Krankenstand im Bereich der AOK Frankfurt (in einigen Rüstungsbetrieben fehlten sogar 18 und 25% aller Arbeiter) innerhalb kürzester Zeit auf 3% zu drücken und ihn sechs Monate lang auf diesem Stand zu halten. Immerhin drei Millionen Arbeitstage konnten damit gewonnen werden, berichtete Gutermuth später stolz. Nach seiner Einschätzung lag die Ursache des hohen Krankenstands im „geringen Leistungswillen eines gewissen Teils der Werktätigen"[101].

Die „Gutermuth-Aktion" bedeutete die Anwendung des Prinzips der Leistungssteigerung nun auch auf die Kontrollärzte selbst. Die Leiter der Landesversicherungsanstalten erhielten am 18. Februar 1943 ein Rundschreiben, das ihnen die Bestallung des „Sonderbevollmächtigten" anzeigte[102]. Gutermuth lud sie zu einer Tagung nach Frankfurt/Main, wo er ihnen laut Aufzeichnungen eines Teilnehmers den „Sonderauftrag des Reichsgesundheitsführers Prof. Dr. Brandt"[103] erläuterte[104]. Den „Erfordernissen des totalen Krieges entsprechend", so eröffnete Gutermuth den LVA-Leitern, müsse jeder haupt- und nebenamtliche Vertrauensarzt zur „vermehrten Arbeitsleistung veranlaßt werden". Zu diesem Zweck hatte er verbindliche Vorgaben für die tägliche Mindestarbeitsleistung eines Vertrauensarztes aufgestellt. So mußten in sieben Stunden 45 Nachuntersuchungen abgewickelt werden, also eine in neun Minuten. Wer noch schneller arbeitet, dem sollten seine Mühen indes versüßt werden. Unter dem Siegel strengster Geheimhaltung erklärte Gutermuth: „Für jede über diese Mindestleistung hinausgehende weitere körperliche Nachuntersuchung vergüte ich dem

---

[99] BA, R 89, 5272, Bl. 126, Schreiben des Reichsministers für Bewaffnung und Munition an seine Wehrkreisbeauftragten vom 10.11.1942.

[100] BA, R 89, 5273, Bl. 180 ff., und 5267, Bl. 254 f., Schreiben der Gemeinschaftsstelle der LVAs an den Reichsarbeitsminister vom 28.3.1940 mit einer Abschrift der Wehrersatz-Inspektion Schwerin „Betr. Drückeberger".

[101] Vortrag Gutermuths über „Erfahrungen aus der Tätigkeit als Vertrauensarzt" auf einer Tagung der Medizinischen Gesellschaft in Frankfurt a.M., abgedruckt in: DMW 69 (1943), S. 588.

[102] BA, R 89, 5273, Bl. 106, Rundschreiben des RVA an die Leiter der LVAs vom 18.2.1943.

[103] Brandt hatte sich also bereits derart in den Vordergrund geschoben, daß der Eindruck entstand, er habe Conti abgelöst.

[104] BA, R 89, 5273, Bl. 294 ff., Niederschrift des Vertrauensarztes Dr. Fleischmann, LVA Schwaben, vom 12.3.1943.

betreffenden [...] Vertrauensarzt 2,- RM."[105] Neu war auch die Bestimmung: „Steigt in einem Rüstungsbetrieb des Anstaltsbezirks der Krankenstand über 3,8 v.H., so ist durch den Landesvertrauensarzt ein vertrauensärztlicher Sondereinsatz (Stoßtrupp) anzuordnen. [...] Auch in diesem Fall vergüte ich für jede durchgeführte Nachuntersuchung [...] eine Zulage in Höhe von 2,- RM."

Der Erfolg gab Gutermuth recht. Die Vertrauensärzte untersuchten zügig die in Massen einbestellten Kranken, der Krankenstand sank dramatisch, nicht zuletzt wegen des nun auch geltenden „härteren Maßstabs". Verblüfft registrierte auch Reichsgesundheitsführer Conti die Erfolge, die der Vertrauensärztliche Dienst plötzlich meldete. Bis Mai 1943 hatten die Spezialisten „schon etwa 200 000 Arbeitskräfte für die kriegswichtigen Arbeiten wiedergewonnen"[106]. Doch dann drangen Beschwerden niedergelassener Ärzte in Contis Amt, deren Unmut sich inzwischen zur offenen Empörung gesteigert hatte und vor allem dem kräftigen Zubrot galt, das die Kontrollärzte verdienten; von Tausenden von Reichsmark im Monat war die Rede. Conti ging der Sache nach und wußte bald, warum die Vertrauensärzte ihre Leistung gesteigert hatten, ohne zu klagen: „Früher haben Vertrauensärzte pro Tag höchstens 30 Fälle untersucht und bei Überschreitung dauernd Hilfsvertrauensärzte angefordert. Heute untersuchen sie über 100 pro Tag!" 60 Untersuchungen über die Mindestleistung hinaus brachten 120 RM pro Untersuchungstag zusätzlich, rechnete Conti dem Reichsarbeitsminister vor und stellte fest, „in der Ärzteschaft [herrscht] große Erregung darüber, daß die Vertrauensärzte im Rahmen der Gutermuth-Aktion zusätzlich besoldet werden"[107].

Die Antwort des Reichsarbeitsministeriums bestätigte Contis Recherchen, ließ aber seine Einwände nicht gelten, sei es doch „auf diese Weise gelungen, die Arbeitskraft und den Arbeitseifer der Ärzte außerordentlich anzuregen, was für das zu erreichende Ziel, die Rüstungsindustrie schlagfertig zu erhalten, ausschlaggebend ist"[108]. Und als gehe es darum, die Machtlosigkeit des Reichsgesundheitsführers zu betonen, hieß es weiter: „Dr. Gutermuth hat eine Vollmacht von Prof. Brandt [...]. Es handelt sich dabei um einen weitgehendsten Auftrag zur Kontrolle des Krankenstandes der Rüstungsbetriebe, hinter dem der Führer selbst steht. Dr. Gutermuth ist nur Prof. Dr. Brandt gegenüber zu Berichten verpflichtet, nicht aber gegenüber dem Reichsgesundheitsführer Dr. Conti oder dem Reichsarbeitsminister."

Gutermuths Position war äußerst stark, wie sich aus dem Schreiben des Reichsarbeitsministers weiter ergab: „Unter den Begriff Rüstungsbetriebe fallen praktisch auch alle kriegswichtigen, so daß tatsächlich das gesamte Tätigkeitsgebiet des vertrauensärztlichen Dienstes unter den Auftrag des Dr. Gutermuth fällt."[109]

Dr. Gutermuth schien seine neue Stellung zu genießen. Er nannte sich fortan „Der

---

[105] BA, R 89, 5273, Bl. 304 f., Schreiben Gutermuths an die Landesvertrauensärzte vom 20.3.1943; das folgende Zitat ebenda.
[106] BA, R 89, 5274, Bl. 76 ff., Protokoll einer Besprechung im Reichsarbeitsministerium vom 6.5.1943.
[107] BA, R 18, 3809, Schreiben Contis an das Reichsarbeitsministerium vom 8.9.1943.
[108] BA, R 18, 3809, Schreiben des Reichsarbeitsministeriums an Conti vom 27.9.1943.
[109] BA, R 89, 5274, Bl. 76 ff., Protokoll einer Besprechung im Reichsarbeitsministerium vom 6.5.1943.

Bevollmächtigte für ärztliche Sonderaufgaben in der Rüstungsindustrie"[110] und versuchte dafür – ganz im Stil des Regimes – nach eigenen Worten eine „Überbehörde" zu etablieren. Die 30 Landesversicherungsanstalten sollten nach seinen Vorstellungen auf den Status ihn beratender Institutionen deklassiert werden, und sogar im Reichsversicherungsamt plante er sich mit „Führereigenschaften in der Abteilung Krankenversicherung" einzurichten[111]. Gutermuth umging bewußt den Dienstweg; seine Anordnungen erreichten die Landesvertrauensärzte, ohne daß die Leiter der LVA überhaupt informiert wurden. In einem Rundschreiben vom 8. April 1943 verbot er den Landesvertrauensärzten ausdrücklich, „seine Schreiben den Leitern der Anstalten vorzulegen oder ihnen den Inhalt mitzuteilen"[112]. LVA-Chefs, die sich das als formell direkte Vorgesetzte der Landesvertrauensärzte nicht bieten lassen wollten, wurden auf Betreiben Gutermuths entlassen, andere sahen sich von ihm dringend verwarnt, die neuen Arbeitsmethoden nicht zu boykottieren[113].

Höchste Geheimhaltungsstufe genossen bei den Landesvertrauensärzten die Abrechnungen der Sonderhonorare, für die sich naturgemäß auch die LVA-Chefs interessierten. So nutzte der Leiter der LVA Hessen-Nassau die dreitägige Dienstreise seines Vertrauensarztes, um sich unter Androhung von Disziplinarmaßnahmen gegenüber dessen Sekretärin Zugang zu den Aufstellungen über die Sonderhonorare zu verschaffen[114]. Ähnlich ging es in den anderen LVA-Dienststellen zu. Zum reibungslosen Ablauf der Arbeit dort dürfte Gutermuths Regiment nicht beigetragen haben[115].

Im Lauf des Jahres 1944 wurde die Gutermuth-Kampagne eingestellt. Als auch die Sonderprämien verschwanden, empfanden die Kontrollärzte der LVA ihre Arbeit plötzlich als besonders drückend. Ihre Leistungsfähigkeit ließ deutlich nach. Die wenigen überhaupt noch tätigen Vertrauensärzte blieben tageweise unentschuldigt dem Dienst fern; Kranke, die zur Untersuchung erschienen, wurden von Schalterbeamten wieder nach Hause geschickt[116]. Auch wurde nicht mehr gezielt nach unklaren oder

---

[110] BA, R 89, 5273, Bl. 304f., Schreiben Gutermuths an die Landesvertrauensärzte vom 20.3.1943.
[111] BA, R 89, 5274, Bl. 134–138, Schreiben des Landeshauptmanns der Provinz Westfalen, Karl Friedrich Kolbow, an den Vizepräsidenten des RVA vom 14.4.1943. Die Absichten und Pläne Gutermuths werden dort ausführlich erörtert. Auch finden sich in diesem Schreiben Kolbows Berechnungen der jährlichen „Nebeneinnahmen" eines Vertrauensarztes, die er auf „rd. 14 000 RM [...], annähernd das 1½fache seines Gehaltes", beziffert.
[112] BA, R 89, 5275, Bl. 139ff., Schreiben des Leiters der Gemeinschaftsstelle der LVAs an den Chefpräsidenten des RVA vom 6.7.1944; das Rundschreiben ist hier zitiert.
[113] BA, R 89, 5274, Bl. 76ff., Protokoll einer Besprechung im Reichsarbeitsministerium vom 6.5.1943.
[114] BA, R 89, 5275, Bl. 140f., Schreiben des Landesvertrauensarztes der LVA Hessen-Nassau an das RVA vom 28.6.1944 bzw. als Abschrift beigefügte Aktennotiz vom 22.2.1944.
[115] BA, R 89, 5274, Bl. 190ff., Briefwechsel zwischen dem Leiter der LVA Schleswig-Holstein und dem RVA vom August 1943, sowie 5275, Bl. 139ff.; dort sind einige Beschwerdevorgänge erwähnt.
[116] AOK Stuttgart, Bericht der Dienststelle für Krankenüberwachung für das Jahr 1943 vom 28.2.1944, ohne Seitenzählung.

unglaubwürdigen Diagnosen einbestellt, sondern die Vorladungen wurden „vom Haufen herunter" verschickt[117]. Im Bombenkrieg brach das System der Vorladungen vollends zusammen, zumal viele Versicherte auf dem Postweg nicht mehr ohne weiteres zu erreichen waren, da sie ihre zerstörten Häuser verlassen hatten. Oft verfügte auch der Vertrauensärztliche Dienst selbst vorübergehend über keine benutzbaren Amtsräume mehr.

Die Mitarbeit der Kassenärzte an der Krankenüberwachung ließ von Tag zu Tag mehr zu wünschen übrig. Eine Zeitlang unternahmen die Gesundheitsbehörden und die Kassenärztliche Vereinigung noch Versuche, auf die Ärzte einzuwirken, oft sogar mit scharfen Drohungen. Doch diese machten angesichts des fortschreitenden Zerfalls des Kontrollsystems keinen Eindruck mehr. Auch in den Arztpraxen ließen sich Mißstände und Desorganisation nicht mehr verheimlichen. So suchten Versicherte ihren Arzt vielfach nur noch zur Verlängerung der Krankmeldung auf und standen dazwischen wochen-, ja monatelang nicht mehr in Behandlung. Rückfragen bei Kassenärzten ergaben immer wieder, daß den Ärzten die lange Dauer der Arbeitsunfähigkeit überhaupt nicht aufgefallen war.

Nach einer entsprechenden Änderung der Krankenordnung vom 28. November 1944 hatten die Kassen schließlich zwar die Möglichkeit, „die Versicherten, die nicht alle sieben Tage den Arzt aufsuchten, mit einer Ordnungsstrafe zu belegen"[118]. Doch man scheute davor zurück, von dieser Strafe „bei den gegenwärtigen Zeitverhältnissen Gebrauch" zu machen. Die „Stimmung" der dringend benötigten Arbeiter hätte leiden können[119].

Das System der Krankenkontrolle geriet immer mehr in Auflösung. Im Winter 1944/45 erreichte der Krankenstand im gesamten Reichsgebiet neue Spitzenwerte; in einigen Bezirken fehlten über 10% aller Arbeiter, darunter viele, die über Weihnachten einfach zu Hause blieben und auch im Januar nicht mehr am Arbeitsplatz erschienen. In Stuttgart griff der Verwaltungsdirektor der AOK im Januar 1945 zu „außergewöhnlichen Maßnahmen", die darauf abzielten, „auf die arbeitsunfähig erkrankten Versicherten moralisch einzuwirken". 4478 der etwa 12400 Kranken erhielten folgendes Anschreiben: „Unsere Feinde in diesem Kriege erstreben, mit allen Mitteln unser Reich zu zerschlagen, unser Volk zu vernichten." Unter diesen Umständen dürfe keine Arbeitsstunde vergeudet werden, jeder müsse an seine Leistung einen höheren Maßstab als in Friedenszeiten anlegen. Schließlich bat der AOK-Direktor alle Kranken, „sich zu überlegen, ob Sie nicht in absehbarer Zeit die Arbeit wieder aufnehmen können". Doch der Aktion war nur noch ein minimaler Erfolg beschieden: Die Zahl der Arbeitsunfähigen reduzierte sich lediglich von 9,27% auf 9,02%. Durchhalteparolen dieser Art liefen längst ins Leere.

---

[117] Stadtarchiv Stuttgart, Bürgermeisteramt, Bü. 216, Bericht des AOK-Direktors Munder an Oberbürgermeister Strölin vom März 1945.
[118] AOK Stuttgart, Verfügungen 1944, S. 102f.
[119] Wie Anm. 117; dort auch die folgenden Zitate und Zahlenangaben.

Benno Müller-Hill

Selektion.
Die Wissenschaft von der biologischen Auslese
des Menschen durch Menschen

> "Two groups deserve the place of honour among those who made scholarship subservient to Nazi ends: the physical anthropologists and biologists, and the jurists. We shall soon see that the whole structure of Anti-Jewish thought and action was erected upon the socalled 'racial science'."
> Max Weinreich, Hitler's Professors. The Part of Scholarship in Germany's Crimes Against the Jewish People, New York 1946, S. 17.

Was war das Besondere des deutschen Faschismus? Was war seine innerste treibende Kraft? Um eine Erscheinung wie den Nationalsozialismus zu kennzeichnen, gibt es zwei Möglichkeiten: Man sucht nach Ähnlichkeiten mit anderen Erscheinungen, oder man sucht nach dem völlig Anderen-Neuen. Wählt man die erste Betrachtungsweise, konzentriert man sich auf Zeichen von Ähnlichkeit, aber nicht von Gleichheit. Hier sind immer auch Unterschiede zu finden, aber diese scheinen, wenn einmal Ähnlichkeiten sicher erkannt sind, nicht so groß, als daß sie von Bedeutung wären. Das radikal Andere-Neue ist dagegen nicht mit Ähnlichkeiten zu erklären.

Man kann den Nationalsozialismus nach Ähnlichkeiten in Wirklichkeit und Ideologie anderer Staaten und Gesellschaften absuchen. Dies hat zum Beispiel Hannah Arendt in exemplarischer Weise getan, indem sie Ähnlichkeiten in den Herrschaftssystemen der UdSSR und des NS-Staates suchte und im System der Konzentrationslager als Wirtschaftsfaktor beider Staaten fand[1]. Was aber ist das Besondere, das Neue des Nationalsozialismus? Es ist meiner Meinung nach die *Wissenschaft* von der Aussonderung (Auslese, Selektion) biologisch definierter Minderheiten und die *Technik* ihrer Vernichtung (Ausmerze) – durch Gas in Auschwitz und anderswo.

Unter Wissenschaft verstehe ich zunächst die Tätigkeit wissenschaftlicher Institute (Teilbereiche der Universitäten, der Kaiser Wilhelm-Gesellschaft oder des Reichsgesundheitsamtes) und Institutionen (z. B. der Deutschen Forschungsgemeinschaft). Diese von Kuhn eingeführte und weitgehend akzeptierte Betrachtungweise ist klar und praktisch, aber nicht unproblematisch[2]. Eine detaillierte Analyse der Wissen-

---

[1] Vgl. Hannah Arendt, Elemente totalitärer Herrschaft, Frankfurt a. M. 1958.
[2] Vgl. Thomas S. Kuhn, The Structure of Scientific Revolutions. Chicago 1962; T. Theocharis/M. Psimopoulos, Where Science has gone wrong, in: Nature 329 (1987), S. 595.

schaftlichkeit einzelner Projekte damaliger Humangenetik, Psychologie, Psychiatrie und Ethnologie ginge weit über den Rahmen dieses Aufsatzes hinaus.

Die komplizierte Arbeitsteilung in einem Staat auf dem technischen Stand der dreißiger Jahre dieses Jahrhunderts machte es erforderlich, daß Teile der genannten Institute und Institutionen in die Auslese- und Ausmerze-Prozesse ordnend eingriffen, aber nie eine Institution in ihrer Gesamtheit. Die Techniken von Sterilisation und Tötung verlangten differenzierte Institutionen und Apparate, die sich in einem geheimen Prozeß entwickelten. Die Fortentwicklung vom teuren reinen Kohlenmonoxid zum Motorenabgas in mobilen, immer wieder verbesserten Fahrzeugen, die Umstellung auf transportierbare Blausäure (Zyklon B) mit der gleichzeitigen Entwicklung leistungsfähiger Entlüftungsanlagen, die immer weiter gehende Verbesserung der Krematorien, die Verwandlung der Kenntnis solcher geheimer Techniken und des Umgangs mit ihnen in geheime Religion – all das soll hier nicht untersucht werden. Hier geht es um die öffentlich stattfindende Wissenschaft der Aussonderung mit dem Fernziel der Vernichtung. Diese Wissenschaft war ein jedermann bekannter Teil der öffentlichen Ideologie des NS-Systems. Die Wissenschaftlichkeit der Aussonderung und die Technik der Ausrottung biologisch definierter Minderheiten sind von den Historikern nur partiell wahrgenommen worden. Wenn ich diesen Prozeß hier noch einmal kurz schildere[3], werde ich daher auch seine Nichtwahrnehmung insbesondere durch deutsche Historiker streifen müssen.

Darwinismus, Eugenik und Rassenhygiene bis 1918

Die Ideologie von der Minderwertigkeit bestimmter Rassen geht ins 19. Jahrhundert zurück. Gobineau, der Erfinder des „Ariers", sein deutscher Werber Schemann, der Franzose Lapouge, der die Europäer in herrschende Spitz- und beherrschte Rundköpfe einteilte und als Greis Hitlers Machtergreifung begrüßte, der österreichische Jude Weininger, der in den Juden ähnliche Leere und Minderwertigkeit sah wie in den Frauen, der pittoreske Österreicher Lanz, der eine arische Rasse-Religion gründen wollte – all diese vorwissenschaftlichen Wirrköpfe werden von den Historikern genannt. Der Siegeszug der Genetiker aber, der 1900 mit der Wiederentdeckung der Mendelschen Arbeiten begann, wird – wohl aus Unwissenheit – verschwiegen. Die Genetik verschaffte den Überlegungen über die Ungleichheit der Menschen eine wissenschaftliche Fundierung, denn sie beschreibt die materielle Basis unveränderlicher Verschiedenheit sonst ähnlicher Lebewesen. Verschiedenheit beim Menschen kann man Ungleichheit nennen, und Ungleichheit kann rechtliche Ungleichheit bedeuten. Über den Sprach-Trick der Gleichsetzung von (natürlicher) Verschiedenheit und (rechtlicher) Ungleichheit sah und sieht sich der Rassist durch die Wissenschaft von der Genetik bestätigt.

In der Genetik fand die Ideologie des Rassismus und Antisemitismus damit „ihre" Wissenschaft und „ihre" Wissenschaftler. Genetiker untersuchten Ungleichheiten oder Verschiedenheiten zunächst daraufhin, ob sie durch verschiedenes Erbmaterial oder durch verschiedene Umwelt verursacht sind. Es war nun die Arbeitshypothese

---

[3] Vgl. im einzelnen Müller-Hill, Tödliche Wissenschaft (durchgesehene und verbesserte englische Ausgabe: Murderous Science), sowie Müller-Hill, Genetics after Auschwitz.

vieler Genetiker, daß der Einfluß des Erbmaterials beim Menschen außerordentlich groß sei. Bis heute ist aber im Detail nicht klar, wie groß dieser Einfluß bei einzelnen der schlecht definierten geistigen Eigenschaften ist, und bis heute ist es in den meisten konkreten Fällen unmöglich, bei Einzelpersonen Erb- und Umwelteinflüsse auseinanderzuhalten.

Die Humangenetiker der Jahrhundertwende waren, wie viele noch heute, weniger am Schicksal einzelner Personen als an dem von Populationen (Familien, Sippen, Rassen, Völkern) interessiert. Alle deutschsprachigen Humangenetiker *bewerteten* dabei die Unterschiede in den von ihnen untersuchten Gegensatzpaaren (z.B. intelligent–dumm, schizophren–gesund). Die eine Eigenschaft nannten sie „hochwertig", die andere „minderwertig" – und mit den Eigenschaften auch ihre Träger: Viele Humangenetiker, darunter, soweit ich es überblicke, alle deutschen, nannten so z.B. die Schwarzen, die Zigeuner, die Asozialen „minderwertig". Ebenso bezeichneten die Psychiater ihre schizophrenen Patienten ohne Bedenken als „minderwertig", schien doch Gesundheit ein höherer Wert zu sein als Krankheit. Alle redeten von Minderwertigkeit. Im „Minderwertigkeitskomplex" wurde diese Bewertung sogar für sozialistisch orientierte Psychologen wie Alfred Adler noch fruchtbar.

Vielleicht ihrer früheren eigenen prekären Lage als Privatdozenten eingedenk, denen Heirat verboten war, sahen die akademischen Rassenhygieniker mit Zorn auf Proletarier und alle „unverantwortlichen Wahnsinnigen", die schon jung Familien gründeten oder außereheliche Kinder in die Welt setzten. Sie kamen zum Schluß, daß die „Minderwertigen" sich vergleichsweise schneller vermehrten als die „Hochwertigen" und daß eine Katastrophe drohte, wenn dieser Prozeß nicht mit gesetzlichen Mitteln verlangsamt oder aufgehalten würde. International entstand die Eugenik (in Deutschland: Rassenhygiene) also durch die Verschmelzung von Wissenschaft und Ideologie. Die ersten Eugeniker waren an menschlicher Genetik *und* an der Gesellschaft interessierte Anthropologen, Psychiater oder sonstige Mediziner. Viele waren in ihrer Jugend Sozialisten gewesen, keineswegs alle waren nichtjüdische oder jüdische Antisemiten. Der feine Unterschied zwischen Eugenikern und Rassenhygienikern in Deutschland war zunächst kein wissenschaftlicher. Er bestand darin, daß die ersteren teilweise jüdisch und die letzteren immer völkisch-antisemitisch waren.

Die in die Eugenik und Rassenhygiene eingeschmolzene Ideologie war ungerecht, aber nicht lügnerisch; ihre Vertreter sagten, was sie wollten. Pseudowissenschaft ist also keine treffende Bezeichnung, solange man davon absieht, daß der eine oder andere Eugeniker bzw. Rassenhygieniker so tat, als wären die in Eugenik und Rassenhygiene ausgedrückten Wertvorstellungen Ergebnis wissenschaftlicher Analyse und nicht außerwissenschaftlich gesetzt. Dieser Versuch, Wertvorstellungen als Resultate der Wissenschaft darzustellen, konnte allerdings leicht gelingen, da die christlichen Konfessionen über die Jahrhunderte viel von ihrer Glaubwürdigkeit verloren hatten und keine bürgerliche Philosophie diese Welt mehr adäquat beschrieb. Die Werte der Aufklärung waren in Deutschland nicht heimisch geworden. Die Gelehrten kannten den kategorischen Imperativ Kants, aber der hieß für sie: Wissenschaft treiben und der Obrigkeit gehorchen. Das Wertsystem der Rassenhygieniker war nicht das des Alten oder Neuen Testaments der Gleichheit vor Gott und dem göttlichen Gesetz und auch nicht das der amerikanisch-französischen Revolution der Menschenrechte und der bürgerlichen Gleichheit vor dem weltlichen Gesetz. Es war ein völkisches Wertsystem der Ungleichheit in einem nicht demokratischen, kapitalistischen Staat. Es war anti-christlich und anti-jüdisch.

Unter dem Schlagwort Sozialdarwinismus, das besser Polit-Darwinismus hieße, werden Darwin und die Abstammungslehre in historischen Darstellungen erwähnt, bisweilen auch das Krupp-Preisausschreiben aus dem Jahr 1900 („Was lernen wir aus den Prinzipien der Deszendenztheorie in bezug' auf die innerpolitische Entwicklung und Gesetzgebung der Staaten?") und die daraus resultierenden neun Bände „Natur und Staat". Daß diese Betrachtungsweise bereits im Ersten Weltkrieg darauf hinauslief, das eigene Volk straff zu organisieren, um fremde Völker zu unterjochen, bleibt allerdings unerwähnt. Wie tief diese Betrachtungsweise bereits verankert war, zeigen die Aufzeichnungen eines amerikanischen Biologen, der 1915/16 als Mitglied der US-Hilfsmission in Belgien im Hauptquartier der deutschen Armee an nächtlichen Diskussionen teilnahm. Der Zoologie-Professor aus Stanford gab darüber seine pazifistische Überzeugung auf: „Professor von Flussen – das ist nicht sein richtiger Name – ist Biologe wie ich. So sprachen wir miteinander über das biologische Argument für den Krieg und besonders für diesen Krieg. Der Oberst-Professor hat ein logisch-konstruiertes Argument, weshalb dieser Krieg der Welt zum Vorteil gereichen muß, und weshalb die Deutschen ihn zum Vorteil dieser Welt gewinnen sollen, ihn ganz und schrecklich gewinnen sollen. [...] Professor von Flussen ist Neo-Darwinist, wie die meisten deutschen Biologen und Naturphilosophen. Der Glaube an die ‚Allmacht' der natürlichen Selektion, die sich auf einen gewaltsamen und tödlichen Kampf gründet, ist der Glaube der deutschen Intellektuellen. Alles andere ist Illusion und Anathema. Das Prinzip der gegenseitigen Hilfe gilt nur in begrenztem Maße. Es mag zum Beispiel zum positiven Nutzen innerhalb einzelner Ameisenstaaten existieren, aber verschiedene Ameisenstaaten kämpfen verzweifelt miteinander; die Stärkeren zerstören und versklaven die Schwächeren. Ähnliches mag nutzvoll innerhalb der Grenzen organisierter Gruppen existieren, in solchen, die ethnographisch, national oder anderswie begrenzt sind. Aber wie zwischen den verschiedenen Ameisen-Spezies Kampf, bitterer, unbarmherziger Kampf herrscht, herrscht er auch unter menschlichen Gruppen. [...] Dieser Kampf muß nicht nur ablaufen, denn das ist ein Naturgesetz, sondern er soll auch ablaufen, so daß dieses Naturgesetz in seiner grausamen Art die Rettung des Menschengeschlechtes erwirken kann. Rettung bedeutet die wünschenswerte natürliche Evolution. Die menschliche Gruppe, die im fortschrittlichsten evolutionären Stadium ist, was ihre innere Organisation und ihre Form der sozialen Organisation angeht, ist die beste und sollte für das Wohl der Spezies überleben, auf Kosten der weniger fortschrittlichen oder weniger effektiven Gruppen. Sie sollte im Kampf ums Dasein gewinnen, und dieser Kampf sollte gerade darum stattfinden, daß die verschiedenen Typen getestet werden, und daß die Besten nicht nur überleben, sondern auch in die Lage gebracht werden, ihre Art der sozialen Organisation, ihre ‚Kultur', den anderen aufzuzwingen oder sie zu zerstören und zu ersetzen. [...] Die Gefahr, die von Deutschland ausgeht, ist, daß die Deutschen glauben, was sie sagen. Und sie handeln nach ihrem Glauben. Professor von Flussen sagt, daß dieser Krieg als Test der deutschen Position und der deutschen Wünsche nötig sei. Wenn Deutschland geschlagen würde, so zeigte das, daß es sich auf einem falschen evolutionären Pfad bewegte, und daß es auch geschlagen werden sollte. Wenn es gewinnt, so beweist das, daß es auf dem richtigen Weg ist, und daß der Rest der Welt, wenigstens der Teil, den wir und die Alliierten repräsentieren, auf dem falschen Weg ist, und daß er für die Sache der Evolution der menschlichen Rasse auf den rechten Weg gebracht werden – oder als ungeeignet zerstört werden soll. [...] Professor von Flussen ist sicher, daß Deutschland auf dem rechten Weg ist und daß die biologisch-evolutionären Faktoren so allmächtig sind, daß dieses biologische Richtig-Sein Deutschland den Sieg sichert. Wenn die falsche und unnatürliche Alternative eines alliierten Sieges geschehen sollte, dann wolle er es vorziehen, in der Katastrophe zu sterben, um nicht in einer Welt zu leben, die so pervers sich gegen die natürlichen Gesetze stelle. Er meint das alles. Er handelt nach seinem Glauben. Er ist gegen alles Erbarmen, allen Kompromiß durch menschliche Weichherzigkeit. Abgesehen von seiner entsetzlichen akademischen Kasuistik und seiner Überzeugung, daß das Individuum nichts ist, ist er ein warmherziger Mann."[4]

Deutschland verlor den Krieg und stürzte aus der Prosperität in die Armut. Wir wissen nicht, ob Professor von Flussen sich umbrachte, seine Denkweise jedenfalls existierte weiter. Jetzt, nachdem die Besten gefallen waren, tat Eugenik besonders not. Der Feind waren die Sozialdemokraten und Kommunisten und, je mehr die Nazis nach vorne rückten, auch die Juden.

Rassenhygiene und Eugenik bis 1933

Im Rückblick auf die zwanziger Jahre formulierte Otmar von Verschuer, Lehrstuhlinhaber für Erbbiologie und Rassenhygiene in Frankfurt, 1937 seine Sicht als völkischer Rassenhygieniker folgendermaßen: „Lassen Sie mich mit einem kleinen Erlebnis beginnen, das mir bei der Vorbereitung dieses Vortrages in Erinnerung kam. Vor dreizehn Jahren, im Frühjahr 1924, hatte ich auf einem studentischen Schulungslager, das von einem völkischen Studentenkreis veranstaltet worden war, einen Vortrag über Rassenhygiene gehalten. In der sich daran anschließenden, lebhaften mündlichen und auch schriftlich fortgesetzten Aussprache brachte ein Führer der völkischen Studentenschaft – sein Name ist mir entfallen – folgendes zum Ausdruck: Er vermisse, daß die anthropologische Wissenschaft bisher noch nicht den Beweis für die rassische Minderwertigkeit der Juden erbracht habe. Solch eine Feststellung halte er für notwendig zur Begründung des Antisemitismus. Ich antwortete ihm darauf, der Antisemitismus sei in erster Linie ein völkisch-politischer Kampf, dessen Berechtigung und Notwendigkeit – unabhängig von irgendeiner Bewertung der Rasse der Juden – sich aus der Bedrohung unseres Volkstumes durch das Judentum ergebe. Ein völkisch eingestellter Staat habe sich die Erhaltung des eigenen Volkes zur obersten Pflicht zu machen und den Kampf anzusagen jedem, der dieses Volkstum bedrohe. Der deutsche, völkische Kampf richte sich deshalb in erster Linie gegen das Judentum, weil das deutsche Volkstum durch die jüdische Überfremdung in besonderer Weise bedroht sei. Damit, daß wir so das Volkstum in den Vordergrund stellen, soll die Bedeutung

---

[4] Vgl. Vernon Kellogg, Headquarters Nights. A Record of Conversations and Experiences at the Headquarters of the German Army in France and Belgium, Boston 1917; die Übersetzungen von mir.

der Rasse nicht eingeschränkt werden. Sie zeigt sich am klarsten, wenn wir an die Lösung des Judenproblems herantreten."[5]

Die deutschen Eugeniker und Rassenhygieniker hatten ihre Ortsgruppen schon vor dem Ersten Weltkrieg eingerichtet. Die politisch-sozialen Verhältnisse waren jedoch weder im Kaiserreich noch in der Weimarer Republik so, daß die Zwangssterilisierung oder gar Tötung („Euthanasie") von Geisteskranken und anderen für „minderwertig" erklärten Menschen im Reichstag durchsetzbar gewesen wäre. So strebten die Eugeniker einerseits Teillösungen wie die Möglichkeit freiwilliger Sterilisationen an (in der Erwartung, daß bei entmündigten psychiatrischen Patienten die Zustimmung von Angehörigen, Vormündern oder vielleicht sogar anderen Amtspersonen genügen würde) und suchten andererseits nach neuen politischen Bundesgenossen für ihre extremen Ziele. In Deutschland boten sich die Nationalsozialisten, in Italien die Faschisten an. 1929 überreichte der Amerikaner Charles B. Davenport auf dem Internationalen Kongreß für Eugenik in Rom Mussolini eine von Eugen Fischer, dem Direktor des Kaiser Wilhelm-Instituts für Anthropologie, menschliche Erblehre und Eugenik und ordentlichem Professor an der Berliner Universität, verfaßte Denkschrift, die für Italien umgehend drastische eugenische Maßnahmen empfahl[6]. Der faschistische Staat zeigte sich daran jedoch völlig desinteressiert – ganz einfach deshalb, weil er über keinerlei an derartigen Maßnahmen interessierte Wissenschaftler und wissenschaftliche Institutionen verfügte.

Die Nationalsozialisten hingegen nahmen das Angebot an. Der erfolgreiche völkische Medizin-Verleger Julius Lehmann hatte schon 1924 dafür gesorgt, daß Hitler in seiner Landsberger Haft ein Exemplar der gerade neu herausgekommenen zweiten Auflage der „Menschlichen Erblichkeitslehre und Rassenhygiene" der Professoren Baur, Fischer und Lenz erhielt. Fritz Lenz analysierte den Bündnispartner NSDAP und besprach Hitlers „Mein Kampf" 1931 in der Zeitschrift der deutschen Rassenhygieniker: „Von eigentlich rassenhygienischen Büchern hat Hitler, wie ich höre, die zweite Auflage des Baur-Fischer-Lenz gelesen, und zwar während seiner Festungshaft in Landsberg. Manche Stellen darin spiegelten sich in Wendungen Hitlers wider. [...] Jedenfalls hat er die wesentlichen Gedanken der Rassenhygiene und ihrer Bedeutung mit großer geistiger Empfänglichkeit und Energie sich zu eigen gemacht, während die meisten akademischen Autoritäten diesen Fragen noch ziemlich verständnislos gegenüberstehen. Es ist überhaupt erstaunlich, wie Hitler, der nur eine Realschule besucht hat, sich unter schwierigen Verhältnissen durch privates Bücherstudium jene Bildung hat aneignen können, die aus seinem Buche spricht."[7] Lenz und Kollegen empfanden ihre Bündnispartner als Emporkömmlinge. Während der Beratung über ein Erbgesundheitsgesetz für Preußen im Juli 1932 rief Fischer laut Protokoll dem jungen Nationalsozialisten und Arzt Conti zu, die NSDAP besteht „lange nicht so lang wie unsere eugenische Bewegung!"[8].

---

[5] Vgl. Otmar von Verschuer, Was kann der Historiker, der Genealoge und Statistiker zur Erforschung des biologischen Problems der Judenfrage beitragen?, in: Forschungen zur Judenfrage 2 (1937), S. 216.
[6] Eine Kopie der Denkschrift befindet sich im Besitz des Verfassers.
[7] Fritz Lenz, Die Stellung des Nationalsozialismus zur Rassenhygiene, in: Archiv für Rassen- und Gesellschaftsbiologie 25 (1931), S. 300.
[8] Eugen Fischer, in: Veröffentlichungen auf dem Gebiet der Medizinalverwaltung, Heft 5, S. 38

Für die 1931 erschienene dritte Auflage des Baur/Fischer/Lenz faßte Lenz seine Position gegenüber dem Nationalsozialismus zusammen: „Den einseitigen ‚Antisemitismus' des Nationalsozialismus wird man natürlich bedauern müssen. Es scheint leider, daß die politischen Massen solche Antigefühle brauchen, um zur Aktivität zu kommen. [...] Daß der Nationalsozialismus ehrlich eine Gesundung der Rasse anstrebt, ist nicht zu bezweifeln. [...] Die Frage der Erbqualität ist hundertmal wichtiger als der Streit um Kapitalismus oder Sozialismus und tausendmal wichtiger als der um Schwarz-Weiß-Rot oder Schwarz-Rot-Gold."[9]

Als sich dann im November 1932 die Abteilung Volksgesundheit der Reichsleitung der NSDAP mit der Bitte um Mitarbeit an Fischer wandte, dankte dieser „verbindlichst" und bemerkte, „daß ich die Bestrebungen der NSDAP auf dem Gebiet der Eugenik mit der lebhaftesten Anteilnahme und großer Befriedigung verfolge. Ich habe erst jüngst in einer Sitzung des preußischen Gesundheitsrates öffentlich erwähnt, daß diese Partei die einzige ist, die ein eugenisches Programm aufgestellt hat, das ich großenteils unterschreiben könnte (der andere Teil betrifft die Frage der Fremdstämmigen). Ich stehe von Fall zu Fall grundsätzlich jeder Organisation mit Rat aus meinem Arbeitsgebiet zur Verfügung, erkläre mich also gern bereit, auch Ihnen in dieser Weise zu helfen. Dagegen ist es mir unmöglich, in eine ‚Arbeitsgemeinschaft' einzutreten oder mich fest zu binden. Einerseits erlaubt mir das meine schwere Amtsbelastung nicht und andererseits kann ich grundsätzlich nicht irgendeiner bestimmten Partei mit meinem Institut und seinen Mitteln mich zur Verfügung stellen. Das bedeutet selbstverständlich keinerlei Stellungnahme oder auch nur Werturteil über irgendeine Partei oder das Parteiwesen an sich, sondern ergibt sich völlig aus der Notwendigkeit, frei von allen Bindungen meiner Forschung zu leben und so dadurch, wie ich überzeugt bin, unserem deutschen Volk zu dienen."[10] Auch der Jesuitenpater Hermann Muckermann, Abteilungsleiter an Fischers Institut, bot sich, seine Verbindung zum Zentrum dementierend, an: „Meine Mitarbeit wird umso leichter sein, als ich keiner einzigen Partei nahestehe, sondern ausschließlich auf wissenschaftlicher Grundlage für das Wohl unseres Volkes zu arbeiten suche. Ich werde im gleichen Umfang wie Herr Professor Eugen Fischer zur Mitarbeit bereit sein."[11]

Der laue professorale Antisemitismus war Hitler und den führenden Nationalsozialisten zu wenig. Sie verachteten diese halbherzigen völkischen Gelehrten, die bestenfalls über die Ostjuden klagten (Baur: „In Deutschland hat sich die starke Zuwanderung von Ostjuden in den Nachkriegsjahren ungünstig ausgewirkt. Allerdings gleicht sich das wieder aus, weil die emanzipierten Juden eine besonders kleine Kinderzahl

---

Fortsetzung Fußnote von Seite 142
   (Eugenik im Dienste der Volkswohlfahrt. Bericht über die Verhandlung eines zusammengesetzten Ausschusses des Preußischen Landesgesundheitsrates vom 2.7.1932).
[9] Erwin Baur/Eugen Fischer/Fritz Lenz, Menschliche Erblichkeitslehre und Rassenhygiene, München ³1931, S. 317 ff.
[10] BDC, Personalakten B. K. Schultz, Schreiben Fischers an die Reichsleitung der NSDAP, Abt. III Volksgesundheit, vom 25.11.1932. – Ich danke Frau A. Ehrmann für diesen und andere wertvolle Hinweise.
[11] BDC, Personalakten B. K. Schultz, Schreiben Muckermanns an die Reichsleitung der NSDAP, Abt. III Volksgesundheit, vom 30.11.1932.

haben."[12]) und den Kampf gegen die jüdischen Universitätslehrer der NS-Studentenschaft überließen.

Rassenhygiene im NS-Staat

Daß die Rassenhygieniker die Bezeichnung „minderwertig" im Zusammenhang mit Juden lange vermieden, hatte den trivialen Grund, daß sie ihre erfolgreichen jüdischen Kollegen an den Universitäten und den Kaiser Wilhelm-Instituten wissenschaftlich schätzten – und fürchteten. Sie befürworteten allerdings eine „Trennung" (die völkische Bezeichnung für Apartheid) von den Juden und waren gegen deutsch-jüdische Ehen. Vor 1933 befürworteten sie aber keine Maßnahmen, wie sie dann mit dem Gesetz zur Wiederherstellung des Berufsbeamtentums und den Nürnberger Gesetzen Wirklichkeit wurden; als diese erlassen waren, feierten sie sie allerdings sofort als aus „wissenschaftlicher Notwendigkeit" entstanden.

Die Arbeitsteiligkeit des modernen Staates führte dazu, daß die Rassenhygieniker in *diesen* Prozeß der Auslese nur flankierend einzugreifen brauchten: Die antijüdischen Gesetze und Verordnungen wurden im Justizministerium formuliert, die späteren Mordaktionen im Reichssicherheitshauptamt geplant. Die Zugehörigkeit zur jüdischen Rasse wurde pragmatisch anhand von Kirchenbüchern durch die Reichsstelle für Sippenforschung und durch Volkszählung festgestellt. Es blieb die Aufgabe der Rassenhygieniker, in Zweifelsfällen mit Rassengutachten für das Reichssippenamt zu entscheiden. Dies waren Vaterschaftsgutachten, bei denen eine juristische jüdische Vaterschaft angefochten wurde. Die Problematik der Analyse lag nicht in der Wissenschaftlichkeit, sondern in den Folgen der Analyse: Das Ergebnis „jüdischer Vater" bedeutete für den Betroffenen Entrechtung und möglicherweise das Todesurteil.

Für die internationale eugenische Bewegung waren die Nürnberger Gesetze ein vernichtender Schlag; denn insbesondere in den angelsächsischen Ländern waren sie nicht zu vermitteln. Die Eugeniker versuchten zwar, international fortzufahren wie bisher. Aber die privaten Geldgeber in den USA stellten ihre Zahlungen ein, und die Studenten blieben fort. Cold Spring Harbor, bis dahin das Zentrum der amerikanischen Eugeniker, konnte so ein Zentrum der Molekularbiologie werden.

Die deutschen Rassenhygieniker fanden die Nationalsozialisten immer noch vulgär und ordinär, aber die von diesen errungenen Siege gegen Juden, Bolschewisten und Schwachsinnige bewogen sie, deren Maßnahmen zu unterstützen: Eugen Fischer entließ als gewählter Rektor der Berliner Universität die jüdischen Kollegen. Über das einen Tag nach dem Konkordat erlassene Erbgesundheitsgesetz, das Zwangssterilisierung ermöglichte, jubelten alle, auch die angelsächsischen Eugeniker. Baur erklärte in einem Interview: „Sie dürfen überzeugt sein, daß von niemand sonst die Sterilisationsgesetze der Reichsregierung mehr gebilligt werden als von mir, aber damit ist, wie ich immer betonen muß, nur erst ein Anfang gemacht."[13] Das hinderte den Leiter des Agrarpolitischen Apparates der NSDAP, Walther Darré, wenig später freilich nicht

---

[12] Erwin Baur, Der Untergang der Kulturvölker im Lichte der Biologie, in: Volk und Rasse 7 (1932), S.65.
[13] Charlotte Köhn-Behrens (Hrsg.), Was ist Rasse? Gespräche mit den größten deutschen Forschern der Gegenwart, München ²1934, S.35.

daran, Baur in seinem Kaiser Wilhelm-Institut für Pflanzenzüchtung so zu bedrängen, daß dieser an einem Herzinfarkt starb.

Auch andere Rassenhygieniker blieben von den rüden Methoden des nationalsozialistischen Nachwuchses nicht verschont, der an ihnen vorbei auf die Lehrstühle und Direktorenposten drängte. Gerade an den Hochschulen zeigte sich, wie sehr der Nationalsozialismus auch eine Jugendrevolte war, die Distanz schaffte zwischen Professoren und Assistenten. So wird verständlich, daß keiner der großen alten Rassenhygieniker 1933 oder gar vorher in die NSDAP eintrat. Das taten ihre jungen Assistenten; die Alten waren einfach zu stolz dazu. Von den Alten war Lenz der erste, der einen Aufnahmeantrag stellte, nachdem er 1937, ohne es recht zu merken, in einen Konflikt mit Himmler geraten war, gegen dessen Ansicht er uneheliche Kinder aus rassenhygienischen Gründen für nicht wünschenswert erklärt hatte[14]. Wohlwollende in der NSDAP rieten Lenz daraufhin, jetzt endlich sein Verhältnis zur NSDAP zu begradigen. Himmler befaßte sich selbst mit dem Vorgang[15]: „Was die Aufnahme der Professoren Fischer und Lenz anbelangt, so bin ich sowohl nach Durchlesen der mir übersandten Stellungnahme des Leiters des rassenpolitischen Amtes der NSDAP und Ihres Briefes als auch nach meiner eigenen Kenntnis der Überzeugung, daß beide in den letzten Jahren durch ihre wissenschaftlichen Arbeiten erheblich zur Untermauerung und wissenschaftlichen Anerkenntnis des rassischen Teiles der nationalsozialistischen Weltanschauung beigetragen haben. Ich bin der Überzeugung, daß sowohl Fischer als auch Lenz trotz einiger sicherlich noch vorhandener Bedenken in die Partei aufgenommen werden können. Ich glaube sogar, daß die Aufnahme eine gewisse politische Notwendigkeit ist, da wir nicht einesteils die Kraft dieser beiden Männer zur wissenschaftlichen Untermauerung für die Partei benutzen können und sie aber als Parteigenossen ablehnen." Nach Lenz trat 1940 auch Fischer in die Partei ein.

Die Rassenhygieniker wußten, was sie Hitler verdankten, und sprachen es aus. Theodor Mollison, der nach Fischer wichtigste deutsche Anthropologe, Professor in München, schrieb 1938 an seinen nach New York emigrierten Kollegen Franz Boas folgenden auf öffentliche Wirkung bedachten Brief: „Wenn Sie denken, daß wir Wissenschaftler in den Ruf ‚Heil Hitler' nicht einstimmen, so sind Sie sehr im Irrtum. Wenn Sie das heutige Deutschland sehen würden, so würden Sie erkennen, daß in diesem Dritten Reich Fortschritte gemacht worden sind, die unter dem früheren Regime, das die Arbeitslosen fütterte und an das Nichtstun gewöhnte, statt ihnen Arbeit zu geben, niemals zustande gekommen wäre. Die Behauptung, daß in Deutschland wissenschaftliches Denken nicht frei sei, ist eine alberne Unwahrheit. Auch auf die Gefahr hin, daß Sie mir die nötige Intelligenz zur Beurteilung absprechen, versichere ich Ihnen, daß wir deutschen Wissenschaftler genau wissen, was wir Adolf Hitler verdanken, nicht zuletzt auch die Reinigung unseres Volkes von fremdrassigen Elementen, deren Denkweise nicht die unsrige ist. Mit Ausnahme der wenigen, die durch jüdische oder freimaurerische Beziehungen gebunden sind, stimmen wir Wissenschaftler freudig ein in den Ruf ‚Heil Hitler'."[16]

[14] BA, R 18, 5518, Bl. 25 f., Abschrift der stenographischen Aufnahme der Beratung betreffend die uneheliche Mutterschaft vom 15.6.1937.
[15] BDC, Personalakten Fischer/Lenz, Schreiben Himmlers an den Stab des Stellvertreters des Führers vom 17.8.1938.
[16] BDC, Personalakten B. K. Schultz, Schreiben Mollisons an Boas vom 1.10.1938, zit. in der

Die antisemitische Ideologie des deutschen Faschismus brauchte Genetik, Abstammungslehre und Rassenkunde zur totalen Beschreibung und zur totalen Beherrschung der Menschen. Die wissenschaftlich ausgebildeten Genetiker, Anthropologen, Psychiater etc. akzeptierten den Antisemitismus als Teil einer riesigen Utopie: der wissenschaftlichen Gesamtlösung aller sozialen Probleme. Als Karrieristen der wissenschaftlichen Utopie erwarteten sie die Förderung ihrer Karriere und ihrer Wissenschaft. Ihr Vorteil sollte der Vorteil der Gesellschaft werden. Sie hatten radikale Lösungen für alle Fragen bereit. Im Jahrhundert der Wissenschaft sollte die Biologie als Wissenschaft die Welt erklären und sie als Technik gestalten. Die germanische Rasse war – so dachten diese Wissenschaftler – nicht auf Grund angelernter Kenntnisse, sondern durch Selektion von Erbgut in die Welt gekommen, um diese zu beherrschen. Der bisher natürlich abgelaufene Selektionsprozeß sollte jetzt durch ihresgleichen wissenschaftlich beherrscht werden. Darin waren sich die meisten Genetiker, Zoologen und Psychiater einig.

„Die einen fördern und die anderen ausschalten zu lernen, ist somit so ziemlich die lebenswichtigste Forschungsaufgabe, die sich ein Volk heute stellen kann", schrieb 1943 beispielsweise der spätere Nobelpreisträger Konrad Lorenz. Die natürliche Evolution sollte also durch die wissenschaftliche ersetzt werden. Der Mensch als besonderes Tier: „Es gibt keine Tier- und Menschenpsychologie als getrennte Forschungszweige, sondern nur eine Psychologie schlechtweg", dekretierte Lorenz weiter. Das waren keine zufälligen Entgleisungen, wie die Schlußfolgerung eines anderen, im gleichen Jahr erschienenen Aufsatzes von Lorenz zeigt: „Da aber beim Menschen kein planvoller Züchter Vorsehung spielt, die Domestikationsfolgen vielmehr blind schalten dürfen, so *müssen* ganz einfach alle diese Ursachen die zu erwartende Wirkung haben, daß ein Kulturvolk kurz nach Erreichung der Zivilisationsphase zugrunde geht, *woferne nicht eine bewußte, wissenschaftlich unterbaute Rassenpolitik diese Entwicklung der Dinge verhindert*."[17]

Der Glaube an die Wissenschaftlichkeit der Kriterien der Selektion war von großer Bedeutung. Denn nur Wissenschaftlichkeit, das heißt klare Entscheidungskriterien, garantierten der deutschen Bevölkerung das gleichzeitige Gefühl von Überlegenheit und Rechtssicherheit. Die deutschen Nicht-Juden mußten wissen, daß sie keine Juden waren, und die Gesunden mußten wissen, daß sie nicht wahnsinnig waren. Der Personenkreis, der „auszumerzen" war, mußte klar definiert sein. Dafür waren wissenschaftlich ausgebildete Ärzte zuständig. Die Kurse, die Fischer im Kaiser Wilhelm-Institut für Anthropologie für SS- und Amtsärzte abhielt, waren keine leere Betriebsamkeit. Sie waren nötig, um die lokalen Spezialisten der Auslese anzulernen.

Eine breite Propaganda für diese neue Wissenschaft von der Auslese sollte bei den Betroffenen jeden Verdacht von Willkür oder gar Ungerechtigkeit zerstreuen. Der

---

Fortsetzung Fußnote von Seite 145
Stellungnahme einer NSDAP-Dienststelle an Mollison betr. die Verleihung des Goethe-Preises.

[17] Konrad Lorenz, Psychologie und Stammesgeschichte, in: Gerhard Heberer (Hrsg.), Die Evolution der Organismen, Jena 1943, S. 125; Konrad Lorenz, Angeborene Formen möglicher Erfahrung, in: Zeitschrift für Tierpsychologie 5 (1943), S. 302, Hervorhebungen im Original. Seinen immer präsenten Humor zeigt der Autor hier u. a. dadurch, daß er die Abbildung einer Sokrates-Büste beigibt und diese „als chondrodystrophischen Mopskopf" bezeichnet.

Eindruck, die Entscheidungen seien richtig, weil sie von Wissenschaftlern getroffen wurden, sollte unter allen Umständen aufrechterhalten werden. Der ernsthafte Versuch der Verwissenschaftlichung der Entscheidungen und die Realität ärztlichen Dilettantismus' kollidierten allerdings häufig. Selbst bei der Durchführung des klar formulierten Erbgesundheitsgesetzes war es, wie ein ausführliches Memorandum von Reichsärzteführer Wagner zeigt, zu massiven ärztlichen Fehlentscheidungen gekommen, die sich im Bewußtsein der Bevölkerung negativ auswirkten. Daß der Kreis der zu sterilisierenden Deutschen oder der zu entrechtenden Juden einigermaßen genau umschrieben war, führte jedoch zu einer gewissen subjektiven Rechtssicherheit bei den Nichtbetroffenen. Darin liegt ein oft übersehener fundamentaler Unterschied gegenüber der Sowjetunion, wo in den dreißiger Jahren eine allgemeine Rechtsunsicherheit herrschte. Die vergleichsweise hohe Rechtssicherheit für die Nichtbetroffenen machte es diesen leicht zu wähnen, im Dritten Reich herrsche Ordnung, wenn nicht gar Gerechtigkeit. Die durch die Vertreibung der Juden freiwerdenden Lehrstühle, Assistentenstellen, Arztpraxen, die plötzlich zu Schleuderpreisen angebotenen Antiquitäten, Grundstücke und Villen – all das gefiel jungen und alten Wissenschaftlern, die zugreifen konnten und wollten.

Wenn die Sterilisierung von Geisteskranken der gesamte Beitrag der Rassenhygieniker zum Nationalsozialismus gewesen wäre, könnte man an seiner Bedeutung zweifeln, da im bisher Gesagten weder das der UdSSR und Deutschland gemeinsame System der Konzentrationslager noch die deutsche Besonderheit der Massentötung von Juden und anderen direkt berührt wurde. Dem ist aber nicht so. Die Rassenhygieniker, allen voran der Schweizer Staatsbürger Professor Ernst Rüdin, Direktor des Kaiser Wilhelm-Instituts für Psychiatrie in München, waren mit dem Erbgesundheitsgesetz und der Begrenzung des zu sterilisierenden Personenkreises auf relativ wenige Erbkranke von Anfang an unzufrieden. So befürworteten sie die Verabschiedung eines Gesetzes, das in immer neuen Formulierungen vom Reichsinnenministerium vorgelegt, vom Reichsjustizministerium und anderen „konservativen" Instanzen aber verzögert wurde: das Gesetz gegen die „Gemeinschaftsfremden". Danach sollten, ähnlich wie im Erbgesundheitsgesetz, jeweils zwei Ärzte über eine Sterilisation entscheiden. Anstelle eines Richters wie im Erbgesundheitsgesetz war ein Polizeibeamter vorgesehen, der über die Einweisung der Delinquenten in Konzentrationslager entscheiden sollte. Das Gesetz, das das Ende der normalen Rechtsprechung bedeutet hätte, wurde von Rassenhygienikern in Lehrbüchern, Aufsätzen und Briefen immer wieder lobenderwartungsvoll erwähnt. Es sollte letztlich die Einweisung von Halb- und Viertel-Juden, „Zigeunern", Regimegegnern, Kleinkriminellen, Prostituierten und Landstreichern in Konzentrationslager regeln. Eine einschlägige Abhandlung eines Rassenhygienikers und eines Statistikers nennt die Zahl von einer Million Einzuweisender[18].

Konrad Lorenz, Parteimitglied seit 1938 und „Mitarbeiter des Rassenpolitischen Amtes mit Redeerlaubnis"[19], stellte das Problem 1940 folgendermaßen dar: „Aus der weitgehenden biologischen Analogie des Verhältnisses zwischen Körper und Krebs-

---

[18] Vgl. Heinrich Wilhelm Kranz/Siegfried Koller, Die Gemeinschaftsunfähigen. Ein Beitrag zur wissenschaftlichen und praktischen Lösung des sog. Asozialenproblems, 3 Bde., Gießen 1939–1941.
[19] BDC, Personalakten Lorenz, Vorschlag des Reichsministers für Wissenschaft, Erziehung und Volksbildung zur Ernennung Lorenz' zum ordentlichen Professor vom 1.2.1941.

geschwulst einerseits und einem Volke und seinen durch Ausfälle asozial gewordenen Mitgliedern andererseits ergeben sich große Parallelen in den notwendigen Maßnahmen. So wie beim Krebs – von einigen unwesentlichen Teilerfolgen der Strahlungsbehandlung abgesehen – der leidenden Menschheit nichts anderes geraten werden kann als möglichst frühzeitiges Erkennen und Ausmerzen des Übels, so beschränkt sich auch die rassenhygienische Abwehr gegen die mit Ausfallserscheinungen behafteten Elemente auf die gleichen recht primitiven Maßnahmen. Der Grund für das Versagen einer eigentlichen Behandlung, für die Hoffnungslosigkeit aller an den geschädigten Elementen vorgenommenen ‚Besserungsversuche' ist in beiden Fällen der gleiche: Ein Rückgängigmachen des Verfalles, der Entdifferenzierungsvorgänge, um die es sich bei Zellstaat und überindividueller Gesellschaftsganzheit handelt, käme in beiden Fällen der schöpferischen Erzeugung oder Wieder-Erzeugung von Differenzierungen gleich, zu deren Erreichen die Natur Jahrmilliarden gebraucht hat – eine von vornherein unerfüllbare Aufgabe. Das Erstaunliche und Wunderbare ist wie überall in der Natur, so auch hier nicht die Störung, die durch jede beliebige Möglichkeit chaotischen Zerfalles gegeben sein kann, sondern die in feinster Abgestimmtheit ihrer Teile sich selbst erhaltende Wirkenseinheit des gesunden Organismus. Jeder Versuch des Wiederaufbaues der aus ihrer Ganzheitsbezogenheit gefallenen Elemente ist daher hoffnungslos. Zum Glück ist ihre Ausmerzung für den Volksarzt leichter und für den überindividuellen Organismus weniger gefährlich als die Operationen des Chirurgen für den Einzelkörper. Die große technische Schwierigkeit liegt in ihrem Erkennen. In dieser Beziehung aber kann uns die Pflege unserer eigenen angeborenen Schemata, mit anderen Worten unseres gefühlsmäßigen Reagierens auf Ausfallserscheinungen, viel helfen. Ein guter Mensch in seinem dunklen Drange merkt sehr wohl, ob ein anderer ein Schuft ist oder nicht."[20]

„Ein guter Mensch, in seinem dunklen Drange, ist sich des rechten Weges wohl bewußt", sagt der Herr zu Mephisto, als er mit diesem gerade um Faust gewettet hat. Lorenz sieht den „Volksarzt", der die Selektion durchführt, mit den Augen von Faust/Mephisto. Der „Volksarzt" weiß, ob sein Patient „ein Schuft ist oder nicht". Wenn dieser als Schuft erkannt ist, ist seine „Ausmerzung" leicht. Lorenz macht sich auch Gedanken über den Status des die Selektion zur Ausmerzung durchführenden „Volksarztes": „Die Unbeliebtheit der sich eine Auslese ‚auf Anständigkeit' anmaßenden Menschen wird dann sehr verständlich, wenn man sich vor Augen hält, daß sie eine biologische Rolle übernehmen, die in der Vorzeit der Menschheit von feindlichen Außenfaktoren gespielt wurde. Nur diese trieben Selektion auf Härte, Heldenhaftigkeit, soziale Einsatzbereitschaft usw. Dennoch muß diese Rolle von irgendeiner menschlichen Körperschaft übernommen werden, wenn die Menschheit nicht mangels auslesender Faktoren an ihren domestikationsbedingten Verfallserscheinungen zugrunde gehen soll. Der rassische Gedanke als Grundlage unserer Staatsform hat schon unendlich viel in dieser Richtung geleistet. Die nordische Bewegung ist seit jeher gefühlsmäßig gegen die ‚Verhaustierung' des Menschen gerichtet gewesen, alle ihre Ideale sind solche, die durch die hier dargelegten biologischen Folgen der Zivilisation und Domestikation zerstört werden würden, sie kämpft für eine Entwicklungs-

---

[20] Konrad Lorenz, Durch Domestikation verursachte Störungen arteigenen Verhaltens, in: Zeitschrift für angewandte Psychologie und Charakterkunde 59 (1940), S. 2–81.

richtung, die derjenigen, in der sich die heutige zivilisierte Großstadtmenschheit bewegt, gerade entgegengesetzt ist. Für keinen biologisch Empfindenden kann ein Zweifel bestehen, welcher dieser beiden Wege der Weg der eigentlichen Evolution, der Weg nach ‚oben' ist!"

Für verschiedene Subgruppen der als „Gemeinschaftsfremde" Bezeichneten war Auslese auch ohne ein entsprechendes Gesetz Realität geworden. So wurden die „Zigeuner" von einer psychiatrisch-anthropologisch ausgebildeten Forschergruppe des Reichsgesundheitsamtes genealogisch und anthropologisch untersucht. Ihr Ziel war es, einige wenige als Arier zu erhaltende „wahre Zigeuner" von der Masse der „Mischlinge" abzutrennen, um letztere dann, wie in dem Gesetzentwurf vorgesehen, sterilisieren und in Konzentrationslager einweisen zu können. In der Realität von Auschwitz starben die „Mischlinge" allerdings durch Verhungern oder Gas.

Als die Ermordung der deutschen Geisteskranken durch Gas bereits begonnen hatte, arbeiteten fünf Universitätsprofessoren der Psychiatrie und ein Professor für Anthropologie an einem Gesetz, das die Tötungen legitimieren sollte. Von Fritz Lenz stammt die Formulierung des entscheidenden Paragraphen: „Das Leben eines Kranken, der infolge unheilbarer Geisteskrankheit sonst lebenslänglicher Verwahrung bedürfen würde, kann durch ärztliche Maßnahmen, unmerklich für ihn, beendet werden."[21] In der Einleitung zu einer theologischen Dissertation zum Thema „Euthanasie" schrieb Lenz im Sommer 1940: „Die ausführliche Diskussion der sogenannten Euthanasie [...] kann leicht dahin mißverstanden werden, als ob es sich um eine wesentliche Frage der Erbpflege handele. Dem möchte ich vorbeugen. Tatsächlich handelt es sich um eine Frage der Humanität."[22]

Die Bemühungen der Gelehrten um ein „Euthanasie"-Gesetz waren vergeblich. Es war nicht im Interesse der NS-Führung, Gesetze zu erlassen, die ihre jeweiligen Mordprogramme durchsichtig gemacht hätten. Sie zog es vor, in der Öffentlichkeit mit mehrdeutigen Begriffen zu operieren, und konnte sich dabei auf die Mitwirkung der Gelehrten verlassen. Wenn Lorenz etwa von „Gezeichneten" schrieb, die „ausgeschaltet" oder „ausgemerzt" werden sollten, so blieb offen, was und wen er damit meinte. „Ausmerzen" im biologischen Sinne bedeutet Tötung vor der Geschlechtsreife. Und lag es nicht nahe, sich jener Patienten, die lange genug als „minderwertige Ballastexistenzen" bezeichnet worden waren, im Kriege, wenn alle Kräfte gebraucht werden, zu entledigen – und sei es „nur" durch Entzug der Nahrung? Schon nach dem Ersten Weltkrieg hatte niemand bemängelt, daß etwa die Hälfte der deutschen psychiatrischen Patienten gestorben war.

Das Bild vom „jüdischen Parasiten" wurde von Hitler gebraucht und von jedem Nationalsozialisten verstanden. Alle Differenzierung, wie etwa Lenz sie versuchte, nützte da wenig: „Die jüdische Rasse ist von Schickedanz als eine Rasse von Parasiten geschildert worden. Zweifellos können die Juden zu einem schweren Schaden für ein Wirtsvolk werden; und es ist kein Zufall, daß, solange es Juden gibt, es auch judenfeindliche Bewegungen, Judenverfolgungen und Judenaustreibungen gegeben hat. Ein Lebewesen gedeiht besser ohne Parasiten. Anderseits gedeiht ein Parasit am besten

[21] BA, R 96 I/2, Bl. 126666, Meinungsäußerungen zum Gesetz. Es handelt sich um durch Prof. Nitsche, den Leiter der „Euthanasie"-Aktion, gesammelte Meinungsäußerungen.
[22] Fritz Lenz in seiner Einleitung zu: Wolfgang Stroothenke, Erbpflege und Christentum. Fragen der Sterilisation, Aufnordung, Euthanasie, Ehe, Berlin 1940, S. 1 f.

auf einem leicht geschwächten Wirt. Wenn der Parasit den Wirt zugrunde richtet, so geht er aber mit ihm zugrunde. Daher geht das Judentum auch nicht auf die Zugrunderichtung seiner Wirtsvölker aus. Es würde sich damit seiner Existenzgrundlage berauben. Aber auf ganz starken Völkern gedeiht es auch nicht. An einer gewissen Zersetzung der Wirtsvölker ist es daher interessiert."[23] Lenz' Quintessenz: Ohne Parasiten gedeiht der Wirt besser.

1936 erschien die deutsche Übersetzung eines Buches des französischen Medizin-Nobelpreisträgers, Alexis Carrel. „Der Mensch, das unbekannte Wesen" verkaufte sich gut: Bis 1939 wurden 15 000, bis 1941 20 000 Exemplare aufgelegt; das 21. bis 30. Tausend erschien 1950, das 81. bis 85. Tausend 1955. „Wozu erhalten wir alle diese unnützen und schädlichen Geschöpfe am Leben?" fragt der Autor bezüglich der Geisteskranken, Asozialen und Kriminellen und fügt hinzu: „Die ideale Lösung wäre es, wenn jedes derartige Individuum ausgemerzt würde, so wie es sich als gefährlich erwiesen hat." Carrel spricht aus, was er unter „ausmerzen" versteht: „... mit dem sollte in humaner und wirtschaftlicher Weise Schluß gemacht werden: in kleinen Anstalten für schmerzlose Tötung, wo es die dazu geeigneten Gase gibt."[24]

Das geeignete Gas zur Ausmerzung von Parasiten, Blausäure (Cyanwasserstoff), als Zyklon in transportable Form gebracht, hatte Professor Fritz Haber, Direktor des Kaiser Wilhelm-Instituts für physikalische Chemie, im Ersten Weltkrieg als Abfallprodukt des Gaskrieges zur Ungezieferbekämpfung in Getreidesilos entwickelt. „Die Einatmung der Blausäure belästigt in keiner Weise. Man kann nicht angenehmer sterben", erklärte der Organisator des Gaskrieges später vor einem Untersuchungsausschuß des Reichstags[25]. 1942 erschien eine Monographie unter dem Titel „Die hochwirksamen Gase und Dämpfe in der Schädlingsbekämpfung", eine überarbeitete Version des 1933 veröffentlichten Werkes „Blausäure zur Schädlingsbekämpfung", das die Technik der Rattentötung mit Zyklon in Schiffsbäuchen und Silos detailliert beschrieb. Der Autor, Gerhard Peters, war geschäftsführender Direktor der Firma Degesch, die Zyklon B nach Auschwitz lieferte[26]. Die Welt der Wissenschaft ist ein riesiges, unvollendetes Puzzle, dessen Einzelteile von Tausenden von Wissenschaftlern, Technikern, Administratoren unablässig zu größeren zusammenhängenden Bildern zusammengefügt werden.

Im Sommer 1941, nach dem deutschen Überfall auf die Sowjetunion, schrieb Otmar von Verschuer in seinem „Leitfaden der Rassenhygiene": „Die geschichtlichen Lösungsversuche der Judenfrage lassen sich in 3 Gruppen ordnen: 1. Aufsaugung der Juden, die z. B. bei den Westgoten in Spanien versucht worden ist, 2. Abschließung der Juden durch das Ghetto, das vom 5.–10. Jahrhundert die hauptsächlichste Lö-

---

[23] Baur/Fischer/Lenz, Menschliche Erblichkeitslehre, 4. Auflage, S. 753.
[24] Alexis Carrel, Der Mensch, das unbekannte Wesen, Erstausgabe, Stuttgart 1936; zit. nach der 3. Auflage (1950), S. 421 f.
[25] Aussage Fritz Habers in: Das Werk des Untersuchungsausschusses der Verfassungsgebenden Deutschen Nationalversammlung und des Deutschen Reichstages 1919–1928. Verhandlungen, Gutachten, Urkunden. 3. Reihe: Völkerrecht im Weltkrieg, hrsg. von Johannes Bell, Bd. 4, Berlin 1927, S. 17.
[26] Vgl. Gerhard Peters, Die hochwirksamen Gase und Dämpfe in der Schädlingsbekämpfung, Stuttgart 1942. Zu Peters, der 1955 nach mehreren ergebnislosen Verfahren freigesprochen wurde, vgl. auch Jörg Friedrich, Die kalte Amnestie. NS-Täter in der Bundesrepublik, Frankfurt a. M. 1984, S. 204–213.

sungsform in Europa war, und 3. Emanzipation des Judentums, die sich im 19. Jahrhundert durchgesetzt hat. Jeder dieser Versuche muß als gescheitert angesehen werden. Die politische Forderung der Gegenwart ist eine neue Gesamtlösung des Judenproblems."[27] Ein halbes Jahr später kündigte er in der von ihm herausgegebenen Zeitschrift „Der Erbarzt" bereits die „endgültige Lösung" an: „Die Erb- und Rassenpflege hat erstmalig in dem national-sozialistischen Deutschland eine großzügige praktische Verwirklichung gefunden. Ihre Erkenntnisse und Erfolge finden mehr und mehr auch bei anderen Völkern Beachtung und Anwendung. Mit der politischen Entwicklung der jüngsten Zeit, vor allem seit dem gemeinsamen Kampf des europäischen Kontinents gegen den Bolschewismus, hat sich eine Front herangebildet, die über das Gebiet des Militärischen und Politischen auch auf die große geistige Auseinandersetzung der Gegenwart sich auswirkt. Noch nie in der Geschichte ist die politische Bedeutung der Judenfrage so klar hervorgetreten wie heute: Gesamteuropa im Bunde mit dem von Japan geführten Ostasien steht im Kampf gegen die durch das Judentum gemeinsam geführte englisch-amerikanisch-russische Weltmacht. Die mit uns vereinten Völker erkennen mehr und mehr, daß die Judenfrage eine Rassenfrage ist, und daß sie deshalb eine Lösung finden muß, wie sie von uns zunächst für Deutschland eingeleitet wurde. Inzwischen haben zahlreiche andere Länder, wie z. B. Italien, Frankreich, Ungarn und Rumänien, Rassengesetze erlassen, die zeigen, daß die Judenfrage bereits eine gesamteuropäische Angelegenheit geworden ist. Ihre endgültige Lösung als Weltfrage steht mit zur Entscheidung in diesem Kriege."[28]

Als mit der „Endlösung der Judenfrage" auf dem Gebiet Polens und der Sowjetunion begonnen war, reiste Eugen Fischer nach Paris, um den Franzosen die deutschen Rassengesetze und die „Gesamtlösung der Judenfrage" schmackhaft zu machen: „Die Moral und Tätigkeit der bolschewistischen Juden zeugt von einer solchen ungeheuerlichen Mentalität, daß man nur noch von Wesen einer anderen Spezies sprechen kann."[29] Damit hatte der Gelehrte in einem Satz alles gesagt, was von ihm erwartet wurde: Die Juden seien minderwertig, Bolschewismus und Judentum seien dasselbe, und die Juden seien Tiere, deren Tötung Pflicht sei. Daß dies keine einmalige verbale Entgleisung war, zeigt die Tatsache, daß Fischer die Einladung Rosenbergs annahm, auf einem für Herbst 1944 geplanten internationalen antijüdischen Kongreß die rassenbiologische Sektion zu leiten.

Die Selektion der Juden zur Tötung mit Gas in Auschwitz war ausschließlich Ärzten vorbehalten[30] – also direkten oder indirekten Schülern der Rassenhygieniker. Um arbeitsunfähige Greise und Greisinnen, Mütter und Kinder ins Gas zu schicken, waren keine anthropologischen Kenntnisse nötig. Vielleicht wurde die Maßnahme damit begründet, daß die selektionierenden Ärzte an Fleckfieber Erkrankte sofort erkennen sollten. Mir scheint die Mitwirkung von Ärzten bei Selektion und Tötung eine symbolische Bedeutung zu haben. In Auschwitz, wo I. G. Farben und Krupp das letzte aus

---

[27] Otmar von Verschuer, Leitfaden der Rassenhygiene, Leipzig 1941, S. 127.
[28] Otmar von Verschuer, Der Erbarzt an der Jahreswende, in: Der Erbarzt 10 (1942), S. 1 ff.
[29] Eugen Fischer, Problème de la race et de la législation raciale en Allemagne, in: Cahiers de l'Institut allemand, Paris 1942, S. 84–109.
[30] IfZ, Fa 506/12, Rundschreiben des Wirtschafts- und Verwaltungshauptamts der SS, Abteilung D, an die Lagerkommandanten vom 9.3.1943: Anordnung des Reichsführers SS betr. rassische Begutachtung der Häftlinge durch Lagerärzte.

den Arbeitshäftlingen herauspreßten und wo gleichzeitig durch Gas getötet wurde, sollte Wissenschaft symbolisch das letzte Wort haben: Auschwitz als Monument von Wissenschaft und Technik, „als faustisches Reich"[31].

Es ist kein Zufall, daß der bekannteste Auschwitz-Arzt, Josef Mengele, ehemals Assistent bei Otmar von Verschuer in Frankfurt und während des Krieges Gastforscher in dessen Kaiser Wilhelm-Institut für Anthropologie in Dahlem war. Auf diese Weise wurde der Massenmord in Auschwitz auch der forschenden Wissenschaft von Nutzen, wie vorher schon der Massenmord an den Geisteskranken auch für die forschende Wissenschaft nützlich geworden war. Eugen Fischer, gerade emeritiert, aber im Vollbesitz seiner geistigen Kräfte, formulierte im März 1943 in einem Zeitungsartikel ein entsprechendes Resümee: „Es ist ein besonderes und seltenes Glück für eine an sich theoretische Forschung, wenn sie in eine Zeit fällt, wo die allgemeine Weltanschauung ihr anerkennend entgegenkommt, ja, wo sogar ihre praktischen Ergebnisse sofort als Unterlagen staatlicher Maßnahmen willkommen sind. Als vor Jahren der Nationalsozialismus nicht nur den Staat, sondern unsere Weltanschauung umformte, war die menschliche Erblehre gerade reif genug, Unterlagen zu bieten. Nicht als ob etwa jener eine ‚wissenschaftliche' Unterbauung nötig gehabt hätte als Beweis für seine Richtigkeit – Weltanschauungen werden erlebt und erkämpft, nicht mühsam unterbaut –, aber für wichtige Gesetze und Maßregeln waren die Ergebnisse der menschlichen Erblehre als Unterlagen im neuen Staat gar nicht zu entbehren."[32]

Was Fischer hier beschrieb, war das entsetzliche Bündnis wissenschaftsverachtender antisemitischer Räuber und Mörder mit normalen Wissenschaftlern. Viele boten sich an und ließen sich gleichzeitig verhöhnen – ein erstaunliches Schauspiel, das 1939 im Auftritt des Nürnberger Gauleiters Julius Streicher an der Berliner Universität seine Beleuchtung fand. Streicher beleidigte die Wissenschaftler, und diese applaudierten: „Ich sage Ihnen: Man bringe mir eine Waage. In die eine Schale lege ich das Gehirn des Führers, in die andere alle Gehirne der Gelehrten und Gebildeten, die behauptet haben, daß er nie einen Staat führen könne. Dann zieht dieses eine Gehirn den ganzen Dreck in die Höhe (Beifall)."[33]

Rassenforschung als Wissenschaft

Der Beitrag der deutschen Wissenschaft zur Vernichtung des jüdischen Volkes ist bereits 1946 von Max Weinreich mustergültig beschrieben worden[34]. Warum wurde dieser Anfang nicht fortgesetzt? An den deutschen Universitäten bestand kein Interesse, zurückzuschauen. Wer wieder da war, und die meisten waren wieder da, schwieg über die Vergangenheit. Die Rassenhygieniker Fischer, Lenz, Muckermann, Verschuer und Rüdin waren an der Wahrheit nicht interessiert.

„Mußten Sie in der Zeit des Nationalsozialismus Kompromisse schließen?" fragte

---

[31] Rifka Schechter, Auschwitz als faustisches Reich, Jerusalem 1986. Ich danke der Autorin für die Überlassung des von Rachel Grünberger ins Deutsche übersetzten 4. Kapitels.
[32] Eugen Fischer, Erbe als Schicksal, in: Deutsche Allgemeine Zeitung vom 28.3.1943.
[33] Yivo Berlin Collection G 239, Julius Streicher, Wissenschaft und Judentum. Vortrag in der neuen Aula der Universität Berlin vom 10.1.1939.
[34] Vgl. Max Weinreich, Hitler's Professors. The Part of Scholarship in Germany's Crimes Against the Jewish People, New York 1946.

ein Journalist Konrad Lorenz 35 Jahre später. Lorenz antwortete: „Ich habe sogar gehofft, daß der Nationalsozialismus etwas Gutes bringen würde, nämlich in bezug auf die Hochschätzung der biologischen Vollwertigkeit des Menschen gegen Domestikation usw. Daß die Leute Mord meinten, wenn sie von ‚ausmerzen' sprachen oder wenn sie ‚Selektion' sagten, das habe ich damals wirklich nicht geglaubt. So naiv, so blöd, so gutgläubig – nennen Sie es, wie Sie wollen – war ich damals."[35] Was er selbst meinte, wenn er von „Ausmerzen" schrieb, sagte Lorenz nicht, und auf die Frage, „Von wann an ist Ihnen das klargeworden?", antwortete er: „Da war ich schon Soldat. Da habe ich in Posen zum erstenmal Transporte, nicht Juden, sondern von Zigeunern gesehen. Da sind mir allerdings die Haare zu Berge gestanden." Auch Fritz Lenz bestritt 1953 in einem Aufsatz jede Mitverantwortung seiner Wissenschaft: „Daran ist keinesfalls die Genetik schuld; die Judenverfolgung ist vielmehr von politischen Fanatikern betrieben worden, die von Genetik nichts oder wenig verstanden."[36] Die Genetik hatte keine Schuld, aber wie stand es mit den Genetikern?

Erst 1961 erschien Konrad Sallers Buch „Die Rassenlehre des Nationalsozialismus in Wissenschaft und Propaganda"[37]; der Anthropologe wurde damit unter seinen westdeutschen Kollegen zum Paria. Die deutschen und internationalen Wissenschaftshistoriker schweigen. Selbst über den Patientenmord der Psychiater mußte ein Journalist das erste große Buch schreiben[38]. Die Tatsache, daß auch die nichtdeutschen Medizin- und Wissenschaftshistoriker schwiegen, verweist auf ein internationales Problem: Weltweit weigerten sich die Wissenschaftler anzuerkennen, daß ihre Wissenschaft im Dienste der Ungerechtigkeit gestanden hatte. Sie zogen es vor, von Pseudowissenschaft zu sprechen, ohne deshalb dazu aufzurufen, „Pseudowissenschaftler" wie Lenz, Lorenz und Verschuer von ihren Lehrstühlen zu verweisen. Der Medizin-Nobelpreis für Lorenz kam spät (1973), aber er adelte einen Wissenschaftler, der geholfen hatte, dem deutschen Faschismus seine wissenschaftliche Rechtfertigung zu geben.

Pseudowissenschaft heißt Lügenwissenschaft, also Wissenschaft, die keine ist. Aber die Rassenhygiene ist damit ungenau beschrieben, denn sie war ein Amalgam aus Wissenschaft, Halbwissenschaft, Lüge, Raub und Mord – Ungerechtigkeit, produziert von Wissenschaftlern. An den biologisch definierten Auslese- und Ausmerze-Prozessen waren wissenschaftliche Institutionen beteiligt, und die Wissenschaftler an deren Spitze gaben dem Vernichtungsprogramm seinen wissenschaftlichen Glanz; Fischer, Lenz, Lorenz oder Rüdin hatten damals und haben noch heute wissenschaftliche Autorität.

Statt einzelne der damaligen Arbeiten daraufhin zu prüfen, was an ihnen richtig oder falsch, was nicht weiterführend und was zukunftsträchtig war, möchte ich hier kurz auf eine Methode eingehen: Das damals weltweit anerkannte Paradigma der Zwillingsforschung versprach schnelle Antwort auf die Frage, wieweit ein bestimmter Phänotyp (blaue Augen, blonde Haare, Intelligenz, Schizophrenie, Kriminalität etc.) genetisch oder durch die Umwelt bestimmt war. Fand sich eine stärkere Korrelation

---

[35] Konrad Lorenz/Franz Kreuzer, Leben ist Lernen, München 1981.
[36] Fritz Lenz, Diesseits von Gut und Böse. Bemerkungen über das Verhältnis von Genetik und Glauben, in: Deutsche Universitätszeitung 23 (1953), S.9.
[37] Vgl. Saller, Rassenlehre.
[38] Vgl. Klee, „Euthanasie".

der Eigenschaften bei eineiigen als bei zweieiigen Zwillingen, so schloß man auf biologische Vererbung. Bezeichnenderweise förderte die Rockefeller-Foundation, die dafür bekannt war, ihr Geld in realer Wissenschaft zu investieren, zwischen 1932 und 1935 Verschuers Zwillingsforschung[39]. Die ersten Ergebnisse der Zwillingsforschung machten wahrscheinlich (bewiesen, meinten die Zwillingsforscher), daß alle geistig-charakterlichen Eigenschaften (z. B. Intelligenz, Schizophrenie, Kriminalität) weitgehend biologisch vererbt und wenig milieubedingt waren. Der wissenschaftliche Streit ging nur noch um den Prozentanteil der biologischen Vererbung, nicht mehr um die Tatsache als solche. Es wurde damals übersehen, wie vielfach auch noch heute, daß Zwillingsforschung aus methodischen Gründen letztlich keine Gewißheit, sondern höchstens Wahrscheinlichkeit dafür liefern kann, daß ein bestimmtes Merkmal vererbt wird. Da die Atomphysiker Kausalbeziehungen aufgegeben hatten und mit Wahrscheinlichkeiten rechneten, meinten die als Zwillingsforscher tätigen Genetiker ebenfalls wissenschaftlich up to date zu sein.

Der Einwand, daß die Sterilisierung Schizophrener rassenhygienisch unsinnig sei, weil dadurch nur die wenigen Homozygoten getroffen würden, während alle Heterozygoten sich unerkannt weitervermehrten, war Rassenhygienikern wie Lenz wohlbekannt. „Der Umstand, daß wir in den meisten Fällen nur mit einer gewissen Wahrscheinlichkeit minderwertige Beschaffenheit der Nachkommen voraussagen können, bildet keinen vernünftigen Grund gegen die Verhinderung der Fortpflanzung Minderwertiger, sondern vielmehr dafür." An anderer Stelle hatte Lenz vorgerechnet, wie langsam sich Genotypen in einer menschlichen Population verändern; in dem Beispiel war ein Genotyp innerhalb von 300 Jahren von 50 auf 93 Prozent angestiegen[40]. Hitler war das noch zu kurzfristig gedacht: „Eine nur sechshundertjährige Verhinderung der Zeugungsfähigkeit und Zeugungsmöglichkeit seitens körperlich Degenerierter und geistig Erkrankter würde die Menschheit nicht nur von einem unermeßlichen Unglück befreien, sondern zu einer Gesundung beitragen, die heute kaum faßbar erscheint."[41] Sowohl Wissenschaftler wie Politiker wußten also, wovon sie redeten.

Als Indiz für Pseudowissenschaft ist darauf hingewiesen worden, daß einzelne Rassenforscher wie Hans F. K. Günther und Ludwig Ferdinand Clauss ihrer Herkunft nach Geisteswissenschaftler waren. Mir scheint das kein gutes Argument zu sein: Günther war der erfolgreiche Popularisierer einer von anderen begründeten Wissenschaft; Clauss, der sein erstes Buch immerhin Husserl widmete, war ein interessanter Außenseiter[42]. Was die wissenschaftlichen Bemühungen beider zerstörte, war ihr Antisemitismus. Der Begriff „Rasse" ist gerade durch diese Autoren völlig diskreditiert worden, aber Faktum ist, daß bei bestimmten Bevölkerungsgruppen bestimmte Gene gehäuft vorkommen. Alles, was mit Vererbung geistiger Eigenschaften zusammenhängt, ist leicht wahrscheinlich zu machen, aber letztlich außerordentlich schwer zu

---

[39] Vgl. Kristie Macrakis, Wissenschaftsförderung durch die Rockefeller-Stiftung im „Dritten Reich", in: Geschichte und Gesellschaft 12 (1986), S. 348–379.
[40] Baur/Fischer/Lenz, Menschliche Erblichkeitslehre, Bd. 2, S. 186 bzw. S. 7.
[41] Adolf Hitler, Mein Kampf, München [60]1933, S. 448.
[42] Vgl. Hans F. K. Günther, Kleine Rassekunde des deutschen Volkes, München [2]1930, die in mehreren hunderttausend Exemplaren verbreitet wurde, und Ludwig Ferdinand Clauss, Rasse und Seele, München 1926.

beweisen und daher ein ideales Feld für Scharlatane und Betrüger⁴³. Menschliche Genetik und Rassenforschung war damals und ist in gewissem Sinne noch heute eine „weiche" Wissenschaft.

Die Argumentation, Rassenforschung sei keine Wissenschaft gewesen, ist noch aus einem weiteren Grunde fragwürdig: Man stelle sich vor, den Nationalsozialisten hätte das wissenschaftliche Instrumentarium heutiger Forschung zur Verfügung gestanden. Die Erbgänge in Juden- und Zigeunerfamilien hätten dann durch DNA-fingerprinting eindeutig geklärt werden können; die Zuordnungen wären objektiver, aber nicht gerechter geworden. Ähnliches gilt für die Forschungen, deren „Menschenmaterial" die Entrechteten waren: Die immer wieder geäußerte Meinung, die Menschenversuche seien schon deshalb insgesamt „Pseudowissenschaft" gewesen, weil der Gesundheitszustand der Häftlinge nicht adäquat war, benennt wahrscheinlich einen richtigen Tatbestand – die Versuchsprotokolle wurden allerdings nach dem Krieg von den Amerikanern sekretiert –, ist aber in diesem Kontext belanglos. Auch ahnt der Außenstehende nicht, wie schwer es ist, „gute" Tierexperimente zu machen, bei denen nichts mißlingt. Das Argument der minderen Qualität der Menschenversuche gilt darüber hinaus nicht durchgängig: Die Hirnanatomen beispielsweise, die von der Ermordung psychiatrischer Patienten profitierten, erhielten ausgelesene, frischeste, beste Hirne, die sie unter normalen Umständen nie bekommen hätten. Das wahrhaft Verbrecherische und Kennzeichnende bei Menschenversuchen, die gegen den Willen der Versuchspersonen durchgeführt werden, ist nie ein niedriger, sondern ein hoher Stand der Wissenschaft.

Es ist hier noch kurz zu fragen, wer den Rassenhygienikern und den Nationalsozialisten ihre gemeinsamen Werte gab. Jede Generation hat Dichter und Philosophen, die sie liebt. Wir sahen den Widerschein von Goethes Faust bei Lorenz. Der Widerschein Nietzsches muß noch genannt werden. Nietzsche war kein ordinärer Antisemit. Seine Vision von der Rassenhygiene im alten Indien aber war jedem SS-Offizier und jedem Studenten der Medizin oder der Zoologie vermittelbar, ebenso wie seine Überlegungen zu einer „Moral für Ärzte". „Der Kranke ist ein Parasit der Gesellschaft", heißt es in der Götzendämmerung, und weiter: „Eine neue Verantwortung schaffen, die des Arztes, für alle Fälle, wo das höchste Interesse des Lebens, des *aufsteigenden Lebens*, das rücksichtsloseste Nieder- und Beiseitedrängen des entarteten Lebens verlangt – zum Beispiel für das Recht auf Zeugung, für das Recht, geboren zu werden, für das Recht zu leben."⁴⁴ Diese Sprache verstanden die Ärzte und Wissenschaftler, die im Dritten Reich Karriere machen wollten. Das Fehlen der Schranken, die die Verwirklichung dieser Utopien untersagten, ist das zutiefst Erschreckende.

---

⁴³ Vgl. z. B. den Fall des ehemals angesehenen englischen Zwillingsforschers Burt, der in hohem Alter der Datenmanipulation überführt wurde; Leon J. Kamin, The Science and Politics of I.Q., New York 1977.
⁴⁴ Friedrich Nietzsche, Götzendämmerung, Frankfurt a. M. 1985, S. 90 f.

Willi Dreßen/Volker Rieß

Ausbeutung und Vernichtung. Gesundheitspolitik im Generalgouvernement

Eine „polnische Reservation, ein großes polnisches Arbeitslager", sollte das nach der Kapitulation Polens und der Annexion der Westgebiete im Oktober 1939 aus dem verbliebenen Territorium westlich der deutsch-sowjetischen Demarkationslinie gebildete „Generalgouvernement" (GG) sein. Davon, so Hitler im Herbst 1940, würden auch die Polen profitieren, denn die Deutschen „hielten sie gesund" und „sorgten dafür, daß sie nicht verhungerten usw."[1]. Tatsächlich wurde das „östliche Nebenland" des Reiches unter dem in Krakau residierenden Generalgouverneur Dr. Hans Frank zu einem Experimentierfeld nationalsozialistischer Ausbeutungs- und Rassenpolitik. Davon auf die eine oder andere Weise betroffen waren etwa 13 bis 15 Millionen Menschen, darunter etwa 1,5 bis zwei Millionen Juden. Nach dem deutschen Angriff auf die Sowjetunion kam zu den Distrikten Krakau, Radom, Warschau und Lublin im Sommer 1941 noch der Distrikt Galizien hinzu, wodurch die Bevölkerung auf mindestens 18 Millionen Menschen anwuchs[2].

Frank war unmittelbar Hitler unterstellt und ermächtigt, per Verordnung Recht zu setzen. Seine Regierung, das „Amt des Generalgouverneurs", gliederte sich zunächst in sechs Zentral- und 15 Fachabteilungen. Später hatte die „Regierung des Generalgouvernements" unter einem Staatssekretär zwölf und ab 1943 13 Hauptabteilungen[3]. Daneben existierten ein Befehlshaber der Sicherheitspolizei und des SD (BdS) und ein Befehlshaber der Ordnungspolizei (BdO). Beide waren über ihre jeweiligen Hauptämter dem Reichsführer SS und Chef der deutschen Polizei, Himmler, unterstellt, der zur besseren Koordination der vielfältig mit der Polizei verfilzten SS-Ämter und -Dienststellen schon vor dem Krieg für den Mobilmachungsfall für jeden Wehrkreis die Etablierung eines Höheren SS- und Polizeiführers (HSSPF) durchgesetzt hatte. Den HSSPF unterstanden in ihrem Bereich alle Himmler nachgeordneten Stellen. Himmler verfügte damit über einen zweiten, direkten Befehlsweg zu den einzelnen Dienststellen der verschiedenen Polizeiformationen und des SD, denn die HSSPF waren ihm zweifach unterstellt: als SS-Angehörige und als Polizeiführer.

---

[1] Aktenvermerk Bormanns vom 2.10.1940, abgedruckt in: Der Prozeß gegen die Hauptkriegsverbrecher vor dem Internationalen Militärgerichtshof, Bd. VII, Nürnberg 1947, S. 252 ff.

[2] Taschenbuch für den Verkehr mit dem Generalgouvernement 1943, Berlin 1943, S. 7 f.; Das Generalgouvernement, Leipzig 1943 (Baedekers Reisehandbücher), S. IX; Max du Prel (Hrsg.), Das Deutsche Generalgouvernement Polen, Krakau 1940, S. 11 f.; ders., Das Generalgouvernement, Würzburg 1942, S. XV; VOBlGG 1941, S. 443 f.

[3] RGBl I 1939, S. 2077 und S. 2042; VOBlPG 1939, S. 3 f.; du Prel, Generalgouvernement 1940, S. 12, 49–53; ders., Generalgouvernement 1942, S. XV und S. 375–380; Taschenbuch Generalgouvernement, S. 171 ff.; Taschenbuch für Verwaltungsbeamte 1943, Berlin 1943, S. 174–181.

Für das GG bestellte Himmler am 14. Oktober 1939 den SS-Obergruppenführer und General der Polizei Friedrich-Wilhelm Krüger zum HSSPF Ost. Krüger war zugleich Himmlers Beauftragter in dessen Funktion als Reichskommissar für die Festigung des deutschen Volkstums (RKF). Anders als die HSSPF im Reichsgebiet, verfügte der HSSPF Ost in den Distrikten in Gestalt der SS- und Polizeiführer (SSPF) über einen eigenen Unterbau. Gegenüber dem BdS und dem BdO war der HSSPF weisungsbefugt. Obschon der HSSPF Ost dem Generalgouverneur formell unterstellt war, suchte Krüger sich fast von Anfang an im Einvernehmen und mit Unterstützung Himmlers von der Bevormundung durch die Verwaltung des GG zu lösen. Bereits 1940 mußte Frank dem HSSPF Ost bestätigen, daß dieser zwar ihm direkt, nicht aber seinem Vertreter, dem Staatssekretär und Verwaltungschef Dr. Josef Bühler, unterstellt sei.

Mit Erlaß vom 7. Mai 1942 entschied Hitler den Konflikt Frank – Krüger endgültig zuungunsten des Generalgouverneurs. Hitler ernannte Krüger zum Staatssekretär für das Sicherheitswesen im GG und unterstellte ihn „auf dem Gebiet des Sicherheitswesens und der Festigung des Volkstums" der unmittelbaren Weisungsgewalt Himmlers. In Ausführung des Führererlasses regelte eine Verordnung des Generalgouverneurs am 3. Juni 1942 die Dienstgeschäfte des Staatssekretärs für das Sicherheitswesen, die nahezu alle ordnungs- und sicherheitspolizeilichen Aufgaben umfaßten, darunter auch die „Judenangelegenheiten". Der HSSPF Ost konnte nun unabhängig vom Generalgouverneur über die SS- und Polizeiverbände verfügen. Nicht zuletzt erleichterte diese Regelung Himmlers Politik der „Endlösung der Judenfrage" im GG, die im Distrikt Lublin durch einen Sonderauftrag Himmlers an den SSPF Globocnik bereits begonnen hatte.

Als Himmlers Beauftragter in dessen Funktion als RKF für Polen zog Krüger im Rahmen der An- oder Umsiedlung von Volksdeutschen und Polen eine große Zahl von Verwaltungsaufgaben an sich. Erst als sich zeigte, daß gerade die von Krüger und dessen SSPF, insbesondere Globocnik, gegen Frank durchgesetzte Volkstums- und Siedlungspolitik, die eine brutale Unterdrückung und teilweise Ausrottung ganzer Bevölkerungsgruppen umfaßte, zu einem starken Anstieg der Partisanentätigkeit und zu Störungen des Wirtschaftslebens führte, wurde Krüger am 9. November 1943 durch den HSSPF des Warthelandes, Wilhelm Koppe, ersetzt.

Die Auseinandersetzung war charakteristisch und prägte die Situation im GG, wo ein Netz vielfacher Über- und Unterordnungsverhältnisse häufig zu widersprüchlichen Maßnahmen einzelner Stellen führte. Entscheidend für den konkreten Einfluß der Funktionäre von Polizei und Verwaltung waren die persönlichen Beziehungen zu Himmler und anderen Reichsspitzen[4]. Der deutsche Amtsarzt von Warschau, Dr. med. Wilhelm Hagen, erkannte dies ganz deutlich. Im Sommer 1942 klagte er in

---

[4] Grundlegend dafür: RGBl I 1939, S. 2077; RGBl I 1942, S. 293; VOBlGGPG 1939, S. 3 ff.; VOBlGG I 1940, S. 357 f.; VOBlGG 1942, S. 321 ff., sowie VOBlGG 1943, S. 306 f. ZSL, SA 463, Urteil LG Wiesbaden vom 1.3.1973 – 8 Ks 1/70 –, S. 16–25; ZSL, SA 535, Urteil LG Hannover vom 30.3.1979 – 11 Ks 2/76 –, S. 9 f., sowie ZSL, SA 292, Urteil LG Düsseldorf vom 3.9.1965 – 8 Ks 2/64 –, S. 33–36. Vgl. dazu auch Ruth Bettina Birn, Die Höheren SS- und Polizeiführer, Düsseldorf 1986, S. 197–206; Gerhard Eisenblätter, Grundlinien der Politik des Reiches gegenüber dem Generalgouvernement 1939–1945, Diss., Frankfurt a. M. 1969, S. 235–303; Larry V. Thompson, Nazi Administrative Conflict: The Struggle for Executive Power in the General Government of Poland, Diss., Ann Arbor 1967, S. 34 und S. 60.

einem Brief an Reichsgesundheitsführer Conti, die Gesundheitspolitik stimme nicht mit der allgemeinen Politik überein: „Über dieses letzte Ziel unserer Politik im Raume Polens ist eine klare Stellungnahme der politischen Führer im Generalgouvernement für mich bisher nicht erkennbar gewesen. Manche angesprochenen Ziele, wie Niederhaltung der Polen, Verminderung ihrer Zahl, Einschränkung des kulturellen und gesundheitlichen Standes einerseits und volle Ausnützung ihrer Arbeitskraft, Hebung der Leistung und Sanierung des Siedlungsraumes für Deutsche andererseits, widersprechen sich."[5]

Die Organisation des Gesundheitswesens

Im Zuge des Aufbaus des Amts des Generalgouverneurs wurde zunächst eine selbständige Abteilung „Gesundheitswesen und ärztliche Volkspflege" geschaffen, die auch für die gesundheitlichen Belange aller anderen Abteilungen zuständig war. Ziel war eine größere Vereinheitlichung und Straffung der Gesundheitsverwaltung im Vergleich zum Reich, wo die einzelnen Ministerien eigene Medizinalabteilungen besaßen. Abteilungsleiter und zugleich Gesundheitsführer im GG (Beauftragter des Reichsgesundheitsführers) wurde am 15. Dezember 1939 Obermedizinalrat Dr. med. Jost Walbaum. Als Gebietsgesundheitsführer war er für Partei- und Berufsstandsangelegenheiten der deutschen Angehörigen der Heilberufe sowie für die vom NSDAP-Hauptamt für Volksgesundheit in Krakau bearbeiteten Fragen zuständig. 1940 wurde er zusätzlich Leiter der neugeschaffenen Gesundheitskammer, die schließlich die Angehörigen sämtlicher Heilberufe im GG organisierte; damit war der ärztliche Multifunktionär perfekt[6].

Zum 1. April 1941 wurde die Abteilung Gesundheitswesen als Abteilung VI in die Hauptabteilung Innere Verwaltung der Regierung eingegliedert[7]. Die Unterstellung änderte das Konzept der Einheitlichkeit und Selbständigkeit jedoch nicht; Walbaum behielt unmittelbares Vortragsrecht bei Frank. Auch gab es weiter Personalunionen auf Referentenebene. So war z.B. Walbaums Referatsleiter Arbeit zugleich Gesundheitsreferent der Hauptabteilung Arbeit und leitete den ärztlichen Dienst im Rahmen der Rekrutierung von polnischen Arbeitern für das Reich.

Walbaums Abteilung bestand im wesentlichen aus zwei Unterabteilungen und einer Reihe dem „Abteilungspräsidenten" direkt unterstellter Referate und Außenstellen: Zur Unterabteilung Gesundheitsangelegenheiten gehörten die Referate Seuchenbekämpfung und allgemeine Gesundheitsangelegenheiten sowie Ärzteeinsatz, Heil- und Pflegeanstalten, Krankenanstalten und medizinische Institute, Schulgesundheits- und Jugendpflege, Sportärztliche Betreuung und Freiwilliger öffentlicher Gesundheitsdienst. Die Unterabteilung Apotheken- und Arzneimittelwesen bestand aus den

---

[5] IfZ, ED 66 (NL Hagen), Bd. 1, Schreiben Hagens an Conti vom 30.7.1942.
[6] ZSL, 201 AR-Z 49/66, S. 132 ff., Aussage Walbaums vom 17.10.1968. Die Entscheidung fiel Ende Oktober zwischen Frank und Conti. Das Aufgabengebiet der Abteilung war zunächst nicht ausdrücklich fixiert. Frank habe sinngemäß erklärt, die Zuständigkeit betreffe alles, was nach Karbol rieche. Vgl. auch du Prel, Generalgouvernement 1940, S. 282 f., sowie VOBlGGPG I 1940, S. 89 und S. 185 f. Ausgenommen waren Wehrmachts-, SS- und Polizeiangehörige.
[7] VOBlGGPG 1941, S. 99, 3. VO über den Aufbau der Verwaltung des Generalgouvernements vom 16.3.1941.

Referaten Apothekenwesen, Arzneimittelwesen, Sanitäre Überwachung der Lebens- und Genußmittel, Heilpflanzenkunde und Heilpflanzenbeschaffung. Dem Abteilungsleiter unmittelbar unterstellt waren die Referate Gesundheitskammer, Arbeit, Post, Eisenbahn, Gerichtsärztlicher Dienst, Medizinische Hochschulfragen, Staatsbäder und Kurorte, Umsiedlung (nur vorübergehend zur Umsiedlung der Wolhynien-Deutschen), außerdem als Außenstellen die Staatlichen Heil- und Pflegeanstalten (Kobierzyn bei Krakau, Tworki bei Warschau und ab Sommer 1941 Kulparkow bei Lemberg), die Kindertrachomanstalt Witkowice, die Staatlichen Krankenanstalten Krakau, die Staatlichen Institute für Hygiene in Warschau, Krakau, Lublin und Kielce, das Staatliche Institut für gerichtliche Medizin und Kriminalistik in Krakau (mit Zweigstelle in Warschau) und die Abteilung Fleckfieberforschung in Krakau[8]. Außenstellen waren auch die Distriktkrankenhäuser zur Behandlung Deutscher, für die „selbstverständlich die besteingerichteten Objekte" beschlagnahmt wurden. Daneben nahm die Wehrmacht eine große Zahl von Krankenbetten in Anspruch, so daß die Abteilung Gesundheitswesen bereits Mitte 1940 als Ausweg nur noch den Neubau von Krankenhäusern sah. Die übrigen Krankenhäuser wurden von den jeweiligen Kostenträgern, vor allem den Stadt- und Kreishauptmannschaften, verwaltet. Nach der Einrichtung der Ghettos wurden die dortigen Krankenanstalten von der jüdischen Selbstverwaltung (Judenräte) betrieben[9].

In den Distrikten wurde das Gesundheitswesen referatsmäßig der Zentralabteilung nachgebildet und von einem Arzt geleitet, der zugleich Amtsarzt seines Distrikts war. Auch den Gesundheitsabteilungen der Kreishauptmannschaften stand prinzipiell ein Amtsarzt vor, der zugleich Chef des Krankenhauses am Sitz der Kreishauptmannschaft sein und sicherstellen sollte, daß Deutsche nur durch deutsche Ärzte behandelt würden[10].

Ähnlich war es in den Stadthauptmannschaften. In Krakau leitete der Amtsarzt das Gesundheitsamt mit einer deutschen, polnischen und zunächst noch einer jüdischen Abteilung; letzteren stand ein polnischer bzw. jüdischer Leiter vor. In den Städten wie auf dem Land arbeitete unter Anweisung und Kontrolle der Deutschen ein Großteil des polnischen Medizinalapparates weiter[11]. Ende 1942 wurde Dr. Walbaum abge-

---

[8] Vgl. Jost Walbaum (Hrsg.), Kampf den Seuchen! Deutscher Ärzte-Einsatz im Osten. Die Aufbauarbeit im Gesundheitswesen des Generalgouvernements, Krakau 1941, S. 17 ff.; ZSL, 201 AR-Z 49/66, S. 132 ff., Aussage Walbaums vom 17.10.1968; vgl. auch du Prel, Generalgouvernement 1942, S. 377; ZSL, Verschiedenes 19, S. 56–266, Protokoll der Arbeitstagung Gesundheitswesen in der Regierung des Generalgouvernements in Bad Krynica vom 13.–16.10.1941, Teilnehmerliste (im folgenden: Arbeitstagung Gesundheitswesen, Oktober 1941).

[9] Vgl. Walbaum (Hrsg.), Kampf den Seuchen, S. 19 und S. 142, das Zitat auf S. 95; du Prel, Generalgouvernement 1942, S. 193 f.; ZSL, Verschiedenes 103, S. 185 f., Frank-Tagebuch vom 6.9.1940; IfZ, ED 66, Bd. 3, Bericht des Amtsarztes [Warschau] Dr. Wilhelm Hagen über das 1. Quartal 1941, S. 26 f. (im folgenden: Bericht 1. Quartal 1941), sowie Amtsarzt Dr. Hagen, Das Gesundheitswesen der Stadt Warschau, September 1939 bis März 1942, Teil I, S. 2 f., S. 9, und Teil III, S. 10 f. (im folgenden: Gesundheitswesen der Stadt Warschau, September 1939 bis März 1942).

[10] Vgl. du Prel, Generalgouvernement 1940, S. 283; Amtlicher Anzeiger für das Generalgouvernement 1943, S. 1445, sowie du Prel, Generalgouvernement 1942, S. 193 f.

[11] ZSL, 206 AR 1211/60, S. 40 ff., Aussage Buurmanns vom 5.10.1962; IfZ, ED 66, Bd. 3, Gesundheitswesen der Stadt Warschau, September 1939 bis März 1942; Teil I, S. 2, und Teil III, S. 10 f.

setzt, nach eigenen Angaben wegen Widerstandes, nach Angaben des ehemaligen Leiters der Hauptabteilung Innere Verwaltung der Regierung des GG, Siebert – der ihn als ehrgeizig und titelsüchtig darstellte –, weil er sich als Chef der Ärztekammer des GG ein unverhältnismäßig hohes Gehalt zugestanden hatte. Am 20.1.1943 wurde das Gesundheitswesen als eigene Hauptabteilung aus der Hauptabteilung Innere Verwaltung wieder ausgegliedert[12].

Ernährung und Hygiene

Die Versorgung und Unterbringung der Deutschen im Generalgouvernement war eher günstiger als im Reich. Als einzige Bevölkerungsgruppe waren sie selbst in der Großstadt nicht auf Schwarzmärkte angewiesen. Zu Lasten der polnischen Bevölkerung wurden in beträchtlichem Umfang Nahrungsmittel aus dem GG in das Reich geschafft[13]. Nach „Abzug des Verbrauchs für die Deutschen" waren die Verteilungsmengen deshalb „sehr klein". Hauptsächlich wohl der Tatsache, daß etwa drei Viertel der polnischen Bevölkerung aufgrund der überwiegend bäuerlichen bis kleinbäuerlichen Wirtschaftsstrukturen mehr oder weniger Selbstversorger waren, ist es zu verdanken, daß es zu keiner großen Hungersnot kam. Man versuchte Privatvorräte zu halten und den deutschen Behörden im Rahmen der Zwangsbewirtschaftung möglichst wenig abzuliefern. Insbesondere der Stadtbevölkerung gelang es zu einem großen Teil nur durch systematischen Schwarzhandel – bei allerdings horrender Inflation –, halbwegs zu überleben. Die kärglichen offiziellen Zuteilungen über Lebensmittelkarten wurden auf diese Weise etwas aufgestockt[14]. Die Grundversorgung durch Karten zu Festpreisen betrug in Warschau bis Anfang 1941 etwa 1200 Kalorien täglich[15], 1941 sackte sie auf etwa 700 Kalorien ab. Erschwerend war dabei die Menge von nur 10 Gramm Eiweiß und 5 Gramm Fett pro Tag[16], was ohne Aufbesserung einen eklatanten Fett- und Eiweißmangel bedeuten mußte. 1942 wurden die Zuteilungen nochmals verringert, und zwar auf etwa 500 bis 600, bei Arbeitern mit Werksverpflegung auf etwa 1500 Kalorien täglich[17]. Für die ghettoisierten Juden war die Lage noch dramatischer: Ihr

---

[12] ZSL, 201 AR-Z 49/66, S.132 ff., Aussage Walbaums vom 17.10.1968; dagegen die Version Sieberts, in: ZSL, Verschiedenes 104, S.771; VOBIGG 1943, S.43, VO über die Errichtung einer Hauptabteilung Gesundheitswesen in der Regierung des Generalgouvernements.

[13] IfZ, ED 66, Bd.2, Briefentwurf Fackebusch an HSSPF Ost vom Dezember 1942, S.2. Die Situation für die Beamten war z.B. 1941 weitaus besser als im Reich; vgl. dazu Werner Präg/Wolfgang Jacobmeyer (Hrsg.), Das Diensttagebuch des deutschen Generalgouverneurs Hans Frank in Polen 1939–1945, Stuttgart 1975, S.19. IfZ, ED 66, Bd.3, Stadthauptmann Warschau, Amt Gesundheitswesen, Jahresbericht 1942 (gezeichnet Hagen), S.8 (im folgenden: Jahresbericht 1942); vgl. auch Martin Broszat, Nationalsozialistische Polenpolitik 1939–1945, Stuttgart 1961, S.177 ff., sowie Eisenblätter, Grundlinien, S.339–356.

[14] IfZ, ED 66, Bd.3, Jahresbericht 1942, S.8 f., und Gesundheitswesen der Stadt Warschau, September 1939 bis März 1942, Teil II, S.3–6; dazu auch ZSL, USA Film 2, S.538–541, Schriftwechsel über gewaltsame Eintreibung von Nahrungsmitteln durch das SS-Infanterie-Regiment 14 im Distrikt Lublin 1941, wobei mehrere Polen und Juden angeblich auf der Flucht bzw. wegen Widerstands erschossen wurden.

[15] IfZ, ED 66, Bd.3, Bericht 1.Quartal 1941, S.29.

[16] IfZ, ED 66, Bd.3, Gesundheitswesen der Stadt Warschau, September 1939 bis März 1942, Teil II, S.3 f.

[17] IfZ, ED 66, Bd.3, Jahresbericht 1942, S.8.

offizieller Versorgungssatz, der praktisch nur noch aus Brot bestand, sollte schließlich auf 200 Kalorien täglich sinken (bei einem damals errechneten durchschnittlichen Tagesbedarf von etwa 2500 Kalorien pro Kopf der Bevölkerung[18]).

Besonders zu leiden hatten auch die polnischen Kinder. Die Zuteilung von Milch über Lebensmittelkarten war fast Null, und über die Gesundheitsverwaltung kamen in Warschau nur etwa 6000 Liter Milch zur Verteilung – dies bei einem Vorkriegsbedarf der Stadt von täglich 300000 Litern[19].

Bereits im Winter 1939/40 war die Situation so, daß aus dem Reich insgesamt 135000 Tonnen Brotgetreide für das GG zur Verfügung gestellt werden mußten. Es handelte sich dabei allerdings nur um eine einmalige Aktion[20]. So versuchte der Warschauer Amtsarzt Dr. Hagen später vergeblich, seinen Krankenanstalten fehlende Kartoffeln per Selbsthilfe zu beschaffen.[21] Nach einer Beruhigung im Jahre 1940 verschärfte der Aufmarsch gegen Rußland im Frühjahr 1941 die Situation erneut[22], und in der Folgezeit kam wegen des Mangels an Transportraum das Problem der Verteilung hinzu. Die Transportkapazität der Ostbahn wurde großenteils für Militär- und Versorgungszüge beansprucht, ab 1942 zusätzlich für Deportationszüge im Rahmen der Judenvernichtung. So wies z. B. in der Regierungssitzung vom 5. September 1941 Gouverneur Dr. Fischer in einem Bericht über die Lage Warschaus darauf hin, daß wegen Transportraummangels seit vielen Wochen keine Kartoffeln mehr hätten verteilt werden können und daß die wöchentliche Fleischzuteilung für die Polen pro Kopf lediglich 50 Gramm betrage; Fett sei überhaupt nicht mehr vorhanden[23].

Nachdem das Warschauer Ghetto ab Januar 1941 völlig abgeschottet worden war, konnten sich seine Bewohner kaum noch zusätzliche Lebensmittel von außerhalb besorgen. Die Juden waren nun weitgehend auf eine Zuteilung angewiesen, die laut Hagen „noch erheblich unter den polnischen Rationen" lag. Die Lage wurde noch dadurch erschwert, daß die deutschen Behörden etwa 40000 Menschen von außerhalb in das Warschauer Ghetto hineinpferchten und die Lebensmittelzuweisung dann zeitweise fast ganz einstellten, um zu erreichen, daß etwa vorhandene Vorräte erst einmal aufgebraucht würden. Ein großer Teil der Ghettobevölkerung fiel deshalb fortschreitender Verelendung anheim. Die Sterbeziffern stiegen auf das Zwanzigfache des Vorkriegsstandes bzw. auf das Dreizehnfache des im Krieg niedrigsten Wertes an. Etwa ein Zehntel der Opfer starb an Fleckfieber, der große Rest ging „auf Rechnung des Hungers" und „der allgemeinen Erschöpfung". Allein im Warschauer Ghetto verhungerten 58000 Menschen[24].

---

[18] Vgl. Hagen, Krieg, Hunger und Pestilenz, S. 129, sowie Reiner Müller, Allgemeine Hygiene, München/Berlin 1944, S. 170.

[19] IfZ, ED 66, Bd. 1, Bericht über das Gesundheitswesen der Stadt Warschau von Oktober 1939 bis Oktober 1941, S. 8 (im folgenden: Gesundheitswesen der Stadt Warschau, Oktober 1939 bis Oktober 1941).

[20] Vgl. Broszat, Nationalsozialistische Polenpolitik, S. 181.

[21] ZSL, Verschiedenes 19, S. 237, Arbeitstagung Gesundheitswesen, Oktober 1941.

[22] IfZ, ED 66, Bd. 1, Gesundheitswesen der Stadt Warschau, Oktober 1939 bis Oktober 1941, S. 1.

[23] Vgl. Diensttagebuch Frank, S. 399 f.

[24] ZSL, SA 314, Urteil LG Freiburg vom 18.5.1967 – 1 Ks 1/66 –, S. 3–8; vgl. auch Raul Hilberg, Die Vernichtung der europäischen Juden, Berlin 1982, S. 162 ff.; IfZ, ED 66, Bd. 3, Gesundheitswesen der Stadt Warschau, September 1939 bis März 1942, Teil II, S. 6 f.; ZSL, Verschie-

Die hygienischen Verhältnisse im GG und vor allem in den Wohnvierteln der Juden waren schlecht bis katastrophal. Rechnete man 1941 für den polnischen Teil der Stadt Warschau sechs Personen auf einen Wohnraum, so waren es im Ghetto schätzungsweise neun Personen. Bei den sogenannten Einsiedlungsaktionen kamen immer wieder mehr Juden als ursprünglich angekündigt. Daher konnten notwendige Desinfektionen (insbesondere der Bündel mit den Habseligkeiten der Ankommenden) von Anfang an nicht richtig durchgeführt werden[25].

In ganz Warschau fehlte es an Seife. Auch an Kleidung herrschte großer Mangel, was den Wäschewechsel sehr erschwerte. Zudem mußten sich die meisten Menschen wegen fehlenden Heizmaterials zum Schlafen an- statt auszuziehen. Im übrigen GG war die Situation ähnlich[26]. Die Trinkwasserversorgung in Warschau war durch Kriegseinwirkung zunächst völlig ausgefallen; die Bevölkerung mußte auf Wasser aus der Weichsel zurückgreifen. Auch wenn über öffentliche Zapfstellen bald wieder ein Siebtel der früheren Wassermenge verteilt werden konnte und ab Dezember 1939 das Leitungssystem nahezu vollständig wiederhergestellt war, herrschte relativer Wassermangel. So arbeiteten noch Ende 1940 Wasserwerk, Kanalisation, Gas- und Elektrizitätswerk nur mit verminderter Leistung und mit Störungen[27]. Die im Warschauer Ghetto vorhandenen Badegelegenheiten konnten, wie der Serologe Hirszfeld berichtete, täglich höchstens 3000 Menschen abfertigen, während 10 000 auf ein Bad warteten[28]. Zu erwähnen ist noch, daß die Fäkalienabfuhr in Tonnen, auf die Warschau weitgehend angewiesen war, besonders anfangs stockte[29].

Die Politik der Seuchenbekämpfung

Hunger und unzureichende hygienische Verhältnisse begünstigten die Entstehung von Seuchen. Darüber war sich auch Generalgouverneur Frank im klaren[30], und Amtsarzt Dr. Hagen benannte die Probleme in der Formel: „Hunger, die Wohnungsdichte und der Schmutz". Wie angedeutet, war die nichtdeutsche Bevölkerung dieser Situation von den deutschen Behörden teilweise bewußt ausgeliefert worden. Dennoch versuchte die deutsche Gesundheitsverwaltung, Seuchen und Infektionskrankheiten allgemein zu bekämpfen. Dabei stand wiederum das deutsche Eigeninteresse im Vordergrund, konnte doch, so Dr. Walbaum, bei dem „engen Kontakt mit der Zivilbevölkerung" eine Seuchengefahr für die Deutschen nicht ausgeschlossen werden[31]. Auch die deutschen wirtschaftlichen Interessen mußten bei einem tatenlos hinge-

Fortsetzung Fußnote von Seite 162

denes 19, S. 84 (Hagen), Arbeitstagung Gesundheitswesen, Oktober 1941; vgl. auch Hagen, Krieg, Hunger und Pestilenz, S. 136.

[25] ZSL, Verschiedenes 19, S. 80, Arbeitstagung Gesundheitswesen, Oktober 1941; vgl. auch Hagen, Krieg, Hunger, Pestilenz, S. 119.

[26] ZSL, Verschiedenes 19, S. 88 (Hagen) und S. 69 f. (Buurmann), Arbeitstagung Gesundheitswesen, Oktober 1941.

[27] IfZ, ED 66, Bd. 3, Gesundheitswesen der Stadt Warschau, September 1939 bis März 1942, Teil I, S. 3 bzw. S. 7.

[28] Vgl. Joseph Wulf, Das Dritte Reich und seine Vollstrecker, Berlin 1961, S. 335.

[29] ZSL, Verschiedenes 19, S. 81 (Hagen), Arbeitstagung Gesundheitswesen, Oktober 1941.

[30] Vgl. Diensttagebuch Frank, S. 406.

[31] ZSL, Verschiedenes 19, S. 79 bzw. S. 64, Arbeitstagung Gesundheitswesen, Oktober 1941; IfZ, ED 66, Bd. 1, Gesundheitswesen der Stadt Warschau, Oktober 1939 bis Oktober 1941, S. 7.

nommenen hohen Seuchen- und Krankenstand und infolgedessen verringerter Produktivität irgendwann Schaden nehmen.

Bedeutende Infektionskrankheiten waren Typhus, Ruhr, Tollwut, Trachom (ägyptische Augenkrankheit) und besonders das Fleckfieber. Hinzu kamen Geschlechtskrankheiten und mit fortschreitender allgemeiner Mangel- und Fehlernährung auch die Tuberkulose. Typhus und Tollwut wurden durch Impfung bekämpft. Die dazu benötigten Impfstoffe wurden im GG, u. a. durch das Staatliche Hygieneinstitut in Warschau, hergestellt[32]. Dazu kamen Methoden der Quarantäne, symptomatische Behandlung in Seuchenkrankenhäusern bzw. -stationen, Hygieneaufklärung, Meldepflicht (z.B. beim Trachom) und Entlausungsanstalten zur Bekämpfung der beim Fleckfieber als Zwischenträger fungierenden Kleiderläuse zum Einsatz[33].

Die von Hagen benannten „Grundfaktoren" jedoch wurden letztlich nicht angegangen. So konstatierte zwar der Staatssekretär im Reichsinnenministerium, Stuckart, Ende 1939, es liege im deutschen Interesse, daß im GG Seuchen und Epidemien nicht zur Ausbreitung gelangten und deshalb der polnischen Bevölkerung „Lebensmittel für den notdürftigsten Lebensunterhalt zur Verfügung gestellt" würden. Und der Distriktsarzt von Radom setzte sich noch 1941 für die Verbesserung der Wohnungs- und Siedlungsverhältnisse (Abortanlagen, Wasserversorgung) zur Seuchenabwehr ein[34]. Daß aber solche auf Dauer einzig wirklichen Erfolg versprechende Einsichten nicht fruchteten, dürfte an der zunehmend schwieriger werdenden Kriegslage und mehr noch an der wachsenden Radikalisierung der Politik des Höheren SS- und Polizeiführers Ost und seiner Organe gelegen haben.

Fleckfieber und „Endlösung der Judenfrage"

Einer der vorgeblichen Gründe für die ins Auge gefaßte Ghettoisierung der Juden war das nicht ohne Grund auch als Hungertyphus bezeichnete Fleckfieber. Schon am 12. April 1940 verkündete Walbaum, er habe festgestellt, „daß der Flecktyphus ausschließlich von Juden verbreitet werde"[35]. Fünf Monate später heißt es im Protokoll einer Besprechung zwischen Frank und Walbaum zum Thema Fleckfieber: „Die Zahlen betreffen fast ausschließlich Juden. [...] Gesundheitspolitisch sei es von größter Wichtigkeit, daß alle Juden möglichst schnell ins Ghetto gebracht würden; insbesondere in Warschau müsse dazu übergegangen werden."[36]

Im Oktober/November 1940 lief die Ghettobildung in Warschau an. Dabei wurden innerhalb der Stadt 113 000 Polen und 138 000 Juden umgesiedelt[37]. Im Juli 1941 war das Hungerelend im Ghetto Warschau schon so groß, daß, so prognostizierte Amtsarzt Hagen, immer mehr Juden künftig versuchen würden, „aus dem Judenviertel zu ent-

---

[32] Vgl. Walbaum (Hrsg.), Kampf den Seuchen, S. 27 und S. 170f.
[33] ZSL, Verschiedenes 19, passim, Arbeitstagung Gesundheitswesen, Oktober 1941; vgl. auch Walbaum (Hrsg.), Kampf den Seuchen, S. 32, S. 145 f., S. 163 ff.
[34] ZSL, Verschiedenes 19, S. 79 (Hagen), Arbeitstagung Gesundheitswesen, Oktober 1941; vgl. auch Broszat, Nationalsozialistische Polenpolitik, S. 180 f., Anm. 2, sowie Walbaum (Hrsg.), Kampf den Seuchen, S. 149.
[35] Vgl. Diensttagebuch Frank, S. 167; IfZ, ED 66, Bd. 3, Gesundheitswesen der Stadt Warschau, September 1939 bis März 1942, Teil I, S. 5.
[36] ZSL, Verschiedenes 103, S. 185, Frank-Tagebuch vom 6.9.1940.
[37] Vgl. Hilberg, Vernichtung, S. 164.

kommen, weil ihnen etwas anderes als der sichere Tod doch nicht bevorsteht". Als eine von vielen erforderlichen Maßnahmen zur Bekämpfung des Fleckfiebers erwähnte Hagen im gleichen Dokument auch die Erschießung „vagabundierender Juden"[38]. Im September 1941 wandte er sich dann in einem Schreiben an den Stadthauptmann gegen die geplante Verkleinerung des Ghettos um den Südzipfel; mit seinen Mitarbeitern und den in der Seuchenbekämpfung erfahrenen polnischen Ärzten seines Amtes hielt er die dazu notwendige Umsiedlung für eine „Katastrophe". Hagen sollte sich im wesentlichen durchsetzen, doch für die Ghettobewohner war dies allenfalls eine kurze Erleichterung[39].

Intern beklagte die Gesundheitsverwaltung die mangelnde „Meldemoral" im Ghetto; nur ein Drittel der Fleckfieberfälle würden gemeldet. Dies war freilich kein Wunder, bedeuteten die Schließungen von Häusern im Rahmen der Quarantäne doch zusätzlich große wirtschaftliche Schwierigkeiten für deren Bewohner. Schließlich wurde eine Hausbehandlung des Fleckfiebers erlaubt[40].

Im Herbst 1941 bekannte der Abteilungsleiter Gesundheitswesen in einer offiziösen Darstellung seines Arbeitsgebietes, im Laufe des Jahres sei ein Ansteigen der Fleckfieber-Fälle zu verzeichnen gewesen. Als Ursache dafür nannte Walbaum in dem Zeitungsartikel die ungünstige Ernährungslage und „das undisziplinierte Verhalten der Juden, wie das gar nicht anders erwartet werden konnte"[41].

Doch als auf einer Tagung seiner Abteilung Mitte Oktober in Bad Krynica der Leiter des Staatlichen Hygienischen Instituts in Warschau, Professor Kudicke, etwas verklausuliert, aber deutlich, eine „ausreichendere Ernährung" der Juden in den Ghettos als Maßnahme zur Bekämpfung des Fleckfiebers forderte, antwortete Walbaum: „Natürlich wäre es das beste und einfachste, den Leuten ausreichende Ernährungsmöglichkeiten zu geben, das geht aber nicht, das hängt eben mit der Ernährungs- und Kriegslage im allgemeinen zusammen. Deshalb wurde jetzt die Maßnahme des Erschießens angewandt, wenn man einen Juden außerhalb des Ghettos ohne besondere Erlaubnis antrifft. Man muß sich, ich kann es in diesem Kreise offen aussprechen, darüber klar sein, es gibt nur zwei Wege, wir verurteilen die Juden im Ghetto zum Hungertode oder wir erschießen sie. Wenn auch der Endeffekt derselbe ist, das andere wirkt abschreckender. Wir können aber nicht anders, wenn wir auch möchten, denn wir haben einzig und allein die Aufgabe, dafür zu sorgen, daß das deutsche Volk von diesen Parasiten nicht infiziert und gefährdet wird, und dafür muß uns jedes Mittel recht sein. (Beifall, Klatschen) Von einem anderen Standpunkt aus können wir diese Dinge nicht betrachten."[42]

---

[38] IfZ, ED 66, Bd. 1, Amtsarzt Dr. Hagen, Die Fleckfieber-Epidemie im Warschauer Judenviertel. Vorschläge zu ihrer Bekämpfung vom 7.7.1941; ZSL, 201 AR 1800/69, insbesondere S. 9.
[39] ZSL, Polen 365 c, S. 58; vgl. auch Hilberg, Vernichtung, S. 164.
[40] IfZ, ED 66, Bd. 3, Gesundheitswesen der Stadt Warschau, September 1939 bis März 1942, Teil II, S. 9 f.
[41] Jost Walbaum, Abteilung IV: Gesundheitswesen, in: Das Generalgouvernement 1 (1941), Folge 13/14, S. 20.
[42] ZSL, Verschiedenes 19, S. 75 ff., Arbeitstagung Gesundheitswesen, Oktober 1941. Mit dem Begriff „Maßnahme" spielte Walbaum wohl auf die 3. Verordnung über Aufenthaltsbeschränkungen im Generalgouvernement vom 15.10.1941 an, VOBlGG 1941, S. 595. Später bestritt Walbaum, daß die „Ausführungen, wie sie im Protokoll wiedergegeben worden sind, wörtlich"

Spätestens damit wurde deutlich, daß die Abteilung Gesundheitswesen der Regierung des GG an das Ende jeder wirklichen Gesundheitspolitik gegenüber den Juden gekommen war. An deren Stelle trat eine Politik der Vernichtung. Das stand im Einklang mit dem Plan zur „Endlösung", deren Vorbereitung zu jener Zeit schon begonnen hatte[43].

In diesem Zusammenhang nimmt es nicht wunder, daß im Frühjahr 1942 in einem der Zivilverwaltung unterstellten Arbeitslager in Ossowa bei Cholm (Distrikt Lublin) jüdische Fleckfieberkranke von Angehörigen des Grenzpolizeikommissariats Cholm erschossen wurden. Nach polnischen Angaben sind auch in anderen Fällen fleckfieberkranke Menschen getötet worden, vermutlich durch Angehörige von Sicherheitspolizei und SS[44].

Das Fleckfieber diente als ein infames Vehikel deutscher Vernichtungspolitik in Polen: Zuerst war es ein Vorwand, um die Juden in Ghettos zu sperren, sie dort immer weiter zu konzentrieren und schließlich hermetisch abzuriegeln. Indem man sie gezielt der Verelendung durch Mangel preisgab, stieg natürlich die Zahl der Fleckfiebererkrankungen. Die „Schuld" dafür lag dann bei den Juden selbst. Diese Argumentation („Der Jude als Seuchenträger") fand sogar Eingang in die wissenschaftliche Literatur[45]. Daß das Fleckfieber nur ein Vehikel war und jederzeit durch einen anderen medizinischen Vorwand ersetzt werden konnte, zeigte das Beispiel der Typhus-Erkrankungen im Kreis Kielce (Distrikt Radom), über die es bereits im Frühjahr 1940 von offiziöser Seite hieß: „Die Schuld an der Verbreitung dieser Krankheiten ist den Juden zuzuschreiben, die durch ihre bekannte Unsauberkeit die besten Bazillenträger sind."[46]

Die Tuberkulosebekämpfung

Im Herbst 1941 berichtete Amtsarzt Dr. Waizenegger, der Leiter des Gesundheitswesens im Distrikt Radom, in einer Regierungssitzung, die Ruhr sei „bei Polen und Juden dieses Jahr erfreulicherweise in mäßigen Grenzen aufgetreten", weshalb auch die deutsche Bevölkerung kaum darunter zu leiden gehabt habe. Der Erfolg sei der „strengen amtsärztlichen Lebensmittelkontrolle einerseits und der Abortsanierung

Fortsetzung Fußnote von Seite 165
  von ihm so gemacht worden seien. Zum Sinngehalt sagte er jedoch nichts; ZSL, 201 AR-Z 49/66, S. 142 f., Aussage Walbaums vom 17.10.1968.
[43] Vgl. z. B. Raul Hilberg, Die Aktion Reinhard, in: Eberhard Jäckel/Jürgen Rohwer (Hrsg.), Der Mord an den Juden im Zweiten Weltkrieg, Stuttgart 1985, S. 125 ff.
[44] ZSL, 201 AR-Z 49/66, S. 51 f.
[45] Walbaum, Abteilung VI, S. 20, S. 84 und S. 145; vgl. auch Walbaum (Hrsg.), Kampf den Seuchen, S. 28, sowie Hermann Eyer, Zur Epidemiologie des Fleckfiebers, in: Der Deutsche Militärarzt 7 (1942), S. 335. Zu dieser Thematik neuerdings auch Browning, Genocide and Public Health, dem zum Teil das gleiche Material wie den Verfassern zur Verfügung stand. Brownings weitgehenden Interpretationen im Sinne einer medizinischen Rationalisierung und Beschleunigung von Ghettoisierung und Massenmord ist nur sehr bedingt zuzustimmen. Die Verfasser teilen vielmehr die Einschätzung, daß der Versuch, „die Ghettobildung gewissermaßen als Notmaßnahme des Seuchenschutzes (wegen Fleckfieber u. a.) darzustellen [...] angesichts aller offenkundiger Tatsachen und sämtlicher in NSG-Verfahren erhobener Beweise als abwegig" erscheint; ZSL, SA 585, Urteil des LG Hamburg vom 7.12.1981 – (90) 3/80 Kls, S. 29 und S. 30 f. Noch mehr gilt dies für den Judenmord selbst.
[46] Du Prel, Generalgouvernement 1940, S. 119. Das Vorwort des Bandes stammt vom 23.5.1940.

andererseits zu verdanken". Die Tuberkulose hingegen habe, wie im gesamten GG, auch in seinem Bezirk zugenommen. Besonders bei den Juden habe das auch psychische Gründe.[47]

Spätestens im ersten Halbjahr 1941 war in Warschau die Tuberkulosefürsorge mit Röntgenreihenuntersuchungen für sämtliche Volksdeutschen eingeleitet worden. Allgemein sollte die Tuberkulosefürsorge sofort erweitert werden, wenn die Ernährungslage etwas besser geworden sei. In Krakau schaffte die Stadtverwaltung zur Früherkennung ein Röntgengerät an, das der gesamten Bevölkerung zur Verfügung stehen sollte[48]. In der Regierungssitzung vom 5. September 1941 wies Walbaum zwar darauf hin, daß schlechte Ernährung gerade die Entstehung der Tuberkulose begünstige; die Behandlung dieser Frage überließ er im übrigen aber dem Tuberkulose-Ausschuß, zu dem sämtliche interessierten Stellen ihre Vertreter entsenden könnten[49].

Bereits 1941 lag eine „Denkschrift über die Bekämpfung der Tuberkulose im Generalgouvernement" vor, die den durch die Tuberkulose hervorgerufenen enormen wirtschaftlichen Schaden und die Gefährdung der Deutschen nicht nur im GG, sondern durch die polnischen Wanderarbeiter auch im Reich betonte. Gefordert wurde eine deutsche Arbeitsgemeinschaft, da die Fürsorge für Deutsche nur von Deutschen geleistet werden könne; daneben sollten polnische Arbeitsgemeinschaften unter deutscher Führung die Fürsorge für die Polen in Selbstverwaltung übernehmen. Eine der Aufgaben der Arbeitsgemeinschaften sollte die „Unschädlichmachung der schweren offenen Tuberkulose durch Asylierung" sein[50]. Eine jüdische Arbeitsgemeinschaft wurde für obsolet erklärt, sei doch die Tuberkulose bei Juden infolge der „Abschließung dieses Bevölkerungsteils vom Kontakt mit den anderen Menschen" nicht mehr von allgemeinem Interesse.

Anfang 1942 wurde der Warschauer Amtsarzt Dr. Hagen mit der Leitung der Tuberkulosebekämpfung im GG betraut. Hagen, der 1933 als Sozialdemokrat aus seiner Stellung als Stadtmedizinalrat in Frankfurt am Main entlassen worden war, entwickelte einen detaillierten Plan, dessen Tendenz es war, neben einer sehr guten Fürsorge für die Deutschen auch etwas für die Polen zu tun. Seine Überlegungen fanden Eingang in ein ausführliches, wohl im Auftrag von Walbaum abgefaßtes Schreiben an den Präsidenten der Hauptabteilung Innere Verwaltung der Regierung des GG. Darin behielt Hagen die Trennung zwischen Deutschen und Polen bei und ging von einem Mindestbedarf von 20 000 Heilstättenbetten für 300 000 tuberkulosekranke Polen aus, um „die notwendige Sicherungskur zur Erhaltung der Arbeitsfähigkeit durchzuführen". Hagens Programm sah aber von vornherein nur etwa den siebten Teil des veranschlagten Bettenbedarfs vor. Das war sehr bescheiden, bedeutete aber immerhin eine Verdreifachung der bis dahin vorhandenen Sanatoriumsbetten[51].

---

[47] Vgl. Diensttagebuch Frank, S. 432 f.
[48] IfZ, ED 66, Bd. 1, Gesundheitswesen der Stadt Warschau, Oktober 1939 bis Oktober 1941, S. 5 bzw. S. 9; Walbaum (Hrsg.), Kampf den Seuchen, S. 156.
[49] Vgl. Diensttagebuch Frank, S. 401.
[50] IfZ, ED 66, Bd. 1. Die Denkschrift ist unautorisiert und undatiert. Entstanden sein dürfte sie im Gegensatz zu einem handschriftlichen Vermerk „1942 Frühj." noch 1941 (vgl. S. 5).
[51] ZSL, 201 AR 1800/69, S. 14; IfZ, ED 66, Bd. 1, Angaben zur Entnazifizierung; Tuberkulosebekämpfung in Polen von Dr. Wilhelm Hagen, Amtsarzt, Warschau [1942]; Briefentwurf Hagens an die Regierung des Generalgouvernements, Abteilung Innere Verwaltung, undatiert [vermutlich Mitte 1942].

Ende Juli 1942 berichtete Hagen noch mit gewissen Hoffnungen dem Reichsgesundheitsführer über seine Schwierigkeiten: „Mir ist die große und ehrenvolle Aufgabe übertragen worden, zum Schutze der Deutschen im Generalgouvernement und im Reiche die Tuberkulosebekämpfung in Polen durchzuführen. Ich weiß, daß dieser Auftrag nur durchgeführt werden kann, wenn ich auch für die Polen etwas schaffe, wenn ich Ihnen ‚Gutes tue'. Das aber gilt bis heute hier noch als politisch verwerflich, so daß der Leiter der Hauptabteilung Innere Verwaltung noch kürzlich die Auffassung vertrat, ‚Tuberkulose-Krankenhäuser für Polen kämen wohl kaum in Frage'."[52] Gut vier Monate später wandte sich Hagen in offensichtlichem Gewissenskonflikt direkt an den „Führer": „Bei einer Regierungsbesprechung über die Tuberkulosebekämpfung wurde uns von dem Leiter der Abteilung Bevölkerungswesen und Fürsorge, Oberverwaltungsrat Weirauch, als Geheime Reichssache mitgeteilt, es sei beabsichtigt oder werde erwogen, bei der Umsiedlung von 200 000 Polen im Osten des Generalgouvernements zwecks Ansiedlung deutscher Wehrbauern mit einem Drittel der Polen – 70 000 alten Leuten und Kindern unter 10 Jahren – so zu verfahren, wie mit den Juden, das heißt sie zu töten." – Hagen appellierte „vertrauensvoll" an Hitler, die seiner Meinung nach sehr negativen militär-, außen- und bevölkerungspolitischen Folgewirkungen einer solchen Tat zu bedenken. Allzulange habe die Arbeit im GG unter der „Unsicherheit eines klaren Zieles" gelitten. Polen brauche „eine harte Hand, aber nicht in der Zerstörung, sondern im Aufbau"[53].

Hagens ungewöhnlicher Schritt blieb natürlich nicht ohne Weiterungen. In einer vom Höheren SS- und Polizeiführer Ost angeforderten Stellungnahme bestritt Lothar Weirauch Hagens Vorwürfe und ging zum Gegenangriff über, indem er empört darauf hinwies, daß Hagen in dienstlichen Besprechungen immer wieder zum Ausdruck gebracht habe, man müsse die Polen in der Tuberkulosefürsorge dem deutschen Bevölkerungsteil gleichstellen. Dagegen habe er, Weirauch, folgende Grundsätze zur Tuberkulosebekämpfung formuliert: „1. Möglichst umfassende Heilfürsorge bei den Volksdeutschen, 2. Asylierung der offentuberkulösen polnischen Seuchenträger, soweit sie durch ihren Beruf oder Aufenthaltsort eine Ansteckungsgefahr für Deutsche bedeuten, 3. eine Heilbehandlung bei Polen nur dann, wenn es sich um kriegswichtige Arbeitskräfte (z. B. Eisenbahner, Spezialarbeiter in Rüstungsbetrieben) handelt und Aussicht auf Wiederherstellung der Arbeitskraft besteht."

Weirauch erklärte, einem anderen Vorgehen habe er schon mit Rücksicht auf die Kriegswichtigkeit nicht zustimmen können. Seine Grundsätze dürften den Polen natürlich unter keinen Umständen zur Kenntnis gelangen, um den beabsichtigten Erfolg nicht zu gefährden. In einschlägigen Besprechungen habe er den Vorschlag gemacht, Asylierungsheime in jedem Kreis im Anschluß an die polnischen Krankenhäuser zu errichten. Allerdings müsse das in einer geschickten Form geschehen, weil sonst mit der polnischen Gegenpropaganda zu rechnen sei, „daß die Asylierungsheime nur Stätten seien, in denen die Polen abzusterben hätten"[54].

---

[52] IfZ, ED 66, Bd. 1, Schreiben Hagens an Conti vom 30.7.1942.
[53] IfZ, ED 66, Bd. 1, Abschrift des Schreibens Hagens an Hitler vom 7.12.1942; aus anderer Provenienz, mit Briefkopf: ZSL, Polen 365 h, S. 620 ff., sowie ZSL, 201 AR 1434/61, Bd. II, S. 254, Aussage Hagens vom 1.8.1962.
[54] IfZ, ED 66, Bd. 1, Schreiben Weirauchs an HSSPF Ost vom 4.2.1943.

Noch ehe Weirauchs Entgegnung vorlag, teilte Hagen Reichsgesundheitsführer Conti am 8. Januar 1943 mit, er sehe keine Grundlage mehr für seine Tuberkulosearbeit. Die Führung in dieser Sache sei mittlerweile „völlig an die SS, den Beauftragten des Reichskommissars zur Festigung des deutschen Volkstums, übergegangen". Sämtliche Maßnahmen und Weisungen der letzten Zeit trügen den Charakter einer „negativen Polenpolitik". Sollte dies weiter so bleiben, müsse er aus Gewissensgründen um Entlassung aus seiner Tätigkeit im GG und um eine andere Verwendung, gegebenenfalls bei der Wehrmacht, ersuchen. Ähnlich äußerte er sich Ende Januar in der Zusammenfassung eines Vortrags gegenüber dem eben als kommissarischen Nachfolger Walbaums eingesetzten SS-Brigadeführer Professor Dr. med. Heinrich Teitge[55].

Anfang Februar 1943 protestierte auch der SS- und Polizeiführer im Distrikt Warschau, Dr. Ferdinand von Sammern und Frankeneck, gegen Hagens Tuberkulose-Politik gegenüber den Polen. In scharfem Widerspruch gegen den „Beauftragten für die Tbc-Bekämpfung im Generalgouvernement" verlangte Sammern eine Verbesserung der Wohn-, Ernährungs- und Hygieneverhältnisse des deutschen Bevölkerungsteils, um dadurch einen Schutz vor der Krankheit zu erreichen. Eine Verbesserung der Lebensverhältnisse der Polen und einen „gewaltigen Apparat zur Gesunderhaltung polnischen Volkstums" aufzubauen, dürfe „niemals Aufgabe der deutschen Verwaltung sein". Es gehe nicht an, Deutsche und Polen, wie dies in der Tuberkulose-Heilanstalt Rutka im Distrikt Warschau der Fall sei, absolut gleichmäßig und gleichwertig zu behandeln. Überhaupt sei es nicht angebracht, Deutsche und Polen gemeinsam in einer Heilanstalt unterzubringen. Auf diesen Brief hin beantragte Hagen mit Wirkung vom 28. Februar 1943 die Aufhebung seiner Notdienstverpflichtung, der stattgegeben wurde[56].

Nach Hagens Weggang machte Teitge, der neue Chef der Gesundheitsverwaltung, den von Hagen verfügten Einbau deutscher Röntgengeräte in polnische Krankenhäuser rückgängig und verfügte, daß ohne seine besondere Genehmigung solche Apparate nicht mehr bestellt und eingebaut werden dürften[57].

Die Behandlung der Geisteskranken

Bereits am 12. Januar 1940 wurden nach einer polnischen Aussage sämtliche 420 Patienten der psychiatrischen Anstalt Chelm-Lubelski von Gestapo-Angehörigen erschossen und auf dem Anstaltsgelände begraben; das Personal blieb verschont[58]. Die Abteilung Gesundheitswesen hatte, wie Walbaum später aussagte, mit dieser Anstaltsliquidierung nichts zu tun. Vielmehr habe er, Walbaum, eine Anfang 1940 von Conti ergangene allgemeine Anweisung zur Durchführung der „Euthanasie" in den Anstalten des GG nicht beachtet, zumal ihm darin keine Fristen gesetzt worden seien. 1941 habe ihn Conti deshalb mündlich ermahnt, für das GG eine Organisation analog zu

---

[55] IfZ, ED 66, Bd. 1, Schreiben Hagens an Conti vom 8.1.1943 und Schreiben Hagens an Teitge vom 27.1.1943.
[56] IfZ, ED 66, Bd. 1, Schreiben des SSPF Warschau an Hagen vom 5.2.1943 sowie Schreiben Hagens an den Stadthauptmann Warschau vom 9.2.1943.
[57] IfZ, ED 66, Bd. 1, Schreiben Teitges, Hauptabteilung Gesundheitswesen, an den Leiter der Tuberkulose-Heilstätte Otwock bei Warschau vom 1.3.1943.
[58] ZSL, 206 AR-Z 142/79 -K-, Bd. II, S. 222 ff.; Aussage der damaligen Direktorin vom 18.9.1946.

der im Reichsgebiet operierenden „T 4" zu bilden. Walbaum will darauf geantwortet haben, ein entsprechender Führerbefehl oder ein Gesetz sei für das GG nicht verbindlich. Conti habe sich, so Walbaums nicht zu verifizierende Version, damit schließlich zufriedengegeben[59].

Eine andere Form der „Euthanasie" hatte zu diesem Zeitpunkt freilich längst begonnen, wie die Vorgänge in der Heilanstalt Kobierzyn zeigen: Dort hatte die Zahl der Patienten im November 1940 etwa 1050 betragen. Trotz monatlicher Zugänge von bis zu 50 Patienten war die Zahl bis zum 23. Juni 1942 auf 567 gesunken. Hauptursache dafür war die schlechte Ernährung. Nach Aussagen polnischer Zeugen erhielten arbeitende Kranke Rationen mit einem Nährwert von höchstens 1700, nichtarbeitende von höchstens 1200 Kalorien. Ab Frühjahr 1941, nachdem die anstaltseigenen Vorräte aufgezehrt waren, kam erschwerend eine drastische Unausgewogenheit der Ernährung hinzu: Es gab hauptsächlich Kartoffeln und Kraut. 1940 starben 392, 1941 355 und 1942 bis zum 17. Juni 135 Patienten. Dabei sind die jüdischen Patienten, die im September 1941 in die jüdische Anstalt Zofiowka in Otwock bei Warschau gebracht wurden[60], nicht mitgerechnet. Die dort überlebenden Kranken wurden am 19. August 1942 bei der Liquidierung des Ghettos von Otwock an Ort und Stelle erschossen. Der Transport in die Gaskammern von Treblinka blieb ihnen im Gegensatz zu den meisten Ghettobewohnern damit „erspart"[61].

Auch in Tworki bei Warschau, der größten psychiatrischen Anstalt im Generalgouvernement, wurden die Patienten systematisch ausgehungert. 1939 starben dort 9,8%, 1940 24% und 1941 30% der Patienten. In den folgenden Jahren stieg die Sterblichkeit auf fast 40%[62]. Ähnliches geschah in Kulparkow bei Lemberg, wo die Kranken noch während der russischen Besatzung bis zum Sommer 1941 eine reichliche Ernährung mit bis zu 4000 Kalorien erhalten hatten. Nach Übernahme durch die Deutschen war die Anstalt bei einer Kapazität von etwa 1800 Betten häufig überbelegt. Die Kranken bekamen nur noch etwa 800 bis 1000 Kalorien täglich. Das war die Hauptursache für den Tod von 1179 Patienten zwischen dem 1. Juli 1941 und dem 1. Juni 1942[63]. Der damalige medizinische Direktor, ein volksdeutscher Arzt, gab später zu Protokoll: „Ich habe die Todesbescheinigungen für sämtliche Verstorbenen ausgestellt. In der Bescheinigung habe ich größtenteils als Todesursache die Diagnose ‚Unterernährung' eingetragen. Ich führte auch für die gesamte Anstalt eine Art Tagesstatistik der Verstorbenen. Auch hier habe ich ständig als Todesursache – soweit dies der Fall war – ‚Unterernährung' angegeben."[64]

---

[59] ZSL, 201 AR-Z 49/66, S.132ff., Aussage Walbaums vom 17.10.1968, und ZSL, Sammlung „Euthanasie", Aussage Walbaums vom 10.12.1963.
[60] ZSL, 201 AR-Z 49/66, S.154f.; ZSL, 206 AR 1211/60, insbesondere S.15–34; ZSL, 206 AR-Z 142/79 -K-; ZSL, 201 AR 1801/69.
[61] ZSL, 211 AR-Z 77/66, Bd.VII, S.85ff.; ZSL, 201 AR-Z 49/66, S.155.
[62] ZSL, 201 AR-Z 49/66, S.156; vgl. auch verschleiernd Walbaum (Hrsg.), Kampf den Seuchen, S.107ff.
[63] Ebenda sowie ZSL, Sammlung „Euthanasie", Aussagen Wacyks vom 22.6.1962 und vom 19.3.1963. In letzterer führte er unter anderem aus: „Zur Zeit der russischen Besetzung bekamen die Pfleger etwa 1000 Kalorien, während die Kranken bis zu 4000 bekamen. Das hatte das Ergebnis, daß man getrost sagen kann, die Kranken wurden gemästet."
[64] ZSL, 201 AR-Z 49/66, S.81, Aussage Wacyks vom 4.1.1967.

Die hohe Sterblichkeit in Kulparkow schaffte Platz, so daß ein 1000-Betten-Lazarett eingerichtet werden konnte. 1943 gab es noch etwa 600 Patienten; hinzu kamen etwa 500 bis 600 reichsdeutsche Kranke aus dem Rheinland. Bei der Flucht des ärztlichen Direktors vor der Roten Armee sollen noch etwa 100 bis 150 polnische und etwa 500 deutsche Patienten gelebt haben[65].

Walbaum verteidigte sich nach dem Kriege mit dem Hinweis, für die Zustände in den Heilanstalten sei die Hauptabteilung Ernährung und Landwirtschaft der Regierung des Generalgouvernements verantwortlich gewesen[66]. Dem ist entgegenzuhalten, daß zum Beispiel die Anstalt Kulparkow kleine Ländereien und eine Viehzucht besaß, die Erträge solcher Anstaltsbetriebe den Patienten aber nicht zugute kamen. Vielmehr galt bei den Verpflegungssätzen die auch ansonsten bekannte Dreiteilung: Ziemlich gute und reichliche Verpflegung für deutsche Patienten, wesentlich schlechtere für die Polen und eine nochmals gekürzte für die Juden[67].

1942 wurde die Anstalt Kobierzyn schließlich vollständig geräumt: Am 23. Juni wurde sie von Angehörigen der Sicherheitspolizei und der SS besetzt. Zu dieser Zeit befanden sich in der Anstalt sowie im Kloster der Barmherzigen Brüder in Kalwaria Zebrzydowska insgesamt noch 567 Patienten. Einige dieser Kranken wurden bereits in ihren Betten getötet, der größte Teil aber mit Lastwagen zu der nächstgelegenen Bahnstation gefahren und von dort nach Auschwitz gebracht. Von dort kehrte niemand zurück. In einem Massengrab auf dem Anstaltsfriedhof in Kobierzyn wurden später die Leichen von 55 Kranken exhumiert. Von den 567 Patienten überlebte nur eine Frau, der es gelungen war, sich dem Abtransport durch Flucht zu entziehen[68]. Aller Wahrscheinlichkeit nach hatte diese Aktion der HSSPF Ost, Krüger, auf Befehl Himmlers veranlaßt[69]. Die leergeräumte Anstalt diente anschließend der Hitlerjugend bzw. als Lazarett, ab 1944 als Stützpunkt einer Einheit zur Partisanenbekämpfung[70].

Bemerkenswert erscheint, daß die im Reich operierende „T 4"-Organisation im Generalgouvernement offenbar Amtshilfe leistete: Zumindest in zwei Fällen wurde der Tod von aus Kobierzyn nach Auschwitz gebrachten Patientinnen durch das Standesamt Cholm II beurkundet; der Stempel ist identisch mit dem, der 1940/41 zur Todesbeurkundung der vergasten deutsch-jüdischen Geisteskranken im Rahmen der Aktion „T 4" benutzt worden war[71].

---

[65] ZSL, Sammlung „Euthanasie", Aussage Wacyks vom 19.3.1963, sowie ZSL, AR-Z 49/66, S. 81 ff., Aussage Wacyks vom 4.1.1967. Vgl. auch Matthias Leipert, Die Beteiligung der Rheinischen Provinzial-Heil- und Pflegeanstalt Galkhausen an der Vernichtung psychisch Kranker und Behinderter im Nationalsozialismus, in: ders. u.a. (Hrsg.), Verlegt nach unbekannt, S. 36.
[66] ZSL, AR 1801/69, S. 44 f., sowie ZSL, 201 AR-Z 49/66, S. 166.
[67] ZSL, 201 AR-Z 49/66, S. 82, Aussage Wacyks vom 4.1.1967.
[68] Ebenda, S. 154; ZSL, 206 AR-Z 142/79 -K-, Bd. II, insbesondere den Abschlußbericht; vgl. dazu auch die Angaben in Anm. 60.
[69] ZSL, 201 AR-Z 49/66, S. 138 f., Aussage Walbaums vom 17.10.1968; ZSL, AR-Z 1211/66, S. 104 f., Aussage Walbaums vom 3.4.1964, sowie ebenda, S. 101.
[70] ZSL, 206 AR-Z 142/79 -K-, Bd. II, S. 119 und S. 125, zwei Aussagen des Pflegepersonals vom 13. bzw. 12.4.1946.
[71] ZSL, 206 AR-Z 142/79 -K-, Bd. I, S. 85 ff. und Bd. II, S. 235; vgl. Dreßen, Euthanasie, S. 54; Archiv Rieß, Todesurkunde Nr. 213, Standesamt Chelm (in vergleichbaren Urkunden auch Cholm), Post Lublin vom 12.11.1940 für Richard Israel Ph. mit gesiegeltem Berichtigungsvermerk („GG des Deutschen Reiches Standesamt Cholm II").

Ekkehart Guth

Militärärzte und Sanitätsdienst im Dritten Reich. Ein Überblick

Eine zusammenfassende Darstellung des Sanitätsdienstes der Wehrmacht und der medizinischen Versorgung der deutschen Soldaten in der NS-Zeit ist ein schwieriges Unterfangen. Nach dem Ende des Zweiten Weltkrieges wurde für die deutsche Seite kein Kriegssanitätsbericht erstellt und auch keine Bilanz des Einsatzes der Sanitätsdienste der Wehrmacht gezogen. Der hier vorgelegte Überblick kann daher nur Antwort auf einige Hauptfragen geben: Welchen Stellenwert hatte das Sanitätswesen der Wehrmacht im NS-System? Wie verstand die Staatsführung den militärischen Dienst, wie verstand dieser seine Aufgabe selbst? Wie effektiv konnte das Sanitätswesen im Kriegseinsatz aufgrund der Gegebenheiten wirklich sein? Wie war die Ethik der Mediziner zu bewerten; stand für sie die Gesundheit der Patienten oder deren Wiederherstellung für den Einsatz an erster Stelle?

Bereits in der Weimarer Zeit war eine Wesensverwandtschaft zwischen dem Beruf des Arztes und dem des Offiziers propagiert worden[1], und diese Position hatte sehr früh ihren Weg in die NS-Ideologie gefunden. Hitler hatte schon in der „Kampfzeit" erkannt, daß Ärzte aufgrund ihres Ansehens in der Bevölkerung wertvolle Propagandisten der NS-Ideen sein konnten, und zahlreiche Ärzte um sich versammelt[2]. Ihm muß auch sehr früh klar gewesen sein, daß er für den Kriegsfall ihre Gesamtheit zur Verfügung haben mußte. Konsequenterweise hat er nach dem Machtantritt 1933 die Zusammenfassung der deutschen Ärzteschaft angestrebt und diese auch weitgehend erreicht. Die ärztliche Arbeit verlagerte sich bald in Richtung Kriegsmedizin. Als Versuchsfeld stand die im raschen Aufbau befindliche Wehrmacht zur Verfügung, deren Sanitätsdienst den Trend sofort ausnutzte, um unter diesen günstigen Bedingungen die ärztlichen Folgerungen aus neuzeitlichen militärischen Forderungen ziehen zu können[3].

Während das Gesundheitswesen nach Kriterien des militärischen Leistungs- und Effektivitätsdenkens ausgerichtet wurde, tauchten umgekehrt im Vokabular der Militärärzte sehr bald Worte auf – die Psychiater waren dabei die Vorreiter –, die aus dem rassenideologischen Programm des Nationalsozialismus stammten. Rassenbiologische Standpunkte bestimmten bald die Arbeit der Ärzte, so z. B. bei der Fernhaltung

---

[1] Vgl. Heinz-Peter Schmiedebach, Der Arzt als Gesundheitsoffizier – die systematische Militarisierung der Medizin von 1933 bis zum Zweiten Weltkrieg, in: Bleker/Schmiedebach (Hrsg.), Medizin und Krieg, S. 191–208, hier S. 191.
[2] Vgl. Manfred Gaspar, Ärzte als Anhänger der NS-„Bewegung", in: Kudlien, Ärzte im Nationalsozialismus, S. 18–34, hier S. 19.
[3] Vgl. Der Deutsche Militärarzt 1 (1936), Zur Einführung, S. 1.

"schwachsinniger und geistig minderwertiger" Rekruten vom Heeresdienst[4]. Zum täglichen Dienst der Sanitätsoffiziere gehörte es, regelmäßig rassen- und bevölkerungspolitischen Unterricht durchzuführen und die Soldaten im Sinne der entsprechenden Gesetze zu indoktrinieren.

Auf die Theorie folgte bald die Praxis: Die Leitenden Ärzte in den Nervenabteilungen der Lazarette erhielten z. B. das Recht, bei den Erbgesundheitsgerichten Anträge auf Unfruchtbarmachung ihrer militärischen Patienten zu stellen. Diese und ähnliche Aktionen führten dazu, daß die Wehrmacht für das NS-System zu einem Filter wurde, der im Sinne des „Gesetzes zur Verhütung erbkranken Nachwuchses" junge Männer schon aussortierte, ehe diese eine Familie gründen konnten[5]. Zusätzlich zu dieser Aufgabe der Erhöhung der „biologischen Wehrhaftigkeit" wurde den Militärärzten auch die „Effektivierung" der industriellen Arbeiterschaft zugunsten einer gesteigerten Produktion übertragen[6]. Damit wurden die Ärzte als „Gesundheitsoffiziere" in den zunächst getrennten Bereichen Militär und Rüstung tätig.

Die enge Einbindung in den Nationalsozialismus hatte Folgen für das Berufsbild des Sanitätsoffiziers. Der Militärmediziner wollte und sollte nach seinem bisherigen Verständnis den verwundeten oder kranken Soldaten heilen. Dafür waren umfassende Kenntnisse auf allen Gebieten der Medizin erforderlich, dazu ärztliches Geschick, sicheres Taktgefühl, Menschenkenntnis und vorbildliches, vertrauensbewußten Handeln. Nun sollte der Militärarzt gemäß dem Willen der politischen Führung auch zur „Wehrhaftigkeit" und Geltung des Vaterlandes beitragen[7]. Dazu brauchte man nicht den Mediziner schlechthin, sondern den „Arztsoldaten". Dieser sollte weder ein medizinisch geschulter Offizier noch ein militärisch ausgebildeter Mediziner sein, sondern Arzttum und Soldatentum sollten sich in ihm zur Einheit verbinden[8]. Statt dessen aber kam es dann im Krieg zu Qualitätseinbußen, weil die geforderte hohe Anzahl von „Arztsoldaten" nicht vorhanden war und zur Deckung dieser Personallücke „Medizinaltechniker" sozusagen am Fließband produziert wurden. Die sinkende Qualität der Sanitätsärzte ist belegt[9].

Es darf bezweifelt werden, daß die Masse der aktiven Sanitätsoffiziere bzw. der Reserveärzte den ideologischen Forderungen des NS-Systems wirklich nachgekommen ist. Aber diejenigen, die das nationalsozialistische Denken akzeptierten, trugen ihre Einstellung unüberhörbar vor. Sie gaben sich als Wegbereiter einer neuen Zeit, was sich dann etwa so anhörte: „In einem rassisch hochstehenden und erbgesunden Volke lebt das Soldatentum als natürlicher Instinkt und sittliche Haltung. [...] So mag der Sanitätsoffizier [...] zur Pflege dieser Gedanken und zur tätigen Mithilfe an ihrer

---

[4] Vgl. Ewald Stier, Psychiater und Heer, in: Der Deutsche Militärarzt 1 (1936), S.15.
[5] Vgl. Ernst Klebe, Erbforschung und Erbpflege in Volk und Wehrmacht, in: Der Deutsche Militärarzt 2 (1937), S.133.
[6] Vgl. Schmiedebach, Arzt als Gesundheitsoffizier, in: Bleker/Schmiedebach (Hrsg.), Medizin und Krieg, S.201.
[7] Vgl. Walter Schmidt/Bruno Tschierschke, Die Sanitätsoffiziere des Heeres, in: Der Deutsche Militärarzt 1 (1936), S.146f.
[8] Vgl. Grunwald, Studien zum militärärztlichen Ausbildungswesen, S.144.
[9] Vgl. Georg Lilienthal, Der Nationalsozialistische Deutsche Ärztebund (1929–1943/1945): Wege zur Gleichschaltung der deutschen Ärzteschaft, in: Kudlien, Ärzte im Nationalsozialismus, S.105–121.

Durchführung besonders berufen erscheinen."[10] Die Jahre von 1933 bis 1939 hatten also ausgereicht, um ein gewisses Potential an Sanitätsoffizieren zu schaffen, das sehr wohl in NS-Kategorien dachte – und im Krieg dann auch danach praktizierte.

Neben dieser ideologischen Ausrichtung, die nicht nur die Militärmediziner, sondern die gesamte deutsche Ärzteschaft betraf, war der Ausbau des Instruments „Sanitätsdienst" betrieben worden, der eigentlich recht schnell gelang. Dabei spielte das Musterungswesen eine hervorragende Rolle. Bei der Musterung der wehrpflichtigen Jugend hatte der Sanitätsdienst die Aufgabe, sowohl unter medizinischen als auch unter Aspekten der nationalsozialistischen Gesundheits- und Rassenideologie die „Besten" auszuwählen und die „Minderwertigen" auszusondern. Die Grundlagen dafür waren für alle Teilstreitkräfte in gemeinsamen Vorschriften festgelegt[11]. Diese galten zunächst nur im Frieden, sie waren aber auch Richtschnur für die Musterungen im Krieg. Die Beurteilung der Kriegsbrauchbarkeit geschah dann an Hand von Ergänzungsanweisungen[12]. Diese wurden im Krieg mehrfach geändert, um die Rekrutierungszahlen und -kriterien den Anfordernissen der Kriegslage anzupassen[13]. Die Einstellung von Wehrmachtshelferinnen bzw. deren Entlassung gewann im Verlaufe des Krieges sehr an Bedeutung; ihre Rekrutierung erfolgte nach einer geschlechtsspezifischen Ergänzung gemäß den gültigen Musterungsverfahren[14].

Umfangreiche Ausführungsbestimmungen schrieben den Ärzten vor, was zu untersuchen war und in welcher Form dies zu geschehen hatte[15]. Das Ziel war, zu entscheiden, welchen Grad der Tauglichkeit ein Wehrpflichtiger besaß. Die wehrärztlichen Gutachten waren, sofern nach den geltenden Richtlinien verfahren wurde, frei von persönlichen Urteilen. Es war aber unverkennbar, daß viele der zur Musterung eingesetzten Ärzte nicht die beste Qualifikation mitbrachten bzw. ihre Arbeit flüchtig und vielfach lustlos ausführten. Auswüchse (wie das Anreden mit „Du") oder verletzende Fragen vor den Ohren anderer (Säuft Ihr Vater? Waren Sie geschlechtskrank?) kamen daher durchaus vor. Diese Art des Umgangs mit den Wehrpflichtigen wurde allerdings von höchster Stelle offiziell mehrfach getadelt[16]. Führten die zumeist recht gründlichen Einstellungsuntersuchungen zu einer wohl grundsätzlich gerechten Beurteilung des Gesundheitszustandes der Wehrpflichtigen, so mag die mit fortschreitender Kriegsdauer notwendige Nachführung auch älterer oder nicht ganz gesunder Soldaten doch manche Musterung im Sinne einer „Kriegsbrauchbarkeit" beeinflußt ha-

---

[10] Hans Schmidt, Der Erziehungsgedanke im Wirken des Sanitätsoffiziers, in: Der Deutsche Militärarzt 5 (1940), S. 197 ff.
[11] MGFA, Vorschrift über militärärztliche Untersuchungen der Wehrmacht, Teil 1, Untersuchung Dienstpflichtiger und Freiwilliger auf Tauglichkeit, Heeresdienstvorschrift (H.Dv.) 252/1, Marinedienstvorschrift (M.Dv.) 248/1, Luftwaffendienstvorschrift (L.Dv.) 399/1, 1937.
[12] BA/MA, Dienstanweisung für den Truppenarzt (OKW), 1938, Anlage: Ärztliche Anweisung zur Beurteilung der Kriegsbrauchbarkeit bei Kriegsmusterungen und anderen militärärztlichen Untersuchungen im Kriege.
[13] BA/MA, H.Dv. 1a, Anlage 2, Ärztliche Anweisung zur Beurteilung der Kriegsbrauchbarkeit bei Kriegsmusterungen (OKH), 1942.
[14] BA/MA, RHD 43/49, Truppenärztliche Bestimmungen über die Einstellung und Entlassung von Heereshelferinnen (OKH) vom 1.5.1944.
[15] BA/MA, H-20/870, Bestimmungen über wehrärztliche Untersuchungen und Anweisungen zum DU-Verfahren im Heer, undatiert.
[16] BA/MA, H-20/871, Der Heeressanitätsinspekteur, Zur Musterung und Aushebung 1937 vom 28.5.1937, S. 2.

ben. Ein Beispiel dafür ist der Umgang mit der Operationsduldungspflicht, die auch für bisher nicht taugliche Wehrpflichtige zur Geltung kam. Diese mußten nach einer erneuten Einberufung und Vereidigung eine Operation über sich ergehen lassen, wenn sie durch diese „mit an Sicherheit grenzender Wahrscheinlichkeit"[17] und ohne die Gefährdung ihres Lebens binnen dreier Monate kriegsverwendungsfähig werden konnten. Angesichts der Tatsache, daß der Dienstpflichtige gegen das Tauglichkeitsurteil kein Beschwerderecht hatte, bedeutete die Verpflichtung der Ärzte zu einer wohlwollenden Musterung der Rekruten eine wichtige Einschränkung[18]. Zusammenfassend ist zum Komplex der Musterung zu sagen, daß dabei die NS-Ideologie sehr wohl eine Rolle spielte, daß sich aber die Ärzte andererseits durchaus ihrer hohen Verantwortung bewußt blieben; diese sollte erst gegen Ende des Krieges ins Wanken geraten.

Insgesamt hatten die Militärärzte ein weites Feld zu beackern: Das Sanitätswesen der Wehrmacht umfaßte die Gesundheitspflege und ärztliche Betreuung der Wehrmachtsangehörigen, die Maßnahmen zur Verhütung und Bekämpfung übertragbarer Krankheiten, die Versorgung und den Abtransport der Verwundeten und Kranken, den Einsatz der Sanitätsdienste und der Freiwilligen Krankenpflege sowie die Ausbildung und den Einsatz des Sanitätspersonals und den Nachschub an Sanitätsgerät[19]. Bis zum Beginn des Zweiten Weltkrieges hatte die Wehrmachtssanität die meisten dieser Aufgaben zumindest organisatorisch in den Griff bekommen. Auf einen Krieg war man vorbereitet, und man glaubte, durch weitblickende und gründliche Arbeit das Sanitätswesen auf einen denkbar hohen Stand gebracht zu haben. Der Kriegssanitätsdienst sollte dies beweisen[20].

Am Ende des Weltkrieges hatte die Wehrmacht 3,25 Millionen Tote oder als tot geltende Angehörige zu beklagen. Die Verwundeten- und Krankenzahlen waren in bisher unbekannte Höhen geschnellt, die Lazarette der Wehrmachtsteile und der Waffen-SS hatten insgesamt 52,4 Millionen Verwundete und Kranke zu betreuen[21]. Die Beantwortung der Frage nach der Effizienz des Sanitätsdienstes bedarf der Untersuchung vieler Randbedingungen, die mit dem Verlauf des Krieges an den verschiedenen Fronten zusammenhängen. Dafür ist es notwendig, zumindest einen Blick auf die Strukturen des Sanitätsdienstes der Teilstreitkräfte zu werfen, ohne dabei tieter als nötig in das Organisatorische einzudringen. Das Augenmerk soll vor allem jenen Entwicklungen gelten, die aufgrund der fortgeschrittenen Technik seit dem Ersten Weltkrieg Einzug in das Sanitätswesen gehalten hatten.

Die Leitung der *Sanitätsdienste des Heeres* lag in der Hand des Heeressanitätsinspekteurs[22]. Er verfügte über Einrichtungen für die Ausbildung, Forschung und Versorgung. Der Heeresarzt, der ihm unmittelbar unterstand, saß im Stabe des Generalquar-

---

[17] BA/MA, H-20/870, Bestimmungen über wehrärztliche Untersuchungen und Anweisungen zum DU-Verfahren im Heer, o. D., S. 21.
[18] BA/MA, H-20/871, Der Heeressanitätsinspekteur. Zur Musterung und Aushebung 1937 vom 28.5.1937, S. 10.
[19] MGFA, H.Dv. 21, I. Teil, Kriegssanitätsvorschrift (Heer), 1938, S. 1; im folgenden: MGFA, H.Dv. 21.
[20] So der wissenschaftliche Leiter der Zeitschrift Der Deutsche Militärarzt, Wilhelm Hoffmann, in: Der Deutsche Militärarzt 4 (1939), S. 441.
[21] Vgl. Schenk, Das menschliche Elend, S. 11 ff.
[22] Vgl. Hartleben, Organisatorische Entwicklung, S. 40 ff.

tiermeisters im Generalstab des Heeres, von wo aus er für jeden möglichen Kriegsschauplatz den Einsatz des erforderlichen Sanitätspersonals und -materials sowie den Abschub der Verwundeten in die rückwärts gestaffelten Sanitätseinrichtungen regeln sollte[23]. Er führte die Heeresgruppenärzte sowie im Verlaufe des Weltkrieges fünf Leitende Sanitätsoffiziere in Frankreich, Belgien, Ostland, Ukraine und Rumänien[24], die ihrerseits über Lazarette, Krankentransportverbände, Sanitätsparks und Forschungseinrichtungen verfügten, die sie bei Bedarf den ihnen unterstellten Armeeärzten zuweisen konnten. Diese besaßen eigene Sanitätsgruppen, die für den rückwärtigen Frontbereich vorgesehen waren bzw. den Korpsärzten und den Divisionsärzten zur Unterstützung zugeordnet werden konnten.

Die wichtigste Sanitätseinrichtung der Armee war das mobile Kriegslazarett, das von seiner Ausstattung her ca. 500 Schwerkranke und -verwundete aufnehmen konnte[25]; es bildete die höchste und letzte Behandlungsebene im außerdeutschen Gebiet[26].

Die erste und damit wichtigste medizinische Hilfe im Frontbereich sollte – nach der Selbsthilfe des Soldaten – durch das Sanitätspersonal des Bataillons und durch die Sanitätstruppen der Division geleistet werden. Der Truppenarzt des Bataillons stellte mit seinem Truppenverbandplatz die unterste Ebene ärztlicher Versorgung[27]. Die Heeresdivisionen besaßen für ihre Verbände durchschnittlich zwei Sanitätskompanien, eine Krankenkraftwagenkompanie und ein Feldlazarett[28], wobei die Sanitätskompanien vier bis fünf Kilometer hinter der Front im steten Wechsel miteinander einen Hauptverbandplatz zu betreiben hatten. Zwei Chirurgenteams konnten jede Art von dringender chirurgischer Hilfe leisten. Das Hauptziel war, die Transportfähigkeit der Verwundeten herzustellen[29]. Das Feldlazarett der Division sollte etwa zehn bis fünfzehn Kilometer hinter der Front liegen. Es hatte 200 Betten und ermöglichte in mehreren Operationsräumen sowie mit fachspezifischer Diagnostik und Therapie Hilfe auf der Ebene eines guten Kreiskrankenhauses[30]. Der Sanitätsdienst der Waffen-SS lehnte sich in seinem Aufbau an den des Heeres an[31].

Besonderen Wert legte die Wehrmacht auf die Mobilität ihrer Sanitätseinheiten. Heer und Luftwaffe hatten speziell für einen „Bewegungskrieg" eine Abschubkette

---

[23] Institut für Geschichte der Medizin der Universität Düsseldorf, NL Hippke, Dokument MA 29, E. Hippke, Arbeitsbereich und Arbeitsgang der Leitung des Sanitätswesens des Heeres und der Wehrmacht, I. Der Heeresarzt, undatiert; vgl. Fischer, Sanitätsdienst, Bd. 3, S. 2546 ff.
[24] Institut für Geschichte der Medizin der Universität Düsseldorf, NL Hippke, Dokument MA 29.
[25] MGFA, H.Dv. 21, S. 72.
[26] Vgl. Fischer, Sanitätsdienst, Bd. 1, S. 208 ff.; vgl. dort auch Angaben zu Unterstellungen und Gliederungen.
[27] Vgl. Fischer, Sanitätsdienst, Bd. 4, S. 2825. Die ärztliche Hilfeleistung beschränkte sich auf: Nachsehen, Blutstillung, Verbessern und Erneuern von Wund- und Stützverbänden, Verabfolgung von Mitteln zur Stärkung des Kreislaufs und zur Schmerzlinderung.
[28] MGFA, H.Dv. 21, S. 15. Eine Infanteriedivision verfügte z.B. über eine bespannte Sanitätskompanie und eine motorisierte Sanitätskompanie, ein motorisiertes Feldlazarett (bis 1944) und zwei Krankenkraftwagenzüge.
[29] Vgl. Dankert, Der deutsche und der alliierte Sanitätsdienst, S. 72.
[30] MGFA, H.Dv. 21, S. 44 ff. Diese Vorgaben konnten und mußten im Feld nicht immer eingehalten werden; vgl. dazu Fischer, Sanitätsdienst, Bd. 4, S. 2730.
[31] Vgl. Würfler, Chef des Wehrmachtssanitätswesens, S. 62, und Fischer, Sanitätsdienst, Bd. 3, S. 2157–2235.

entwickelt[32], die vom Verwundetennest in vorderster Front über den Truppen- und Hauptverbandplatz zum Feld- und Kriegslazarett und schließlich zu den Reservelazaretten im Reich führte. Neu entwickelte Krankenkraftwagen, in Formationen zusammengefaßt, übernahmen im Zusammenspiel mit Eisenbahnlazarettzügen, Lazarettschiffen der Marine, Schiffs- und Lufttransporten den Abschub.

Die *Luftwaffe* als jüngste Teilstreitkraft hatte ein Sanitätswesen aufgebaut, das vielfach die gleichen Standorte wie Heer und Marine benutzte. Dies führte zu Reibungsverlusten in der Sanitätsversorgung, weil dadurch eine Rivalität entstand, die zu Lasten der Verwundeten und Kranken ging.

Die unmittelbare Führung der Luftwaffensanitätsdienste, die sich in ihrer Struktur ebenfalls dem Heeressanitätsdienst angepaßt hatten, oblag den Luftflottenärzten und den diesen unterstellten Luftgauärzten, die beide über Sanitätseinheiten verfügten[33]. Die Luftwaffe hatte zur Durchführung der sanitätsdienstlichen Aufgaben neue Einsatzformen entwickelt. Es war z. B. eine mobile Luftwaffensanitätsbereitschaft entstanden, die den Sanitätstruppen eine organische Zusammenarbeit mit den kämpfenden Luftwaffenverbänden ermöglichte[34]. Die dazugehörigen Fachchirurgen waren selbst für große Operationen ausgestattet; Internisten ergänzten die Chirurgenteams, wodurch diese Einrichtung 100 bis 150 Verwundete und Kranke behandeln und pflegen konnte.

Die wichtigste Neuerung im Sanitätswesen der Luftwaffe war die Einrichtung der Sanitätsflugbereitschaften[35]. Sie bestanden aus je sechs Flugzeugen des Typs Junkers-52, die je zwölf auf Tragen liegende und vier sitzende Verwundete transportieren konnten. Vier Flugzeuge vom Typ Fieseler Storch agierten als Zubringerflugzeuge von der Front zum Flugplatz. Jedes dieser Flugzeuge konnte zwei Verwundete aufnehmen. Die Masse der Lufttransportverbände war für die Rückführung größerer Verwundetenzahlen vorgesehen. Diese transportierten später tatsächlich vier Fünftel aller Verwundeten aus dem Frontbereich in die rückwärtigen Sanitätseinrichtungen. Die Rettung von Flugzeugbesatzungen, die auf See niedergegangen waren, sollte durch den ebenfalls neuen Seenotrettungsdienst geschehen. Die Seenotkommandos verfügten mit Flugzeugen vom Typ Heinkel 59, Dornier 18 und 24 sowie mit verschiedenen Seefahrzeugen über ein für ihre Zwecke gut geeignetes Material[36].

Die Einführung der Fallschirmtruppe brachte eine weitere Neuerung. Die Sanitätskorps dieser Truppe wurden als Absprungeinheiten aufgestellt, die den unmittelbar mit den Kampftruppen abspringenden Truppenärzten mit Sanitätsmaterial nachfolgten[37]. Luftlandelazarette sollten eine weitere Behandlung vor Ort gewährleisten.

---

[32] MGFA, H.Dv. 21, Anlage 2.

[33] Vgl. Seenotdienst und Sanitätswesen, in: Wolfgang Dierich (Hrsg.), Die Verbände der Luftwaffe 1935–1945. Gliederungen und Kurzchroniken. Eine Dokumentation, Stuttgart 1976, S. 283–316, hier S. 299 f.

[34] Institut für Geschichte der Medizin der Universität Düsseldorf, NL Hippke, Das Kriegssanitätswesen der Luftwaffe; eine Veröffentlichung war für 1943 geplant; das Folgende nach ebenda, S. 3.

[35] Dazu und zum folgenden vgl. Seenotdienst und Sanitätswesen, in: Dierich (Hrsg.), Verbände der Luftwaffe, S. 305 ff.; dazu auch MGFA, Lw 18, Bl. 55 ff.

[36] Vgl. Püschel, Seenotverbände, S. 64 ff.

[37] Institut für Geschichte der Medizin der Universität Düsseldorf, NL Hippke, Das Kriegssani-

Die *Marine* besaß ebenfalls ihre eigenen Sanitätsdienste. Der Chef des Marinesanitätswesens führte fachlich zwei Sanitätsämter, das Amt Ostsee in Kiel und das Amt Nordsee in Wilhelmshaven[38]. Die Marinestandorte verfügten über ihre eigenen Lazarette. Die Zeit des schnellen Aufbaus bis zum Beginn des Krieges hatte aber nicht ausgereicht, um den Marinesanitätsdienst gut genug vorzubereiten. Deshalb versuchte man dann, Personallücken mit ehemaligen Sanitätsoffizieren und Zivilärzten zu schließen[39]. Immerhin besaßen die größeren schwimmenden Kampfeinheiten der Marine Bordlazarette und eigene Ärzte; die kleineren Schiffe hatten nur Sanitätskisten, die im wesentlichen Verbandsmaterial enthielten[40].

Zehn große Lazarettschiffe mit je 600 Betten, 25 kleinere mit je 350 bis 400 Betten und 35 Verwundetentransportschiffe waren für den Kranken- und Verwundetentransport über See ausgerüstet worden. Die Hälfte der Lazarettschiffe und ein Viertel der Verwundetentransportschiffe gingen durch Kriegseinwirkung verloren[41].

Die Effektivität der bis dahin nebeneinander arbeitenden Sanitätsdienste der Teilstreitkräfte sollte im Juli 1942 durch die Einrichtung der Dienststelle des Chefs des Wehrmachtssanitätsdienstes erhöht werden. Die Stelle sollte alle materiellen und personellen Kräfte des Sanitätswesens erfassen und sie planvoll und gerecht auf die Wehrmachtteile verteilen. Diese Aufgabe war dem Heeressanitätsinspekteur zusätzlich übertragen worden, ohne daß er allerdings auch Befehlsgewalt erhielt. Die Personalunion wurde aus Gründen der Überlastung zwar im September 1944 aufgehoben[42], aber der nun selbständige „Chef" erhielt nur im Rahmen seiner fachlichen Aufgaben eine Befehlsbefugnis; nach wie vor lehnten sowohl die Marine als auch Luftwaffe und SS eine volle Unterstellung ihrer Sanitätsdienste ab. Trotz der Schaffung dieser zentralen Einrichtung konnte daher keine wesentliche Verbesserung des Sanitätswesens erreicht werden[43].

Der Ablauf ds Zweiten Weltkrieges läßt sich aus der Sicht des Sanitätsdienstes in drei Phasen zerlegen, die diesen vor unterschiedliche Probleme stellten: die Phase der Bewegungskriege und schließlich die Phase des generellen Rückzugs und der Abwehrkämpfe ab 1944.

Im Mitgehen mit den vorwärtsdrängenden Truppenverbänden und beim Anfall eher konventioneller medizinischer Probleme während der Feldzüge gegen Polen und Frankreich, in Skandinavien, auf dem Balkan, in Nordafrika und zunächst auch gegen die Sowjetunion wurden die Sanitätsdienste sowohl beim Heer als auch bei Luftwaffe und Marine noch recht gut fertig[44]. Der Polenfeldzug brachte aber auch einige uner-

---

Fortsetzung Fußnote von Seite 178

tätswesen der Luftwaffe, S. 9 f.; vgl. auch E. Hippke, Über den Aufbau des Sanitätswesens der ehemaligen deutschen Luftwaffe, in: Wehrdienst und Gesundheit, Bd. 1, S. 61.

[38] Vgl. Fischer, Sanitätsdienst, Bd. 1, S. 70.
[39] Vgl. Bauer, Geschichte des Marinesanitätswesens, S. 113.
[40] Vgl. Nöldeke, Sanitätsdienst an Bord, S. 26.
[41] Vgl. Dankert, Der deutsche und alliierte Sanitätsdienst, S. 73; vgl. auch Schmidt/Kludas, Lazarettschiffe, S. 155–167; ausführlicher jetzt Hans Schadewaldt, Zur Geschichte der deutschen Lazarettschiffe im Zweiten Weltkrieg, in: Guth (Hrsg.), Sanitätswesen, S. 207 f.; dort auch die Quotenangaben.
[42] Vgl. Würfler, Chef des Wehrmachtssanitätswesens, S. 61 f.
[43] Vgl. Dankert, Der deutsche und der alliierte Sanitätsdienst, S. 72.
[44] Vgl. Ring, Militärmedizin, S. 282.

wartete Schwierigkeiten, die für die Zukunft behoben werden mußten. Es stellte sich z. B. heraus, daß die mit Pferden bespannten Sanitätskompanien für den Bewegungskrieg denkbar ungeeignet waren, weil sie den schnellen Verbänden nicht folgen konnten und selten zum Einsatz kamen[45]. Das galt für die Masse der Verbände; lediglich die Panzertruppe hatte Vorkehrungen getroffen, damit ihr gesamter Sanitätsdienst folgen konnte[46]. Krankheiten auf dem Gebiet der Inneren Medizin führten neben den Verwundungen zu hohen Ausfällen. Besonders Infektionskrankheiten des Magen-Darm-Ttraktes warfen in den ersten Tagen in Polen kaum zu lösende Probleme auf. Das vorbereitete System des Abtransportes von Verwundeten erwies sich dagegen als erfolgreich. Die Verwundeten gelangten durch den im steten Wechsel erfolgenden Einsatz der Krankentransportkompanien rasch in die rückwärtigen Sanitätseinrichtungen, wenngleich viele Lazarettzüge wegen der Zerstörung von Gleisen und Brücken erst gegen Ende der Kampfhandlungen eingesetzt werden konnten[47].

Bei der Besetzung Dänemarks und dann vor allem in Norwegen bereiteten erstmals die in großer Zahl auftretenden Erfrierungen Schwierigkeiten; das Problem war nicht so schnell in den Griff zu bekommen, 40 Prozent der Wundversorgungen betrafen Erfrierungen[48].

Bei dem im Mai 1940 beginnenden Frankreichfeldzug konnten die Sanitätsdienste zumindest die in Polen gemachten Erfahrungen bereits verwerten. Die Korpsärzte, die bisher keine eigenen Sanitätstruppen hatten, wurden gelegentlich mit Sanitätskompanien, mit Krankentransportkapazität und mit Feldlazaretten ausgestattet. Die Armeeärzte hatten akzeptiert, daß der unmittelbare Einsatz der Sanitätsdienste auf Korpsbebene besser zu steuern war[49]. Die Verwundungen im Frankreichfeldzug gingen, wie schon in Polen, etwa im gleichen Verhältnis auf Infanteriegeschosse und Granatsplitter zurück[50]. Eine primäre endgültige Wundversorgung vor Ort wurde, wo immer möglich, angestrebt, doch machte der Abtransport in die rückwärtigen Einrichtungen und in die im deutschen Grenzgebiet eingerichteten Reservelazarette keine Schwierigkeiten[51]. Die Erhaltung der Gesundheit – sowohl der Truppe als auch der Bevölkerung – wurde im besetzten Frankreich oberstes Ziel, um jedwede Seuchengefahr abzuwenden. Das gelang auf dem Gebiet der Geschlechtskrankheiten jedoch zunächst

---

[45] BA/MA, RH 24-4/100 bzw. RH 26-4/30, Kriegstagebuch 4. Division, Erfahrungsbericht des Divisionsarztes vom 7.10.1939, Anlage II, bzw. Erfahrungsbericht des Divisionsarztes vom 1.9.–21.9.1939.
[46] Vgl. Ring, Militärmedizin, S. 275f.
[47] BA/MA, RH 20-3/15, Armeeoberkommando 3, Erfahrungsbericht des Armeearztes vom 11.9.1939.
[48] BA/MA, RH 28-2/101, Bericht der Sanitätskompanie 2/67 für die Zeit vom 1.1.–24.8.1942.
[49] BA/MA, RH 24-18/195, XVIII. Armeekorps, Korpsarzt, Tagebucheintragung betr. detaillierte Forderungen der Korpsärzte; BA/MA, RH 26-45/113, 45. Infanteriedivision, Erfahrungsbericht des Divisionsarztes für die Zeit vom 11.5.–15.7.1940.
[50] BA/MA, RH 26-32/123, 32. Infanteriedivision, Tätigkeitsbericht des Divisionsarztes vom 14.6.–13.7.1940.
[51] BA/MA, RH 26-20/111, 20. Infanteriedivision, Tätigkeitsbericht des Divisionsarztes vom 10.5.–2.7.1940, der vom zufriedenstellenden Abschub aller Verwundeten spricht. Dazu auch BA/MA, RH 26-11/83, 11. Infanteriedivision, Tätigkeitsbericht des Divisionsarztes von November 1939–20.10.1940, der über verstopfte Straßen und lange Abwesenheit der Krankenkraftwagen klagt.

nicht; ein allgemeiner Rückgang dieser Krankheiten bei der Truppe war erst ab 1942 zu erkennen[52].

Der Krieg in Nordafrika konfrontierte die Sanitätsdienste mit wesentlich größeren Problemen. Die Besonderheiten des Kriegsschauplatzes führten zu einem Krankenstand, der die Zahl der Verwundeten um das Sechsfache übertraf. Das tropische Klima, die Einöde und Trostlosigkeit der Wüste, Transportprobleme und Nachschubschwierigkeiten wirkten sich auf die gesundheitliche Verfassung des Afrikakorps verheerend aus. Die Sanitätsdienste standen vor nahezu unlösbaren Aufgaben. Die angesichts des gehäuften Auftretens von Ruhr, Diphtherie und Gelbsucht sowie der vielfältigen Formen von Geschwüren, die in tropischer Hitze entstanden[53], für diesen Kriegsschauplatz eigentlich notwendige Anzahl von Sanitätsformationen wurde nie erreicht.

Der Kriegsschauplatz Balkan, der im April 1941 neu hinzukam, brachte ebenfalls unerwartete Probleme. Er forderte zwar, sieht man von der Katastrophe der Fallschirmtruppe auf Kreta ab (49% Tote und Verwundete), keine allzu hohen Verluste[54], doch wurde der Abtransport von Verwundeten auf dem Festland sehr schwierig: Das gebirgige Gelände zwang zu den für die Verwundeten schonungslosen und für die Sanitäter äußerst strapaziösen Tragemärschen[55]. Schnee, Schlamm, Kälte und Hitze führten zusätzlich zu Erkrankungen aller Art. Zahlreiche Sümpfe zwischen den Bergen Mazedoniens und die Feuchtgebiete der Flußniederungen waren Brutstätten der Malaria und anderer Fieberkrankheiten. Vor allem die Malaria war kaum in den Griff zu bekommen; das Problem der Malariarezidive blieb bis zum Ende des Krieges ungelöst, obwohl in vielen Malarialazaretten unermüdlich geforscht wurde[56]. Hingegen erwies sich die Prophylaxe gegen Typhus und gegen das nicht ganz so gefährliche Pappatacifieber dank eines entsprechenden Serums als ausreichend. Das Problem der Ruhr, die zwei Drittel der Truppe durchzumachen hatten, wurde nur durch die danach erlangte Immunität „gelöst"[57].

Der Abtransport der Verwundeten funktionierte eigentlich nur dort, wo Lufttransport möglich war. Das „Unternehmen Merkur", die Eroberung der Insel Kreta durch Fallschirm- und Luftlandetruppen, ist ein Beispiel für die damals neuartigste Form der Verwundetenversorgung. Eine reichhaltige Sanitätsausrüstung war schon in der Vorbereitungsphase des Unternehmens in Abwurfbehälter verpackt worden, die für den

---

[52] BA/MA, H-20/143, Kommandant von Groß Paris, Leitender Sanitätsoffizier, Bericht vom 13.5.1942.
[53] Vgl. Valentin, Ärzte im Wüstenkrieg, S. 53, S. 152 und S. 155.
[54] Zu den Gesamtverlusten der Wehrmacht in Jugoslawien und Griechenland vgl. Fischer, Sanitätsdienst, Bd. 2, S. 394. Die Eroberung Kretas kostete die deutsche Fallschirmtruppe bei rund 10 600 eingesetzten Soldaten 1653 Gefallene, 2046 Verwundete und 1441 Vermißte, die als tot gelten; vgl. Florian Berberich, Kreta im Zweiten Weltkrieg, in: Kreta, hrsg. vom MGFA Freiburg, Herford 1986, S. 85.
[55] Vgl. Fischer, Verwundetenversorgung, S. 222 f.
[56] Vgl. Hana Vondra, Die Malaria. Ihre Problematik und Erforschung in Heer und Luftwaffe, in: Guth (Hrsg.), Sanitätswesen, S. 115.
[57] BA/MA, Balkanhalbinsel und Türkei. Ausarbeitung der Heeressanitätsinspektion, In/Wi G(Ic), Az 2 e S vom 17.12.1940, S. 8.

unmittelbaren Einsatz und als Nachschub aus der Luft gedacht waren[58]. Die Truppenärzte der Fallschirmjäger-Bataillone sprangen am 20. Mai 1941, dem Tag des Beginns der Kämpfe, mit der Truppe über Kreta ab, um sofort ihre Truppenverbandplätze einzurichten. Der Verwundetentransport in die Lazarette auf dem griechischen Festland setzte auf dem Luftweg bereits am nächsten Tag ein. Damit hatte eine revolutionäre neue Methode der Versorgung und des Abtransports von Verwundeten ihre Bewährungsprobe bestanden.

In den ersten beiden Kriegsjahren kämpfte die Wehrmacht auf Schauplätzen, die keine große räumliche Ausdehnung hatten. Der Afrikafeldzug bildet eine Ausnahme nur durch extrem lange Nachschubwege. Es hatte sich allerdings gezeigt, wie sehr diese die Leistung der Sanitätsdienste beeinträchtigten, die Probleme des Personal- und Materialnachschubs waren letztlich nicht zufriedenstellend gelöst worden. Es blieb den Sanitätsdiensten jedoch keine Zeit mehr, aus dieser Erkenntnis Lehren zu ziehen.

Am 22. Juni 1941 begann der deutsche Überfall auf die Sowjetunion. Die Sanitätsdienste sahen sich in den ersten Monaten ähnlichen Gegebenheiten wie im bisherigen Bewegungskrieg gegenüber. Die Verluste der deutschen Truppen nahmen aber bald zu, und der Vormarsch kam an allen Fronten zum Stehen. Die großen Entfernungen, die herbstliche Schlammperiode und der dann folgende Winter, der viel Schnee und Temperaturen bis zu −52 Grad Celsius brachte, wirkten sich auf die Transportverhältnisse und damit auch auf die Leistungsfähigkeit der Sanitätsdienste aus[59]. Massenhafte Erfrierungen aller Grade und die sich anschließenden Komplikationen belasteten mancherorts die Verbandplätze mehr als die Versorgung der Verwundeten[60].

Die Jahreswende 1941/42 stellte den Beginn der zweiten Phase des Krieges dar. Der wachsende Widerstand der Roten Armee, der mit der sich steigernden Feuerkraft der Artillerie und der Raketenwaffen (Stalinorgel) einherging, ließ die Zahl der Verwundeten, insbesondere der Schwerverletzten, deutlich in die Höhe schnellen. Eine angemessene Versorgung durch die Sanitätsdienste wurde immer weniger möglich. Der Abtransport der Verwundeten in die rückwärtigen Gebiete und ins Reich wurde durch die winterlichen Schwierigkeiten und die zunehmende Partisanentätigkeit erschwert. Die Luftwaffe brachte allerdings gerade jetzt mit Hilfe ihrer Sanitätsflugzeuge und der Transportflotte große Entlastung[61]. Viele der vorderen Sanitätseinrichtungen gingen dann mit Beginn der sowjetischen Offensiven verloren. Truppen- und Hauptverbandplätze, aber auch Feldlazarette, gerieten in den Strudel der Absetzbewegungen und fielen in die Hände des Gegners[62]. Die Sowjets drangen im Mittelabschnitt der Front im Sommer 1943 so weit nach Westen vor, daß auch die weit hinten liegenden Kriegslazarette der Armeen geräumt werden mußten. Das System der Verteilung der Verwundeten nach medizinischen Gesichtspunkten versagte zunehmend, wodurch in vielen Fällen die Transportsterblichkeit bei kritischen Fällen anstieg.

[58] BA/MA, ZA 3/19, H. Neumann, Ärztliche Versorgung von Fallschirm- und Luftlandetruppen, 1961, S. 4 ff.
[59] Vgl. Guth, Behandlung von Bauchschüssen, S. 108, der die Auswirkungen der Umweltbedingungen auf die Verwundeten darstellt.
[60] Zum Problem Erfrierungen vgl. Beiträge bei Fischer, Sanitätsdienst, Bd. 2, S. 768 ff., und Kilian, Schatten, S. 142 ff.
[61] MGFA, Studiengruppe Geschichte des Luftkrieges, Lw 18, Das Sanitäts- und Gesundheitswesen in der Deutschen Luftwaffe, 1945, Bl. 57.
[62] Zum folgenden vgl. Ring, Militärmedizin, S. 293–309.

Im Verlaufe des Krieges manifestierte sich eine nach Teilstreitkräften unterschiedliche Typik der Verwundungen. Der Schwerpunkt der Arbeit der Chirurgen im Heer lag bei der Behandlung von Verletzungen der Gliedmaßen. Die Diagnostik und Therapie dieser Verwundungen wurde durch die Ausrüstung der Sanitätsdienste mit Feldröntgengeräten erleichtert. Die inneren Verletzungen, z. B. als Folge der Bauchschüsse, führten aber zu Letalitätsraten wie im Ersten Weltkrieg (68 bis 83 Prozent), da die Eingriffe, bedingt durch die jahreszeitlichen Gegebenheiten oder aufgrund von Transportproblemen, unter ungünstigen Umständen erfolgten bzw. zu spät kamen[63]. Die Chirurgen waren vielfach hoffnungslos überfordert. Oft mußte ohne größere Pause zwei bis drei Tage lang durchgehend operiert werden. Erfahrungswerte zeigten, daß eine Chirurgengruppe (zwei Ärzte) innerhalb von 24 Stunden 30 Schwer-, 60 Mittelschwer- oder 120 Leichtverwundete operieren konnte. Eine wichtige Errungenschaft für die Chirurgen und ihre Patienten war die Verwendung von Blutersatzflüssigkeiten (Tutofusin). Die Sanitätsoffiziere hatten aber außerdem das Recht, jeden Wehrmachtsangehörigen als Blutspender heranzuziehen[64]. Antibiotika standen nicht zur Verfügung; auf diesem Gebiet war die Forschung und Therapie mit der Sulfonamidtherapie[65] in Deutschland einen anderen Weg gegangen als bei den Alliierten, die gegen Ende des Krieges schon Penicillin einsetzen konnten.

Die Verwundungen bei der Luftwaffe und der Marine waren überwiegend anderer Natur als beim Heer. Die Behandlung der Verwundeten des fliegenden Personals, das Verletzungen durch Abschuß, Bruchlandung und Flugunfälle aller Art aufwies, lag vielfach im Bereich der plastischen Chirurgie und der Gehirnchirurgie[66].

Die meisten Verwundungen bei der Marine waren Folgen von Artillerietreffern, Fliegerbomben und MG-Treffern sowie von Verbrennungen aller Art. Die genannten Waffen verursachten Wunden durch Splitter sowie Durch- und Steckschüsse. Detonierende Minen und Torpedos führten zu Stauchungen der Wirbelsäule und zu Frakturen der Extremitäten. Hinzu kamen Rauchvergiftungen beim Abbrennen von Kartuschen und Verbrühungen durch ausströmenden Dampf. Das Verschlucken treibenden Öls durch Schiffbrüchige rief schwere Vergiftungen im Magen-Darm-Trakt hervor und war somit eher eine Erkrankung, galt aber doch im ursächlichen Zusammenhang als Verwundung[67].

Erkrankungen waren vielfach eine Folge der hygienischen Verhältnisse. Diese waren besonders in der Sowjetunion denkbar schlecht und führten zwangsläufig zum Ausbruch von Epidemien, unter denen das Fleckfieber eine zentrale Stellung einnahm. Diese durch die extreme Verlausung der Truppe im Winter ausgelöste Seuche konnte nie richtig unter Kontrolle gebracht werden[68]. Das Fleckfieber erfaßte insgesamt zwar nicht mehr Soldaten als andere Infektionskrankheiten, aber es war gefährlicher. Die Erkrankungen an Typhus, Kriegsnephritis, Wolhynischem Fieber, Tular-

---

[63] Vgl. Guth, Behandlung von Bauchschüssen.
[64] Vgl. Ring, Militärmedizin, S. 306 bzw. S. 317.
[65] Vgl. Dankert, Der deutsche und der alliierte Sanitätsdienst, S. 81.
[66] Vgl. Fischer, Sanitätsdienst, Bd. 3, S. 2947 ff.
[67] BA/MA, RM 7/95, Sanitätsbericht der Kriegsmarine II. Kriegsbericht vom 31.8.1941, Bl. 297 ff.
[68] Vgl. Karl-Heinz Leven, Fleckfieber im deutschen Heer im Krieg gegen die Sowjetunion 1941–1945, in: Guth (Hrsg.), Sanitätswesen, S. 131 ff. bzw. S. 150.

ämie und Diphtherie stellten ebenfalls hohe Anforderungen an die Sanitätsdienste und belasteten sie schwer[69].

Nicht zuletzt die Suche nach besseren Behandlungsmöglichkeiten führte im Bereich der medizinischen Forschung zu Verbrechen gegen die Menschlichkeit: Deutsche Mediziner erprobten an KZ-Häftlingen Fleckfiebermedikamente, führten Sulfonamidversuche und Knochentransplantationen durch und schreckten auch nicht vor tödlichen Unterdruck- und Unterkühlungsversuchen zurück[70]. Es fällt schwer zu begreifen, wieso Ärzte sich diesen menschenverachtenden Versuchen hingaben. Spürt man den Bedingungszusammenhängen nach, so lassen sich zwei Gesichtspunkte erkennen: zum einen der Glaube an die medizinische Notwendigkeit solcher Experimente, zum anderen die Versuchung, unter Berufung auf die besonderen Bedingungen von Diktatur und Krieg die bisher gültigen Grenzen der ärztlichen Tätigkeit zu überschreiten.

Betrachtet man die Zielsetzungen der in den rein militärischen Bereich hineingehenden Experimente, so ergibt sich folgendes Bild: Um das Verhalten von Piloten bei ungenügender oder versagender Sauerstoffzufuhr in großen Höhen zu klären, wurden im KZ Dachau Höhenumstellungsversuche durchgeführt, bei denen viele der unfreiwilligen Versuchspersonen den Tod fanden. Um für die im Verlaufe des Krieges ins Meer gestürzten Piloten und für Schiffbrüchige eine zweckmäßige Schutzbekleidung zu finden bzw. verschiedene Wege der Wiederaufwärmung Unterkühlter nachzuprüfen, wurden Häftlinge dort künstlich unterkühlt; die dabei auftretenden Todesfälle nahm man in Kauf. Um in Seenot geratene Personen vor dem Verdursten bewahren zu können, wurden, ebenfalls in Dachau, Meerwassertrinkversuche unternommen, bei denen es galt herauszufinden, ob der menschliche Körper unter Zuhilfenahme chemischer Präparate in der Lage ist, große Salzmengen ohne Schaden zu ertragen. Um der Fleckfiebergefahr an der Ostfront begegnen zu können, wurden in den KZ Buchenwald und Natzweiler Gefangene künstlich mit dem Fleckfiebervirus infiziert und anschließend mit in der Entwicklung befindlichen Medikamenten behandelt; zahlreiche Häftlinge bezahlten diese Versuche mit dem Leben. Um die hohen Ausfälle an Kampfkraft zu verhindern, die in Rußland durch die Hepatitis epidemica hervorgerufen wurden, genehmigte Himmler auch auf diesem Gebiet Experimente, bei denen mit Todesfolgen gerechnet wurde; sie wurden aber in ihrer gefährlichen Form nicht durchgeführt. Um die chirurgische Wundversorgung der Soldaten zu verbessern, wurden in den KZ Ravensburg und Dachau Sulfonamid-, Knochentransplantations- und Phlegmoneversuche unternommen; künstlich herbeigeführte Infektionen bei den Versuchspersonen führten vielfach zum Tode bzw. zu Verstümmelungen. Um therapeutische Maßnahmen gegen Verwundungen durch chemische Kampfstoffe zu entwickeln, wurden in Natzweiler Lost- und Phosgenversuche durchgeführt; auch hier gab es Todesfälle.

Die Versuche zur Erforschung der Rettung aus großen Höhen seien hier kurz dargestellt. Die Versuchsreihe war ausschließlich dafür bestimmt, Lücken in der Kriegführung zu schließen. Der Stabsarzt der Luftwaffe Dr. Sigmund Rascher erbat dafür im Mai 1941 beim Reichsführer SS Heinrich Himmler die Erlaubnis, „zwei oder drei

---

[69] Vgl. Ring, Militärmedizin, S. 300.
[70] Das folgende nach Mitscherlich/Mielke (Hrsg.), Medizin ohne Menschlichkeit, S. 20–166.

Berufsverbrecher" für Experimente benutzen zu dürfen, bei denen „selbstverständlich die Versuchspersonen sterben können"[71]. Ein erster Zwischenbericht Raschers an Himmler vom 5. April 1942 gibt Auskunft über den Verlauf der Experimente und zeigt, mit welch brutaler und unmenschlicher Konsequenz diese Versuche zu Ende geführt wurden. Rascher wollte die Frage klären, ob die theoretisch ermittelten Werte über die Lebensdauer des Menschen in sauerstoffarmer Luft und bei niedrigem Druck mit den im praktischen Versuch zu gewinnenden Resultaten übereinstimmen. Man vermutete damals, daß ein Fallschirmspringer beim Absprung aus zwölf Kilometer Höhe durch den Sauerstoffmangel schwerste Schädigungen, wahrscheinlich aber den Tod erleiden würde. Es wurden daher 15 Extremversuche aus dieser in einer Unterdruckkammer simulierten Höhe durchgeführt. Diese Versuche verursachten bei den Versuchspersonen schwerste Höhenkrankheiten mit Bewußtlosigkeit, doch erlitt dabei noch niemand den Tod. Das änderte sich in der nächsten Stufe der Versuchsreihe: Rascher beabsichtigte nun, die Lebensdauer eines Menschen oberhalb der normalen Atemgrenze herauszufinden. Dabei wurden die Höhen, in denen sich die Versuchspersonen ohne Sauerstoffversorgung aufhalten mußten, von acht über 10,5 auf zwölf Kilometer gesteigert. Die Dauerversuche über 10,5 Kilometer verliefen bereits tödlich, die Atmung der Versuchspersonen setzte nach etwa 30 Minuten aus, und der Tod trat ein. Ein solches Ende des Experiments genügte Rascher aber nicht: Etwa eine halbe Stunde nach Stillstand der Atmung führte er eine Sektion der Toten durch, um in Leber, Herz und Hirn nach den Folgen des Sauerstoffentzugs zu suchen. Bei diesen Versuchen kamen laut einem Augenzeugenbericht 70 bis 80 Häftlinge ums Leben.

Die Frage nach den Beweggründen Raschers und der anderen experimentierenden Ärzte, die sich über alle Schwellen ärztlicher Ethik hinwegsetzten, ist schwer zu beantworten. Sie führten Experimente dort weiter, wo sie Selbstversuche abgebrochen hatten: zum Teil sicher im Glauben, zur Eindämmung von Kriegsseuchen beizutragen bzw. die Verwundetenversorgung zu verbessern, zum Teil aber auch aus Forscherehrgeiz, der Karriere oder ganz persönlicher Vorteile und entfesselter Neigungen wegen.

In der dritten Kriegsphase seit 1944 vergrößerten sich die Probleme der Sanitätsdienste weiter. Die Härte der Abwehrkämpfe, zunächst bei der Schlacht um den Monte Cassino, dann beim Rückzug 1944 aus Italien und bei den Kämpfen an der Invasionsfront, ganz besonders aber beim Zusammenbruch der Heeresgruppe Mitte an der Ostfront, forderte Verluste in bisher unbekanntem Ausmaße. Die Zahl der Toten und Verwundeten dieser letzten Phase war größer als in den vorangegangenen Kriegsjahren zusammen[72]. Nach der planmäßigen brach auch die provisorische Infrastruktur des Sanitätswesens allmählich zusammen. Die Hauptgründe lagen in den Auswirkungen des Bombenkriegs auf das Reich und im immer enger werdenden Ring um Deutschland. Wie die gesamte Wehrmacht, waren auch das Sanitätswesen und die Gesundheitsfürsorge innerhalb Deutschlands den Dimensionen des Krieges nicht mehr gewachsen.

[71] Zit. nach Benz, Dr. med. Siegmund Rascher, S. 190.
[72] Vergleichszahlen liegen nur für das Heer vor. Bis September 1943 gab es den Truppenkrankennachweisen zufolge rund 19,5 Millionen Verwundete und Kranke. Die Zahl der Toten und Vermißten wird für diesen Zeitraum mit 1,15 Millionen angegeben; vgl. Müller, Sanitätsbericht, S. 3 bzw. S. 9 ff.

Bedenkt man den Anspruch, mit dem der deutsche Sanitätsdienst in den Krieg gezogen war, so muß man sagen, daß er diesem nicht gerecht geworden ist. Trotzdem kann kein Zweifel daran bestehen, daß die Ärzteschaft und alle Hilfskräfte der Sanitätseinrichtungen (Deutsches Rotes Kreuz, Freiwillige Krankenpflege etc.) Außerordentliches geleistet haben. Auch die Ärzte mußten an den Fronten hohe Verluste hinnehmen. Das Heer hatte bis zum 31. Januar 1945 insgesamt 22 296 aktive Ärzte und Reserveärzte eingesetzt, von denen 1777 fielen[73]. Bis Kriegsende stieg diese Zahl noch an, doch liegen darüber keine Informationen mehr vor.

Mit Blick auf die Ethik militärärztlichen Handelns ist zu sagen, daß sich im Verlauf des Krieges ganz offensichtlich ein Vertrauensverhältnis zwischen den Ärzten und der Truppenführung, aber auch zwischen den Ärzten und den Soldaten insgesamt entwickelte. Die Sanitätsoffiziere verstanden sich nach beiden Seiten als Vertreter des ärztlichen Standes in der Wehrmacht. Davon profitierten die ihnen anvertrauten Soldaten nicht nur unmittelbar bei Verwundung oder Krankheit, sondern auch durch den Einfluß der Ärzte auf die militärische Führung, was sich mittelbar zum Wohl der Truppe auswirkte[74]. Insgesamt kann kein Zweifel daran bestehen, daß die Tätigkeit der Sanitätsoffiziere auf verschiedenen Ebenen zur Erhaltung der Schlagkraft der Truppe beitrug: Der Arzt an der Front vermittelte dem Soldaten ein beruhigendes Gefühl, stärkte seinen Mut zum Risiko. Der Truppenführer, dem es auf die Einsatzstärke seines Verbandes ankam, also auf die Gesundheitslage, benötigte den Arzt für die rasche Wiederherstellung Verwundeter und Kranker.

Unter dem Druck der großen Verluste im Rußlandfeldzug begann sich freilich die Janusköpfigkeit des Sanitätsdienstes zu zeigen: Als es aus der Sicht der militärischen Führung notwendig wurde, aus dem Potential der Verwundeten und Kranken neue Verbände zu formieren (Magen-/Ohrenbataillone etc.), war eine bereitwillige Veränderung der Einstellung der Ärzte zu erkennen. Das Gebot der Wiederverwendbarkeit trat vor die medizinisch-humanitäre Fürsorge für den einzelnen – ging es doch um das Wohl der „Volksgemeinschaft"[75]. So lautete nunmehr die Maxime der Militärpsychiater: alle noch Tauglichen an die Front, die „Versager" in die Etappe, die „Störer" in Arbeits- und Konzentrationslager. Besonders in den Lazaretten und in den Sonderformationen des Heeres herrschte nun ein brutaler „Militarismus im weißen Kittel"[76]. Dabei wurde vielfach gegen die bisherigen Prinzipien der Medizin verstoßen, vor allem, wenn es um Simulanten und Selbstverstümmler oder um „Kriegsneurotiker" ging. Die brutalen Therapiemethoden reichten von galvanischen Reizen und Stromstößen von bis zu 300 mA über Elektro- zu Insulinschocks. Nicht nur in den Konzentrationslagern, auch gegenüber kampfunwilligen oder -unfähigen Soldaten gab es eine „Medizin ohne Menschlichkeit". Das galt an der Front sicherlich nicht im gleichen Maße, aber der Grundgedanke hatte sich auch dort durchgesetzt. Das zeigte sich z.B. darin, daß im Hinblick auf die schwierige Ersatzlage jene Verwundeten und Kranken,

---

[73] Vgl. Hawickhorst, Arzt der soldatischen Gemeinschaft, S. 37.
[74] Vgl. ebenda, S. 34 f.
[75] Vgl. Johanna Bleker, Vom „Sortiergeschäft im Großen" zur „Triage". Das Problem der Krankensichtung im Krieg, in: Bleker/Schmiedebach (Hrsg.), Medizin und Krieg, S. 211 ff.
[76] Peter Riedesser, Ethische Dimensionen und psychologische Gegebenheiten der militärärztlichen Arbeit im Zweiten Weltkrieg, in: Guth (Hrsg.), Sanitätswesen, S. 218 f., S. 217 und S. 223, Anm. 26.

die innerhalb von drei Wochen wieder einsatzfähig sein würden, nun nicht mehr in die rückwärtigen Lazarette abgeschoben werden durften, sondern „frontnah" behalten und nur mit den dort vorhandenen Mitteln versorgt wurden.

Es muß abschließend betont werden, daß viel von der menschlichen Qualität des einzelnen Arztes abhing. Gerade auch deshalb wird es notwendig sein, die ethische Fragwürdigkeit traditionellen militärärztlichen Handelns künftig noch stärker zu thematisieren. Ausgangspunkt wird dabei die Tatsache sein müssen, daß die deutschen Militärärzte gegen Ende des Zweiten Weltkrieges bei der Abwägung zwischen individuellen Lebensinteressen des einzelnen Soldaten und militärstrategischen Zielvorstellungen weitgehend zugunsten letzterer entschieden[77].

---

[77] BA/MA, RH 21-4/403, 4. Panzerarmee, Bericht des Armeearztes vom 12.3.1943.

II. Psychiatrie und „Euthanasie"

Hans Ludwig Siemen

Reform und Radikalisierung.
Veränderungen der Psychiatrie in der Weltwirtschaftskrise

Die Verbrechen an psychisch kranken Menschen während der NS-Zeit sind einzigartig in der Geschichte der Psychiatrie. Sowohl die Zwangssterilisation von Hunderttausenden als auch der planvolle Patientenmord waren Ausdruck einer grenzenlosen Menschenverachtung und schrankenlosen Willfährigkeit der Psychiatrie zugunsten eines verbrecherischen Herrschaftssystems, wie sie vor 1933 und nach 1945 nicht vorzufinden sind. Dennoch stehen diese Ereignisse weder beziehungslos zur Geschichte der Psychiatrie in der Weimarer Republik, noch sind sie grundsätzlich von der Funktionsweise der Psychiatrie in bürgerlichen Gesellschaften zu trennen. Im folgenden wird dargelegt, wie sich bereits in der Weltwirtschaftskrise jene qualitativen Sprünge in der Entwicklung der Psychiatrie anbahnten, die sich dann 1933 und 1939 vollzogen.

Die Dynamik eines unvollständig gebliebenen Reformprozesses in den „goldenen" Zwanzigern und die Radikalisierung in der Weltwirtschaftskrise ließen Tendenzen sichtbar werden, die wenige Jahre später ihre grausame Wirksamkeit entfalteten. Damals schon zeichneten sich die Konturen einer Psychiatrie ab, die den Widerspruch zwischen psychisch Kranken und der Gesellschaft auf effektive und ökonomische Weise zu „lösen" versuchte: Heilung der Heilbaren unter Einsatz modernster therapeutischer Verfahren; drastische Einschränkung des Lebensraums der vermeintlich „Unheilbaren" – mit dem Wissen, daß damit die Frage nach deren Lebenswert gestellt und tendenziell beantwortet ist; aktive Mitwirkung an Maßnahmen, die die soziale Frage „lösbar" und gesellschaftliche Widersprüche durch die Einwirkung auf einzelne „ausmerzbar" erscheinen lassen.

Diese Konturen einer modernen Konzeption von Psychiatrie, die den Wert von Menschen klar definiert, entstanden aus einem widersprüchsvollen Prozeß von objektiven gesellschaftlichen Gegebenheiten, historischen Entwicklungen des Faches und spezifischen Zuständen in der damaligen praktischen Psychiatrie[1]. Dieser Prozeß steuerte aber nicht zwangsläufig den qualitativen Sprung von 1933 an, sondern enthielt auch andere Entwicklungstendenzen. Mithin sind sowohl Kontinuitäten als auch Brüche aufzeigbar.

---

[1] Der folgende Beitrag konzentriert sich auf die Entwicklung der praktischen Psychiatrie. Die Universitätspsychiatrie und ihre Verflechtungen mit der Anstaltspsychiatrie bleiben unberücksichtigt.

Reformen und Wirtschaftskrise

Zwischen 1924 und 1929 vollzogen sich in der deutschen Psychiatrie Reformen von einiger Durchschlagskraft. Das alte, im Kern ausschließlich auf die Verwahrung von ausgegrenzten Menschen zielende Versorgungssystem[2] hatte noch vor dem Ersten Weltkrieg die Kritik herausragender praktischer Psychiater wie Gustav Kolb, Hermann Simon und Hans Römer auf sich gezogen[3]. Erst im Zuge der Konsolidierung der Weimarer Republik, mit der auch eine Krise der praktischen Psychiatrie zu Ende ging und die Anstalten wieder mehr Patienten aufnahmen, ergab sich die objektive Notwendigkeit einer Veränderung der Handlungs- und Behandlungsmuster[4]. Eine Verwahrpsychiatrie alten Stils verbot sich angesichts der angespannten ökonomischen Situation. Für die steigende Zahl ausgegrenzter Menschen mußten neue Behandlungskonzepte entwickelt werden, die deren soziale Anpassungsfähigkeiten und Fertigkeiten erhalten und fördern sollten. Über eine ambulante Nachbetreuung sollten frühzeitigere Entlassungen möglich werden. Die von Kolb, Simon und Römer vorgetragene Kritik und die von ihnen vorgeschlagenen Behandlungskonzepte, die Anfang der zwanziger Jahre noch von den meisten Psychiatern abgelehnt wurden, fanden nun geradezu euphorische Zustimmung[5].

Allerorten führte man die „aktivere Heilbehandlung" nach Hermann Simon ein, versuchte, einen möglichst hohen Prozentsatz der Anstaltsbewohner zu beschäftigen, sie an Ruhe und Ordnung zu gewöhnen und die Lebensbedingungen in den großen Anstalten möglichst den normalen Lebensverhältnissen anzupassen. Fast jede größere Anstalt baute darüber hinaus ein ambulantes Nachbetreuungssystem auf, das sich an der „offenen" Fürsorge von Kolb und Faltlhauser in Erlangen orientierte[6]. Der Kon-

---

[2] Dieses System hatte sich bis Ende des 19. Jahrhunderts herausgebildet, als sich die Psychiatrie einer geradezu explosionsartig wachsenden Zahl ausgegrenzter Menschen gegenüber sah und immer neue, stets größer dimensionierte Anstalten gebaut wurden, die nach kurzer Zeit wieder heillos überfüllt waren; vgl. Siemen, Menschen blieben auf der Strecke, S. 23 ff.

[3] Angestoßen durch die allgemeine Psychiatriekritik erhielten die Vorschläge der Genannten 1919/20 dann größere Relevanz; vgl. Siemen, Menschen blieben auf der Strecke, S. 33 ff.; Hans Römer, Die sozialen Aufgaben des Irrenarztes in der Gegenwart, in: Psychiatrisch-neurologische Wochenschrift 45/46 (1920/21), S. 343–351; Gustav Kolb, Reform der Irrenfürsorge, in: Zeitschrift für die gesamte Neurologie und Psychiatrie 47 (1919), S. 137–172.

[4] Mit der Konsolidierung der gesellschaftlichen Verhältnisse ging eine klarere Definition der herrschenden Norm einher. Formen abweichenden Verhaltens erwiesen sich als störender, ließen die Ausgrenzungsdynamik eher einsetzen; Näheres bei Siemen, Menschen blieben auf der Strecke, S. 59–63.

[5] Dieser Stimmungsumschwung läßt sich recht gut an den Jahresversammlungen des Deutschen Vereins für Psychiatrie ablesen. 1924 wurden Simons Kritik und seine „aktivere Heilbehandlung" noch sehr eindeutig zurückgewiesen; vgl. Allgemeine Zeitschrift für Psychiatrie 81 (1925), S. 430f. Auf der Jahresversammlung 1927 formulierte der Herausgeber der Allgemeinen Zeitschrift für Psychiatrie, Georg Illberg, die Skepsis gegenüber Simons Therapie sei nicht berechtigt, man müsse „mit Einsetzung aller Kräfte ähnlich gute Zustände" schaffen, wie sie in Gütersloh vorgefunden würden; vgl. Georg Illberg, Erfahrungen mit erweiterter Beschäftigungstherapie, in: Allgemeine Zeitschrift für Psychiatrie 88 (1927), S. 108.

[6] Die Hauptwerke der Reformer sind: Gustav Kolb/Hans Römer/Valentin Faltlhauser, Die offene Fürsorge in der Psychiatrie und ihren Grenzgebieten, Berlin 1927; Hermann Simon, Aktivere Heilbehandlung in der Irrenanstalt, Berlin, Leipzig 1929; vgl. dazu auch M. Thumm, Literaturbericht zur aktiveren Therapie, in: Allgemeine Zeitschrift für Psychiatrie 89 (1928), S. 154–166.

servatismus vergangener Jahre, der die althergebrachten Reaktionsmuster gegen Angriffe von innen und außen zu verteidigen suchte, machte einem neuen reformatorischen Selbstbewußtsein Platz.

Organisierter Ausdruck dieses neuen Selbstbewußtseins war die Gründungsversammlung des Deutschen Verbandes für psychische Hygiene im September 1928 in Hamburg, an der hochkarätige Vertreter des Reiches, der Länder und der Kommunen teilnahmen sowie Delegierte aus Wohlfahrtsämtern, Polizeibehörden und Arbeitsämtern. Ziel des Verbandes sollte es sein, die Reform der Psychiatrie zu sichern und auszubauen sowie Impulse für ein rationaleres und effektiveres Vorgehen auch in anderen Bereichen der öffentlichen Fürsorge zu geben. So befaßte sich die Tagung auch mit der Fürsorge für „Schwachsinnige, Psychopathen, Alkoholiker, Prostituierte und Geschlechtskranke". Die dort gehaltenen Referate belegen den Wunsch, die Probleme der Gesellschaft im Umgang mit normabweichendem Verhalten möglichst umfassend und auf effektive Weise zu bewältigen. Neben der Rationalisierung und Effektivierung der Handlungs- und Behandlungsmethoden sollten auch präventive Maßnahmen angewandt werden, wobei sich die Prävention nicht auf die Eugenik beschränken, sondern auch die Veränderung der elenden, abweichendes Verhalten bedingenden Lebensverhältnisse einschließen sollte. In den Worten von Gustav Kolb: „Aufgabe der psychischen Hygiene ist es, der Entwicklung von Geisteskrankheiten und pathologischer geistiger Abarten nach Möglichkeit vorzubeugen, den Erkrankten, geistig Abwegigen und erblich Belasteten die für sie und die Allgemeinheit günstigeren Bedingungen für Heilung oder Ablauf zu sichern."[7]

In der Konsolidierungsphase der Weimarer Republik waren die psychiatrischen Anstalten immer stärker beansprucht worden. Das Jahr 1929 markiert in mehrerer Hinsicht den Höhe- und Wendepunkt dieser Entwicklung: Mit knapp über 300 000 Menschen (in 415 Anstalten mit 168 000 Betten) wurden in diesem Jahr so viele Patienten behandelt wie noch nie zuvor. Die Leistungskraft der Psychiatrie war, verglichen mit den Jahren davor, immens; mit sechs Monaten erreichte die durchschnittliche Verweildauer ihren bis dahin niedrigsten Wert. Bereits drei Jahre später hatte sich dieses Bild wieder stark verändert: die Zahl der Behandelten war 1932 um knapp 50 000 gesunken, die Verweildauer erreichte mit 218 Tagen fast wieder Vorkriegsniveau[8].

Angesichts der allgemeinen elenden sozialen Verhältnisse und ausfransender gesellschaftlicher Normen war die Notwendigkeit, psychisch kranke Menschen in psychiatrische Anstalten auszugrenzen, in der Weltwirtschaftskrise geringer als in den „goldenen" Jahren davor. Im Zuge der drastischen Sparpolitik erschien es darüber hinaus sinnlos, aus der Masse der verelendeten und sich abweichend verhaltenden Menschen gerade die psychisch Kranken in die relativ teuren Anstalten einzuweisen. Die gesellschaftliche Wertschätzung der Psychiatrie nahm stark ab. Neben dem Rückgang der Einweisungen zeigte dies auch das Polizeiverwaltungsgesetz von 1931, das die Befugnis zur Internierung in Anstalten ausschließlich den staatlichen Sicherheitsorganen übertrug und die Aspekte der Gemeingefährlichkeit und Sicherung in den Vordergrund rückte. Ärztliche Gesichtspunkte, wie etwa die Behandlungsbedürftigkeit, rück-

---

[7] Vgl. Bericht über die erste deutsche Tagung für psychische Hygiene am 20. September 1928, Berlin, Leipzig 1929, S. 28.
[8] Vgl. Siemen, Menschen blieben auf der Strecke, S. 63.

ten völlig in den Hintergrund. Auch das erste Gutachten des Reichssparkommissars war gekennzeichnet durch eine deutliche Geringschätzung der Therapie in psychiatrischen Anstalten: Diese könne kaum als ärztliche Tätigkeit bezeichnet werden, denn eine eigentliche Behandlung von Geisteskranken gebe es nicht[9].

Nach einer kurzen Phase des reformerischen Aufbruchs sah sich die Psychiatrie heftigen Angriffen durch staatliche Stellen ausgesetzt, die auf den Fortschritt der vergangenen Jahre abzielten, der Psychiatrie die Fähigkeit zum Behandeln, Heilen oder Bessern von psychischen Krankheiten absprachen und ihre Verwahrfunkton wieder in den Vordergrund stellten. Dieser Funktionszuweisung entsprach weitgehend die Realität in den Anstalten. Zwar blieb die Zahl der Anstaltsbewohner mit 250 000 Menschen auf einem sehr hohen Niveau, aber diese Menschen waren zumeist Langzeitpatienten – in der Sprache der damaligen Zeit: „prognostisch ungünstige Fälle", deren Art des Leidens und Störens, deren soziale Beziehungen und soziale Lage für ein Leben außerhalb der Anstalt untauglich schienen und die wegen der Dauer ihres Anstaltsaufenthaltes, wegen ihres Alters oder ihrer körperlichen Verfassung nicht mehr integrierbar waren.

Die Hoffnung, die psychiatrischen Anstalten durch hohe Aufnahmezahlen, geringe Verweildauer und frühzeitige Entlassung normalen Krankenhäusern anzunähern und das psychiatrische Handeln dadurch aufzuwerten, blieb angesichts solcher Umstände Illusion. Die drastische staatliche Sparpolitik tat ein übriges, um die Reformbemühungen der Psychiater einzuschränken. Arzt- und Pflegestellen wurden gestrichen, die offene Fürsorge, eine der wesentlichen Errungenschaften der Reformphase, wurde fast im gesamten Reichsgebiet eingestellt bzw. stark eingeschränkt[10].

Sparkonzepte der Psychiatrie

Die Reaktion der praktischen Psychiater auf die veränderten ökonomischen Bedingungen sowie auf die staatliche Kritik an ihrem Behandlungsvermögen bestand darin, ihrerseits Sparkonzepte zu entwickeln, mit denen der Lebensraum der Anstaltsbewohner drastisch eingeschränkt, aber der psychiatrische Fortschritt gehalten und ausgebaut werden sollte. Um die Interessen der praktischen Psychiatrie in der Auseinandersetzung mit den staatlichen Stellen durch fundierte Stellungnahmen wahren zu können, schrieb der Deutsche Verein für Psychiatrie 1931 eine Preisarbeit unter dem Titel aus: „Kann die Versorgung der Geisteskranken billiger gestaltet werden und wie?" Den ersten Preis erhielt Eugen Bratz, Direktor der Wittenauer Heilstätten, den zweiten Erich Friedländer, Direktor des Lindenhauses in Lippe, der schon 1930 erklärt hatte, die „Irrenfürsorge" verbilligen zu wollen: „Die deutschen Irrenärzte sind bereit, an der Leistungsfähigkeit, Unabhängigkeit und dem wissenschaftlichen Hochstand der deutschen Irrenanstalten auch weiterhin mitzuarbeiten; sie sind auch weiter bereit, mit aller Kraft und Energie dafür zu sorgen, daß auch der Betrieb unserer

---

[9] Vgl. dazu Psychiatrisch-neurologische Wochenschrift 32 (1930), S. 137, und Psychiatrisch-neurologische Wochenschrift 34 (1932), S. 166.

[10] Vgl. dazu F. Ast, Die Problematik der Sparmaßnahmen in der Geisteskrankenfürsorge, in: Allgemeine Zeitschrift für Psychiatrie 100 (1933), S. 235–266, und Valentin Faltlhauser, Die wirtschaftliche Unentbehrlichkeit und die wirtschaftliche Gestaltung der offenen Geisteskrankenfürsorge in der Gegenwart unter besonderer Berücksichtigung der Fürsorge in der Stadt, in: Zeitschrift für psychische Hygiene 5 (1932), S. 84–98.

öffentlichen Irrenanstalten der wirtschaftlichen Notlage unseres Vaterlandes gerecht wird."[11]

Gegenüber den staatlichen Sparkonzepten versuchten sie allerdings, die Bedeutung der psychiatrischen Behandlung aufzuwerten. In dem von staatlicher Seite kommenden Vorschlag, die Zahl der Aufnahmen zu drosseln – was dann bis 1933 tatsächlich geschah –, sahen sie eine eindeutige Mißachtung des psychiatrischen Handlungswillens und Handlungsvermögens. Bratz trat dem energisch entgegen: „Drosselung der Aufnahmen ist der falsche Weg des Sparens. Sie würde die Entwicklung unserer Anstalten zu Heilanstalten unterbinden, die, in planvoller Weise weitergeführt, auch wirtschaftlich von größerem Vorteil ist, als die einfache Asylierung unangenehmer Geisteskranker in Bewahranstalten."[12]

Dabei waren sich die praktischen Psychiater sehr wohl bewußt, daß die tatsächlich elenden Verhältnisse in den psychiatrischen Anstalten denkbar ungeeignet waren, einen gerade erst aufgenommenen Menschen innerhalb kurzer Zeit so zu behandeln, daß er wieder entlassen werden konnte. Deshalb schlugen Bratz und Friedländer eine weitgehende Differenzierung des Angebots der psychiatrischen Anstalten vor. Aufnahmeabteilungen, möglichst krankenhausmäßig gestaltet und von den „unangenehmen Eindrücken" befreit, die chronisch Kranke für den frisch Erkrankten darstellten, sollten ein effektives Arbeiten ermöglichen. Für die Integrierbaren sollten ein ambulantes Nachsorgesystem und Pflegefamilienstellen eingerichtet werden. Gleichzeitig sollten die chronisch kranken und pflegebedürftigen Patienten aus der teuren Anstaltsbehandlung herausgenommen werden. Bratz hielt es für möglich, „unsaubere, unmanierliche, nur auf Zureden essende Schizophrene [...] in eine um die Hälfte billigere Verpflegungsform zu überführen"[13]. Friedländer schlug ergänzend vor, innerhalb der Anstalten spezielle Pflegeabteilungen einzurichten.

Das Ziel dieser psychiatrischen Sparkonzeption war mithin ein differenziertes Angebot für ausdifferenzierte Patientengruppen. Den mit den damaligen Methoden reintegrierbaren Menschen sollten in speziellen Aufnahmestationen und Nachsorgeeinrichtungen der Fortschritt und die Heilkraft der Psychiatrie zugute kommen, die Unheilbaren hingegen sollten in notdürftig ausgestattete Pflegeabteilungen bzw. Pflegeheime verlegt werden. Die verbesserte psychiatrische Diagnostik und die mit der „aktiveren Heilbehandlung" möglich gewordene Differenzierung der Anstaltsbewohner geriet damit zum Instrument der Ausgrenzung. Einige Psychiater waren sich schon damals bewußt, welche Konsequenzen eine solche Differenzierung haben könnte. So hieß es in Friedländers preisgekröntem Beitrag: „Wer will sich nun erkühnen, auch bei einer schon einige Jahre bestehenden schizophrenen Verblödung das endgültige seelische Todesurteil zu sprechen und die Versetzung in die Pflegeanstalt zu verfügen? Das wäre wahrlich eine ebenso schwierige und folgenschwere Entschei-

---

[11] Erich Friedländer, Eine Gefahr für die deutsche Irrenfürsorge, in: Allgemeine Zeitschrift für Psychiatrie 93 (1930), S. 154–205.
[12] Eugen Bratz, Kann die Versorgung der Geisteskranken billiger gestaltet werden und wie?, in: Allgemeine Zeitschrift für Psychiatrie 98 (1932), S. 14.
[13] Ebenda, S. 20; Unsauberkeit und Unmanierlichkeit werden hier zu Diagnosekriterien, die über die Verlegung in billigere Einrichtungen entscheiden. Gegen Anstaltsbewohner, die sich nicht in den Anstaltsalltag integrierten, setzte innerhalb der Anstalt eine Ausgrenzungsdynamik ein, die auf sehr praktische Weise den Personenkreis definierte, der zehn Jahre später von der Vernichtungsaktion betroffen war.

dung für den Kranken selbst und seine Familie, wie das vielumstrittene ärztliche Konsilium bei der Vernichtung des lebensunwerten Lebens."[14]

Die Sparkonzepte belegen zweierlei: zum einen den ungebrochenen Willen der praktischen Psychiatrie, eine effektiv arbeitende Institution der Ausgrenzung und Behandlung von sich abweichend verhaltenden Menschen zu werden; zum anderen ihre fast grenzenlose Bereitschaft, die Heilbaren von den Unheilbaren zu scheiden und die Lebensverhältnisse der Unheilbaren drastisch einzuschränken. Diese Differenzierung wurde anhand von Maßstäben vollzogen, die den Wert eines Menschen für die Gesellschaft bestimmen. Durch das Absenken der Verpflegungssätze (in Bayern um 70 bis 90 Pfennig auf drei Reichsmark pro Tag) verschlechterten sich die ohnehin schon elenden Lebensbedingungen in den Anstalten weiter. Gespart wurde an der Ernährung, an Heizung, an Kleidung. Damit war die Frage nach dem „Lebenswert" der „Minderwertigen" praktisch gestellt. Nicht zufällig reihen sich in der Weltwirtschaftskrise praktische Psychiater in den Chor derjenigen ein, die die Zweckmäßigkeit von Ausgaben für „Minderwertige" grundsätzlich in Frage stellten: „Man muß sich immer bewußt bleiben", so formulierte zum Beispiel der Anstaltsdirektor von Arnsdorf in Sachsen, „daß eine Versorgung unserer Gebrechlichen allen Anforderungen der Neuzeit entsprechend für Deutschland ein unerträglicher Luxus sein würde – wir sind auf dem besten Wege, uns nicht nur moralisch, sondern auch finanziell zu Tode zu fürsorgen."[15]

Wende zur Eugenik und Radikalisierung

Neben der Entwicklung wirkungsvoller Sparkonzepte propagierten führende praktische Psychiater zunehmend auch eugenische Maßnahmen. So forderten Bratz und Friedländer in ihren Preisarbeiten unter anderem die Sterilisation von zu entlassenden Psychiatrie-Patienten. Bratz' rhetorische Frage lautete: „Soll also das Hinausdrängen der Geisteskranken aus der geschlossenen, fortpflanzungshindernden Anstalt ungezählte neue Seelisch-Abnorme liefern? Das wäre keine Sparmaßnahme, sondern letzten Endes das Gegenteil. Bleibt nichts übrig, als wenigstens die Erblich-Schizophrenen und die Erblich-Schwachsinnigen vor der Entlassung zu sterilisieren. [...] vielleicht kann hier der Reichssparkommissar eingreifen und kann Bedenken, welche einer gesetzlichen, vom preußischen Wohlfahrtsministerium erstrebten Regelung entgegenstehen, mit dem Drucke der wirtschaftlichen Erfordernisse rascher beseitigen."[16]

Auch und gerade die Propagandisten der offenen Fürsorge sprachen sich für eugenische Maßnahmen aus, so zum Beispiel Valentin Faltlhauser, der neben Gustav Kolb die offene Fürsorge in Erlangen aufgebaut hatte: „Es bedarf wohl heute keiner besonderen Beweisführung mehr, daß erbbedingte Psychosen in ihren Auswirkungen wirtschaftlich schädlich sind. [...] je mehr es einer aktiven wirksamen Eugenik gelingt, solche Erbkrankheiten zu verhüten, um so mehr verringern sich die wirtschaftlichen

---

[14] Erich Friedländer, Kann die Versorgung der Geisteskranken billiger gestaltet werden und wie?, in: Psychiatrisch-neurologische Wochenschrift 34 (1932), S. 379.

[15] Reinhard Carriere, Gründe für die Überfüllung der Anstalten und Vorschläge zur Abhilfe, besonders für den Freistaat Sachsen, in: Allgemeine Zeitschrift für Psychiatrie 94 (1931), S. 130–171.

[16] Bratz, Versorgung der Geisteskranken, S. 26; Friedländer, Versorgung von Geisteskranken, S. 377; vgl. auch Carriere, Gründe, S. 147.

Schäden. Eine wirksame Eugenik anzubahnen und durchzuführen, ist aber [...] eine hervorragende Aufgabe der offenen Geisteskrankenfürsorge."[17]

Diese deutliche Parteinahme verwundert insofern, als die Reformpsychiater zwar immer schon begrenzte eugenische Maßnahmen befürwortet, im ganzen aber hinsichtlich der wissenschaftlichen Grundlagen sowie der Wirksamkeit der Eugenik deutliche Zweifel geäußert hatten. So kam eugenischen Konzepten in den Diskussionen um die Probleme der praktischen Psychiatrie denn auch bis Anfang der dreißiger Jahre keine besondere Bedeutung zu. Während Eugeniker wie Ernst Rüdin und Hans Luxenburger die psychiatrischen Reformbemühungen mit Skepsis beobachteten, da diese die Zahl der außerhalb von Anstalten lebenden „Irren" erhöhten, faßten die Reformer ihrerseits die Forderung der Eugeniker nach kausal-prophylaktischen Maßnahmen als Zweifel am Erfolg und Sinn ihrer Bemühungen auf.

Mit vergleichsweise differenzierten Argumenten versuchte vor allem Luxenburger von der Deutschen Forschungsanstalt für Psychiatrie in München, diese wechselseitigen Bedenken zu überwinden: „Wenn die psychische Individualhygiene eines ihrer vornehmsten Ziele darin sieht, dem Geisteskranken die Wiederanpassung an die Umwelt zu erleichtern und die soziale Selbständigkeit nach Möglichkeit wieder zu verschaffen, wenn sie durch Maßnahmen der Psychotherapie, der Beschäftigungstherapie, der Außenfürsorge eine Heilung oder wenigstens eine weitgehende Besserung der Krankheit des Individuums erreichen will, so handelt sie im schönsten Sinne ärztlich und sozial, indem sie dem Geisteskranken das Glück vermittelt, das in der Wiedereinfügung in die Norm begründet liegt, und zugleich der Allgemeinheit eine wirtschaftliche Last abnimmt. [...] Man gebe dem geheilten und gebesserten Schizophrenen, Manisch-Depressiven, Epileptiker, wenn er die Anstalt verläßt und in die Rechte und Pflichten des selbständigen Bürgers ganz oder teilweise wieder eingesetzt wird, sicher wirkende Präventivmittel an die Hand oder lasse ihn dadurch seine ungezeugten Nachkommen des Schutzes der Sterilisation teilhaftig werden: dann wird der Eugeniker der erste sein, der die Erfolge des Handelns am Individuum mit Freuden und Genugtuung begrüßt, da er dann die Rasse in guter Hut weiß."[18]

Luxenburgers Vermittlungsversuch erschien 1929; in den folgenden Krisenjahren fand eine deutliche Annäherung zwischen den Rassen- und Sozialhygienikern einerseits und den praktischen Psychiatern andererseits statt. So war es fast schon keine Überraschung mehr, wenn sich die zweite Tagung des Deutschen Verbandes für psychische Hygiene im Mai 1932 ausschließlich mit den eugenischen Aufgaben der psychischen Hygiene befaßte[19].

Mit den Sparkonzepten und der Hinwendung gerade auch der Reformpsychiater zur Eugenik begann die Radikalisierung der Psychiatrie. Die Reformversuche der zwanziger Jahre machten einer Strategie Platz, die die Forderungen nach drastischen Sparmaßnahmen mit denen nach einer Sterilisation von „Minderwertigen" verband und sich radikal gegen psychisch kranke bzw. sich abweichend verhaltende Menschen richtete. Dabei war eine Eigentümlichkeit zu beobachten, die in den Jahren nach 1933 noch sehr viel deutlicher zutage treten sollte: die Gleichzeitigkeit der Bereitschaft,

---

[17] Faltlhauser, Unentbehrlichkeit, S. 89 f.
[18] Vgl. Hans Luxenburger, Grundsätzliches zur kausalen Prophylaxe der erblichen Geisteskrankheiten, in: Zeitschrift für psychische Hygiene 2 (1929), S. 164–172.
[19] Vgl. den Tagungsbericht, in: Zeitschrift für Psychische Hygiene 5 (1932), S. 65–80.

einerseits über ein höchst modernes System psychiatrischer Fürsorge und den Einsatz modernster Therapieverfahren die Heilbaren wieder in die Gesellschaft zu reintegrieren und andererseits die Unheilbaren einem institutionalisierten Elend preiszugeben.

Kern dieses unter ethischen Gesichtspunkten scheinbar unüberbrückbaren Widerspruchs ist die Funktionsweise von Psychiatrie in der bürgerlichen Gesellschaft, in der sie die ihr zugewiesenen Menschen entweder so zu behandeln hat, daß diese sich relativ problemlos wieder in das gesellschaftliche Leben einfügen oder aber davon auf Dauer ferngehalten werden. Die Rigidität der Heilmethoden wie auch der Ausgrenzung innerhalb der psychiatrischen Anstalten bestimmt sich nach dem Grad der Zuspitzung gesellschaftlicher Widersprüche: Je größer die gesellschaftliche Toleranz und je größer die gesellschaftlichen Ressourcen, die für die öffentliche Fürsorge zur Verfügung stehen, desto eher sind – wie in den zwanziger Jahren – reformerisch-integrative Konzepte bei gleichzeitigen relativ erträglichen Lebensumständen für die nicht mehr Integrierbaren möglich.

Im Unterschied zur Situation in den dreißiger Jahren verfügte die Psychiatrie der Weimarer Republik nur in sehr begrenztem Maße über effektive Heilmethoden. Angesichts der Beschränktheit der therapeutischen Möglichkeiten führte die sich anbahnende Radikalisierung der Psychiatrie vor allem zu einer drastischen Einschränkung der Lebensumstände für die Masse der Anstaltsbewohner. Parallel dazu öffnete sich die Psychiatrie den Forderungen nach Zwangssterilisationen. Fragt man nach den Gründen für diese deutliche Hinwendung gerade der Reformpsychiater zu eugenischen Maßnahmen, so ist zunächst zu bemerken, daß die bis Ende der zwanziger Jahre formulierten Zweifel an der Wissenschaftlichkeit und Wirksamkeit der Eugenik nicht ausgeräumt worden waren; die Grundlagen der rassen- und sozialhygienischen Konzepte waren nach wie vor dieselben. Handelte es sich also letztlich um die irrationale Heilserwartung, das Problem des psychischen Krankseins auf diesem Wege aus der Welt zu schaffen? Gab es einen Einbruch von Unwissenschaftlichkeit in eine an sich wissenschaftliche Profession?[20]

Antworten auf diese Fragen müssen das der Psychiatrie zugrundeliegende Menschen- und Gesellschaftsbild berücksichtigen. So wurden die Ursachen von psychischen Krankheiten damals ausschließlich im Individuum gesehen. Der Widerspruch zwischen dem psychisch leidenden und störenden Menschen und seiner unmittelbaren Umgebung sowie der Gesellschaft insgesamt erschien als das Ergebnis fehlerhafter Prozesse im Organismus des Individuums bzw. in dessen mangelhaften Erbanlagen begründet. Im Rahmen eines solchen medizinischen Modells ist es die Aufgabe der Psychiatrie, die somatischen Grundlagen psychischer Leiden zu erforschen.

Bis Ende der zwanziger Jahre aber hatte es die wissenschaftliche Psychiatrie nicht vermocht, somatische Gesetzmäßigkeiten im Verlauf und in der Entstehung von Psychosen zu erkennen. Die damalige Fachdiskussion vor allem an den Universitäten verweist darauf, daß angesichts dieser „Erfolglosigkeit" eine deutlichere Hinwendung zu konstitutionellen Erklärungsmodellen stattfand, die selbst so kritische Köpfe wie Oswald Bumke veranlaßte, psychologische und philosophische Erklärungsmuster zu-

---

[20] Vgl. Stoffels, Gesundheitsutopie, und Schmacke/Güse, Psychiatrie.

gunsten eugenischer weit zurückzustellen[21]. Das Unvermögen der psychiatrischen Forschung bewog insbesondere junge Psychiater immer wieder, mit deutlich spürbarer Ungeduld den Wunsch nach einer endlich kausal wirkenden Therapie zu formulieren[22].

Die eugenischen Sterilisierungskonzepte in der Wirtschaftskrise richteten sich gegen Menschen, die sich außerhalb stationärer Behandlung störend verhielten, aber dem unmittelbaren Einfluß von Polizei, Psychiatrie und Fürsorge entzogen waren. In diesem Zusammenhang erscheint die Hinwendung der Psychiatrie zu der Forderung nach Sterilisation von „Minderwertigen" als Versuch, den fachspezifischen Handlungsraum auszuweiten. Was auf den ersten Blick als Einbruch utopischer Heilserwartung oder der Unwissenschaftlichkeit erscheint, enthüllt so seinen rationalen Kern.

Folgen für die NS-Zeit

Die Veränderungen in der praktischen Psychiatrie während der Wirtschaftskrise umfaßten im wesentlichen drei Elemente:
- An erster Stelle stand die Forderung nach Bewahrung und Weiterentwicklung der psychiatrischen Errungenschaften durch Auffächerung des institutionellen Angebots (Aufnahmestationen, Familienpflege, offene Fürsorge) und Einsatz modernster therapeutischer Verfahren. Die psychiatrischen Anstalten sollten durch hohe Aufnahmezahlen, kurze Verweildauern und hohe Entlassungszahlen den Krankenhäusern angeglichen werden.
- An zweiter Stelle ging es um die Einrichtung von möglichst kostensparend ausgestatteten Pflegeabteilungen bzw. Pflegeheimen, in die die unheilbaren bzw. besonders störenden Patienten verlegt werden sollten.
- An dritter Stelle stand die Forderung nach repressiv-eugenischen Maßnahmen. Vermittels der Sterilisation hoffte die Psychiatrie, sich neue Handlungsräume zu erschließen; auf diese Weise sollten Formen abweichenden Verhaltens befriedet werden, die keiner stationären Behandlung bedurften, aber auch nicht mit ordnungspolizeilichen Maßnahmen einzudämmen waren.

Das in diesen Elementen sich herausschälende Programm einer modernen Psychiatrie wies deutliche Bezüge auf zu den von führenden Psychiatern Ende der dreißiger, Anfang der vierziger Jahre entwickelten Konzeptionen. Die Einführung der Schocktherapie Ende der dreißiger Jahre bewirkte einen Aufschwung des therapeutischen Aktivismus. Führende Psychiater forderten den umfassenden Einsatz der neuen therapeutischen Möglichkeiten und den Aufbau eines differenzierten institutionellen Netzes für die effektive Behandlung psychischer Krankheiten. Die bald einsetzende massenhafte Tötung von Anstaltsbewohnern im Rahmen der „Euthanasie" wurde Anfang der vierziger Jahre integraler Bestandteil einer Psychiatriekonzeption, die die Vernichtung von Menschen „zur wirtschaftlichen Entlastung unseres Volkes vom Druck der Aufwendungen für nutzlose Anstaltsinsassen" für sachgerecht erklärte. Zu diesem Zeitpunkt war die Sterilisation von zu entlassenden bzw. außerhalb von Anstalten

---

[21] Vgl. beispielsweise die Diskussion auf der Jahresversammlung des Deutschen Vereins für Psychiatrie 1924, in: Allgemeine Zeitschrift für Psychiatrie 82 (1925).
[22] Vgl. etwa die Ausführungen Anton von Braunmühls in: Psychiatrisch-neurologische Wochenschrift 31 (1929), S. 529 ff.

lebenden psychisch Kranken längst ein selbstverständlicher Teil des psychiatrischen Handlungskonzepts geworden[23].

Die Parallelen zwischen den in der Weltwirtschaftskrise und dann Ende der dreißiger/Anfang der vierziger Jahre entwickelten Psychiatriekonzepten sind deutlich. Der entscheidende qualitative Unterschied lag darin, daß das Leben des psychisch kranken Menschen in der NS-Zeit keinerlei Wert mehr besaß und allein die Interessen des Staates bzw. der „Volksgemeinschaft" über Wert und Unwert des Menschen bestimmten. Die Radikalisierung der Psychiatrie in der Weltwirtschaftskrise blieb – mit Ausnahme der drastischen Einschränkung des Lebensraums der Anstaltsbewohner – eine Radikalisierung der Konzepte. Gleichwohl lag darin eine wichtige Voraussetzung dafür, daß der qualitative Sprung des Jahres 1933 von der übergroßen Mehrheit der Psychiater nachvollzogen, wenn nicht emphatisch begrüßt werden konnte.

---

[23] Vgl. dazu ausführlicher Siemen, Menschen blieben auf der Strecke, S. 180–187, sowie Götz Aly, Medizin gegen Unbrauchbare, in: Beiträge, Bd. 1, S. 9–74.

Achim Thom

Kriegsopfer der Psychiatrie.
Das Beispiel der Heil- und Pflegeanstalten Sachsens

Im Mittelpunkt der nationalsozialistischen Gesundheitspolitik standen optimale Leistungsfähigkeit und „erbgesunde" Reproduktion der „Volksgemeinschaft". Diese Zielsetzung schlug sich in der Psychiatrie ebenso nieder wie in anderen Bereichen der Medizin; eine Besonderheit bestand allerdings darin, daß die Psychiatriepatienten zu einem ganz erheblichen Teil als potentielle Gefährdung des angestrebten Zieles angesehen wurden. Anfänge der verschärften repressiven Verwahrung, der Einschränkung von Fürsorgeaufwendungen und der systematischen Unterbindung der Fortpflanzungsmöglichkeiten der als erbkrank geltenden Patienten zeigten sich bereits 1933, insbesondere seit dem im Juli 1933 erlassenen „Gesetz zur Verhütung erbkranken Nachwuchses"[1]. Dies schloß jedoch auch weiterhin die Behandlung von als heilbar angesehenen Erkrankungen nicht aus. Vielmehr wandte sich die Psychiatrie sogar verstärkt neuen Therapieverfahren zu und bemühte sich weiter um die soziale Reintegration von Anstaltspatienten sowie um den Ausbau der sogenannten „offenen Fürsorge", innerhalb derer allerdings die „erbbiologische" Erfassung bald ein beachtliches Gewicht erlangte und kontrollierend-disziplinierende Vorgehensweisen begünstigte. Gravierende Verschlechterungen der Lage der psychiatrischen Anstaltspatienten setzten mit der wirtschaftspolitischen Umorientierung seit 1936 ein und verschärften sich dann unter den Bedingungen des Krieges rasch.

Während die Praxis der Zwangssterilisierungen und die zentral gesteuerten Krankenmord-Aktionen der Jahre 1940 und 1941 als weitgehend aufgehellt und hinreichend genau dargestellt gelten können[2], sind die zum Teil recht widersprüchlichen Formen des praktisch-psychiatrischen Handelns bislang nur durch institutsbezogene Untersuchungen ansatzweise erforscht[3]. Die genauere Rekonstruktion der Alltagspraxis der psychiatrischen Betreuung vor allem im Bereich der damals dominierenden Anstaltsbehandlung ist jedoch nicht nur erforderlich, um ein differenzierteres Bild des gesamten Veränderungsprozesses zu gewinnen, sondern vor allem, um zu verstehen, unter welchen Bedingungen und in welchem Ausmaß eine bereits lange vor 1933 exi-

---

[1] Vgl. Bock, Zwangssterilisation; Schmuhl, Rassenhygiene; Siemen, Menschen blieben auf der Strecke.
[2] Vgl. Aly (Hrsg.), Aktion T 4; Klaus Dörner, Nationalsozialismus und Lebensvernichtung; Klee (Hrsg.), Dokumente; Leipert u. a. (Hrsg.), Verlegt nach unbekannt.
[3] Vgl. Arbeitsgruppe zur Erforschung der Geschichte der Karl-Bonhoeffer-Nervenklinik (Hrsg.), Totgeschwiegen; Richarz, Heilen, Pflegen, Töten; Roer/Henkel (Hrsg.), Psychiatrie im Faschismus.

stierende Tradition ausgrenzend-diskriminierender Haltungen gegenüber den „Unheilbaren"[4] die bekannten extremen Formen annehmen konnte.

Für die vorliegende Fallstudie wurden die erhalten gebliebenen Quellen zur Entwicklung der Anstaltspsychiatrie in Sachsen auch im Hinblick auf die Lebensbedingungen der Patienten, die strukturellen Veränderungen der Morbidität und der Mortalität und die therapeutischen Aktivitäten ausgewertet. Bei den Quellen handelte es sich vor allem um die weitgehend kompletten Akten der Medizinalabteilung des sächsischen Innenministeriums und um eine nicht ganz vollständige, aber sehr instruktive Sammlung von Jahresberichten der sächsischen Landesheil- und Pflegeanstalten, die bis 1941 recht ausführlich und nach einheitlichen Vorgaben erarbeitet wurden und in den letzten Jahren wieder aufgefunden werden konnten. Herangezogen wurden darüber hinaus insbesondere die im Bundesarchiv in Koblenz liegenden Akten der Reichsarbeitsgemeinschaft Heil- und Pflegeanstalten, die ab 1939 maßgeblichen Einfluß auf die Dehumanisierung der Psychiatrie genommen hat.

Die Situation der Anstaltspsychiatrie in Sachsen 1938

Das Land Sachsen besaß ein relativ dichtes Netz psychiatrischer Versorgungseinrichtungen, dessen Grundstruktur von zehn größeren, zu Beginn des 20. Jahrhunderts entstandenen Landesheil- und Pflegeanstalten geprägt war. Den damaligen Vorstellungen von der Zweckmäßigkeit großer Anstalten mit eigenen Wirtschaftsbetrieben in ländlichen Gegenden entsprechend, waren diese Einrichtungen außerhalb der städtischen Zentren und vorrangig als Verwahranstalten für chronisch psychisch Kranke sowie geistig Behinderte angelegt worden.

Übersicht 1: Psychiatriepatienten und Arztstellen in den sächsischen Heil- und Pflegeanstalten (Stand: 31. Dezember 1938)

Anstalt	Plätze	Patienten	Arztstellen
Arnsdorf	1 596	1 715	11
Colditz	400	366	1
Großschweidnitz	875	942	6
Hochweitzschen	880	1 066	6
Hubertusburg	1 509	1 535	10
Leipzig-Dösen	1 180	1 488	12
Sonnenstein	850	784	6
Untergöltzsch	900	851	7
Waldheim	235	204	2
Zschadrass	1 200	1 146	8
Gesamt	9 625	10 097	69

Die Zahl der Patienten belief sich Ende 1938 auf insgesamt 10 097. Zum Vergleich: Im gesamten Reichsgebiet waren 1938 in den „Anstalten mit einwandfreier psychiatrischer Leitung" nach den beim Reichsgesundheitsamt geführten Übersichten

[4] Blasius, Umgang mit Unheilbarem.

180 142 Patienten untergebracht; hinzu kamen 19 518 Patienten in anderen Einrichtungen[5].

Die Anstalt Colditz war erst zu Jahresbeginn 1938 wieder in Betrieb genommen worden; von 1933 an befand sich hier ein Konzentrationslager; 1939 wurde sie erneut aufgelöst und der Wehrmacht als Offiziersgefangenenlager übergeben. Waldheim war eine geschlossene Anstalt für kriminelle männliche Geisteskranke. Die anderen Einrichtungen hatten den Charakter geschlossener Anstalten mit offenen Abteilungen. Die in der Übersicht angegebenen Arztstellen waren nicht vollständig und zum Teil nur mit in Ausbildung befindlichen Medizinalassistenten besetzt. Den im Anstaltsdienst tätigen Ärzten waren auch die Aufgaben der Außenfürsorge, der Leitung von Beratungsstellen u. a. auferlegt; manche widmeten der „erbbiologischen" Forschung und der Mitwirkung in den Erbgesundheitsgerichten viel Zeit.

Neben diesen Landesheil- und Pflegeanstalten existierten in den Großstädten Krankenhäuser für psychisch Kranke zur Akutversorgung und Behandlung der als heilbar angesehenen Patienten (u. a. das Stadtkrankenhaus Dresden-Löbtau, die Psychiatrische und Nervenklinik der Universität Leipzig, die Städtische Nervenanstalt Chemnitz und die Nervenabteilungen der städtischen Krankenhäuser Plauen und Zwickau). Spezielle Versorgungseinrichtungen für schwachsinnige Kinder und Jugendliche gab es in Chemnitz, Moritzburg und Großhennersdorf. Die Landeserziehungsanstalt für Schwachsinnige in Chemnitz, eine staatliche Einrichtung mit 878 Plätzen, wurde 1940 aufgelöst; die etwa 580 Plätze in den beiden anderen Einrichtungen wurden von der Inneren Mission betreut. Weitere zehn Heil- und Pflegeanstalten mit jeweils mehr als 30 und weniger als 60 Plätzen waren caritativer oder privater Art.

In den Landesheil- und Pflegeanstalten war die Aufnahmekapazität 1938 bereits überschritten und die Patientenzahl gegenüber dem Stand von 1933 (9116) um fast 1000 gewachsen. Die Ursache dafür kann u. a. in der restriktiveren Einweisungspolitik gesehen werden. Die Morbiditätsstruktur der Ende 1938 betreuten Patienten ist eindeutig durch das Überwiegen chronischer Erkrankungen und jener Diagnosegruppen bestimmt, für die zur damaligen Zeit Heilungschancen kaum bestanden oder ungünstige Prognosen gestellt wurden. Von den insgesamt 10 097 Patienten waren 5345 den Erkrankungen des schizophrenen Formenkreises zugeordnet (53%), 1091 den erblich bedingten oder früh erworbenen Schwachsinnszuständen (11%), 928 der Epilepsie unterschiedlicher Genese (9%), 628 der progressiven Paralyse (6%) und 531 psychischen Störungen des höheren Lebensalters (5%). Für die erstgenannte Gruppe galten die Bestimmungen des Gesetzes zur Verhütung erbkranken Nachwuchses generell, für die beiden nachfolgenden mehrheitlich, da die Annahme erblicher Bedingtheit innerhalb dieser Kategorien eindeutig dominierte. Dementsprechend waren die 1934 begonnenen Sterilisierungen zu einem ständigen Element der Anstaltspraxis geworden, insbesondere die Begutachtung von Patienten und die Ausführung der Eingriffe, für die in den großen Anstalten operative Möglichkeiten geschaffen worden waren.

Die therapeutische Praxis war 1938 noch von einem relativ breiten Bemühen um die aktive Behandlung jener Patienten geprägt, die als „Frischfälle" oder schon kurz nach Erkrankung in die Anstaltsbehandlung gelangten, wobei tradierte Methoden zur

---

[5] BA, R 96 I (Reichsarbeitsgemeinschaft Heil- und Pflegeanstalten), Bd. 14, Aktennotiz: Reichsstatistik des Reichsgesundheitsamtes für 1938 über Geisteskranke.

Anwendung kamen (wie die Malariabehandlung bei Patienten mit progressiver Paralyse) und große Hoffnungen auf die gerade neu entwickelten Schocktherapien gesetzt wurden. Dazu gehörte die 1934 von Manfred Sakel eingeführte Insulin-Schockbehandlung der Schizophrenien, bei der über die Zuführung von Insulin hypoglykämische Schockzustände ausgelöst wurden, die mit starken Krampfanfällen verbunden waren und eine intensive stationäre Betreuung der Patienten erforderten, sowie die von L. v. Meduna propagierte Cardiazol-Schocktherapie, deren Anwendung bei Schizophrenen erstmals 1935 dargestellt worden war und die ebenfalls mit der Auslösung sehr belastender Krampfanfälle einherging. Diese Verfahren waren zunächst noch umstritten und hinsichtlich ihrer Langzeitauswirkungen nicht voll überschaubar, imponierten jedoch durch häufig rasch erzielte Besserungen und den Nebeneffekt der Ruhigstellung von erregten und motorisch unruhigen Patienten.

Aus den Jahresberichten der Landesheil- und Pflegeanstalten Sachsens geht hervor, daß 1938 mit der Schaffung von Stationen zur Insulinbehandlung in den größeren Einrichtungen begonnen wurde und erste Behandlungsversuche stattfanden, u. a. in Arnsdorf, Großschweidnitz, Hochweitzschen, Leipzig-Dösen und Zschadrass, wobei die Zahl der behandelten Patienten minimal blieb. Diese Behandlungsform wurde 1939 weitgehend aufgegeben, da sie zu aufwendig erschien und die Insulinbeschaffung Schwierigkeiten bereitete. Umfangreicher eingesetzt wurde die Cardiazol-Krampfbehandlung, u. a. in Arnsdorf, Hochweitzschen, Hubertusburg, Leipzig-Dösen, Sonnenstein, Untergöltzsch und Zschadrass, wobei neben den „Frischfällen" zum Teil auch probeweise seit langem in den Anstalten lebende Patienten einbezogen wurden. Dabei zeigte sich verschiedentlich die Tendenz, diese Behandlungsmethode primär zur Ruhigstellung von Patienten zu nutzen. Im Jahresbericht 1938 der Anstalt Leipzig-Dösen heißt es dazu im Hinblick auf die „unruhige Frauenabteilung": „Von Mitte Januar 1938 wurden systematisch und serienmäßig die schwierigsten, unruhigsten, lautesten, stumpfesten Kranken der Abteilung, ganz gleich, ob frisch erkrankt oder alter Fall, mit Cardiazol behandelt" (nicht behandelt wurden Schwachsinnige, Epileptikerinnen und Paralytikerinnen). Bei den 80 behandelten Frauen seien in 30 Fällen deutliche Erfolge erreicht worden: „Die Kranken wurden ruhiger, verloren ihre Aggressivität, waren nicht mehr so unruhig und störend." Dadurch könne die Ausgabe von Beruhigungsmitteln eingeschränkt werden, und es zeige „sich nun volkswirtschaftlich also die energische Verwendung von Cardiazol auf der unruhigen Abteilung auch bei alten Fällen als eine absolute Forderung des Tages"[6]. Noch radikaler ließ sich ein Jahr später der Direktor der Anstalt Sonnenstein, Hermann Paul Nitsche, vernehmen, der in seinem Jahresbericht zur verstärkten Durchführung der Cardiazol-Krampfbehandlung ausführte: „Aber auch bei alten Fällen besonders von Schizophrenie wurden günstige Einwirkungen auf das Zustandsbild beobachtet – vor allem im Sinne einer allgemeinen Auflockerung, Enthemmung bzw. Zähmung. Es wurden deshalb zur Sozialisierung unruhiger Kranker diesen immer wieder einzeln Cardiazolschläge – abgesehen von lege artis durchgeführten Cardiazolkuren – gegeben [...] die

---

[6] Archiv des Bezirkskrankenhauses (im folgenden: ABKH) Leipzig-Dösen, Bericht der Anstaltsdirektion Leipzig-Dösen über das Jahr 1938 vom 27.3.1939, S. 17 und S. 22.

dadurch erzielte Einsparung von Beruhigungsmitteln, das Verhüten von Zerstörungen aller Art sowie die allgemeine pflegerische Erleichterung erschien bemerkenswert."[7]

Hinweise auf den regelmäßigen Einsatz der Cardiazolbehandlung finden sich in den Anstaltsberichten auch in den folgenden Jahren, zumal einzelne Ärzte auch an der wissenschaftlichen Auswertung der relevanten Therapieerfahrungen interessiert waren; sie blieb jedoch auf kleine Gruppen von Patienten beschränkt und wurde wegen des höheren Pflegeaufwandes in den Kriegsjahren ganz aufgegeben. Zur Beruhigung wie auch zur Aktivierung der Patienten wurden daneben in breiterem Maße damals übliche Medikamente eingesetzt. Grenzen für diese Behandlungsformen ergaben sich durch die unzureichende Bereitstellung von Mitteln für die Anstaltsapotheken. Bereits 1937 wurde im Jahresbericht der Anstalt Dösen vermerkt, daß die für die Apotheke geplanten Mittel fortlaufende Kürzungen erfuhren, wobei in diesem Jahr pro Kopf und Tag 1,7 RPf (bei einem Pflegekostensatz von 3,50 RM pro Tag) für Heilmittel veranschlagt waren.

Schwierig ist die Bewertung der Behandlung körperlicher Erkrankungen bei Anstaltspatienten, die bei akuten lebensbedrohlichen Ereignissen zumeist in andere Krankenhäuser verlegt wurden. Bei der Behandlung der verhältnismäßig oft auftretenden Lungentuberkulose gab es 1938 offensichtlich erhebliche Unterschiede im therapeutischen Aufwand für verschiedene Gruppen von Patienten. Die meisten Einrichtungen verlegten betroffene Patienten damals noch zur Heilbehandlung in eine spezielle Abteilung für Tbc-Kranke in der Heil- und Pflegeanstalt Untergöltzsch, wo 1938 auch eine gesonderte Abteilung für „asoziale" Tuberkulosekranke geschaffen worden war, in der repressive Verwahrung im Vordergrund stand. In der als geschlossene Anstalt geführten Einrichtung in Colditz, die fast gänzlich mit als unheilbar und nicht mehr arbeitsfähig geltenden Patienten belegt war, wurden solche Verlegungen nicht mehr vorgenommen und selbst die Einrichtung einer Tuberkulosestation abgelehnt, was den Anstaltsleiter zu der Bemerkung veranlaßte: „Selbstverständlich ist diese negative Auslese unter den Idioten durch die Tuberkulose an und für sich, da es sich doch um lebensunwertes Leben handelt, nicht zu bedauern. Man muß aber auch an das gesunde Pflegepersonal denken und diese ganzen Fragen von diesem Gesichtspunkt aus betrachten und regeln."[8]

Ungünstige Folgewirkungen wie eine erhöhte Anfälligkeit für Infektionskrankheiten und eine herabgesetzte Widerstandsfähigkeit bei körperlichen Krankheiten mußte die schon 1938 erfolgende Einführung einer fettarmen und fleischlosen „Sonderkost" für bereits hinfällige bzw. als „niedergeführt" bezeichnete Patienten haben. In Großschweidnitz erhielten in diesem Jahr bereits 200 Patienten eine solche „Breikost", in Hochweitzschen 160, in Sonnenstein 180, in Leipzig-Dösen 140 und in Untergöltzsch 210, d.h. im Durchschnitt noch weniger als ein Viertel. Die Regelaufwendungen für die Beköstigung der Patienten lagen 1938 für die untere Verpflegungsklasse, d. h. für die übergroße Mehrheit der Anstaltsinsassen, bei 55 RPf; die durch die Sonderkost erzielten Einsparungen von jeweils einigen tausend Mark pro Jahr wurden in den Berichten als bedeutende Leistungen deklariert. Entscheidungen dieser Art standen

---

[7] ABKH Leipzig-Dösen, Bericht der Anstaltsdirektion Sonnenstein für das Jahr 1939 vom 30.4.1940, S.11.
[8] ABKH Leipzig-Dösen, Geschäftsbericht des Chefarztes der Landesanstalt Colditz auf das Jahr 1938 vom 20.3.1939, S.16.

nicht im Belieben der Anstaltsdirektoren, sondern beruhten auf Anweisungen der Landesregierung, die ihrerseits den Empfehlungen folgte, die bereits im Oktober 1936 bei der Beratung der Arbeitsgemeinschaft der Anstaltsdezernenten der Länder und Provinzen im Rahmen der Jahrestagung des Deutschen Gemeindetages vereinbart worden waren. Dieses selektive Versorgungskonzept sah für „heilbare" und „besserungsfähige" Patienten angemessene Betreuungsbedingungen vor; für die Masse der Anstaltsinsassen hingegen wurde das Maß der Fürsorgeaufwendungen von deren Arbeitsleistungen abhängig gemacht und für die „gänzlich unheilbaren, gemeinschafts- und arbeitsunfähigen Kranken" die „Fürsorge in einfachster Form" gefordert[9].

Zentrale Bedeutung für die Anstaltsbehandlung hatte inzwischen die seit 1929 von Hermann Simon propagierte Arbeitstherapie erlangt. Bemühungen um den weiteren Ausbau der Arbeitstätigkeit von Patienten zu therapeutischen Zwecken trafen sich nun mit Bestrebungen, die wirtschaftliche Leistungsfähigkeit der Anstalten zu erhöhen und diese zu „Leistungsbetrieben" umzuorganisieren. Im Rahmen der durch den Vierjahresplan gestellten Aufgaben sollten nun auch die Heil- und Pflegeanstalten „im Kampf um die Nahrungsfreiheit des deutschen Volkes alle verfügbaren Kräfte auf das äußerste" anspannen[10]. Neben einem Regime der strengen Sparsamkeit beim Verbrauch von Wasser und Energie, der Nutzung billiger Nahrungsmittel (wie beispielsweise Sojamehl), der organisierten Sammlung von Alttextilien und Metallen sowie der Einstellung von geplanten Erweiterungsbauten bzw. größeren Rekonstruktionsvorhaben hatte diese Politik auch den Aufbau neuer „Produktionsbereiche" zur Folge, zu denen durchgehend der Anbau von Gewürzpflanzen und Heilkräutern, die Bienenhaltung und der Aufbau von Seidenraupenzuchten gehörten. An die letztgenannten Unternehmungen waren große Erwartungen geknüpft, die nicht erfüllt werden konnten; die mit Gramm und Pfennig in den Anstaltsberichten ausgewiesenen Erträge waren lächerlich gering und volkswirtschaftlich absolut bedeutungslos.

Eine positive Auswirkung hatte diese Entwicklung jedoch dort, wo sie zum Ausbau bzw. zur Erweiterung der tradierten Arbeitsformen in den anstaltseigenen Werkstätten führte, in denen nun ein größerer Teil der Patienten beschäftigt wurde. In der Regel handelte es sich dabei meist um einfache handwerkliche Arbeiten unter Aufsicht, wobei Eigenleistungen für die Anstalten dominierend blieben (Schneidereien, Schuhmachereien) und nennenswerte Aufträge von außen kaum eingingen. Teilweise wurden auch Patienten in Arbeitskolonnen an auswärtige Auftraggeber „vermietet". Exakte Angaben über den 1938 erreichten Grad der „Beschäftigung" von Patienten erlauben die vorliegenden Berichte nicht; als besonders gut galten vereinzelt erreichte Quoten von etwa 80%. Widersprüchlich und problematisch blieb diese Entwicklung insofern, als primär ökonomische Nutzeffekte angestrebt wurden und dadurch die Selektion schärfere Formen annahm – wer zu den meist einfachen Arbeitsleistungen nicht mehr fähig war, wurde den „Siechen" zugeordnet und der Minimalfürsorge ausgesetzt. Qualifizierte Arbeitsmöglichkeiten mit der Möglichkeit zu freier Bewegung und vielfältigen Kontakten existierten nur für eine geringe Zahl von Patienten mit hö-

---

[9] Vgl. Bernd Walter, Psychiatrie in Westfalen 1918–1945. Soziale Fürsorge, Volksgesundheit, Totaler Krieg, in: Teppe (Hrsg.), Selbstverwaltungsprinzip und Herrschaftsordnung, S. 115–134.
[10] E. Möckel/E. Schweickert, Die wirtschaftlichen Aufgaben der Heil- und Pflegeanstalten im neuen Vierjahrplan, in: Psychiatrisch-neurologische Wochenschrift 39 (1937), S. 425–428.

herer Bildung und gutem Anpassungsvermögen, die dann in den Verwaltungsdienst, in die technischen Arbeiten der „erbbiologischen Abteilungen" oder in Funktionen wie die Bibliotheksverwaltung einbezogen wurden.

Der Anteil der 1938 noch in Familienpflegestellen untergebrachten Patienten war insgesamt unbedeutend. Die von Anstaltspsychiatern wahrgenommenen Aufgaben der Außenfürsorge und der Leitung von Beratungsstellen wurden in etwa im früheren Umfang weitergeführt, wobei Wiederaufnahmen nur dann veranlaßt wurden, wenn akute Ereignisse oder soziale Notfälle eintraten; die Überbelegung der Einrichtungen erzwang weiterhin Entlassungen „ins freie Leben" auch dann, wenn nur bescheidene Besserungen erreicht worden waren, sofern nur eine andere Art von Betreuung durch Angehörige gesichert werden konnte.

Die durch die Anstaltsausstattung und -überfüllung geprägten Unzulänglichkeiten der Betreuung wurden von verantwortungsbewußten Ärzten durchaus gesehen und deutlich angesprochen. Ein Beispiel dafür ist die Aussage des Direktors der Landesheil- und Pflegeanstalt Leipzig-Dösen im Jahresbericht für 1937: „Von Psychotherapie auf den Krankenabteilungen kann wegen deren Überfüllung größtenteils nicht gesprochen werden, besonders bei den Wachabteilungen kann man nur von [einer] auch durch die Verhältnisse gebotenen, meist unzweckmäßigen Unterbringung, aber kaum von einer seelischen Behandlung sprechen. Noch immer gibt es daher hier, besonders auf den unruhigen Abteilungen, eine unerwünscht große Zahl schizophrener Artefakte. Sie werden bei Anstaltsführungen von Laien oft gebührend ‚bewundert', während sie dem Sachkundigen am treffendsten die Unzulänglichkeiten unserer Behandlungsmöglichkeiten aufweisen."[11] Häufig geäußerte Kritik betraf auch die unzureichende Qualifikation der Schwestern und Krankenpfleger, wobei der Anteil speziell ausgebildeter Kräfte seit 1933 erheblich gesunken war und die ersatzweise angestellten Hilfskräfte oft nicht lange in dem anstrengenden und sozial wenig geachteten Anstaltsdienst verblieben.

Die Gesamtsituation blieb 1938 widersprüchlich und von außen schwer überschaubar. Die Überfüllung der Anstalten ließ therapeutisches Handeln nur bedingt und für kleine Gruppen zu; den Kern der scheinbar vorwärtsweisenden arbeitstherapeutischen Aktivierungen bildeten – überwiegend illusionäre – ökonomische Interessen; die schärfere Ausgrenzung der Problemgruppe der nicht mehr arbeitsfähigen Patienten hatte begonnen.

Veränderungen in der Anstaltspsychiatrie bis Ende 1941

Einschneidende Verschlechterungen der Betreuung der Anstaltspatienten begannen im Sommer 1939 im unmittelbaren Zusammenhang mit dem Kriegsbeginn. Einberufungen von Ärzten und Krankenpflegern zum Militärdienst sowie Dienstverpflichtungen von Schwestern auf der einen Seite und die Abgabe großer Raumkapazitäten zur Einrichtung von Reservelazaretten und Umsiedlerlagern andererseits behinderten die therapeutischen Aktivitäten, ließen die vielgepriesene Arbeitstherapie rasch zum Erliegen kommen und bewirkten eine weitere Verschlechterung der Unterbringung der

---

[11] ABKH Leipzig-Dösen, Bericht der Anstaltsdirektion Leipzig-Dösen über das Jahr 1937 vom 19.2.1938, S. 45.

Patienten. Bereits 1939 wurden die Anstalten Colditz und Sonnenstein aufgelöst. In Sonnenstein entstand eine der zentralen Tötungseinrichtungen für chronisch psychisch Kranke und schwer geistig Behinderte, die im Frühjahr 1940 ihre Funktion aufnahm. 1940 folgte die faktische Auflösung der Heil- und Pflegeanstalt Hubertusburg und die weitgehende Auflösung der Landesanstalt Chemnitz-Altendorf, in der schwachsinnige Kinder und Jugendliche betreut worden waren. Bedeutende Einschränkungen der Betreuungsmöglichkeiten erfuhren die Anstalten Arnsdorf, Leipzig-Dösen und Zschadrass, in denen ebenfalls Reservelazarette und Ausweichkrankenhäuser etabliert wurden. Übersicht 2 faßt den Wandel anhand der im sächsischen Innenministerium geführten statistischen Berichte[12] zusammen.

Übersicht 2: Psychiatriepatienten in den sächsischen Heil- und Pflegeanstalten 1940 und 1942

Anstalt	Patienten am 1.1.1940	Patienten am 7.2.1942
Arnsdorf	2034	695
Großschweidnitz	1053	1160
Hochweitzschen	1066	591
Hubertusburg	1564	80
Leipzig-Dösen	1436	597
Sonnenstein	66	64
Untergöltzsch	858	815
Waldheim	244	309
Zschadrass	1226	254
Gesamt	9647	4565

Eine auf Weisung des im Oktober 1941 berufenen Reichsbeauftragten für die Heil- und Pflegeanstalten zusammengestellte Übersicht zur personellen Besetzung der sächsischen Anstalten weist zum Stichtag 1. November 1941 den verheerenden Umfang der Bettenreduzierung und der Personalabgaben aus[13]. Zu diesem Zeitpunkt waren in den Heil- und Pflegeanstalten bzw. deren Restbeständen gerade noch 23 Ärzte tätig. Arnsdorf hatte 1400 Betten abgegeben, Leipzig-Dösen 980 und Zschadrass 550, was auch bedeutete, daß die noch in den Anstalten verbliebenen Patienten in total überbelegten Häusern untergebracht werden mußten. Die Gesamtzahl der abgegebenen Betten betrug nach einem am 7. Januar 1942 nach Berlin übermittelten Bericht 7231 von 11 568[14]. Diese Zahl umfaßte jedoch nur die staatlichen Anstalten; da inzwischen auch Einrichtungen caritativer Träger aufgelöst worden waren (wie etwa die Kinderanstalt der Inneren Mission in Großhennersdorf), registrierte die Reichsarbeitsgemeinschaft für den gleichen Termin in Sachsen die Abgabe von 9923 Betten[15]. Im Rahmen der zentralen Planungen für die Anstaltspsychiatrie der Nachkriegszeit war zu diesem

---

[12] StA Dresden, Ministerium des Innern, 16816, Organisation der Anstaltspflege, Bd. III, 1935 ff.
[13] StA Dresden, Ministerium des Innern, 16849–477, Bl. 3–28, Planwirtschaftliche Maßnahmen in den Heil- und Pflegeanstalten im Kriege 1941–1944.
[14] Ebenda, Bl. 29.
[15] BA, R 96 I/7, Bl. 126859, Planung und Belegung von Heil- und Pflegeanstalten 1942–1944.

Zeitpunkt bereits in Aussicht genommen, in Sachsen nur noch vier große Häuser zu unterhalten: Arnsdorf, Großschweidnitz, Hochweitzschen und Untergöltzsch[16].

Erschreckend sind die in den Jahresberichten der Heil- und Pflegeanstalten bereits für 1939 mitgeteilten Einschränkungen der Versorgung der Patienten, insbesondere die Erweiterung des Kreises der in die Minimalernährung einbezogenen Patienten. Der Anteil der mit „Sonderkost" versorgten Kranken stieg auf 50% und mehr, wobei die mit der generellen Lebensmittelrationierung einhergehenden Schwierigkeiten darüber hinaus alle Patienten trafen, da nun beispielsweise weder Butter noch Vollmilch in die Anstalten geliefert wurde. Die objektivierende Sprache der Anstaltsberichte widmete diesen Vorgängen in der Regel nur wenige Sätze; für Untergöltzsch heißt es beispielsweise: „Durch die angeordnete Herabsetzung des Kostsatzes von 60 RPf. auf 45 RPf., die Einführung der Bezugsscheinpflicht und die Rationierung der Lebensmittel mußte eine vollständige Umstellung der Beköstigung erfolgen. Die Teilnehmerzahl an der verminderten Sonderkost für stumpfsinnige Kranke wurde bedeutend erhöht, von 210 auf 460 Kranke durchschnittlich, das sind 54% der Gesamtbelegung. Auch die Beköstigung der hier untergebrachten Lungenkranken mußte stark eingeschränkt werden. Für die geisteskranken Lungenkranken wurde der Kostsatz von 1,20 RM auf 45 RPf gesenkt."[17]

Durch die unzureichende Ernährung und die auch sonst in jeder Beziehung desolaten Lebensbedingungen stieg die Sterblichkeit in den Anstalten rasch an, wobei vor allem ältere Patienten und Tuberkulosekranke betroffen waren. Aus den Jahresberichten läßt sich eine überstarke Zunahme der Todesfälle vor allem ab 1940 erkennen; für Aussagen über den Anteil „vorzeitiger" Sterbefälle sind die Angaben jedoch zu ungenau und vieldeutig. Daß aber die bedrückende Lage der Masse der Anstaltspatienten ab 1939 zu derartigen Folgen führte, war kein Geheimnis und wurde in mutig protestierenden Stellungnahmen gegen die organisierte Krankenmordaktion der Jahre 1940 und 1941 auch offen angesprochen – u.a. in der an Hitler gerichteten Denkschrift des Vizepräsidenten des Central-Ausschusses für die Innere Mission vom 9. Juli 1940, die ausdrücklich auf die enorme Zunahme der Sterblichkeit in den sächsischen Anstalten einging[18].

Die Angaben zu Therapiemaßnahmen lassen auf eine weitgehende Einschränkung der gezielten medikamentösen und der erst kurz zuvor eingeführten Schock-Behandlungsmethoden ab Sommer 1939 schließen, wofür insbesondere die Einberufung von Ärzten zum Militärdienst verantwortlich gemacht wurde. Vereinzelt wurden solche Verfahren weiter genutzt, insbesondere die Cardiazol-Krampfbehandlung beispielsweise in Leipzig-Dösen und in Untergöltzsch. Allerdings wurde Cardiazol auch dort nur noch angewandt, wenn es sich um „Frischfälle" handelte. Im Jahresbericht von Untergöltzsch für 1939 heißt es dazu: „Wir führen jetzt die Krampfbehandlung nur bei solchen Kranken durch, die nicht länger als höchstens zwei Jahre psychotisch wa-

---

[16] BA, R. 96 I/7, Bl. 128 135.
[17] ABKH Leipzig-Dösen, Bericht des Chefarztes der Heil- und Pflegeanstalt Untergöltzsch über das Jahr 1939 vom 18.3.1940, S. 12.
[18] Denkschrift Paul Gerhard Braunes für Adolf Hitler vom 9.7.1940, abgedruckt in: Aly (Hrsg.), Aktion T4, S. 23-32.

ren. [...] Wir glauben es nicht verantworten zu können, größere Geldmittel für wahrscheinlich therapieresistente Fälle auszugeben."[19]

Auffällig ist der 1939 einsetzende Rückgang der Sterilisierungen, die auch in den folgenden Jahren nur noch in geringer Zahl vorgenommen wurden. Die Arbeit der „erbbiologischen Abteilungen" kam nach Kriegsbeginn weitgehend zum Erliegen, da dafür weder Ärzte noch anderes Personal mehr zur Verfügung standen.

Die psychiatrische Außenfürsorge vor allem in den Großstädten nahm neue restriktive Züge an. In Leipzig, wo 1939 mehr als 4000 Personen durch Fürsorgekräfte betreut wurden, charakterisierte der ärztliche Leiter die Veränderung dieser Betreuungsmaßnahmen folgendermaßen: „Während früher die individuelle Fürsorge für den Kranken im Vordergrund stand, ist jetzt das Ziel des Außendienstes in erster Linie der Schutz der Allgemeinheit vor den Auswirkungen der Geisteskrankheit einzelner. Während ehedem das Bestreben dahin ging, jeden Kranken so lange wie möglich der Anstalt fern zu halten, muß es jetzt das Ziel sein, die Anstaltsunterbringung zu bewirken, bevor der Kranke in irgendeiner Form seine Umgebung zu schädigen vermag." Als eine solche mögliche Schädigung wurde bereits die Nichteinhaltung der Verdunklungspflicht auf Grund von Wahnideen angesehen[20]. Ein Jahr später hatte sich das Interesse darüber hinaus auf die Gewinnung von Arbeitskräften aus dem Kreis der beaufsichtigten Personen gerichtet: „Der planmäßige Einsatz aller noch irgendwie Arbeitsfähigen unter den Betreuten wurde im Berichtsjahre trotz hin und wieder auftretenden Widerstandes aus den Kreisen der Patienten selbst mit Nachdruck zu Ende geführt." Einweisungen von pflegebedürftigen Patienten in die bereits total überfüllten Anstalten erfolgten besonders dann, „wenn durch die Pflege des Kranken ein sonst noch rüstiges Familienmitglied gehindert wurde, sich in die produktive Arbeit einschalten zu können"[21]. Ob andere psychiatrische Außendienste in gleicher Weise verfuhren wie Leipzig, ist schwer abzuschätzen; die von den Ärzten in solchen Funktionen übernommene Verantwortung für menschliche Schicksale war groß und konnte recht unterschiedlich gehandhabt werden.

Der schwerwiegendste Eingriff in das tradierte System der Betreuung von Anstaltspatienten war auch in Sachsen der von 1940 bis August 1941 durchgeführte Massenmord an den als unheilbar geltenden und zu keinen Arbeitsleistungen mehr fähig scheinenden Kranken. Die „Aktion T4", bei der in Sachsen nach den Anweisungen der Reichsarbeitsgemeinschaft Heil- und Pflegeanstalten etwa die Hälfte der Anstaltsinsassen getötet wurde, fand in den offiziellen Anstaltsberichten keinerlei Niederschlag; nicht einmal über die Ausfüllung der Meldebögen wurde darin berichtet. Lediglich die genauen Angaben über die abgegangenen Transporte und die statistischen Daten zur Anstaltsbelegung (Übersicht 2) lassen das Ausmaß der erfolgten „Ausmerze" annähernd erkennen.

---

[19] ABKH Leipzig-Dösen, zum Bericht des Chefarztes der Heil- und Pflegeanstalt Untergöltzsch über das Jahr 1939 gesondert beigefügter „Bericht über unsere Erfahrungen mit der Cardiazol- und Azoman-Krampfbehandlung", S. 1.
[20] ABKH Leipzig-Dösen, Nachträglicher Bericht der Anstaltsdirektion Leipzig-Dösen über das Jahr 1939 vom 15.1.1941, S. 21.
[21] ABKH Leipzig-Dösen, Bericht der Anstaltsdirektion Leipzig-Dösen über das Jahr 1940 vom 28.11.1941, S. 22 f.

Die zur Tötung in der ehemaligen Anstalt Sonnenstein vorgesehenen Patienten wurden gemäß den Verfahrensvorschriften zunächst in Zwischenanstalten gebracht. Als solche fungierten Arnsdorf, Großschweidnitz und Zschadrass; Waldheim diente zur vorübergehenden Aufnahme von straffällig gewordenen Geisteskranken[22]. Die Benachrichtigung der Angehörigen erfolgte ebenfalls nach dem von der Reichsarbeitsgemeinschaft vorgeschriebenen üblichen Modus, demzufolge die Aufnahme in die jeweilige Zwischenanstalt anzuzeigen, die Weiterverlegung jedoch ohne Angabe einer neuen Anschrift mitzuteilen war[23]. Entsprechend wurden auch in den statistischen Berichten die abgehenden Transporte nur dann mit dem Bestimmungsort ausgewiesen, wenn es sich um normale Verlegungen handelte. Eine Vorstellung vom Ausmaß dieser Transportbewegungen, die ein Verfolgen von Einzelschicksalen fast unmöglich machen, können die Daten der Anstalten Arnsdorf und Waldheim für 1940 vermitteln: In Arnsdorf kamen in diesem Jahr 19 Transporte mit 1173 Personen vorwiegend aus Chemnitz-Altendorf, aus Hubertusburg und aus Leipzig-Dösen an; im gleichen Jahr wurden von Arnsdorf 1209 Patienten in die Tötungsanstalt Sonnenstein verbracht[24]. Die mehr als 800 zur Tötung bestimmten ursprünglichen Arnsdorfer Patienten wurden in Sammeltransporten nach Großschweidnitz und Zschadrass verlegt, von wo aus sie dann ebenfalls in die Gaskammern auf dem Sonnenstein gelangten. Waldheim nahm im Laufe des Jahres 1049 Patienten u. a. aus den sächsischen Anstalten Hubertusburg und Leipzig-Dösen sowie aus Düren und Bedburg-Hau auf; 1000 davon wurden dann weiter nach der Tötungsanstalt Sonnenstein verbracht[25].

Die Anstaltsberichte und die Akten des sächsischen Innenministeriums enthalten keinerlei Hinweise auf Protestbekundungen oder Einsprüche von seiten der Anstaltspsychiater; diese fühlten sich offensichtlich der Staatsraison mehr verpflichtet als dem ärztlichen Ethos und mögen der damals verbreiteten Überzeugung gefolgt sein, daß durch die Eliminierung der „Unheilbaren" bessere Bedingungen für die Behandlung der übrigen Patienten geschaffen werden könnten. Solche Erwartungen hegten auch die Psychiater in der Berliner Zentrale der Reichsarbeitsgemeinschaft, die die gesamte Krankenmordaktion steuerten. Deren ärztlicher Leiter Hermann Paul Nitsche, ehemals Direktor der Anstalt Sonnenstein und beratender Psychiater der sächsischen Landesregierung, brachte dies u. a. in einer ausführlichen kritischen Stellungnahme zu einem 1940 erschienenen Aufsatz zur Reorganisation des deutschen Irrenwesens zum Ausdruck: „Der beherrschende Gesichtspunkt für Einrichtung und Betrieb der künftigen Irrenanstalten muß die Sorge für die Heilung der Kranken sein." Es sei, so Nitsche 1941, zu erwarten, „daß infolge unserer Aktion und der Auswirkung des künftigen Gesetzes über die Gewährung letzter Hilfe usw., in Zukunft ein sehr erheblich geringerer Krankenbestand anstaltsmäßig zu versorgen sein wird, als bisher. Die reinen Pflegeaufgaben werden vollständig wegfallen, und das wird eine erhebliche Verminderung des Bettenbedarfs, also auch eine nennenswerte Verringerung der Zahl der

---

[22] StA Dresden, Ministerium der Justiz, Nr. 703, Bl. 70, Strafsache gegen Prof. Paul Nitsche und andere wegen Verbrechen gegen die Menschlichkeit.
[23] StA Leipzig, Heil- und Pflegeanstalt Leipzig-Dösen, Nr. 85, Schreiben des sächsischen Ministers des Innern an die Direktoren der Heil- und Pflegeanstalten vom 7.12.1940.
[24] ABKH Leipzig-Dösen, Jahresbericht der Anstalt Arnsdorf über das Jahr 1940 vom 14.5.1941.
[25] ABKH Leipzig-Dösen, Jahresbericht der Landes-Heil- und Pflegeanstalt Waldheim für das Jahr 1940 vom 1.8.1940.

nötigen Anstalten bedeuten."[26] (Das von Nitsche erwähnte „Euthanasie-Gesetz" lag zu diesem Zeitpunkt im Entwurf vor, wurde jedoch aus verschiedenen Gründen nie verabschiedet[27].) Genauere Vorstellungen zur künftigen Entwicklung der Psychiatrie leitete Nitsche 1943 – auch im Namen von führenden Fachvertretern wie Ernst Rüdin, Max de Crinis und Carl Schneider – dem Generalkommissar für das Sanitäts- und Gesundheitswesen zu[28].

Im Zuge der Perfektionierung der Erfassung von schwer geschädigten Kindern für die Sonderbehandlung in den Kinderfachabteilungen des Reichsausschusses zur Erfassung erb- und anlagebedingter schwerer Leiden wurde im Oktober 1940 auch in Leipzig-Dösen eine Abteilung eingerichtet, die für die Aufnahme kindlicher Geisteskranker, Epileptiker und bildungsunfähiger Schwachsinniger aus den sächsischen Regierungsbezirken Chemnitz, Leipzig und Zwickau bestimmt war[29]. Die Zahl der dort getöteten Kinder ist unbekannt, da die entsprechenden Unterlagen bei Kriegsende vernichtet wurden. Eine weitere, von dem Pädiater Werner Catel geleitete „Kinderfachabteilung" bestand seit 1940 an der Universitätskinderklinik Leipzig[30]. Da Kinder aus caritativen Betreuungseinrichtungen, beispielsweise aus dem Katharinenhof in Großhennersdorf, nach Großschweidnitz verlegt worden sind, kann angenommen werden, daß auch dort eine solche „Kinderfachabteilung" für die restlichen sächsischen Regierungsbezirke existierte. Ende Januar 1941 verfügte die Reichsarbeitsgemeinschaft die Übergabe von Kindern im Alter bis zu 14 Jahren aus den psychiatrischen Heil- und Pflegeanstalten an den Reichsausschuß[31]; bis zu diesem Zeitpunkt waren sie in die Verlegungs- und Tötungsmaßnahmen der Erwachsenenpsychiatrie einbezogen worden.

Für den ganzen hier besprochenen Zeitraum bestand der dominierende Trend in der im Sommer 1939 einsetzenden massiven Verschlechterung der Lebensbedingungen der Anstaltspatienten, die infolge des stark reduzierten Personalbestandes, der weiteren Kürzung der Unterhaltsmittel und der zunehmenden Inanspruchnahme der Anstalten für „kriegswichtige" Aufgaben eine rasche Verelendung erlebten und keine nennenswerte medizinische Behandlung mehr erfuhren. Am stärksten betroffen waren dabei zunächst die als nicht mehr arbeitsfähig geltenden Personen, bei denen die Sterblichkeit auf Grund der Mangelernährung sprunghaft anstieg. Ein grundlegend neues Moment stellte der Übergang zur organisierten aktiven Tötung der als unheilbar angesehenen Patienten dar, für die unter den Kriegsbedingungen Aufwendungen nicht mehr lohnend erschienen. Die kriegsbedingten Notlagen schufen die äußeren

---

[26] BA, R 96 I/9, Bl. 126 461–126 471, Bericht Nitsches an Herrn Jennerwein (Viktor Brack) vom 15.11.1941; Zitate Bl. 126 465.
[27] Vgl. Karl Heinz Roth/Götz Aly, Das „Gesetz über die Sterbehilfe bei unheilbar Kranken". Protokolle der Diskussion über die Legalisierung der nationalsozialistischen Anstaltsmorde in den Jahren 1938–1941, in: Roth (Hrsg.), Erfassung zur Vernichtung, S. 101–120.
[28] BA, R 96 I/9, Bl. 128 011–128 018 und Bl. 126 429 f., Schreiben Nitsches an Brandt („Gedanken und Anregungen betr. die künftige Entwicklung der Psychiatrie") vom 26.1.1943.
[29] ABKH Leipzig-Dösen, Bericht der Anstaltsdirektion Leipzig-Dösen über das Jahr 1940 vom 28.11.1941, S.18.
[30] Vgl. Ulrich Schultz, Dichtkunst, Heilkunst, Forschung. Der Kinderarzt Werner Catel, in: Beiträge, Bd. 2, S. 107–124.
[31] BA, R 96 I/2, Bl. 127 400 f., Entscheidung der beiden „Euthanasie"-Beauftragten hinsichtlich der Begutachtung vom 30.1.1941.

Voraussetzungen für diese weitreichende Dehumanisierung der psychiatrischen Betreuungspraxis, die jedoch nicht wenige Fachvertreter zur Schaffung neuer Bedingungen therapeutischen Handelns ohnehin für notwendig hielten. Innerhalb von nur zwei Jahren wurde dabei in Sachsen mehr als die Hälfte der Anstaltspatienten umgebracht, mehr als zwei Drittel des Anstaltspotentials wurden anderweitigen Nutzungen zugeführt.

Zur Entwicklung der Anstaltspsychiatrie 1942 bis 1945

Nachdem die „Aktion T4" im August 1941 auf Weisung Hitlers wegen der inzwischen öffentlich gewordenen Proteste und im Hinblick auf die erwünschte Konzentration aller Kräfte auf die Kriegführung im Osten eingestellt worden war, schien sich zunächst eine Stabilisierung der Lage für den Restbestand der Anstaltspsychiatrie anzubahnen. Der im Oktober 1941 eingesetzte Reichsbeauftragte für die Heil- und Pflegeanstalten im Reichsministerium des Inneren versuchte, die inzwischen entstandene Situation genauer zu erfassen und die der Psychiatrie noch verbliebenen Anstaltspotentiale vor dem Zugriff anderer Dienststellen des NS-Regimes zu bewahren. Bereits 1942 jedoch machte die Wehrmacht in Sachsen (wie sicher auch in anderen Gebieten) weitere Ansprüche auf Einrichtung von Reservelazaretten geltend, und schon im Januar und Februar mußten weitere 720 Betten in Arnsdorf, Untergöltzsch und Zschadrass abgegeben werden[32]. Weder 1942 noch später gelang es dem Reichsbeauftragten, auch nur eine einzige solche Forderung abzuwehren oder gar Anstaltsbetten für die Psychiatrie wieder zurückzugewinnen.

Trotz der desolaten Verhältnisse in den überfüllten Restanstalten versuchte die Reichsarbeitsgemeinschaft 1942, die bislang noch nicht erfaßten chronisch psychisch Kranken und geistig Behinderten aus kleineren caritativen und privaten Betreuungseinrichtungen in die zentralisierte Lenkung einzubeziehen. Nitsche wandte sich deshalb im April 1942 an den Reichsbeauftragten mit dem Vorschlag, solche in Alters- und Pflegeheimen lebende Patienten mit dem üblichen Meldebogen genauer begutachten zu lassen und sie bei Arbeitsfähigkeit in öffentliche Anstalten zu überführen, denn in den caritativen Einrichtungen seien die „Leistungen der oft arbeitsfähigen Insassen [...] minimal, entweder aus Mangel an Arbeit oder an Anleitung dazu. Diese Arbeitskräfte können an anderen Stellen, wie in öffentlichen Anstalten, weitgehend nutzbar gemacht werden."[33] Im Oktober 1942 erhielt das sächsische Innenministerium dann die Mitteilung, eine Ärztekommission im Auftrag des Reichsbeauftragten werde alle Anstalten und Heime besuchen, „in denen Geisteskranke, Epileptiker und Psychopathen untergebracht sind oder bisher waren"[34]. Fünf Monate später lag der Inspektionsbericht dem sächsischen Innenministerium vor: „In den Kreisheimen, Pflegeheimen usw. befinden sich verhältnismäßig viele abgelaufene Fälle von chronischen Geisteskrankheiten und Schwachsinnigen, die allerdings in den meisten Fällen als unentbehrliche Arbeitskräfte in den Heimen beschäftigt sind. Bei dem großen Mangel an

---

[32] StA Dresden, Ministerium des Innern, Nr. 16849–477, Bl. 32–35, Korrespondenz mit dem Reichsbeauftragten.
[33] BA, R 96 I/3, Bl. 127389f., Schreiben Nitsches an den Reichsbeauftragten vom 21.4.1942.
[34] StA Dresden, Ministerium des Innern, Nr. 16849–477, Bl. 39–45, Schreiben des Ministeriums an die Bezirksregierungspräsidenten vom 9.10.1942, Verzeichnis der aufzusuchenden Einrichtungen.

Personal in den Pflegeheimen usw. ist der Verbleib dieser arbeitenden Geisteskranken in den Heimen notwendig. [...] Eine fachärztliche Untersuchung und Betreuung der Geisteskranken in den Pflegeheimen findet nirgends statt." Während ihrer monatelangen Tätigkeit hatte die Kommission den Eindruck gewonnen, „daß die Leiter der Anstalten bzw. Heime, abgesehen von wenigen Klerikalen [...], dem Euthanasieproblem durchaus positiv gegenüberstehen. Nirgends wurden uns irgendwelche nennenswerten Schwierigkeiten gemacht."³⁵ Ob als Ergebnis dieser „Krankenmusterung" Verlegungen von Heiminsassen in die staatlichen Anstalten erfolgten, ist aus den vorhandenen Quellen nicht zu ermitteln.

Eine neuerliche Aktion zur Erfassung der noch arbeitsfähigen Anstaltspatienten startete der Reichsbeauftragte im März 1943; unter Berufung auf die „Verordnung über die Meldung von Männern und Frauen für Aufgaben der Reichsverteidigung vom 27. Januar 1943" wurden die Landesregierungen bzw. Provinzialverwaltungen aufgefordert, die arbeitsfähigen Insassen von Heil- und Pflegeanstalten aller Art rasch zu erfassen und dem Arbeitseinsatz zuzuführen: „Es muß versucht werden, diese Arbeitskräfte noch mehr auszuschöpfen, indem man sie z. B. in einem der Anstalt benachbarten Betrieb unter Aufsicht von Pflegern [...] arbeiten läßt, Arbeitskommandos bildet usw."³⁶ Nennenswerte praktische Auswirkungen kann diese Forderung kaum gehabt haben, da zu diesem Zeitpunkt die ohnehin nur noch wenigen arbeitsfähigen Patienten in den Heilanstalten benötigt wurden, um den Betrieb der Heizhäuser, Küchen, Wäschereien usw. in Gang zu halten. Übersicht 3 faßt die Patientenzahlen der sächsischen Anstalten in der zweiten Kriegshälfte nach den statistischen Meldungen an die Landesregierung zusammen³⁷.

Übersicht 3: Psychiatriepatienten in den sächsischen Heil- und Pflegeanstalten 1943 bis 1945

Anstalt	Patienten am 1.9.1943	Patienten am 31.9.1944	davon arbeitsfähig	Patienten am 1.1.1945
Arnsdorf	536	397	230	395
Hochweitzschen (mit Außenstellen)	373	404	210	212
Großschweidnitz	1353	1441	423	1492
Leipzig-Dösen	695	226	221	229
Untergöltzsch	406	411	130	411
Waldheim	313	272	70	272
Zschadrass	328	282	221	251
Gesamt	4004	3433	1505	3262

Bereits Ende 1942 begannen erste Verlegungen größerer Gruppen von Patienten aus Anstalten in „luftgefährdeten Gebieten" (insbesondere aus dem Rheinland) nach Sachsen, wodurch sich die Unterbringungsbedingungen weiter verschlechterten. 1943

---

[35] StA Dresden, Ministerium des Innern, Nr. 16849–477, Bl. 48–51, Bericht über die Ärztekommission in Sachsen vom 18.2.1943.

[36] BA, R. 96 I/3, Bl. 127 827 f., Schreiben des Reichsbeauftragten an die Landesregierungen vom 18.3.1943.

[37] StA Dresden, Ministerium des Innern, Nr. 16849–477, Bl. 110, Übersicht über die am 15.10.1943 in den sächsischen Landesanstalten vorhanden gewesenen Geisteskranken.

wurde damit begonnen, auch Transporte mit körperlich Kranken und „Bombengeschädigten" aus solchen Gebieten nach Sachsen zu lenken. Die Pflegeanstalten Arnsdorf, Hochweitzschen und Waldheim mußten dafür weitere Bettenkapazitäten bereitstellen mit der Folge, daß die Anstaltspatienten in Kellerräumen und sonstigen Notunterkünften untergebracht wurden. Eine dramatische Zuspitzung erfuhr die Lage im Juni 1943, als auf Anweisung des Generalkommissars für das Sanitäts- und Gesundheitswesen 23 000 Geisteskranke aus den besonders „luftgefährdeten" Gebieten der Rheinprovinz und der Provinz Westfalen nach Sachsen verbracht werden sollten und die Landesregierung wegen der Überfüllung der eigenen Einrichtungen deren Aufnahme verweigerte[38]. Ein Großteil dieser Patienten mußte dann dennoch aufgenommen werden, ebenso wie später aus dem Westen eintreffende Transporte von Altersheiminsassen und Siechen, über die keine exakten Übersichten mehr existieren. Ab November 1944 schließlich kamen im Zuge der generellen Einrichtung von „Kriegssiechenheimen" für die nicht innerhalb von vier Wochen in den Allgemeinkrankenhäusern zu heilenden Patienten mit körperlichen Erkrankungen[39] regelmäßig Transporte aus den großen sächsischen Krankenhäusern in die Restanstalten, die damit zu Abschiebequartieren für Menschen geworden waren, deren Arbeitsfähigkeit wiederherzustellen nicht mehr rasch möglich oder nicht mehr lohnend erschien[40].

Unter diesen stets noch schwieriger werdenden Bedingungen der Versorgung der Anstaltspatienten setzte dann auch in Sachsen die dezentrale Krankentötung durch einzelne dazu von der Reichsarbeitsgemeinschaft „ermächtigte" Ärzte ein. Nach den Angaben, die Nitsche 1947 im Dresdner Ärzteprozeß machte, erhielt er im Herbst 1943 durch Vermittlung von Generalkommissar Brandt Hitlers Zustimmung zur Beauftragung von Anstaltsärzten, unheilbar Kranke durch überdosierte Medikamente nach eigenem Ermessen zu töten[41]. Solche Tötungen wurden mit Sicherheit von mehreren Ärzten und in deren Auftrag von Pflegekräften in Großschweidnitz praktiziert, die deshalb in dem Dresdner Prozeß ebenso wie Nitsche wegen Verbrechen gegen die Menschlichkeit zum Tode verurteilt wurden. Vermutet werden können solche Tötungspraktiken auch für die Anstalt Waldheim; mit Sicherheit auszuschließen sind sie auch für andere der damals existierenden Einrichtungen nicht. Die Zahl der Opfer dieser Tötungsverfahren ist nicht mehr genau zu ermitteln, da die in den erhalten gebliebenen Krankengeschichten ausgewiesenen Todesursachen häufig gefälscht wurden oder ungenau sind. Nachweisbar ist, daß nur eine Minderheit der zwischen 1943 und Mai 1945 in die Anstalten verbrachten Patienten überlebte und daß die meisten dieser Kranken oder „Siechen" innerhalb kürzester Zeit verstarben.

Die bei Kriegsende herrschenden Bedingungen in den ehemaligen Landesheil- und Pflegeanstalten, zu denen neben dem Ärzte- und Personalmangel auch der fast voll-

---

[38] StA Dresden, Ministerium des Innern, Nr. 16 850-478, Bl. 46 ff., Mitteilung der Reichsarbeitsgemeinschaft an das Ministerium vom 17.6.1943; Fernschreiben des Ministeriums an das RMdI vom 19.6.1943.
[39] StA Dresden, Ministerium des Innern, Nr. 16 850-478, Transportlisten über Krankenverlegungen von Leipzig nach Großschweidnitz („Siechenmeldungen").
[40] Vgl. Götz Aly, Medizin gegen Unbrauchbare, in: Beiträge, Bd. 1, S. 9–74; Susanne Hahn/Achim Thom, Die destruktiven Auswirkungen des faschistischen Krieges auf die ärztliche Praxis in Deutschland, in: Rapoport/Thom (Hrsg.), Schicksal der Medizin, S. 151–159, bes. S. 156 f.
[41] StA Dresden, Ministerium der Justiz, Nr. 703, Bl. 13 626 ff., Strafsache gegen Prof. Dr. Paul Nitsche und andere wegen Verbrechen gegen die Menschlichkeit, Urteilsbegründung.

ständige Verschleiß der Ausstattungen und eine erschreckende Unterernährung der Patienten gehörten, haben noch über das Jahr 1946 hinaus Auswirkungen in Gestalt einer zunächst weiter sehr hohen Sterblichkeit gehabt. Zum Jahreswechsel 1945/46 waren in Sachsen acht Landesanstalten partiell wieder für die psychiatrische Versorgung nutzbar; 1887 Patienten mit psychischen Erkrankungen befanden sich dort in Behandlung[42].

Das Gesamtbild der Entwicklung in dieser letzten Phase war gekennzeichnet durch die rasche weitere Verschlechterung der Lebensbedingungen, die zu existentiell bedrohlichen Notlagen führte, von der nicht mehr beherrschten Verlegungspraxis und einer steten Überfüllung der Einrichtungen, vom endgültigen Verzicht auf Therapiemaßnahmen bei psychisch Kranken, vom fast ausschließlichen Interesse an der Ausnutzung noch vorhandener Arbeitskräfte der Patienten und von der Wiederaufnahme der gezielten Tötungen in nunmehr dezentralisierter und damit noch willkürlicherer Form. Hinzu kam, daß sich ab 1943 die Grenzen zwischen psychisch Kranken und geistig Behinderten einerseits und körperlich Kranken und Siechen andererseits rasch verwischten, da nun auch aus den letztgenannten Gruppen immer mehr Patienten in die Restanstalten gelangten und dort die gleichen Lebens- und Sterbebedingungen vorfanden, die vorher nur den Psychiatriepatienten zugemutet worden waren.

Die hier am Beispiel Sachsens geschilderte Praxis der psychiatrischen Betreuung in den Kriegsjahren bestätigt eine Reihe der bislang zur Entwicklung der Psychiatrie unter den Bedingungen der nationalsozialistischen Diktatur vertretenen Thesen und Wertungen. Dazu zählt insbesondere die Annahme, daß bestimmte damalige Interpretationen, die häufig auftretende psychische Erkrankungen als erblich bedingt, chronisch verlaufend und zu gesellschaftsgefährdendem Verhalten führend dargestellt haben, repressive Formen des Umgangs mit den Betroffenen begünstigten. Bestätigt wird auch die These, daß solche repressiven Formen der Ausgrenzung und Diskriminierung unter den spezifischen Bedingungen des Krieges rasch verschärft worden sind. Deutlicher als bisher zumeist angenommen zeichnet sich am Beispiel Sachsens ab, daß bereits kurz nach Kriegsbeginn gezielte therapeutische Aktivitäten für die Anstaltspatienten eingestellt und nur noch in Ausnahmefällen weiterverfolgt wurden, daß gezielte Maßnahmen zur raschen Beendigung des Lebens als unheilbar geltender und zu Arbeitsleistungen nicht fähig erscheinender Patienten bereits 1938 und 1939 einsetzen, daß die Arbeitsfähigkeit zum einzig entscheidenden Kriterium für die Lebenserhaltung wurde und daß selbst die Ausnutzung der arbeitsfähigen Patienten unter menschenunwürdigen Umständen erfolgte. Personen, die ab 1939 in psychiatrische Anstalten eingewiesen worden sind, hatten nur geringe Chancen, die Kriegsjahre zu überleben, und keine Aussicht auf eine krankheitsbezogene medizinische Betreuung. Erschreckend erscheint die Bereitschaft der noch in den Anstalten tätigen Psychiater, die ihnen auferlegten Bedingungen hinzunehmen, unter denen sie fast nur noch als Verwalter des Elends zu fungieren vermochten. Mut zum Protest fehlte ihnen wohl auch deshalb, weil sie in einer lange währenden Tradition gelernt hatten, die ihnen Anvertrauten als weniger wertvolle, „minderwertige" Menschen einzuordnen, denen unter Notbedingungen dann eben auch geringere Lebenschancen einzuräumen waren.

---

[42] StA Dresden, Landesregierung Sachsen, Ministerium für Arbeit und Sozialfürsorge, Nr. 1902, Anstaltsstatistik der Geisteskranken und Gebrechlichen für das Jahr 1946.

Bernd Walter

Anstaltsleben als Schicksal.
Die nationalsozialistische Erb- und Rassenpflege
an Psychiatriepatienten

Die wissenschaftliche Auseinandersetzung mit den Sterilisationsmaßnahmen und der „Euthanasie" an psychisch Kranken und geistig Behinderten in der Zeit des Nationalsozialismus war zunächst geprägt von der Konzentration des Zugriffs auf eine spezifische Quellengattung. Hier bildeten die Ermittlungsakten der mit der Aufarbeitung und Ahndung der nationalsozialistischen Medizinverbrechen beauftragten Gerichte einen Kernbestand, der von den Akten des Nürnberger Ärzteprozesses der Jahre 1946/47 bis zum vorläufig letzten Verfahren gegen die „Euthanasie"-Ärzte Aquilin Ullrich und Heinrich Bunke vor dem Oberlandesgericht Frankfurt im Jahre 1987 reicht. Durch die bevorzugte und durch ihre Dichte sich aufdrängende Auswertung dieser nach gerichtsverwertbaren Kriterien entstandenen Quellengrundlage mußten zwangsläufig die individualisierbaren und strafrechtlich faßbaren Momente und damit auch die Extrembefunde nationalsozialistischer Rassenpolitik in den Vordergrund treten. Eine entsprechende Literatur hat ihren besonderen Wert vor allem in der Dokumentation der Schrecken und ihrer aufrüttelnden Wirkung[1].

Die zahlreichen Veröffentlichungen zu den lokalen Abläufen und Wirkungen des „Euthanasie"-Geschehens zeigen, daß die Konfrontation mit den Schrecken ihre moralische Wirkung nicht verfehlt hat. Obwohl oder gerade weil diese Untersuchungen nicht vorrangig aus wissenschaftlichem Interesse entstanden sind, lenken sie den Blick auf das Einzelschicksal und die Erlebniswelt der Betroffenen. Diese Perspektiverweiterung wurde erst durch die Beachtung der lokalen bzw. regionalen Aktenprovenienzen der Anstaltsverwaltungen und durch die Auswertung einzelner Patientenakten möglich[2].

---

[1] Unabhängig von den auch jeweils gesellschaftspolitisch bedingten Zwecksetzungen seien als Beispiele genannt: Mitscherlich/Mielke (Hrsg.), Medizin ohne Menschlichkeit; Platen-Hallermund, Tötung Geisteskranker; Kaul, Psychiatrie; Willi Dreßen, „Euthanasie", in: Kogon u.a. (Hrsg.), Nationalsozialistische Massentötungen, S. 27–80; Klee, „Euthanasie".

[2] Hingewiesen sei hier auf die Arbeiten von Mader, Erzwungenes Sterben; Sick, „Euthanasie"; Finzen, Auf dem Dienstweg; Römer, Graue Busse; Roer/Henkel (Hrsg.), Psychiatrie; Wunder u.a., Auf dieser schiefen Ebene; Sueße/Meyer, Abtransport; Arbeitsgruppe zur Erforschung der Geschichte der Karl-Bonhoeffer-Nervenklinik (Hrsg.), Totgeschwiegen. Ein besonderes Gewicht hat die Arbeit von Schmidt, Selektion; diese Untersuchung lebt von der Unmittelbarkeit der persönlichen Erfahrung und Beobachtung, weshalb sie selbst schon als historisches Dokument gesehen werden kann.

Das Bemühen um ein historisches Urteil auf der Basis von Kritik und Erklärung[3] orientierte sich zunächst an einem ideengeschichtlichen Deutungsmodell[4]. Die Geschlossenheit und Eindeutigkeit der ideengeschichtlich in ihrer Genese nachvollziehbaren politisch-ideologischen Programmatik ließ die eugenischen Maßnahmen und die Vernichtung „lebensunwerten Lebens" als unausweichlichen Fluchtpunkt und historischen Beweis für das Wirksamwerden der Ideologie erscheinen. Mit der Rekonstruktion des ideengeschichtlichen Hintergrundes auf der Basis der einschlägigen zeitgenössischen Literatur und politischer Absichtserklärungen eröffnete sich ein Horizont, vor dem die Extrembefunde plausibel erklärt werden konnten. Fragen nach der Reichweite und den Grenzen, nach der Eindringtiefe und den Wirkungsweisen von Ideologie im Gesamtkomplex der psychiatrischen Versorgung und des Gesundheitswesens waren schon aufgrund des Erklärungsansatzes nicht möglich[5].

Richtungweisende Impulse erhielt die Forschung durch die Arbeitshypothesen von Götz Aly und Karl-Heinz Roth zum Zusammenhang von „Mord und Modernisierung" und durch die Einführung des Terminus „Endlösung der sozialen Frage"[6]. Die Modernisierungsthese lenkte das Forschungsinteresse auf die psychiatrieimmanente Entwicklung, während der Begriff der „sozialen Frage" die Perspektive auf die Gesundheitspolitik insgesamt und – Gesundheitspolitik verstanden als Teil eines Herrschaftskonzeptes – auch auf die Bevölkerungs-, Wirtschafts- und Sozialpolitik freigab.

Betrachtet man die bisherige forschungspraktische Umsetzung der genannten anspruchsvollen Fragestellungen, so ist festzustellen, daß die Erschließung adäquaten Quellenmaterials der kreativen Formulierung von Hypothesen hinterherhinkt. Bei nur begrenzter Erweiterung der Quellenbasis aus den bekannten Provenienzen begnügte man sich in der Regel damit, das vorhandene Material – allerdings mit sehr gutem Erfolg – gegen den Strich zu bürsten. Die ‚Modernisierungs'-Bestrebungen der NS-Psychiatrie und ihre Fortschrittsfaszination traten deutlich zutage. Hier gelang insbesondere der Nachweis der Verbindung von Forschung und Patientenmord; beim Nachweis des Zusammenhangs von Anstaltsreform und Patientenmord kann aufgrund der Argumentation mit Planungsunterlagen und Entwicklungskonzepten ein deutlicher Überhang programmatischer Aussagen wahrgenommen werden. Die Absicht der Psychiatrieplaner wurde klar herausgearbeitet, nicht jedoch die Realisation dieser Planungen in der Praxis[7].

---

[3] Vgl. dazu die von Blasius erhobene Forderung in: Medizin im Nationalsozialismus, S. 52.
[4] Vgl. Nowak, Sterilisation und „Euthanasie"; für Nowak ist das ideengeschichtliche Deutungsmodell eines von fünf Deutungsmustern, die er idealtypisch herausgearbeitet und in ihrem Ertrag und ihrer Reichweite bewertet.
[5] Auch die Arbeit von Schmuhl, Rassenhygiene, steht in ihrer Gesamtkonzeption in der Tradition eines programmologischen Erklärungsmodells. Indem Schmuhl die „Radikalisierung des rassenhygienischen Programms" in der NS-Zeit mit der nationalsozialistischen Polykratie, der Konkurrenz relativ autonomer Machtzentren, in Zusammenhang bringt, gelingt jedoch erstmals eine Verknüpfung mit der allgemeinen historischen Entwicklung; vgl. auch Kaiser, Kritische Anmerkungen, S. 330-334.
[6] Vgl. dazu insbesondere Götz Aly, Der saubere und der schmutzige Fortschritt, in: Beiträge, Bd. 2, S. 9-78; Karl Heinz Roth/Götz Aly, Das „Gesetz über die Sterbehilfe bei unheilbar Kranken". Protokolle der Diskussion über die Legalisierung der nationalsozialistischen Anstaltsmorde in den Jahren 1938-1941, in: Roth (Hrsg.), Erfassung zur Vernichtung, S. 101-120, sowie das Editorial zu: Beiträge, Bd. 1.
[7] Vgl. Aly, Sauberer und schmutziger Fortschritt, in: Beiträge, Bd. 2, S. 14-26, S. 41-48.

Noch augenfälliger ist die Diskrepanz zwischen programmatischen Einsichten und praktischer Forschung in der Realisation der Hypothese von der „Endlösung der sozialen Frage" als umfassende Zielvorstellung nationalsozialistischer Rassen-, Gesundheits- und Sozialpolitik. Wenn auch jede Hypothese von einem Überschuß an Theorie lebt, so ist es doch bezeichnend, wie durch die Festlegung auf den Begriff „Endlösung" das ideologische und langfristig kalkulierte Element wieder in den Vordergrund tritt. Darüber hinaus erfährt die Hypothese erst durch die begriffliche Anlehnung an den Judenmord, also vom Endpunkt der Entwicklung her, ihre eigentliche Rechtfertigung.

Die Forschung wird die Reichweite dieser Frage prüfen müssen, die bisher insbesondere von der Argumentation mit den programmatischen Aussagen des nie endgültig verabschiedeten „Euthanasie"-Gesetzes und des „Gemeinschaftsfremden"-Gesetzes lebte[8]. Dabei liegt der entscheidende Impuls nicht so sehr darin, daß die Forschung an die Stelle des rassenideologischen Deutungsmusters ein eher sozialutopisches setzt, zumal die Bereiche Rasse und Gesellschaft in der NS-Ideologie ohnehin untrennbar verbunden sind. Auch kann es aus historischer Sicht nicht darum gehen, den Nationalsozialismus „als das brutalste aller denkbaren Vergrößerungsgläser zu sehen für die früheren und die späteren Lösungsversuche der Sozialen Frage"[9]. Die Konsequenz, die darin liegt, erkennt Klaus Dörner selbst, indem er feststellt, daß es in dieser langfristigen Betrachtungsweise fast gleichgültig wird, „ob es die Nazizeit zwischendurch gegeben hat oder nicht". Der entscheidende Gewinn liegt in der Thematisierung der „Sozialen Frage" als soziale und gesellschaftliche Dimension des Problems, an der man in Zukunft auch bei der Diskussion der eugenischen Maßnahmen und der „Euthanasie"-Aktion schlechterdings nicht vorbeigehen kann. Dabei müssen einerseits die rassenhygienischen Maßnahmen in ihrer sozialen und gesellschaftlichen Genese, andererseits aber auch die rassenideologischen und sozialutopischen Vorstellungen in der Reichweite und Wirkung für die soziale und gesellschaftliche Praxis gesehen werden.

Welchen Erkenntnisgewinn die Beachtung der gesellschaftlichen Rahmenbedingungen bringen kann, haben die Arbeiten von Gisela Bock und Hans Ludwig Siemen gezeigt[10]. Losgelöst von der Orientierung an den Extrembefunden beginnen sie ihre Betrachtung auf der Ebene der gesundheitspolitischen Praxis, also auf der Ebene, auf der die gesellschaftlichen, politischen und medizinischen Einflußstränge unmittelbar in ihrer Wirkung auf den Menschen beobachtet werden können. Die beiden Arbeiten haben aber auch gezeigt, daß das erweiterte Erkenntnisinteresse nur durch die Erschließung neuer Quellenbestände und möglicherweise durch die Anwendung neuer Methoden befriedigt werden kann.

---

[8] Zum Gemeinschaftsfremdengesetz vgl. Martin Hirsch u. a. (Hrsg.), Recht, Verwaltung und Justiz im Nationalsozialismus, Köln 1984, S. 424 und S. 536–539; Peukert, Volksgenossen, S. 261–265; Dörner, Tödliches Mitleid, S. 61 f. Zur Diskussion um ein „Euthanasie"-Gesetz vgl. Roth/Aly, „Gesetz über die Sterbehilfe bei unheilbar Kranken", in: Roth (Hrsg.), Erfassung zur Vernichtung, S. 101–120.
[9] Dörner, Tödliches Mitleid, S. 20 und S. 64.
[10] Vgl. Bock, Zwangssterilisation, und Siemen, Menschen blieben auf der Strecke.

I.

Legt man unabhängig von der historischen Situation in einer kritischen Bestandsaufnahme die sozialen Begleit- und Basisbedingungen der psychiatrischen Versorgung frei, so ergibt sich ein Beziehungsmuster, das die Komplexität des Problems, aber auch die Anforderungen an die Quellenbestände beschreibt, die hierzu Aussagen ermöglichen sollen. Da die Faktoren des Beziehungsmusters und ihre Wechselwirkung das Bezugssystem für die sich stellenden Fragen bilden, ergeben sich aus der Sicht des Patienten folgende Überlegungen zur Verknüpfung der politischen, gesellschaftlichen und medizinischen Probleme[11]: Durch die Erkrankung gerät der Patient in ein komplexes Abhängigkeitsverhältnis, das nicht allein durch die medizinische Diagnose der Krankheit und ein spezifisches System zur praktischen Behandlung dieser Krankheit begründet ist. Es werden eine Fülle von gesellschaftlichen Bedingungen wirksam, die das Krankheitsgeschehen selbst und das Verhalten von Angehörigen, Pflegern und Ärzten beeinflussen. Einige dieser Bedingungen seien besonders herausgehoben, da sie für die Betrachtung der NS-Zeit eine wichtige Funktion haben. Zu nennen sind:
– Die ökonomischen Bedingungen und die Haushaltslage des Staates, da sie die Voraussetzungen darstellen für die Bereitstellung der notwendigen Gebäude, des Personals, der medizinisch-therapeutischen Möglichkeiten und der Grundversorgungsgüter.
– Wichtig ist die Struktur des Versorgungssystems, in dem die Wahrnehmung und Sicherung der Fürsorgeaufgaben und die Finanzierung der Versorgung in der Regel auf verschiedenen Schultern ruht. Beteiligt sind z. B. in der NS-Zeit die Hausärzte und Krankenhäuser, die Bezirksfürsorgeverbände, die Fürsorgeeinrichtungen der Städte, die Landesfürsorgeverbände, die Heil- und Pflegeanstalten, die Amtsärzte und Gerichte.
– Besondere Kraft entfalten die in den jeweiligen gesellschaftlichen Verhältnissen verwurzelten und durch politisch-ideologische Vorstellungen beeinflußten normativen Wertmaßstäbe gegenüber der Persönlichkeit. Hierdurch werden die Stellung des psychisch Kranken in der Gesellschaft und damit auch die Intention psychiatrischen Handelns weitgehend geprägt. Gerade für die NS-Zeit wird zu untersuchen sein, wie das medizinische Denken durch Werturteile aus dem sozialen Kontext (Leistungsfähigkeit, Arbeitskraft), aus der Rassenideologie („minderwertiges Leben') oder durch eine ganz persönliche rigide Einstellung verantwortlicher Personen überlagert wird. Späte, Thom und Weise bezeichnen diesen Vorgang treffend als die „Überformung" der Psychiatrie[12].
– Eng verknüpft mit diesem Problem ist die Frage nach den sozialen Mechanismen zur Einordnung bzw. Ausgrenzung psychiatrisch auffälligen Verhaltens. Die Leistungsanforderungen und Verhaltensnormen der Gesellschaft, die ökonomische Situation der Familie und rassenideologisch bedingte Maßnahmen haben Einfluß darauf, in welchem Maße Menschen in den normalen sozialen Lebensprozeß integriert oder aus ihm ausgegliedert und den Einrichtungen des psychiatrischen Versorgungssystems zugeordnet werden.

---

[11] Vgl. Späte u.a., Theorie, S. 70 ff. und S. 160–165.
[12] Zum Begriff der Überformung vgl. ebenda, S. 77.

– Für den Erfolg einer Therapie und Rehabilitation spielen nicht zuletzt auch die sozialen Beziehungen zwischen den Patienten, den Angehörigen und dem medizinischen Personal eine wesentliche Rolle.

Die Einrichtungen der Anstaltspsychiatrie bilden eine der Ebenen, auf der sich die angesprochenen Bedingungen in ihrer Wirkung bündeln und die Lebensverhältnisse der Patienten bestimmen.

Der Zugriff auf den Untersuchungsgegenstand kann auch als alltagsgeschichtliche Betrachtungsweise verstanden werden. Diese Betrachtungsweise will jedoch nicht Gegenstandsbereiche aus dem gesamtgesellschaftlichen Zusammenhang isolieren und beurteilen, sondern läßt bei Beachtung der gesellschaftlichen Bezüge und sozialen Beziehungen Aufschlüsse erwarten, die zum Verständnis des Herrschaftssystems beitragen. Im eigentlichen Sinne handelt es sich also um Sozialgeschichte, auch wenn die für den alltagsgeschichtlichen Zugriff typische Orientierung an der individuellen Lebenswelt das zentrale Problem ist.

Untersuchungen zur Entwicklung der westfälischen Anstaltspsychiatrie in der NS-Zeit zeigen, daß die Realisierung des beschriebenen inhaltlichen und methodischen Zugriffs nur durch eine kombinierte Auswertung von Generalakten, hier insbesondere des Provinzialverbandes und der Heilanstalten, und von personenbezogenen Akten möglich ist. Hierbei kommt den Patienten- bzw. Krankenakten durch ihren zahlenmäßigen Umfang und durch ihre inhaltliche Struktur eine besondere Funktion zu. Am Beispiel der westfälischen Heil- und Pflegeanstalten soll im folgenden ein Einblick in die Auswahl- und Analysemethoden, die Auswertungsmöglichkeiten und -grenzen der personenbezogenen Akten gegeben werden[13].

Die Inhalte der Patientenakten wurden erst nach umfangreichen Vorarbeiten und methodischen Vorentscheidungen der Analyse zugänglich. Zu diesen Vorarbeiten gehörte die Sichtung der in den westfälischen Kliniken noch vorhandenen Patientenakten aus den Jahren 1933 bis 1945. Unter Beachtung der Aufenthaltszeit konnte mit Hilfe der Aufnahmebücher ein Kreis von etwa 37 500 Patienten ermittelt werden, der innerhalb des angesprochenen Zeitraumes kurz- oder langfristig in den sieben Heil- und Pflegeanstalten des westfälischen Provinzialverbandes gewesen ist. Da 1933 die Anstalten eine durchschnittliche Belegung von etwa 9000 Patienten aufweisen, kann schon mit dieser Zahl ein Eindruck von der Krankenbewegung und der Bedeutung der Einlieferungs- und Entlassungsfragen gewonnen werden.

Bei dem festgestellten Umfang des Bestandes an Patientenakten war es methodisch naheliegend und sinnvoll, durch ein entsprechendes Auswahlverfahren die Zahl der auszuwertenden Akten auf eine Größenordnung zu reduzieren, die aufgrund ihrer Repräsentativität verallgemeinerungsfähige Aussagen zuließ und noch mit einem vertretbaren Aufwand zu bewältigen war. Um außerdem Aussagen zu den internen Bezügen des Anstaltssystems und zu den charakteristischen Merkmalen seiner Anstalten zu ermöglichen, wurde trotz des dadurch erhöhten Auswertungsaufwandes einer nach Anstalten geschichteten Stichprobe der Vorzug vor einer Gesamtstichprobe gegeben. Auf der Basis dieser Vorgabe wurde eine repräsentative Stichprobe von 4456 Patienten-

---

[13] Das vom Landschaftsverband Westfalen-Lippe in Auftrag gegebene Forschungsprojekt „Der Provinzialverband Westfalen in der Zeit des Nationalsozialismus – Psychiatrie im Dritten Reich" wird am Provinzialinstitut für westfälische Landes- und Volksforschung in Münster durchgeführt.

akten einer genauen Analyse unterzogen. Hinzu kommen 1526 Akten von Patienten, die in den Jahren 1941 und 1943 im Zuge der „Euthanasie"-Aktion aus den westfälischen Anstalten verlegt wurden. Ein Teil dieser Akten ist verfahrensgemäß auch in der Stichprobe enthalten. Die spezifische Zusammensetzung des ausgewerteten Aktenbestandes erlaubt eine komparative Betrachtungsweise, z. B. den Vergleich der Verhältnisse in den einzelnen Anstalten und den Vergleich von verlegten und nicht-verlegten Patienten.

Da eine Analyse der ausgewählten Akten nur auf der Basis quantitativ-statistischer Methoden und mit Hilfe der elektronischen Datenverarbeitung in adäquater und erschöpfender Weise durchzuführen war, bildete die Erarbeitung eines standardisierten Fragebogens zur inhaltlichen Erfassung der Patientenakten eine wesentliche Voraussetzung der Auswertung. Dieses Erhebungsinstrument entstand in der Vorbereitungsphase durch einen wechselseitig aufeinander bezogenen Prozeß von Aktenauswertung und Fragebogenbearbeitung. Bei Beachtung der beschriebenen Fragestellungen zeichneten sich einige Dokumente durch einen besonderen Informationswert aus. Hierzu gehörten das ärztliche Gutachten als Grundlage für die Aufnahme in die Anstalt, der Personalienbogen, die Krankheitsgeschichte mit körperlichem und psychischem Befund und die Anzeige gemäß Art. 3 Abs. 4 der Verordnung zur Ausführung des „Gesetzes zur Verhütung erbkranken Nachwuchses". Insbesondere die in diesen Quellen enthaltenen Informationen bildeten einen Fundus von über 250 Merkmalen, die für die Erhebung nach Sachbereichen geordnet und zusammengefaßt wurden. Um vergleichbare Ergebnisse zu erzielen und die Auswertung zu erleichtern, war es außerdem notwendig, für die mit den Erhebungsbögen abgefragten Merkmale einen Katalog möglicher Merkmalsausprägungen vorzugeben.

Die Auswertung der Patientenakten ermöglicht Aussagen zur Person des Patienten, zum Einweisungsverfahren, zum Aufenthalt und zum Entlassungsverfahren, zum Krankheitsbild und Allgemeinbefund, zum Verhältnis Patient-Arzt-Außenwelt, zu den therapeutischen Maßnahmen, zum Arbeitseinsatz und zur Ernährung, zu den Auswirkungen der Sterilisations- und „Euthanasie"-Maßnahmen. Im folgenden sollen an drei ausgewählten Beispielen die Reichweite und die Grenzen dieser Aussagen bei Beachtung der finanziellen, organisatorischen und personellen Rahmenbedingungen in den Anstalten sowie der politisch-ideologischen und gesellschaftlichen Veränderungen während der NS-Zeit überprüft werden. Ausgangspunkt ist eine skizzenhafte Beschreibung des westfälischen Anstaltssystems und seiner Patientenschaft in den Jahren 1933 bis 1941. Vor diesem Hintergrund werden dann einige wichtige Merkmale herausgearbeitet, die für die Betroffenen der Sterilisations- und „Euthanasie"-Maßnahmen charakteristisch sind.

II.

Gegen Ende der Weimarer Republik stützte sich die psychiatrische Anstaltsfürsorge in der Provinz Westfalen fast vollständig auf die provinzeigenen Heil- und Pflegeanstalten und die Einrichtungen der Kirchen und Ordensgemeinschaften. Von der Gesamtbettenzahl zur Versorgung von Alkoholikern, Epileptikern, Geistesschwachen, Geistes- und Nervenkranken befanden sich etwa 55% in Besitz des Provinzialverbandes und etwa 40% in der Trägerschaft der Konfessionen. Die 12867 Patienten, die

1933 der Geisteskrankenfürsorge des Landesfürsorgeverbandes (also der Provinz) unterstanden, verteilten sich demzufolge auch überwiegend auf diese Einrichtungen. 8933 Patienten (etwa 70%) waren in den sieben Provinzialheilanstalten, der Rest in den anderen Anstalten untergebracht. Zwischen den Anstalten hatte sich eine Präferenz für bestimmte Patientengruppen herausgebildet. Rund 85% der Anstaltsbetten in der Betreuung konfessioneller Einrichtungen wurden von Geistesschwachen und Epileptikern belegt, während die Provinzialheilanstalten im gleichen Umfang insbesondere geisteskranke Patienten zu versorgen hatten[14]. Diese „Arbeitsteilung" bei der Wahrnehmung der Fürsorgeaufgaben erklärt den verhältnismäßig geringen Anteil an Epileptikern und geistesschwachen Patienten in den Provinzialheilanstalten, deren Patientenschaft nach den Diagnosen im psychischen Befund der Krankengeschichte folgende charakteristische Verteilung zeigt[15].

In der Patientenschaft der Provinzialheilanstalten bildeten die nach zeitgenössischem diagnostischen Verständnis dem schizophrenen Formenkreis zuzuordnenden Krankheitsbilder mit einem Anteil von 48,2% die beherrschende Gruppe. Mit weitem Abstand folgt der Kreis der geistesschwachen Patienten. Da sich ein großer Teil dieser 19,7% starken Gruppe auf die jugendpsychiatrische Anstalt St. Johannesstift in Niedermarsberg und die forensische Abteilung in der Heil- und Pflegeanstalt Eickelborn konzentrierte, war demzufolge der Anteil der Schwachsinnsfälle in den übrigen Anstalten mit durchschnittlich 12% wesentlich kleiner und der Anteil der Schizophreniefälle mit durchschnittlich 55% entsprechend hoch. Bei der Verteilung der übrigen Krankheitsformen, der progressiven Paralyse mit 4,6%, den Alterskrankheiten mit 7,3%, den Epilepsiefällen mit 4,1% und den übrigen Diagnosen mit 13,3%, sind auch aufgrund des geringen prozentualen Anteils keine funktionsbedingten Unterschiede zwischen den Anstalten besonders hervorzuheben.

Betrachtet man das Lebensalter der Patienten in Abhängigkeit von der Diagnose, so zeigen die Verteilungen einen für jede Krankheitsform spezifischen, bei Beachtung unserer Kenntnisse über die Erscheinungs- und Verlaufsformen der Krankheiten aber auch einen typischen Verlauf (Diagramm 1). Aufschlußreich ist der Zusammenhang zwischen der krankheitsabhängigen Altersstruktur und der Gesamtaufenthaltsdauer der Patienten: Die Patienten mit progressiver Paralyse und Alterskrankheiten gelangten meist erst im mittleren bzw. höheren Lebensalter in die Anstalten; für sie fielen die Aufenthaltszeiten bei Beachtung der durchschnittlichen Lebenserwartung naturgemäß kürzer aus. Von den Patienten mit progressiver Paralyse waren 51,3% bis zu 5 Jahre in den Anstalten; in den Klassen mit einer Aufenthaltsdauer von mehr als 15 Jahren finden wir lediglich 7,3% der Patienten (Diagramm 2). Mit 43,1% der Patienten in den Klassen mit kürzeren Aufenthaltszeiten und 13,8% in den Klassen über 15 Jahre lagen die Verhältnisse bei den alterskranken Patienten ähnlich. Prägend für die Zusammensetzung der Patientenschaft waren jedoch nicht die bisher be-

---

[14] Die angegebenen Zahlen wurden auf der Grundlage folgender Quellen berechnet: BA, R 36, Nr. 1769, Jahresberichte der Anstalten in konfessioneller Trägerschaft im Bereich der Provinz Westfalen; Allgemeine Zeitschrift für Psychiatrie 106 (1937), S. 1-119; Anstaltsfürsorge des Provinzialverbandes Westfalen, S. 8.

[15] Für die folgenden Aussagen in den Diagrammen 1-3 wurden die Patienten aus der repräsentativen Stichprobe ausgewählt, die am 1.1.1933 in einer der sieben Heil- und Pflegeanstalten des Provinzialverbandes untergebracht waren.

Diagramm 1: Verteilung der Diagnosegruppen nach dem Lebensalter am 1. Januar 1933 in klassifizierter Form (N = 895 Patienten)
(die Summe der Säulenprozente ergibt für jede Krankheitsform 100%)

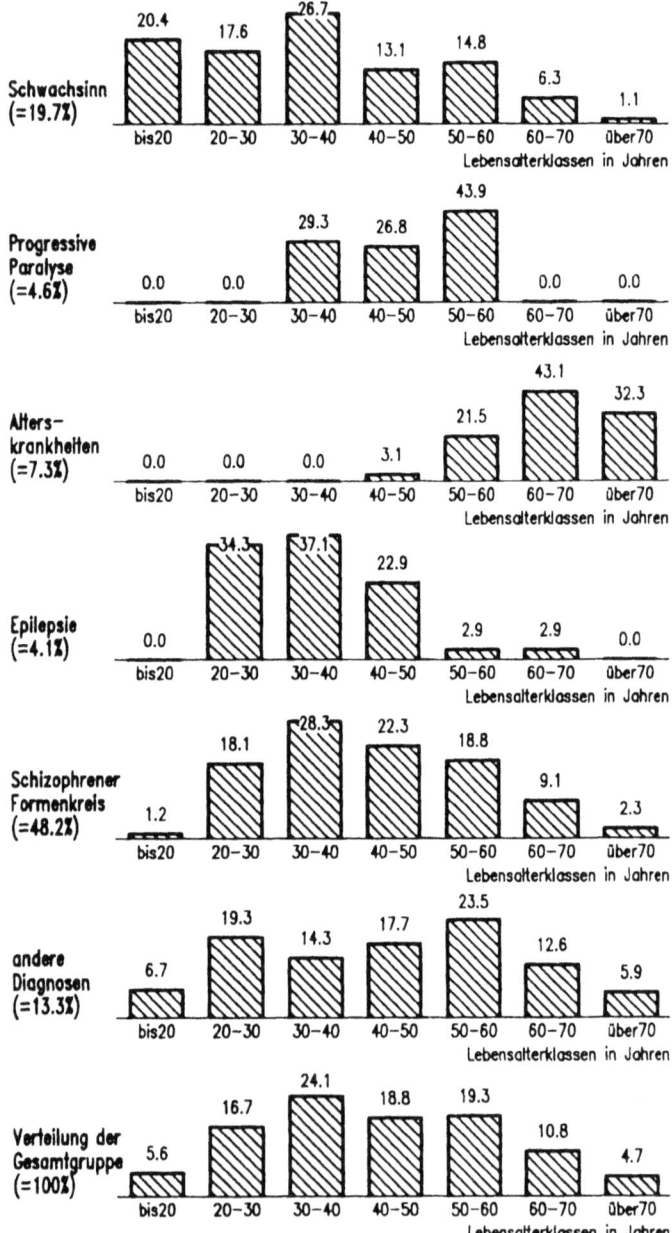

Anstaltsleben als Schicksal 225

Diagramm 2: Verteilung der Diagnosegruppen nach der gesamten Aufenthaltsdauer für den Patientenbestand vom 1. Januar 1933 in klassifizierter Form (N=895 Patienten) (die Summe der Säulenprozente ergibt für jede Krankheitsform 100%)

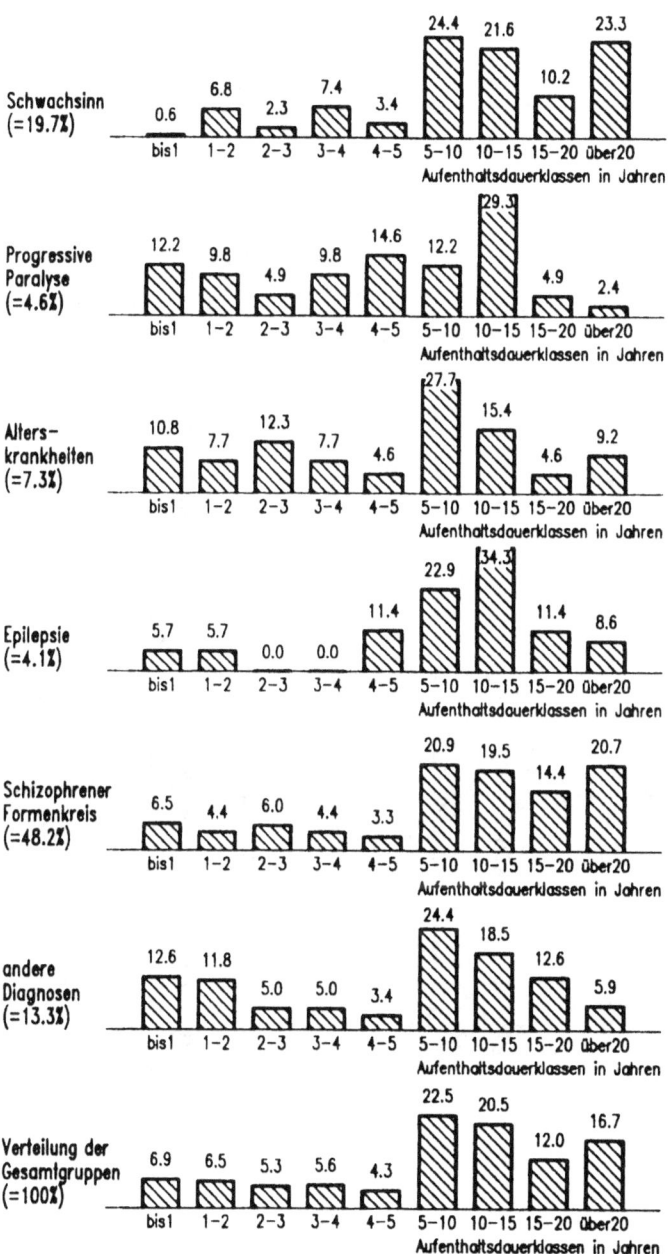

Diagramm 3: Verteilung der „Entlassungsart" nach der Aufenthaltsdauer für den Patientenbestand vom 1. Januar 1933 in klassifizierter Form (N = 895 Patienten)
(die Summe der Säulenprozente ergibt für jede Entlassungsart 100%)

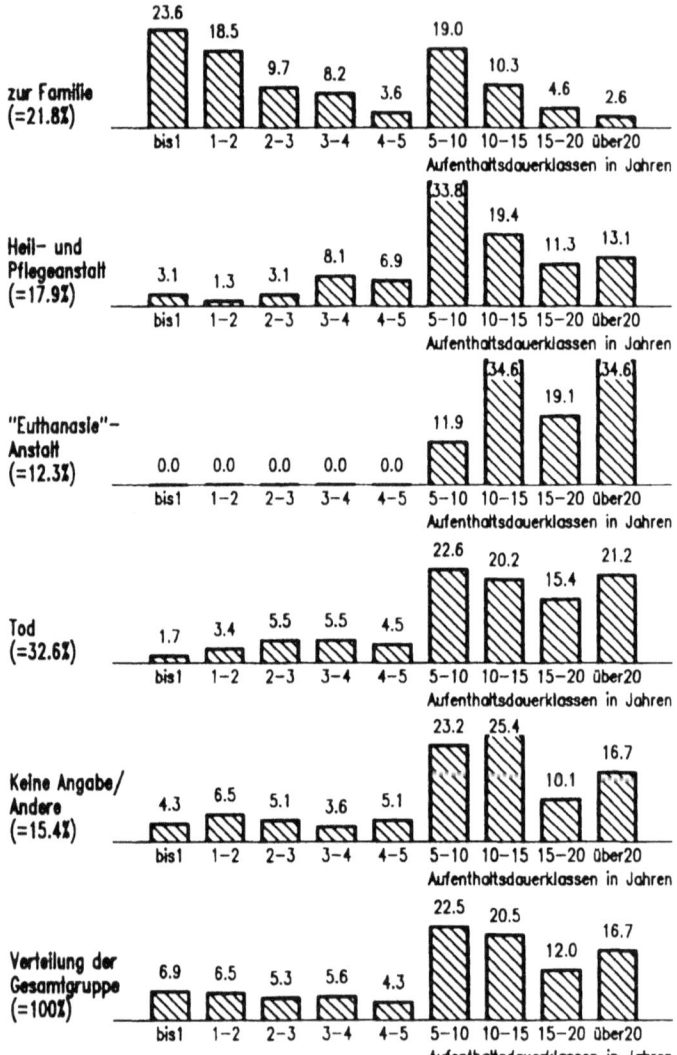

schriebenen Patientengruppen, sondern die Geistesschwachen und die Schizophreniepatienten, da diese Gruppen neben ihrem anteilmäßigen Übergewicht auch die längsten Aufenthaltszeiten aufzuweisen hatten. Bis zu 5 Jahre waren lediglich 24,6% der Schizophreniepatienten und 21,5% der geistesschwachen Patienten in den Anstalten, während 35,1% bzw. 33,5% dieser Gruppen über 15 Jahre in den Anstalten zubrachten. Betrachtet man die Entwicklung der Aufenthaltszeiten vor dem Hintergrund der Altersstruktur, dann scheint die Dauer des Anstaltsaufenthaltes beim überwiegenden Teil der Patienten mehr durch den Verlauf der Krankheit und die dadurch bestimmte Lebenserwartung als durch den Einfluß einer wie auch immer gearteten medizinisch-therapeutischen Behandlung beeinflußt worden zu sein.

Zur Vervollständigung dieses ersten Einblicks in die westfälische Anstaltspsychiatrie sollen noch einige Zahlen zu den Einweisungs- und Entlassungswegen genannt werden. Von den Patienten des Jahres 1933 waren 38% direkt von ihrer Familie in eine Heil- und Pflegeanstalt eingeliefert worden. Eine andere große Gruppe (28%) kam erst in ein Krankenhaus, um von dort in die Heilanstalten überwiesen zu werden. Als dritte große Gruppe sind mit 18% die Aufnahmen aus anderen Heil- und Pflegeanstalten anzusprechen.

Für ein Drittel der Patienten des Jahres 1933 endete der Anstaltsaufenthalt mit dem Tod. Unter den etwa 30% der Patienten, die im Laufe der folgenden Jahre in eine andere Heil- und Pflegeanstalt weiterverlegt wurden, befindet sich schon ein Anteil von etwa 12%, der dann im Rahmen der „Euthanasie"-Aktion aus den westfälischen Anstalten verlegt worden ist. Lediglich 22% aller Patienten kehrten nachweislich aus den Anstalten in die Familien zurück.

Die Beendigung des Anstaltsaufenthaltes ist, weitgehend unabhängig von der Diagnose, als eine Funktion der Aufenthaltsdauer zu sehen. Dieser Sachverhalt ist deutlich erkennbar, wenn man für die Patienten des Jahres 1933 die Art der „Entlassung" in Abhängigkeit von der Aufenthaltsdauer darstellt (Diagramm 3). Bei einer „Entlassung" nach weniger als fünf Aufenthaltsjahren war die Wahrscheinlichkeit für den Patienten groß, daß er zu seiner Familie zurückkehren konnte. Je länger sich der Aufenthalt hinzog, um so mehr verschob sich die Perspektive der Patienten von der Aussicht auf Entlassung in die Familie zur dauernden Hospitalisierung mit ihren Verschiebungsmechanismen innerhalb des Anstaltssystems und schließlich zum Tod in der Anstalt. Dieser Differenzierungsprozeß vollzog sich spätestens zwischen dem fünften und zehnten Aufenthaltsjahr in der Anstalt. Es kann hier nicht erörtert werden, ob der nachweisbare Umschwung in der Entlassungspraxis noch von anderen Entwicklungen begleitet wurde, wie z.B. von einem Rückgang medizinisch-therapeutischer Aktivitäten zugunsten einer eher ökonomischen Denkweise oder von einem Nachlassen der Außenkontakte bei zunehmender Isolierung der Patienten. Im folgenden soll vielmehr die Relevanz des beschriebenen Differenzierungsprozesses für die Sterilisierungspraxis und die Durchführung der „Euthanasie"-Aktion herausgearbeitet werden.

III.

Zur Durchführung des „Gesetzes zur Verhütung erbkranken Nachwuchses" vom 14. Juli 1933, das mit dem 1. Januar 1934 in Kraft trat, wurden in Westfalen neun Erbgesundheitsgerichte und ein Erbgesundheitsobergericht eingerichtet. Obwohl keine exakten statistischen Angaben über die Gesamtzahl der zwischen 1934 und 1945 in der Provinz Westfalen vor diesen Gerichten verhandelten Fälle vorliegen, ist eine Schätzung möglich. Danach ist von etwa 36000 Verfahren auszugehen.

Die „Register für Erbgesundheitssachen" einzelner Erbgesundheitsgerichte geben uns auch Auskunft über die institutionelle Herkunft der Betroffenen. Etwa 54% dieser Personen lebten zur Zeit der Verfahrensdurchführung nicht in einer Anstalt, etwa 29% kamen aus psychiatrischen Anstalten in privater und kirchlicher Trägerschaft oder waren Insassen von Strafanstalten, Fürsorgeerziehungsheimen und Waisenheimen; lediglich 16% der Betroffenen sind als Patienten der provinzeigenen Heil- und Pflegeanstalten anzusprechen[16]. Da diese Zahlen die Situation für zwei Erbgesundheitsgerichte beschreiben, die für die Klientel von psychiatrischen Großanstalten zuständig waren, liegen sie sehr wahrscheinlich überdurchschnittlich hoch. Orientiert man sich an den statistischen Unterlagen der Heil- und Pflegeanstalten, dann ist in der Provinz Westfalen von einer Gesamtzahl von etwa 3700 Verfahren gegen Patienten aus den Provinzialanstalten auszugehen[17]. Von diesen Verfahren vor den Erbgesundheitsgerichten endeten etwa 89% mit der Anordnung der Sterilisierung, bei etwa 9% der Betroffenen wurde eine Sterilisierung abgelehnt und bei 2% das Verfahren ausgesetzt oder eingestellt.

Ein genaueres Bild von den Auswirkungen des Sterilisierungsgesetzes auf die psychiatrische Praxis und das Leben der Psychiatriepatienten erhält man, wenn die Belegungssituation in den Heilanstalten als Ausgangspunkt der Betrachtung gewählt wird. Auch hier wird der Patientenbestand vom 1. Januar 1933 als Orientierungsgröße gewählt. Es ist also danach zu fragen, in welchem Umfang diese Patienten in den folgenden Jahren von der Ausführung des Gesetzes betroffen waren.

Der erste Schritt in der praktischen Umsetzung des Sterilisierungsgesetzes bestand in der Meldung aller Personen, die an einer Erbkrankheit litten oder verdächtigt waren, an einer Erbkrankheit zu leiden. Als Erbkrankheiten im Sinne des Gesetzes galten: angeborener Schwachsinn, Schizophrenie, zirkuläres Irresein, erbliche Fallsucht, erblicher Veitstanz, erbliche Blindheit, erbliche Taubheit, schwere erbliche körperli-

---

[16] Die Zahlen basieren auf den Registern für Erbgesundheitssachen der Erbgesundheitsgerichte Bielefeld und Münster, die sich im StA Detmold (Bestand des Amtsgerichts Bielefeld) bzw. im Archiv des Amtsgerichts Münster befinden. Diese Gerichte waren für alle Anträge auf Unfruchtbarmachung zuständig, die von den Heil- und Pflegeanstalten Gütersloh bzw. Münster und Lengerich gestellt wurden.

[17] Folgende Archivalien enthalten umfangreiches statistisches Material zur Durchführung des Sterilisierungsgesetzes: BA, R 36, Nr. 1373, Nr. 1386, Nr. 1388, Berichte des Oberpräsidenten der Provinz Westfalen über die Durchführung des Gesetzes zur Verhütung erbkranken Nachwuchses von 1935–1944; VA LWL, LFV vorl. Nr. 72, Meldungen des LFV Westfalen an den Deutschen Gemeindetag über die Durchführung des Sterilisationsgesetzes in den Anstalten 1938–1941. Da die amtlichen Übersichten über die gegen die Patienten herbeigeführten Erbgesundheitsbeschlüsse nur bis Ende 1941 im Detail geführt wurden, mußten zur Errechnung der Gesamtzahl die Ergebnisse der Patientenaktenauswertung und der Auswertung der Erbgesundheitsgerichtsakten als Orientierungswerte herangezogen werden.

Diagramm 4: Vergleich der Diagnoseverteilung für den Patientenbestand vom 1. Januar 1933, 1937, 1941 und die entsprechende Gruppe der sterilisierten Patienten (die Summe der Säulenprozente ergibt für jede Gruppe 100%)

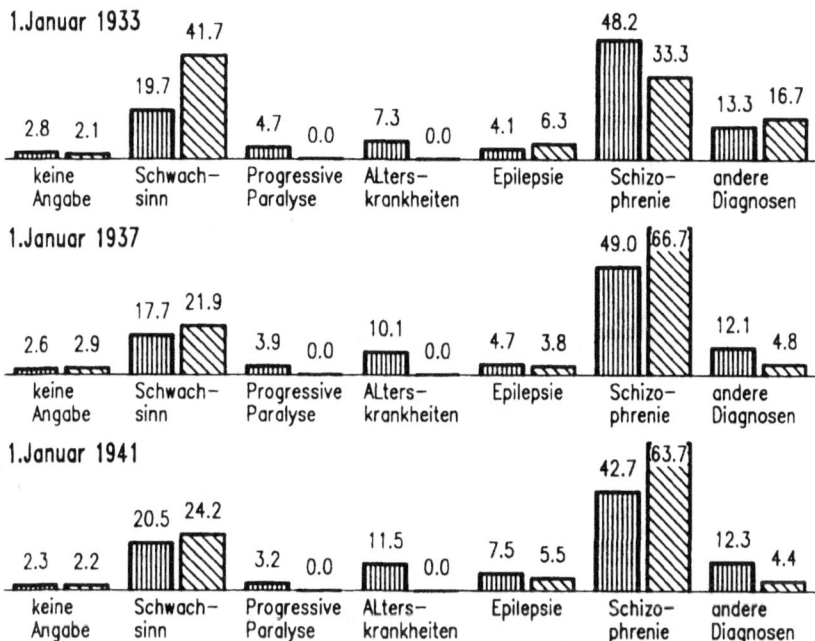

che Mißbildung und schwerer Alkoholismus. Die Meldung erfolgte durch den Leiter der Heil- und Pflegeanstalt an den zuständigen Amtsarzt beim Gesundheitsamt. Bei den Patienten des Jahres 1933 wurde in 46% der Fälle, also bei rund 4100 Personen, diese sogenannte Anzeige erstattet. Die Verfahrenseröffnung vor dem Erbgesundheitsgeliche Mißbildung und schwerer Alkoholismus. Die Meldung erfolgte durch den Leiter der Heil- und Pflegeanstalt an den zuständigen Amtsarzt beim Gesundheitsamt. Bei den Patienten des Jahres 1933 wurde in 46% der Fälle, also bei rund 4100 Personen, diese sogenannte Anzeige erstattet. Die Verfahrenseröffnung vor dem Erbgesundheitsgeheitsricht mit dem Ziel der Unfruchtbarmachung erfolgte erst auf ausdrücklichen Antrag des Anstaltsleiters[18]. Anhand der Patientenakten kann bei 5,6% der Fälle die Durchführung eines Verfahrens nachgewiesen werden, das bei 5,4%, also

---

[18] Vgl. den zeitgenössischen Kommentar von Arthur Gütt/Ernst Rüdin/Falk Ruttke, Gesetz zur Verhütung erbkranken Nachwuchses vom 14. Juli 1933 mit Auszug aus dem Gesetz gegen gefährliche Gewohnheitsverbrecher und über Maßregeln der Sicherung und Besserung vom 24. November 1933, München 1934.

bei etwa 480 Personen, mit einem Beschluß auf Unfruchtbarmachung endete. Diese Zahl machte etwa 12% des als erbkrank gemeldeten Personenkreises aus. Mit Blick auf die Entwicklung der Sterilisierungsfälle in den folgenden Jahren sind die genannten Zahlen nicht typisch. So finden wir z.B. unter den Patienten des Jahres 1937 10,4% und unter den Patienten des Jahres 1941 9% Sterilisierungsfälle.

Vergleicht man die Personenmerkmale der sterilisierten Patienten mit den Merkmalen der Gesamtgruppe, so ergeben sich einige interessante Hinweise auf die Entwicklung der Sterilisierungspraxis. Diagramm 4 stellt die diagnostische Verteilung für die Patienten einiger ausgewählter Stichjahre der entsprechenden Verteilung der sterilisierten Patienten gegenüber. Überraschend ist nicht so sehr der hohe Anteil der Schwachsinns- und Schizophreniediagnosen unter den sterilisierten Patienten, der sich durch den Wegfall der nicht-sterilisationsrelevanten Diagnosen Progressive Paralyse und Alterskrankheiten noch einmal erhöht hat. Wichtiger ist das Verhältnis der Schwachsinns- und Schizophreniediagnosen untereinander, da es im Vergleich der ausgewählten Jahre eine deutliche Veränderung aufzeigt. Die Antrags- und Verfahrenspraxis scheint sich zunächst mehr auf die geistesschwachen als auf die geisteskranken Patienten konzentriert zu haben.

Klarer als durch den Diagnosevergleich läßt sich die Gruppe der Sterilisierten mit Hilfe von Merkmalen wie Lebensalter, Entlassungsort und Aufenthaltsdauer abgrenzen. Bei Vergleich mit der Gesamtgruppe (Diagramme 1 bis 3) finden wir die Sterilisierten unter den Patienten des Jahres 1933 zu 56% in den Altersklassen bis zu 30 Jahren und zu 29% in der Altersklasse von 30 bis 40 Jahren. Mit Blick auf die zu diskutierende Frage scheint es weniger sinnvoll zu sein, die Gesamtaufenthaltszeit zu betrachten. Aufschlußreicher ist die Verteilung der Aufenthaltszeit bis zum Stichtag des angesprochenen Jahres. Sie zeigt in den Aufenthaltszeitklassen bis zu 5 Jahren über 70% der Sterilisierten, aber nur 59% der Gesamtpatientenzahl. Dieser offensichtlich nicht besonders große Unterschied in der Aufenthaltszeit ist im Zusammenhang mit dem Entlassungsort zu interpretieren. Rund 75% der vom Sterilisierungsgesetz Betroffenen wurden auch nach längeren Aufenthaltszeiten zu ihren Familien entlassen, während nur 21,8% der Gesamtgruppe diesen Entlassungsweg gingen.

Vom „Gesetz zur Verhütung erbkranken Nachwuchses" waren also insbesondere die bis zu 40jährigen Patienten mit einer Aufenthaltszeit bis zu 10 Jahren betroffen, die zu ihren Familien entlassen werden konnten und sollten. Der mit dem Gesetz angestrebte Hauptzweck, die im zeitgenössischen Sinne als „fortpflanzungsfähig" und „fortpflanzungsgefährlich" geltenden Patienten von der Fortpflanzung auszuschließen, ist an dieser Merkmalskombination deutlich abzulesen. Im Laufe der Jahre scheint die eigentliche Absicht des Gesetzes im Bewußtsein der Beteiligten allmählich verblaßt zu sein, denn die Zahl der älteren Patienten und der Patienten mit längeren Aufenthaltszeiten nahm kontinuierlich zu, während die Entlassungen zu den Familien abnahmen. Von den Sterilisierten des Stichjahres 1941 wurden nur noch rund 34% zu ihren Familien entlassen.

Auch unter den Patienten, die 1941 im Laufe der „Euthanasie"-Aktion aus Westfalen verlegt wurden, sind Opfer des Sterilisierungsgesetzes zu finden. Aufgrund der Patientenaktenanalyse ist festzustellen, daß etwa 8% der „Euthanasie"-Opfer des Jahres 1941 auch sterilisiert worden waren. Diese Sterilisierung wurde allerdings bei über 70% der Fälle vor 1937 und nach einer Aufenthaltszeit von 5 bis 10 Jahren durchgeführt und fiel damit noch in die Sattelzeit zwischen der Entlassung zur Familie und der dauernden Hospitalisierung.

Wie der Kreis der Sterilisierten läßt sich auch der Kreis der „Euthanasie"-Opfer mit Hilfe von Persönlichkeitsmerkmalen von der übrigen Patientenschaft abgrenzen. Als Hintergrundinformation sind zur Durchführung und zum Umfang der „Euthanasie"-Aktion in Westfalen einige wichtige Ereignisse anzusprechen[19]. In der Zeit vom 24. Juni bis 26. August 1941 wurden 2890 Patienten in 27 Transporten unter strengsten Geheimhaltungsbemühungen in die hessischen Anstalten Herborn, Eichberg, Scheuern, Kalmenhof/Idstein und Weilmünster verlegt. Diese Anstalten dienten als Zwischenstationen auf dem Weg nach Hadamar, der zentralen Tötungsanstalt für die westfälischen Patienten. Die Patienten, die bis zum 15. Juli 1941 aus den westfälischen Anstalten verlegt wurden, gelangten in der Zeit von Mitte Juli bis Ende August nach Hadamar und wurden dort „vergast". Insgesamt fielen 1350 Patienten dieser Mordaktion zum Opfer. Die übrigen Patienten blieben zunächst in den Durchgangsstationen, um in den folgenden Jahren ein nicht weniger grausames Schicksal zu nehmen.

Mit den Verlegungen in der Zeit vom 24. Juni bis 12. November 1943 wurden auch kriegsbedingte Zwecke verfolgt. Dieses ist an einigen organisatorischen Merkmalen wie der Räumung ganzer Anstaltsbereiche ohne Beachtung der für die ersten Verlegungen maßgeblichen Kriterien, der Mitteilung an die Angehörigen über den bevorstehenden Abtransport und der Verlegung in sehr verschiedene, weniger luftgefährdete Gebiete des Reiches erkennbar. Zunächst sind nur die Transporte nach Hadamar und Meseritz/Obrawalde als Verlegungen mit ausschließlicher Tötungsabsicht anzusprechen. Im größten Teil der Anstalten wurden die siechen, nicht-arbeitsfähigen Patienten in einem kontinuierlichen Prozeß ausgeschieden und durch eine besonders nährstoffarme Kost oder durch Überdosen an Beruhigungs- und Schlafmitteln getötet. Die Transporte „mit Rücksicht auf die zunehmende Luftgefahr" umfaßten insgesamt 2846 Patienten.

Obwohl insbesondere bei der ersten Verlegungsaktion die Auswahl der Patienten weitgehend nach vorgegebenen Kriterien erfolgte, ist die Frage von Interesse, in welchem Umfang die Anstalten den Vorgaben gefolgt sind und welcher Teil der Patientenschaft tatsächlich verlegt wurde. Zur Aufhellung dieses komplexen Sachverhaltes ist nach dem Zusammenhang zwischen den verschiedenen „Entlassungswegen" und spezifischen Persönlichkeitsmerkmalen zu fragen. Für die Patientenschaft der westfälischen Heilanstalten vom 1. Januar 1941, dargestellt durch eine repräsentative Stichprobe in einem Umfang von 1007 Personen, wurde dieses Problem mit Hilfe multivariater Analysemethoden untersucht. Forschungsziel war es, eine Methode zu finden, mit der die Gruppen der Entlassenen zur Familie, in eine Heilanstalt und in eine „Euthanasie"-Anstalt und die Todesfälle möglichst eindeutig getrennt und ihnen charakteristische Merkmale zugeordnet werden konnten.

Welche Ergebnisse die Anwendung der Korrespondenzanalyse bringt und welche Aussagen möglich sind, soll an einem Beispiel dargestellt werden[20]. In unserem Fall

---

[19] Vgl. Bernd Walter, Psychiatrie in Westfalen 1918–1945. Soziale Fürsorge – Volksgesundheit – Totaler Krieg, in: Teppe (Hrsg.), Selbstverwaltungsprinzip und Herrschaftsordnung, S. 115–134, hier S. 131 ff.

[20] Zur Auswertung wurde das multivariate Verfahren der Korrespondenzanalyse verwendet; auf eine Präsentation der rechnerischen und grafischen Ergebnisse wird hier verzichtet. Grund-

wurden die Beziehungen zwischen den „Entlassungsformen" und einigen Personenmerkmalen wie Entlassungsbegründung, Diagnose, Lebensalter am Stichtag, Familienstand, Einlieferungsweg, Aufenthaltsdauer insgesamt, Aufenthaltsdauer vor und nach dem Stichtag und Anzahl der Aufnahmen in eine Heilanstalt berechnet. Das Analyseverfahren basiert auf der kombinierten Auswertung mehrerer Kontingenztabellen, in denen die genannten Personenmerkmale mit der zu erklärenden Variable kreuztabelliert wurden. Als Ergebnis und Interpretationsgrundlage liefert das Verfahren eine Fülle von Korrelationswerten und eine grafische Darstellung der Abhängigkeiten. So ist es möglich, die „Entfernung" der einzelnen Variablen im relativen Vergleich zu betrachten und den Erklärungswert jeder Variablen im Rahmen des Modells abzuschätzen. Auf weitere Details zur Methode und zum Interpretationsverfahren soll hier verzichtet werden.

Aufgrund der Korrelationsberechnungen lassen sich zwei Patientengruppen gegeneinander abgrenzen, die ein besonderes Schicksal innerhalb des Anstaltssystems vor sich hatten. Zum einen ist es eine Gruppe mit einem erhöhten Anteil an Alterskrankheiten und Paralyseerkrankungen. Sie hatte erst eine Aufnahme in eine Anstalt zu verzeichnen und war (bei Beachtung des Aufnahmedatums) erst verhältnismäßig kurze Zeit in der Anstalt. Das entscheidende Kriterium ist die lange Aufenthaltszeit, die diese Patienten nach dem Stichtag noch vor sich hatten und die überwiegend mit dem Tod in der Anstalt endete. Demgegenüber finden wir die Patienten, die in eine andere Heilanstalt oder eine „Euthanasie"-Anstalt verlegt wurden. Die Nähe dieser zwei „Entlassungswege" ist bezeichnend. Sie deutet an, daß man im Rahmen der „Euthanasie"-Aktion mit Vorliebe Patienten verlegte, die man früher an andere Anstalten abgab. Dennoch kann dieser Aspekt nicht überbewertet werden, da der Erklärungswert der betrachteten Dimension für die „Euthanasie"-Verlegungen schon aufgrund der Korrelationswerte ein höheres Gewicht hat. Die entsprechende Patientengruppe zeichnet sich durch folgende Merkmale aus: durch einen erhöhten Anteil der Schizophrenie-Diagnose, durch ein mittleres Lebensalter von 30 bis 50 Jahren, durch den Familienstand „ledig", durch eine Aufenthaltszeit bis zu 15 Jahren, aber mit einer extrem hohen Anzahl von Aufnahmen in Heil- und Pflegeanstalten.

Die Ergebnisse der Berechnungen lassen die Beschreibung von zwei weiteren Patientengruppen mit spezifischen Merkmalsausprägungen zu. Es handelt sich um eine Patientengruppe mit dem Merkmal „Entlassung zur Familie" und eine Patientengruppe mit dem Merkmal „Tod in der Anstalt". Dabei unterscheidet sich die zuletzt genannte Gruppe deutlich von der Gruppe mit gleicher Merkmalsausprägung in der ersten Betrachtungsebene. Hier handelt es sich vor allem um sehr alte Patienten mit langen Aufenthaltszeiten, die wahrscheinlich aufgrund ihres gebrechlichen Zustandes für eine Verlegung nicht mehr in Frage kamen. Dem entgegen stehen die Patienten mit der Variablenausprägung „Entlassung zur Familie". Sie waren bis zu 30 Jahre alt, überwiegend verheiratet und hatten nur kürzere Aufenthaltszeiten hinter sich. Bezeichnend ist auch die hohe Korrelation mit der Kategorie „andere Diagnosen", in der

---

Fortsetzung Fußnote von Seite 231
legend zu dem Verfahren vgl. Jörg Blasius, Korrespondenzanalyse – Ein multivariates Verfahren zur Analyse qualitativer Daten, in: Historische Sozialforschung, Heft 42/43 (1987), S. 172–189.

auch zahlreiche Fälle mit noch nicht eindeutig identifizierbarer Krankheit enthalten sind.

Durch die Anwendung des multivariaten Analyseverfahrens werden deutlich vier Patientengruppen gegeneinander abgegrenzt. Zwei dieser Gruppen können als die Zielgruppen der Sterilisierungsmaßnahmen und der „Euthanasie"-Aktion bezeichnet werden. Sie sind nur in einem Grenzbereich deckungsgleich. Da nach den Auffassungen der Rassenhygieniker eine dauernde Anstaltsunterbringung die Fortpflanzung der „geistig Minderwertigen" verhinderte, waren nicht die Langzeitpatienten, sondern die Patienten mit kurzen Aufenthaltszeiten die Hauptzielgruppe der Sterilisierungsmaßnahmen. Opfer der „Euthanasie"-Aktion wurden insbesondere die Patienten in chronischem Krankheitszustand, die sich als resistent gegen die medizinischen Therapiebemühungen erwiesen hatten. Gerade die Identität der Persönlichkeitsmerkmale zwischen den „Euthanasie"-Opfern und den anderen verlegten Patienten legt die Annahme nahe, daß die „Euthanasie" tatsächlich die zeitspezifische Lösung eines permanenten Problems der Anstaltspsychiatrie darstellte. Voraussetzung hierfür waren allerdings nicht so sehr eine Radikalisierung der Anstaltspsychiatrie, sondern vielmehr der rassenideologisch vorbereitete Umbruch der Wertvorstellungen und die innere Radikalisierung des NS-Systems, die den Weg öffneten für eine NS-spezifische Lösung des sozialen Problems der Langzeitpatienten.

Kurt Nowak

Widerstand, Zustimmung, Hinnahme.
Das Verhalten der Bevölkerung zur „Euthanasie"

Der Versuch, die nationalsozialistischen Krankenmorde – ein zivilisationsgeschichtliches Menetekel ohnegleichen – in ihren Auswirkungen auf die deutsche Bevölkerung zu erfassen, unterliegt manchen Schwierigkeiten. Die historische Forschung steht vor demoskopischen Unsicherheitsfaktoren, die Aussagen über das Verhaltens- und Meinungsbild der Deutschen (als Kollektivum verstanden) nur mit Einschränkungen zulassen. Die Möglichkeiten zu freier Meinungsäußerung waren seit 1933 in dem Maße geschwunden, wie das Regime seinen Zugriff auf nahezu alle Lebensbereiche ausgedehnt hatte. Lediglich in Nischen des Systems, und auch dort nur in verhüllter Form, vermochte sich eine nicht gleichgeschaltete Öffentlichkeit zu behaupten. Begonnen haben die Krankenmorde wenige Wochen nach dem Ausbruch des Zweiten Weltkrieges. Ihr Ende fanden sie erst in den letzten Kriegstagen. Auch diese Tatsache ist für die Beurteilung des Bevölkerungsverhaltens von Gewicht. Der Krieg verstärkte die ohnehin schon starke Fragmentierung und Segmentierung der deutschen Gesellschaft. Er schuf unterschiedliche Erfahrungs- und Erlebnisräume, die es schwer machen, Teilerfahrungen und -reaktionen für das Ganze zu nehmen[1].

Bei der historischen Rekonstruktion der Meinungsströme und Verhaltensweisen zu berücksichtigen sind außerdem mentalitätsgeschichtliche Faktoren. Mit welchen Schwierigkeiten war die Bewahrung alltäglicher Menschlichkeit unter den Bedingungen des nationalsozialistischen Regimes verbunden? Verzerrung der Persönlichkeit und die Herstellung von Surrogatwelten gehörten zu den Kennzeichen dieser Jahre. „Das Festhalten an eigenen Überzeugungen war viel in dieser Zeit der Hybris; zum Gegendenken gehörte zwar kein Todesmut, aber der Mut, sich dem von den Nazis so hoch prämierten Mitdenken der Parolen zu entziehen."[2] Gar für Gruppen der Gesellschaft einzustehen, die massiver Stigmatisierung unterlagen, erforderte vermehrte humane Sensibilität. Die Krankenmorde fanden zu einer Zeit statt, in der massenhaftes Sterben an den Fronten des Krieges und im Hinterland zur Alltagserfahrung wurde. Welche Verblassungs- und Gewöhnungseffekte sind durch die Allgegenwart des Todes hervorgerufen worden? In welchem Ausmaß schlugen sie sich als Gleichgültigkeit, als achtloses Hinnehmen des Todesschicksals der psychiatrischen Patienten nieder? Es gibt zu denken, daß die Krankenmorde nach dem technischen Stopp vom 24. August 1941, obwohl sie unter strategisch veränderten Bedingungen bis 1945 fortgesetzt

---

[1] Vgl. Hans Mommsen, Was haben die Deutschen vom Völkermord an den Juden gewußt?, in: Walter H. Pehle (Hrsg.), Der Judenpogrom 1938. Von der Reichskristallnacht zum Völkermord, Frankfurt a.M. 1988, S. 176–200, hier S. 176.
[2] Dirk Blasius, Die „Unproduktiven" getötet, in: ders., Umgang mit Unheilbarem, S. 107.

wurden, keine ähnlich kraftvollen Einsprüche mehr erfahren haben, wie das 1940/41 der Fall war. Lag das an den stilleren Formen der Abwicklung oder an den abstumpfenden Folgewirkungen des Krieges, an der Eskalation von Schrecken, Grauen und Tod?

Die Uneindeutigkeit des Eindeutigen

Die Krankenmorde waren Durchbruchsaktionen. Sie erwuchsen aus einem Potential latenter Bereitschaft, das weit über den Kreis derer hinausreichte, die seit 1939 als Täter in Erscheinung traten. Anders wäre das Fortleben von Gnadentod- und Vernichtungsideen weit über die Zäsur des Jahres 1945 hinaus kaum zu erklären. Nach dem Sturz des Dritten Reiches hat nicht einmal die ungeschminkte Offenlegung der Greueltaten ausgereicht, um den Wahn und Spuk euthanatischer Vernichtungswünsche auszutilgen[3]. Die Vorstellung, es müsse möglich sein, „saubere Lösungen" zu finden, überdauerte eine Mordpraxis, die mitunter selbst hartgesottenen Tötungsspezialisten das Blut in den Adern hatte gefrieren lassen. Im Nürnberger Ärzteprozeß nahm Prof. Dr. med. Karl Brandt zur Rechtfertigung der Krankenmorde eine idealistische Gesinnung in Anspruch: „Es kommt aber hier darauf an, wie man die Vorgänge betrachtet. Sie werden uns dadurch erträglich und wachsen in das hinein, was sie in Wirklichkeit sind, indem wir sie in manchem als etwas Verklärtes ansehen. Ich glaube, wenn man sich auf diesen Standpunkt stellt, dann wird auch innerhalb der Überlegung über die Euthanasie ein armes, elendes Wesen mit einbezogen in diese Gedanken, die in Wirklichkeit weit über das begrenzte irdische Sein hinausgehen. Und sie werden sich einfügen lassen in den Inhaltsbegriff des Daseins überhaupt." Brandt glaubte zu wissen, „daß auch heute wieder und vielleicht gerade in diesem Augenblick in anderen Staaten und Ländern die Frage der Euthanasie erneut debattiert wird"[4]. Nachdem Brandt zum Tode durch den Strang verurteilt war, reichten die von Bodelschwinghschen Anstalten (Bethel) für Hitlers einstigen Begleitarzt und „Euthanasie"-Verantwortlichen ein Gnadengesuch ein. War sogar die Leitung der weltbekannten Behinderteneinrichtung von den idealistischen Motiven Brandts überzeugt?

Der Fall Brandt ist symptomatisch für die Mehrdeutigkeiten, von denen der Begriff „Euthanasie" in Deutschland überlagert ist. Das keineswegs nur semantisch belangvolle „Euthanasie"-Problem der Deutschen vor und nach 1933 bestand in der Übertragung von Sterbehilfe-Motiven wie Mitleid und Erlösung von unheilbarem Leiden auf psychisch Kranke und geistig Behinderte. Die Tötung von psychiatrischen Patienten als „Euthanasie" zu rechtfertigen und das Lebensrecht der Betroffenen unter Berufung auf humane Gründe für hinfällig zu erklären, entsprach breitenwirksamen Traditionen seit dem Aufkommen des Sozialdarwinismus. Pointiert kann man die Frage stellen, ob Hitler mit seiner bekannten Ermächtigung für Philipp Bouhler und Brandt, „die Befugnisse namentlich zu bestimmender Ärzte so zu erweitern, daß nach menschlichem Ermessen unheilbar Kranken bei kritischster Beurteilung ihres Krankheitszustandes der Gnadentod gewährt werden kann", nicht einfach den Schlüssel ins Schloß gesteckt hatte? Stellten die „Euthanasie"-Aktionen der Jahre 1939 bis 1945 die

---

[3] Evangelisches Zentralarchiv Berlin, EKD 1/235, Schreiben von Unbekannt an Landesbischof Wurm vom 10.11.1946.
[4] IfZ, Nürnberger Ärzteprozeß, Protokoll Bl. 2449, Aussage Brandts vom 4.2.1947.

konsequente Vollstreckung vager Wunschbilder dar? Ist 1939 lediglich eine Sperre gelöst worden, die bis dahin noch zwischen theoretisch vorgedachten Konzepten und ihrer praktischen Umsetzung gelegen hatte?

Auf der anderen Seite hat kein Unrechtsgeschehen der nationalsozialistischen Ära von Anbeginn soviel Protest und Verweigerung ausgelöst wie die Krankenmorde. Diese Tatsache schwächt den Eindruck vom inneren Zusammenhang bestimmter Werthaltungen und der Mordpraxis ab. Die Krankenmorde haben Lähmung und Entsetzen hervorgerufen. Selbst treue Parteigänger des Regimes, deren Erklärungs- und Entschuldigungsbereitschaft für unpopuläre Maßnahmen sehr weit ging, reagierten mit Fassungslosigkeit. Erschüttert teilte die württembergische NS-Frauenschaftsführerin Else von Löwis am 25. November 1940 der Gattin des Obersten Richters der NSDAP mit: „Bei dem, was jetzt an uns herantritt, wird einem, wie mir gestern eine junge 100%ige Parteigenossin sagte, einfach der Boden unter den Füßen weggezogen."[5] Offenbar ist mit den Krankenmorden bei einem Teil der Bevölkerung die Toleranzgrenze erreicht und überschritten gewesen, und zwar unabhängig von weltanschaulicher und religiöser Bindung.

Mit dem Hinweis auf mental-emotionale Bereitschaften in der Bevölkerung auf der einen, Protest- und Verweigerungshaltungen auf der anderen Seite sind die äußersten Enden eines insgesamt mehrdeutigen Spektrums markiert. Die Mitte des Spektrums war wohl bestimmt von gleichzeitiger Wahrnehmung und Verdrängung des Schrecklichen, von der Ausklammerung der brutalen Fakten aus der eigenen ethischen Wertewelt, ohne daß sich dies mit einem prinzipiellen Nein gegen alle Formen der Auslöschung kranken Lebens verbinden mußte. Daß die Protagonisten der „Euthanasie" den sozialpsychologischen Mechanismus des Nichtwahrhabenwollens zynisch einkalkuliert haben, ist eher unwahrscheinlich. Sie standen teilweise unter ähnlichen psychologischen Voraussetzungen.

Die Einbeziehung der „Euthanasie" in den biologiepolitischen Maßnahmekatalog des Nationalsozialismus geschah experimentell-tastend. Ein zielklares Programm, das sich seit 1933 in steigender Radikalität entfaltet hätte, ist nicht erkennbar. Ins Programmatische verwies allenfalls Hitlers Äußerung von 1935, er werde die Vernichtung „lebensunwerten Lebens" erst im Falle eines Krieges aufgreifen, „wenn alle Welt auf die Kampfhandlungen schaut und der Wert des Menschenlebens ohnehin minder schwer wiegt"[6]. Die These, es lasse sich von den 1933 eingeleiteten Maßnahmen negativer Eugenik – insbesondere vom „Gesetz zur Verhütung erbkranken Nachwuchses" vom 14. Juli 1933 – eine gerade Linie zu den Krankenmorden ziehen, ist in der Forschung strittig. Ihren Ausgangspunkt nahmen die Krankenmorde bei der Tötung schwerstbehinderter Kleinkinder. Sie war in jener psychologischen Grauzone angesiedelt, die es erlaubte, Lebensvernichtung als einen Akt ärztlicher Humanität anzusehen. In ihr manifestierte sich besonders augenfällig die Uneindeutigkeit des Eindeutigen. Äußerst charakteristisch für dieses Phänomen ist auch die „Aktion T 4". Obwohl die psychiatrischen Exekutionen in Pommern, Westpreußen und Polen seit Ende

---

[5] Abgedruckt in: Weitere Dokumente zu den Geisteskrankenmorden, S. 261–264; ZStA Potsdam, F 10163–10175, SS-interne Berichte über die Bevölkerungsstimmung.

[6] IfZ, Nürnberger Ärzteprozeß. Protokoll Bl. 2415, Aussage Brandts vom 4.2.1947. Möglicherweise gab es singuläre „Euthanasierungen" in staatlichen Anstalten schon in den dreißiger Jahren. Dem Verfasser liegen dazu Informationen von Angehörigen vor.

September 1939 keinen Zweifel mehr zuließen, wohin Maßnahmen dieser Art und Größenordnung trieben, operierten die Verantwortlichen in der „Euthanasie"-Planungszentrale bis weit in den Herbst 1940 mit Gedanken und Begriffen aus dem überkommenen Sterbehilfearsenal. Der in mehreren Beratungsphasen erstellte Text eines Gesetzes, welches die aus verschiedenen Gründen als problematisch und unhaltbar bewertete Hitler-Ermächtigung ablösen sollte, trug die Überschrift „Gesetz über die Leidensbeendigung bei unheilbar Geisteskranken und Lebensunfähigen"[7]. In wissenschaftlichen Kategorien denkende Rassenhygieniker, Bevölkerungspolitiker und Fachleute der Psychiatrie wollten mit dem Gesetz – das nie verabschiedet wurde – dem unkontrollierten Wildwuchs der Krankenmorde vorbeugen. Der subjektive Glaube dieser Experten, den Gedanken der „Euthanasie" gegen eine wilde Krankenschlächtergesinnung hochzuhalten und für dieses Unterfangen wissenschaftliche Seriosität in Anspruch nehmen zu können, verweist wiederum auf die für die Krankenmorde typische Dialektik von Tat und Verdrängung. Die Brechung zivilisatorischer Tabus, der Gang über eine Schwelle, die in der Kulturwelt bis dahin nur gedanklich, nicht aber faktisch überschritten war, geschah mit gleichsam abgewandtem Blick. Nicht der jeder menschlichen Regung bare Täter, sondern der „Helfer" prägte der NS-„Euthanasie" den Stempel auf. Die Verantwortlichen verstanden sich als Idealisten mit blutigen Händen.

Die Wahrnehmung der „Euthanasie"-Aktionen

Wahrnehmungsfähigkeit und -bereitschaft der deutschen Bevölkerung für die „Euthanasie"-Aktionen waren unterschiedlich ausgebildet. Betrachtet man die verschiedenen „Euthanasie"-Aktionen, zeigen sich unterschiedliche Verflechtungen in das öffentliche Leben, damit aber auch, je nach Charakter der einzelnen Aktionen und ihrer Wahrnehmung in gesellschaftlichen Teilgruppen, unterschiedliche Reaktionen. Bei der „Aktion T 4" freilich, also den höchst lückenhaft getarnten, vor aller Augen im Reichsgebiet abrollenden psychiatrischen Anstaltsmorden der Jahre 1940/41, sah sich die Bevölkerung als Gesamtheit mit den Geschehnissen konfrontiert. Sie drängten sich ihr durch eine Fülle erdrückender Indizien nachgerade auf.

Am engsten waren die Grenzen bei der Kinder-„Euthanasie" gezogen; das administrative Vorgehen wirkte in seiner Mischung aus internen Rundschreiben, öffentlicher Bekanntgabe und medizinischer Fachsprache auf Nichteingeweihte augenscheinlich kaum anstößig[8]. Die Arbeit des Reichsausschusses zur wissenschaftlichen Erfassung erb- und anlagebedingter schwerer Leiden mochte als Spezialtätigkeit innerhalb eines nur dem Fachmann zugänglichen Katalogs ärztlichen und gesundheitspolitischen Handelns angesehen werden. Dies war der Grund, weshalb bei der Kinder-„Euthanasie" Reaktionen außerhalb des Kreises der unmittelbar Betroffenen (in erster Linie Eltern) ausblieben. Seit 1940 nahm die Kinder-Euthanasie" eine beträchtliche Größen-

---

[7] BA, R 96 I (Reichsgemeinschaft Heil- und Pflegeanstalten), Bl. 126659–126690. Entwurf zu einem „Euthanasiegesetz" nebst Durchführungsbestimmungen und Meinungsäußerungen hierzu.
[8] Zum quasi-öffentlichen Charakter vgl. DÄB 70 (1940), S. 142: „Meldung mißgestalteter Neugeborener"; Ministerialblatt des Reichs- und Preußischen Ministeriums des Innern (101.) 1940, S. 1437: „Kranken- und Säuglingsfürsorge. Behandlung mißgestalteter usw. Neugeborener", Runderlaß des RMdI vom 1. 7. 1940.

ordnung an. Die Zahl der durch Tabletten, Klysmen, Spritzen, Hungerkost in den „Kinderfachabteilungen" ermordeten Säuglinge, Kleinkinder und Jugendlichen wird auf mindestens 5000 geschätzt. Dennoch finden sich in den Dokumenten der Anklage und des Protests Hinweise auf diesen Komplex nur in Spurenelementen. Die Frage, ob die Wahrnehmungsbereitschaft der Bevölkerung nur deshalb eingegrenzt war, weil die Kinder-„Euthanasie" sich in der Atmosphäre der Klinik abspielte und vom Eindruck diagnostisch-therapeutischen Handelns umgeben war, oder traditionelle Ausgrenzungsbereitschaft „Monstren" gegenüber vorlag, wird sich schwer entscheiden lassen. Im Gang der deutschen Kulturentwicklung seit dem Mittelalter ist jedenfalls das Lebensrecht von mißgebildeten und idiotischen Kindern nicht selten bestritten worden[9]. Die Eltern behinderter Säuglinge und Kleinkinder waren in den Jahren der Kinder-„Euthanasie" in vielen Fällen auf sich allein gestellt.

Ähnlich gering ist die Wahrnehmungsfähigkeit der Bevölkerung bei der Ermordung psychiatrischer Patienten durch Sonderkommandos geblieben. Sie begann kurze Zeit nach Kriegsbeginn in Pommern, Ostpreußen, Danzig-Westpreußen, dem Wartheland und im Generalgouvernement. Den Anstoß gaben die Gauleiter Franz Schwede-Coburg, Arthur Greiser und Erich Koch. Ihr Ziel war die Freiräumung von psychiatrischen Anstalten und die Beseitigung der Kranken aus kriegswirtschaftlichen Gründen. Institutionell und ideell vollzogen sich die Massenerschießungen und Vergasungen außerhalb der seit Frühjahr 1939 in der Kanzlei des Führers etablierten „Euthanasie"-Planungszentrale[10]. Die Zahl der in wenigen Monaten dahingemordeten Patienten ging in die Tausende. Allein in der Anstalt Swięcie (Bezirk Bromberg) sind im September und Oktober 1939 etwa 1350 Insassen erschossen worden. Rechtfertigungen im Sinne des klassischen Sterbehilfe-Vokabulars benötigten die mit der Durchführung der Morde beauftragten Einsatzkommandos (SS, Sicherheitspolizei, Schutzpolizei, deutscher Selbstschutz) nicht. Vorausgesetzt wegen der hohen psychischen Belastung war bei den Angehörigen der Exekutionstrupps lediglich charakterliche und weltanschauliche „Festigkeit". Überrumpelungseffekte, Schnelligkeit und Abschirmung der mit Schußwaffen und fahrbaren Gaskammern durchgeführten Morde, zudem ihre Dislozierung, haben das blutige Geschehen über die betroffenen Orte und Regionen nur gerüchteweise hinausdringen lassen. Es bedurfte zielgerichteten Recherchierens, um sich von außen an die Wahrheit heranzutasten. Was an konkreten Informationen in der deutschen Bevölkerung im Frühsommer 1940 vorhanden war, enthält die Denkschrift von Pastor Paul Gerhard Braune (Lobetal/Kreis Bernau) vom 9. Juli 1940, das detaillierteste Bulletin des Verbrechens, das im Zusammenhang mit der „Euthanasie" von einem Zeitgenossen zusammengestellt worden ist[11].

Gleichfalls nicht ins Bewußtsein der Bevölkerung drangen die von den Einsatzgruppen der Sicherheitspolizei und des SD durchgeführten Geisteskrankenmorde in der UdSSR. Diese Tötungen, die in den „Ereignismeldungen" in summarischer Zusammenstellung mit der Liquidierung von Juden, Partisanen, Zigeunern und Asozialen

---

[9] Vgl. Engisch, Euthanasie und Vernichtung, S. 7 ff.; Eser, Heiligkeit, S. 377–414.
[10] Eine Zusammenfassung des Kenntnisstands bei Schmuhl, Rassenhygiene, S. 240 ff.
[11] Erstveröffentlichung der Denkschrift in: Die Innere Mission 37 (1947), S. 23–34; Unterlagen zur Abfassung der Denkschrift befinden sich in den „Akten Paul Gerhard Braune" in Lobetal/Bernau.

figurieren[12], sind der Wehrmacht nicht verborgen geblieben. Indizien für die Weitergabe dieses Wissens ins Hinterland durch Fronturlauber sind vorhanden. Ob Versuche gezielter Informationsvermittlung an geeignete Gremien und Personen unternommen wurden, um diese zu Protesten zu veranlassen, ist nicht bekannt. Belegt ist die aktive Verstrickung der Wehrmacht in die Tötungsaktionen der Einsatzgruppen. Zumindest insofern, als sie die psychiatrischen Morde in Kauf nahm, um Anstaltsräume zur Unterbringung von Truppen nutzen zu können. Im Baltikum, dem Operationsraum der Einsatzgruppe A, baten Wehrmachtsdienststellen um die Säuberung von Anstalten für Quartierzwecke. Seitens der Sicherheitspolizei wurde der Wehrmacht gelegentlich anheimgestellt, die notwendigen Maßnahmen mit eigenen Kräften durchzuführen[13]. In Kursk erklärten der Stadtkommandant und der Arzt der örtlichen Garnison, nach deutschem Gesetz stellten die Geisteskranken Ballast dar und würden deshalb vernichtet. Ein entsprechender Befehl erging an das ärztliche Personal des psychiatrischen Krankenhauses[14]. In welchem Umfang Informationen über die Krankenmorde der Einsatzgruppen ins Reichsgebiet durchgesickert sind, dürfte schwer abzuschätzen sein. Zwischen Gerücht und konkreter Information lagen – je nach Einstellung zum Regime – Ermessensspielräume. Sie begünstigten die Verdrängung und Verharmlosung der Taten. Zusätzliche Rezeptionsbarrieren schuf die unfaßliche Dimension der Verbrechen.

Mordaktionen, die außerhalb des Zivillebens abgewickelt wurden, machten sich nur peripher im Bewußtsein der Bevölkerung bemerkbar. Das zeigten auch die „Euthanasierungen" in den rechtsfreien Räumen der Konzentrations- und Fremdarbeiterlager. Die „Aktion 14f13", auch Invaliden-Aktion genannt, begann im Frühjahr 1941 und erfaßte neben invaliden KZ-Häftlingen auch politische Gegner und rassisch unerwünschte Personen. Die Zahl der in den Tötungsanstalten der „Aktion T 4" vergasten KZ-Häftlinge wird mit etwa 20 000 beziffert. Was die ausländischen Zwangsarbeiter betraf, so wurde die bis 1943 gängige Praxis, kranke und dauernd arbeitsunfähige Ostarbeiter in ihre Heimat abzuschieben, abgelöst durch die sogenannte Sonderlageraktion: Erkrankte und arbeitsunfähige Ostarbeiter wurden in Sammellagern zusammengeführt und von dort in psychiatrische Anstalten mit geräuschlos funktionierenden Tötungsinstrumentarien (Hungerhäuser, Spritzen) bzw. in die Vernichtungsanstalt Hartheim bei Linz transportiert[15]. Auch diese Geschehnisse blieben im Bewußtsein der Bevölkerung, verglichen mit der „Aktion T 4" in den Jahren 1940/41, blaß und abseitig.

---

[12] NA, T-175/234, Ereignismeldungen vom 19.11. und 8.12.1941, 16.1. und 25.2.1942. Vgl. dazu auch Helmut Krausnick/Hans-Heinrich Wilhelm, Die Truppe des Weltanschauungskrieges. Die Einsatzgruppen der Sicherheitspolizei und des SD 1938–1942, Stuttgart 1981, sowie Angelika Ebbinghaus/Gerd Preissler, Die Ermordung psychisch kranker Menschen in der Sowjetunion. Dokumentation, in: Beiträge, Bd. 1, S. 75–107.
[13] Einsatzgruppe A, Gesamtbericht bis zum 15.10.1941, abgedruckt in: Der Prozeß gegen die Hauptkriegsverbrecher vor dem Internationalen Militärgerichtshof, Bd. XXXVII, Nürnberg 1949, S. 691.
[14] Vgl. Ebbinghaus/Preissler, Ermordung psychisch kranker Menschen, in: Beiträge, Bd. 1, S. 99.
[15] Vgl. dazu Kreis u.a., Der Eichberg; Mader, Das erzwungene Sterben; Matthias Hamann, Die Morde an polnischen und sowjetischen Zwangsarbeitern in deutschen Anstalten, in: Aussonderung und Tod, S. 121–187; Lafont, L'extermination, S. 151 ff.

Beachtet man, daß schließlich auch die „wilde Euthanasie" ab 1941, der ein mehrfach modifiziertes Konzept zugrunde lag, das sich an fachpsychiatrischen, sozialen und katastrophenmedizinischen Aspekten zu orientieren suchte, ungleich geringere Aufmerksamkeit auf sich zog als die großräumig-industriell organisierten Anstaltsmorde von 1940/41, liegt der Schluß auf ein insgesamt eingeschränktes Wahrnehmungsverhalten der Bevölkerung nahe. Diese Engführung der Perspektive steht zum Gesamtpanorama des Grauens in bemerkenswertem Kontrast, ist aber sozialpsychologisch erklärlich. Neben der „Aktion T4" ist es am ehesten noch die Kinder-„Euthanasie", allerdings deutlich eingegrenzt auf Beteiligten- und Betroffenengruppen, an der sich das Bevölkerungsverhalten detailliert verfolgen läßt.

Die Morde in den psychiatrischen Anstalten im Reichsgebiet

Die „Euthanasie"-Planungszentrale in Berlin, ein Konglomerat staatlicher und quasistaatlicher Behörden, hatte im Herbst 1939 alle administrativen Voraussetzungen zur Aussonderung und Vernichtung der Insassen der psychiatrischen Anstalten im Reich geschaffen. Die erste von insgesamt sechs großen Tötungsanstalten, die zeitlich teils neben-, teils nacheinander in Betrieb waren, wurde Ende 1939 auf Schloß Grafeneck bei Reutlingen (Württemberg) eingerichtet[16]. Am 1. Februar 1940 wurden aus der ältesten Epileptikeranstalt Deutschlands, Pfingstweide bei Tettnang, dreizehn Insassen abgeholt und in Grafeneck vergast; danach trafen in rascher Folge weitere Transporte aus Anstalten Württembergs, Badens, Bayerns und aus Bedburg-Hau ein. Mißtrauen in der Bevölkerung machte sich schon während der Umrüstung von Schloß Grafeneck zur Tötungsanstalt unter Leitung von Dr. med. Horst Schumann bemerkbar. Bereits Anfang Februar 1940 häuften sich erste Nachfragen und Gerüchte wegen des Schicksals der Patienten aus Tettnang. Die bei den Angehörigen eintreffenden Todesnachrichten verdichteten die Gerüchte wenige Tage später zur Gewißheit. Pfarrer Nathanael Fischer, Vorsteher der Samariterstiftung Grafeneck, teilte dem Oberlehrer Maier (Münsingen) in ungeschminkten Wendungen mit, es sei „bedauerlich, daß in Grafeneck Kranke getötet und verbrannt" würden[17]. Nachdem der Stein ins Wasser geworfen war, zog er in größter Schnelligkeit immer weitere Kreise. Psychiatrische Anstalten, die bisher ohne Mißtrauen die von der „Euthanasie"-Organisation ausgeschickten Meldebogen ausgefüllt hatten, verweigerten weitere Zuarbeit[18], zumal auch aus anderen Gegenden bestürzende Informationen eintrafen. In wenigen Monaten entwickelte sich in der Bevölkerung Württembergs eine in den Augen des Regimes höchst besorgniserregende Mißstimmung, die zum Teil mit demonstrativen Zeichen der Solidarität für die todgeweihten Kranken einherging. Bei der Anfahrt von Todestransporten nach Grafeneck traten mit Straßenarbeiten beschäftigte Arbeiter an den Wegrand und lüfteten schweigend ihre Mütze. Der Stuttgarter Generalstaatsanwalt berichtete dem Reichsjustizminister, das „Gerede von dem auffälligen Massensterben oder gar von einem Massenmord an den Pfleglingen geht wie ein Lauffeuer um. Bemerkenswert ist,

---

[16] Vgl. Morlok, Wo bringt ihr uns hin?, S. 7 ff.
[17] Ebenda, S. 29.
[18] Vgl. Die Ermordeten waren schuldig?, S. 25 ff.; Schlaich, Lebensunwert?, S. 37 ff.; Rückleben, Deportation und Tötung, S. 33; Justiz und NS-Verbrechen. Sammlung deutscher Strafurteile wegen nationalsozialistischer Tötungsverbrechen 1945–1966, Bd. VII, Amsterdam 1971, S. 112 und S. 84 ff., sowie Bd. VI, S. 2 ff.

daß es in dem überwiegend protestantischen Kreis Freudenstadt genauso angetroffen wird wie in dem fast ganz katholischen Kreis Rottweil."[19]

Die kirchlichen Stellen Württembergs und Pastor Braune als Vizepräsident des Central-Ausschusses für die Innere Mission haben in einer für das sonstige kirchliche Verhalten ungewöhnlichen Art die Proteste aus der Bevölkerung Süddeutschlands auf die Reichsinstanzen zu lenken gesucht. „Wenn ich Ihnen", schrieb Braune am 15. Juli 1940 der Diakonissen-Oberin Zeller in Karlsruhe, „einen Rat geben darf, so ist es der: alle, die Zorn und Entsetzen über die Dinge im Herzen tragen, sollen ganz deutlich unter Benennung der Einzelheiten und eventuell Abschrift der Todesnachrichten Protest einlegen bei der Reichskanzlei in Berlin oder Herrn Reichsminister Dr. Lammers als Chef der Reichskanzlei."[20] Ein Runderlaß des württembergischen Oberkirchenrats vom 27. Juli 1940 an die Pfarrämter und Dekanate zielte in die gleiche Richtung[21]. Der Stuttgarter Oberkirchenrat Sautter sammelte Informationen über Vergasungen von Weltkriegsteilnehmern, da deren Ermordung als besonders wirksames Argument angesehen wurde, um auf die Zerstörung des Vertrauens zu „Führer und Reich" hinzuweisen. Eine energische evangelische Christin nutzte Ende November/Anfang Dezember 1940 restliche Urlaubstage, um, ausgerüstet mit verschiedenen Anklage- und Protestbriefen Wurms, bis zu Hitler vorzudringen[22]. Zu erinnern ist im Zusammenhang mit der württembergischen Opposition auch an Kurt Gerstein. Entsetzen über die Vergasungen auf Schloß Grafeneck, von denen er durch die Tötung einer nahen Verwandten persönlich betroffen war, bewogen ihn, seinen singulären Widerstandsweg in der SS anzutreten. Am 8. Dezember 1940 schrieb Himmler an den Oberdienstleiter in der Kanzlei des Führers: „Mein lieber Brack! Wie ich höre, ist auf der Alb wegen der Anstalt Grafeneck eine große Erregung. [...] Was dort geschieht, ist ein Geheimnis und ist es doch nicht mehr. Somit ist dort die schlimmste Stimmung angebrochen, und es bleibt meines Erachtens nur übrig, an dieser Stelle die Verwendung der Anstalt einzustellen und allenfalls in einer klugen und vernünftigen Weise aufklärend zu wirken."[23] Tatsächlich wurde Grafeneck noch vor Jahresende stillgelegt.

In ähnlicher Breite wie in Württemberg entfaltete sich Aufbegehren gegen die Krankenmorde nur noch in Westfalen. Ursächlich dafür waren das überragende Prestige der von Bodelschwinghschen Anstalten in Bielefeld-Bethel und die auch auf anderen Konfliktfeldern erprobte Resistenz des katholischen Milieus mit Clemens August Graf von Galen, dem Bischof von Münster, an der Spitze. Der Zugriff der „Euthanasie"-Organisation auf die Betheler Anstalt – Friedrich von Bodelschwingh (Sohn) reagierte darauf mit einer insgesamt erfolgreichen Hinhaltetaktik – geschah unter den Augen der Öffentlichkeit: „Schon das Personal des Bielefelder Hotels hat durch die Gespräche der Herren mehr als erwünscht ist, von den Dingen erfahren. So

---

[19] Schreiben des Generalstaatsanwalts in Stuttgart an den Reichsminister der Justiz vom 12.10.1940, abgedruckt in: Klee (Hrsg.), Dokumente, S. 211.

[20] Landeskirchliches Archiv Stuttgart, D 1/113, Schreiben Braunes an Oberin Zeller vom 15.7.1940; Hauptarchiv Bethel, Schreiben Braunes an Bodelschwingh vom 8.7.1940.

[21] Landeskirchliches Archiv Stuttgart, D 1/113, 1, Runderlaß des Evangelischen Oberkirchenrats vom 27.7.1940.

[22] Vgl. Gerhard Schäfer/Richard Fischer (Hrsg.), Landesbischof D. Wurm und der nationalsozialistische Staat 1940–1945. Eine Dokumentation, Stuttgart 1968, S. 142f.

[23] BDC, Personalakten Viktor Brack; das zitierte Schreiben ist auch abgedruckt in: Weitere Dokumente zum Krankenmord, S. 266.

ging es wie ein Lauffeuer durch Stadt und Land. Bereits am zweiten Tag nach dem Eintreffen der Ärzte kamen die Bauern in der Senne zu unseren Kranken auf das Feld mit der Frage: ‚Wißt Ihr, daß die Mordkommission in Bielefeld angekommen ist?'"[24] Die Briefe und Sterbeurkunden aus der Tötungsanstalt Hadamar gingen in der westfälischen Bevölkerung von Hand zu Hand. Sie wirkten „schlimmer, als es staatsfeindliche Hetzblätter tun" konnten. „Daß in amtlichen Urkunden solche offenbaren Unwahrheiten stecken, weckt immer neues Erstaunen und sät immer neues Mißtrauen."[25] Städtische Fürsorgerinnen wiesen die Angehörigen von Kranken auf die Gefahren für Leib und Seele hin, die bei Anstaltsverbringung entstehen konnten. Die berühmte Predigt Bischof von Galens in der Münsteraner Lamberti-Kirche am 3. August 1941 erscheint angesichts der allgemeinen Stimmung in Westfalen als der bündige Ausdruck massenhafter Ablehnung der Krankenmorde. Von Galens „Euthanasie"-Predigt wurde durch Mundpropaganda und durch hand- und maschinenschriftliche Vervielfältigung verbreitet. Der Stadtdechant von Köln bekundete gegenüber dem Bischof am 26. August 1941 sein Erstaunen darüber, mit welcher Begeisterung seine Predigten gelesen und vervielfältigt würden. Die Dichterin Ricarda Huch schrieb an Galen: „Erfahren zu müssen, daß unserem Volk das Rechtsgefühl zu fehlen scheint, war wohl das Bitterste, was die letzten Jahre uns gebracht haben. Die dadurch verdüsterte Stimmung erhellte sich, als Sie, hochverehrter Herr Bischof, dem triumphierenden Unrecht sich entgegenstellten und öffentlich für die Verunrechteten eintraten."[26]

Von Galens Predigt war ein Schritt über den Rubikon. Zwar hatten vor dem 3. August 1941 auch andere Bischöfe und Geistliche in ihren Predigten die Krankenmorde gebrandmarkt[27], doch war das Verhalten der katholischen Kirche bis zu dem entschlossenen Auftritt von Galens mehr von der internen Denkschriften- und Eingabenpolitik des Vorsitzenden der Fuldaer Bischofskonferenz, Kardinal Bertram, bestimmt. Die Predigt von Galens bedeutete eine Loyalitätsaufkündigung in ethisch-humanitärer (noch nicht in politischer) Hinsicht und wegen der bewußten Herstellung einer größeren Öffentlichkeit die Auseinandersetzung mit dem Regime auf dem Boden der Volksstimmung. Die Gauleitung Westfalen-Nord und das Ministerium Goebbels reagierten mit Gegenpropaganda, waren sich jedoch ihrer eingeschränkten Möglichkeiten deutlich bewußt. Ende 1941 ließ Goebbels seine Absicht, in Münster eine große Propagandarede zu halten, um ein Gegengewicht gegen den Einfluß des Bischofs zu schaffen, wieder fallen. Englische und amerikanische Sender strahlten Berichte über den Bischof aus, die auch in italienischer, spanischer und deutscher Sprache über den Äther gingen. Ein amerikanischer Kommentator bezeichnete von Galens Auftreten als ebenso entscheidend für die Kriegsgeschichte wie die neuesten Entwicklungen an der Ostfront. Allerdings fand die Euthanasiepredigt des Bischofs auch scharfe Ablehnung. Drei (katholische) Soldaten nannten ihn einen Hetzapostel:

---

[24] Hauptarchiv Bethel, Schreiben Bodelschwinghs an Brandt vom 25.4.1940.
[25] Hauptarchiv Bethel, Schreiben Bodelschwinghs an Brandt vom 28.8.1940.
[26] Vgl. Heinrich Portmann, Der Bischof von Münster. Münster 1946, S. 16 f. und S. 35. Zu den Überlegungen von Galens, gegen die Untaten des Regimes öffentlich Einspruch zu erheben, siehe sein Schreiben an Bischof Berning vom 26.5.1941, abgedruckt in: Ludwig Volk (Bearb.), Akten deutscher Bischöfe über die Lage der Kirche 1933–1945, Bd. V: 1940–1942, Mainz 1983, Nr. 657; vgl. auch Volk, Gewissensentscheid, S. 219–224; kritisch äußert sich Höllen, Katholische Kirche und NS-Euthanasie.
[27] Vgl. den Überblick bei Wollasch, Was taten Kirche und Caritas?

„Verkrüppelte Soldaten werden nicht beseitigt, wohl aber – Gott sei Dank! – Irre." Ärzte und Beamte von Provinzialanstalten der Rheinprovinz verteidigten von Galen in einem Flugblatt. Seine Äußerungen entsprächen trotz anderslautender Reden auf Parteiversammlungen der Wahrheit[28].

Beunruhigende Meldungen über die Stimmung in der Bevölkerung veranlaßten die „Euthanasie"-Verantwortlichen schon seit Spätsommer 1940, sich der massenpsychologischen Begleitung der Vernichtung „lebensunwerten Lebens" zu widmen. Die Geschichte der diversen Propagandaprojekte ist eine Geschichte der Widersprüche. Aus ihr schälte sich die Erkenntnis der eng gezogenen Grenzen jeder „Aufklärung" der Bevölkerung heraus. Das am 29. August 1941 zur Uraufführung gekommene propagandistische Endprodukt, der Spielfilm „Ich klage an", verpackte die Botschaft in das klassische Sterbehilfethema der Tötung auf Verlangen[29]. Lediglich in einer Sequenz gestatteten sich die Filmschöpfer die Kameraeinstellung auf eine Tür mit der Aufschrift „Kinderfachabteilung", also den versteckten Hinweis auf die Kinder-„Euthanasie". Angesichts des verbreiteten Wissens um die Anstaltsmorde nahm das Kinopublikum die propagandistische Funktion des Films in aller Regel wahr; das Pro und Kontra dazu war deshalb weniger ein Meinungsbarometer für die Tötung auf Verlangen, als vielmehr ein Indikator der Volksmeinung zu den Krankenmorden. Laut den „Meldungen aus dem Reich" war die Meinungsbilanz zu dem Film insgesamt positiv. Massive Ablehnung habe sich nur bei den Kirchen, der katholischen stärker als der protestantischen, bei älteren Ärzten, Juristen und in einigen „intellektuellen Kreisen" gezeigt: „Zusammenfassend ergibt sich aus dem zahlreichen vorliegenden Material, daß im allgemeinen die Durchführung der Euthanasie bejaht wird, wenn ein Ausschuß von mehreren Ärzten unter gleichzeitiger Einwilligung des unheilbar Erkrankten und seiner Angehörigen entscheidet."[30] Dieses Resümee bedeutete also keineswegs ein uneingeschränktes Ja zur Krankenvernichtung. Stimmen zum Film, die sich in die von der Propaganda gewünschten Richtung bewegten, blieben die Ausnahme. Der Konsens eines breiteren Publikums bei der Tötung auf Verlangen in klar umschriebenen rechtlichen und medizinischen Formen ist ambivalent; man kann ihn als Akzeptanz der Krankenmorde unter Vorbehalt wie als deren Mißbilligung verstehen. In katholischen Regionen und in Kreisen der Bekennenden Kirche wurde der Film als das bewertet, was er war: ein raffinierter Versuch, auf der Klaviatur der Volksseele zu spielen, um die Krankenmorde psychologisch zu unterbauen.

Die Publikumsreaktionen auf den als „künstlerisch besonders wertvoll und volksbildend" eingestuften Film „Ich klage an" waren nur eine Facette unter anderen im Meinungsbild und Verhalten der Deutschen. Durch die rigiden Tötungsmaßnahmen fühlten sich auch Gesunde bedroht; sie verweigerten die Teilnahme an Röntgenreihenuntersuchungen aus Furcht, bei Krankheit ausgesondert und vernichtet zu werden.

---

[28] ZStA Potsdam, Reichskirchenministerium Nr. 23335 und Nr. 22231, Vorgänge betreff von Galen; vgl. auch Peter Dohms (Bearb.), Flugschriften in Gestapo-Akten. Nachweis und Analysen der Flugschriften in den Gestapo-Akten des Hauptstaatsarchivs Düsseldorf, Siegburg 1977, S. 239ff., und das auf S. 412f. abgedruckte anonyme Flugblatt vom 26.2.1942.

[29] Zu den Filmen liegt eine relativ umfangreiche Literatur vor; vgl. u.a. Rost, Sterilisation und „Euthanasie"; Karl Heinz Roth, Filmpropaganda für die Vernichtung der Geisteskranken und Behinderten im Dritten Reich, in: Beiträge, Bd. 2, S. 125–193.

[30] Meldungen aus dem Reich. Die geheimen Lageberichte des Sicherheitsdienstes der SS, hrsg. v. Heinz Boberach, Bd. 9, Herrsching 1984, S. 3177.

Da die Tötungsmaschinerie neben den psychiatrischen Kranken auch weitere Gruppen erfaßte – Tuberkulosekranke, Krebskranke, Juden[31], „Asoziale" –, waren solche Sorgen nicht unbegründet. Im Schwarzwald wurde ein ganzes Dorf durch die Tötung eines Kriegsversehrten in „höchste Aufregung versetzt"[32]. Verschiedentlich kam es zu spontaner Solidarisierung der Bevölkerung beim Abtransport von Kranken. Bei der Wegschaffung von Insassen des Ottilienheimes bot sich laut Bericht des Gaustabsamtes Nürnberg im Spätwinter 1941 folgendes Bild: „Die Gesamtbevölkerung von Absberg, die stark katholisch ist, war zusammengelaufen und hat laut weinend dem Geschehen zugesehen. Daß bestimmte Kreise diesen Vorgang psychologisch entsprechend ausgewertet haben, braucht nicht wunder zu nehmen. Pg. Kirchhof teilte mit, daß sich unter diesen weinenden Zuschauern sogar Parteigenossen befunden hätten und daß in der allgemeinen Volkserregung Äußerungen getan wurden, die als unverantwortlich bezeichnet werden müßten. Selbstverständlich hat der Pfarrer des Ottilienheimes von sich aus für die entsprechende Stimmung dadurch gesorgt, daß die Wegzuschaffenden am Vormittag in die Klosterkirche zu Beichte und Kommunion gebracht und unter Zuhilfenahme der Klosterschwestern förmlich an den Altar geschleppt wurden. Ich werde nunmehr durch den Landrat genaue Erhebungen über den Vorfall pflegen lassen."[33] Die Ereignisse von Absberg waren kein Einzelfall[34].

Die spontanen örtlichen Solidarisierungen und das allgemeine Unbehagen in seiner Verschränkung mit dumpfen Empfindungen eigener Bedrohung massenwirksam zu bündeln und reichsweit in zielgerichtete Energien des Protests umzusetzen, wie das in Württemberg und Westfalen jedenfalls partiell und temporär der Fall gewesen ist, gelang nicht. Das Gesamtbild der Jahre 1940/41 war bestimmt von sporadischen Einzelaktivitäten. In Brandenburg ging Dr. Lothar Kreyßig als Vormundschaftsrichter mit juristischen Mitteln gegen die Verlegung von psychiatrischen Patienten vor. Anstaltsleitungen, die seinen formalrechtlich unantastbaren Anweisungen zuwiderhandelten, bedrohte er mit Anzeige und Bestrafung[35]. Juristischer Protest auf unterer Ebene ist auch sonst bezeugt, während die Spitzen des Rechtswesens den Krankenmorden nichts entgegengesetzt haben[36]. In manchen Fällen nahmen Pastoren Trauerfeiern zum Anlaß, um das Unrechtsgeschehen zu beklagen und das Gewissen der Bevölkerung zu schärfen. Es kam dabei zu Bestrafungen mit KZ-Haft[37]. Unter den Pastoren,

[31] Zu diesem kaum erforschten Thema vgl. jetzt Henry Friedlander, Jüdische Anstaltspatienten in Deutschland, in: Aly (Hrsg.); Aktion T 4, S. 34–44.
[32] Hauptarchiv Bethel, Schreiben Bodelschwinghs an Ministerialrat Ruppert vom 26. 8. 1940.
[33] Schreiben des Gaustabsamtsleiters Sellmer an SS-Sturmbannführer Friedrich, SD Nürnberg, vom 1. März 1941; abgedruckt in: Prozeß gegen die Hauptkriegsverbrecher, Bd. XXXV, S. 690f.
[34] IfZ, Nürnberger Dokumente, NO-897, NO-844, NO-520.
[35] Schlußvortrag Friedrich Karl Kauls im Strafverfahren gegen Vorberg und Allers, vorgetragen vor dem Schwurgericht beim LG Frankfurt a. M. am 20.11.1968 (vervielfältigtes Manuskript); vgl. auch Lothar Gruchmann, Ein unbequemer Amtsrichter im Dritten Reich. Aus den Personalakten des Dr. Lothar Kreyßig, in: VfZ 32 (1984), S. 463–488.
[36] Vgl. Lothar Gruchmann, Justiz im Dritten Reich 1933–1940. Anpassung und Unterwerfung in der Ära Gürtner, München 1988, S. 497–534, sowie Gruchmann, Euthanasie.
[37] Vgl. Nowak, „Euthanasie" und Sterilisierung, S. 119ff. In Hessen büßte Pfarrer Karl Hilmes (Ulfen) den Protest gegen die Krankenmorde mit KZ-Haft; vgl. dazu Hans Slencka, Die evangelische Kirche in Kurhessen-Waldeck in den Jahren 1933–1945, unveröffentlichtes Ms.; für die katholische Kirche vgl. Ulrich von Hehl (Hrsg.), Priester unter Hitlers Terror. Eine biogra-

welche die Wahrheit über die Krankenmorde in Jugendstunden, Gemeindeabenden und Gruppenabenden mit Soldaten verbreiteten, ragen die „Pfarrer von Lübeck" hervor: die Kapläne Eduard Müller, Johannes Prassek und Hermann Lange (Herz-Jesu-Kirche) und der evangelische Pfarrer Karl Stellbrink (Lutherkirche), die den bekannten Protestbrief Bischof D. Wurms an Reichsinnenminister Frick vom 19. Juli 1940 und die Galen-Predigt einem größeren Kreis bekanntmachten. Sie wurden wegen „Wehrkraftzersetzung" und „landesverräterischer Feindbegünstigung" zum Tode verurteilt und hingerichtet[38].

In einer heute nicht mehr rekonstruierbaren Anzahl von Fällen haben Familien um das Leben ihrer Angehörigen in den psychiatrischen Anstalten gekämpft. Anstaltsleitungen, die vor Beginn der Todestransporte Angehörige benachrichtigten, um die bedrohten Patienten in den Schutz der Familien zu entlassen, mußten freilich auch die bittere Erfahrung machen, daß die zur Rettung Aufgeforderten nicht reagierten. Konfessionelle Anstalten verfügten bei Patienten, deren Unterbringungs- und Pflegekosten aus öffentlichen Mitteln bestritten wurden, über keine wirksame Handhabe, deren Verlegung und damit Tötung zu verhindern[39].

Am 24. August 1941 erging die fernmündliche Anweisung Hitlers, die Krankenmorde zu stoppen. Trotz des Drucks aus der Bevölkerung und der kirchlichen Proteste kann der Stopp nicht unbedingt als Einlenken des NS-Regimes interpretiert werden. Die heutige Forschung sieht für den Stopp mehrere Gründe. Von entscheidender Bedeutung waren planungsstrategische Gesichtspunkte. Die bereits im Oktober 1939 prognostizierte Zahl von 65 000 bis 70 000 Krankentötungen war Ende August 1941 erreicht, ja sogar leicht überschritten (70 273). Hinzu kamen neue Überlegungen, die auf Effektivierung und stärkere „Verwissenschaftlichung" der psychiatrischen Praxis hinausliefen. Vor diesem Hintergrund relativiert sich die Bedeutung der Proteste für die Entscheidung des 24. August 1941, wird aber keineswegs völlig aufgehoben, wie überkritische Forscher im Interesse der Zerstörung einer „Widerstandslegende" behaupten.

Nach der – technischen – Zäsur vom 24. August 1941 gingen die Krankenmorde als „wilde Euthanasie" (Viktor Brack) bzw. als „Aktion Brandt" im Zusammenspiel von dezentralen Aktivitäten und zentraler Steuerung weiter. Im Bereich des psychiatrischen Anstaltswesens ist das bis zum Sturz des Dritten Reiches fortgehende „Euthanasie"-Programm kein Geheimnis gewesen, auch wenn manche Maßnahmen nach dem August 1941 uneindeutiger anmuteten und verschiedentlich zur Beruhigung Anlaß zu geben schienen. Zahlreiche staatliche Anstalten sind in der Phase der „Aktion Brandt" aktiv in die Mechanismen des geräuschlosen Tötens einbezogen gewesen. Die Tötungszentralen Bernburg und Sonnenstein arbeiteten bis 1942 bzw.

Fortsetzung Fußnote von Seite 245
    phische und statistische Erhebung, Mainz ²1985. Zur Reichweite und Eigenart des kirchlichen Widerstandes vgl. Kurt Nowak, Sterilisation, Krankenmord und Innere Mission im Dritten Reich, in: Thom/Caregorodcev (Hrsg.), Medizin unterm Hakenkreuz, S. 167–179, sowie Kurt Nowak, „Euthanasie" im Dritten Reich, in: Geyer u. a. (Hrsg.), Leiden, Sterben, Tod, S. 102–117.

[38] Vgl. Nowak, „Euthanasie" und Sterilisierung, S. 164.
[39] Das trifft z. B. zu auf die Verlegung Betheler Patienten in die Landespflegeanstalten Gütersloh (36 Personen) und Lengerich (46 Personen) Ende Dezember 1941; für den Hinweis danke ich Herrn W. Kätzner, M.A., vom Hauptarchiv Bethel.

1943. Als neue Vernichtungszentren fungierten bis 1944 Tiegenhof und Meseritz-Obrawalde neben Schloß Hartheim bei Linz. Die Proteste der kirchlichen Stellen wurden nach 1941 von Zeit zu Zeit erneuert[40], jedoch scheinen Größenordnung und Zielstrebigkeit der „wilden Euthanasie" nicht mehr wirklich bewußt gewesen oder durchschaut worden zu sein.

In staatlichen Anstalten, die am Tötungsgeschehen beteiligt waren, hat es gelegentlich Verweigerung gegeben. Oftmals glaubten aber insbesondere junge Ärzte und Ärztinnen, sich im Rahmen ihrer Dienstobliegenheiten den „Euthanasierungen" nicht entziehen zu können. Großen zivilen Mutes bedurfte es im staatlichen Anstaltsbereich, die Tötungsstrategien zu unterlaufen. In der bayerischen Landespflegeanstalt Eglfing-Haar sabotierte die Köchin die für die Hungerhäuser 22 und 25 angeordnete „Sonderkost". „Die Köchin erhöhte die Essensmenge und verdoppelte oder verdreifachte die Brotrationen, nur Fleisch konnte sie nicht mehr anbieten. Später griff der Verwaltungsinspektor ein. Unter dem Vorwand, es herrsche Gemüseknappheit, steigerte er die Fleischzuteilung, so daß wenigstens einmal wöchentlich Fleischhaschee gekocht werden konnte." Die Pflegerinnen und Pfleger deckten die Köchin vor dem Anstaltsdirektor Pfannmüller, einem berüchtigten Aktivisten der Krankenmorde und „Euthanasie"-Gutachter, indem sie Gewichtslisten fälschten oder Erklärungen über den Ernährungszustand der Kranken fingierten[41]. Aufs Ganze gesehen fand das Schicksal der psychiatrischen Patienten nach 1941 ungleich weniger Aufmerksamkeit als in der ersten Phase der Anstaltsmorde. Das Kriegsgeschehen trug dazu bei, daß die Verhältnisse unübersichtlich und, mit dem Einsetzen der Städtebombardierungen, chaotisch wurden.

Kinder-„Euthanasie" und Elternverhalten

Im Gegensatz zum maßnahmestaatlichen Charakter der „Aktion T 4" war bei der Kinder-„Euthanasie" vorgesehen, sie zum medizinischen und gesundheitspolitischen Normalgeschehen zu machen. Dementsprechend wurden die formalen und fachwissenschaftlichen Kriterien ungleich sorgfältiger gehandhabt als bei den psychiatrischen Massentötungen an erwachsenen Kranken. Es waren die staatlichen Gesundheitsämter, welche nach den Begutachtungen durch die Professoren Werner Catel (Leipzig) und Hans Heinze (Brandenburg-Görden) sowie den Kinderarzt Ernst Wentzler (Berlin-Frohnau) die Einweisung mißgebildeter und sonst behinderter Kinder in die „Kinderfachabteilungen" veranlaßten. Die insgesamt etwa dreißig „Kinderfachabteilungen" waren Bestandteil von Heil- und Pflegeanstalten, von Universitätskliniken und Kinderkrankenhäusern. Auch durch solche organisatorische Eigentümlichkeiten wurde der Schein der Normalität verstärkt.

Sehr wahrscheinlich haben sich die „Euthanasie"-Verantwortlichen über die Bereitschaft der Eltern, ihr behindertes Kind schmerzlos töten zu lassen, getäuscht. Die Gnadentod-Eingaben bei der Kanzlei des Führers gaben die Realitäten nur unvollständig wieder. Der sozialdarwinistisch-rassistisch indoktrinierte Volksgenosse, der aus eigenem Antrieb um die Beseitigung seines geschädigten Kindes bat, war nicht der Regelfall. Daß es auch ihn gab, macht ein weiteres Mal auf Ambivalenzen aufmerk-

---

[40] Vgl. Nowak, „Euthanasie" und Sterilisierung, S. 158 ff.
[41] Vgl. Richarz, Heilen, Pflegen, Töten, S. 176.

sam, die für die Beurteilung des Bevölkerungsverhaltens permanent in Rechnung zu stellen sind. So bat ein Vater, dessen größte Sorge es war, seinen „Stammbaum in Reine" zu erhalten, um Anwendung der „Euthanasie" bei seinem Sohn Paul N., ein, wie es im Gutachten hieß, „schwer verblödetes, unruhiges, epileptisches Kind". N. drängte so lange bei Partei- und Fachinstanzen, bis sein Sohn tatsächlich am 10. November 1942 im Eglfinger Kinderhaus „verstorben" war. Andere Väter oder Eltern gaben ausdrückliche Zustimmungsbekundungen ab (die allerdings für irrelevant erklärt wurden, da die Verantwortlichen die Tatsache der Kinder-„Euthanasie" offiziell leugneten): „Ich bin mit der Beobachtung und mit der Euthanasie bei meinem Kind Marlene [...], geb. am 17.3.1942 in Düsseldorf, z.Zt. im Kinderkrankenhaus Weimar, einverstanden, wenn von den ärztlichen Sachverständigen angenommen wird, daß aus dem Kind ein brauchbarer Mensch nicht wird."[42]

Wie bei der Tötung der erwachsenen Psychiatriepatienten setzte man bei der Vernichtung als „lebensunwert" beurteilter Säuglinge und Kleinkinder auf die passive Hinnahme, auf eine psychologische Komplizenschaft, die zwischen Zustimmung und Ablehnung hin- und herschwanken mochte, bis dann das Faktum selber weitere Skrupel gegenstandslos machte. Ein Teil der Eltern wurde durch sublime psychologische Techniken, bestehend aus Verhüllung, halber Offenlegung und therapeutischer Erfolgszusage, dahin gebracht, ihre Kinder einer „Fachabteilung" und damit dem Tod zu überantworten. Andere Eltern wurden massiv getäuscht und bei Verweigerung der formalrechtlich notwendigen Zustimmung zur Einweisung ihres Kindes mit Sanktionen bedroht. Tatsächlich sahen sich die Verantwortlichen – entgegen ihren eigenen Prognosen, die sich zum Teil auf nicht repräsentative Umfragen bei Eltern behinderter Kinder aus den zwanziger Jahren stützten[43] – einem erheblichen Elternwiderstand gegenüber. „Die Sorgeberechtigten sind oft nicht gern bereit, das Kind in eine Anstalt zu geben", mußte das Reichsinnenministerium am 20. September 1941 widerwillig zugeben. „Sie stützen sich dabei oft auf die Angabe des Hausarztes, daß auch eine Anstaltsbehandlung an dem Zustand nichts ändern könne, oder sie glauben, eine fortschreitende Besserung im Zustand des Kindes zu bemerken. [...] Erfahrungsgemäß ist dies bei Kindern mit mongoloider Idiotie besonders häufig der Fall, zumal die Angehörigen die Anhänglichkeit, Freundlichkeit oder Musikfreude derartiger Kinder oft falsch werten, sich unerfüllbare Hoffnungen vortäuschen und daher von Anstaltspflege nichts wissen wollen."[44]

In der Anlaufphase der Kinder-„Euthanasie" erfolgte die Meldung mißgebildeter Säuglinge und behinderter Kleinkinder, zu der Hebammen, Geburtshelfer und leitende Ärzte von Entbindungsanstalten seit dem 18. August 1939 verpflichtet waren, nur schleppend und mußte durch den Reichsärzteführer im März 1940 in Erinnerung gebracht werden[45]. Renitente Eltern, deren Kinder erfaßt waren und eingewiesen werden sollten, wurden mit Entziehung des Sorgerechts gefügig gemacht. Bei alleinste-

---

[42] Schmidt, Selektion in der Heilanstalt, S. 129 f.; Einverständniserklärung eines Vaters am 15.10.1943, abgedruckt in: Aly (Hrsg.), Aktion T4, S. 67.
[43] NA, T-253/44, Entwurf einer Denkschrift von Hitlers Leibarzt Dr. Theo Morell vom (vermutlich) Juli 1939.
[44] Generalstaatsanwaltschaft Frankfurt a.M., Bd. Reichsausschuß I, Schreiben des Reichsministers des Innern vom 20.9.1941 (i.V. gez. Conti).
[45] Vgl. „Meldung mißgestalteter Neugeborener", in: DÄB 70 (1940), S. 142.

henden Müttern veranlaßte der Reichsausschuß über die örtlichen Arbeits- und Gesundheitsämter deren Abkommandierung zum Arbeitseinsatz, um das Ja zur Einweisung ihrer Kinder zu erzwingen. Waren die „Reichsausschußkinder" in den „Kinderfachabteilungen" verschwunden, hatten die Angehörigen vom Beginn der „Behandlung" bis zur vollendeten Tat kaum noch die Möglichkeit zum Kontakt. Sie wurden abgewiesen, vertröstet und erhielten unzutreffende Berichte. Elterliches Drängen auf Entlassung führte unter Umständen zum Erfolg, war aber mit hohem psychischen und sonstigen Aufwand verbunden[46]. Weil die Grenzen zwischen aktiver Tötung, Sterbeförderung und Sterbenlassen mitunter fließend waren und die Spezifik des Geschehens wenig öffentliche Beachtung fand, vollzog sich die „Euthanasie" in den „Kinderfachabteilungen" als ein von vornherein ungleiches Ringen zwischen den verantwortlichen Instanzen und den Eltern.

Auch außerhalb der „Kinderfachabteilungen" sind Kinder getötet worden, und zwar jene, die von vornherein nicht bei den Angehörigen lebten, sondern in psychiatrischen Einrichtungen untergebracht waren. Sie erlitten in vielen Fällen das gleiche Vergasungsschicksal wie die erwachsenen Kranken[47]. Diese Tatsache war weder den Zeitgenossen hinreichend deutlich, noch gehört sie heute zum selbstverständlichen Bestand des Wissens über die NS-„Euthanasie".

Die Krankenmorde und der deutsche Widerstand

Repräsentanten der zivilen und militärischen Widerstandsbewegung gegen Hitler waren teilweise in die Vorbereitung von Protestschritten gegen die Krankenmorde einbezogen. So konnte sich beispielsweise Pastor Braune bei der Ausarbeitung seiner Denkschrift vom 9. Juli 1940 („Betrifft: Planmäßige Verlegung der Insassen von Heil- und Pflegeanstalten") auf die Zuarbeit von Reichsgerichtsrat Hans von Dohnanyi, des Schwagers von Dietrich und Klaus Bonhoeffer, stützen[48]. Um gegen die Krankenmorde in Württemberg vorzugehen, schaltete der mit den kirchlichen Stellen verbundene Superintendent Meichsner (Wittenberg) seinen Sohn, Oberst Joachim Meichsner, ein, der als Generalstabsoffizier im OKW tätig war. Meichsner bat Wurm am 4. Oktober 1940 um Material für einen Vortrag bei Hitler, den ein mit Oberst Meichsner befreundeter Adjutant Hitlers halten sollte[49]. Dieser Versuch scheiterte zwar, aber er weist – wie auch weitere personelle Konstellationen – auf Verbindungen zwischen der humanitären Opposition gegen die Krankenmorde und dem deutschen Widerstand hin. Da die Kirchen und ihre caritativen Institutionen (Innere Mission, Caritas) ihre Einsprüche nicht als politische Opposition betrachteten und großen Wert darauf legten, sich nicht außerhalb der Legalität zu bewegen, mußten Verbindungen zur Umsturzbewegung notwendige Probleme aufwerfen[50]. Umgekehrt war es dem zivilen und

---

[46] Vgl. Schmidt, Selektion in der Heilanstalt, S. 118 ff., und Richarz, Heilen, Pflegen, Töten, S. 177 ff.
[47] Vgl. Kaul, Psychiatrie im Strudel der Euthanasie, S. 38 f.
[48] Akten Paul Gerhard Braune (Lobetal/Bernau); IfZ, Nürnberger Dokument NO-895, Schreiben Braunes an die Staatsanwaltschaft Frankfurt a.M. vom 12.9.1946.
[49] Vgl. Schmuhl, Rassenhygiene, S. 316.
[50] Hauptarchiv Bethel, Schreiben Bodelschwinghs an Brandt vom 28.8.1941: „In dem großen geistigen Ringen unserer Tage kommt alles darauf an, was für ein Gesicht der deutsche Staat

militärischen Widerstand schwer möglich, sich in eine mit legalen Mitteln vorangetriebene Protestbewegung einzuschalten oder sich gar an deren Spitze zu setzen. Außerdem war wegen der Ambivalenz des Unmuts in der Bevölkerung nicht abzusehen, in welchem Maße er dazu hätte beitragen können, das Regime zu untergraben. Entsprang die Unruhe einem humanitären Fundamentalprotest, oder strebte sie, zumindest partiell, nur eine Klärung der gesetzlichen Grundlagen bei der Vernichtung „lebensunwerten Lebens" an, um die Sorge potentieller eigener Betroffenheit bzw. der Einbeziehung von Familienangehörigen auszuräumen? In Bayern hat sich eine Frau nach dem gewaltsamen Tod zweier ihrer Schwestern sehr schnell mit der „taktvollen" Information abfinden lassen, die Sache habe ihre Richtigkeit. Freilich war sie „evidently a nazi sympathizer"[51].

Bischof von Galen, so scharf er unter Berufung auf Naturrecht und göttliches Sittengesetz gegen die Geisteskrankenmorde auftrat, wehrte sich doch als national gesinnter Deutscher dagegen, seinen humanitären Widerstand in die Nähe des politischen Widerstandes rücken zu lassen. Eine ähnliche Haltung begegnete bei Friedrich von Bodelschwingh, der als Nachfahre einer hochrangigen preußischen Beamtenfamilie selbst das NS-Regime auf Staatsvernunft und Rechtlichkeit anzusprechen versuchte. Ende 1941 wurden in Münster und Dortmund zahlreiche Briefe verbreitet, die einen mit dem Namen des Bischofs von Münster unterzeichneten „Hirtenbrief" enthielten. Darin stand zu lesen, alle aufrechten Deutschen sollten den Fehdehandschuh gegen das gottlose System des Nationalsozialismus aufnehmen und dem Staat den Gehorsam aufkündigen. Offenbar hatten (kommunistische?) Widerstandsgruppen sich das humanitäre Prestige des Bischofs zunutze gemacht, um Umsturzenergien gegen das Regime zu mobilisieren. Von Galen wandte sich ganz entschieden gegen die Instrumentierung seiner Person und seiner Auffassungen zugunsten eines politischen Widerstandes. Auch dieser Vorgang zeigt die Grenzen der Kooperation zwischen den verschiedenen Widerstandskreisen[52].

Ob sich die in den letzten Jahren aufgeworfenen kritischen Fragen zur Haltung des deutschen Widerstands zur NS-Judenpolitik verlängern lassen, ob also die Opposition des 20. Juli 1944 auch bei den Krankenmorden in deutschen Traditionen der Ausgrenzung gesellschaftlicher Randgruppen gefangen gewesen ist, bedarf noch näherer Untersuchung. Daß Vorurteile gegenüber psychiatrischen Patienten und „Erbkranken" massiv vorhanden waren, ist sicher; hier genügt der Hinweis auf den mit der Widerstandsbewegung verbundenen Psychiater Karl Bonhoeffer[53]. An der Wiege des Widerstandes gegen das Dritte Reich stand die „Abkehr des modernen Antisemitismus christlich-konservativer Prägung vom genuin nationalsozialistischen Antisemitis-

---

Fortsetzung Fußnote von Seite 249
in der Welt zeigt. In diesen ohne klares Recht und im Geheimen sich vollziehenden Eingriffen [...] sehen viele Menschen einen beängstigenden Zug hemmungsloser Brutalität. Den gleichen Eindruck bekommen die Völker rings um uns her."
[51] Ian Kershaw, Popular Opinion and Political Dissent in the Third Reich. Bavaria 1933–1945, Oxford 1983, S. 334–340.
[52] Vgl. Nowak, „Euthanasie" und Sterilisierung, S. 170.
[53] Vgl. das Gutachten Karl Bonhoeffers, Unfruchtbarmachung geistig Minderwertiger, in: Klinische Wochenschrift 18 (1924), S. 798 ff., sowie Karl Bonhoeffer, Rückwirkungen des Sterilisationsgesetzes auf die Psychiatrie, in: ders. (Hrsg.), Die Erbkrankheiten. Klinische Vorträge im 2. erbbiologischen Kurs Mitte März 1936, Berlin 1936, S. 1–12.

mus"⁵⁴. Die Abkehr von Theorie und Praxis der nationalsozialistischen Judenpolitik bedeutete aber noch nicht die Ablehnung einer moderaten Apartheid-Politik gegen die Juden. Es muß offenbleiben, ob der deutsche Widerstand gegenüber anderen Gruppen der Gesellschaft, insbesondere gegenüber den psychisch kranken, genetisch geschädigten und als „gemeinschaftsunfähig" geltenden Menschen in der Lage und willens gewesen wäre, deren Gleichachtung und Gleichrangigkeit mit allen anderen Bürgern des erstrebten neuen Staatswesens zu bekunden und politisch durchzusetzen.

Hinsichtlich des Verhaltens der Bevölkerung zur „Euthanasie" bleibt festzuhalten: Zustimmung und Hinnahme waren weniger verbreitet als vom Regime erhofft, reichten aber aus, um den Nationalsozialismus nicht über seine eigenen Untaten stürzen zu lassen.

---

⁵⁴ Christoph Dipper, Der Widerstand und die Juden, in: Jürgen Schmädeke/Peter Steinbach (Hrsg.), Der Widerstand gegen den Nationalsozialismus. Die deutsche Gesellschaft und der Widerstand gegen Hitler, München 1985, S. 598–616, hier S. 613.

Ralf Seidel / Thorsten Sueße

Werkzeuge der Vernichtung.
Zum Verhalten von Verwaltungsbeamten und Ärzten bei der „Euthanasie"

> Immer wieder vor allem anderen:
> wie handelt man.
> Wenn man euch glaubt, was ihr sagt?
> Vor allem: Wie handelt man?
> Bert Brecht

I.

Die Provinzialselbstverwaltung der preußischen Provinz Hannover betreute bei Kriegsbeginn ungefähr 7000 Geisteskranke und Schwachsinnige in den provinzeigenen Anstalten Wunstorf, Hildesheim, Göttingen, Lüneburg und Osnabrück sowie in einigen Vertragsanstalten. 1669 dieser Patienten wurden zwischen März und August 1941 im Rahmen der „Aktion T 4" in außerhalb der Provinz gelegene Zwischenanstalten transportiert. Es ist davon auszugehen, daß 90% der „Verlegten" schließlich in den Tötungsanstalten Hadamar und Sonnenstein getötet worden sind. Der damalige Landeshauptmann der Provinz Hannover und seine beiden Dezernenten für das Anstaltswesen, die aufgrund der aus Berlin kommenden Verlegungsverfügungen die entsprechenden Anordnungen getroffen hatten, mußten sich deswegen 1950 vor dem Schwurgericht Hannover wegen „Beihilfe zum Mord" und „Verbrechen gegen die Menschlichkeit" verantworten[1]. Die folgende Darstellung beruht größtenteils auf den Akten aus diesem Prozeß.

Dr. jur. Georg Andreae

Landesrat Dr. jur. Georg Andreae, von 1934 bis 1945 Verwaltungsdezernent für die Heil- und Pflegeanstalten in der Provinzialverwaltung Hannover, war einer der drei Angeklagten. 1888 in Göttingen als Sohn eines Regierungsbaumeisters geboren, hatte Andreae nach dem Abitur Rechtswissenschaft in Berlin, München, Freiburg und Kiel studiert. 1909 bestand er das Referendar-, 1914 das Assessorexamen, 1913 promo-

---

[1] HStA Hannover, Nds. 721 Hannover Acc. 61/81 Nr. 28, Bd. VI, Bl. 62 f., Urteilsbegründung in der Strafsache Gessner, Andreae und Fröhlich wegen Verbrechen nach dem Kontrollratsgesetz Nr. 10 und Beihilfe zum Mord; das Folgende nach ebenda, Bl. 102 und Bl. 47. Die Akten dieses „Euthanasie"-Prozesses umfassen 9 Bände; die staatsanwaltschaftlichen Ermittlungen für dieses Verfahren begannen 1948, der Prozeß ging vom 10.–29.7.1950. Wo nicht anders angegeben, stammen die im folgenden zitierten Dokumente aus diesem Verfahren.

vierte er zum Dr. jur. Am Ersten Weltkrieg nahm Andreae zuletzt als Oberleutnant der Reserve teil. Im Juni 1918 der Provinzialverwaltung Hannover zugewiesen, war er zunächst als Assessor, ab 1926 als Landesrat tätig – bis zu seiner Entlassung durch die Militärregierung im Oktober 1945. Andreaes Hauptarbeitsgebiet waren das Dezernat für das Landesfürsorgewesen und die Kriegsbeschädigtenfürsorge, ab 1934 zusätzlich das Dezernat für das Anstaltswesen[2].

Am 1. Mai 1933 trat Andreae der NSDAP bei und wurde im Juli 1933 förderndes Mitglied der SS. Ein Parteiamt bekleidete er nicht. Den Parteieintritt begründete er nach dem Krieg mit seiner „Hoffnung, daß die nationalsozialistische Bewegung aus einer stürmischen Anfangsphase heraus allmählich in eine ruhigere, weniger gewaltsame Entwicklung kommen" werde. Er habe es deshalb „für die Pflicht aller Männer von staatserhaltender Gesinnung" gehalten, „in der Partei nach Möglichkeit in mäßigendem Sinne zu wirken". Im Entnazifizierungsverfahren wurde er durch Bescheid vom 29. April 1947 in die Gruppe IV („Mitläufer") ohne Einstellungs- und Vermögensbeschränkung eingestuft. Andreae war seit 1918 verheiratet, hatte einen Sohn (der im Zweiten Weltkrieg fiel) und eine Tochter. Sein Leben lang war er Mitglied der evangelischen Kirche und bezeichnete sich selbst als überzeugten Christen[3]. „Die Gründe, die mich persönlich zu einer Ablehnung des [‚Euthanasie'-]Programms veranlaßten, waren religiöser Natur", erklärte er am 11. Mai 1948[4].

Im Sommer 1940 wurde Andreae von mehreren Direktoren der zu seinem Amtsbereich gehörenden Heil- und Pflegeanstalten darüber unterrichtet, daß ihnen vom Reichsinnenministerium Meldebogen zugegangen seien mit der Aufforderung, bestimmte Kategorien von Geisteskranken zu melden. „Die Direktoren waren sich über die Grundsätze zur Ausfüllung der Meldebogen durchaus nicht im klaren. Auch über den Grund der Anforderung nicht [...] Die Ausfüllung sollte auch kurzfristig und gerade in dem Urlaubsmonat erfolgen, so daß kaum Gewähr dafür bestand, daß die [Angaben in den] Meldebogen auf genauer Kenntnis der Kranken in allen Fällen beruhte[n]", erklärte Andreae bei seiner Vernehmung im Mai 1948. Und weiter: „Ich konnte den Direktoren über die Fragebogenanforderung nichts sagen, weil ich die Gründe auch nicht kannte [...] Ich habe in einer Eingabe an den Reichsminister des Innern eine Fristverlängerung für die Abgabe der Meldebogen erwirkt."

Der Landeshauptmann der Provinz Hannover, Dr. Ludwig Gessner, war zu diesem Zeitpunkt in Urlaub. Nach seiner Rückkehr sprach ihn Andreae auf die Meldebogen an. Dabei zeigte sich, daß Gessner, der als politisch eher desinteressiert galt, bereits über die Tötungen von Geisteskranken in anderen Reichsteilen informiert war. Nicht nur wurde „bereits im Volk einiges über Vorgänge in Heilanstalten gemunkelt, insbesondere von Pommern"; ein pommerscher Landesrat hatte Gessner bei einem dienstlichen Treffen in Berlin von den Erschießungs- und Vergasungsaktionen in Pommern berichtet[5]. Gessner teilte dies Andreae unter der Vermutung mit, daß „möglicherweise diese Maßnahmen nun auch in Hannover eingeleitet werden [sollten]"[6].

---

[2] Bd. I, Bl. 19, Vernehmung Andreaes vom 11.5.1948, sowie Bd. VI, Bl. 59f., Urteilsbegründung.
[3] Bd. I, Bl. 19, Vernehmung Andreaes vom 11.5.1948, sowie Bd. VI, Bl. 60, Urteilsbegründung.
[4] Hierzu und zum folgenden Bd. I, Bl. 19R, Vernehmung Andreaes vom 11.5.1948.
[5] Bd. I, Bl. 29, Vernehmung Gessners vom 24.5.1948.
[6] Bd. I, Bl. 19R, Vernehmung Andreaes vom 11.5.1948.

Anschließend fuhr Gessner nach Berlin und sprach mit Hans Hefelmann, Unterabteilungsleiter in der Kanzlei des „Führers", der ihm den Ablauf der „Euthanasie" genau schilderte. Wie er später in einer Eingabe an den Entnazifizierungsausschuß darlegte, erklärte Gessner dem „T 4"-Administrator, er sei „hauptsächlich gekommen, um zu klären, wer für die ganze Sache die Verantwortung übernehme"[7]. Er, Gessner, wolle nichts damit zu tun haben, und es müsse doch zumindest ein Gesetz geben. Der Landeshauptmann erfuhr jedoch, daß es kein Gesetz gab. Kurze Zeit später wurde er erneut nach Berlin vorgeladen. Im Gespräch mit dem Ministerialrat im Reichsinnenministerium und „T 4"-Obergutachter Dr. Herbert Linden stellte Gessner „auch hier die Frage nach der gesetzlichen Grundlage und der persönlichen Verantwortung", mußte jedoch mit der Erkenntnis nach Hannover zurückkehren, daß eine Rechtsgrundlage, die ihm die Verantwortung hätte abnehmen können, nicht existierte.

Zurück in Hannover, beauftragte Gessner Andreae, Material für die Abfassung einer Denkschrift an den Reichsinnenminister zusammenzustellen. Aus dieser Stellungnahme sollte, wie Andreae bei seiner Vernehmung 1948 erklärte, hervorgehen, daß die Tötung von Geisteskranken dem Ansehen des Staates abträglich und es daher besser sei, in der Provinz Hannover von „Maßnahmen" abzusehen. Andreae setzte sich deshalb auch mit Professor Gottfried Ewald, dem Leiter der Anstalt in Göttingen, in Verbindung, der bereits energisch gegen das „Euthanasie"-Programm protestiert hatte (auch bei Gessner)[8]. Ewald schilderte Andreae eine Kasuistik, aus der die Fragwürdigkeit des Begriffes „Unheilbarkeit" deutlich wurde. Unklar ist, ob eine Endfassung der Denkschrift tatsächlich entstand und Frick zugeleitet wurde; ein Entwurf hat aber sicherlich existiert[9].

Professor Walter Creutz, der ärztliche Dezernent für das Anstaltswesen in der Rheinprovinz, suchte Anfang 1941 Andreae und Gessner auf, um mit ihnen gemeinsame Schritte gegen die geplanten „Euthanasiemaßnahmen" zu besprechen. Creutz nahm das Konzept der Hannoverschen Denkschrift als Vorlage für eine eigene Stellungnahme an den Landeshauptmann der Rheinprovinz, Heinz Haake, mit. Creutz' Stellungnahme veranlaßte Haake zwar zunächst zum Widerspruch gegenüber Berlin; zu einer gemeinsamen „Abwehrfront" Düsseldorf/Hannover kam es jedoch nicht, weil Haake, nachdem er vom „Führererlaß" vom 1. September 1939 erfahren hatte, glaubte, „daß er sich der Verlegung von Geisteskranken nun nicht mehr widersetzen könne"[10].

---

[7] Bd. I, Bl. 13 R, Eingabe Gessners an den Entnazifizierungsausschuß vom 1.12.1946; das folgende Zitat ebenda, Bl. 14. Hefelmann war Diplomlandwirt, leitete eine Unterabteilung der Kanzlei des „Führers" und war mit hauptverantwortlich für die Organisation der Kinder-„Euthanasie". Ihm oblag die Vorbereitung der Einrichtung von „Kinderfachabteilungen" und das Sortieren der Meldebögen. Linden war Ministerialrat im RMdI, Abteilung Gesundheitswesen, und fungierte bei der „Aktion T 4" unter anderem als Obergutachter.

[8] Vgl. Schmuhl, Rassenhygiene, S. 192.

[9] Bd. I, Bl. 14, Eingabe Gessners an den Entnazifizierungsausschuß vom 1.12.1946, sowie Bl. 19 R, Vernehmung Andreaes vom 11.5.1948, und Bl. 168, Vernehmung Andreaes vom 27.8.1948. Die Denkschrift konnte nach dem Krieg nicht gefunden werden; in Hannover war das Exemplar angeblich 1943 bei einem Bombenangriff verbrannt. Allerdings bezieht sich die im folgenden erwähnte Denkschrift eindeutig auf den Entwurf aus Hannover.

[10] Bd. I, Bl. 106, Vernehmung Creutz' vom 5.7.1948. Vgl. auch Justiz und NS-Verbrechen.

Etwa zur gleichen Zeit trafen Transportlisten aus Berlin für die Anstalten Hildesheim, Göttingen und Lüneburg bei der Provinzialverwaltung Hannover ein. Andreae reiste nach Berlin und versuchte dort mit Professor Werner Heyde, dem medizinischen Leiter der „Aktion T 4", die Frage zu erörtern, „inwieweit den Heilanstalten als Anstalten der Selbstverwaltung der Provinz Befehle vom Ministerium aus gegeben werden konnten". Auf seine „juristischen Bedenken" soll Heyde erwidert haben, „die Reichsverteidigungskommissare hätten Anweisung, dem Landeshauptmann und den Heilanstalten den Befehl zur Auslieferung der Geisteskranken zur Verlegung zu geben". Heyde zeigte Andreae auch den „Führererlaß"[11]. Als Andreae Gessner von dem Verlauf des Gesprächs mit Heyde berichtete, habe der Landeshauptmann – so Andreae – dem Sinne nach geäußert, „wenn ein Befehl des Führers vorliege, dann sei kein Widerstand mehr möglich".

Im Februar 1941 traf der von Heyde angekündigte Befehl des zuständigen Reichsverteidigungskommissars ein. Damit, so Andreae im August 1948, war „für uns die Verlegungsaktion nunmehr militärische Angelegenheit geworden"[12]. Unverzüglich lud Andreae auf Weisung Gessners die Direktoren der Anstalten Hildesheim, Göttingen und Lüneburg zu einer Konferenz nach Hannover ein. „Ich habe den Direktoren mitgeteilt, daß die planwirtschaftlichen Verlegungen auf Befehl des Führers durchgeführt würden. Der Landeshauptmann könne gegen diesen Befehl nichts unternehmen [...] Während der ganzen Unterredung haben ich und die Anwesenden den technischen Ausdruck ,planwirtschaftliche Verlegung' gebraucht. Ich habe aber angenommen, daß die Direktoren den Sinn dieses Ausdrucks richtig im Sinne einer beabsichtigten Tötung verstanden."[13] Andreae übergab den Direktoren die Verlegungslisten aus Berlin, woraufhin im März 1941 die ersten 360 Patienten „verlegt" wurden[14]. Gessner blieb der Konferenz bewußt fern und versuchte, sich durch Passivität seiner Verantwortung zu entziehen. Ihm sei nicht bekannt, was Andreae mit den Direktoren besprochen habe, erklärte er 1948 bei seiner Vernehmung. Aber er habe „auch absichtlich nicht danach gefragt"[15].

Andreae versuchte sein Verhalten 1948 folgendermaßen zu rechtfertigen: „Nach den Besprechungen in Berlin, mit dem Landeshauptmann und den Direktoren war mir klar, daß ich auf keine Weise die Verlegung der Kranken verhindern konnte. Eine Anzeige an die Staatsanwaltschaft hätte keinen Erfolg gehabt. Mitteilung dessen, was beabsichtigt war, an die Angehörigen oder in der Öffentlichkeit hätte mich in das Konzentrationslager und meine Familie in Not gebracht, und doch hätte ich den

---

Fortsetzung Fußnote von Seite 255
    Sammlung deutscher Strafurteile wegen nationalsozialistischer Tötungsverbrechen 1945–1966, Bd. III, Amsterdam 1969, S. 477.

[11] Bd. I, Bl. 20 R, Vernehmung Andreaes vom 11.5.1948; das folgende Zitat ebenda, Bl. 21. Heyde, Psychiatrie-Ordinarius in Würzburg, oblag die medizinische Leitung der „Aktion T 4" vom Mai 1940 bis Dezember 1941. Er war als einer der Obergutachter tätig.

[12] Bd. I, Bl. 168 R, Vernehmung Andreaes vom 27.8.1948.

[13] Bd. I, Bl. 21, Vernehmung Andreaes vom 11.5.1948.

[14] Bd. I, Bl. 73 R, Vernehmung Grimmes vom 28.5.1948, sowie Bd. VI, Bl. 64 und Bl. 88, Urteilsbegründung. Elf jüdische Patienten der Anstalt Hildesheim waren im Zuge der „Juden-Aktion" im September 1940 bereits gesondert nach Wunstorf und von dort aller Wahrscheinlichkeit nach in die Tötungsanstalt Brandenburg verlegt worden.

[15] Bd. I, Bl. 31, Vernehmung Gessners vom 24.5.1948.

Kranken nichts genützt. Im Gegenteil, ich wäre vermutlich durch einen robusten Nationalsozialisten ersetzt worden, der dafür gesorgt hätte, daß alle Kranken ohne Ausnahme verschickt wurden. So entschloß ich mich im Interesse der Kranken, mich nicht direkt gegen die Maßnahmen zu wenden, sondern sie soweit wie möglich einzuschränken, das System der Ausnahme weiter auszubauen mit dem Ziele, nur die Kranken zu verschicken, für die die Verlegung einen wirklichen Gnadentod bedeutete."[16]

Andreae funktionierte: Er gab die Befehle an die Anstalten weiter, verfaßte Begleitschreiben für die Transportlisten und mahnte die Anstalten, weder den Angehörigen noch den Behörden Mitteilung über die Verlegungen zu machen[17]. Sein Vorgesetzter, Landeshauptmann Gessner, der von alledem möglichst wenig hören wollte, unterschrieb von Andreae verfaßte Verlegungsverfügungen, nachdem er sie zunächst tagelang liegengelassen hatte[18]. Die Durchführung der Verlegungen in der Provinz Hannover lag organisatorisch ganz in den Händen der Provinzialverwaltung.

Die Berliner „T4"-Verwaltung erlaubte den Anstalten, gewisse Gruppen von Patienten (wie kriegsbeschädigte, senile, nicht transportfähige Kranke und solche mit ansteckenden Krankheiten oder unentbehrliche Arbeiter) von den Transporten zurückzustellen. Durch mehrere Rücksprachen mit Professor Heyde war es Andreae gelungen, das Ausnahmesystem speziell für Hannover zu erweitern. So durften die Direktoren auch Patienten zur Rückstellung vorschlagen, bei denen sie „aus sonstigen zwingenden Gründen" eine Verlegung für unangebracht hielten. Dies bedeutete eine Art „Generalklausel", für die sich Gessner die letzte Entscheidung vorbehielt. Vorübergehend hatte Andreae außerdem die Zurückstellung „verdienter Kriegsteilnehmer" erreicht[19].

Die Möglichkeiten der „Generalklausel" wurden jedoch nicht ausgeschöpft; einen Teil der Zurückstellungsanträge der Anstaltsdirektoren lehnte die Provinzialverwaltung ab. Dazu Andreae im August 1948: „Wenn in diesen Vorgängen von mir eine gewisse Auswahl zwischen den zu verlegenden und den nicht zu verlegenden Kranken getroffen ist, so geschah das aus dem Grundgedanken heraus, daß wir die uns gegebenen weitgehenden generellen Vollmachten, Kranke zurückzuhalten, auf die Dauer nur aufrecht erhalten können, wenn wir sie einigermaßen loyal im Sinne der Vollmachtgeber ausführten, so daß also einige Kranke auch verlegt werden mußten."[20]

---

[16] Bd. I, Bl. 25, Vernehmung Andreaes vom 21.5.1948.
[17] Bd. I, Bl. 187 ff., Auflistung des Schriftverkehrs der Provinzialverwaltung Hannover im Ermittlungsverfahren gegen Gessner, Andreae und Fröhlich.
[18] Bd. I, Bl. 159 R, Vernehmung Gessners vom 25.8.1948.
[19] Bd. I, Bl. 25, Vernehmung Andreaes vom 21.5.1948, sowie Bd. VI, Bl. 77, Urteilsbegründung.
[20] Bd. I, Bl. 155, Vernehmung Andreaes vom 21.8.1948. Im Hinblick auf die Entscheidung über Zurückhaltung oder Verlegung von Patienten „aus sonstigen zwingenden Gründen" nahm Gessner, wie er am 25.8.1948 ausführte (Bl. 160 R), für sich in Anspruch, daß er die Kranken und ihre Lebensumstände gar nicht gekannt und seine Entscheidung nur aufgrund der Ausführungen seiner Sachbearbeiter Andreae und Fröhlich getroffen habe. Diese fällten ihrerseits zwar nicht die endgültige Entscheidung, beeinflußten sie aber durch die Art ihres Vortrages. Wie es scheint, schlugen Andreae und Fröhlich in Fällen, in denen sie die Zurückhaltung von Patienten für unangebracht hielten, Gessner häufig nicht die Verlegung vor, sondern nannten von sich aus keine Zurückhaltungsgründe; Bl. 155, Vernehmung Andreaes vom 21.8.1948, und Bl. 161 R, Vernehmung Fröhlichs vom 25.8.1948.

Dr. med. Hermann Grimme

Der Nervenarzt Dr. med. Hermann Grimme war von 1930 bis 1943 Direktor der Heil- und Pflegeanstalt Hildesheim. Grimme, 1879 geboren, war seit 1903 im Anstaltsdienst tätig. Von 1910 bis 1927 in Hildesheim, fungierte er 1929 vorübergehend als Direktor des Verwahrhauses und stellvertretender Direktor der Anstalt Göttingen. Mitglied der NSDAP oder einer ihrer Gliederungen war Grimme nicht, er gehörte lediglich dem NS-Ärztebund und der NSV an. Eine 1977 erschienene Festschrift des Niedersächsischen Landeskrankenhauses Hildesheim beschreibt ihn als einen „sehr aufrechte[n] Mann von größter Zuverlässigkeit", der „sein Leben für seine Kranken gelebt" habe und „ein gläubiger und merkwürdig naiver Mensch bis ins hohe Alter und völlig apolitisch" gewesen sei[21].

Die Anstalt Hildesheim bestand zu Grimmes Zeit aus drei Teilen: Michaeliskloster, Sültekloster und Gut Einum. 1940 waren dort durchschnittlich 586 männliche und 654 weibliche Kranke untergebracht (Geisteskranke, Epileptiker und zurechnungsunfähige Straftäter nach § 42b StGB)[22].

Grimme hatte bereits „gerüchteweise" von den Geisteskranken-Morden gehört, als er im Sommer 1940 vom ärztlichen Leiter des Pflegeheims Langenhagen, Dr. Ernst Rinne, die Abschrift eines Schreibens von Dr. Jaspersen (Westfälische Diakonissenanstalt „Sarepta") an Medizinalrat Dr. Haberkant erhielt, dem die genaue Durchführung der „Euthanasie"-Aktion von der Ausfüllung der Meldebogen bis zur Tötung der Patienten zu entnehmen war[23]. Grimme sandte Abschriften des Jaspersen-Briefes mit Datum vom 29. August 1940 an Gessner, mit Datum vom 2. September 1940 jeweils an die ärztlichen Leiter der privaten Anstalten in Ilten bei Hannover und Liebenburg im Harz. Im Begleitschreiben an Gessner teilte Grimme mit, daß er „dies Schreiben für so wichtig" halte, daß er glaube, „dienstlich hiervon Kenntnis geben zu müssen": „Ich selbst kann zu dem Inhalt noch keine endgültige Stellung nehmen und kann vorläufig nur sagen, daß ich an den Inhalt einfach nicht glauben kann. Ich kann es nicht glauben, daß ein Staat wie das Deutsche Reich jemanden töten kann, der unschuldig in eine unheilbare Geisteskrankheit verfallen ist [...] Ich glaube auch nicht, daß der Staat ohne Gesetz vorgehen wird und auch nicht heimlich; sondern er wird für das, was er als recht und notwendig hält, in aller Offenheit eintreten."[24]

Als die Meldebogen aus Berlin in Hildesheim eintrafen, verdrängte Grimme sein Wissen und füllte die Bogen sorgfältig aus. Am 27. Februar 1941 bemerkte er dazu in einem Schreiben an Gessner, er fühle sich „in meinem Gewissen besonders belastet [...], weil ich zu meinem Schrecken gesehen habe, daß ich sehr viel mehr von den Fragebogen ausgefüllt habe, als die anderen Direktoren. Ich habe den Bogen so ausgefüllt,

---

[21] Wilhelm Bach, Die Dritten 50 Jahre 1927–1977. Das Niedersächsische Landeskrankenhaus Hildesheim, in: 150 Jahre Niedersächsisches Landeskrankenhaus Hildesheim 1827–1977, hrsg. vom Sozialminister des Landes Niedersachsen, Hildesheim 1977, S. 37, Bd. I, Bl. 73, Vernehmung Grimmes vom 28.5.1948.

[22] Bd. VII, Sonderheft Hildesheim, Schreiben des Direktors der Niedersächsischen Landesheil- und Pflegeanstalt Wunstorf an den Oberstaatsanwalt in Hannover vom 14.5.1948.

[23] Bd. I, Bl. 73, Vernehmung Grimmes vom 28.5.1948, sowie Bd. VII, Sonderheft Hildesheim, Schreiben Jaspersens an Haberkant vom 23.7.1940; in den Akten finden sich auch die Kopien der im Text genannten Schreiben.

[24] Bd. VII, Sonderheft Hildesheim, Schreiben Grimmes an den Oberpräsidenten, Verwaltung des Provinzialverbandes, vom 29.8.1940.

wie ich ihn verstanden habe [...] Wie weit die Bogen von der zuständigen Stelle in Berlin ausgewertet werden, kann ich allerdings nicht wissen. [...] Als ich die Bogen ausfüllte, habe ich es aber auch noch nicht für möglich gehalten, daß das, was man hörte, jemals möglich sein würde."[25]

Dem Schreiben vorausgegangen war die bereits erwähnte, von Andreae einberufene Direktorenkonferenz im Landeshaus in Hannover, an der auch Grimme teilgenommen und bei der Andreae die drei anwesenden Direktoren über die bevorstehenden „planwirtschaftlichen Verlegungen" unterrichtet hatte. Der Hildesheimer Anstaltsleiter empfand es, wie er bei seiner Vernehmung 1948 erklärte, „als unrichtig, daß in einer so wichtigen Angelegenheit der Landeshauptmann die Konferenz der Anstaltsdirektoren nicht selber leitete"[26]. Das Vorgetragene erschütterte seinen Glauben an den „Führer" und die vermeintliche Rechtschaffenheit des NS-Staates zutiefst. Grimme geriet in einen „starken Erregungszustand" und erlitt gegen Schluß der Sitzung „nahezu einen Zusammenbruch"[27]. Andreae zufolge soll er wiederholt gerufen haben: „So etwas tut der Führer nicht." – Worauf Andreae geantwortet haben will: „Sie sehen, er tut es doch!"[28] Andreae händigte jedem der Direktoren in der Konferenz eine Liste mit 200 Namen aus, von denen die Anstaltsleiter jeweils 120 Kranke zur „Verlegung" aussuchen sollten[29].

Grimmes Empörung und Verzweiflung schlug sich nach seiner Rückkehr nach Hildesheim in einer Reihe weiterer Briefe nieder. So schrieb er am 22. Februar 1941 an Professor Kurt Pohlisch von der 1935 gegründeten Gesellschaft Deutscher Neurologen und Psychiater: „Sie fordern mich zur Zahlung des Mitgliedsbeitrages auf. Ich habe bis jetzt gezögert, ihn zu zahlen. Denn bei dem Wirken der Planwirtschaft, nach der unsere Anstalten von den Kranken entleert werden, habe ich angenommen, daß die Gesellschaft Deutscher Neurologen und Psychiater nicht mehr besteht. Anderenfalls hätte man von ihr doch wohl gehört, daß sie gegen das Wirken der Planwirtschaft Einspruch erhoben hätte." Pohlisch antwortete vier Tage später mit einem Satz: „Ich habe Ihren Brief an Herrn Professor Rüdin nach München weitergeleitet und darf wegen des Mitgliedsbeitrages Ihnen mitteilen, daß in keinerlei Hinsicht mit der Auflösung der Gesellschaft Deutscher Neurologen und Psychiater zu rechnen ist." Eine Reaktion von Rüdin erfolgte nicht[30].

Die Empfindungen Grimmes nach der Direktorenkonferenz spiegeln sich auch in einem Brief vom 24. Februar 1941 an Dr. Jutz, den stellvertretenden Leiter der Anstalt Osnabrück, wider. Grimme fragte den Kollegen, „welche Stellung Sie zu den Eröffnungen, die Andreae Ihnen gemacht hat, einnehmen. Mich hat seine Nachricht so schockiert, daß ich die nächste Nacht nicht geschlafen habe. Dann habe ich mich ent-

---

[25] Bd. VII, Sonderheft Hildesheim, Schreiben Grimmes an den Oberpräsidenten, Verwaltung des Provinzialverbandes, vom 27.2.1941.
[26] Bd. I, Bl. 73 und 73 R, Vernehmung Grimmes vom 28.5.1948, sowie Bd. VI, Bl. 88, Urteilsbegründung.
[27] Bd. I, Bl. 21, Vernehmung Andreaes vom 11.5.1948, sowie Bl. 73 R, Vernehmung Grimmes vom 28.5.1948.
[28] Bd. I, Bl. 21, Vernehmung Andreaes vom 11.5.1948.
[29] Bd. I, Bl. 73 R, Vernehmung Grimmes vom 28.5.1948, sowie Bd. VI, Bl. 88, Urteilsbegründung.
[30] Bd. VII, Sonderheft Hildesheim, Schreiben Grimmes an die Gesellschaft Deutscher Neurologen und Psychiater vom 22.2.1941 und deren Antwortschreiben an Grimme vom 26.2.1941; dazu auch Bd. I, Bl. 75, Vernehmung Grimmes vom 28.5.1948.

schlossen, noch einmal einen Bericht an den O.P. [Oberpräsidenten] zu machen. Es wird dies allerdings nichts nützen, doch habe ich dann wenigstens meine Pflicht getan und mein Gewissen etwas entlastet [...] und ich frage Sie, ob Sie nicht auch noch einmal schreiben wollen. Ebenso will ich die anderen Herren fragen. Ich meine, daß wir sämtlich dazu verpflichtet sind, weil es sonst heißt, daß wir schweigend zugestimmt haben." Jutz antwortete zwei Tage später, er sei über Andreaes Eröffnungen „nicht weniger erschüttert" als Grimme gewesen und schlug vor, „daß sich die Direktoren der Anstalten treffen, sich besprechen und einen aus ‚ihrer Mitte' nach Berlin schicken"[31]. Der Vorschlag wurde jedoch nicht verwirklicht.

Professor Ewald aus Göttingen, den Grimme ebenfalls anschrieb, übersandte am 24. Februar 1941 ein Duplikat der Göttinger Denkschrift, in der er seine Ablehnung der „Euthanasie" bereits 1940 – unter anderem gegenüber Heyde und Conti – zum Ausdruck gebracht hatte[32]. Die Tötung von Geisteskranken war inzwischen in der Provinz Hannover kein Geheimnis mehr, wie Grimme in seinem schon zitierten Schreiben an Gessner Ende Februar bemerkte: „Man soll doch nicht glauben, daß die Heimlichkeit, mit der das Verfahren umgeben wird, nicht bekannt wird. Vor kurzem hat eine Krankenschwester aus Göttingen ihre Mutter aus der Anstalt abgeholt, weil sie nicht wollte, daß ihre Mutter getötet würde [...]. Wir werden hier in Hildesheim immer wieder darauf angeredet und auch das Personal hat schon etwas gehört."[33]

Seine positive Einstellung zum „Führer" vermochte Grimme trotz allem nicht zu revidieren. Dies geht aus einem Brief hervor, den er am 3. März 1941 an Professor Bresler schrieb, den Schriftleiter der Psychiatrisch-Neurologischen Wochenschrift: „Ich kann mir nicht denken, daß der Führer hiervon Bescheid weiß. Denn bei dem, was er bisher an Können bewiesen hat, ist anzunehmen, daß er auch mit den Geisteskranken anders hätte fertig werden können, als daß er sie heimlich und unter Lügen umbringen läßt. Er hat aber noch nie gelogen, und deshalb weiß er nicht, was vor sich geht. Es wird ja auch alles raffiniert getarnt."[34] Mit einem kurzen, unverbindlichen Begleitschreiben schickte Bresler, der 1921 in seiner Zeitschrift energisch gegen die „Vernichtung lebensunwerten Lebens" Stellung bezogen hatte, Grimmes Brief zurück[35].

Schließlich suchte Grimme den Landgerichtspräsidenten in Hildesheim auf, um eine „juristische Auskunft" einzuholen. „Grimme wollte von mir wissen", erinnerte sich der Landgerichtspräsident im August 1948, „ob er sich mit der Meldung über bestimmte Arten von Kranken – wohl an seine vorgesetzte Dienstbehörde – einer straf-

---

[31] Bd. VII, Sonderheft Hildesheim, Schreiben Grimmes an Jutz vom 24.2.1941 und dessen Antwortschreiben an Grimme vom 26.2.1941, in dem es heißt: „Mag sein, daß der Führer von der Sache weiß, aber sicher nicht so, wie sie sich in Wirklichkeit abspielt."

[32] Bd. VII, Bl. 14, Schreiben Ewalds an Grimme vom 24.2.1941, sowie 2 Js 121/48 StA Hannover, Bl. 43a, Denkschrift Ewalds. Die Akten dieses „Euthanasie"-Ermittlungsverfahrens der Staatsanwaltschaft Hannover gegen Prof. Ewald von 1948 befinden sich noch bei der Staatsanwaltschaft.

[33] Bd. VII, Sonderheft Hildesheim, Schreiben Grimmes an den Oberpräsidenten, Verwaltung des Provinzialverbandes, vom 27.2.1941.

[34] Bd. VII, Sonderheft Hildesheim, Schreiben Grimmes an Bresler vom 3.3.1941.

[35] Vgl. Johannes Bresler, Karl Bindings „letzte Tat für die leidende Menschheit", in: Psychiatrisch-neurologische Wochenschrift 22 (1920/21), S. 289f.; Bd. I, Bl. 75, Vernehmung Grimmes vom 28.5.1948, sowie Bd. VII, Sonderheft Hildesheim, Schreiben Breslers an Grimme vom 7.3.1941.

baren Handlung, zum Beispiel der Beihilfe zum Mord, schuldig mache. Ich habe ihn darüber beruhigt, aus dem Gedanken heraus, daß solche Auskünfte ja auch jeder andere machen könnte, und daß das Feststellungen wären, die offenkundig waren [...] Ich hatte den Eindruck, als wolle Grimme sein Gewissen beruhigen."[36]

Als es darum ging, aus der ihm von Andreae überreichten Liste mit 200 Namen 120 Kranke zum Abtransport auszuwählen, entzog sich der Hildesheimer Anstaltsleiter seiner Verantwortung, indem er die Liste seinem Stellvertreter, Dr. August Jacobi, übergab und für 14 Tage in Urlaub fuhr. „Machen Sie, was Sie damit wollen", habe Grimme damals zu seinem Stellvertreter gesagt. Bei seiner Vernehmung 1948 erklärte Grimme, er habe es mit seinem Gewissen nicht vereinbaren können, selbst eine solche Auswahl vorzunehmen. Jacobi sagte später aus, er habe bei der Auswahl der zu Verlegenden „in erster Linie Arbeitsunfähige und unheilbar Kranke" ausgesucht. Es seien jedoch auch einige Arbeitsfähige mitverlegt worden[37].

Im April 1941 gingen weitere Transporte mit insgesamt 310 Kranken aus Hildesheim ab. Da ein Großteil der schriftlichen Unterlagen der Anstalt Hildesheim durch einen Brand am 22. März 1945 vernichtet wurde, gibt es keine gesicherten Angaben über Zurückstellungen oder Entlassungen im Zusammenhang mit den „planwirtschaftlichen Verlegungen"[38]. Grimme sagte im Mai 1948 aus, er habe „auch die Angehörigen von Hildesheimer Kranken benachrichtigt". So erinnerte er sich „an den Namen eines Fräulein S., die dann abgeholt wurde, damit sie der Verlegung entging". Sofern Angehörige danach fragten, habe er Kranke herausgegeben, und zwar auch dann, wenn die Verlegungslisten bereits vorlagen[39]. Bei diesen Vorgängen scheint es sich jedoch um Einzelfälle gehandelt zu haben.

Insgesamt wurde in Hildesheim offenbar nur sehr zaghaft von den Zurückstellungsmöglichkeiten, die die von Andreae erwirkte „Generalklausel" bot, Gebrauch gemacht. Dafür sprechen jedenfalls Aussagen Grimmes vom 12. August bzw. 28. Mai 1948: „Bei den späteren Verlegungen waren uns Listen übersandt worden mit den Namen von den Patienten, die grundsätzlich verlegt werden sollten. Da hatten wir also keine Auswahl zu treffen. Es konnten von diesen Patienten nur diejenigen zurückbehalten werden, die nicht transportfähig waren oder als Kriegsbeschädigte ausgenommen werden konnten. Es durften auch unentbehrliche Arbeitskräfte zurückbehalten werden."[40] „Es ist mir nicht in Erinnerung, daß wir im größeren Umfange Patienten, deren Verlegung angeordnet war, zurückgehalten hätten."[41]

---

[36] Bd. I, Bl. 74, Vernehmung Grimmes vom 28.5.1948, Bl. 139 R f., Vernehmung von Landgerichtspräsident Burghard-Dannhausen vom 13.8.1948, sowie Bl. 141, Vernehmung Grimmes vom 13.8.1948.
[37] Bd. I, Bl. 73 R, Vernehmung Grimmes vom 28.5.1948, Bl. 138 R f., Vernehmung des damaligen Ersten Oberarztes Jacobi vom 13.8.1948, Bl. 140 R, Vernehmung Grimmes vom 13.8.1948.
[38] Bd. VI, Bl. 64 bzw. Bl. 87, Urteilsbegründung, sowie Bd. VII, Sonderheft Hildesheim, Schreiben des Direktors der Niedersächsischen Heil- und Pflegeanstalt Wunstorf an den Oberstaatsanwalt in Hannover vom 14.5.1948.
[39] Bd. I, Bl. 73 R f., Vernehmung Grimmes vom 28.5.1948.
[40] Bd. I, Bl. 140 R, Vernehmung Grimmes vom 13.8.1948.
[41] Bd. I, Bl. 74 f., Vernehmung Grimmes vom 28.5.1948; das Folgende nach ebenda; vgl. dazu auch Bach, Die Dritten 50 Jahre, in: 150 Jahre Niedersächsisches Landeskrankenhaus Hildesheim, S. 39.

Seit 1941 nutzte die Militärverwaltung die Abteilung Sültekloster der Anstalt Hildesheim als Wehrmachtslazarett, ab September/Oktober 1943 mußte das Michaeliskloster geräumt werden, da die Waffen-SS diesen Teil der Anstalt als SS-Schule nutzen wollte. Als sich Grimme am 13. Oktober 1943 mit einer „sehr energischen Eingabe"[42] beim Regierungspräsidenten gegen die Auflösung seiner Anstalt aussprach, wurde er zwei Tage später von der Gestapo verhaftet. Nach vier Tagen befand er sich wieder auf freiem Fuß, wurde jedoch von seinem Posten als Anstaltsdirektor enthoben und vorzeitig pensioniert. Grimme ließ sich daraufhin als Nervenarzt in Hildesheim nieder. Nach Kriegsende fungierte er noch einmal für kurze Zeit als Anstaltsdirektor – bis zur Auflösung der Hildesheimer Anstalt am 1. Januar 1946[43].

II.

Dezernent Andreae und Anstaltsdirektor Grimme waren beide keine begeisterten Nationalsozialisten und keine Befürworter der „Euthanasie"-Aktion. Beide wollten die Morde an psychisch kranken Menschen verhindern oder zumindest einschränken. Doch trotz ihres Entsetzens über die bürokratisch abgewickelten Morde haben beide dagegen nicht – wie Professor Ewald, der Leiter der Göttinger Anstalt – vernehmlich Stellung genommen. Grimme ließ nach einigen erschrockenen Briefen an Kollegen und an seinen Dienstvorgesetzten dem Geschehen seinen Lauf. Andreae hielt Widerstand, auch mit Rücksicht auf seine Familie, für zu gefährlich. So stellt sich die Frage, ob beider Verhalten letztlich „typisch" war für Menschen in ihrer Position und Stellung.

Es ist hinreichend belegt, daß weite Teile der Ärzteschaft – ähnliches gilt für die Juristen – zur Indienstnahme durch das nationalsozialistische Regime disponiert waren[44]. Über die Einstellung Andreaes und Grimmes zur Ausschaltung politisch mißliebiger oder rassisch verfolgter Mitarbeiter der Provinzialverwaltung ist nichts bekannt. Beide blieben nach der „Machtergreifung" in leitender Position und versahen ihren Dienst unauffällig, ohne sich mit den Ideen der „neuen Machthaber" besonders zu identifizieren. Die Unfähigkeit, in Zusammenhängen zu denken und zu entscheiden, tritt besonders bei Grimme zutage. Seine mehrfach bekundete Ungläubigkeit und Fassungslosigkeit gegenüber den Mitteilungen hinsichtlich der Tötungsaktionen tragen zweifellos Züge einzelschicksalhaften Unvermögens. Aber darüber hinaus scheint diese Form des Sich-Verschließens vor der Wirklichkeit, des Sich-Einengens in engbegrenzte fachliche Zuständigkeiten und der Rückzug in allenfalls privat geäußerte Kritik ein Charakteristikum gerade im „Alltag" der Vernichtungsmaßnahmen gegen psychisch Kranke gewesen zu sein.

Eng verwandt mit der dargelegten Form von Wahrnehmungs-Blindheit ist das von K. D. Bracher beobachtete „Syndrom des Unpolitischen": „Was fehlte, war ein allgemeineres Bewußtsein von dem Ort und der Bedeutung der Teildisziplinen innerhalb der Gesellschaft, war politische Bildung als Teil der Allgemeinbildung, die nicht nur formal, sondern sachlich hinreichend fundiert war, um dem Dilemma der Spezialisie-

---

[42] Ebenda.
[43] Vgl. ebenda sowie Bd. I, Bl. 73 ff., Vernehmung Grimmes vom 28.5.1948.
[44] Vgl. Kudlien, Ärzte im Nationalsozialismus; Wuttke-Groneberg, Medizin im Nationalsozialismus; Gruchmann, Euthanasie und Justiz.

rung zu begegnen und zu kritischem Urteil zu befähigen."⁴⁵ Seine Blindheit verschloß Grimme die Möglichkeit, gegenüber der „großen Politik" die notwendige Distanz zu gewinnen. Andreae suchte, ebenso wie sein Vorgesetzter Landeshauptmann Gessner, angesichts der Entwicklung des NS-Systems in einer im genannten Sinn „unpolitischen Haltung" Zuflucht; die zitierte Begründung seines Parteieintritts verweist auf Defizite eines „allgemeineren Bewußtseins". In seiner Eigenschaft als Verwaltungsbeamter beschränkte sich Andreae weitgehend auf die Erfüllung des sachlich Gebotenen und trug damit zur Stabilisierung der politischen Strukturen bei.

Selbstgleichschaltung, Blindheit, eine scheinbar rein sachorientierte unpolitische Grundhaltung und – im Falle von Andreae – die Anerkennung der Diskussionswürdigkeit von Tötungsmaßnahmen bei „schwersten Fällen" hatten insbesondere Andreae auf jene von Bischof Wurm beschriebene „schiefe Bahn" geführt, auf der es „kein Halten mehr gab"⁴⁶.

Spätestens seit Februar 1941 mußte Andreae und Grimme die tödliche Dimension ihrer Verantwortung bewußt sein. Welchen Einfluß hatte dieses Bewußtsein auf ihr Handeln?

Andreae verhielt sich regelkonform. Er glaubte, daß prinzipieller Widerstand gegen die „Euthanasie"-Aktionen, auch im Interesse der Patienten, sinnlos sei. Statt dessen versuchte er, partielle Zugeständnisse zu erwirken und erreichte eine Art von „Generalklausel", wodurch sich der Spielraum für Rückstellungen von Patienten, die verlegt werden sollten, erweiterte. Zumal sich Landeshauptmann Gessner nach dem Scheitern seines Bemühens, die „Euthanasie"-Maßnahmen von der Provinz Hannover abzuhalten, seiner dienstlichen Verantwortung entzogen hatte, blieb Andreae an der Verwaltungsspitze weitgehend auf sich allein gestellt. In zäher Auseinandersetzung mit den Berliner Behörden bemühte er sich, den Handlungsrahmen der ihm nachgeordneten Anstaltsdirektoren möglichst offen zu gestalten. Hier finden sich durchaus Züge widerständigen Verhaltens, Zeichen von Resistenz als Form der Selbstbewahrung und Überlebenshilfe⁴⁷.

Grimme hingegen gestand sich die reale Situation und den Durchsetzungswillen des Regimes nicht ein. Seine Briefe an die Gesellschaft Deutscher Neurologen und Psychiater sowie an nahestehende Kollegen zeugen von aufrichtiger Empörung. Gleichwohl blieb er im Amt und ließ die tödlichen „Verlegungen" durch seinen Oberarzt abwickeln.

Grimme und Andreae waren beide in die Vernichtungsaktionen verstrickt. Dies gilt auch vor dem Hintergrund eines Gerichtsverfahrens, in dem Andreae 1948 wegen „erwiesener Schuldlosigkeit" freigesprochen wurde. Andreae sei, so hieß es damals, zwar an einem Massenverbrechen beteiligt gewesen, habe aber die verbrecherische Handlung nicht unterstützt, sondern ihr entgegengehandelt⁴⁸. Grimme hatte, wie erwähnt, 1943 sein Amt verloren und war nach 1945 gerichtlich nicht belangt worden.

---

⁴⁵ Karl-Dietrich Bracher, Die Gleichschaltung der deutschen Universitäten, in: Universitätstage 1966: Nationalsozialismus und die deutsche Universität, Berlin 1966, S. 126–142, hier S. 141.
⁴⁶ Vgl. Wunder u. a., Auf dieser schiefen Ebene, S. 54. Das Zitat stammt aus einem Schreiben Wurms an Reichsinnenminister Frick vom 19.7.1940, abgedruckt in: Dokumente zur Ermordung der „unheilbar Kranken", S. 13.
⁴⁷ Zum Begriff der Resistenz vgl. Martin Broszat, Nach Hitler. Der schwierige Umgang mit unserer Vergangenheit, München 1988, S. 160 f.
⁴⁸ HStA Hannover, 155, Akte Göttingen Acc. 58/83, Bl. 144.

Juristisch und von der Perspektive individueller Verantwortlichkeit her gesehen, konnte sich der Unterstützung des verbrecherischen Handelns nur entziehen, wer seine öffentliche Position aufgab oder daraus entfernt wurde. Moralisch betrachtet, stellte sich die Frage der persönlichen Verantwortlichkeit nur für jene, die keine überzeugten Anhänger des NS-Regimes waren. Sie wählten zur Rechtfertigung ihrer Verstrickung, wie Andreae, das Argument des „kleineren Übels". Doch dies bedeutete, wie Hannah Arendt dargelegt hat, sich *für* ein Übel zu entscheiden. Und der Größe des Übels der nationalsozialistischen Herrschaft hält keine noch so entlastende Argumentation stand[49]. Wenn allerdings zählt, „was getan, was bewirkt wurde, weniger was gewollt oder beabsichtigt war"[50], muß Andreaes Verhalten – trotz seiner nach außen hin weitergehenden Anpassung an das Regime – moralisch höher angesetzt werden als das des Anstaltsdirektors Grimme.

Angesichts der Dimension der „Euthanasie"-Verbrechen tat sich die darauf bezogene Forschung zunächst schwer, Schattierungen im Verhalten einzelner schuldhaft Beteiligter aufzuzeigen. Im Entsetzen über die Krankenmorde wurden der verbrecherischen Aktivität allenfalls einzelne Mutige – wie der Lobetaler Pastor Braune oder der Amtsgerichtsrat Lothar Kreyßig – gleichsam statuarisch entgegengestellt[51]. Betrachtet man jedoch die Umsetzung der „planwirtschaftlichen Maßnahmen" aus der Perspektive „von unten", so zeigt sich ein relativ weiter Konfliktraum, in dem neben tödlichbeflissener Dienstbarkeit oft auch hilfreiches Entgegenwirken möglich war[52].

Die vorliegende Studie ist der Versuch, sich den Geschehnissen der „Euthanasie"-Aktion aus der Perspektive des psychiatrisch Tätigen – auch in erklärender Absicht – zu nähern. Dies mag angesichts des bekannten Grauens vielleicht als Zumutung erscheinen und birgt sicherlich das Risiko vorschneller Entschuldigung. Doch scheinbar endgültige Gesamtdarstellungen der nationalsozialistischen Medizinverbrechen, die diese Perspektive außer acht lassen, sind nicht einfach das Gegenteil apologetischer Tendenzen der Geschichtsschreibung. Auch sie finden sich rasch in der Nähe der „Art Trägheit, Undifferenziertheit und Ungenauigkeit der Moral mancher gut gemeinter Vergangenheitsbewältigung", von der M. Broszat einmal sprach[53].

Im „Alltag" des vorgegebenen Vernichtungsprogramms gab es durchaus Handlungsräume für sehr verschiedene Formen der Beteiligung, der Hilfe oder des Sich-Abwendens. Sie wurden, wie am Verhalten Andreaes und Grimmes deutlich wird, unterschiedlich genutzt.

---

[49] Vgl. Hannah Arendt, Was heißt persönliche Verantwortung unter einer Diktatur?, in: Hannah Arendt, Nach Auschwitz, Essays und Kommentare, hrsg. v. Eike Geisel und Klaus Bittermann, Berlin 1989, S. 85 f.
[50] Broszat, Nach Hitler, S. 145. Vgl. auch Seidel, Ethische Orientierungsversuche.
[51] Vgl. Nowak, Euthanasie und Sterilisation, und Lothar Gruchmann, Ein unbequemer Amtsrichter im Dritten Reich. Aus den Personalakten des Dr. Lothar Kreyßig, in: VfZ 32 (1984), S. 462–488.
[52] Vgl. Seidel/Meyer/Sueße, Hilfreiche Anpassung.
[53] Broszat, Nach Hitler, S. 180.

Dirk Blasius

Die „Maskerade des Bösen".
Psychiatrische Forschung in der NS-Zeit

I.

Von der Geschichte des Dritten Reiches geht auch nach einem halben Jahrhundert verflossener Zeit noch immer eine starke Bannwirkung auf unser historisch-politisches Denken aus. Das hängt mit der bedrückenden Dimension dieser Geschichte zusammen. Die Zeit des Nationalsozialismus entzieht sich jedem Versuch aufgeschwatzter normativer Indifferenz, weil die Schatten dieser Zeit lang sind und, das hat der „Historikerstreit" gezeigt, auch eine historische Erinnerung umgreifen, die auf der Suche nach Normalität, nach einer Aussöhnung mit den Schrecken der Vergangenheit ist. Zu den vielen Schrecken der NS-Zeit, die das menschliche Erinnerungsvermögen zu überfordern drohen, gehört auch der Krankenmord, das „medikalisierte Töten" (R. J. Lifton) hilfsbedürftiger, wehrloser Menschen. Die Unfähigkeit unserer Gegenwart, mit Überlieferungsbeständen aus einer Zeit umzugehen, die an den Abgrund des Bösen geraten war, zeigt auch der letzte der nicht gerade zahlreichen Prozesse gegen NS-Ärzte[1]. Hier begegnet eine oft klägliche juristische Nichtigkeitserklärung grauenhaften historischen Geschehens.

Man hat im „Historikerstreit" sicherlich einen Gradmesser der politischen Kultur in der Bundesrepublik zu sehen; auch sollte man jene „apologetischen Tendenzen" (J. Habermas) scharf in den Blick nehmen, hinter denen die offen oder verdeckt vorgebrachte Forderung nach einer geschichtlich abgestützten positiven nationalen Identität steht. Meines Erachtens jedoch, und das unterstreichen die Verfahren wegen Verwicklung in die Behindertenmorde, sind nicht aktuelle politische Strömungsverhältnisse das eigentliche Problem. Hinter der Tendenz eines apologetischen Umgangs mit der NS-Vergangenheit verbirgt sich das viel grundsätzlichere Problem eines weitgehend defizitären Umgangs mit dieser dunkelsten Epoche unserer Geschichte. M. Broszats Plädoyer für eine „gewissenhafte Historisierung der NS-Zeit", eine historische Erkundung also, hinter der das Gewissen wie die Gewissenhaftigkeit des Historikers stehen, trifft hier einen wichtigen Punkt[2]. Der Gefahr einer Sezession von der Geschichte des Schreckens, sei es auf der wissenschaftlichen, der politischen oder auch der juristischen Ebene, kann nur vorgebeugt werden, wenn die Erkenntnis in

---
[1] Vgl. Süddeutsche Zeitung vom 10.2.1989 zum Abschluß des Verfahrens gegen die Ärzte Dr. Ullrich und Dr. Bunke.
[2] Martin Broszat, Plädoyer für eine Historisierung des Nationalsozialismus, in: ders., Nach Hitler. Der schwierige Umgang mit unserer Geschichte, München 1987, S. 159–173; vgl. auch Martin Broszat, Eine Insel in der Geschichte? Der Historiker in der Spannung zwischen Verstehen und Bewerten der Hitler-Zeit, in: ebenda, S. 114–120, hier S. 118.

Tiefenschichten der NS-Zeit hineingetrieben wird. Ein Fassadenblick auf diese Zeit ist unzureichend; mit ihm, der nur die Panik der Epoche registriert, verbindet sich oft jenes Eintauchen in die Langzeitgeschichte von Staat und Gesellschaft in Deutschland, bei dem dann Vergangenes in einer insgesamt erträglicheren Dimension erscheint. Die NS-Zeit entzieht sich aller Routine historischer Erinnerungsarbeit; weil dies so ist, haben Erwägungen zu einer „Historik des Nationalsozialismus" ihr inneres Recht³.

Im Streit der Historiker ging es nur am Rande um den Mord an Geisteskranken, mehr um „Auschwitz" als um „Hadamar". Doch die Fragen, die diese Auseinandersetzung aufwarf, berühren auch den Kern des „Euthanasie"-Geschehens. Auch dieses Geschehen gehört zum säkularen Vorgang nationalsozialistischer Menschenvernichtung, auch hier sind Wertbindung und Wertorientierung historischen Arbeitens auf besondere Weise gefordert. In der Debatte über die „Historisierung des Nationalsozialismus" suchte M. Broszat gegenüber S. Friedländer klarzustellen, daß eine genaue Inspizierung der NS-Zeit durchaus nicht mit einer Relativierung des moralischen Urteils über die „NS-Kriminalität" einherzugehen braucht. Historisierung bedeute „keine Aufweichung der politisch-moralischen Beurteilung des Unrechtscharakters der NS-Herrschaft, wenn sie auch die Pluralität von historischen Handlungslinien und historischen Subjekten, die sich nicht alle dem politischen System und der Weltanschauung des NS unterordnen lassen, herausarbeiten muß"⁴. Anzustreben ist in der Tat eine Vertiefung historischer Einsicht, die sich nicht mit wohlfeilem Pathos von dieser mörderischen Zeit abstößt, sondern das Bedingungsgefüge kollektiver Tötungshandlungen in dieser Zeit abklärt. Die Frage nach den Ursachen jener Enthemmung, die während des Nationalsozialismus im Mord an den schwächsten Gliedern einer menschlichen Gemeinschaft endete, hat fraglos auch das einzubeziehen, was sich „unterhalb der Schwelle nationalsozialistischer Weltanschauungspolitik" abspielte⁵. Das Grauen gewinnt erst vor dem Hintergrund der Normalität Gestalt, aber andererseits läßt es Normalität kaum zu, fordert immer wieder zäh seinen Tribut.

S. Friedländer hat im Zusammenhang mit den in der NS-Zeit begangenen Verbrechen und begegnenden Verwüstungen nur lakonisch bemerkt: „Ein normales Leben in dem Bewußtsein, daß gleichzeitig massive Verbrechen geschehen, begangen durch die eigene Nation und die eigene Gesellschaft, ist doch wohl kein so ganz normales Leben."⁶ Dennoch: Um die Mechanismen herauszufinden, die für eine infernalische Epoche der deutschen Geschichte bestimmend gewesen sind, lohnt der Blick auf jenes verschwimmende Nebeneinander von Erfolgsfähigkeit und krimineller Energie, von Leistungsmobilisation und Destruktion, von Partizipation und Diktatur⁷. Es sind sowohl der Anteil wie der Anschein von Zivilität, die das historische, nicht das morali-

---

³ Vgl. Dan Diner, Erwägungen zu einer Historik des Nationalsozialismus, in: Zerstörung des moralischen Selbstbewußtseins: Chance oder Gefährdung? Praktische Philosophie in Deutschland nach dem Nationalsozialismus, hrsg. v. Forum für Philosophie Bad Homburg/Frankfurt a. M. 1988, S. 49–65.
⁴ Martin Broszat/Saul Friedländer, Um die „Historisierung des Nationalsozialismus". Ein Briefwechsel, in: VfZ 36 (1988), S. 339–372, hier S. 349.
⁵ Vgl. Martin Broszat, Was heißt Historisierung des Nationalsozialismus?, in: HZ 247 (1988), S. 1–14, hier S. 8.
⁶ Broszat/Friedländer, Briefwechsel, S. 358.
⁷ Vgl. Broszat, Was heißt Historisierung, S. 8.

sche Urteil über das Dritte Reich erschweren. Hier soll der Versuch einer Annäherung vom Bezugspunkt psychiatrischer Forschung aus unternommen werden. Psychiatrische Forschung und psychiatrischer Mord stehen in keinem eindeutigen Verhältnis zueinander; doch die Frage, warum Psychiater sich in den Dienst zutiefst inhumaner Herrschaftsziele stellten – oder auch nur, sich abschirmend, der Wahrnehmung von Inhumanität verweigerten, ist auch eine Frage der Profession. Ein solcher Einstieg verspricht Haltungen abzuklären, die unfaßbare Handlungen möglich werden ließen.

II.

Die historische Erforschung des „Euthanasie"-Geschehens, lange Zeit ein Stiefkind der Zeitgeschichte, bietet sich heute in beeindruckender Breite dar[8]. Ernst Klee hat mit seinen Darstellungen und Dokumentationen einen festen Tatsachensockel geschaffen[9]. Seine Rubrizierung des Mordgeschehens ist unabdingbar für jeden historischen Deutungsversuch. Die Bedeutsamkeit von Klees Arbeiten wird durch die neueste zusammenfassende Darstellung Hans-Walter Schmuhls eindrucksvoll unterstrichen[10]. Dort wird der Versuch unternommen, die „Euthanasie"-Problematik an zentrale Probleme der Historiographie über den Nationalsozialismus anzubinden. Die Polykratie-These dient als interpretatorischer Bezugsrahmen, den rassenhygienischen Radikalisierungsschub von der Sterilisierung über die Abtreibung bis hin zur „Euthanasie" als Resultante der Konkurrenzbeziehungen relativ autonomer Machtzentren im Nationalsozialismus zu fassen. Neben dem personengeschichtlichen Zugriff Klees und dem strukturgeschichtlichen Schmuhls liegt als weiterer, unsere Kenntnis über die NS-Rassenpolitik beträchtlich erweiternder Versuch die große Studie Gisela Bocks über „Zwangssterilisation im Nationalsozialismus" aus frauengeschichtlicher Perspektive vor[11]. Hier wird der Rassismus in den beiden Spielarten des anthropologischen und hygienischen Rassismus als Kernsubstanz einer Politik beschrieben, für die die Fundamentalkategorie von Menschsein, das Recht des Menschen auf Leben, ihre Verbindlichkeit verloren hatte. Menschen wurden in der NS-Zeit klassifiziert, die menschliche Gemeinschaft wurde hierarchisiert und damit – auch an der Trennungslinie der Geschlechter entlang – jene Spaltung der menschlichen Existenz eingeleitet, die im Abspalten eines als minderwertig, als „lebensunwert" definierten Teils der Bevölkerung endete.

Perspektiven und Befunde der hier vorgestellten Arbeiten sind wichtig, aber sie erklären nur bedingt das Abgleiten von Menschen in den Strudel des Unrechts. Erklärungsbedürftig bleibt weiterhin die Rolle der Psychiatrie beim ohne große Reibungsverluste vollzogenen Abfall der Politik von den Grundsätzen der Humanität, der Menschenwürde und Mitmenschlichkeit. Liftons Buch über „Ärzte im Dritten Reich" gibt nur eine auf individuelle Tathandlungen verkürzte Auskunft[12]. „Was ich aufzu-

---

[8] Vgl. Blasius, Historikerstreit; Schierbaum, Aussondern des „Unwerten"; Nowak, Sterilisation und „Euthanasie".
[9] Vgl. Klee, „Euthanasie"; Klee (Hrsg.), Dokumente; Klee, Was sie taten.
[10] Vgl. Schmuhl, Rassenhygiene.
[11] Vgl. Bock, Zwangssterilisation.
[12] Vgl. Lifton, Ärzte im Dritten Reich; die folgenden Zitate S. XIII, S. 491 und S. 5.

decken hoffe, sind eben jene psychologischen Mechanismen, die es den Menschen möglich machten, zu tun, was sie taten." Den „Schlüssel" für den faustischen Pakt der Nazi-Ärzte mit ihrer diabolischen Umgebung sieht Lifton in dem, was er „doubling" nennt: „Hierbei teilt sich das Selbst in zwei unabhängig voneinander funktionierende Ganzheiten, die beide als das ganze Selbst auftreten und für es handeln können." Es mag für die Psychologie der Täter aufschlußreich sein, mit der Figur eines „zweiten Ichs" zu arbeiten, das sich von der Partizipation am Bösen Prämien versprach; doch die Tiefendimension des Genozids ist nicht gleichzusetzen mit der Tiefenpsychologie der „medizinischen Henker". Der Genozid muß als ein historischer Vorgang begriffen werden, in dem sich Wissenschaftsgeschichte, Politikgeschichte und die Geschichte von Gesellschaft und Ökonomie ineinanderschieben.

Ein ohne Zweifel stärker am geschichtlichen Gesamtzusammenhang orientiertes Deutungskonzept der Krankenmorde verbirgt sich hinter der Formel von der „Endlösung der sozialen Frage". Die Vertreter dieses Konzepts unterlegen der NS-Rassenpolitik ein gigantisches sozialsanitäres Planungsprogramm[13]. In ihm seien jene Menschengruppen ausgefällt – Juden, Behinderte, Sinti und Roma, Asoziale –, die man als „Ballast" auf dem Weg in eine Gesellschaft ubiquitärer Unschlagbarkeit angesehen habe. Die Massenvernichtung von Menschen wird hier zum Projekt einer die Zukunft „planenden Intelligenz"; die „intellektuellen Nazitäter" fungieren gleichsam als die Werkzeuge eines die Negation der Vernunft betreibenden Weltgeistes, der die Geschichte der Moderne durchweht und ihre Gegenwart weiterhin bedroht. Historische Analysen sind gegenüber Globalkonzepten bescheidener, aber auch konkreter. Sie nehmen den angeschnittenen Zusammenhang von „Mord und Modernisierung" ernst, bezweifeln aber, daß in diesem Zusammenhang die Geschichte unserer Zeit, in die die NS-Zeit fraglos hineingehört, aufgeht.

Die Wirklichkeit der Psychiatrie im Nationalsozialismus stimmt in wichtigen Bereichen nicht mit dem Bild einer den psychiatrischen Mord planenden ärztlichen Intelligenz überein. Dennoch gilt es jene „fatale rassistische Entwicklungsdynamik in den Humanwissenschaften" zu sehen, von der auch die Psychiatrie erfaßt wurde[14]. Ob dies ausreicht, begründet von der „Genesis der ‚Endlösung' aus dem Geiste der Wissenschaft" zu sprechen, bleibt freilich fraglich. Vor allem war es der Ungeist der Politik, der die Zeit des Dritten Reichs zu einer vulnerablen Phase für überkommene Wert-, Rechts- und Handlungssysteme werden ließ. Die Psychiatrie war keine „tödliche Wissenschaft"[15]. Aber ihr Profil in einer Zeit des Tötens hat zur Desensibilisierung gegen die Wahrnehmung von Inhumanität beigetragen.

---

[13] Vgl. Karl Heinz Roth/Götz Aly, Das „Gesetz über die Sterbehilfe bei unheilbar Kranken". Protokolle der Diskussion über die Legalisierung der nationalsozialistischen Anstaltsmorde in den Jahren 1938–1941, in: Roth (Hrsg.), Erfassung zur Vernichtung, S. 101–120; Götz Aly, Der saubere und der schmutzige Fortschritt, in: Beiträge, Bd. 2, S. 9–78; Susanne Heim/Götz Aly, Die Ökonomie der „Endlösung". Menschenvernichtung und wirtschaftliche Neuordnung, in: Beiträge, Bd. 5, S. 11–90; Dörner, Tödliches Mitleid, S. 48–62. Zur Tragfähigkeit des Konzepts therapeutisches Töten als „Endlösung der Sozialen Frage" vgl. auch mein Referat, in: Medizin im Nationalsozialismus, S. 51–58.

[14] Detlev J. K. Peukert, Die Genesis der „Endlösung" aus dem Geiste der Wissenschaft, in: Zerstörung des moralischen Selbstbewußtseins, S. 24–48, hier S. 26.

[15] Vgl. Müller-Hill, Tödliche Wissenschaft.

III.

„Fundamental" kann der Beitrag genannt werden, den ein Seitenast der Psychiatrie, die Rassenhygiene, zur zentralen Idee des Nationalsozialismus, zu seiner Rassenidee, beigesteuert hat[16]. Hier gilt es freilich die Langzeitgeschichte von Rassenhygiene und Eugenik zu sehen, die keine Wissenschaftsschöpfungen des NS-Systems waren. Aus einer den Ideenströmen des 19. Jahrhunderts erwachsenen sozialen Bewegung war die Rassenhygiene schon in der Weimarer Zeit zu einer professionalisierten Wissenschaft geworden[17]. Dem Wissenschaftsbedarf der Weimarer Krisenpolitik verdankte sie ihr zunehmendes Gewicht. Bevölkerungsaufbau und Bevölkerungsentwicklung wurden von Erbregeln her durchleuchtet, um mit Hilfe einer „negativen" Eugenik, die den Gedanken der Sterilisation favorisierte, die sich zuspitzende Finanzkrise des öffentlichen Gesundheitswesens abfangen zu können. Die Rassenhygieniker brauchten den Tag der „Machtergreifung" nicht abzuwarten, um zum beachteten Zentrum psychiatrischer Forschung zu werden. Die Weichenstellung erfolgte bereits in der Weimarer Zeit. Hier liegen die Anfänge einer Denkhaltung, die dann im Nationalsozialismus Menschenvernichtung und Entwürdigung Hilfloser und Hilfsuchender zur eingeschliffenen Routine werden ließ.

Man hat davon gesprochen, daß die bestialischen Handlungen einzelner „zwar nicht auf die Rassenhygiene reduziert werden können, daß diese aber aufgrund ihrer delegitimierenden Wirkung die ethischen Werte außer Kraft setzen konnte, die diesen Handlungen hätten entgegenstehen können"[18]. Das ist meines Erachtens eine Aussage von großer historischer Genauigkeit. Sie benennt die Mitschuld psychiatrischer Forschung, in deren Kontext auch die Rassenhygiene gehört, an den Verbrechen des NS-Regimes. Die Rassenhygiene steht freilich nicht für das Gesamtbild, das Psychiatrie als Wissenschaft im Dritten Reich bietet. Dennoch war ihr Stellenwert im Hinblick auf die politische Rechenschaftspflicht der Psychiater wie auch für deren moralische Blindheit hoch.

Die „Radikalisierung der Psychiatrie" bahnte sich am Ende der Weimarer Republik an[19]. Sie hing eng mit der durch die Weltwirtschaftskrise ökonomisch angeheizten allgemeinen gesellschaftlichen und politischen Krisensituation zusammen. Maßstäbe im Umgang mit psychisch Kranken gerieten ins Wanken, und selbst diejenigen, die die Fahne einer humanen Behandlung hochhielten, zeigten Anfälligkeiten gegenüber den Einflüsterungen aus dem rassenhygienischen Lager. Über die „Frage des unwerten Lebens und die Jetztzeit" sprach im Juni 1932 der Direktor einer sächsischen psychiatrischen Anstalt vor Mitgliedern der Eugenischen Sektion der Naturforschenden Gesellschaft in Görlitz[20]. Er war kein Anhänger der „Freigabe der Vernichtung lebensunwer-

---

[16] Vgl. das Referat von Müller-Hill, in: Medizin im Nationalsozialismus, S. 39–44; Weingart/Kroll/Bayertz, Rasse, Blut und Gene.
[17] Vgl. Weindling, Weimar Eugenics; Weindling, Verbreitung.
[18] Peter Weingart, Eugenik – Eine angewandte Wissenschaft. Utopien der Menschenzüchtung zwischen Wissenschaftsentwicklung und Politik, in: Lundgreen (Hrsg.), Wissenschaft im Dritten Reich, S. 314–349, hier S. 331.
[19] Vgl. Siemen, Menschen blieben auf der Strecke, S. 95–129; Güse/Schmacke, Psychiatrie, S. 325–363.
[20] Vgl. Ewald Meltzer, Die Frage des unwerten Lebens und die Jetztzeit, in: Psychiatrisch-Neurologische Wochenschrift 34 (1932), S. 584–591; die folgenden Zitate S. 584 und S. 590.

ten Lebens" und hatte während der zwanziger Jahre energisch gegen Binding und Hoche angeschrieben. Doch die „Jetztzeit" schien auch für ihn den Satz „Vita non iam vitalis" in ein neues Licht zu rücken: „In einer solchen Zeit müssen die Ärzte, die doch in erster Linie berufen sind, die Menschheit körperlich und geistig zur Gesundung zu führen, sich die ernste Frage vorlegen, ob nicht auch sie helfen können, das große Hospital, das Deutschland geworden ist, zu leeren." Der ganze Druck der Verhältnisse, der auf der Psychiatrie und den psychiatrisch Tätigen lastete, auch deren Verführbarkeit, wird an den um Redlichkeit bemühten Ausführungen dieses Anstaltsbeamten deutlich. Er läßt sich auf die Sprache der Eugeniker ein – die „Minusvariante des deutschen Volkes" dürfe „aus Gründen der völkischen Selbsterhaltung nicht weiter anschwellen", und auch er wisse um die schwere finanzielle Belastung „durch die Fürsorge für diese Minderwertigen" –, doch all dies rechtfertige keinen Anschlag auf die „Moral". „Auch die Jetztzeit mit ihren pronoziertieren rassehygienischen Forderungen kann nicht das menschliche Recht des Trägers eines uns unwert erscheinenden Lebens, zu leben, mißachten."

Die Forderungen der Rassenhygieniker waren in der Tat entschiedener geworden. Sie erhielten Auftrieb durch den Niedergang der Weimarer Demokratie. Seit den Aprilwahlen des Jahres 1932, die einen starken Anstieg der Nationalsozialisten gebracht hatten, war in Preußen die von der Sozialdemokratie geführte Weimarer Koalition aus SPD, Zentrum und Liberalen nur noch geschäftsführend im Amt; Ende Mai war Brüning als Reichskanzler zurückgetreten, und im Juni versuchte von Papen, durch politische Geschäftemacherei mit der NSDAP den Weg zur Errichtung eines staatsautoritären Regimes zu ebnen. Am 20. Juli 1932 erfolgte der sogenannte Preußen-Schlag; die Regierungsgewalt wurde der geschäftsführenden Regierung Braun durch die Reichsadministration entzogen. Nur vor diesem Hintergrund konnte die Rassenhygiene politisch salonfähig werden. Schubwirkung hat für sie fraglos der preußische Entwurf eines Sterilisierungsgesetzes vom 30. Juli 1932 gehabt. Unter Mitarbeit der psychiatrischen und juristischen Prominenz hatte der Preußische Landesgesundheitsrat, abgestimmt auf die Anliegen des Ministeriums für Volkswohlfahrt, Leitsätze zur Eugenik formuliert, die in den von einer Kommission erstellten Gesetzentwurf eingingen. Die Sterilisierung von Personen mit erblichen Geisteskrankheiten sollte gesetzlich freigegeben werden, wenn sie auch an die Einwilligung der Betroffenen gebunden blieb. Hier liegt der bemerkenswerte Unterschied zur Zwangssterilisation im Nationalsozialismus; bedenkenswert sind aber die Begründungsargumente, mit denen für die prinzipielle Zulässigkeit der Unfruchtbarmachung gefochten wurde. Die offizielle Begründung zum preußischen Gesetzentwurf ist ein denkwürdiges Dokument[21]. Die steigende Zahl der Geisteskranken, Schwachsinnigen, Fallsüchtigen, Psychopathen, erblich Kriminellen und anderer Belasteten empfand eine Politik als Herausforderung, die sich dem sozialen Problemdruck nicht mehr gewachsen fühlte. In dieser Zeit sich überlappender Krisen koppelte sich politisches Handeln, wenn auch zunächst nur verschämt, von den Schwächsten der Gesellschaft ab: „Während mit der heute vorhandenen Zahl erblich Belasteter die Allgemeinheit sich selbstverständlich abfinden muß, ist alle Sorge darauf zu richten, daß die bedrohliche Entwicklung nicht

---

[21] Vgl. hierzu und zum folgenden Labisch/Tennstedt, Gesetz über die Vereinheitlichung des Gesundheitswesens, S. 176–179.

weitergeht. Eine Beeinflussung dieser Menschen zur Enthaltung von Ehe oder Fortpflanzung ist gerade bei den unerwünschtesten nach ihrer ganzen geistigen Verfassung unmöglich. So bleibt nur die Dauerausschaltung von der Fortpflanzung." Es war für die Eugeniker nicht schwer, im Raum einer Politik Fuß zu fassen, die vom Erbgut der Bevölkerung her Sozialpolitik betrieb. Die zumeist unsicheren Befunde der Erblehre wurden von den für die „Volkswohlfahrt" Verantwortlichen als feste Größen eingeplant. „Die menschliche Erblehre hat heute einen Umfang und einen Grad von Sicherheit erreicht, daß sie mit derselben Wahrscheinlichkeit, auf die wir uns bei sonstigen ärztlichen Maßnahmen stützen, die zu dem Eingriff nötige Erbprognose gibt." Das war ein Diktum an der Kippstelle der Weimarer Demokratie, das sich auch im völkischen Staat nicht viel anders anhören sollte. Nicht zufällig zitierte der preußische Gesetzentwurf an dieser Stelle den Mann, der nach 1933 zur beherrschenden Figur der nationalsozialistischen Rassenpsychiatrie wurde: Ernst Rüdin[22]. Er verkörpert jene verhängnisvolle Kollaboration von Wissenschaft und Politik, der die Würde und das Lebensrecht so vieler kranker Menschen zum Opfer fielen.

IV.

Rüdin war ein Rassenhygieniker, getragen von einem geradezu missionarischen Eifer. Schon um die Jahrhundertwende gehörte er neben Alfred Ploetz zu den Protagonisten einer Bewegung, die die Regeln der Vererbung zu popularisieren suchte. Die rassenhygienische Bewegung war von der Überzeugung durchdrungen, „daß die Naturgesetze, die man bei Pflanzen und Tieren fand, auch auf den Menschen zutreffen mußten"[23]. Rüdin war jedoch weit mehr als ein Agent des Sozialdarwinismus. Er kam aus der Schule Emil Kraepelins, des epochalen Kopfes der deutschen Psychiatrie am Beginn des 20. Jahrhunderts[24]. 1909 habilitierte er sich mit 35 Jahren in München mit einer Arbeit „Über die klinischen Formen der Seelenstörungen bei zu lebenslänglicher Zuchthausstrafe Verurteilten" und wurde dort 1915 außerordentlicher Professor. Der eigentliche Durchbruch auf dem Gebiet der psychiatrischen Erbforschung gelang Rüdin mit einer 1916 publizierten Arbeit „Zur Vererbung und Neuentstehung der Dementia praecox". Er glaubte, hier noch an der Begriffssprache Kraepelins sich orientierend, im Erbgang der Schizophrenie die Möglichkeit ihrer Bekämpfung und Eindämmung entdeckt zu haben. Rüdin hat sich selbst immer als einen methodenstrengen Forscher angesehen. Für seine Dementia-praecox-Untersuchung holte er den Rat eines führenden Medizinalstatistikers ein. Die Ergebnisse fußten auf über 700 Schizophrenieprobanden und ihren Familien. Als Kraepelin 1916 in München die Deutsche Forschungsanstalt für Psychiatrie gründete, übertrug er Rüdin die Leitung der Abteilung für Genealogie und Demographie. Trotz der Übernahme einer Profes-

---

[22] Ebenda, S. 579. Zitiert wurde Ernst Rüdin, Psychiatrische Indikation zur Sterilisierung, Bonn 1929.

[23] Arthur Gütt/Ernst Rüdin/Falk Ruttke, Gesetz zur Verhütung erbkranken Nachwuchses vom 14. Juli 1933 mit Auszug aus dem Gesetz gegen gefährliche Gewohnheitsverbrecher und über Maßnahmen der Sicherung und Besserung vom 24. November 1933, München 1934, S. 13.

[24] Vgl. Hans Luxenburger, Zum 70. Geburtstag Ernst Rüdins, in: Zeitschrift für die gesamte Neurologie und Psychiatrie Bd. 177 (1944), S. 173–176; Bruno Schulz, Ernst Rüdin. Geb. 19. April 1874 – Gest. 22. Oktober 1952, in: Archiv für Psychiatrie und Nervenkrankheiten Bd. 190 (1953), S. 187–195.

sur in Basel im Jahre 1925 behielt Rüdin die Leitung dieser Abteilung bei. 1928 kehrte er an die Münchener Universität zurück und baute das genealogische Institut der Forschungsanstalt zum Zentrum der psychiatrischen Ursachenforschung aus. Hier setzte Rüdins Assistent Hans Luxenburger dessen frühe Arbeit fort[25]. Man beschäftigte sich mit der Aufstellung schizophrener Zwillingsserien, um die Stärke des Erbfaktors zu messen, und ging empirisch, d. h. rechnerisch der Frage nach, wieviel Prozent Geisteskranke sich unter den einzelnen Verwandtschaftsgraden von Schizophrenen fanden. Die so gewonnenen Ziffern wurden mit der Psychosenhäufigkeit in der Durchschnittsbevölkerung verglichen.

Faßt man die mitgeteilten Informationen zusammen, so könnte der Eindruck eines normalen Wissenschaftlerlebens in einem normalen Wissenschaftsbetrieb entstehen. Der missionarische Drang der Rassenhygieniker, besonders auch der ihrer Führungsfigur, Rüdin, paßte jedoch immer weniger zum ruhigen Gleichmaß wissenschaftlichen Arbeitens. Das Jahr 1933 eröffnete der psychiatrischen Erbforschung die Chance einer politischen Grenzüberschreitung. Sie hat diese Chance ergriffen, ja man kann geradezu von der Sehnsucht der Rassenhygieniker nach der Allmacht der neuen Machthaber sprechen. Die Psychiatrie als Wissenschaft geriet auf den Pfad politischer Versumpfung. Nach zehn Jahren NS-Herrschaft klingt bei Rüdin noch die berauschende Versuchung nach, die von der „Machtergreifung" ausgegangen war. Dieser Zeitpunkt sei, so schrieb er 1943 im Archiv für Rassen- und Gesellschaftsbiologie, auch für die Rassenhygiene von schicksalsbestimmender Bedeutung gewesen. Es sei „das unvergängliche geschichtliche Verdienst Adolf Hitlers und seiner Gefolgschaft, über die rein wissenschaftlichen Erkenntnisse hinaus den ersten wegweisenden und entscheidenden Schritt zur genialen rassenhygienischen Tat in [so!] und am Deutschen Volk gewagt zu haben"[26].

Wer das 1943 schrieb, mußte wissen, daß „rassenhygienische Tat" nur eine Deckbezeichnung für die Mordtaten des Regimes war. Rüdin hat es gewußt. In einem Nekrolog, der 1953, ein Jahr nach Rüdins Tod, im Archiv für Psychiatrie und Nervenkrankheiten erschien, berichtete sein ehemaliger Assistent aus der Forschungsanstalt, Bruno Schulz, davon, daß Rüdin im Frühjahr 1940 von der „Tötung der Geisteskranken" gehört habe[27]. „Seine erste Äußerung daraufhin lautete: ‚Das ist Mord!'" Es ist nicht sehr glaubwürdig, Rüdin mit der Formel vom „doubling" salvieren zu wollen. Dieser „Kronpsychiater" des Dritten Reichs wußte um die dunklen Seiten eines Geschehens, das er selbst mit hatte lostreten helfen. Seit 1935 war Rüdin Vorsitzender der Standesvertretung der Psychiater, der Gesellschaft Deutscher Neurologen und Psychiater. Auf einer für 1941 geplanten, aber nicht zustande gekommenen Jahrestagung dieser Gesellschaft versuchte er, die „Euthanasie"-Aktion wissenschaftsöffentlich zu machen[28].

---

[25] Vgl. den X. Bericht über die Forschungsanstalt für Psychiatrie, Kaiser Wilhelm-Institut München zur Stiftungsratssitzung am 9.5.1930, in: Zeitschrift für die gesamte Neurologie und Psychiatrie Bd. 129 (1930), S. 617 ff.; zur Arbeit der genealogisch-demographischen Abteilung vgl. ebenda, S. 630 ff.; hier zu den „Zwillingsuntersuchungen" Luxenburgers und zu den „Untersuchungen über die Verwandtschaft hoch- und höchstbegabter schöpferischer Persönlichkeiten", die Rüdin mit seiner Assistentin Dr. Juda betrieb.

[26] Ernst Rüdin, Zehn Jahre nationalsozialistischer Staat, in: Archiv für Rassen- und Gesellschaftsbiologie Bd. 36 (1943), S. 321 f.

[27] Schulz, Ernst Rüdin, S. 193.

[28] Vgl. ebenda sowie Schmuhl, Rassenhygiene, S. 274 f.

Die Motive bleiben unklar. Ein Gegensteuern ist kaum anzunehmen, da Rüdin 1943 prominenter Mitverfasser einer Denkschrift war, deren Reformperspektiven für „die künftige Entwicklung der Psychiatrie" „Verständnis und Billigung" der „Maßnahmen der Euthanasie" einschlossen[29]. In der zitierten Nachkriegswürdigung Rüdins wird verklärend davon gesprochen, daß dieser sich angesichts der Krankenmorde nicht habe entschließen können, „demonstrativ seine Ämter niederzulegen"; demgegenüber gilt es das demonstrative Eintreten Rüdins für die rassenpolitische Zielsetzung des NS-Regimes festzuhalten.

In Ernst Rüdin begegnet uns der Typ eines Wissenschaftlers, der sich und seine Arbeit der nationalsozialistischen Weltanschauung preisgab. Er hielt mit blinder Regimetreue am rassenpolitischen Auftrag der Psychiatrie fest, auch wenn diese einer fatalen weltanschaulichen Ausbeutung anheimfiel. Rüdins Forschungskonzepte dienten schon früh der Legitimation nationalsozialistischer Machtansprüche. Er verfaßte zusammen mit Gütt und Ruttke den Kommentar zum ersten umfassenden Rassengesetz des Nationalsozialismus, dem Gesetz zur Verhütung erbkranken Nachwuchses vom 14. Juli 1933[30]. Hier wird der „entschlossene Wille unserer Regierung" gefeiert, „den Volkskörper zu reinigen und die krankhaften Erbanlagen allmählich auszumerzen! [...] Das Gesetz ist demnach als eine Bresche in das Geröll und die Kleinmütigkeit einer überholten Weltanschauung und einer übertriebenen selbstmörderischen Nächstenliebe der vergangenen Jahrhunderte aufzufassen. Es ist aber noch etwas anderes, was als Grundgehalt des Gesetzes Bedeutung erlangt, das ist das Primat und die Autorität des Staates, die er sich auf dem Gebiet des Lebens, der Ehe und der Familie endgültig gesichert hat." Die Umsetzung „erbbiologischen Denkens" in die Praxis hatte begonnen. Es war, wie wir heute wissen, eine gnadenlose Praxis, die den Verlust jeglichen Bewußtseins von Menschenwürde spiegelt[31]. Mit dem Gesetz zur Verhütung erbkranken Nachwuchses hatte in der Tat ein „neues Zeitalter im öffentlichen Gesundheitswesen und in der Medizin" begonnen. „Aufbauend auf den Grundsätzen der wissenschaftlichen Erkenntnisse", so der Kommentar, wurde von nun an „das Inter-

---

[29] Ebenda, S. 267; vgl. auch Aly, Sauberer und schmutziger Fortschritt, in: Beiträge, Bd. 2, S. 41–48.
[30] Vgl. Gütt/Rüdin/Ruttke, Gesetz zur Verhütung erbkranken Nachwuchses; das folgende Zitat auf S. 5.
[31] Frühe Versuche der Rassenhygieniker, ihre Rolle als „wissenschaftliche Forscher" gegenüber der psychiatrischen Realität im „Dritten Reich" abzuschirmen, wurden sehr schnell von dieser Realität eingeholt. Hans Luxenburger hielt in einer Besprechung des Gesetzeskommentars von Gütt, Rüdin und Ruttke daran fest, daß der „Familienforscher" nicht verpflichtet werden könne, „die ihm in seiner Forschertätigkeit zur Kenntnis gelangten Erbkranken" zu melden. Für die Ärzte der Deutschen Forschungsanstalt für Psychiatrie liege „eine Bestätigung von maßgebender Seite" vor, „daß sie nicht unter die Meldepflicht des Gesetzes zur Verhütung erbkranken Nachwuchses fallen. Außerdem hat der Leiter der Anstalt, Prof. Rüdin, auf eine diesbezügliche Anfrage vor kurzem die Antwort erteilt, daß das Verhalten der Forschungsanstalt durchaus dem Willen des Gesetzgebers für das Gesetz zur Verhütung erbkranken Nachwuchses entspricht, welches die Meldung an eine ärztliche aber nicht an eine wissenschaftliche Betätigung knüpft." Hans Luxenburger, Einige für den Psychiater wichtige Bestimmungen des Gesetzes zur Verhütung erbkranken Nachwuchses, in: Der Nervenarzt 7 (1934), S. 437–456, hier S. 454 f.

esse des erbkranken Einzelwesens dem Gesamtwohl des erbgesunden deutschen Volks und damit dem Gedeihen der ‚Deutschen Nation'" strikt untergeordnet[32].

Sieht man sich die Erläuterungen des Kommentars zu den einzelnen, vom Gesetz benannten Krankheiten an, so fällt das direkte Überspielen von Forschungsergebnissen, die in der Münchener Forschungsanstalt gewonnen wurden, auf die Ebene rassenpolitischer Exekution auf[33]. Luxenburgers „schizophrenes Zwillingsmaterial"[34] bekräftigte die These des Gesetzeskommentars von der „Erbkraft der Schizophrenie"[35]. „Die systematische empirische Erbprognose-Untersuchung hat ergeben, daß bei *einem* kranken Elternteil durchschnittlich 9–10 (9,1)% der Kinder Schizophrener wieder selbst schizophren geisteskrank sind und daneben noch 17,6% aller Kinder schizophrenie-ähnliche Psychopathen sowie 22,6% andere abnorme Typen; also sind rund 49% im ganzen geistig abnorm."

Man kann sicherlich nicht davon sprechen, daß Zwillings- und Verwandtschaftsstudien – das zeigt auch die heutige Diskussion über die Ursachen der Schizophrenie[36] – per se unwissenschaftlich waren[37]. Hier liegt auch ein entscheidender Unterschied zu den Zwillingsexperimenten, die Josef Mengele in Auschwitz unternahm[38]. Mengele war die Inkarnation nationalsozialistischer Medizinverbrechen, ein gnadenlos selektierender Arzt im Rampendienst. Sein Handeln hatte mit psychiatrischer Ursachenforschung nichts mehr zu tun; es ging nicht um Krankheiten, sondern um Menschenzüchtung. Die Vision von der auch zukünftig zu sichernden Überlegenheit der germanischen Rasse stand hinter Menschenexperimenten an Juden und Zigeunern, die das Geheimnis von Mehrlingsgeburten zu lüften suchten. Die in der Deutschen Forschungsanstalt für Psychiatrie betriebene Forschung lag auf einer anderen Ebene. Doch auch sie stellte sich auf ihre Weise in den Dienst einer Sache, die die Vorstellung von Menschsein nicht mehr kannte. Menschen wurden zu Typen; selbstentlarvend heißt es in dem von Rüdin verantworteten Kommentar: „Wir machen nicht den Kranken als solchen unfruchtbar, sondern weil sich uns in diesem Kranken ein

---

[32] Gütt/Rüdin/Ruttke, Gesetz zur Verhütung erbkranken Nachwuchses, S. 55 bzw. S. 13.

[33] Vgl. den XIV. Bericht über die Deutsche Forschungsanstalt für Psychiatrie über die Zeit vom 1.4.1933 bis 31.3.1934, in: Zeitschrift für die gesamte Neurologie und Psychiatrie Bd. 150 (1934), S. 786–805, hier S. 800 f.: Rüdins Mitarbeiterin Dr. Juda führte „erbbiologische Untersuchungen an Familien von schwachsinnigen und normalbegabten Schülern der Münchener Volksschulen aus den Jahrgängen 1872–1900" durch. „Hauptziel dieser Untersuchung ist, die Häufigkeit des Vorkommens von Schwachsinn und anderen psychischen Abnormitäten bei den Nachkommen der beiden gegenübergestellten Probandengruppen und darüber hinaus bei den Nachkommen der verschiedengradigen Schwachsinnigen zu ermitteln, um möglichst genaue Anhaltspunkte für die Notwendigkeit der eugenischen Sterilisierung in den einzelnen Fällen zu erhalten."

[34] Luxenburger forderte von psychiatrischen Anstalten „Bestandslisten" an. Bis zum 1.3.1934 verfügte er über „53 575 geisteskranke Ausgangsfälle". Aus diesem Material zog er 395 schizophrene Zwillingspaare heraus; insgesamt belief sich das „schizophrene Zwillingsmaterial", das „statistisch durchgearbeitet" wurde, auf 517 Paare; ebenda, S. 801 f.

[35] Gütt/Rüdin/Ruttke, Gesetz zur Verhütung erbkranken Nachwuchses, S. 97.

[36] Vgl. den Konferenzbericht über biologische Ursachen der Schizophrenie und die Zusammenwirkung ererbter, körperlicher und seelischer Faktoren in der Süddeutschen Zeitung vom 10.11.1986.

[37] Vgl. das Referat von Müller-Hill, in: Medizin im Nationalsozialismus, S. 43.

[38] Zu Mengele und den Zielen und Methoden seiner „Zwillingsforschung" vgl. Lifton, Ärzte im Dritten Reich, S. 393–449 bzw. S. 406–430.

Mensch offenbart, der erfahrungsgemäß einen besonders gefährlichen Träger einer besonders starken Veranlagung zur Krankheit darstellt."³⁹

Die „empirische Erbprognose" Rüdins war ein ebenso selbstbewußtes wie selbstherrliches Wissenschaftsunternehmen⁴⁰. Es flankierte die im Krankenmord endenden Taten des „völkischen Staats" von Anbeginn an. 1934 schrieb Rüdin Sätze, die sehr klar den Zusammenhang zwischen der Etikettierung von Menschen und rassenhygienisch motivierten Tötungshandlungen zum Ausdruck bringen: „Es ist eine Skala der Anzeige der Erbgefahr anzustreben, auf der am einen Ende die Erbprognoseziffern aus den Kreuzungen mit günstigster persönlicher Beschaffenheit der Eltern und geringster Belastung der Eltern mit kranken Verwandten zu stehen hätten, am anderen Ende die Kinderziffern für die ungünstigsten Kreuzungen. Damit kann die Schaffung einer Skala verknüpft werden, welche die Chancen für Vererbung von Begabungen mit anzeigt."

Das Jahr 1933 leitete den Vollzug rassenhygienischer Programmatik ein. Ohne Frage ging von den „eugenischen Taten" des NS-Staates eine starke Sogwirkung auf das psychiatrische Selbstverständnis aus. Sie läßt sich am Rechenschaftsbericht der Deutschen Forschungsanstalt für Psychiatrie für den Zeitraum vom 1. April 1933 bis 31. März 1934 ablesen⁴¹. Diese Institution, von Kraepelin während des Ersten Weltkriegs gegründet, war stark von privaten, aber auch öffentlichen Geldern abhängig. Das Schielen nach neuen Ressourcen eingerechnet, fiel die Begrüßung der neuen, nationalsozialistisch geführten Regierung doch sehr eindeutig aus. „Die Forschungsanstalt", hieß es auf der Stiftungsratssitzung am 5. Mai 1934, „ist wie keine andere Stätte der Wissenschaft, im Vordergrund der Erforschung und vorbeugenden Bekämpfung der Ursachen der Geistesstörungen. Schon allein durch die Aufdeckung der erblichen Ursachen der Geisteskrankheiten, welche durch das Gesetz zur Verhütung erbkranken Nachwuchses die offizielle Anerkennung gefunden hat, sind und werden immer wieder neu die Grundlagen geschaffen, die zur rassenhygienischen Vorbeugung der Erbgeistesstörungen dienen und damit, wenn auch nicht morgen schon, so doch in absehbarer Zeit mit Sicherheit zur Einsparung von Fürsorgelasten für die Erbgeisteskranken führen."⁴²

Psychiatrische Ursachenforschung geriet unter den Druck der weltanschauungsanalogen psychiatrischen Erblichkeitslehre, und Rüdins Institut für Genealogie und Demographie rückte ohne Frage zur beherrschenden Abteilung der Münchener Forschungsanstalt auf. Doch deren Grundstruktur blieb während der gesamten NS-Zeit

---

³⁹ Gütt/Rüdin/Ruttke, Gesetz zur Verhütung erbkranken Nachwuchses, S. 100.
⁴⁰ Vgl. Ernst Rüdin, Empirische Erbprognose, in: ders. (Hrsg.), Erblehre und Rassenhygiene im völkischen Staat, München 1934, S. 136–142; das folgende Zitat S. 141 f.
⁴¹ Vgl. den XIV. Bericht über die deutsche Forschungsanstalt für Psychiatrie, S. 787.
⁴² Vgl. auch den XIII. Bericht über die Deutsche Forschungsanstalt für Psychiatrie zur Stiftungsratssitzung vom 6.5.1933, in: Zeitschrift für die gesamte Neurologie und Psychiatrie Bd. 148 (1933), S. 301: „Die Deutsche Forschungsanstalt für Psychiatrie ist führend auf dem Gebiete der Ursachenforschung geistiger Störung, der Erforschung der volksverderbenden Ursachen wie Alkohol und anderen Giften, Syphilis und Erblichkeit. Und gerade die Bekämpfung aller dieser Ursachen, welche die Gesundheit, Tüchtigkeit und Begabung des Volkes in Frage stellen, hat ja die Regierung der Nationalen Erneuerung zu wesentlichen Bestandteilen ihres Programms gemacht. Es verbindet uns also das erhabene Ziel der Vorbeugung der Volkskrankheiten überhaupt und im besonderen noch der rassenhygienische Schutz des gesunden Erbgutes unseres Volkes ganz mit den gleichen Absichten der Nationalen Regierung."

unverändert. Es gab die von Spielmeyer, der 1935 starb, geleitete Hirnpathologische Abteilung, die weltweites Ansehen genoß[43]. Man beschäftigte sich hier z. B. mit den anatomischen Grundlagen der Idiotie, den Hirnbefunden bei der Epilepsie und stand in der Tradition einer neurologisch ausgerichteten Psychiatrie, die das Erscheinungsbild psychischer Krankheiten von den morphologischen Veränderungen des Nervensystems her zu bestimmen suchte. Zur Deutschen Forschungsanstalt für Psychiatrie gehörten weiterhin eine Prosektur, eine Abteilung für Serologie und experimentelle Therapie, eine für Spirochätenforschung, die mit Tierexperimenten an der Verfeinerung der Pathogenese der Syphilis arbeitete, eine Klinische Abteilung und bis 1935 auch eine Chemische Abteilung. Die Leitung der Klinischen Abteilung lag in den Händen eines Psychiaters, der schon in der Weimarer Zeit die Grundlagen für sein über die Zeit des Dritten Reichs hinausreichendes Renommee gelegt hatte: Kurt Schneider. (Er ist nicht zu verwechseln mit dem „Euthanasie"-Arzt Carl Schneider, der dem Typ des intellektuellen Nazi-Täters am nächsten kommt[44].) Kurt Schneider lehnte 1934 einen Ruf nach Hamburg ab, wurde daraufhin zum Honorarprofessor für Psychiatrie und Neurologie an der Münchener Universität ernannt und war auch im Nachkriegsdeutschland als Ordinarius für Psychiatrie in Heidelberg – von 1946 bis zu seiner Emeritierung 1955 – einer der führenden deutschen Psychiater[45]. Schneider organisierte die Klinische Abteilung mit großem Engagement. Er sorgte Anfang der dreißiger Jahre durch eine Kooperation mit der Psychiatrischen Abteilung des Krankenhauses München-Schwabing für eine bessere Unterbringung der Geisteskranken, die der Forschungsarbeit der Anstalt zur Verfügung standen. Die Aufnahmequote betrug bei 140 Plätzen zirka 1000 Fälle pro Jahr; einmal in der Woche wurden für die anderen Abteilungen der Forschungsanstalt „klinische Demonstrationen" abgehalten[46].

Der wissenschaftliche Alltag der Deutschen Forschungsanstalt für Psychiatrie scheint aus dem Bild herauszufallen, das die Aktivitäten Ernst Rüdins nahelegen: einer sich den inhumanen Herrschaftszielen ausliefernden Wissenschaft. Es ist nicht schwer, für die Rassenhygiene den Abfall vom Individuum zu belegen; aber im Hinblick auf die Psychiatrie ist die Rassenhygiene nicht pars pro toto. Die eigentliche Herausforderung für die historische Analyse liegt meines Erachtens im Problem der „langen Dauer" von Wissenschaftstraditionen, die nicht NS-typisch sind, aber in den Bannkreis des für die NS-Zeit Typischen gerieten. Die Psychiatrie insgesamt erlag nicht den Verlockungen einer Politik der Ausmerze, aber sie erlag der Fiktion, dieser teuflischen Politik gegenüber Distanz wahren und am Leitprinzip wissenschaftlicher Forschung, dem Objektivitätsprinzip, festhalten zu können.

---

[43] Vgl. den XV. Bericht über die Deutsche Forschungsanstalt für Psychiatrie, in: Zeitschrift für die gesamte Neurologie und Psychiatrie Bd. 153 (1935), S. 471–494.
[44] Carl Schneider, seit 1933 Ordinarius für Psychiatrie und Neurologie in Heidelberg, beging 1946 Selbstmord. Zu dem von Schneider initiierten und betriebenen „Forschen an Opfern" vgl. Aly, Sauberer und schmutziger Fortschritt, in: Beiträge, Bd. 2, S. 48–63, und Klee (Hrsg.), Dokumente, S. 247–255.
[45] Vgl. den XV. Bericht über die Deutsche Forschungsanstalt für Psychiatrie, S. 492; zu Kurt Schneider vgl. auch Kürschners Deutschen Gelehrten-Kalender 1961, S. 1835.
[46] XIII. Bericht über die Deutsche Forschungsanstalt für Psychiatrie, S. 299 f.

Wie chancenlos dieser Versuch vor dem Hintergrund eines aufgewühlten Zeitgeschehens war, zeigen eindringlich die Berichte über die Deutsche Forschungsanstalt in den Kriegsjahren. Für den Berichtszeitraum vom 1. April 1941 bis 31. März 1942 gibt die Prosektur an: „Die Zahl der Sektionen blieb gegenüber dem Vorjahr ungefähr auf gleicher Höhe, nur verschob sich das Verhältnis der Sektionen im Anstaltsbereich Eglfing-Haar zu denen an auswärtigen Anstalten etwas zugunsten der ersteren. [...] Eine wesentliche Steigerung erfuhr die Zahl der kindlichen Sektionsfälle in der Anstalt Haar. Es konnte infolgedessen viel seltenes und wertvolles Material zur Frage der frühkindlichen Hirnschäden bzw. der angeborenen Mißbildungen gewonnen werden, dessen Bearbeitung größtenteils das Hirnpathologische Institut übernahm."[47] Die Anstalt Eglfing-Haar gehörte zu jenen Anstalten, denen 1940 sogenannte Kinderfachabteilungen angegliedert wurden, Tötungsabteilungen für Kinder „mit schweren Mißbildungen oder schweren geistigen Schädigungen"[48]. Wenn im darauffolgenden Jahresbericht (1. April 1942 bis 31. März 1943) erwähnt wird, daß die Zahl der Obduktionen sich eher erhöht als verringert habe und es „trotz eingehender histologischer Untersuchung der Gehirne" von Schwachsinnigen aus diesem umfangreichen „Material" nicht gelungen sei, zwischen angeborenem und erworbenem Schwachsinn „eindeutig" zu unterscheiden, so zeigt das, zu welchen Verirrungen und Verstrickungen eine psychiatrische Tätigkeit führen mußte, die glaubte, am Verbrechen vorbei Wissenschaft betreiben zu können[49]. In der stoischen Abkehr der psychiatrischen Forschung vom Zeitgeschehen liegt ihre Mitverantwortung für die breite Spur von Perversionen, die dieses Geschehen hinterlassen hat.

V.

Um das Verhalten der Psychiatrie jenseits der Rassenhygiene zu erklären, also einen wichtigen Teilaspekt jener „ambivalenten Zusammenhänge von Zivilität und Aggressivität in der Wirkungsgeschichte des Dritten Reichs" zu erörtern, von denen M. Broszat gesprochen hat[50], ist ein kurzer Rückblick auf den Gang psychiatrischer Forschung notwendig. Die Psychiatrie, die im 19. Jahrhundert vielfach verschlungene Wege der Identitätsfindung gegangen war, erlangte gegen Ende dieses Jahrhunderts durch den Anschluß an die allgemeine Medizinentwicklung ein hohes Maß an wissenschaftlicher Reputation[51]. Sie präsentierte sich als eine Wissenschaft, die den überzeugenden Versuch machte, „Leibliches und Seelisches unter einem Dach" zu vereinigen[52]. Die Hirnpsychiatrie als das dominierende Psychiatriekonzept trug wesentlich zur Aufwertung der Psychiatrie im Spektrum der medizinischen Einzelwissenschaften bei. Man hat für die achtziger und neunziger Jahre des 19. Jahrhunderts vom „periklei-

---

[47] XXII. Bericht über die Deutsche Forschungsanstalt für Psychiatrie, in: Zeitschrift für die gesamte Neurologie und Psychiatrie Bd. 175 (1942/43), S. 478.
[48] Erlaß des Reichsministers des Innern betr. Behandlung mißgestalteter usw. Neugeborener vom 20.9.1941, abgedruckt in: Klee, „Euthanasie", S.303 f. Zur Kinder-„Euthanasie" allgemein vgl. ebenda, S. 294–307.
[49] XXIII. Bericht über die Deutsche Forschungsanstalt für Psychiatrie, in: Zeitschrift für die gesamte Neurologie und Psychiatrie Bd. 177 (1944), S. 312.
[50] Broszat/Friedländer, Briefwechsel, S. 341.
[51] Vgl. Trenckmann, Mit Leib und Seele.
[52] Kurt Schneider, Psychiatrie heute, Stuttgart 1952, S. 9.

schen Zeitalter der Neurologie" gesprochen[53], und in der Tat war diese Zeit von großer Bedeutung für das auch in der NS-Zeit nicht abbrechende naturwissenschaftliche Selbstverständnis der Psychiatrie. Auch psychische Krankheiten schienen medizinisch diagnostizierbar, nicht nur psychologisch beschreibbar zu sein. Für die Psychiatrie wurde die innere Medizin und deren diagnostischer Apparat wichtig. Der klinische Befund wurde durch Laboratoriumsuntersuchungen, etwa des Blutes oder der Rückenmarksflüssigkeit, durch Röntgenuntersuchungen des Gehirns nach Luftfüllung der Kammern oder durch die Elektroenzephalographie, also die nicht operative Ablesung elektromotorischer Kräfte des Gehirns, erhärtet[54]. In das Bild einer an Selbstsicherheit gewinnenden Psychiatrie paßt die Zähmung der progressiven Paralyse durch die Malariabehandlung Wagner von Jaureggs.

Um die Forschungsarbeit einer die Zukunft der Psychiatrie prägenden Psychiatergeneration zu charakterisieren, sei hier der Breslauer Psychiater Carl Wernicke (1848-1905) genannt. Er veröffentlichte 1874 die Schrift „Der aphasische Symptomenkomplex – Eine psychologische Studie auf anatomischer Basis"[55]. In dieser Arbeit werden sensorische Aphasien, das sind zentrale Störungen des Sprachverständnisses, anhand von Autopsieberichten und den zugehörigen Krankengeschichten beschrieben. Die Hirnpsychiatrie zielte auf eine Lokalisierbarkeit psychischer Störungen im Gehirn ab, sie wollte Evidenzen zwischen Geisteskrankheiten und morphologischen Defekten in einem bestimmten Hirnareal aufzeigen. Die Grenzen dieses „Paradigmas" wurden durch das von Emil Kraepelin (1856-1926) nach der Jahrhundertwende ausgebaute „klinische Konzept der Psychiatrie" bewußt[56]. Kraepelin ging vom Erscheinungsbild und Verlauf einer Krankheit aus und bildete durch genaue Beobachtung der verwirrenden Vielfalt psychischen Krankseins „Krankheitseinheiten"[57]. Die in dem mehrbändigen „Lehrbuch der Psychiatrie", das in seiner achten Auflage (1909-1915) einen relativen Abschluß erfuhr, gegebene Einteilung der Geisteskrankheiten ist der Grundstock für alle späteren psychiatrischen Klassifikationsversuche gewesen[58]. Kraepelin wurde mit seinem Gliederungsentwurf auf psychopathologisch-syndromatologischer Grundlage zu einem „epochalen Psychiater"[59]. Das Gebiet der Psychiatrie wurde überschaubar: Es zerfiel in die erlebnisbedingten Störungen, die Neurosen, die endogenen Psychosen mit der Schizophrenie als zentraler Krankheitskategorie und die „körperlich begründbaren Psychosen", also Psychosen, die von außen verursacht sind, z.B. solche infolge Hirnverletzung, Infektion und Vergiftung[60]. Die Gemeinsamkeit zwischen „endogenen" und „exogenen" Psychosen hat man im

---

[53] Max Nonne, Abschied und Rückblick, in: Deutsche Zeitschrift für Nervenheilkunde Bd. 158 (1948), S. 435-438.
[54] Vgl. Schneider, Psychiatrie heute, S. 18.
[55] Vgl. Carl Wernicke. Der aphasische Symptomenkomplex. Eine psychologische Studie auf anatomischer Basis, Breslau 1874; Carl Wernicke, Lehrbuch der Gehirnkrankheiten, 3 Bde., Berlin 1881-1883; zur Biographie Wernickes vgl. Trenckmann, Mit Leib und Seele, S. 162 f.
[56] Vgl. ebenda, S. 201 ff.
[57] Schneider, Psychiatrie heute, S. 20.
[58] Vgl. Emil Kraepelin, Compendium der Psychiatrie, Leipzig 1883; Emil Kraepelin, Psychiatrie. Ein Lehrbuch für Studierende und Ärzte, Leipzig ^{8}1909-1915.
[59] Schneider, Psychiatrie heute, S. 20.
[60] Vgl. Kurt Schneider, Der Aufbau der körperlich begründbaren Psychosen, in: ders., Klinische Psychopathologie, Stuttgart ^{3}1950, S. 89-99.

Zerreißen der „Sinnkontinuität" respektive „Sinngesetzlichkeit des Lebens" sehen wollen[61].

Ebenso wie die Hirnpsychiatrie stützte auch die klinische Psychiatrie den Wissenschaftsanspruch der Psychiater ab. Den immer ausgefeilteren Präparationstechniken der Nervenbahnen im Gehirn entsprachen die Ergebnisse der „Klinik", die durch objektive, überprüfbare Beobachtung am Krankenbett gewonnen wurden. In der Wissenschaftsgeschichte der Psychiatrie waren in den Jahrzehnten vor dem Nationalsozialismus psychiatrische Erkenntnisfortschritte nicht von den Geboten psychiatrischer Menschlichkeit abgekoppelt, obwohl mit dem „Wahnsinn" auch die Psychiatrie in ein immer dichter werdendes Netz staatlicher Verwaltungstätigkeit eingebunden wurde[62]. Es wäre zu einfach – und auch die internationale Entwicklung unterschlagend –, im Siegeszug der naturwissenschaftlichen Medizin, in den sich die Psychiatrie eingereiht hatte, die Voraussetzung dafür sehen zu wollen, daß der Umgang mit psychisch Kranken in kollektive Tötungsaktionen einmünden konnte[63]. Als Wissenschaft hatte die Psychiatrie vor 1933 in Deutschland einen Stand erreicht, der das Problem ihres Verhaltens im Dritten Reich erklärungsbedürftig macht. Es ist ja nicht so gewesen, daß der „Machtergreifung" der Nationalsozialisten die Machtergreifung der Rassenhygieniker auf dem Fuß gefolgt wäre. Disziplintraditionen brachen nicht einfach ab[64]. Erst die Umstände ihres Weiterlebens in der NS-Zeit gaben der totalen Herrschaft den Anschein einer normalen Herrschaft. Dieser Gesichtspunkt soll im folgenden an einer für die deutsche Psychiatrie des 20. Jahrhunderts zentralen Wissenschaftlerbiographie verfolgt werden.

VI.

Seine Festrede zur 565. Jahresfeier der Ruprecht-Karl-Universität Heidelberg begann der Rektor dieser altehrwürdigen Gelehrtenstätte am 22. November 1951 mit folgenden Worten: „Mein Fachgebiet ist die Psychiatrie und ich beabsichtige, Ihnen in knappen Strichen einige Probleme zu zeigen, die in der Gegenwart die Psychiatrie bewegen. Und zwar soll es sich nicht um Probleme der praktischen Psychiatrie handeln, obschon es deren genug gibt, sondern um solche der Wissenschaft."[65] Der Rektor der Heidelberger Universität hieß Kurt Schneider (1887–1967) und war während der gesamten NS-Zeit als Direktor des Klinischen Instituts der Deutschen Forschungsanstalt für Psychiatrie der Kollege Ernst Rüdins gewesen[66]. Schneider kann aber kaum

---

[61] Schneider, Psychiatrie heute, S. 23 und S. 30 f.
[62] Vgl. hierzu Blasius, Der verwaltete Wahnsinn.
[63] Vgl. Blasius, Bürgerliche Kultur und NS-Psychiatrie, in: ders., Umgang mit Unheilbarem, S. 149–162.
[64] Vgl. Tölle, Entwicklung.
[65] Schneider, Psychiatrie heute, S. 7.
[66] Kurt Schneider wurde 1931 zum Direktor des Klinischen Instituts der Deutschen Forschungsanstalt für Psychiatrie berufen. Zum Lebensweg und zur wissenschaftlichen Bedeutung Schneiders vgl. folgende Würdigungen: H. J. Weitbrecht, Kurt Schneider 80 Jahre – 80 Jahre Psychopathologie, in: Fortschritte der Neurologie und Psychiatrie 35 (1967), S. 497–515; H. Kranz, In Memoriam Kurt Schneider, in: Archiv für Psychiatrie und Zeitschrift für die gesamte Neurologie Bd. 211 (1968), S. 1–6; K. P. Kisker, Kurt Schneider, in: Der Nervenarzt 39 (1968), S. 97 f.

auf Rüdin verrechnet werden[67]. Wie er in der Nachkriegszeit mit kühler Geste Probleme der praktischen Psychiatrie ausklammerte, so interessierten ihn auch im Dritten Reich primär Fragen psychiatrischer Wissenschaft. Nur schwach scheinen in seinem Werk Verantwortungskollisionen durch, die mit dem Wissen um jene Mordfährte zusammenhängen, auf die sich die „praktische" Psychiatrie im Nationalsozialismus begeben hatte. Für Kurt Schneider, schon in der Weimarer Zeit ein „Systematiker der Symptomatologie" (R. Tölle) mit wachsendem Ansehen, war psychiatrische Wissenschaft die das Gewissen beruhigende Rückzugsposition aus den Niederungen des psychiatrischen Zeitgeschehens. Auch in der Deutschen Forschungsanstalt für Psychiatrie gab es die Normalität eines Wissenschaftsalltags – versuchten sich Psychiater, auch angesichts der eskalierenden Verbrechen, in der Einübung von Nichtwissen, um ihren Alltag verwalten und bewältigen zu können. In der NS-Zeit ist keine saubere Trennung zwischen böser und guter Wissenschaft möglich; in den Schlagschatten einer bösartigen Politik aber geriet auch derjenige, der glaubte, Abstand halten zu können. Kurt Schneider ist ein Beispiel für das Bemühen, auch angesichts eines versengenden Zeitgeschehens sich selbst zu bewahren[68], in historischer Perspektive jedoch auch ein Beispiel für jene „Normalstrukturen", die den Bestand des Dritten Reiches – und über einen langen Zeitraum auch seine Zugkraft – gewährleistet haben.

„Will man psychopathologisch und klinisch das Verhältnis von Psychopathie, besser und genauer: von psychopathischer Persönlichkeit und Psychose, ihre Beziehungen und Gegensätze untersuchen, so muß man aus beiden Begriffen alle *wertenden Gesichtspunkte ausschalten*, d.h. man muß sie rein beschreibend fassen." Mit diesen Worten leitete Schneider einen Vortrag über „Psychopathie und Psychose" ein, den er am 6. Mai 1933 anläßlich der Stiftungsratssitzung der Münchener Forschungsanstalt hielt[69]. Er nahm hier in der ihm eigenen sprachlichen Diktion Gedanken auf, die schon 1923 in seinem Buch „Die Psychopathischen Persönlichkeiten" formuliert waren[70]. Das Schicksal dieses Buches ist von besonderem historischen Interesse. Es erlebte in der Weimarer Zeit zwei Auflagen (1923; 1928), in der NS-Zeit fünf (1934; 1940; 1941; 1942; 1944) und in der unmittelbaren Nachkriegszeit wiederum zwei (1946; 1950). Auf knappem Raum entwickelte Schneider in dieser Schrift, die er mehrfach veränderte, deren gedanklicher Grundriß aber unangetastet blieb, eine Typologie psychopathischer Persönlichkeiten nach der jeweils hervorstechenden, beherrschenden Eigenschaft: z.B. hyperthymische, depressive, stimmungslabile, explosible, willenlose, asthenische Psychopathen. Schneider knüpfte in seiner Methode bewußt an Kraepelin an und machte „klinische Erfahrung" zur Leitlinie wissenschaftlichen

---

[67] Vgl. ebenda. Weiter schrieb Kisker: Dieser „letzte Klassiker der Psychiatrie", der ein „ungewöhnlich folgerichtiges Werk als eine sichernde Marke wissenschaftlicher Orientierung" hinterlassen habe, sei gerade in seiner Münchener Zeit bis 1945 um eine „strenge Mäßigung zu einer analytisch-deskriptiven Methodik" bemüht gewesen. „Der Chefarzt der psychiatrischen Abteilung des Städtischen Krankenhauses München-Schwabing reservierte sich vor dem erbbiologischen Treiben der Forschungsanstalt, bewahrheitete damals und bewahrte bis zuletzt eine Abneigung gegen jede Politisierung der Psychiatrie."
[68] Zu Schneiders von Güte, Menschlichkeit und Korrektheit bestimmtem Persönlichkeitsprofil vgl. Kranz, In Memoriam Kurt Schneider, S.5f.
[69] Vgl. Kurt Schneider, Psychopathie und Psychose, in: Der Nervenarzt 6 (1933), S.337–344.
[70] Vgl. Kurt Schneider, Die Psychopathischen Persönlichkeiten, Leipzig 1923.

Bemühens[71]. Dieser Forschungsansatz lag quer zu der vom Nationalsozialismus betriebenen Politisierung von Krankheit.

Vor dem Stiftungsrat der Deutschen Forschungsanstalt führte Schneider nur wenige Monate nach der „Machtergreifung" aus: „Eine *abnorme Persönlichkeit* ist für uns nicht eine solche, die einem je nach der Weltanschauung verschieden gesetzten Zweck widerspricht, sondern *eine Persönlichkeit, die von der uns vorschwebenden, tatsächlich natürlich nicht errechenbaren Durchschnittsbreite menschlicher Persönlichkeiten abweicht*, eine ungewöhnliche, unübliche, undurchschnittliche Persönlichkeit. Es kommt dabei gar nicht in den Blickpunkt, ob diese undurchschnittliche Persönlichkeit etwa ethisch oder sozial positiv oder negativ zu werten wäre."[72] Auch in den verschiedenen Auflagen seiner „Psychopathischen Persönlichkeiten" setzte Schneider dem rassenideologisch pervertierten Krankheitsbegriff einen strikt medizinischen entgegen. Er betonte, so in der vierten Auflage von 1940, daß in den meisten Fällen die psychische Funktionsstörung „durchaus nicht den Charakter des Minderwertigen" habe. „Wenn man hier das sozial Störende oder Untaugliche als krank bezeichnet, fällt man ein Werturteil von irgendeinem vorgefaßten weltanschaulichen oder soziologischen Standpunkt aus, d.h. man verwendet den Begriff des Kranken rein *bildlich* und ohne sachliche Bedeutung. Was der eigenen Anschauung oder Überzeugung oder der herrschenden Ideologie zuwiderläuft, heißt dann ‚krank'. So ist für den Frommen krankhaft, wenn die Frömmigkeit nachläßt, für den Freigeist, wenn sie zunimmt. *Es ist eine Naivität, den Funktionsstörungen auf körperlichem Gebiet und ihren Folgen auf seelischem Gebiet einfach die Nichterfüllung sozialer Forderungen gleichzusetzen und beides unter dem Ausdruck der Krankheit zu fassen.* Außerdem kann selbst ein offensichtlich Geisteskranker im Vergleich zu geistig Gesunden oder seiner eigenen vorpsychotischen Zeit auch einmal sozial höheren Wert haben."[73]

Der Psychiater Kurt Schneider, an herausgehobener Stelle als Wissenschaftler tätig, verkörpert psychiatrische Denktraditionen, die sich der Versuchung durch die NS-Politik weitgehend entzogen haben[74]. Es ist gegen Schneiders deskriptive Psychopatho-

---

[71] Kurt Schneider, Kritik der klinisch-typologischen Psychopathenbetrachtung, in: Der Nervenarzt 19 (1948), S. 6–9. Schneider verweist hier (S. 8) auf die Tradition Kraepelins, der er sich zugehörig fühlt, warnt aber, auch im Rückblick auf sein eigenes Werk, vor einer allzu streng gehandhabten Typologie: „Vor allem entsteht die Gefahr, daß der einzelne Mensch nur noch formelhaft gesehen wird: Man übersieht das Inhaltliche, die Anlässe und seelischen Gründe von Schwankungen und Versagen, das Biographische und damit die Möglichkeit der psychotherapeutischen Einwirkung. *Es hat aber außerordentlich viel Bewegung im Rahmen einer psychopathologischen Persönlichkeit Platz, auch innerhalb der typologisch faßbaren* und benennbaren."

[72] Schneider, Psychopathie und Psychose, S. 338.

[73] Kurt Schneider, Die Psychopathischen Persönlichkeiten, Wien ⁴1940, S. 8f.

[74] Es ist auf die Ausmünzbarkeit des Schneiderschen Begriffsnetzes für die Zwecke der NS-Rassenpolitik hingewiesen worden (vgl. z. B. Wulff, Psychiatrie und Klassengesellschaft, S. 306–309). Hier ist freilich Schneiders eigene Abschwächung seiner Definition abnormer Persönlichkeiten (= Persönlichkeiten, „die an ihrer Abnormität leiden oder unter deren Abnormität die Gesellschaft leidet") schon 1933 zu sehen, vgl. Schneider, Psychopathie und Psychose, S. 337: „Solche soziale wertende Definitionen können natürlich auch sonst einmal praktisch und notwendig sein, insbesondere als Ausgangspunkt für die Untersuchung krimineller und verwahrloster Psychopathen. Wenn man aber vor der Aufgabe steht, psychpathologisch und klinisch die Beziehungen von Psychopathie und Psychose zu untersuchen, sind sie unbrauchbar."

logie u. a. eingewandt worden, daß sie ihr Lehrgebäude auf einem Abgrund errichtet habe, der abgrundtiefen Differenz zwischen psychopathischen und psychotischen Patienten. Letztere seien mit dem „Bannfluch" der Krankheit bedacht und aus der psychiatrischen Verantwortung herausgenommen worden[75]. In der Tat hat Schneider immer wieder betont, daß keinerlei sachliche Veranlassung bestehe, „die abnormen (psychopathischen) Persönlichkeiten krankhafte zu heißen"[76], daß die Psychiatrie als empirische Wissenschaft aber gut daran tue, „bei den endogenen Psychosen an dem ‚Postulat' der Krankheit als Arbeitshypothese festzuhalten. Diese Annahme hat allein die Möglichkeit der Verifizierung, während dies allen metaphysisch-spekulativen Denkmöglichkeiten versagt bleibt."[77] Schneider grenzte sich hier – mit einer in seiner Spätphase dann allerdings nachlassenden Entschiedenheit[78] – von daseinsanalytischen Strömungen in der Psychiatrie ab. Die „daseinsanalytische Forschungsrichtung" verkörpert der Schweizer Psychiater Ludwig Binswanger[79]. Sie knüpfte an Martin Heideggers Analytik des Daseins an und befragte auch die „Welt der Schizophrenen" mit ihren „mannigfaltigen Weltentwürfen", „auf welche Weise das Seiende diesen Daseinsformen zugänglich wird, alles Seiende, Menschen sowohl als Dinge". Den Bemühungen um eine daseinsanalytische Erhellung des schizophrenen Lebens stand der Empiriker Schneider skeptisch gegenüber; das bedeutete aber nicht einen Wahrnehmungsverlust der menschlichen Existenz auch des Psychotikers.

Im November 1933 veröffentlichte Schneider „Psychiatrische Vorlesungen für Ärzte". Im Vorwort zu diesen Abhandlungen hielt er fest: „Die Psychiatrie hat, soweit sie die Psychosen betrifft, zwei Aufgaben. Die eine, in unserer Zeit mit Recht in den Vordergrund gerückt, hat dem Volke Psychosen zu verhüten, vor allem solche erblicher Art. Die andere hat die nun einmal vorhandenen Psychosen ärztlich und sozial zu behandeln. Sie sieht im Geisteskranken nicht schlechthin eine Mißgeburt, sondern einen Menschen, der Anspruch auf Verständnis, Fürsorge und Liebe hat. Beide Aufgaben verlangen aber, wenn sie nicht in die Irre gehen wollen, psychiatrische Kenntnisse."[80] Das Zugeständnis an den psychiatrischen Zeitgeist ging selbst dort, wo es gemacht wurde, nie so weit, daß der kranke Mensch aus dem Blick geriet. Auch bei den Psychosen, bei denen man keine „kausale Therapie" in den Händen habe, gebe es Therapie. „Es ist auch Therapie, einer an und für sich nicht kausal beeinflußbaren zy-

---

[75] Vgl. Wulff, Psychiatrie und Klassengesellschaft, S. 2f. und S. 308.
[76] Schneider, Psychopathische Persönlichkeiten (1940), S. 9.
[77] Schneider, Psychiatrie heute, S. 25; vgl. auch Kurt Schneiders Einleitung zu einem Gespräch über Schocktherapie, in: Der Nervenarzt 18 (1947), S. 529f., hier das Plädoyer, nur Psychosen, und zwar endogene Psychosen, zu behandeln, nicht aber *Schicksale*, die die Psychopathen kennzeichneten.
[78] Vgl. Kurt Schneider, Die Aufdeckung des Daseins durch die cyclothyme Depression, in: Der Nervenarzt 21 (1950), S. 193f. Dieser Aufsatz, der Martin Heidegger zum 60. Geburtstag gewidmet ist, bedenkt die Möglichkeit der Aufdeckung von „Urängsten des Menschen" durch die Psychose. Auf die Schizophrenien sei freilich die „psychologische Daseinsanalyse" nicht anwendbar.
[79] Vgl. Ludwig Binswanger, Über die daseinsanalytische Forschungsrichtung in der Psychiatrie, in: Schweizer Archiv für Neurologie Bd. 57 (1946), S. 209–235; Zitat auf S. 221.
[80] Vgl. Kurt Schneider, Psychiatrische Vorlesungen für Ärzte, Leipzig ²1936, S. 5.

klothym Depressiven mit Trost und Aufmunterung über ihre Phase hinwegzuhelfen, ihre Angst medikamentös zu dämpfen, oder dem schizophrenen Autismus durch Einreihung des Kranken in Gemeinschaft und nützliches Tun entgegenzuarbeiten."[81]
Kurt Schneider hielt Abstand. Er schirmte seine Forschung vor den Zumutungen des NS-Regimes ab. „Die verschiedenen rassehygienischen Gesetze und ihre Anwendung auf Psychopathen" lagen außerhalb seines „klinischen" Interesses[82], ja seine „Pathocharakterologie" sei ein „einziger Widerspruch" gegen die schnelle Gleichsetzung von Psychopathen und Asozialen – in der Sprache der Zeit „Gemeinschaftsfremden"[83]. Was die hier skizzierte psychiatrische Denkhaltung für die von einer mörderischen Politik bedrohten Patienten gebracht hat, ist schwer auszumachen. Vielleicht hat psychiatrische Menschlichkeit durch den Rassenfanatismus der Machthaber und ihrer Satrapen nicht gänzlich entkräftet werden können. Belegbar ist dies nur schwer. Doch einiges spricht dafür, die „Verhaltensformen von Ärzten" differenziert zu sehen[84]. Wie in jeder anderen Berufsgruppe gab es Generationsunterschiede, unterschiedlich starke ethisch-religiöse Bindungen, daneben aber auch die Prägung durch akademische Lehrer, deren Zerrissenheit respektive weltanschauliche Festigkeit in der Sicht der Dinge sich mitgeteilt haben dürfte. Doch in einer zerbrechenden Zeit standen selbstbewahrende Skrupelhaftigkeit und verantwortungslose Skrupellosigkeit auf einer Stufe. Es fehlte, so hat der vor seiner Verhaftung stehende Dietrich Bonhoeffer 1943 in seiner Bilanz „Nach zehn Jahren" bitter angemerkt, „Civilcourage"[85].

VII.

Dietrich Bonhoeffer entstammte einer angesehenen Gelehrtenfamilie. Sein Vater, Karl Bonhoeffer (1868–1948), hat in der Wissenschaftsgeschichte der Psychiatrie einen herausragenden Platz. Er war noch vor der Jahrhundertwende Assistent in Carl Wernickes Breslauer psychiatrisch-neurologischer Klinik gewesen, wurde 1904 der Nachfolger Kraepelins in Heidelberg und kehrte noch im gleichen Jahr, die Nachfolge seines Lehrers Wernicke antretend, nach Breslau zurück. Von 1912 bis 1937 hatte Bonhoeffer das Ordinariat für Psychiatrie an der Berliner Charité inne[86]. Karl Bon-

---

[81] Kurt Schneider, Psychiatrische Behandlung, in: ebenda, S. 138–147, hier S. 138.
[82] Schneider, Psychopathische Persönlichkeiten, S. IV (Vorwort zur 1940 erschienenen vierten Auflage).
[83] Schneider, Psychopathische Persönlichkeiten, S. III (Vorwort zur 1944 erschienenen sechsten Auflage).
[84] Vgl. die Zusammenfassung des Referats von Karl Teppe, Handlanger der Politik? Verhaltensformen von Ärzten in Heilanstalten, in: Bericht über die 37. Versammlung deutscher Historiker in Bamberg 12.–16. Oktober 1988, Stuttgart 1990, S. 88 f. Teppe stützt sich auf Befunde aus dem Forschungsprojekt des Landschaftsverbandes Westfalen-Lippe „Der Provinzialverband Westfalen in der Zeit des Nationalsozialismus – Psychiatrie im Dritten Reich"; vgl. auch Teppe, Auf der Suche.
[85] Dietrich Bonhoeffer, Nach zehn Jahren (1942/43), in: ders., Widerstand und Ergebung. Briefe und Aufzeichnungen aus der Haft, München 1966, S. 9–31, hier S. 13.
[86] Vgl. Robert Gaupp, Rückblick und Ausblick. Offener Brief an Karl Bonhoeffer bei Vollendung seines 75. Lebensjahres, in: Zeitschrift für die gesamte Neurologie und Psychiatrie Bd. 175 (1942/43), S. 325–332; Robert Gaupp, Karl Bonhoeffer, geb. 31. März 1868 – gest. 4. Dezember 1948, in: Deutsche Zeitschrift für Nervenheilkunde Bd. 161 (1949), S. 1–7; J. Zutt, Karl Bonhoeffer, in: Der Nervenarzt 20 (1949), S. 241–244.

hoeffer gehört zu den Klassikern einer psychiatrischen Forschungsweise, für die die genaue Kenntnis der anatomischen, physiologischen und neurologischen Sachverhalte unabdingbar war. In den Breslauer Jahren schuf er zwischen 1904 und 1912 durch genaues Studium der toxischen und infektiösen Psychosen die Lehre von den exogenen Reaktionstypen. Sie war ein bedeutender Fortschritt auf dem Weg einer systematischen Trennung der endogenen von den exogenen psychischen Erkrankungen. Der hier interessierende Gesichtspunkt ist die geistige Physiognomie eines Mannes, über den ein Stück Wissenschaftsgeschichte in die NS-Zeit hineinragte. In einem „offenen Brief" zum 75. Geburtstag umriß 1943 der Tübinger Psychiater Robert Gaupp die „Grundstruktur" von Bonhoeffers Forscherpersönlichkeit: „Die gute Gabe der scharfen Beobachtung, die gründliche psychiatrische und neurologische Schulung und große Erfahrung, den klaren Verstand und das vorsichtig abwägende Urteil, die Fähigkeit intuitiver Einfühlung in fremdes Seelenleben, die Sachlichkeit der Darstellung des Erlebten ohne alle Phrase und Verschleierung, das Ethos eines der Wahrheit dienenden Forschers. [...] Wer aus Bonhoeffers Schule kam, der war zu ernster und gründlicher Arbeit, zu mühevoller Untersuchung und Beobachtung und zu humaner Behandlung seiner Kranken erzogen worden."[87] Wissenschaftler wie Kurt Schneider und Karl Bonhoeffer glaubten nicht an die Verletzlichkeit psychiatrischer Wahrheit durch die inhumanen psychiatrischen Praktiken eines Unrechtsregimes. Auch nach 1945 machte sich Bonhoeffer, dessen Familie von den Nazis durch vierfachen Mord zerstört worden war[88], daran, Spuren einer Wissenschaftsgeschichte wieder aufzunehmen, die in „Drittes Reich" und Weltkrieg geführt hatten. Der Stand der deutschen Psychiatrieforschung an der Schwelle zur NS-Zeit habe, so Bonhoeffer 1948, sicherlich „zu einem vorsichtigen eugenischen Handeln" berechtigt[89]; die Erfahrungen des Zweiten Weltkriegs waren für ihn vor allem „psychopathologische Erfahrungen", die sein altes Forschungsproblem der Reaktionspsychosen berührten: ob ein „Zusammenwirken exzessiven affektiven Erlebens und körperlicher Qual Psychosen hervorrufen kann"[90].

Karl Bonhoeffer blieb bis zu seinem Lebensende ein gewissenhafter, um die „Wahrheit" ringender Forscher. Auch er geriet in Grenzsituationen, in denen er jedoch die Balance zwischen dem eigenen Wissenschaftsanspruch und den Imperativen der NS-Politik wahren zu können glaubte. Bonhoeffer veranstaltete in der Nervenklinik der

---

[87] Gaupp, Rückblick und Ausblick, S. 331.
[88] Vgl. Sabine Leibholz-Bonhoeffer, Vergangen, erlebt, überwunden. Schicksale der Familie Bonhoeffer, Gütersloh 1976.
[89] Bonhoeffer, Rückblick, S. 3. Bonhoeffer, der 1923 und 1932 zu den preußischen Gesetzgebungsversuchen gutachtlich Stellung genommen hatte, betonte nach 1945 die „grundsätzlich wichtige" Seite des Sterilisationsproblems, wenn er das nationalsozialistische Gesetz in seiner „rigorosen Zwangsformulierung" auch ablehnte. Er versuchte, das Geröll beiseite schiebend, das „nationalsozialistisches Gedankengut" und „menschenunwürdige Rassenvernichtungsversuche" hinterlassen hatten, an den „ursprünglichen Ideengehalt der Eugenik" anzuknüpfen und trat für eine Unterstützung der „erbbiologischen Forschung" auf klinischem und theoretischem Gebiet ein.
[90] Karl Bonhoeffer, Vergleichende psychopathologische Erfahrungen aus den beiden Weltkriegen, in: Der Nervenarzt 18 (1947), S. 1–4, hier S. 3. Bonhoeffer sah auch durch den Zweiten Weltkrieg seine alte These von der „außerordentlichen Widerstands- und Anpassungsfähigkeit des gesunden menschlichen Gehirns", der „Toleranz der Psyche" gegenüber extremen Erschöpfungseinflüssen, bestätigt.

Charité Kurse zur Aufgabenstellung, die sich für den Psychiater aus dem Vollzug des Gesetzes zur Verhütung erbkranken Nachwuchses ergaben[91]. Innerhalb der Psychiatrie wurde sein Appell an die große Verantwortung des Psychiaters, sein Anraten „allergrößter Vorsicht", durchaus wahrgenommen[92]. Auch scheint es glaubwürdig, der von ihm selbst nahegelegten Sicht seiner Mitwirkung an Erbgesundheitsverfahren zu folgen[93]. Bonhoeffer wollte das „Zwangsgesetz" der Nationalsozialisten mit den Methoden der Wissenschaft unterlaufen. Doch er und andere waren unfähig zu durchschauen, daß im NS-Staat von Anfang an die psychiatrische Wissenschaft Teil einer großen Maskerade war. Dietrich Bonhoeffer hat sie die „Maskerade des Bösen" genannt. Auch die Psychiatrie konnte vor dem Umsturz der „ethischen Begriffswelt" nicht fliehen. Psychiatrische Wissenschaftstraditionen halfen mit, die Verheerungen der nationalsozialistischen Politik einer aufrüttelnden Klarsicht zu entziehen. Die Maskierung des Bösen, sein Auftreten in der Gestalt des geschichtlich Notwendigen und des sozial Gerechten, war in der Tat für alle verwirrend, für die Psychiatrie waren seine Vermummungen ebenso verlockend wie einnebelnd. Es gab auch im Dritten Reich den „Mann des Gewissens"; aber er begnügte sich, so hat ihn Dietrich Bonhoeffer beschrieben, damit, „statt eines guten ein salviertes Gewissen zu haben". „Aus der verwirrenden Fülle der möglichen Entscheidungen scheint der sichere Weg der Pflicht herauszuführen. […] In der Beschränkung auf das Pflichtgemäße aber kommt es niemals zu dem Wagnis der auf eigenste Verantwortung hin geschehenden Tat, die allein das Böse im Zentrum zu treffen und zu überwinden vermag. Der Mann der Pflicht wird schließlich auch noch dem Teufel gegenüber seine Pflicht erfüllen müssen."[94] Die Psychiatrie, soweit sie den Systemparolen nicht anheimfiel, beschränkte sich auf das ihrem Wesen und ihrer Tradition geschuldete „Pflichtgemäße". Das war zu wenig.

---

[91] Vgl. Ursula Grell, Karl Bonhoeffer und die Rassenhygiene, in: Arbeitsgruppe zur Erforschung der Geschichte der Karl-Bonhoeffer-Nervenklinik (Hrsg.), Totgeschwiegen, S. 207–219, hier S. 210; siehe dazu jetzt die m. E. begründete Kritik an den Wertungen Grells, deren Fragen freilich wichtig und weiterführend sind, in: Totgeschwiegen 1933–1945, 2. Aufl., Berlin 1989, hier S. 220–268 (Zur Kontroverse um Karl Bonhoeffer).
[92] Vgl. die Besprechung von Karl Bonhoeffers Buch Die psychiatrischen Aufgaben bei der Ausführung des Gesetzes zur Verhütung erbkranken Nachwuchses mit einem Anhang: Die Technik der Unfruchtbarmachung, Berlin 1934, in: Deutsche Zeitschrift für Nervenheilkunde 134 (1934), S. 308 ff.
[93] Vgl. Grell, Karl Bonhoeffer und die Rassenhygiene, in: Arbeitsgruppe zur Erforschung der Geschichte der Karl-Bonhoeffer-Nervenklinik (Hrsg.), Totgeschwiegen, S. 210 f., hier freilich unter dem Gesichtspunkt mangelnder Glaubwürdigkeit gesehen.
[94] Bonhoeffer, Nach zehn Jahren, in: ders., Widerstand und Ergebung, S. 10 bzw. S. 11 f.

Klaus Dörner

Psychiatrie und soziale Frage.
Plädoyer für eine erweiterte Psychiatrie-
Geschichtsschreibung

Wenn im „Historikerstreit" der letzten Jahre beide Seiten auch sozialgeschichtlich argumentiert hätten und wenn nicht nur die Täter, sondern auch die Opfer als handelnde Subjekte der Geschichte ernstgenommen worden wären, dann wäre dieses Plädoyer überflüssig. Und wenn wir Mediziner und Psychiater das therapeutische Töten in der NS-Zeit sozialgeschichtlich reflektiert und ebenfalls nicht nur die Täter, sondern auch die Opfer als handelnde Subjekte der Geschichte ernstgenommen hätten, auch dann wäre mein Plädoyer überflüssig. Da bisher beides aber nicht oder nur unzureichend stattgefunden hat, scheint es mir durchaus nicht müßig zu sein, eine sozial- und wirtschaftsgeschichtliche Reflexion der Geschichte der Medizin – und in ihr der Geschichte der Psychiatrie – zu fordern. Sie würde – und das ist die Hypothese meiner folgenden Überlegungen – zeigen, daß die Psychiatrie in einer Weise integraler Bestandteil der Industrialisierung und der übrigen Modernisierungen der entwickelten Gesellschaften ist, die es wahrscheinlich macht, daß mindestens eine Gesellschaft (wenn nicht mehrere) den Weg der Vernichtung der industriell unbrauchbaren Menschen eingeschlagen hätte, selbst wenn es nie einen Nationalsozialismus gegeben hätte.

In diesem Zusammenhang ist es bemerkenswert, daß die frühen Darstellungen zur NS-Psychiatrie nicht frei gewählt, sondern Auftragsarbeiten waren und überdies nach Kräften verdrängt wurden: Ich denke an die Bücher von Mitscherlich, Platen-Hallermund und Schmidt, die im Auftrag der Besatzungsmächte entstanden[1]. Selbst noch das Buch von Ehrhardt[2] wurde im Auftrag der Deutschen Gesellschaft für Psychiatrie und Nervenheilkunde geschrieben, gewissermaßen als Beitrag zum geplanten Heyde-Prozeß. Es ist daher nicht erstaunlich, konnte vielleicht auch nicht anders erwartet werden, daß diese Darstellungen wenig reflektiert ausfielen und sich eher die Aufgabe stellten, die NS-Verbrechen von der „eigentlichen" Psychiatrie zu unterscheiden. Die ersten umfassenderen und zum Teil den historischen Kontext berücksichtigenden Bücher stammen weder von Psychiatern noch von Psychiatrie-Historikern: ich denke an die Veröffentlichungen des Kirchenhistorikers Nowak und des Journalisten Klee[3]. Eine sozialgeschichtliche Betrachtung der Psychiatrie war bis weit in die Nachkriegs-

---

[1] Mitscherlich/Mielke (Hrsg.), Medizin ohne Menschlichkeit; Platen-Hallermund, Tötung Geisteskranker; Schmidt, Selektion.
[2] Ehrhardt, Euthanasie und Vernichtung.
[3] Nowak, „Euthanasie" und Sterilisierung; Klee, „Euthanasie".

zeit hinein unbekannt, geistes- und ideengeschichtliche Analysen herrschten vor. Das Standardwerk dieser Art ist „Der Wahnsinn" von Leibbrand und Wettley[4].

Gewiß gab es seit Ende der sechziger Jahre allmählich vermehrt Versuche einer sozialgeschichtlichen Reflexion der Psychiatrie; mit „Bürger und Irre" habe ich selbst 1969 einen solchen Versuch unternommen[5]. Aber das war noch ein halbherziger Kompromiß, zum Teil noch verhaftet der ideengeschichtlichen Tradition der Psychiatriegeschichtsschreibung, deutlich mehr auf die Täter als auf die Opfer bezogen. Das ist später mit Recht und zum Glück kritisiert worden: Zum einen von dem Psychologen Herzog[6], zum anderen von Blasius[7], der sich als erster professioneller Historiker in der Bundesrepublik systematisch um die Integration der Psychiatrie in die Sozialgeschichte bemüht hat und dabei auch erstmals die Opfer, die Betroffenen, ausführlich zu Wort kommen ließ. Von ihm stammen wichtige Begriffe: die Bezeichnung der Landeskrankenhäuser als „medizinische Armenhäuser" sowie die Prägungen „bürokratische Aneignung der Irrenfrage" und „das Irrenhaus als Disziplinierungsinstrument". Im Zusammenhang der Darstellung einiger Prozesse Ende des 19. Jahrhunderts, in denen Familien meist erfolglos versuchten, ihre psychisch kranken Angehörigen aus der Anstalt zurückzuholen, schreibt Blasius: „Diese Prozesse markieren den Tiefpunkt der Anstaltsentwicklung; sie zeigen die Mattheit des bürgerlichen Heilgedankens in einer Gesellschaft, die Repression zur Aufrechterhaltung ihres inneren Gleichgewichtes nötig zu haben glaubte – und auch nötig hatte auf dem Hintergrund der sich schärfer ausprägenden Trennungslinie der Klassen. So drückt sich in der Behandlung des Irren ebenenversetzt die Behandlung der sozialen Frage und ihrer politischen Dimension aus."

Damit bin ich bei meinem Thema. Mein Plädoyer gilt der Verwirklichung der Versetzung der Ebenen: die Psychiatrie kann sich, ihr Denken und Handeln sowie ihre gesellschaftliche Funktion, u.a. auch während der NS-Zeit, nur verstehen, wenn sie sich vom ersten Tag ihres Bestehens an bis heute als Teil – und zwar als wesentlichen Teil – der Beantwortungsversuche der sozialen Frage begreift. In diesem Plädoyer kann ich mich zwar schon auf einiges historisches Material stützen, der gründliche historische Beweis oder die Widerlegung meiner Hypothese aber muß anderen überlassen bleiben, auch wenn ich in meinem Buch „Tödliches Mitleid"[8] einige weitgehende Begründungsversuche unternommen habe.

Die soziale Frage entstand mit der Industrialisierung, also in der Zeit um 1800. Sie war Ergebnis der mit der Industrialisierung einhergehenden Veränderung des Arbeitsmarktes, der Urbanisierung, der Zerschlagung der Großfamilien, der Bürokratisierung und Verwissenschaftlichung des Lebens sowie der neuartigen Anforderungsprofile an industriell arbeitsfähige Menschen, die – anders als früher – die Fähigkeit haben mußten, gegen jeden biologischen Rhythmus immer dieselben Handgriffe in monotoner Zuverlässigkeit zu verrichten und in eben diesen Verhaltensweisen, unter Ausschaltung individueller Besonderheiten, im voraus kalkulierbar zu sein. Seither gibt es in je-

---

[4] Leibbrand/Wettley, Wahnsinn.
[5] Dörner, Bürger und Irre.
[6] Herzog, Krankheits-Urteile.
[7] Blasius, Der verwaltete Wahnsinn; das folgende Zitat S. 123.
[8] Dörner, Tödliches Mitleid.

der sich industrialisierenden Gesellschaft (je nach Entwicklungsstand) einen Anteil von 10 bis 30 Prozent der Menschen im an sich erwerbsfähigen Alter, die an den neuen Normen scheitern und als industriell unbrauchbar ausgemustert werden. Die soziale Frage, formuliert aus der Sicht der Betroffenen, lautet so: „Was wird aus uns, die wir bisher in einem agrarischen oder handwerklichen Betrieb, arbeitsmäßig und sozial ungetrennt, irgendwie ganz gut vorkommen konnten, wenn wir jetzt als industriell unbrauchbar von der Möglichkeit ausgeschlossen werden, uns durch Arbeit zu verwirklichen? Wenn wir jetzt wirtschaftlich nutzlos sind, nur noch Kostenfaktor und Ballast, sind wir dann nur noch ‚sozial‘, nur noch eine Frage, die soziale Frage, in unserer Existenz nur noch fragwürdig? Wofür sind wir dann noch da, was sollen wir machen, was soll mit uns gemacht werden? Sind wir als grundsätzlich fragwürdige Existenzen noch Menschen oder nur noch sozial zu verwaltende Sachen?" – Diese Frage ist, trotz aller Veränderungen, bis heute dieselbe geblieben und verschärft sich mit den jeweiligen Modernisierungsschüben – so auch heute wieder.

Die erste und klassische Antwort auf die soziale Frage hat wohl Jeremy Bentham[9] gefunden, der das drängendste Problem darin sah, wie man möglichst viele Menschen möglichst optimal mit möglichst geringen Mitteln kontrollieren könne. Als universelle und noch vergleichsweise konservative Lösung empfahl er architektonisch das panoptische Prinzip: Von einem Kontrollzentrum aus, in dem im Idealfall ein Kontrolleur sitzt, gehen wie in einem Spinnennetz Gänge ab, an denen sich Räume, Zellen oder auch Arbeitsplätze befinden. Dieses Prinzip empfahl Bentham für alle damals systematisch entstehenden Sozialeinrichtungen (Altersheime, Waisenhäuser, Arbeitshäuser, Obdachlosenasyle, Gefängnisse, Irrenanstalten) – und für Fabriken. Wir wissen, daß sich diese oder ähnliche Meinungen damals gegenüber den wenigen durchsetzten, die das Gegenteil empfahlen, nämlich die industriell Unbrauchbaren gleichmäßig über die Gesellschaft, also auf viele Schultern, zu verteilen. Mit der Konzentration gleichartiger Gruppen der sozialen Frage in spezialisierten Einrichtungen war das Grundgerüst des sozialen Systems der modernen Gesellschaft geschaffen. Während zuvor in jeder Produktionsstätte Arbeitsaufgaben und soziale Aufgaben ununterscheidbar waren oder fließend ineinander übergingen, spaltete sich seit der Industrialisierung jede Gesellschaft zunehmend in ein Wirtschafts- und in ein Sozialsystem. Wie Wendt dies ökologisch beschrieben hat, wird das Wirtschaftssystem tendenziell immer wirtschaftlicher, leistet die Produktionsaufgaben also mit immer weniger Menschen, während das Sozialsystem immer mehr „nur sozial" wird, zahlenmäßig expandiert und bestenfalls neue Arbeitsplätze für neue „nur noch soziale" Berufe schafft, deren Angehörige „nur noch sozial" mit den „nur noch sozialen" Menschen umzugehen haben[10].

Auch die Irrenfrage ist also von Anfang an nur als Spaltprodukt der umfassenden sozialen Frage zu begreifen. Dabei ist sie keine unbedeutende Nebenfrage, denn zum einen umfaßt sie quantitativ, je nach Betrachtungsweise, 1 bis 5 Prozent der Bevölkerung; zum anderen ist sie qualitativ die brisante und immer explosionsfähige Zuspitzung der sozialen Frage, weil die schon sprichwörtliche Unberechenbarkeit der psychisch Kranken nicht mehr als symbolische Verdichtung des Menschlichen am Menschen imponiert, sondern zum negativen Gegenbild des industriellen Anforderungs-

---

[9] Jeremy Bentham, Panopticon, or the Inspection-House, Dublin 1791.
[10] Wolf Rainer Wendt, Ökologie und soziale Arbeit, Stuttgart 1982.

profils der Vorausberechenbarkeit menschlichen Verhaltens geworden ist. Deshalb ist im Bereich der sozialen Frage hier auch der einzige Fall gegeben, in dem, außerhalb des Strafrechts, die Betroffenen, bei zunehmender Störbarkeit der sich modernisierenden Gesellschaften, das Mittel der Freiheitsberaubung erdulden müssen – und dies in Gesellschaften, die von den Idealen der Französischen Revolution in der Regel die Freiheit weit über die Gleichheit und die Brüderlichkeit stellen. Ihren organisatorischen Niederschlag fand die Irrenfrage im Rahmen der sozialen Frage im System der Irrenanstalten und späteren Landeskrankenhäuser, die für ihren Einzugsbereich die außerstrafliche Störungsfreiheit der Industrialisierung und Modernisierung zu garantieren hatten. Aus der Sicht der Betroffenen kommt noch folgendes verschärfend hinzu: Während etwa geistig Behinderte in der Regel lernen können, eine gewisse Einschränkung ihrer Freizügigkeit einzusehen, ist dies psychisch kranken Menschen meist nicht möglich. Sie können die Freiheitsberaubung nur als Willkür und Ungerechtigkeit empfinden. Aber während im Bereich des Strafrechts die subjektive Seite der Fähigkeit zur Schuldeinsicht eine fundamentale Voraussetzung für die Erlaubnis des Strafens ist, wird der Freiheitsentzug hier nicht nur trotz, sondern sogar wegen des Mangels an subjektiver Einsicht verhängt.

Aus den spezialisierten Einrichtungen für die psychisch Kranken hat sich die Spezialwissenschaft der Psychiatrie entwickelt. Ihre Theorie und Praxis war anfangs, gleichermaßen getragen von Gedanken der Aufklärung und der Romantik, philosophisch und im konkreten Umgang pädagogisch. Es galt, die jedem Menschen innewohnende Vernunft von den ihre Entfaltung behindernden ungünstigen Umständen zu befreien. Pädagogischer Optimismus und Aktivismus, wenn auch für die Betroffenen oft schwer zu ertragen, kurze Verweildauern und der ständige Versuch der Wiedereingliederung in Familie und Arbeit waren die Folge. Eben dies änderte sich für die psychisch Kranken ab Mitte des 19. Jahrhunderts zunehmend. Immer mehr wurde ihnen nicht die Ungunst der Umstände zum Gebrauch ihrer Vernunft, sondern eine Krankheit, meist eine Gehirnkrankheit, unterstellt. Niemand nahm und nimmt bis heute Rücksicht darauf, daß die Betroffenen in sich selbst, von ihrem subjektiven Erleben her, zwar alle möglichen Befindlichkeiten (wie Angst, Mißtrauen, Verzweiflung, Sorge) verspüren, in der Regel aber nicht im mindesten das Gefühl oder Bewußtsein, eine Krankheit zu haben. Insofern konnten sie ihre Medizinisierung wider Willen nur als eine Verschärfung der gesellschaftlichen Rücksichtslosigkeit ihnen gegenüber empfinden. Von der Seite der Täter-Bürger her sieht derselbe Vorgang ähnlich aus.

Zunächst ist nachzutragen, daß die Irrenanstalten in der Tat „medizinische Armenhäuser" waren, während für die bürgerlich besser situierten psychisch Kranken immer schon andere Konzepte und Lösungen gefunden wurden. Im gleichen Maße, in dem die sich industrialisierenden Gesellschaften, schon aufgrund des Steuerungsinstrumentes der Konkurrenz, das Tempo jedes Fortschritts für einen hohen Wert halten mußten, wurden auch die Psychiater in den Anstalten ungeduldiger, suchten schnellere Erfolge und konnten es immer weniger ertragen, daß manche psychisch Kranke sich all ihren Bemühungen widersetzten, so daß die Zahl der Dauerinsassen, der Unheilbaren wuchs. Da die Medizin, die wie keine andere Wissenschaft im 19. Jahrhundert durch Reduktion auf rein naturwissenschaftliches Denken das Tempo ihrer Erfolge beschleunigte und damit ihr gesellschaftliches Prestige steigerte, für einige Störungen (progressive Paralyse) Hirnursachen fand, lag es nahe, diesen Befund als

Vermutung zu verallgemeinern und die pauschale Formel durchzusetzen: „Geisteskrankheiten sind Gehirnkrankheiten."

Der Paradigmenwandel der Psychiatrie von der Pädagogik zur Medizin verhalf ihr zu dem Anspruch, nunmehr eine exakte und experimentelle Wissenschaft zu sein, verbunden mit der Forderung nach „zielgerichteter Heilbehandlung", wie sie die Krankenkassen noch heute gern verlangen. Mochte dies für die Körpermedizin erfolgreich oder zumindest zuträglich sein, da sie es in der Regel nur mit Teilen des Körpers zu tun hat, so war die empirisch durch nichts begründete Übertragung dieses Schemas auf die Psychiatrie, die es ja stets mit dem ganzen Menschen und seiner Geschichte zu tun hat, fatal. Der Wandel bedeutete einen weiteren und entscheidenden Schritt zur Versachlichung, zur Gefahr der Behandlung von Menschen als Sachen. Das Repressionsbedürfnis der Gesellschaft gegenüber der sozialen Frage, von dem Blasius spricht, war mit dem Grad der Industrialisierung gewachsen – und damit auch die Erwartung, schneller und mit eingreifenderen Maßnahmen zu einer effektiveren Lösung der sozialen Frage zu kommen. Die Medizinisierung der sozialen Frage, die über den Kreis der psychisch Kranken weit hinausging, sollte dafür das geeignete Instrument sein. Hier beginnt der durch die Realität ungedeckte Glaubensanteil, der Wahn der Psychiatrie: mit der Unterstellung einer Krankheit (ohne diese bis heute nachweisen zu können) therapeutisches Behandeln (erst mehr oder weniger konservativ, später operativ) zu rechtfertigen, ohne begründen zu können, ob Therapieren der angemessene Umgangsstil mit psychisch Kranken ist – und dies unter bewußter Verachtung und Liquidierung jedes „weichen", philosophischen und anthropologischen Schutzrahmens zugunsten von Menschen, die pseudo-exakt in Objekte umgedeutet wurden. Statt von der Pädagogik, die versagt hatte oder zu langsam war, begann man, von der doch überall so erfolgreichen Medizin die „Endlösung der sozialen Frage" zu erwarten, beginnend mit der Untergruppe der psychisch Kranken.

Wie wirkte sich diese Entwicklung auf die Lage der Betroffenen aus? Abgesehen von der subjektiven Beleidigung der Unterstellung einer Krankheit, gerierten sich die Psychiater ihnen gegenüber zunehmend als Mediziner, die körperlich untersuchten, vermaßen, psychopathologisch klassifizierten und größtes Interesse an verstorbenen Schicksalsgefährten zeigten, deren Hirne sie sezierten, während sie die Betroffenen therapeutisch mehr in Ruhe ließen, was manche gegenüber einer bisweilen terroristischen Pädagogik als angenehm empfanden. Da die vor der Therapie zu findende körperliche Ursache nie zu finden war, mußte der Krankenhausaufenthalt als immer sinnloser empfunden werden, zumal er sich bei anhaltender Symptomatik immer länger hinzog und immer häufiger in lebenslänglichen Anstaltsaufenthalt mündete. Die Entlassung in die bürgerliche Freiheit wurde immer schwerer. Denn die schlimmste Folge des Krankheitsmodells war die hierdurch notwendig gewordene Unterscheidung von Heilbaren und Unheilbaren. Während die Heilbaren das Interesse der Mediziner erregten (was die Erwartung eines günstigen Verlaufs und auch eine Entlassung förderte), konnten doch stets willkürlich und ohne nachvollziehbaren Grund die Akten über sie geschlossen werden, indem man sie zu Unheilbaren erklärte, womit das medizinische Interesse erlosch und die lebenslängliche Anstaltsverwahrung einsetzte.

Auf diesem Wege wuchsen in allen industriellen Gesellschaften die Irrenanstalten zu riesigen und trostlosen Massenunterkünften; das medizinische Modell schien somit keine schnelle und schon gar keine billige Antwort auf die soziale Frage zu liefern.

Möglicherweise im Zusammenhang mit dem wachsenden gesellschaftlichen Erwartungsdruck ergänzten die Psychiater ihr Denkmodell deshalb durch eine Zusatzhypothese. Mit Hilfe eines Rückgriffs auf die zunächst in der Botanik gemachte Entdeckung von Erbgesetzen erklärten sie im letzten Drittel des 19. Jahrhunderts, Geisteskrankheiten seien nicht nur Gehirn-, sondern auch Erbkrankheiten. Auch hierbei war der Glaubens- oder Wahnanteil von Anfang an groß: Es genügte, in den Familien mancher Patienten weitere Psychosen zu finden, um zu erklären, daß dies für alle psychischen Krankheiten gelte. Daß nüchternes und im schlichtesten Sinne wissenschaftliches Denken so leicht auszublenden war, ist aber nur dadurch zu erklären, daß eine außerordentliche Glaubensbereitschaft zugunsten der Erblichkeitshypothese in allen industriellen Gesellschaften bestanden haben muß. Mit einem Mal machte das ausufernde psychiatrische System wieder einen sozialen Sinn, selbst die hohen Kosten rechneten sich. Die Geschlechterachse wurde in den Anstalten zum wichtigsten Strukturelement: Wenn man die psychisch Kranken nur über das fortpflanzungsfähige Alter hinaus nach Geschlechtern getrennt verwahren würde, dann könnten sie sich nicht vermehren und wären nach einer gewissen Zeit ausgestorben. Eine faszinierende Utopie, die den Psychiatern überall Verdienstorden einbrachte.

Dies war aber nur der Anfang. In der Zwischenzeit waren aufgrund der fortgeschrittenen Industrialisierung weitere Bevölkerungsgruppen aus der industriellen Brauchbarkeit herausgefallen und den Gruppen der sozialen Frage zugeschlagen worden. Es stellten sich also für weitere Teile der Bevölkerung neue Etikettierungs- und Zuordnungsfragen. Gerade durch die Kombination der Hypothesen über minderwertige Gehirne und minderwertige Erbanlagen konnten die Psychiater ihr diesbezügliches diagnostisches Dienstleistungsangebot erheblich ausweiten und tendenziell alle Gruppen der sozialen Frage neu katalogisieren. Die neuen und offenbar ebenfalls einem gesellschaftlichen Bedürfnis entgegenkommenden Begriffe psychiatrischer Wissenschaftlichkeit oder Wahnhaftigkeit hießen: Degeneration (bis zum Degenerationszeichen der angewachsenen Ohrläppchen), Entartung, Konstitution, moralischer Schwachsinn oder Endogenität. Mit diesen Begriffen ließen sich fast alle Gruppen der sozialen Frage medizinisieren, ob es sich dabei im heutigen Sprachgebrauch um Neurotiker handelte oder etwa um Psychopathen, Homosexuelle (Perverse), sozial Schwache oder Straftäter (geborene Verbrecher). Möbius, der Erfinder der „Endogenität", prägte darüber hinaus zur selben Zeit den Begriff des „physiologischen Schwachsinns des Weibes" – ein erster Versuch der männlichen Wissenschaft, die beginnende Frauenemanzipation und das Drängen der Frauen auf den Arbeitsmarkt (selbstverständlich in deren Interesse) zu kanalisieren.

Für alle Gruppen der sozialen Frage „bürgerte" sich (im wahrsten Sinne des Wortes) ohne großen Widerstand von rechts oder links die Formel von den „Minderwertigen" ein. Die Bewertung der Menschen nach dem Grad ihres industriellen Nutzwertes war inzwischen schon so sehr eingeübt, daß die Feststellung der Minderwertigkeit eines konkreten Menschen im Vergleich zu anderen Menschen kaum noch jemandem anstößig erschien. Selbst der Betroffene dürfte es kaum mehr gewagt haben, sich dagegen zu wehren. Welche Folgen das für ihn, sein Selbstwertgefühl und das seiner Familie hatte, können wir bestenfalls ahnen. Damit aber die Abgrenzung der minderwertigen von den wertvollen Menschen eine vollständige werden konnte, war noch eine gesellschaftspolitische Operation notwendig: Für Bentham waren, wie wir gesehen haben, die damals neuen Fabrikarbeiter noch demselben bürgerlichen Kontrollbedürfnis unterworfen wie die industriell Unbrauchbaren. 100 Jahre später hatte die Arbeiter- und Gewerkschaftsbewegung, sicher begünstigt durch die Bismarcksche Sozialgesetzgebung und den nationalistischen Wehrkraftbedarf, erreicht, daß das Proletariat zumindest als Arbeiterklasse Anerkennung gefunden hatte. Die begriffliche Vorleistung der Arbeiterbewegung bestand darin, sich vom industriell unbrauchbaren „Lumpenproletariat" zu distanzieren und es den minderwertigen Gruppen der sozialen Frage zuzuschlagen.

Ohne die Psychiater und andere Mediziner wäre der Konsens der industriellen Gesellschaft kaum denkbar gewesen, die Gruppen der sozialen Frage gegen Ende des 19. Jahrhunderts einvernehmlich als minderwertige zu bezeichnen, was den medizinisch-wissenschaftlichen Vorteil hatte, zwar Therapiehoffnungen zu wecken, aber schon jetzt über eugenische Maßnahmen (z.B. Sterilisierung) präventiv zu wirken. Dies alles bewegte sich im Hauptstrom des gesellschaftlichen Selbstverständnisses, im liberalen Glauben an die marktkonforme Selbstbestimmung des Menschen, an den Fortschritt wirtschaftlichen Reichtums, an die wissenschaftliche und technische Erreichbarkeit von allem. Es ist daher auch kein Wunder, daß gerade die fortschrittsbewußten Psychiater und andere Mediziner gegenüber den konservativen und fortschrittsfeindlichen Mächten der Kirche und der Justiz das Recht auf den Suizid, die Beihilfe zum Suizid und damit „das Recht auf den eigenen Tod" durchzusetzen versuchten, wie der Titel von Josts 1895 erschienener diesbezüglichen „sozialen Reform"-Schrift lautete[11].

Wo das Leben eines Menschen minderwertig sein kann, da kann der Wert auch gegen Null gehen, kann das Leben unwert werden: zunächst subjektiv für mich, dann auch objektiv für andere – übertragen auf Menschen, die nicht für sich sprechen können, wie psychisch Kranke oder geistig Behinderte; sie sind dann ihrem Recht auf den eigenen Tod, schon aus Gründen des Mitleids und der Barmherzigkeit, zuzuführen. Lange bevor aber Binding und Hoche diesen von seinen Voraussetzungen her zwingend logischen und nicht widerlegbaren Gedankengang entwickelten, nämlich noch in den neunziger Jahren des letzten Jahrhunderts, faßte Auguste Forel, der in Europa bekannteste und angesehenste Psychiater und Sozialreformer, die nun auf der Hand liegenden Konsequenzen für den angemessenen Umgang mit den Gruppen der sozialen Frage von der friedlichen Schweiz aus unter gesamteuropäischem Beifall in die richtigen Worte: „Durch Recht und Religion beherrscht und die soziale Hygiene vernachlässigend, verlangt die Medizin von den Ärzten, daß sie selbst das elendste Geschöpf so lange am Leben erhalten, als nur möglich. Für einen Geburtshelfer ist es ein Triumph, die Geburt selbst der traurigsten Wesen zu ermöglichen und sie am Leben zu erhalten. Als Ärzte haben wir leider die Pflicht, das Leben der Idioten, der Entarteten, der geborenen Verbrecher und der Irrsinnigen so lange wie möglich zu erhalten; wir sind sogar verpflichtet, viele derselben, die sich selbst töten möchten, daran zu hindern."[12] Und an anderer Stelle formuliert Forel, der selbst 1892 die ersten eugenischen Sterilisierungen vornahm, sein Programm: „Wir bezwecken keineswegs eine neue menschliche Rasse, einen Übermenschen zu schaffen, sondern nur die defekten

---

[11] Adolf Jost, Das Recht auf den Tod, Göttingen 1895.
[12] Auguste Forel, Der Weg zur Kultur, Leipzig 1924, S. 126.

Untermenschen allmählich [...] durch willkürliche Sterilität der Träger schlechter Keime zu beseitigen, und dafür bessere, sozialere, gesundere und glücklichere Menschen zu einer immer größeren Vermehrung zu veranlassen."[13]

Es gibt um 1900 kaum einen Psychiater in einer industriellen Gesellschaft, der nicht dasselbe gesagt hat oder hätte sagen können. Jeder nationalsozialistische Revolutionär hätte 1933 sein Programm mit ähnlichen Worten glaubhaft vertreten können. Dies sogar so weitgehend, daß er damit die Einstellung der SS gegenüber der SA verdeutlicht hätte, in der das Gerede von der Züchtung einer neuen Rasse oder eines Übermenschen nur eine nützliche Deck-Ideologie war, unter deren Schutz man die medizinische Endlösung der sozialen Frage beabsichtigte, um der Welt zu beweisen, daß eine Gesellschaft, die sich ihres sozialen Ballastes vollständig entledigt, wirtschaftlich, militärisch und wissenschaftlich unschlagbar sei.

---

[13] Auguste Forel, Die sexuelle Frage, München 1913, S. 593.

Hans-Walter Schmuhl

Sterilisation, „Euthanasie", „Endlösung".
Erbgesundheitspolitik unter den Bedingungen
charismatischer Herrschaft

Unter dem nationalsozialistischen Regime gehörten Sterilisation und „Euthanasie" zum Instrumentarium einer Sozialtechnik, die auf eine weitreichende und tiefgreifende Umgestaltung der Gesellschaft nach rassenhygienischen Gesichtspunkten abzielte[1]. In diesem Zusammenhang betrachtet, reicht die Vorgeschichte der nationalsozialistischen Genozidpolitik gegen psychisch kranke, geistig behinderte und sozial unangepaßte Menschen bis in das ausgehende 19.Jahrhundert zurück, denn sie gründete auf einem rassenhygienischen Paradigma, das sich in Deutschland bereits in den 1890er Jahren herausgebildet hatte. Eugenischen und rassenhygienischen Institutionen und Interessengruppen war es schon in der Weimarer Republik gelungen, auf dem Wege wissenschaftlicher Politikberatung Einfluß auf sozial-, bevölkerungs- und gesundheitspolitische Entscheidungen zu gewinnen. Der Prozeß der politischen Implementierung des rassenhygienischen Paradigmas war 1933 bereits weit vorangeschritten[2]. Es ist jedoch hervorzuheben, daß die deutsche Erbgesundheitspolitik bis zu diesem Zeitpunkt – auch in der Frage der rassenhygienisch indizierten Sterilisation – in ähnlichen Bahnen verlaufen war wie in einigen anderen Staaten mit starker eugenischer Bewegung. Der vom Ausschuß für Bevölkerungswesen und Eugenik des Preußischen Landesgesundheitsrates 1932 erarbeitete Gesetzentwurf zur Sterilisation bei eugenischer Indikation, der, hätte das System der Präsidialkabinette länger Bestand gehabt, sicher durch eine Notverordnung in Kraft gesetzt worden wäre, war – auch was die Ermöglichung versteckter Zwangsmaßnahmen[3] anging – durchaus mit entsprechenden Gesetzen vergleichbar, die zuvor schon in einigen amerikanischen Bundesstaaten, in der kanadischen Provinz Alberta, im Schweizer Kanton Waadt und in Dänemark verabschiedet worden waren[4]. Die Zahl der Unfruchtbarmachungen, die bei einer Annahme dieses Gesetzesvorschlags durchgeführt worden wären, hätte sich voraussichtlich in einer Größenordnung von einigen Hunderten oder Tausenden bewegt, wie sie auch in anderen Ländern mit vergleichbarer Gesetzgebung erreicht wurde.

---

[1] Vgl. Bock, Zwangssterilisation; Ganssmüller, Erbgesundheitspolitik; Schmuhl, Rassenhygiene.
[2] Dazu neuerdings grundlegend: Weingart/Kroll/Bayertz, Rasse, Blut und Gene.
[3] Vgl. Bock, Zwangssterilisation, S. 56.
[4] Ein kurzer Überblick über die Gesetzgebung im Ausland findet sich in: Arthur Gütt/Ernst Rüdin/Falk Ruttke, Gesetz zur Verhütung erbkranken Nachwuchses vom 14. Juli 1933 mit Auszug aus dem Gesetz gegen gefährliche Gewohnheitsverbrecher und über Maßnahmen der Sicherung und Besserung vom 24. November 1933, München ²1936, S. 65–72.

Einen Wendepunkt markierte erst das Gesetz zur Verhütung erbkranken Nachwuchses vom 14. Juli 1933. Da es den preußischen Gesetzentwurf dahingehend verschärfte, daß es die Anwendung von Zwang – anders als in den meisten ausländischen Gesetzen – über den Kreis der Anstaltsinsassen hinaus zuließ, eröffnete es die Möglichkeit, rassenhygienische Sterilisierungen in einem Umfang anzuordnen, den beispielsweise die amerikanischen Eugeniker vergeblich gefordert hatten. Allein 1934, als das Gesetz in Kraft trat, wurden in Deutschland über 30000 Menschen unfruchtbar gemacht, bedeutend mehr als in den Vereinigten Staaten von der ersten Freigabe eugenischer Sterilisierungen im Jahr 1904 bis zum Ende des Jahres 1934 zusammen[5]. Schon die Ausweitung der rassenhygienisch indizierten Sterilisierung sprengte jedes bis dahin gekannte Maß. Gleichzeitig setzte ein singulärer Radikalisierungsprozeß ein, der in rascher Abfolge von der Sterilisation über die Abtreibung zur „Euthanasie" führte, um auf der Ebene der physischen Extermination mit den anderen Strängen nationalsozialistischer Genozidpolitik – insbesondere der „Endlösung der Judenfrage" – zusammenzufallen.

Das Jahr 1933 bildete also – trotz der epochenübergreifenden Kontinuitätslinien im Bereich der Erbgesundheitspolitik – eine entscheidende Zäsur[6]. Von diesem Zeitpunkt an wich der Prozeß der politischen Implementierung der rassenhygienischen Programmatik von den aus anderen Ländern bekannten Entwicklungsmustern ab. Zwar war dem rassenhygienischen Paradigma eine totalitäre Tendenz, die darauf hinauslief, die Marginalgruppen der (psychisch) Kranken, (geistig) Behinderten und sozial Unangepaßten als „erblich minderwertig" aus der Gesellschaft auszugrenzen, strukturell inhärent. Eine an rassenhygienischen Postulaten orientierte Gesundheits-, Bevölkerungs- und Sozialpolitik lief daher von vornherein Gefahr, in die Vernichtung gesellschaftlicher Minderheiten umzuschlagen. Zwangsläufig war diese Entwicklung jedoch nicht. In demokratisch-parlamentarischen Rechtsstaaten wurde sie durch juristische, politische, soziale und kulturelle Sicherungsmechanismen verhindert. Indem das nationalsozialistische Regime diese gesellschaftlichen Sicherungen außer Kraft setzte, eröffnete es den rassenhygienischen Expertenstäben weite Freiräume zur Verwirklichung von Neuordnungsvorstellungen auf dem Gebiet negativer Eugenik, die nunmehr – da sich die nationalsozialistische Ideologie das rassenhygienische Paradigma weitgehend anverwandelt hatte – zur offiziellen Regierungspolitik wurden. Man wird indessen nicht davon ausgehen können, daß der nationalsozialistischen Genozidpolitik auf dem Gebiet der Eugenik, Sterilisation und Euthanasie eine vor 1933 in allen Einzelheiten ausgearbeitete Programmatik zugrundelag, die dann, soweit es die äußeren Umstände zuließen, Zug um Zug in die Wirklichkeit umgesetzt wurde. Die schubweise Radikalisierung der rassenhygienischen Verfolgungs- und Vernichtungsmaßnahmen erscheint bei näherer Betrachtung eher als ein ungesteuerter Prozeß, der durch die innere Dynamik des nationalsozialistischen Regimes vorangetrieben wurde.

Der Radikalisierungsprozeß muß mithin auf spezifische Strukturelemente des Nationalsozialismus zurückgeführt werden. Um diese zu erfassen, bietet es sich an, zwei theoretische Konzepte miteinander zu verknüpfen, die schon von den Zeitgenossen

---

[5] Vgl. Bock, Zwangssterilisation, S. 232 f.
[6] Vgl. Saul Friedländer, Überlegungen zur Historisierung des Nationalsozialismus, in: Dan Diner (Hrsg.), Ist der Nationalsozialismus Geschichte? Zu Historisierung und Historikerstreit, Frankfurt a. M. 1987, S. 34–50, hier S. 40.

zur soziologischen Analyse des nationalsozialistischen Regimes verwendet wurden. Es handelt sich zum einen um den von Max Weber entworfenen Idealtyp der charismatischen Herrschaft, der sich hervorragend dazu eignet, den auf der Bewährung im Außeralltäglichen beruhenden Legitimitätsanspruch, das Führer-Gefolgschafts-Prinzip und die auf blinden Aktionismus hinauslaufende Herrschaftstechnik des nationalsozialistischen Regimes zu beschreiben. Zum anderen handelt es sich um strukturalistische Interpretationsmodelle, die den polykratischen Herrschaftsaufbau des „Dritten Reiches" betonen, insbesondere die von Ernst Fraenkel aufgestellte These vom Nebeneinander eines Normen- und eines Maßnahmenstaates im Gehäuse des nationalsozialistischen „Doppelstaats", aber auch Franz Neumanns Charakteristik des Dritten Reiches als eines rechtlosen „Unstaats", der sich auf einen mehrschichtigen Herrschaftskompromiß zwischen Partei, Armee, Bürokratie und Wirtschaft stützte. Die Verschränkung dieser beiden Erklärungsansätze bedeutet keinen konzeptionellen Eklektizismus, da sie unterschiedliche Aspekte nationalsozialistischer Herrschaft herausstellen, die sich bei näherer Betrachtung nahtlos ineinanderfügen[7].

I.

Seinem Legitimitätsanspruch nach kann der Nationalsozialismus dem Weberschen Idealtyp der charismatischen Herrschaft zugeordnet werden. Grundvoraussetzung für die Aufrichtung einer charismatischen Herrschaft ist ein außeralltäglicher Notstand. „Die Schöpfung einer charismatischen Herrschaft [...] ist stets das Kind ungewöhnlicher äußerer, speziell politischer oder ökonomischer, oder innerer seelischer, namentlich religiöser Situationen, oder beider zusammen, und entsteht aus der einer Menschengruppe gemeinsamen, aus dem Außerordentlichen geborenen Erregung."[8] Das gilt auch für den Nationalsozialismus. Sein Aufstieg hing eng mit der Zusammenballung ökonomischer, sozialer und politischer Krisenphänomene in der Zwischenkriegszeit zusammen. Im Bewußtsein breiter Bevölkerungsschichten verdichteten sich die Erfahrungen wirtschaftlicher Depression, sozialer Dichotomisierung und politischer Desintegration zu einer latenten Krisenmentalität, die in dem irrationalen Glauben an das Charisma des geborenen Demagogen Hitler ein Ventil fand.

Als Gegenleistung für die gläubige Hingabe seiner Anhänger versprach der Nationalsozialismus einen Ausweg aus der sozioökonomischen, -politischen und -kulturellen Krise: im wirtschaftlichen Bereich die Beendigung der Weltwirtschaftskrise und die Beseitigung der Massenarbeitslosigkeit, auf dem sozialen Sektor die Überwindung

---

[7] Vgl. Max Weber, Die Typen der Herrschaft, in: ders., Wirtschaft und Gesellschaft, Bd. I, hrsg. von Johannes Winkelmann, Tübingen 1980, S. 122–176; Max Weber, Soziologie der Herrschaft, in: ebenda, Bd. II, S. 541–806, insbesondere S. 654–681; Max Weber, Die drei reinen Typen der legitimen Herrschaft, in: ders., Gesammelte Aufsätze zur Wissenschaftslehre, hrsg. v. Johannes Winkelmann, Tübingen 1982, S. 582–613. Als Beispiel für eine zeitgenössische Anwendung des Idealtyps der charismatischen Herrschaft auf den Nationalsozialismus vgl. A. v. Martin, Zur Soziologie der Gegenwart, in: Archiv für Kulturgeschichte 27 (1937), S. 94–119, hier S. 118. Vgl. auch Ernst Fraenkel, Der Doppelstaat, Frankfurt a.M. 1984; Franz Neumann, Behemoth. Struktur und Praxis des Nationalsozialismus 1933–1944, Frankfurt a.M. 1984. Sowohl Fraenkel (S. 225, S. 231 f., S. 239) als auch Neumann (S. 116 f.) nehmen auf Webers Idealtyp der charismatischen Herrschaft Bezug. Vgl. auch Peter Hüttenberger, Nationalsozialistische Polykratie, in: GuG 2 (1976), S. 417–442.
[8] Weber, Soziologie der Herrschaft, in: ders., Wirtschaft und Gesellschaft, Bd. II, S. 661.

der gesellschaftlichen Gegensätze durch die Schaffung einer schichten- und klassenübergreifenden „Volksgemeinschaft", in der Innenpolitik die Zerschlagung des demokratisch-parlamentarischen Parteienstaates der Weimarer Republik, in der Außenpolitik die Revision des Versailler Vertrages, den Wiederaufstieg des Deutschen Reiches zur Großmacht und die Eroberung von „Lebensraum", in der kulturellen Sphäre die Verdrängung der linken, demokratischen, pazifistischen und avantgardistischen Kunst und Literatur usw. Angesichts dieser weitgespannten Zielsetzungen richteten sich vielfältige, in sich durchaus widersprüchliche Erwartungen an die Integrationsfigur des charismatischen Führers. Durch die Mobilisierung der im Erwartungsstau seiner Anhängerschaft gebundenen Energie setzte sich der Nationalsozialismus selbst unter Erfolgsdruck.

Aus einem tieferen Grund war das nationalsozialistische Regime geradezu zum Erfolg verdammt. Denn charismatische Herrschaft ist spezifisch labil in dem Sinn, daß sie, weil auf der Bewährung im Außergewöhnlichen gegründet, den ihr zugrundeliegenden Ausnahmezustand unbedingt beenden muß. Gelingt es ihr aber, den Alltagszustand wiederherzustellen, entzieht sie sich selbst die Legitimationsbasis. „Flutet die Bewegung, welche eine charismatisch geleitete Gruppe aus dem Umlauf des Alltags heraushob, in die Bahnen des Alltags zurück, so wird zum mindesten die reine Herrschaft des Charisma regelmäßig gebrochen, ins ‚Institutionelle' transponiert und umgebogen, und dann entweder geradezu mechanisiert oder unvermerkt durch ganz andere Strukturprinzipien zurückgedrängt oder mit ihnen in den mannigfachsten Formen verschmolzen und verquickt."[9] In reiner Form existiert charismatische Herrschaft also nur in statu nascendi. Sobald sich der Alltagszustand wieder einstellt, beginnt der Prozeß der „Veralltäglichung des Charismas", der – über eine Reihe von Zwischenstufen – zur allmählichen Umwandlung der charismatischen in eine traditionale oder rationale Herrschaft oder aber zu einer Mischform aus den verschiedenen Herrschaftstypen führt.

Der Nationalsozialismus setzte sich zum Ziel, diesen Prozeß der Veralltäglichung aufzuhalten und „der charismatischen Herrschaft in ihrer reinen Form Dauer zu verleihen". Zu diesem Zweck mußte der Ausnahmezustand – zumindest in Teilbereichen der Gesellschaft – ständig erneuert, mußten die Endziele der charismatischen Herrschaft auf so hohem Abstraktionsniveau angesiedelt werden, daß sie in der politischen Praxis nie eingeholt werden konnten. Indem die verwirklichten (Teil-)Lösungen stets auf neue Nahziele verwiesen, konnte der Ausnahmezustand in Permanenz aufrechterhalten werden, ohne daß die charismatische Herrschaft in eine Legitimationskrise geriet. Diese Herrschaftstechnik führte zu einer außerordentlichen Dynamisierung der Politik. „Eine Stabilisierung der nationalsozialistischen Herrschaft im konventionellen Sinne war damit unmöglich. Sie konnte nur durch ständige Bewegung und Aktion, durch unentwegte Inangriffnahme neuer spektakulärer Aufgaben und die Um- und Ablenkung der Aufmerksamkeit der Massen auf diese gesichert werden."[10] Dies war möglich erstens durch die propagandistische Simulation von Problemstellungen und -lösungen (was stets die Gefahr einer Legitimationskrise in sich barg), zweitens durch

---

[9] Ebenda.
[10] Wolfgang Sauer, Die Mobilmachung der Gewalt, in: Karl-Dietrich Bracher/Gerhard Schulz/Wolfgang Sauer, Die nationalsozialistische Machtergreifung. Studien zur Errichtung des totalitären Herrschaftssystems in Deutschland 1933/34, Bd. 3, Köln 1960, S. 17 bzw. S. 15.

Ableitung von Konfliktpotential nach außen (was zwangsläufig zu einem außenpolitischen Hazardspiel führte) und drittens durch die Diskriminierung gesellschaftlicher Minderheiten.

Um den Zusammenhang zwischen der Verhängung des Ausnahmezustands und der Entrechtung gesellschaftlicher Randgruppen zu verdeutlichen, sei an dieser Stelle der von Carl Schmitt geprägte Begriff der „innerstaatlichen Feinderklärung" erläutert. Schon in seiner „Politischen Theologie" hatte Schmitt erklärt, daß im Ausnahmezustand der Staat Vorrang vor dem Recht habe: „Die Existenz des Staates bewährt hier eine zweifellose Überlegenheit über die Geltung der Rechtsnorm. Die Entscheidung macht sich frei von jeder normativen Gebundenheit und wird im eigentlichen Sinne absolut. Im Ausnahmefall suspendiert der Staat das Recht, kraft eines Selbsterhaltungsrechtes."[11] Im Falle eines übergesetzlichen Notstandes, führte Schmitt den Gedanken im Zusammenhang mit seiner Definition des Politischen als einer Freund-Feind-Beziehung weiter, falle dem Staat insbesondere die Aufgabe zu, den „inneren Feind" zu bestimmen. Diese „innerstaatliche Feinderklärung" solle dazu dienen, „innerhalb des Staates und seines Territoriums eine vollständige Befriedung herbeizuführen, ‚Ruhe, Sicherheit und Ordnung' herzustellen und dadurch die *normale* Situation zu schaffen, welche die Voraussetzung dafür ist, daß Rechtsnormen überhaupt gelten können, weil jede Norm eine normale Situation voraussetzt und keine Norm für eine ihr gegenüber völlig abnorme Situation Geltung haben kann"[12].

Was in jeder anderen Herrschaftsform nur eine vorübergehende Notstandsmaßnahme sein kann, wird unter einem charismatischen Regime zur Dauereinrichtung. Ein konstitutives Element der nationalsozialistischen Herrschaftstechnik bestand darin, immer neue Menschengruppen zu „inneren Feinden" zu erklären, was zur fortschreitenden Verfolgung und Vernichtung randständiger Minderheiten führte. Das bot nicht nur die Möglichkeit, den übergesetzlichen Notstand weiter fortzuschreiben. Auch für die Binnenhomogenität und Außenabgrenzung der nationalsozialistischen „Gefolgschaft" waren die sich stetig erneuernden Feindbilder von ausschlaggebender Bedeutung. Dabei war es unerheblich, ob ein Feind in der Realität existierte oder „ein Produkt der propagandistisch aufgeputschten Massenhysterie" war. Maßgeblich war vielmehr, wie bereits Ernst Fraenkel feststellte, „ob der Feindkomplex ausreichend lebendig erhalten" werden konnte, „um den Gedanken an die Errichtung einer an rationalen Wertvorstellungen ausgerichteten Gesellschaftsordnung gar nicht aufkommen [zu] lassen. Im nationalsozialistischen Wertkodex ersetzt der ständige Feind die fehlende rationale Zielsetzung."[13]

Daß die „innere Feinderklärung" zu einem zentralen Moment der nationalsozialistischen (Innen-)Politik avancierte, erklärt sich nicht zuletzt auch aus dem Herrschaftskompromiß, auf dem die „Machtergreifung" beruhte. In der „Kampfzeit" hatten sich die Nationalsozialisten zum Ziel gesetzt, im Falle einer „Machtergreifung" Staat und Gesellschaft nach dem Vorbild der von ihnen in Gang gesetzten Massenbewegung umzugestalten. Die „braune Revolution" blieb jedoch 1933/34 auf halbem Wege stecken. Die „Machtergreifung" war nur möglich durch die Amalgamierung konservativer und totalitärer Kräfte im neu etablierten Machtkartell aus Partei, Bürokratie, Wehr-

---
[11] Carl Schmitt, Politische Theologie, München 1922, S. 13.
[12] Carl Schmitt, Der Begriff des Politischen, München/Leipzig 1932, S. 34.
[13] Fraenkel, Doppelstaat, S. 231.

macht und Wirtschaft[14]. Dieser Herrschaftskompromiß wirkte sich wie ein Filter aus. Die Balance konservativer und totalitärer Kräfte in der Konsolidierungsphase des Regimes lenkte die politischen Energien des Nationalsozialismus auf Politikfelder, die von den konservativen Partnern dieser Koalition geräumt wurden. Dazu gehörte auch die Bekämpfung randständiger Minderheiten. Das hatte zur Folge, daß die ohnehin vagen Neuordnungsvorstellungen des Nationalsozialismus nur in Ansätzen verwirklicht wurden, während die – auch im Sinne reaktionärer Ordnungspolitik akzeptable – restriktive Politik gegen ausgegrenzte Randgruppen zielstrebig in die Praxis umgesetzt wurde. Indem allein die negativen Ideologieelemente realisiert wurden, war die Bewegung, die für die charismatische Herrschaft unerläßlich war, waren die Teilerfolge und Scheinlösungen, die zur ständigen Rechtfertigung der unter Erfolgszwang stehenden charismatischen Führerschaft notwendig waren und immer nur Vorstufen zu neuen Lösungen sein konnten, nur noch denkbar in einer steten Verschärfung des Kampfes gegen ausgegrenzte Marginalgruppen. „In der Diskriminierung konnte es jedoch keinen unendlichen Progressus geben. Infolgedessen mußte hier die ‚Bewegung' schließlich in der ‚Endlösung' enden."[15]

Das rassenhygienische Paradigma brachte alle Voraussetzungen mit, um der aus dem inneren Bewegungsgesetz des Regimes resultierenden Genozidpolitik auf dem Gebiet des Gesundheitswesens und der Wohlfahrtspflege Ziel und Richtung zu geben:

– Es stellte ein biologistisches Degenerationstheorem bereit, welches besagte, daß „erblich hochwertige" Menschen sich erheblich langsamer fortpflanzten als „erblich minderwertige", so daß es, wenn nicht energisch gegengesteuert würde, binnen weniger Generationen zu einem Versiegen der „wertvollen Erbströme" käme, was den Eugenikern und Rassenhygienikern Anlaß zu geradezu apokalyptischen Visionen gab. Auf diese Weise stützte das rassenhygienische Paradigma das weit verbreitete Bewußtsein eines gesellschaftlichen Ausnahmezustandes, das einen fruchtbaren Nährboden für charismatische Herrschaftsansprüche bildete, gleichsam naturwissenschaftlich ab. Das Theorem vom permanenten Mutationsdruck unterstrich die Notwendigkeit entschlossenen gesundheitspolitischen Handelns und erzeugte auf diese Weise die zum Erhalt einer charismatischen Herrschaft notwendige Bewegung.

– Gleichzeitig ging das rassenhygienische Paradigma von der Annahme aus, daß in der humanen Phylogenese ein progressus ad infinitum, also die Züchtung eines „Übermenschen", möglich sei, und entwarf damit eine biologistische Utopie, die zum Zielpunkt charismatischer Herrschaft gemacht werden konnte. Das hohe Abstraktionsniveau der Leitmotive dieser rassenhygienischen Utopie trug zur Perpetuierung des charismatischen Legitimitätsanspruchs der nationalsozialistischen „Gesundheitsführung" bei.

– Das rassenhygienische Paradigma faßte „Erbkrankheit" und „Erbgesundheit" als dynamische Begriffe auf, was die Ausgrenzung immer breiterer Schichten der Bevölke-

---

[14] Vgl. Hans Mommsen, Zur Verschränkung traditioneller und faschistischer Führungseliten in Deutschland beim Übergang von der Bewegungs- zur Systemphase, in: Wolfgang Schieder (Hrsg.), Faschismus als soziale Bewegung, Hamburg 1976, S. 157–181.
[15] Martin Broszat, Soziale Motivation und Führer-Bindung des Nationalsozialismus, in: VfZ 18 (1970), S. 392–409, hier S. 405; vgl. auch Martin Broszat, Der Staat Hitlers. Grundlegung und Entwicklung seiner inneren Verfassung, München [7]1978, S. 423f. und S. 434f.

rung aus dem Kreis der „Erbgesunden" nach sich zog. Es bot daher den Nationalsozialisten die Handhabe, die Verfolgungsmaßnahmen gegen „Erbkranke" nahezu beliebig, etwa auch in den Bereich des sozialen und anthropologischen Rassismus hinein, auszuweiten.

- Indem das rassenhygienische Paradigma – auf der Grundlage „harter" Vererbungstheorien – eine scharfe gesellschaftliche „Auslese" und „Ausmerze" zur unabdingbaren Voraussetzung für den Fortschritt des humanen Evolutionsprozesses erklärte, rechtfertigte es potentiell und prinzipiell auch die Anwendung von Zwang gegen „erblich Belastete". Damit legitimierte es die der nationalsozialistischen Erbgesundheitspolitik immanente Tendenz zur Eskalation der Gewalt gegen gesellschaftliche Außenseiter.
- Da das rassenhygienische Paradigma – in Affinität zu dem in der nationalsozialistischen Ideologie zentralen Begriff der Volksgemeinschaft – auf einer bioorganismischen Sozialtheorie gründete, machte es das Recht des einzelnen Menschen auf Leben und körperliche Unversehrtheit von seinem „Lebenswert" oder „Lebensunwert" für den „Volkskörper" abhängig. Auf diese Weise konnte die Erbgesundheitspolitik des Dritten Reiches in die nationalsozialistische Volksgemeinschaftsideologie eingebunden werden.
- Unter Rückgriff auf die darwinistische Evolutionstheorie erklärte das rassenhygienische Paradigma die Grenzen zwischen dem regnum animalis und dem regnum humanum für fließend. Der degenerierte Mensch, so behaupteten die Rassenhygieniker, könne auf die Stufe des Tieres zurücksinken. Damit gaben sie dem nationalsozialistischen Begriff des „Untermenschen" den Schein der Wissenschaftlichkeit[16].

Es war daher kein Zufall, daß das rassenhygienische Paradigma schon frühzeitig zum festen Bestandteil der nationalsozialistischen Ideologie wurde. Die *scientific community* der Eugeniker und Rassenhygieniker, die ihre radikalsten Forderungen – etwa nach Zwangssterilisierung, Abtreibung aufgrund eugenischer Indikation, Tötung behinderter Neugeborener – angesichts des politischen Klimas der Weimarer Republik notgedrungen hatte zurückstellen müssen, setzte deshalb ihre Hoffnungen in den Nationalsozialismus. Zu Recht: Die nationalsozialistischen Kader, die ab 1933 in die staatliche und parteiamtliche „Gesundheitsführung" einrückten, überboten sich gegenseitig, die Planspiele der rassenhygienischen Expertenstäbe in die Praxis umzusetzen. Diese Konkurrenz stellt ein weiteres dynamisierendes Element in der nationalsozialistischen Genozidpolitik dar.

II.

Das nationalsozialistische Regime wies – im Gegensatz zu dem in der Propaganda entworfenen Bild einer unumschränkten Führerdiktatur – eine polykratische Herrschaftsstruktur auf. Es war kein monolithischer Block, keine straffe Hierarchie mit klaren Über- und Unterordnungsverhältnissen zwischen Befehlshabern und -empfängern, in der die Machtströme ungehindert von oben nach unten flossen, sondern ein komplexes und kompliziertes Herrschaftsgefüge mit einem Neben- und Gegeneinander relativ autonomer, konkurrierender Machtaggregate, die einander in permanenten Differenzierungs- und Penetrationsprozessen zu blockieren versuchten.

[16] Vgl. dazu im einzelnen Schmuhl, Rassenhygiene, S. 54–70.

Im zeitlichen Längsschnitt zeigt sich eine fortschreitende Auflösung rationaler Herrschaftsstrukturen. Schon in der Konsolidierungsphase des Regimes waren führerunmittelbare Befehlswege, Sonderbevollmächtigungen und außerordentliche Exekutivgewalten entstanden. Nach 1937/38 ging mit zunehmender Loslösung des Führerwillens von Staat und Regierung die Planrationalität des politischen Entscheidungsprozesses vollends verloren. Neben den staatlichen Behörden wucherten – oft als Überreste zeitlich beschränkter Vollmachten – führerunmittelbare Apparate. Das führte zu einer beschleunigten Zergliederung des Regimes in immer neue Machtzentren mit einander überschneidenden Aufgabengebieten und Zuständigkeitsbereichen, die sich verselbständigten und benachbarte Kompetenz- und Funktionskomplexe an sich zogen[17].

Der einzige ruhende Pol im Herrschaftsaufbau des Dritten Reiches war die Integrationsfigur des charismatischen Führers, dessen Ausnahmestellung auf der Kompetenzkompetenz beruhte. In den Kompetenzkonflikten zwischen den konkurrierenden Machtaggregaten kam Hitler insofern eine Schlüsselposition zu, als er regelmäßig angerufen wurde, um im unübersehbaren Wirrwarr der Vollmachten und Zuständigkeiten die einander überlappenden Kompetenzen der verschiedenen Herrschaftsträger voneinander abzugrenzen und neu zu ordnen. Gerade die labile Balance zwischen den antagonistischen Machtpotentialen sicherte Hitler eine relativ stabile Position im vielgliedrigen und -schichtigen Herrschaftsgefüge des Dritten Reiches[18].

Auf den ersten Blick scheint die polykratische Herrschaftsstruktur nicht zur charismatischen Herrschaftsform des Nationalsozialismus zu passen. Charismatischer Legitimitätsanspruch und polykratische Herrschaftsstruktur schließen einander jedoch nicht aus, vielmehr tendiert charismatische Herrschaft zur Destabilisierung rationaler Formen der Herrschaftsausübung, mithin auch bürokratischer Strukturen, denn „die bureaukratische Herrschaft ist spezifisch rational im Sinn der Bindung an diskursiv analysierbare Regeln, die charismatische spezifisch irrational im Sinn der Regelfremdheit"[19]. Unter dem nationalsozialistischen Regime wurden die bürokratischen Strukturen staatlicher Herrschaft und Verwaltung allmählich durch charismatische Machtaggregate überformt.

Ernst Fraenkel hat diese duale Struktur als einen „Doppelstaat" beschrieben, der aus dem Ineinandergreifen von Normen- und Maßnahmenstaat gekennzeichnet ist. Der Normenstaat – verstanden als „das Regierungssystem, das mit weitgehenden Herrschaftsbefugnissen zwecks Aufrechterhaltung der Rechtsordnung ausgestattet ist, wie sie in Gesetzen, Gerichtsentscheidungen und Verwaltungsakten [...] zum Ausdruck gelangen" – wurde von innen her durch den Maßnahmenstaat – verstanden als „das Herrschaftssystem der unbeschränkten Willkür und Gewalt, das durch keinerlei rechtliche Garantien eingeschränkt ist"[20] – ausgehöhlt, ein Vorgang, der wiederum für die charismatische Herrschaftsform typisch ist, denn „die genuin charismatische Herrschaft kennt [...] keine abstrakten Rechtssätze und Reglements und keine ‚formale'

---

[17] Vgl. Broszat, Staat Hitlers, S. 432 f. und 438 ff.
[18] In diesem Sinne äußerte sich bereits Karl-Dietrich Bracher, Stufen totalitärer Gleichschaltung: Die Befestigung nationalsozialistischer Herrschaft 1933/34, in: VfZ 4 (1956), S. 30–42, hier S. 40.
[19] Weber, Typen der Herrschaft, in: ders., Wirtschaft und Gesellschaft, Bd. I, S. 141.
[20] Fraenkel, Doppelstaat, S. 21.

Rechtsfindung"[21]. Die Durchdringung des Normen- durch den Maßnahmenstaat führte zu einem „halbierte[n] Rechtsstaat"[22]. Zwar verblieben weite Gebiete des Rechts und der Verwaltung im Kompetenzbereich des Normenstaates, die „politische" Sphäre jedoch wurde dem Maßnahmenstaat unterstellt, wobei – im Gegensatz zur Gewaltenteilung im Rechtsstaat – „ ‚das Politische' nicht einen abgegrenzten Sektor der Staatstätigkeit darstellt, sondern zum mindesten potentiell das gesamte öffentliche und private Leben umfaßt, d. h. aber eine uneingeschränkte Kompetenz für sich in Anspruch nimmt". Mit anderen Worten: Der Maßnahmenstaat konnte seinen Zuständigkeitsbereich beliebig ausweiten unter der Maxime: „Politisch ist, was die politischen Instanzen für politisch erklären." Daraus folgt, „daß die Kompetenzvermutung beim Normenstaat liegt, während die Kompetenzkompetenz beim Maßnahmenstaat liegt"[23]. Die Selbstbeschränkung des Maßnahmenstaates ist nach Fraenkel geradezu ein Wesensmerkmal des Doppelstaates (weshalb das nationalsozialistische Regime – nach der Terminologie Carl Schmitts – als ein *qualitativ* totaler Staat bezeichnet werden kann[24]), ändert aber nichts am Primat des Maßnahmenstaates, denn: „Souverän ist, wer über den Ausnahmezustand entscheidet."[25] Durch die allmähliche Ausweitung des Maßnahmenstaates entstand ein „partielles Rechtsvakuum"[26], in der sich die nationalsozialistische Genozidpolitik entfalten konnte.

Ein Deutungsrahmen, der die polykratische Struktur des Dritten Reiches in die Analyse der nationalsozialistischen Genozidpolitik gegen psychisch Kranke, geistig Behinderte und sozial Unangepaßte einbezieht, stellt seine Brauchbarkeit unter Beweis, wenn es darum geht, einige auffällige Besonderheiten in der (Vor-)Geschichte der Euthanasieaktion in einen Erklärungszusammenhang einzuordnen.

a) Der Radikalisierungsprozeß rassenhygienischer Politik vollzog sich stufenförmig, wobei der Übergang von einer Ebene zur anderen dadurch bedingt wurde, daß entweder ein Machtzentrum einem anderen die Gewaltherrschaft über die als „erbkrank" ausgegrenzten Randgruppen streitig machte oder aber in Aufgabengebiete und Zuständigkeitsbereiche eindrang, die bis dahin von keinem anderen Herrschaftsträger besetzt worden waren, um durch den Vorstoß in ein Machtvakuum die eigene Einflußzone auszudehnen. Dabei verlagerte sich die Erbgesundheitspolitik allmählich aus dem Zuständigkeitsbereich der normativen Bürokratie in den der außernormativen Exekutivgewalten, die sich in den rechtlosen Hohlräumen des Dritten Reiches herausbildeten.

Die nationalsozialistische Sterilisierungsgesetzgebung wurde zunächst von der staatlichen „Gesundheitsführung" bestimmt, an deren Spitze Ministerialdirektor Arthur Gütt stand, der seit Mai 1933 die Medizinalabteilung des Reichsinnenministeriums leitete. Am Anfang gelang es der Ministerialbürokratie, die Parteigliederungen – in Form des Sachverständigenbeirats für Bevölkerungs- und Rassenpolitik – in die

---

[21] Weber, Soziologie der Herrschaft, in: ders., Wirtschaft und Gesellschaft, Bd. II, S. 657.
[22] Bernhard Blanke, Der deutsche Faschismus als Doppelstaat, in: Kritische Justiz 8 (1975), S. 219-243, hier S. 224.
[23] Fraenkel, Doppelstaat, S. 98 bzw. S. 72 und S. 88.
[24] Vgl. Carl Schmitt, Weiterentwicklung des totalen Staates in Deutschland, in: ders., Verfassungsrechtliche Aufsätze aus den Jahren 1924-1954, Berlin 1958, S. 359-366.
[25] Schmitt, Politische Theologie, S. 1.
[26] Fraenkel, Doppelstaat, S. 86.

staatliche Erbgesundheitspolitik einzubinden, ohne ihnen Entscheidungskompetenz zukommen zu lassen. Doch schon in den Auseinandersetzungen um die Abtreibung bei eugenischer Indikation geriet die Ministerialbürokratie 1934/35 unter den Druck der parteiamtlichen „Gesundheitsführung", an deren Spitze Reichsärzteführer Gerhard Wagner stand, der – seit September 1932 Führer des NS-Ärztebundes, seit Juni 1933 Vorsitzender der ärztlichen Spitzenverbände, seit August 1933 Leiter der Kassenärztlichen Vereinigung Deutschlands und des Sachverständigenbeirats für Volksgesundheit (ab Mai 1934: (Haupt-)Amt für Volksgesundheit der NSDAP), ab 1936 dann Führer der Reichsärztekammer – eine beachtliche Machtstellung aufgebaut hatte. Der Dualismus von Staat und Partei, personifiziert durch Gütt und Wagner, bestimmte bis 1938 die Auseinandersetzung um die „Gesundheitsführung" des Dritten Reiches.

Eine Folge des Dauerkonflikts um die Sterilisierungsgesetzgebung war die Einrichtung eines mit prominenten Psychiatern, Neurologen, Gynäkologen, Pädiatern u.a. besetzten Expertengremiums, des Reichsausschusses zur wissenschaftlichen Erfassung erb- und anlagebedingter schwerer Leiden. Über seine Funktion als oberste Schiedsstelle in Erbgesundheitssachen hinaus verstand sich dieses Gremium als eine zentrale Planungsinstanz auf dem Gebiet der Rassenhygiene und Bevölkerungspolitik. Als bürokratischer Apparat des Reichsausschusses fungierte die Unterabteilung Erb- und Rassenpflege der Medizinalabteilung im RMdI unter Ministerialrat Herbert Linden. Die politische Leitung lag dagegen bei der Kanzlei des Führers unter Reichsleiter Philipp Bouhler.

Nach dem Tode Wagners im März 1939 und der Entmachtung Gütts im August 1939 vereinigte Reichsgesundheitsführer Leonardo Conti – als Staatssekretär im RMdI und Führer der Reichsärztekammer, der KVD, des NSDÄB und des Hauptamtes für Volksgesundheit – die staatliche und die parteiamtliche „Gesundheitsführung" in einer Hand. Trotz seiner Ämterfülle verlor Conti rasch an Einfluß. Auch der Reichsausschuß zur wissenschaftlichen Erfassung erb- und anlagebedingter schwerer Leiden vermochte sich, abgeschirmt durch die Kanzlei des Führers und gestützt auf die Zuarbeit Lindens, dessen Abteilung sich innerhalb des RMdI zusehends verselbständigte, aus seinem Einflußbereich zu lösen. Von nun an verschoben sich die Fronten. Es standen sich nicht mehr Partei- und Staatsbehörden gegenüber. Vielmehr entstand mit dem Reichsausschuß ein Machtaggregat, das sich aus einer führerunmittelbaren Parteidienststelle, Teilen der Ministerialbürokratie und einem Expertenstab zusammensetzte und sich rasch zum Gegenpol der vereinigten staatlichen und parteiamtlichen „Gesundheitsführung" entwickelte.

Von Reichsärzteführer Wagner frühzeitig mit der „Euthanasie"-Problematik befaßt, beschaffte sich der Reichsausschuß um die Jahreswende 1938/39 – an Conti vorbei – eine Führervollmacht zur Durchführung der „Kinder-Euthanasie". Kurz darauf zog die Kanzlei des Führers – in Frontstellung zu Conti – auch die Kompetenz zur „Erwachsenen-Euthanasie" an sich. Nachdem der Reichsgesundheitsführer ausgebootet worden war, geriet die „Euthanasie"-Zentraldienststelle, die sich aus dem Reichsausschuß heraus entwickelte, selbst unter Druck. Nach dem Abbruch der „Aktion T 4", der nicht zuletzt auf Verschiebungen im Herrschaftsgefüge des Dritten Reiches (namentlich auf die teilweise Entmachtung der Kanzlei des Führers durch die Parteikanzlei) zurückzuführen sein dürfte, geriet die „Euthanasie"-Zentrale, die von Anfang an von der Protektion Himmlers und Heydrichs abhängig gewesen war, vollends in den Machtbereich des SS-Staates. Die Folge war, daß ein Teil des „Euthanasie"-Apparates an die SS abgetreten werden mußte, um, auf der nächsthöheren Stufe der Vernichtung, an der „Endlösung der Judenfrage" mitzuwirken. Im Rahmen der ihr verbleibenden Möglichkeiten versuchte die „Euthanasie"-Zentrale, die Massenvernichtung von psychisch Kranken und geistig Behinderten fortzuführen, indem sie sich Rückendeckung bei zwei Führerbevollmächtigten verschaffte, die eng mit dem „Euthanasie"-Programm verbunden waren, nämlich bei Herbert Linden, der im Oktober 1941 zum Reichsbeauftragten für die Heil- und Pflegeanstalten bestellt wurde, und bei Hitlers Begleitarzt Karl Brandt, der, nachdem er als Führerbevollmächtigter die Oberaufsicht über die „Kinder-Euthanasie" und die „Aktion T 4" ausgeübt hatte, im Verlauf des Zweiten Weltkrieges zum Reichskommissar für das Sanitäts- und Gesundheitswesen aufstieg. Durch diese letzte Kompetenzverlagerung gelang in den Jahren 1943/44 die Reintensivierung und Reinstitutionalisierung des „Euthanasie"-Programms im Zuge der „Aktion Brandt"[27].

b) Bei der Ausweitung ihres Machtbereichs bedienten sich die verschiedenen Herrschaftsträger regelmäßig des Mittels der Sonderbevollmächtigung und des Führerbefehls. Die Initiative ging in keinem Fall von Hitler selber aus. Er wurde vielmehr in konkreten Konfliktlagen angerufen, um Kompetenzstreitigkeiten zu entscheiden. In der Regel gab er dann den Protagonisten der jeweils radikaleren Linie in der Erbgesundheitspolitik sein Plazet.

Zunächst bediente sich Reichsärzteführer Wagner des führerunmittelbaren Befehlsweges, um den Einfluß der parteiamtlichen „Gesundheitsführung" auf die staatliche Erbgesundheitspolitik zu vergrößern: Auf dem Reichsparteitag 1934 ließ er sich eine Führervollmacht zur Anordnung der – gegen geltendes Recht verstoßenden – zwangsweisen Abtreibung bei eugenischer Indikation geben; auf dem Reichsparteitag 1935 versuchte er, einen Führerbefehl zur „Vernichtung lebensunwerten Lebens" zu erwirken; im Juli 1937 legte er Hitler eine Denkschrift vor, in der er die Bevollmächtigung eines Beauftragten der Partei zur einheitlichen Steuerung der Sterilisierungsgesetzgebung forderte. Der Reichsausschuß zur wissenschaftlichen Erfassung erb- und anlagebedingter schwerer Leiden, der sich auf die Kanzlei des Führers stützen konnte (eine jener Instanzen, die mit der Vermittlung von Führervorträgen, -erlassen und -befehlen befaßt waren), lancierte Ende 1938/Anfang 1939 eine Eingabe an Hitler, die zur mündlichen Ermächtigung Brandts und Bouhlers zur Durchführung der „Kinder-Euthanasie" führte. Auf einem geheimen Führerbefehl, niedergelegt in Hitlers Ermächtigungsschreiben vom Oktober 1939, beruhte schließlich auch die „Aktion T 4".

c) Ursprünglich im Zuständigkeitsbereich des Normenstaates angesiedelt, verlagerte sich die nationalsozialistische Erbgesundheitspolitik zusehends in die Sphäre des Maßnahmenstaates. Deshalb verloren die sich verschärfenden Ausgrenzungsmaßnahmen gegen die als „erbkrank" stigmatisierten Gruppen nach und nach ihre gesetzliche Grundlage, kehrten sich schließlich sogar gegen geltendes Recht, so daß gegenüber der Öffentlichkeit ein Zwang zur Geheimhaltung entstand.

---

[27] Vgl. Schmuhl, Rassenhygiene, S. 136f., S. 154f., S. 161–168, S. 182f., S. 190f., S. 210–213, S. 230–234, sowie Gansmüller, Erbgesundheitspolitik, S. 34–42, S. 100–124, S. 155, und Bock, Zwangssterilisation, S. 80–94, S. 97–100, S. 339–348.

Obwohl die Sterilisierungsgesetzgebung den Erbgesundheitsgerichten so weite Ermessensspielräume eröffnete und sie mit so großen Machtmitteln ausstattete, daß die Sterilisierungspraxis vom Prinzip der Rechtsstaatlichkeit weit entfernt war, gab es bei der Sterilisation – anders als bei der „Euthanasie" – noch ein gesetzlich vorgeschriebenes Antrags- und Entscheidungsverfahren, an dem Verwaltungs- und Gerichtsinstanzen beteiligt waren[28]. Im Falle der Abtreibung aufgrund eugenischer Indikation wurde bereits eine illegale Praxis nachträglich legalisiert und auf diese Weise noch einmal in den Kompetenzbereich der normativen Bürokratie eingebunden. Die „Euthanasie"-Aktion spielte sich von Anfang an in einem der rechtlosen Hohlräume ab, die für die Rechtsordnung des Dritten Reiches charakteristisch sind. Der normative Apparat der Justiz trug sogar – nach anfänglichen Friktionen – selbst zur Abschirmung der illegalen „Euthanasie"-Aktion bei, um Spannungen an der Nahstelle zwischen Normen- und Maßnahmenstaat abzubauen. Die Gesetzentwürfe zur Legalisierung des „Euthanasie"-Programms, die von den Verantwortlichen selber erarbeitet wurden, waren – nachdem der Maßnahmenstaat die Erbgesundheitspolitik erst einmal an sich gezogen hatte – von vornherein zum Scheitern verurteilt[29].

III.

Einer der Vorzüge des hier skizzierten Interpretationsmodells besteht darin, daß es auch Licht auf andere Stränge nationalsozialistischer Genozidpolitik wirft. Das gilt besonders für die Judenverfolgung und -vernichtung. Demnach war es kein Zufall, daß die „Vernichtung lebensunwerten Lebens" die unmittelbare Vorstufe zur „Endlösung der Judenfrage" bildete. Die der Erbgesundheitspolitik im Dritten Reich inhärente Radikalisierungstendenz, die sich mit innerer Notwendigkeit aus dem charismatischen Legitimitätsanspruch des Nationalsozialismus ergab, führte dazu, daß sich Sterilisation, Abtreibung und „Euthanasie" in zunehmendem Maße auch gegen rassenanthropologisch stigmatisierte Gruppen – eben auch gegen die Juden – richteten. Der erste systematische Massenmord an Juden im nationalsozialistischen Machtbereich fand im Rahmen des „Euthanasie"-Programms statt, als 1940 die etwa eintausend jüdischen Patienten der deutschen Heil- und Pflegeanstalten vergast wurden. Ab 1941 wurden dann tausende jüdischer KZ-Häftlinge allein aufgrund ihrer Rassenzugehörigkeit in den Tötungsanstalten ermordet. Hier machte sich die SS den „Euthanasie"-Apparat erstmals zunutze.

Die allmähliche Verlagerung der Erbgesundheitspolitik aus dem Kompetenzbereich des Normen- in den des Maßnahmenstaates ließ das rassenhygienische Programm zwangsläufig in die Einflußsphäre der SS geraten, die mehr und mehr zum Gravitationszentrum des Maßnahmenstaates wurde. Als die von den Einsatzgruppen der Sipo und des SD, Sonderkommandos der Polizei und SS-Einheiten durchgeführten Massenmorde in den besetzten Ostgebieten begannen, lag es dann nahe, auf die bei der „Euthanasie"-Aktion gesammelten Erfahrungen mit der Vernichtung großer Menschenmassen zurückzugreifen. Zunächst kam es – vermittelt durch das Kriminaltechnische Institut, einer Unterabteilung des Reichssicherheitshauptamtes – zu einem Transfer der Tötungstechnik: Die Gaswagen, die bei der Ermordung von Anstalts-

---

[28] Vgl. Broszat, Staat Hitlers, S. 400.
[29] Vgl. Schmuhl, Rassenhygiene, S. 291–304.

insassen im besetzten Polen, bei den Einsatzgruppen in der Sowjetunion und im Vernichtungslager Chelmno zum Einsatz kamen, gingen auf die Gaskammern in den Tötungsanstalten der „Aktion T 4" zurück. Bei der „Aktion Reinhard", dem Aufbau und Betrieb der Vernichtungslager Belzec, Sobibor und Treblinka, kam es schließlich zur Übernahme eines Teils des „Euthanasie"-Apparates durch die SS[30].

Die Bedeutung, die der „Vernichtung lebensunwerten Lebens" innerhalb des Ursachengeflechts, das dem Übergang von der Judenverfolgung zur Judenvernichtung zugrunde lag, kann nicht hoch genug veranschlagt werden, gerade wenn man von Martin Broszats These ausgeht, „daß es überhaupt keinen umfassenden allgemeinen Vernichtungsbefehl gegeben hat, das ‚Programm' der Judenvernichtung sich vielmehr aus Einzelaktionen heraus bis zum Frühjahr 1942 allmählich institutionell und faktisch entwickelte und nach der Errichtung der Vernichtungslager in Polen (zwischen Dezember 1941 und Juli 1942) bestimmenden Charakter erhielt"[31]. Wenn der Mord an den Juden beim Stopp der „Aktion T 4" noch nicht beschlossene Sache war, mußte es sich als verhängnisvoll erweisen, daß infolge der „Euthanasie"-Aktion eine perfekte Liquidierungsmaschinerie zur Verfügung stand. Dieser Umstand dürfte entscheidend zur Verselbständigung der Vernichtung beigetragen haben, so daß schließlich das ursprüngliche Deportationsprogramm ganz in den Dienst des Genozids gestellt wurde. Im Radikalisierungsprozeß der nationalsozialistischen Judenpolitik spielte die „Euthanasie"-Aktion mithin am Wendepunkt von der Verfolgung zur Vernichtung die Rolle eines Katalysators.

Über die unmittelbare Vorgeschichte der Judenvernichtung hinaus bietet der zur Analyse der nationalsozialistischen Politik gegenüber psychisch Kranken und geistig Behinderten entwickelte Deutungsrahmen auch Erklärungsansätze für die Judenpolitik in den Jahren von 1933 bis 1941. Ein Interpretationsmodell, das den charismatischen Legitimitätsanspruch und die polykratische Herrschaftsstruktur des nationalsozialistischen Regimes berücksichtigt, ermöglicht *erstens* die Modifizierung intentionalistischer Deutungsmuster, die sich im Lichte der empirischen Forschung als nicht sehr tragfähig erwiesen haben. Obwohl der radikale Rassenantisemitismus eines der zentralen Strukturelemente der nationalsozialistischen Ideologie war, vollzog sich die Judenpolitik des Dritten Reiches nicht nach einem festgelegten „Fahrplan". Vielmehr wies sie ein seltsam sprunghaftes Gepräge auf, was darauf zurückzuführen ist, daß auch auf diesem Gebiet bis 1941 verschiedene Herrschaftsträger mit je unterschiedlichen, teilweise sogar gegenläufigen Strategien (rechtliche Diskriminierung, pogromartiger Terror, wirtschaftliche Ausbeutung, erzwungene Auswanderung usw.) miteinander konkurrierten[32]. Es macht *zweitens* die Dynamik der Judenpolitik begreiflich, die aus dem Zusammenspiel zwischen den von der Partei inszenierten Ausschreitungen und den von der staatlichen Bürokratie erlassenen Gesetzen resultierte, und verdeutlicht die Zusammenhänge z. B. zwischen dem „Aprilboykott" und dem Gesetz zur Wieder-

---

[30] Vgl. ebenda, S. 240–260.
[31] Martin Broszat, Hitler und die Genesis der „Endlösung", in: VfZ 25 (1977), S. 739–775, hier S. 753, Anm. 26. Ähnlich argumentiert Hans Mommsen, Die Realisierung des Utopischen: Die „Endlösung der Judenfrage" im „Dritten Reich", in: GuG 9 (1983), S. 381–420.
[32] Vgl. Uwe Dietrich Adam, Judenpolitik im Dritten Reich, Düsseldorf ²1979, insbesondere S. 303–316, und Karl A. Schleunes, The Twisted Road to Auschwitz. Nazi Politics towards German Jews 1933–1939, London 1972.

herstellung des Berufsbeamtentums, der Pogromwelle von 1935 und den Nürnberger Gesetzen oder der „Reichskristallnacht" und den „Arisierungen". Es erklärt *drittens* das allmähliche Abdriften der nationalsozialistischen Judenpolitik aus dem Kompetenzbereich des Normen- in den des Maßnahmenstaates. Es bietet *viertens* einen Deutungsansatz für die Rolle Hitlers, der auch in der Judenpolitik selten – wie etwa im Falle der Nürnberger Gesetze – von sich aus die Initiative ergriff, in grundlegenden Fragen der Judenpolitik aber die unumschränkte Entscheidungsgewalt besaß. Und es bietet *fünftens* Einblicke in typische Prozesse der Meinungsbildung und Beschlußfassung in der nationalsozialistischen Genozidpolitik, die im Hinblick auf die Kontroverse um die Befehlsgrundlage der Judenvernichtung aufschlußreich sein könnten[33].

Zusammenfassend kann man sagen, daß ein Interpretationsmodell, das die kumulative Radikalisierung der nationalsozialistischen Erbgesundheitspolitik auf das Zusammenwirken von charismatischem Legitimitätsanspruch und polykratischer Herrschaftsstruktur des nationalsozialistischen Regimes zurückführt, in dreifacher Hinsicht einen Erkenntniszuwachs verspricht:

– Es gibt eine Antwort auf die Frage, warum es gerade in Deutschland zu einer genozidalen Erbgesundheitspolitik kam, obwohl es auch in anderen Staaten eine starke eugenische Bewegung gab, und warum die kumulative Radikalisierung der deutschen Erbgesundheitspolitik erst 1933 einsetzte, obwohl schon in der Weimarer Republik Maßnahmen zur negativen Eugenik beraten worden waren.

– Es stellt einige erklärungsbedürftige Besonderheiten der nationalsozialistischen Erbgesundheitspolitik, z. B. die sukzessive Radikalisierung von der Sterilisierung über die Abtreibung zur „Euthanasie", die wiederholten Kompetenzkonflikte auf dem Feld der Erb- und Rassenpflege, den fortschreitenden Verlust der gesetzlichen Grundlage, in einen umfassenden Deutungsrahmen.

– Es bettet Sterilisation, Abtreibung und „Euthanasie" in einen größeren Zusammenhang ein und deutet Erbgesundheits- und Judenpolitik als zwei sich parallel entwickelnde Stränge nationalsozialistischer Genozidpolitik, die auf der Stufe der physischen Vernichtung miteinander verschmolzen.

---

[33] Vgl. Karl A. Schleunes, Nationalsozialistische Entschlußbildung und die Aktion T 4, in: Eberhard Jäckel/Jürgen Rohwer (Hrsg.), Der Mord an den Juden im Zweiten Weltkrieg. Entschlußbildung und Verwirklichung, Frankfurt a. M. 1987, S. 70–83.

Auswahlbibliographie

Die folgende Übersicht verzeichnet seit 1945 erschienene Sekundärliteratur und Dokumentenveröffentlichungen hauptsächlich in deutscher Sprache. Aus Platzgründen wurden Beiträge in hier insgesamt zitierten Sammelwerken nicht gesondert ausgewiesen und Zeitungsartikel nicht aufgenommen.

Ärztekammer Berlin (Hrsg.): Der Wert des Menschen. Medizin in Deutschland 1918–1945. Berlin 1989.
Albrecht, Günter/Hartwig, Wolfgang (Hrsg.): Ärzte. Erinnerungen, Erlebnisse, Bekenntnisse. Berlin (Ost) 1972.
Alexander, Franz Gabriel/Selesnick, Sheldon T.: Geschichte der Psychiatrie. Ein kritischer Abriß der psychiatrischen Theorie und Praxis von der Frühgeschichte bis zur Gegenwart. Konstanz und Zürich 1969.
Aly, Götz: Bevölkerungspolitische Selektion als Mittel der sozialen „Neuordnung". In: Frei, Norbert/Kling, Hermann (Hrsg.): Der nationalsozialistische Krieg. Frankfurt a.M./New York 1990, S. 137–145.
Aly, Götz/Roth, Karl Heinz: Die restlose Erfassung. Volkszählen, Identifizieren und Aussondern im Nationalsozialismus. Berlin 1984.
Aly, Götz (Hrsg.): Aktion T4. 1939–1945. Die „Euthanasie"-Zentrale in der Tiergartenstraße 4. Berlin 1987.
Arndt, Adolf: Das Verbrechen der Euthanasie. In: Ders.: Gesammelte juristische Schriften. Ausgewählte Aufsätze und Vorträge 1946–1972. München 1976.
Astor, Gerald: The „Last" Nazi. The Life and Times of Dr. Joseph Mengele. New York 1985.
Baader, Gerhard: Politisch motivierte Emigration deutscher Ärzte. In: Berichte zur Wissenschaftsgeschichte 7 (1984), S. 67–84.
Baader, Gerhard/Schultz, Ulrich (Hrsg.): Medizin und Nationalsozialismus. Tabuisierte Vergangenheit – Ungebrochene Tradition? Berlin 1980.
Baeyer, Walter von: Die Bestätigung der NS-Ideologie in der Medizin unter besonderer Berücksichtigung der Euthanasie. In: Universitätstage 1966. Nationalsozialismus und die deutsche Universität. Berlin 1966, S. 63–75.
Bastian, Till: Von der Eugenik zur Euthanasie: Ein verdrängtes Kapitel aus der Geschichte der Deutschen Psychiatrie. Bad Wörishofen 1981.
Bastian, Till: Arzt, Helfer, Mörder. Eine Studie über die Bedingungen medizinischer Verbrechen. Paderborn 1982.
Bauer, Werner: Geschichte des Marinesanitätswesens bis 1945. Frankfurt a.M. 1958.
Bayle, François: Croix gammée contre Caducée. Les experiences humaines en Allemagne pendant la 2me guerre mondiale. Neustadt 1950.
Beck, Winfried u.a. (Hrsg.): Pax Medica. Stationen ärztlichen Friedensengagements und Verirrungen ärztlichen Militarismus. Hamburg 1986.
Becker, Carl: Die Durchführung der Euthanasie in den katholisch-caritativen Heimen für geistig Behinderte. In: Jahrbuch der Caritaswissenschaft. Freiburg 1968.
Becker, Peter Emil: Zur Geschichte der Rassenhygiene. Wege ins Dritte Reich. 2 Teile. Stuttgart/New York 1988, 1990.
Beiträge zur nationalsozialistischen Gesundheits- und Sozialpolitik, hrsg. v. Götz Aly u.a.,
  Bd. 1: Aussonderung und Tod. Die klinische Hinrichtung der Unbrauchbaren. Berlin 1985.
  Bd. 2: Reform und Gewissen. „Euthanasie" im Dienst des Fortschritts. Berlin 1985.
  Bd. 3: Herrenmensch und Arbeitsvölker. Berlin 1986.

Bd. 4: Biedermann und Schreibtischtäter. Materialien zur deutschen Täter-Biographie. Berlin 1987.
Bd. 5: Sozialpolitik und Judenvernichtung. Gibt es eine Ökonomie der Endlösung? Berlin 1987.
Bd. 6: Feinderklärung und Prävention. Kriminalbiologie, Zigeunerforschung und Asozialenpolitik. Berlin 1988.
Bd. 7: Internationales Ärztliches Bulletin. Zentralorgan der Internationalen Vereinigung sozialistischer Ärzte. Reprint sämtlicher Jahrgänge (1934–1939). Berlin 1989.
Bd. 8: Arbeitsmarkt und Sondererlaß. Menschenverwertung, Rassenpolitik und Arbeitsamt. Berlin 1990.
Benz, Wolfgang: Dr. med. Sigmund Rascher – Eine Karriere. In: Dachauer Hefte 4 (1988), S. 190–214.
Benz, Wolfgang (Hrsg.): Das Tagebuch der Hertha Nathorff. Berlin–New York. Aufzeichnungen 1933 bis 1945. München 1987.
Bittner, Georg: Der deutsche Widerstand gegen Hitler. Ärzte in der Opposition. Die sozial- und gesundheitspolitischen Vorstellungen des deutschen Widerstandes. In: Ärztliche Mitteilungen 46 (1961), S. 1529–1535 und S. 2025f.
Blank, Dagmar: Die „Ausschaltung" jüdischer Ärzte und Zahnärzte in Wiesbaden durch den Nationalsozialismus. Diss. Mainz 1984.
Blasius, Dirk: Geschichte und Krankheit. Sozialgeschichtliche Perspektiven der Medizingeschichte. In: GuG 2 (1976), S. 386–415.
Blasius, Dirk: Der verwaltete Wahnsinn. Eine Sozialgeschichte des Irrenhauses. Frankfurt a. M. 1980.
Blasius, Dirk: Psychiatrischer Alltag im Nationalsozialismus. In: Peukert, Detlev/Reulecke, Jürgen (Hrsg.): Die Reihen fast geschlossen. Beiträge zur Geschichte des Alltags unterm Nationalsozialismus. Wuppertal 1981, S. 367–380.
Blasius, Dirk: Umgang mit Unheilbarem. Studien zur Sozialgeschichte der Psychiatrie. Bonn 1986.
Blasius, Dirk: Der „Historikerstreit" und die historische Erforschung des „Euthanasie"-Geschehens. In: Sozialpsychiatrische Informationen 2 (1988), S. 2–6.
Bleker, Johanna/Schmiedebach, Heinz-Peter (Hrsg.): Medizin und Krieg. Vom Dilemma der Heilberufe 1865 bis 1985. Frankfurt a. M. 1987.
Bleker, Johanna/Jachertz, Norbert (Hrsg.): Medizin im Dritten Reich. Köln 1989.
Bock, Gisela: „Zum Wohle des Volkskörpers ..." Abtreibung und Sterilisation im Nationalsozialismus. In: Journal für Geschichte 2 (1980), S. 58–65.
Bock, Gisela: Zwangssterilisation im Nationalsozialismus. Studien zur Rassenpolitik und Frauenpolitik. Opladen 1986.
Bogusz, Józef: Zum Euthanasieproblem. In: Recht und Psychiatrie 2 (1983), S. 43–50.
Bonhoeffer, Karl: Ein Rückblick auf die Auswirkungen des nationalsozialistischen Sterilisationsgesetzes. In: Der Nervenarzt 20 (1949), S. 1–5.
Bormann, Felix von: Medizinische Versuche am Menschen. In: Nation Europa 6 (1956), S. 63–72.
Bracher, Karl Dietrich: Die Haltung der Deutschen Universität. In: Universitätstage 1966. Nationalsozialismus und die deutsche Universität. Berlin 1966, S. 126–142.
Bridenthal, Renate/Koonz, Claudia: When Biology Became Destiny. Women in Weimar and Nazi Germany. New York 1984.
Brieger, Gert H.: The Medical Profession. In: Friedlander, Henry/Milton, Sybil (Hrsg.): The Holocaust: Ideology, Bureaucracy and Genocide. New York 1980, S. 141–150.
Bromberger, Barbara u.a.: Medizin, Faschismus und Widerstand. Drei Beiträge. Köln 1985.
Broszat, Martin: Nach Hitler. Der schwierige Umgang mit unserer Geschichte. München 1987.
Broszat, Martin/Friedländer, Saul: Um die „Historisierung des Nationalsozialismus". Ein Briefwechsel. In: VfZ 36 (1988), S. 339–372.
Broszat, Tilmann: Zur Geschichte von Rassenhygiene/Eugenik und öffentlichem Gesundheitswesen vor und während der Zeit des Nationalsozialismus. Unveröff. Manuskript (München 1984).
Browning, Christopher: Genocide and Public Health: German Doctors and Polish Jews 1939–41. In: Holocaust and Genocide Studies 3 (1988), S. 21–36.

Brücks, Andrea: Zwangssterilisation nach dem Gesetz zur Verhütung erbkranken Nachwuchses in Hamburg. Sozialdaten der Betroffenen und Untersuchung der ärztlichen Gutachten. Ergebnisbericht. Hamburg 1986.

Brzezinski, Tadeusz: Ergebnisse und Probleme der Forschung zur Entwicklung der Medizin in Polen in der Zeit von 1939 bis 1945. In: Zeitschrift für Ärztliche Fortbildung 83 (1989), S. 351-354.

Bussche, Hendrik van den (Hrsg.): Medizinische Wissenschaft im „Dritten Reich". Kontinuität, Anpassung und Opposition an der Hamburger Medizinischen Fakultät. Berlin/Hamburg 1989.

Byer, Doris: Rassenhygiene und Wohlfahrtspflege. Zur Entstehung eines sozialdemokratischen Machtdispositivs in Österreich bis 1934. Frankfurt a. M. 1988.

Catel, Werner: Grenzsituationen des Lebens. Beitrag zum Problem der begrenzten Euthanasie. Nürnberg 1962.

Chroust, Peter (Bearb.): Friedrich Mennecke. Innenansichten eines medizinischen Täters im Nationalsozialismus. Eine Edition seiner Briefe 1935-1947. 2. Bde. Hamburg 1987.

Cocks, Geoffrey C.: Psychotherapy in the Third Reich. The Göring Institute. New York 1985.

Cohn, David (Hrsg.): The Darwinian Heritage. Princeton 1985.

Conrad-Martius, Hedwig: Utopien der Menschenzüchtung. Der Sozialdarwinismus und seine Folgen. München 1955.

Dalicho, Wilfent: Sterilisationen in Köln auf Grund des Gesetzes zur Verhütung erbkranken Nachwuchses vom 14. Juli 1933 nach den Akten des Erbgesundheitsgerichts von 1934 bis 1943. Ein systematischer Beitrag zur gerichtsmedizinischen, sozialen und soziologischen Problematik. Diss. Köln 1971.

Dankert, D.: Der deutsche und der alliierte Sanitätsdienst während des II. Weltkriegs unter besonderer Berücksichtigung der Invasion 1944. In: Wehrmedizinische Monatsschrift 2 (1983), S. 68-84.

Degkwitz, R.: Medizinisches Denken und Handeln im Nationalsozialismus. In: Fortschritte in Neurologie, Psychiatrie und Grenzgebieten, 53 (1985), S. 212-225.

Delius, Peter: Das Ende von Strecknitz. Die Lübecker Heilanstalt und ihre Auflösung 1941. Kiel 1988.

Deutsche Gesellschaft für Soziale Psychiatrie. Holocaust und die Psychiatrie – oder der Versuch, das Schweigen in der Bundesrepublik zu brechen. Denkschrift, vorgelegt zum 1. September 1979.

Die Ermordeten waren schuldig? Amtliche Dokumente der Direction de la Santé. Hrsg. von der Französischen Militärregierung in Deutschland. Baden-Baden 1947.

Die wissenschaftliche Normalität des Schlächters. Josef Mengele als Anthropologe 1937-1941. In: Mitteilungen der Dokumentationsstelle zur NS-Sozialpolitik 1 (1985), Heft 2.

Doeleke, Werner: Alfred Ploetz (1860-1940), Sozialdarwinist und Gesellschaftsbiologe. Diss. Frankfurt a. M. 1975.

Dörner, Klaus: Nationalsozialismus und Lebensvernichtung. In: VfZ 15 (1967), S. 121-152.

Dörner, Klaus: Bürger und Irre. Zur Sozialgeschichte und Wissenschaftssoziologie der Psychiatrie. Frankfurt a. M. 1969 (Überarbeitete Neuauflage 1984).

Dörner, Klaus: Diagnosen der Psychiatrie. Über die Vermeidung der Psychiatrie und Medizin. Frankfurt a. M. 1975, ²1981.

Dörner, Klaus: Psychiatrisches Handeln im „Dritten Reich" und heute. In: Sozialpsychiatrische Informationen 13 (1983), Heft 4, S. 102-108.

Dörner, Klaus: Tödliches Mitleid. Zur Frage der Unerträglichkeit des Lebens. Gütersloh 1988.

Dörner, Klaus u. a. (Hrsg.): Der Krieg gegen die psychisch Kranken. Nach „Holocaust": Erkennen – Trauern – Begegnen. Gewidmet den im „Dritten Reich" getöteten psychisch, geistig und körperlich behinderten Bürgern und ihren Familien. Rehburg-Loccum 1980, ²1989.

Dörner, Klaus (Hrsg.): Fortschritte der Psychiatrie im Umgang mit Menschen. Wert und Verwertung des Menschen im 20. Jahrhundert. Rehburg-Loccum 1984.

Dörner, Klaus (Hrsg.): Gestern minderwertig – Heute gleichwertig? Folgen der Gütersloher Resolution. Gütersloh 1985, 1986.

Ebbinghaus, Angelika: Sterbehilfe – Tötung auf wessen Verlangen? In: Mitteilungen der Dokumentationsstelle zur NS-Sozialpolitik 1 (1985) Heft 7/8, S. 3-67.

Ebbinghaus, Angelika u. a. (Hrsg.): Heilen und Vernichten im Mustergau Hamburg. Bevölkerungs- und Gesundheitspolitik im Dritten Reich. Hamburg 1984.
Ebbinghaus, Angelika (Hrsg.): Opfer und Täterinnen. Frauenbiographien im Nationalsozialismus. Nördlingen 1987.
Ehrhardt, Helmut: Euthanasie und Vernichtung „lebensunwerten" Lebens. Stuttgart 1965.
Ellersdorfer, Richard: Auswirkungen der Machtergreifung des Nationalsozialismus auf das Gesundheitswesen in Deutschland im Spiegel der „Münchener Neuesten Nachrichten" von 1933 bis 1938. Diss. München 1977.
Elsner, Gine: Arbeitsmedizin im Nationalsozialismus: einige Aspekte und ihre Kontinuität. In: Dies. (Hrsg.): Vorbeugen statt Krankschreiben. Betriebsärzte in der Praxis. Hamburg 1986, S. 56–76.
Engisch, Karl: Euthanasie und Vernichtung lebensunwerten Lebens in strafrechtlicher Beleuchtung. Stuttgart 1948.
Erdmann, Karl Dietrich: „Lebensunwertes Leben". Totalitäre Lebensvernichtung und das Problem der Euthanasie. In: GWU 26 (1975), S. 215–225.
Ernst, Cecilie: „Lebensunwertes Leben". Die Ermordung Geisteskranker und Geistesschwacher im Dritten Reich. In: Schweizer Monatshefte 65 (1985), S. 489–504.
Eser, Albin: Zwischen Heiligkeit und „Qualität" des Lebens. Zu Wandlungen im strafrechtlichen Lebensschutz. In: Tradition und Fortschritt im Recht. Tübingen 1977, S. 377–414.
Eser, Albin (Hrsg.): Suizid und Euthanasie als human- und sozialwissenschaftliches Problem. Stuttgart 1976.
Evers, Paul: Umfang und Entwicklung der Erbgesundheitspflege während und nach dem Kriege. Hamburg 1949.
Farrall, Lyndsay A.: The History of Eugenics. A Bibliographical Review. In: Annals of Science 36 (1979), S. 111–123.
Fejkiel, Wladyslaw: Ethisch-rechtliche Grenzen bei Experimenten in der Medizin – und der Fall Prof. Clauberg. In: Hefte von Auschwitz 2 (1959), S. 33–50.
Fichtmüller, Werner: Dissertationen in den medizinischen Fakultäten der Universitäten Deutschlands von 1933 bis 1945 zum Thema: „Gesetz zur Verhütung erbkranken Nachwuchses vom 14. Juli 1933". Diss. Erlangen–Nürnberg 1972.
Fiderkiewicz, Alfred: Erinnerungen an die Arbeit eines Häftlingsarztes in den Tuberkuloseblocks des Krankenbaulagers in Birkenau (während der Jahre 1943/44). In: Hefte von Auschwitz 13 (1971), S. 119–140.
Finzen, Asmus: Massenmord und Schuldgefühl. In: Sozialpsychiatrische Informationen 13 (1983), S. 91–101.
Finzen, Asmus: Auf dem Dienstweg. Die Verstrickung einer Anstalt in die Tötung psychisch Kranker. Rehburg-Loccum 1984.
Fischer, Hubert: Verwundetenversorgung während des Balkanfeldzuges 1941. In: Wehrmedizinische Monatsschrift 7 (1982), S. 26 f.
Fischer, Hubert: Der deutsche Sanitätsdienst 1921–1945. Organisation, Dokumente und persönliche Erfahrungen. 5 Bde. Osnabrück 1982–1988.
Fischer, Thora F.: Der nationalsozialistische Arzt. Diss. Kiel 1971.
Fouquet, Christiane: Euthanasie und Vernichtung „lebensunwerten" Lebens unter besonderer Berücksichtigung des behinderten Menschen. Oberbiel 1978.
Frankenthal, Käte: Der dreifache Fluch: Jüdin, Intellektuelle, Sozialistin: Lebenserinnerungen einer Ärztin in Deutschland und im Exil. Frankfurt a. M./New York 1981.
Frei, Norbert: Der Führerstaat. Nationalsozialistische Herrschaft 1933–1945. München ²1989.
Freundel, Angela: Die Anstaltsbehandlung von Alkoholkranken im Zeitraum von 1928 bis 1936 in Deutschland unter besonderer Berücksichtigung der damaligen Landes-Heil- und Pflegeanstalt Leipzig-Dösen. Diss. Leipzig 1986.
Ganssmüller, Christian: Die Erbgesundheitspolitik des Dritten Reiches. Planung, Durchführung und Durchsetzung. Köln/Wien 1987.
Gasman, Daniel: The Scientific Origins of National Socialism: Social Darwinism in Ernst Haeckel and the German Monist League. London 1971.
Gers, Dieter: Behinderte im Faschismus – Schützten Lehrer ihre Schüler? In: Behindertenpädagogik 20 (1981), S. 316–330.

Geuter, Ulfried: Die Professionalisierung der deutschen Psychologie im Nationalsozialismus. Frankfurt a. M. 1984.
Geyer-Kordesch, Johanna u. a. (Hrsg.): Leiden, Sterben und Tod. Eine Ringvorlesung. Münster 1986.
Goldschmidt, Fritz: Meine Arbeit bei der Vertretung der Interessen der jüdischen Ärzte in Deutschland seit dem Juli 1933. Hrsg. v. Stephan Leibfried. Bremen o. J.
Graumann, Karl Friedrich (Hrsg.): Psychologie im Nationalsozialismus. Berlin 1985.
Grode, Walter: Die „Sonderbehandlung 14f13" in den Konzentrationslagern des Dritten Reiches. Ein Beitrag zur Dynamik faschistischer Vernichtungspolitik. Frankfurt a.M. u.a. 1987.
Grossmann, Atina: Berliner Ärztinnen und Volksgesundheit in der Weimarer Republik: Zwischen Sexualreform und Eugenik. In: Eifert, Christiane/Rouette, Susanne: Unter allen Umständen: Frauengeschichte(n) in Berlin. Berlin 1986, S. 183-217.
Gruchmann, Lothar: Euthanasie und Justiz im Dritten Reich. In: VfZ 20 (1972), S. 235-279.
Gruchmann, Lothar: Justiz im Dritten Reich 1933-1940. Anpassung und Unterwerfung in der Ära Gürtner. München 1988.
Grunwald, Erhard: Studien zum militärärztlichen Ausbildungswesen in Deutschland 1919-1945. Gräfelfing 1980.
Günther, Maria: Die Institutionalisierung der Rassenhygiene an den deutschen Hochschulen vor 1933. Diss. Mainz 1982.
Güse, Hans-Georg/Schmacke, Norbert: Psychiatrie zwischen bürgerlicher Revolution und Faschismus. 2 Bde. Kronberg 1976.
Guth, Ekkehart: Die Problematik der Behandlung von Bauchschüssen. In: Wehrmedizin und Wehrpharmazie 4 (1986).
Guth, Ekkehart (Hrsg.): Sanitätswesen im Zweiten Weltkrieg. Herford/Bonn 1989.
Haas, Albert: The Doctor and the Damned. New York 1984.
Hafner, Karl Heinz/Winau, Rolf: „Die Freigabe der Vernichtung lebensunwerten Lebens" - Eine Untersuchung zu der Schrift von Karl Binding und Alfred Hoche. In: Medizinhistorisches Journal 9 (1974), S. 227-254.
Hagen, Wilhelm: Krieg, Hunger und Pestilenz in Warschau 1939-1943. In: Gesundheitswesen und Desinfektion 65 (1973), S. 115-143.
Hagen, Wilhelm: 60 Jahre Gesundheitsfürsorge, hrsg. von der Akademie für öffentliches Gesundheitswesen in Düsseldorf. O.O. 1978.
Hamburger Institut für Sozialforschung (Hrsg.): Die Auschwitz-Hefte. Texte der polnischen Zeitschrift „Przglad Lekarski" über historische, psychische und medizinische Aspekte des Lebens und Sterbens in Auschwitz. 2 Bde. Weinheim 1987.
Hartleben, Hans: Die organisatorische Entwicklung des Heeres-Sanitätswesens von 1930-43. In: Wehrmedizin und Wehrpharmazie H/1977, S. 40.
Hase, Hans Christoph von (Hrsg.): Evangelische Dokumente zur Ermordung der „unheilbar Kranken" unter der nationalsozialistischen Herrschaft in den Jahren 1939-1945. Stuttgart 1964.
Haug, Alfred: Die Reichsarbeitsgemeinschaft für eine Neue Deutsche Heilkunde (1935/36). Ein Beitrag zum Verhältnis von Schulmedizin, Naturheilkunde und Nationalsozialismus. Husum 1985.
Haug, Wolfgang Fritz: Medizin und Psychiatrie als ideologische Mächte im Faschismus und ihre Mitwirkung an den Ausrottungspraktiken. In: Sozialpsychiatrische Informationen 13 (1983), S. 8-25.
Haug, Wolfgang Fritz: Die Faschisierung des bürgerlichen Subjekts. Die Ideologie der gesunden Normalität und die Ausrottungspolitiken im deutschen Faschismus. Materialanalysen. Berlin 1986.
Hawickhorst, Heinrich: Der Arzt der soldatischen Gesellschaft. Köln 1955.
Heim, Susanne/Aly, Götz: Ein Berater der Macht. Helmut Meinhold oder der Zusammenhang zwischen Sozialpolitik und Judenvernichtung. Hamburg/Berlin 1986.
Helmchen, Hanfried/Winau, Rolf (Hrsg.): Versuche mit Menschen in Medizin, Humanwissenschaft und Politik. Berlin/New York 1986.
Herbert, Ulrich: Arbeit und Vernichtung. Ökonomisches Interesse und Primat der ‚Weltan-

schauung' im Nationalsozialismus. In: Diner, Dan (Hrsg.): Ist der Nationalsozialismus Geschichte? Frankfurt a. M. 1987, S. 198–236.
Herzog, Gunter: Krankheits-Urteile. Logik und Geschichte im Konzept endogener Psychosen. Bonn 1984.
Hirsch, Martin u. a. (Hrsg.): Recht, Verwaltung und Justiz im Nationalsozialismus. Köln 1984.
Hochmuth, Anneliese: Bethel in den Jahren 1939–1943. Eine Dokumentation zur Vernichtung lebensunwerten Lebens. Euthanasie heute: Das Problem im weiten Sinn des Wortes. Bethel ³1973.
Höllen, Martin: Katholische Kirche und NS-Euthanasie. Eine vergleichende Analyse neuer Quellen. In: Zeitschrift für Kirchengeschichte 91 (1980), S. 53–82.
Hoff, Ferdinand: Erlebnis und Besinnung. Erinnerungen eines Arztes. Frankfurt a. M. ⁴1972.
Hoffmann, Erich: Ringen um Vollendung: Lebenserinnerungen aus einer Wendezeit der Heilkunde 1933–1946. Hamburg 1949.
Honolka, Bert: Die Kreuzelschreiber. Ärzte ohne Gewissen. Euthanasie im Dritten Reich. Hamburg 1961.
International Auschwitz Committee (Hrsg.): Nazi Medicine. Doctors, Victims and Medicine in Auschwitz. New York 1986.
Internationales Auschwitz Komitee (Hrsg.): Anthologie. Bd. I, 1–2: Unmenschliche Medizin. Bd. II, 1–3: In der Hölle retteten sie die Würde des Menschen. Warschau 1969, 1970.
Jäckle, Renate: Medizin im Nationalsozialismus und ihr Widerschein in der Gegenwart. In: Frankfurter Hefte 38 (1983), S. 31–38.
Jäckle, Renate: Die Ärzte und die Politik. 1930 bis heute. München 1988.
Jäckle, Renate: „Pflicht zur Gesundheit" und „Ausmerze". In: Dachauer Hefte 4 (1988), S. 59–77.
Jäckle, Renate: Schicksale jüdischer und „staatsfeindlicher" Ärztinnen und Ärzte nach 1933 in München. Ergebnisse des Arbeitskreises: „Faschismus in München – aufgezeigt am Schicksal der aus „rassischen" und/oder politischen Gründen verfolgten Opfer in der Münchner Ärzteschaft". München 1988.
Jakobi, Helga u. a.: Aeskulap und Hakenkreuz. Zur Geschichte der Medizinischen Fakultät in Gießen zwischen 1933 und 1945. Gießen 1982.
Kaiser, Jochen-Christoph: Kritische Anmerkungen zu Neuerscheinungen über die Geschichte von Heil- und Pflegeanstalten im Kontext von Eugenik – Sterilisation – „Euthanasie". In: Westfälische Forschungen 18 (1988), S. 326–334.
Karbe, Karl-Heinz: Das Betriebsarztsystem und zum Schicksal der Arbeitsmedizin im faschistischen Deutschland. In: Zeitschrift für die gesamte Hygiene und ihre Grenzgebiete 29 (1983), Heft 10.
Kater, Michael H.: Die „Gesundheitsführung" des Deutschen Volkes. In: Medizinhistorisches Journal 18 (1983), S. 349–375.
Kater, Michael H.: Doctor Leonardo Conti and his Nemesis. The Failure of Centralized Medicine in the Third Reich. In: Central European History 18 (1985), S. 299–325.
Kater, Michael H.: The Burden of the Past: Problems of a Modern Historiography of Physicians and Medicine in Nazi Germany. In: German Studies Review 10 (1987), S. 31–56.
Kater, Michael H.: Hitler's Early Doctors. Nazi Physicians in Predepression Germany. In: Journal of Modern History 59 (1987), S. 25–52.
Kater, Michael H.: Medizin und Mediziner im Dritten Reich. Eine Bestandsaufnahme. In: Historische Zeitschrift 244 (1987), S. 298–352.
Kater, Michael H.: Doctors under Hitler. Chapel Hill/London 1989.
Kater, Michael H.: Die Medizin im nationalsozialistischen Deutschland und Erwin Liek. In: GuG 16 (1990), S. 440–463.
Kaul, Friedrich Karl: Ärzte in Auschwitz. Berlin (Ost) 1968.
Kaul, Friedrich Karl: Die Psychiatrie im Strudel der „Euthanasie". Ein Bericht über die erste industriemäßig durchgeführte Mordaktion des Naziregimes. Frankfurt a. M. 1979 (Erstveröffentlichung unter dem Titel: Nazimordaktion T 4. Berlin [Ost] 1973).
Kaupen-Haas, Heidrun: Rassenhygiene – Hebamme der modernen Genetik. In: Mitteilungen der Dokumentationsstelle zur NS-Sozialpolitik 2 (1986), Heft 13/14, S. 43–55.
Kaupen-Haas, Heidrun (Hrsg.): Der Griff nach der Bevölkerung. Aktualität und Kontinuität nazistischer Bevölkerungspolitik. Nördlingen 1986.

Kelly, Alfred: The Descent of Darwin. The Popularization of Darwinism in Germany 1860–1914. Chapel Hill 1981.
Kelting, Kristin: Das Tuberkuloseproblem im Nationalsozialismus. Diss. Kiel 1974.
Kevles, Daniel: In the Name of Eugenics. Genetics and the Uses of Human Heredity. New York 1985.
Killian, Hans: Im Schatten der Siege. Chirurg am Ilmensee 1941–1942–1943. München 1964.
Kirchhoff, Wolfgang: Zahnmedizin und Faschismus. Marburg 1987.
Klee, Ernst: „Euthanasie" im NS-Staat. Die „Vernichtung lebensunwerten Lebens". Frankfurt a. M. 1983.
Klee, Ernst: Was sie taten – was sie wurden. Ärzte, Juristen und andere Beteiligte am Kranken- oder Judenmord. Frankfurt a.M. 1986.
Klee, Ernst (Hrsg.): Dokumente zur „Euthanasie". Frankfurt a.M. 1985.
Klieme, Joachim: Die Neuerkeröder Anstalten in der Zeit des Nationalsozialismus. Neuerkerode 1984.
Klingemann, Carsten (Hrsg.): Rassenmythos und Sozialwissenschaften in Deutschland. Opladen 1987.
Klüppel, Manfred: „Euthanasie" und Lebensvernichtung am Beispiel der Landesheilanstalten Haina und Merxhausen. Eine Chronik der Ereignisse 1933–1945. Kassel 1984.
Knüpling, Harm: Untersuchungen zur Vorgeschichte der Deutschen Ärzteordnung von 1935. Diss. Berlin 1965.
Koch, Gerhard: Euthanasie, Sterbehilfe. Eine dokumentierte Bibliographie. Erlangen 1984.
Koch, Gerhard: Die Gesellschaft für Konstitutionsforschung. Erlangen 1985.
Kogon, Eugen u. a. (Hrsg.): Nationalsozialistische Massentötungen durch Giftgas. Eine Dokumentation. Frankfurt a.M. 1986.
Koonz, Claudia: Mothers in the Fatherland: Women, the Family, and Nazi Politics. New York 1987.
Krause, Erika: Ernst Haeckel. Leipzig 1984.
Kreis, Armin u.a.: Der Eichberg – Opfer und Täter. „Lebensunwertes Leben" in einer hessischen psychiatrischen Anstalt. Geisenheim 1983.
Kroll, Jürgen: Zur Entstehung und Institutionalisierung einer naturwissenschaftlichen und sozialpolitischen Bewegung: Die Entwicklung der Eugenik/Rassenhygiene bis zum Jahre 1933. Diss. Tübingen 1983.
Kudlien, Fridolf: Ärzte im Nationalsozialismus. Köln 1985.
Kudlien, Fridolf: Werner Leibbrand als Zeitzeuge: Ein ärztlicher Gegner des Nationalsozialismus im Dritten Reich. In: Medizinhistorisches Journal 21 (1986), S. 332–352.
Kudlien, Fridolf: The German response to the birth-rate problem during the Third Reich. In: Continuity and Change 5 (1990), S. 225–247.
Kudlien, Fridolf/Andree, Christian: Sauerbruch und der Nationalsozialismus. In: Medizinhistorisches Journal 15 (1980), S. 201–222.
Kühn, Kurt: Deutsche Mediziner im Kampf gegen den Faschismus – dargestellt an Lebensbildern antifaschistischer Ärzte. In: Ders. (Hrsg.): Ärzte an der Seite der Arbeiterklasse. Beiträge zur Geschichte des Bündnisses der deutschen Arbeiterklasse mit der medizinischen Intelligenz. Berlin (Ost) 1973, S. 212–248.
Kuhn, Peter: Die Geschichte des Rheinischen Landeskrankenhauses Gräfenberg von 1918–1945. Diss. Düsseldorf 1978.
Labisch, Alfons: Zur Sozialgeschichte der Medizin. Methodologische Überlegungen und Forschungsbericht. In: Archiv für Sozialgeschichte 20 (1980), S. 431–469.
Labisch, Alfons: Homo Hygienicus – Civitas Hygienica. Historisch-soziologische Untersuchungen zur sozialen Konstruktion des Gesundheitsbegriffs. Frankfurt a.M. 1991.
Labisch, Alfons/Tennstedt, Florian: Der Weg zum „Gesetz über die Vereinheitlichung des Gesundheitswesens" vom 3. Juli 1934: Entwicklungslinien und -momente des staatlichen und kommunalen Gesundheitswesens in Deutschland. 2 Bde. Düsseldorf 1985.
Labisch, Alfons/Tennstedt, Florian: Gesellschaftliche Bedingungen öffentlicher Gesundheitsvorsorge, Frankfurt a.M. 1988.
Lapon, Lenny: Mass Murders in White Coats. Psychiatric Genocide in Nazi Germany and the United States. Springfield 1986.

Lauerer, Gudrun: Die Sterilisation und ihr Anspruch auf Wiedergutmachung. Diss. München 1950.
Leibbrand, Werner (Hrsg.): Um die Menschenrechte der Geisteskranken. Nürnberg 1946.
Leibbrand, Werner/Wettley, Annemarie: Der Wahnsinn. Geschichte der abendländischen Psychopathologie. Freiburg 1961.
Leibfried, Stephan: Stationen der Abwehr. Berufsverbot für Ärzte im Deutschen Reich 1933–1938 und die Zerstörung des sozialen Asyls durch die organisierten Ärzteschaften des Auslands. In: Leo Baeck Bulletin 62 (1982), S. 1–39.
Leibfried, Stephan/Tennstedt, Florian (Hrsg.): Berufsverbote und Sozialpolitik 1933. Die Auswirkungen der nationalsozialistischen Machtergreifung auf die Krankenkassenverwaltung und die Kassenärzte. Analysen, Materialien zu Angriff und Selbsthilfe. Bremen 1979, ³1981.
Leibfried, Stephan/Tennstedt, Florian (Hrsg.): Kommunale Gesundheitsfürsorge und sozialistische Ärztepolitik zwischen Kaiserreich und Nationalsozialismus – autobiographische, biographische und gesundheitspolitische Anmerkungen von Dr. Georg Loewenstein. Bremen 1980.
Leipert, Matthias u. a.: Verlegt nach unbekannt. Sterilisation und Euthanasie in Galkhausen 1933–1945. Köln/Bonn 1987.
Lese-Texte zum Problemkreis „Eugenik, Sterilisation, Euthanasie". Hrsg. vom Arbeitskreis „Geschichte Bethels". Bethel 1983.
Leuthold, Gerhard: Veröffentlichungen des medizinischen Schrifttums in den Jahren 1933–1945 zum Thema: „Gesetz zur Verhütung erbkranken Nachwuchses vom 14. Juli 1933". Diss. Erlangen–Nürnberg 1975.
Lifton, Robert Jay: Ärzte im Dritten Reich. Stuttgart 1988.
Lilienthal, Georg: Rassenhygiene im Dritten Reich. Krise und Wende. In: Medizinhistorisches Journal 14 (1979), S. 114–134.
Lilienthal, Georg: „Rheinlandbastarde", Rassenhygiene und das Problem der rassenideologischen Kontinuität. Zur Untersuchung von Reiner Pommerin: „Sterilisierung der Rheinlandbastarde". In: Medizinhistorisches Journal 15 (1980), S. 426–436.
Lilienthal, Georg: Zum Anteil der Anthropologie an der NS-Rassenpolitik. In: Medizinhistorisches Journal 19 (1984), S. 148–160.
Lilienthal, Georg: Der „Lebensborn e.V.". Ein Instrument nationalsozialistischer Rassenpolitik. Stuttgart/New York 1985.
Lilienthal, Georg: Anthropologie und Nationalsozialismus. Das erb- und rassenkundliche Abstammungsgutachten. In: Jahrbuch des Instituts für Geschichte der Medizin der Robert-Bosch-Stiftung. Stuttgart 6 (1987). 1989. S. 71–91.
Lockot, Regine: Erinnern und Durcharbeiten. Zur Geschichte der Psychoanalyse und Psychotherapie im Nationalsozialismus. Frankfurt a. M. 1985.
Löwenberg, Dieter: Willibald Hentschel (1858–1947). Seine Pläne zur Menschenzüchtung, sein Biologismus und Antisemitismus. Diss. Mainz 1978.
Lohmann, Hans-Martin: Psychoanalyse und Nationalsozialismus. Frankfurt a. M. 1984.
Lohmann, Hans-Martin: Die Psychoanalyse unterm Hakenkreuz. In: Dachauer Hefte 4 (1988), S. 116–127.
Lundgreen, Peter: Wissenschaft im Dritten Reich. Frankfurt a. M. 1985.
Lutzhöft, Hans-Jürgen: Der Nordische Gedanke in Deutschland 1920–1940. Stuttgart 1971.
Lutzius, Franz: Der Euthanasie-Mord an behinderten Kindern im Nazi-Deutschland. Essen 1987.
Machlejd, Wanda (Hrsg.): Versuchsoperationen im KZ Ravensbrück. Poznan/Warszaw 1960.
Mader, Ernst T.: Das erzwungene Sterben von Patienten der Heil- und Pflegeanstalt Kaufbeuren-Irsee zwischen 1940 und 1945 nach Dokumenten und Berichten von Augenzeugen. Blöcktach 1982.
Maerz, Barbara: Die „Münchner Neuesten Nachrichten" als Quelle zur medizinischen Lokalgeschichte für die Zeit von 1933 bis 1938 unter bevorzugter Berücksichtigung der medizinischen Veranstaltungen und der Berichterstattung über Personen und Institutionen des Gesundheitswesens. Diss. München 1977.
Mann, Gunter. Rassenhygiene – Sozialdarwinismus. In: Ders. (Hrsg.): Biologismus im 19. Jahrhundert: Vorträge eines Symposiums vom 30. bis 31. Oktober 1970 in Frankfurt a. M. Stuttgart 1973, S. 73–93.

Mann, Gunter: Neue Wissenschaft im Rezeptionsbereich des Darwinismus: Eugenik − Rassenhygiene. In: Berichte zur Wissenschaftsgeschichte 1 (1978), S. 101−111.
Mann, Gunter: Sozialbiologie auf dem Wege zur unmenschlichen Medizin des Dritten Reiches. In: Unmenschliche Medizin. Geschichtliche Erfahrungen, gegenwärtige Probleme und Ausblicke auf die zukünftige Entwicklung. Bad Nauheimer Gespräche der Landesärztekammer Hessen. Mainz 1983, S. 12−43.
Mauerberger, Andrea: Die Entwicklung des öffentlichen Gesundheitswesens in der Zeit des Nationalsozialismus mit besonderer Berücksichtigung des Regierungsbezirkes Oberbayern. MA München 1983.
Medizin im Nationalsozialismus. Tagungsprotokoll der Evangelischen Akademie Bad Boll 23/1982, 31/1983.
Medizin im Nationalsozialismus (Kolloquium des Instituts für Zeitgeschichte). München 1988.
Medizin im NS-Staat: Täter, Opfer, Handlanger. Dachauer Hefte 4 (1988).
Medizin und Nationalsozialismus. Autonomie Sonderheft 2 (1981).
Medizin und Nationalsozialismus. Referate und Dokumente zum Berliner Gesundheitstag. Tübingen 1980.
Medizin unter dem Nationalsozialismus. „Das Verdrängte kehrt unerledigt wieder." Rundbrief Ärzte warnen vor dem Atomkrieg (Sondernummer). Berlin 1987.
Menschenversuche. Wahnsinn und Wirklichkeit. Mit einem Vorwort von Karl Heinz Roth. Köln 1988.
Mersmann, Ingrid: Medizinische Ausbildung im Dritten Reich. Diss. München 1978.
Meyer, J. E./Seidel, R.: Die psychiatrischen Patienten im Nationalsozialismus. In: Brennpunkte der Psychiatrie. Diagnostik, Datenerhebung, Krankenversorgung. Berlin u.a. 1989, S. 369−396.
Mikulski, Jan: Pharmakologische Experimente im Konzentrationslager Auschwitz-Birkenau. In: Hefte von Auschwitz 10 (1967), S. 3−18.
Mitscherlich, Alexander: Menschenversuche im Dritten Reich. Zur Problematik ethischer Orientierung in der Medizin. In: Schneider, Peter/Saame, Otto (Hrsg.): Wissenschaft und Ethos. Mainzer Universitätsgespräche WS 1966/67. Mainz 1967, S. 16−29.
Mitscherlich, Alexander: Ein Leben für die Psychoanalyse: Anmerkungen zu meiner Zeit. Frankfurt a. M. 1980.
Mitscherlich, Alexander/Mielke, Fred (Hrsg.): Das Diktat der Menschenverachtung. Eine Dokumentation. Heidelberg 1947.
Mitscherlich, Alexander/Mielke, Fred (Hrsg.): Medizin ohne Menschlichkeit. Dokumente des Nürnberger Ärzteprozesses. Frankfurt a.M./Hamburg ⁸1985 (Erstveröffentlichung unter dem Titel: Wissenschaft ohne Menschlichkeit. Heidelberg 1949).
Moderson, Walt J.: Das Führerprinzip in der deutschen Medizin 1933−1945. Diss. Kiel 1982.
Moore, James R. (Hrsg.): History, Humanity and Evolution. Cambridge 1989.
Morlok, Karl: Wo bringt ihr uns hin? „Geheime Reichssache" Grafeneck. Stuttgart 1985.
Mühlfeld, Claus/Schönweiss, Friedrich: Nationalsozialistische Familienpolitik. Familiensoziologische Analyse der nationalsozialistischen Familienpolitik. Stuttgart 1989.
Müller, H.: Vorläufiger Sanitätsbericht des deutschen Heeres 1939−1943. München o.J.
Müller-Hill, Benno: Über die der Psychiatrie und Anthropologie innewohnende Destruktivkraft. In: Sozialpsychiatrische Informationen 13 (1983), S. 68−77.
Müller-Hill, Benno: Tödliche Wissenschaft. Die Aussonderung von Juden, Zigeunern und Geisteskranken 1933−1945. Reinbek 1984.
Müller-Hill, Benno: Genetics after Auschwitz. In: Holocaust and Genocide Studies 2 (1987), S. 3−20.
Nadav, Daniel: Julius Moses und die Politik der Sozialhygiene in Deutschland. Gerlingen 1985.
Noakes, Jeremy: Nazism and Eugenics: The Background to the Nazi Sterilisation Law of 14 July 1933. In: Bullen, Roger J. u.a. (Hrsg.): Ideas into Politics. Aspects of European History 1880−1950. London/Sidney 1984, S. 75−94.
Noakes, Jeremy: Philipp Bouhler und die Kanzlei des Führers der NSDAP. Beispiel einer Sonderverwaltung im Dritten Reich. In: Rebentisch, Dieter/Teppe, Karl (Hrsg.): Verwaltung contra Menschenführung im Staat Hitlers. Studien zum politisch-administrativen System. Göttingen 1986, S. 208−236.

Nöldeke, Hartmut: Sanitätsdienst an Bord 1873-1980. Ein Beitrag zur Entwicklung des Sanitätsdienstes in den deutschen Marinen. Herford 1981.
Nowak, Kurt: „Euthanasie" und Sterilisierung im „Dritten Reich". Die Konfrontation der evangelischen und katholischen Kirche mit dem „Gesetz zur Verhütung erbkranken Nachwuchses" und der „Euthanasie"-Aktion. Göttingen 1978.
Nowak, Kurt: Sterilisation und „Euthanasie" im Dritten Reich. Tatsachen und Deutungen. In: GWU 39 (1988), S. 327-341.
Nowak, Kurt: Das Faktum und seine Deutung. Interpretationsmodelle zu Sterilisation und Euthanasie im Dritten Reich. In: Theologische Literaturzeitung 115 (1990), S. 241-254.
Nowak, Kurt: Sterilisation und Krankenmord 1934 bis 1945. In: Diakonie im Rheinland 27 (1990), S. 21-29.
Nyiszli, Miklos: Auschwitz: An Eyewitness Account of Mengele's Infamous Death Camp. New York 1986.
Oehme, Curt: Das medizinische Experiment am Menschen. In: Die Wandlung 2 (1947), S. 484-491.
Ostrowski, Siegfried: Vom Schicksal jüdischer Ärzte im Dritten Reich. In: Leo Baeck Bulletin 6 (1963), S. 313-351.
Otto, Hans-Uwe/Sünker, Heinz (Hrsg.): Soziale Arbeit und Faschismus. Frankfurt a. M. 1989.
Parlow, Siegfried: Zum Faschisierungsprozeß innerhalb der deutschen Ärzteschaft (1933 bis 1945). In: Löther, Rolf (Hrsg.): Medizin, Menschenbild und sozialbiologisches Problem. Berlin (Ost) 1974, S. 163ff.
Pauleikoff, Bernhard: Ideologie und Mord. Euthanasie bei „lebensunwerten" Menschen. Hürtgenwald 1986.
Pearle, Kathleen M.: Ärzteemigration nach 1933 in die USA: Der Fall New York. In: Medizinhistorisches Journal 19 (1984), S. 112-137.
Perl, Gisela: I Was a Doctor in Auschwitz. New York 1948.
Peukert, Detlev: Volksgenossen und Gemeinschaftsfremde. Anpassung, Ausmerze und Aufbegehren unter dem Nationalsozialismus. Köln 1982.
Peukert, Detlev: Die Genesis der „Endlösung" aus dem Geiste der Wissenschaft. In: Forum für Philosophie Bad Homburg (Hrsg.): Zerstörung des moralischen Selbstbewußtseins: Chance oder Gefährdung? Frankfurt 1988, S. 24-48.
Peukert, Detlev: Rassismus und ‚Endlösungs'-Utopie. Thesen zur Entwicklung und Struktur der nationalsozialistischen Vernichtungspolitik. In: Kleßmann, Christoph (Hrsg.): Nicht nur Hitlers Krieg. Der Zweite Weltkrieg und die Deutschen. Düsseldorf 1989, S. 71-81.
Pfäfflin, Friedemann u.a. (Hrsg.): Der Mensch in der Psychiatrie. Berlin/Heidelberg 1988.
Pfau, E.: Zum Gesetz über die Vereinheitlichung des Gesundheitswesens - Erhebungen zur Anamnese und Überlegungen zur Prognose. In: Öffentliches Gesundheitswesen 30 (1988), S. 202-205.
Pinn, Irmgard: Die „Verwissenschaftlichung" völkischen und rassistischen Gedankenguts am Beispiel der Zeitschrift „Volk und Rasse". In: 1999 4 (1987), S. 80-95.
Platen-Hallermund, Alice: Die Tötung Geisteskranker in Deutschland. Aus der Deutschen Ärztekommission beim Amerikanischen Militärgericht. Frankfurt a. M. 1948.
Poller, Walter: Arztschreiber in Buchenwald. Bericht des Häftlings 996 aus Block 39. Hamburg ²1947.
Pommerin, Reiner: Sterilisierung der Rheinlandbastarde. Das Schicksal einer farbigen deutschen Minderheit. 1918-1937. Düsseldorf 1979.
Posner, Gerald L./Ware, John: Mengele: The Complete Story. London 1986.
Proctor, Robert: Racial Hygiene: Medicine under the Nazis. Cambridge, Mass. 1988.
Pross, Christian/Winau, Rolf: Nicht mißhandeln. Das Krankenhaus Moabit 1920-1945. 1920-1933. Ein Zentrum jüdischer Ärzte in Berlin. 1933-1945. Verfolgung, Widerstand, Zerstörung. Berlin 1984.
Pseudomedizinische Versuche in Konzentrationslagern. In: Jüdischer Presse Dienst Nr. 2/3 (1974), S. 13-17.
Püschel, Erich: Die Seenotverbände der deutschen Luftwaffe und ihr Sanitätsdienst 1939-1945. Düsseldorf 1978.

Rapoport, Samuel M./Thom, Achim (Hrsg.): Das Schicksal der Medizin im Faschismus. Auftrag und Verpflichtung zur Bewahrung von Humanismus und Frieden. Internationales wissenschaftliches Symposium europäischer Sektionen der IPPNW. München 1989.

Recker, Marie-Luise: Nationalsozialistische Sozialpolitik im Zweiten Weltkrieg. München 1985.

Reeg, Karl-Peter: Friedrich Georg Christian Bartels (1892-1968). Ein Beitrag zur Entwicklung der Leistungsmedizin im Nationalsozialismus. Husum 1989.

Reeg, Peter: Deine Ehre ist Leistung. In: DÄB 85 (1989), S. 3652-3659.

Rehse, Helga: Euthanasie. Vernichtung unwerten Lebens und Rassenhygiene in Programmschriften vor dem Ersten Weltkrieg. Diss. Heidelberg 1969.

Reumschüssel, Peter: Euthanasiepublikationen in Deutschland. Eine kritische Analyse als Beitrag zur Geschichte der Euthanasieverbrechen. Diss. Greifswald 1968.

Richarz, Bernhard: Heilen, Pflegen, Töten. Zur Alltagsgeschichte einer Heil- und Pflegeanstalt bis zum Ende des Nationalsozialismus. Göttingen 1987.

Richter, Gabriel: Blindheit und Eugenik 1918-1945. Freiburg 1986.

Ring, Friedrich: Zur Geschichte der Militärmedizin in Deutschland. Berlin (Ost) 1962.

Ritter, Gerhard A.: Der Sozialstaat. Entstehung und Entwicklung im internationalen Vergleich. München 1989.

Rissom, Renate: Fritz Lenz und die Rassenhygiene. Husum 1983.

Römer, Gernot: Die grauen Busse in Schwaben. Augsburg 1986.

Roer, Dorothee/Henkel, Dieter (Hrsg.): Psychiatrie im Faschismus. Die Anstalt Hadamar 1933-1945. Bonn 1986.

Rost, Karl Ludwig: Sterilisation und Euthanasie im Film des „Dritten Reiches". Nationalsozialistische Propaganda in ihrer Beziehung zu rassenhygienischen Maßnahmen des NS-Staates. Husum 1987.

Rost, Karl Ludwig: Propaganda zur Vernichtung „unwerten Lebens" durch das Rassenpolitische Amt der NSDAP. In: 1999 3 (1988), S. 46-55.

Roth, Karl Heinz: Sozialer Fortschritt durch Menschenzüchtung: Der Genetiker und Eugeniker H. J. Muller (1890-1967). In: Hansen, Friedrich/Kellek, Regine (Hrsg.): Gentechnologie: Die neue soziale Waffe. Hamburg 1985, S. 120-151.

Roth, Karl Heinz: Filmpropaganda für die Vernichtung der Geisteskranken und Behinderten im „Dritten Reich". Diss. Hamburg 1986.

Roth, Karl Heinz: Psychosomatische Medizin und „Euthanasie": Der Fall Viktor von Weizsäcker. In: 1999 1 (1986), S. 65-99.

Roth, Karl Heinz: Die Modernisierung der Folter in den beiden Weltkriegen: Der Konflikt der Psychotherapeuten und Schulpsychiater um die deutschen „Kriegsneurotiker" 1915-1945. In: 1999 3 (1987), S. 8-75.

Roth, Karl Heinz (Hrsg.): Erfassung zur Vernichtung. Von der Sozialhygiene zum „Gesetz über Sterbehilfe". Berlin 1984.

Roth, Karl Heinz/Aly, Götz: Die Diskussion über die Legalisierung der nationalsozialistischen Anstaltsmorde in den Jahren 1938-1941. In: Recht und Psychiatrie 1 (1983), H. 2, S. 51-64.

Rothmaler, Christiane: „Erbliche Belastung liegt sicher vor, ist nur nicht festzustellen": Zwangssterilisation in Hamburg. In: Mitteilungen der Dokumenationsstelle zur NS-Sozialpolitik 2 (1986), H. 13/14, S. 57-72.

Rothmaler, Christiane: Sterilisation nach dem Gesetz zur Verhütung erbkranken Nachwuchses vom 14. Juli 1933. Eine Untersuchung zur Tätigkeit der Erbgesundheitsgerichte und zur Durchführung des Gesetzes in Hamburg in der Zeit zwischen 1934 und 1945. Diss. Hamburg 1987.

Rothmaler, Christiane: Gutachten und Dokumentation über das Anatomische Institut des Universitäts-Krankenhauses Eppendorf der Universität Hamburg 1933-1945. In: 1999 2 (1990), S. 78-95.

Rudloff, Wilfried: Kommunale Fürsorgepolitik zwischen Inflation und Machtergreifung am Beispiel der Stadt München (1924-1932). MA München 1988.

Rudnick, Martin: Behinderte im Nationalsozialismus. Von der Ausgrenzung und Zwangssterilisation zur „Euthanasie". Weinheim/Basel 1985.

Rückleben, Hermann: Deportation und Tötung von Geisteskranken aus den badischen Anstalten der Inneren Mission Kork und Moosbach. Karlsruhe 1981.
Sachße, Christoph/Tennstedt, Florian: Geschichte der Armenfürsorge in Deutschland.
Bd. 1: Vom Spätmittelalter bis zum 1. Weltkrieg. Stuttgart u. a. 1980.
Bd. 2: Fürsorge und Wohlfahrtspflege 1871–1929. Stuttgart u. a. 1988.
Saller, Karl: Die Rassenlehre des Nationalsozialismus in Wissenschaft und Propaganda. Darmstadt 1961.
Schadewaldt, Hans: 75 Jahre Hartmannbund. Ein Kapitel deutscher Sozialpolitik. Bonn-Bad Godesberg 1975.
Schenk, Ernst Günther: Das menschliche Elend im 20. Jahrhundert. Eine Pathologie der Kriegs-, Hunger- und politischen Katastrophen Europas. Herford 1965.
Schiebaum, Clausjürgen: Aussondern des „Unwerten". Anmerkungen zur nationalsozialistischen „Euthanasie"-Politik im Spiegel der Forschung. In: Neue Politische Literatur 32 (1987), S. 220–232.
Schlaich, Ludwig: Lebensunwert? Kirche und Innere Mission im Kampf gegen die Vernichtung „lebensunwerten Lebens". Stuttgart 1947.
Schmacke, Norbert/Güse, Hans-Georg: Zwangssterilisiert. Verleugnet – Vergessen. Zur Geschichte der nationalsozialistischen Rassenhygiene am Beispiel Bremen. Bremen 1984.
Schmidt, Gerhard: Selektion in der Heilanstalt 1939–1945. Stuttgart 1965.
Schmidt, Rudolf/Kludas, Arnold: Die deutschen Lazarettschiffe im Zweiten Weltkrieg. Stuttgart 1978.
Schmuhl, Hans-Walter: Rassenhygiene, Nationalsozialismus, Euthanasie. Von der Verhütung zur Vernichtung „lebensunwerten Lebens", 1890–1945. Göttingen 1987.
Schmuhl, Hans-Walter: Die Selbstverständlichkeit des Tötens. Psychiater im Nationalsozialismus. In: GuG 16 (1990), S. 411–439.
Schoen, Paul: Armenfürsorge im Nationalsozialismus. Die Wohlfahrtspflege in Preußen zwischen 1933 und 1939 am Beispiel der Wirtschaftsfürsorge. Weinheim/Basel 1985.
Schröder, Gerald: NS-Pharmazie. Gleichschaltung des deutschen Apothekenwesens im Dritten Reich. Ursachen, Voraussetzungen, Theorien und Entwicklungen. Stuttgart 1988.
Schulte, Walter: „Euthanasie" und Sterilisation im Dritten Reich. In: Flitner, Andreas (Hrsg.): Deutsches Geistesleben und Nationalsozialismus. Tübingen 1965, S. 73–89.
Schwan, Heinz: Himmlers Anregungen für die medizinische Forschung. Diss. Kiel 1973.
Schwarberg, Günter: Der SS-Arzt und die Kinder. Bericht über den Mord vom Bullenhuser Damm. Hamburg 1979.
Schwartz, Michael: Sozialismus und Eugenik. Zur fälligen Revision eines Geschichtsbildes. In: Internationale wissenschaftliche Korrespondenz zur Geschichte der deutschen Arbeiterbewegung 25 (1989), S. 465–498.
Schwarz, Rolf: Ausgrenzung und Vernichtung kranker und schwacher Schleswig-Holsteiner. Fragen zu einem unbearbeiteten Problem der Geschichte unseres Landes von 1939–1945. In: Demokratische Geschichte 1 (1986), S. 317–337.
Sehn, Jan: Carl Claubergs verbrecherische Unfruchtbarmachungsversuche an Häftlings-Frauen in den Nazi-Konzentrationslagern. In: Hefte von Auschwitz 2 (1959), S. 3–32.
Seidel, Ralf: Psychiatrie und Nationalsozialismus. In: Sozialpsychiatrische Informationen 13 (1983), S. 26–43.
Seidel, Ralf u. a.: Hilfreiche Anpassung – hilflose Fügung. Ärzte und Verwaltung Niedersachsens während der Vernichtung psychisch Kranker zur Zeit des Nationalsozialismus. In: Psychiatrische Praxis 14 (1987), S. 27–34.
Seidelman, William E.: Medical selection. Auschwitz antecedents and effluent. In: Holocaust and Genocide Studies 4 (1989), S. 435–448.
Seidler, Horst/Rett, Andreas: Das Reichssippenamt entscheidet. Rassenbiologie im Nationalsozialismus. Wien/München 1982.
Seidler, Horst/Rett, Andreas: Rassenhygiene. Ein Weg in den Nationalsozialismus. München 1988.
Sereny, Gitta: Into that Darkness. From Mercy Killing to Mass Murder. London 1974.
Sick, Dorothea: „Euthanasie" im Nationalsozialismus am Beispiel des Kalmenhofs in Idstein im Taunus. Frankfurt a. M. ²1983.

Siegert, Toni: Das Konzentrationslager Flossenbürg. Ein Lager für sogenannte Asoziale und Kriminelle. In: Broszat, Martin/Fröhlich, Elke (Hrsg.): Bayern in der NS-Zeit Bd. II: Herrschaft und Gesellschaft im Konflikt. München 1979, S. 429–493.
Siemen, Hans-Ludwig: Das Grauen ist vorprogrammiert. Psychiatrie zwischen Faschismus und Atomkrieg. Gießen 1982.
Siemen, Hans-Ludwig: Menschen blieben auf der Strecke... Psychiatrie zwischen Reform und Nationalsozialismus. Gütersloh 1987.
Sierck, Udo/Radtke, Nati: Die Wohltäter-Mafia: Vom Erbgesundheitsrecht zur Humangenetischen Beratung. Hamburg 1984.
Späte, Helmut F./Thom, Achim: Psychiatrie im Faschismus – Bilanz der historischen Analyse. In: Zeitschrift für die gesamte Hygiene und ihre Grenzgebiete 26 (1980), S. 553–560.
Späte, Helmut F. u. a.: Theorie, Geschichte und aktuelle Tendenzen in der Psychiatrie. Jena 1982.
Steinbauer, Gustav: Die Euthanasie im Lichte des Nürnberger Ärzteprozesses. Wien 1949.
Steppe, Hilde u. a.: Krankenpflege im Nationalsozialismus. Frankfurt a. M. ³1986.
Stöffler, Friedrich: Die „Euthanasie" und die Haltung der Bischöfe im hessischen Raum (1940/45). In: Archiv für mittelrheinische Kirchengeschichte 13 (1961), S. 301–325.
Stoffels, Hans: Die Gesundheitsutopie der Medizin im Nationalsozialismus. In : Sozialpsychiatrische Informationen 13 (1983), S. 55–67.
Straube, A.: Die Durchführung des „Gesetzes zur Verhütung erbkranken Nachwuchses" und seine Auswirkungen im Lande Braunschweig und dem Bereich der Landesheil- und Pflegeanstalt Königslutter. Hamburg 1948.
Stürzbecher, Manfred: Die gesundheitspolitische Konzeption Arthur Gütts im Jahre 1924: In: Berliner Ärzteblatt 84 (1971), S. 1072–1982.
Sueße, Thomas/Meyer, Heinrich: Abtransport der „Lebensunwerten". Die Konfrontation niedersächsischer Anstalten mit der NS-„Euthanasie". Hannover 1988.
Teller, Christine: Carl Schneider. Zur Biographie eines deutschen Wissenschaftlers. In: GuG 16 (1990), S. 464–478.
Tennstedt, Florian: Geschichte der Selbstverwaltung in der Krankenversicherung von der Mitte des 19. Jahrhunderts bis zur Gründung der Bundesrepublik Deutschland. Bonn 1977.
Tennstedt, Florian: Wohltat und Interesse. Das Winterhilfswerk des Deutschen Volkes. Die Weimarer Vorgeschichte und ihre Instrumentalisierung durch das NS-Regime. In: GuG 13 (1987), S. 157–180.
Tennstedt, Florian/Leibfried, Stephan: Sozialpolitik und Berufsverbote im Jahre 1933: Die Auswirkungen der nationalsozialistischen Machtergreifung auf die Krankenkassenverwaltung und die Kassenärzte. In: Zeitschrift für Sozialreform 25 (1979), S. 129–153, 211–238.
Teppe, Karl: Auf der Suche nach der Wirklichkeit. Anmerkungen zu einem laufenden Forschungsprojekt. In: Westfalenspiegel 35 (1986), S. 69–73.
Teppe, Karl: Massenmord auf dem Dienstweg. Hitlers „Euthanasie"-Erlaß und seine Durchführung in den Westfälischen Provinzialheilanstalten. (Texte aus dem Landeshaus LWL, Bd. 15.) Münster 1989.
Ternon, Yves/Helman, Socrate: Histoire de la Médicine SS ou le mythe du racisme biologique. Paris 1969.
Ternon, Yves/Helman, Socrate: Le massacre des aliénés. Des théoriciens nazis aux praticiens SS. Paris 1971.
Ternon, Yves/Helman, Socrate: Les médecins Allemands et le nationalsocialisme. Les métamorphoses du darwinisme. Tournai 1973.
Thom, Achim: Ergebnisse und Probleme der medizinhistorischen Forschung zu den Auswirkungen der faschistischen Diktatur in Deutschland auf die Medizin und das Gesundheitswesen. In: Zeitschrift für Ärztliche Fortbildung 83 (1989), S. 344–349.
Thom, Achim: Zur Mitwirkung der deutschen Ärzteschaft bei der Vorbereitung und Absicherung des zweiten Weltkrieges (1933–1941). In: Ludwig Nestler u. a. (Hrsg.), Der Weg deutscher Eliten in den zweiten Weltkrieg. Nachtrag zu einer verhinderten deutsch-deutschen Publikation. Berlin 1990, S. 279–325.
Thom, Achim/Spaar, Horst (Hrsg.): Medizin im Faschismus. Medizin in der Zeit des Faschismus in Deutschland 1933–1945. Protokoll. Berlin (Ost) 1985.
Thom, Achim/Caregorodcev, Genadij I. (Hrsg.): Medizin unterm Hakenkreuz. Berlin (Ost) 1989.

Thomann, Klaus-Dieter: Das Reichsgesundheitsamt und die Rassenhygiene. Ein Rückblick anläßlich der Verabschiedung des „Gesetzes zur Verhütung erbkranken Nachwuchses". In: Bundesgesundheitsblatt 26 (1983), S. 206–213.
Thompson, Larry V.: Lebensborn and the Eugenics Policy of the Reichsführer-SS. In: Central European History 4 (1971), S. 54–77.
Thürauf, Jobst: Erhebung über die im Rahmen des Gesetzes zur Verhütung erbkranken Nachwuchses (G. z. V. e. N.) vom 14.7.1933 in den Jahren 1934–45 durchgeführten Sterilisationen im Raum Nürnberg–Fürth–Erlangen (Mittelfranken), dargestellt an den Akten des Gesundheitsamtes der Stadt Nürnberg. Diss. Erlangen–Nürnberg 1970.
Tölle, Rainer: Die Entwicklung der deutschen Psychiatrie im zwanzigsten Jahrhundert. In: Die Psychologie des 20. Jahrhunderts, Bd. X. Zürich 1980, S. 13–23.
Totgeschwiegen 1933–1945. Die Geschichte der Karl-Bonhoeffer-Nervenklinik. Berlin 1988.
Trenckmann, Ulrich: Mit Leib und Seele. Ein Wegweiser durch die Konzepte der Psychiatrie. Bonn 1988.
Valentin, Rolf: Ärzte im Wüstenkrieg. Der deutsche Sanitätsdienst im Afrikafeldzug 1941–1943. Koblenz 1984.
Valentin, Rolf: Die Krankenbataillone: Sonderformationen der deutschen Wehrmacht im Zweiten Weltkrieg. Düsseldorf 1981.
Verachtet – verfolgt – vernichtet – zu den „vergessenen" Opfern des NS-Regimes. Hamburg 1986.
Volk, Ludwig: Der Gewissensentscheid des Bischofs von Münster im Sommer 1941. In: Stimmen der Zeit 96 (1976), S. 219–224.
Volk und Gesundheit. Heilen und Vernichten im Nationalsozialismus. Tübingen 1982.
Von der Aussonderung zur Sonderbehandlung. Lehren und Forderungen für heute. Dokumentation aus Anlaß des 40. Jahrestages der Massen-Abtransporte aus den Alsterdorfer Anstalten in die Tötungsanstalten der „Euthanasie". Hamburg 1983.
Vondra, Hana: Malariaexperimente in Konzentrationslagern und Heilanstalten während der Zeit des Nationalsozialismus. Diss. Hannover 1989.
Vorländer, Herwart: Die NSV. Darstellung und Dokumentation einer nationalsozialistischen Organisation. Boppard 1988.
Wall, Richard/Winter, Jay (Hrsg.): The Upheaval of War. Family Work and Welfare in Europe 1914–1918. Cambridge 1988.
Walter, Bernd: Psychiatrie in Westfalen 1918–1945. Soziale Fürsorge – Volksgesundheit – Totaler Krieg. In: Teppe, Karl (Hrsg.): Selbstverwaltungsprinzip und Herrschaftsordnung. München 1987, S. 115–134.
Weber, Marion/Weisemann, Karin: Wissenschaft und Verantwortung, dargestellt am Beispiel der Humangenetiker P. J. Waardenburg und O. Frhr. v. Verschuer. In: Medizinhistorisches Journal 24 (1989), S. 163–172.
Weindling, Paul: Eugenik und medizinische Praxis – der Fall Alfred Grotjahn. In: Das Argument. Sonderheft 119 (1984), S. 6–20.
Weindling, Paul: Die Preußische Medizinalverwaltung und die „Rassenhygiene". Anmerkungen zur Gesundheitspolitik der Jahre 1905–1933. In: Zeitschrift für Sozialreform 11 (1984), S. 675–687.
Weindling, Paul: Weimar Eugenics. The Kaiser-Wilhelm-Institute for Anthropology, Human Heredity and Eugenics in Social Context. In: Annals of Science 42 (1985), S. 303–318.
Weindling, Paul: Medicine and Modernization: The Social History of German Health and Medicine. In: Science in History 24 (1986), S. 277–301.
Weindling, Paul: Compulsory Sterilisation in National Socialist Germany. In: German History 5 (1987), S. 10–24.
Weindling, Paul: Die Verbreitung rassenhygienischen Gedankengutes in bürgerlichen und sozialistischen Kreisen der Weimarer Republik. In: Medizinhistorisches Journal 22 (1987), S. 351–368.
Weindling, Paul: Fascism and Population in Comparative European Perspective. In: Population and Development Review 14 (1988), Supplement.
Weindling, Paul: The Rockefeller Foundation and German Biomedical Sciences, 1920–1940:

from Educational Philanthropy to International Science Policy. In: Rupke, Nicholas (Hrsg.): Science, Politics and the Public Good. London 1988, S. 119–140.

Weindling, Paul: Health, Race and German Politics between National Unification and Nazism, 1870–1945, Cambridge 1989.

Weingart, Peter: Eugenik – Eine angewandte Wissenschaft: Utopien der Menschenzüchtung zwischen Wissenschaftsentwicklung und Politik. In: Lundgreen, Peter (Hrsg.): Wissenschaft im Dritten Reich. Frankfurt a.M. 1985, S. 314–349.

Weingart, Peter u.a.: Rasse, Blut und Gene. Geschichte der Eugenik und Rassenhygiene in Deutschland. Frankfurt a.M. 1988.

Weinreich, Max: Hitler's Professors. The Part of Scholarship in Germany's Crimes Against the Jewish People. New York 1946.

Weitbrecht, Hans Jörg: Psychiatrie in der Zeit des Nationalsozialismus. Bonn 1968.

Weitere Dokumente zu den Geisteskrankenmorden. Stimmen des Widerspruchs und des Ausweichens. In: Die Wandlung 2 (1947), S. 251–267.

Weizsäcker, Viktor von: Euthanasie und Menschenversuche. In: Psyche 1 (1947/48), S. 86–102.

Werle, Karl-Peter: Formen des Widerstandes deutscher Ärzte. Diss. Kiel 1974.

Weß, Ludger: Aktuelle Programme der Humangenetik. Moderne Menschen – altbekannte Ziele. In: Mitteilungen der Dokumentationsstelle zur NS-Sozialpolitik 2 (1986), H. 11/12, S. 5–47.

Winau, Rolf: Medizin in Berlin. Berlin 1987.

Winau, Rolf/Rosemeier, Hans P. (Hrsg.): Tod und Sterben. Berlin/New York 1984.

Wollasch, Hans-Josef: Caritas und Euthanasie im Dritten Reich. Staatliche Lebensvernichtung in katholischen Heil- und Pflegeanstalten 1936 bis 1945. In: Caritas 1973, S. 61–85.

Wollasch, Hans-Josef: Was taten Kirche und Caritas? In: Communio 13 (1984), S. 174–189.

Würfler, P.: Chef des Wehrmachtssanitätswesens. In: Wehrmedizin und Wehrpharmazie 1/1977.

Wulff, Erich: Psychiatrie und Klassengesellschaft. Zur Begriffs- und Sozialkritik der Psychiatrie und Medizin. Frankfurt a.M. 1972.

Wulff, Erich: Psychisches Leiden und Politik. Ansichten der Psychiatrie. Frankfurt a.M./New York 1981.

Wunder, Michael/Sierck, Udo (Hrsg.): Sie nennen es Fürsorge. Behinderte zwischen Vernichtung und Widerstand. Berlin 1982.

Wunder, Michael u.a.: Auf dieser schieben Ebene gibt es kein Halten mehr. Die Alsterdorfer Anstalten im Nationalsozialismus. Hamburg 1987.

Wuttke-Groneberg, Walter: Medizin im Nationalsozialismus. Ein Arbeitsbuch. Tübingen 1980.

Wuttke-Groneberg, Walter: Heilen und Vernichten in der nationalsozialistischen Medizin. In: Tröger, Jörg (Hrsg.): Hochschule und Wissenschaft im Dritten Reich. Frankfurt a.M./New York 1984, S. 142–156.

Wuttke-Groneberg, Walter: Volks- und Naturheilkunde auf „neuen Wegen". Anmerkungen zum Einbau nicht-schulmedizinischer Heilmethoden in die nationalsozialistische Medizin. In: Alternative Medizin 1983, S. 27–50.

Zapp, Albert: Untersuchungen zum Nationalsozialistischen Deutschen Ärztebund (NSDÄB). Diss. Kiel 1979.

Zimmermann, Michael: Verfolgt, vertrieben, vernichtet. Die nationalsozialistische Vernichtungspolitik gegen Sinti und Roma. Essen 1989.

Zmarzlik, Hans-Günter: Der Sozialdarwinismus in Deutschland als geschichtliches Problem. In: VfZ 11 (1963), S. 246–273.

Zofka, Zdenek: Der KZ-Arzt Josef Mengele. Zur Typologie eines NS-Verbrechers. In: VfZ 34 (1986), S. 245–267.

Zolling, Peter: Zwischen Integration und Segregation. Sozialpolitik im „Dritten Reich" am Beispiel der „Nationalsozialistischen Volkswohlfahrt" (NSV) in Hamburg. Frankfurt a.M. u.a. 1986.

Zunke, Peter: Der erste Reichsärzteführer Dr. med. Gerhard Wagner. Diss. Kiel 1972.

Abkürzungen

ABKH	Archiv des Bezirkskrankenhauses
AKVN	Archiv der Kassenärztlichen Vereinigung Nordwürttemberg
AOK	Allgemeine Ortskrankenkasse
BA	Bundesarchiv, Koblenz
BA/MA	Bundesarchiv/Militärarchiv, Freiburg
BDC	Berlin Document Center
BDM	Bund Deutscher Mädel
BdO	Befehlshaber der Ordnungspolizei
BdS	Befehlshaber der Sicherheitspolizei
DÄB	Deutsches Ärzteblatt
DAF	Deutsche Arbeitsfront
DGT	Deutscher Gemeindetag
DMW	Deutsche Medizinische Wochenschrift
EKD	Evangelische Kirche in Deutschland
GA/GÄ	Gesundheitsamt/Gesundheitsämter
GBG	Gesetz zur Bekämpfung der Geschlechtskrankheiten vom 18.2.1927
Gestapo	Geheime Staatspolizei
GG	Generalgouvernement
GuG	Geschichte und Gesellschaft
GVG	Gesetz über die Vereinheitlichung des Gesundheitswesens vom 3.1.1934
GVN	Gesetz zur Verhütung erbkranken Nachwuchses vom 14.7.1933
GWU	Geschichte in Wissenschaft und Unterricht
HJ	Hitler-Jugend
HSSPF	Höherer/Höchster SS- und Polizeiführer
HStA	Hauptstaatsarchiv
HZ	Historische Zeitschrift
IfZ	Institut für Zeitgeschichte, München
KdF	Kraft durch Freude
KVD	Kassenärztliche Vereinigung Deutschlands
KZ	Konzentrationslager
LG	Landgericht
LVA	Landesversicherungsanstalt
MGFA	Militärgeschichtliches Forschungsamt, Freiburg
NA	National Archives, Washington
NL	Nachlaß
NSDÄB	Nationalsozialistischer Deutscher Ärztebund
NSDAP	Nationalsozialistische Deutsche Arbeiterpartei

NSV	Nationalsozialistische Volkswohlfahrt
OKH	Oberkommando des Heeres
OKW	Oberkommando der Wehrmacht
RÄK	Reichsärztekammer
RFSS	Reichsführer SS
RGBl	Reichsgesetzblatt
RKF	Reichskommissar für die Festigung deutschen Volkstums
RM	Reichsmark
RMdI	Reichsministerium des Innern
RPf	Reichspfennig
RVA	Reichsversicherungsamt
RVO	Reichsversicherungsordnung
SA	Sturmabteilungen der NSDAP
SD	Sicherheitsdienst des Reichsführers SS
Sopade	Sozialdemokratische Partei Deutschlands im Exil
SS	Schutzstaffeln der NSDAP
SSPF	SS- und Polizeiführer
StA	Staatsarchiv
StaG	Stadtarchiv Gelsenkirchen
Tb, Tbc	Tuberkulose
VA	Vertrauensarzt
VÄD	Vertrauensärztlicher Dienst
VfZ	Vierteljahrshefte für Zeitgeschichte
VOBlGG	Verordnungsblatt für das Generalgouvernement
VOBlGGPG	Verordnungsblatt des Generalgouverneurs für die besetzten polnischen Gebiete
ZGU	Zentralblatt für Gewerbehygiene und Unfallverhütung
ZSL	Zentrale Stelle der Landesjustizverwaltungen, Ludwigsburg
ZStA	Zentrales Staatsarchiv Potsdam

Die Autoren

Dirk Blasius, geb. 1941, Dr. phil., Professor für Sozial- und Wirtschaftsgeschichte an der Gesamthochschule Essen.

Adelheid Gräfin zu Castell Rüdenhausen, geb. 1938, Dr. rer. soc., habil. phil., Historikerin.

Klaus Dörner, geb. 1933, Dr. med., Dr. phil., Professor für Psychiatrie, Leitender Arzt der Westfälischen Klinik für Psychiatrie Gütersloh.

Willi Dreßen, geb. 1935, Staatsanwalt an der Zentralen Stelle der Landesjustizverwaltungen in Ludwigsburg.

Norbert Frei, geb. 1955, Dr. phil., wissenschaftlicher Mitarbeiter am Institut für Zeitgeschichte in München.

Ekkehart Guth, geb. 1938, Dr. phil., Historiker am Militärgeschichtlichen Forschungsamt in Freiburg/Brsg.

Ulrich Knödler, geb. 1948, Dr. med., Internist und Nephrologe in Stuttgart.

Fridolf Kudlien, geb. 1928, Dr. phil., Professor für Medizingeschichte an der Universität Kiel.

Alfons Labisch, geb. 1946, Dr. phil., Dr. med., Professor für Gesundheitspolitik an der Universität-Gesamthochschule Kassel.

Benno Müller-Hill, geb. 1933, Dr. rer. nat., Professor für Genetik an der Universität Köln.

Kurt Nowak, geb. 1942, Dr. theol. et phil., Professor für Kirchengeschichte an der Universität Leipzig.

Volker Rieß, geb. 1957, Historiker in Eberstadt.

Hans-Walter Schmuhl, geb. 1957, Dr. phil., wissenschaftlicher Mitarbeiter an der Fakultät für Geschichtswissenschaft und Philosophie der Universität Bielefeld.

Ralf Seidel, geb. 1941, Dr. med., Leitender Arzt der Rheinischen Landesklinik Mönchengladbach.

Hans-Ludwig Siemen, geb. 1954, Dr. phil., Psychologe am Bezirkskrankenhaus Erlangen.

Thorsten Sueße, geb. 1959, Dr. med., wissenschaftlicher Mitarbeiter in der Psychiatrischen Klinik der Medizinischen Hochschule Hannover.

Florian Tennstedt, geb. 1943, Dr. phil., Professor für Sozialrecht und Sozialpolitik an der Universität-Gesamthochschule Kassel.

Achim Thom, geb. 1935, Dr. sc. phil., Professor für Geschichte der Medizin an der Universität Leipzig.

Bernd Walter, geb. 1951, Dr. phil., wissenschaftlicher Referent im Provinzialinstitut für westfälische Landes- und Volksforschung in Münster.

Paul Weindling, geb. 1953, Dr. phil., Senior Research Officer an der Wellcome Unit for the History of Medicine der Universität Oxford.

Personenregister

Adler, Alfred 139
Andreae, Georg 29, 253–257, 259–264
Astel, Karl 19f., 84–96

Bartels, Friedrich 22, 43, 52, 55f., 116f., 120
Baur, Erwin 85, 94, 142–145
Bentham, Jeremy 289, 292
Berger, Dr. med. 104
Bertram, Adolf 243
Binding, Karl 270, 293
Binswanger, Ludwig 282
Blacker, Carlos P. 83f.
Blome, Kurt 128f.
Boas, Franz 145
Bockhacker, Werner 116, 128
Bodelschwingh, Friedrich von 242, 250
Bonhoeffer, Dietrich 30, 249, 283, 285
Bonhoeffer, Karl 250, 283f.
Bonhoeffer, Klaus 249
Bouhler, Philipp 13f., 236, 304f.
Brack, Viktor 242, 246
Brandt, Karl 18, 23, 28, 132ff., 215, 236, 246, 305
Brandt (Landesgewerbearzt) 114
Bratz, Eugen 194ff.
Braun, Otto 270
Braune, Paul Gerhard 239, 242, 249, 264
Bresler, Prof. Dr. 260
Brüning, Heinrich 270
Bühler, Josef 158
Bumke, Oswald 198
Bunke, Heinrich 217

Carrel, Alexis 150
Catel, Werner 13, 212, 247
Chamberlain, Houston Stewart 81
Clauss, Ludwig Ferdinand 82, 154
Conti, Leonardo 18, 38, 45, 65, 85, 129, 131, 134, 142, 159, 169f., 260, 304
Creutz, Walter 255
Crinis, Max de 212
Crzellitzer, Arthur 90

Danzer (Schriftleiter) 62

Darré, Richard Walther 20, 84f., 87, 144
Davenport, Charles B. 83f., 142
Dohnanyi, Hans von 249

Ewald, Gottfried 255, 260, 262

Faltlhauser, Valentin 192, 196
Fiehler, Karl 46
Fischer, Eugen 82, 87f., 91, 142–146, 151ff.
Fischer, Ludwig 162
Fischer, Nathanael 241
Forel, Auguste 30, 293
Frank, Hans 157ff., 163
Franz, Viktor 93
Frey, Gottfried 45, 47
Frick, Wilhelm 44ff., 48f., 64, 88, 246, 255
Friedländer, Erich 194ff.

Galen, Clemens August Graf von 28, 242ff., 246, 250
Gaupp, Robert 284
Gerlach, Werner 94
Gerstein, Kurt 242
Gessner, Ludwig 29, 254–258, 260, 263
Glass, David V. 83
Globocnik, Odilo 158
Gobineau, Joseph Arthur de 81, 138
Goebbels, Joseph 14, 243
Goerdeler, Carl 49
Göring, Hermann 46
Goerttler, Viktor 94
Goldschmidt, Richard 82
Grant, Madison 83
Greiser, Arthur 239
Grimme, Hermann 29, 258–264
Groß, Walter 82, 88, 94
Grotjahn, Alfred 68
Günther, Hans F. K. 86f., 92, 94, 154
Gütt, Arthur 16ff., 36f., 40, 42–50, 52, 54, 56, 60, 63ff., 82, 85, 88f., 94, 96, 273, 303f.
Gutermuth, Dr. med. 23, 133ff.

Haake, Heinz 255
Haber, Fritz 150

Haberkant, Dr. med. 258
Haeckel, Ernst 92f.
Hagelberg, Dr. med. 103
Hagen, Wilhelm 24, 158, 162, 164f., 167ff.
Hager (SA-Sonderkommissar) 102
Haupt, Walter 94
Heberer, Gerhard 94f.
Hebestreit, Hermann 115, 119
Hefelmann, Hans 13, 255
Heinze Hans 247
Heidegger, Martin 282
Heß, Rudolf 11, 43, 88
Heyde, Werner 29, 256f., 260
Heydrich, Reinhard 305
Himmler, Heinrich 28, 85, 89ff., 94f., 145, 157f., 171, 184f., 242, 305
Hirsch, Max 82
Hirtsiefer, Heinrich 42
Hitler, Adolf 13, 18, 23, 28, 43, 45f., 66, 81, 88, 114, 118, 138, 142f., 145, 149, 154, 157f., 173, 215, 236ff., 242, 246, 249, 272, 297, 302, 305, 308
Hoche, Alfred 270, 293
Höfler, Alois 95
Hüttig (Rassen-Dozent) 62

Jacobi, August 261
Jaspersen, Karsten 258
Jaureggs, Wagner von 278
Jörg, Heinrich 94
Jost, Adolf 293
Jutz, Dr. med. 259f.

Kirchhof, Pg. 245
Klipp, Karl Oskar 88
Koch, Erich 239
Kötschau, Karl 100f., 104f.
Kolb, Gustav 192f., 196
Koppe, Wilhelm 158
Kraepelin, Emil 29, 271, 275, 278, 280, 283
Kranz, Heinrich Wilhelm 61, 90
Kreyßig, Lothar 245, 264
Krüger, Friedrich-Wilhelm 158, 171
Kube, Wilhelm 43
Kudicke, Prof. Dr. med. 165
Kummer, Bernhard 94
Kunstmann, H. 104

Lagarde, Paul de 81
Lammers, Hans Heinrich 49, 242
Lange, Hermann 246
Lanz, Adolf (Jörg Lanz von Liebenfels) 138
Lapouge, Georges Vacher de 138
Leers, Johann von 94

Lehmann, Julius 142
Lenz, Fritz 84ff., 91, 95, 142f., 145, 149f., 153f.
Leuschner (Schulungsleiter) 62
Ley, Robert 11, 52
Liek, Erwin 53
Linden, Herbert 255, 304f.
Löwis, Else von 237
Lorenz, Konrad 146-149, 153, 155
Luxenburger, Hans 197, 272, 274

Maier (Oberlehrer) 241
Meduna, Ladislaus von 204
Meichsner (Superintendent) 249
Meichsner, Joachim 249
Mengele, Josef 152, 274
Mjöen, Jon Alfred 84
Möbius, Paul Julius 292
Mollison, Theodor 145
Müller, Eduard 246
Muckermann, Hermann 82, 87f., 143
Munder (AOK-Direktor) 130
Mussolini, Benito 142

Nachtsheim, Hans 94f.
Nicolai, Helmut 47
Nitsche, Hermann Paul 204, 211ff., 215

Obernitz (SA-Obergruppenführer) 102
Ortlepp, Walter 90
Ostermann, Arthur 88

Papen, Franz von 270
Peters, Gerhard 150
Pfannmüller, Hermann 247
Ploetz, Alfred 84f., 91, 93, 271
Pohlisch, Kurt 259
Popendiek (Rassen-Dozent) 62
Popitz, Johannes 41, 46, 49
Porsche, Ferdinand 131
Prassek, Johannes 246

Rascher, Sigmund 184f.
Redeker, Franz 41
Redetzky, Hermann 42
Reichard, Dr. med. 102
Renner, Otto 95
Rinne, Ernst 258
Römer, Hans 192
Roghé, Herbert 57
Rosenberg, Alfred 151
Rotho, H. 106f.
Rüdin, Ernst 29, 44, 82, 84ff., 91, 93, 96, 147, 153, 197, 212, 259, 271-276, 279f.

Rutkowski, Lothar Stengel-von 93 ff.
Ruttke, Falk 94, 273

Sakel, Manfred 204
Sammern und Frankeneck, Ferdinand von 169
Sauckel, Fritz 86, 88 ff., 92, 94 f.
Sauerborn (Ministerialrat) 126
Sauerbruch, Ferdinand 108
Sautter, Reinhold 242
Schallmayer, Wilhelm 83, 93
Schaxel, Julius 86
Schemann, Ludwig 138
Schickedanz, A. 149
Schneider, Carl 212, 276
Schneider, Kurt 29 f., 276, 279–284
Schopohl, Heinrich 42
Schulz, Bruno 272
Schulz, Reimer 94
Schultze-Naumburg, Paul 86, 92
Schumann, Horst 241
Schwede-Coburg, Franz 239
Severing, Carl 60
Siebert, Ludwig 161
Sigerist, Henry E. 36
Simon, Hermann 25, 192, 206
Speer, Albert 133
Spielmeyer (Hirnpathologe) 276
Spiethoff, Bodo 92
Stellbrink, Karl 246
Stemmler, Wilhelm 91
Stoddard, Lothrop 83 f.
Storck (LVA-Gemeinschaftsstelle) 131
Strecker, Prof. Dr. 122
Streicher, Julius 82, 88 f., 95, 102, 152

Stuckart, Wilhelm 164

Teitge, Heinrich 169
Tirala, Lothar 82
Titmuss, Richard 83
Tröge, Walter 87

Ullrich, Aquilin 217

Verschuer, Otmar von 85, 95, 141, 150, 152 ff.
Verworn, Max 93
Volkmann, Rüdiger von 94

Wächtler, Fritz 88
Wagner, Gerhard 8, 10 f., 17 f., 21, 35, 37, 39, 43 ff., 52–56, 65, 82, 85, 88, 101, 104, 106, 121, 147, 304 f.
Waizenegger, Dr. med. 166
Walbaum, Jost 24, 159 f., 163 ff., 167, 169 ff.
Walter, Dr. med. 129
Weber, Friedrich 85
Weirauch, Lothar 168 f.
Weininger, Otto 138
Wendenburg, Friedrich 18 f., 41, 70 ff., 74, 76–79
Wenzel (Rassen-Dozent) 62
Wentzler, Ernst 247
Wernicke, Carl 278, 283
Wollenweber, Nathanael 41
Woltmann, Ludwig 93
Wurm, Theophil 242, 246, 249, 263

Zeiss, Heinz 86
Zeller, Helene 242

Schriftenreihe der Vierteljahrshefte für Zeitgeschichte

Herausgegeben von Karl Dietrich Bracher und Hans-Peter Schwarz

Band 52
Norbert Frei
Amerikanische Lizenzpolitik und deutsche Pressetradition
Die Geschichte der Nachkriegszeitung Südost-Kurier
1986. 204 Seiten.

Band 53
Werner Bührer
Ruhrstahl und Europa
Die Wirtschaftsvereinigung Eisen- und Stahlindustrie und die Anfänge der europäischen Integration 1945-1952
1986. 236 Seiten.

Band 54
Das Tagebuch der Hertha Nathorff
Herausgegeben von Wolfgang Benz.
(Vergriffen.)

Band 55
Anfangsjahre der Bundesrepublik Deutschland
Berichte der Schweizer Gesandtschaft in Bonn 1949-1955.
Herausgegeben von Manfred Todt.
1987. 187 Seiten.

Band 56
Nikolaus Meyer-Landrut
Frankreich und die deutsche Einheit
Die Haltung der französischen Regierung und Öffentlichkeit zu den Stalin-Noten 1952.
1988. 162 Seiten.

Band 57
Italien und die Großmächte 1943-1949
Herausgegeben von Hans Woller.
1988. 249 Seiten.

Band 58
Helga A. Welsh
Revolutionärer Wandel auf Befehl?
Entnazifizierungs- und Personalpolitik in Thüringen und Sachsen (1945-1948)
1989. 214 Seiten.

Band 59
Die Deutschnationalen und die Zerstörung der Weimarer Republik
Aus dem Tagebuch von Reinhold Quaatz 1928-1933
Herausgegeben von Hermann Weiß und Paul Hoser.
1989. 264 Seiten.

Band 60
Andreas Wilkens
Der unstete Nachbar
Frankreich, die deutsche Ostpolitik und die Berliner Vier-Mächte-Verhandlungen 1969-1974.
1990. 213 Seiten.

Band 61
Zäsuren nach 1945
Essays zur Periodisierung der deutschen Nachkriegsgeschichte.
Herausgegeben von Martin Broszat.
1990. 183 Seiten.
ISBN 3-486-64561-7

Band 62
Elisabeth Chowaniec
Der "Fall Dohnanyi" 1943-1945
Widerstand, Militärjustiz, SS-Willkür
1991. 228 Seiten.

Oldenbourg

www.ingramcontent.com/pod-product-compliance
Lightning Source LLC
Chambersburg PA
CBHW070808300426
44111CB00014B/2455